형법연구 IX

동아대학교 법학전문대학원 명예교수 허일태

서문

형법학은 규범학이고 가치학이므로 진실 여부만을 평가의 기초로 삼을 수 없고, 실체적 진실에 기반을 두고 나서 공정과 정의의 기준으로 판단해야 한다. 이런 점에서 법학은 신학일 수 없다. 왜냐하면 신학에 관한 것이라면 하나님의 말씀 자체가 언제나 진리이자 정의이기에, 그 말씀을 무조건 믿어야 하지만, 법학은 진리를 기초로 한 정의의 영역에 속하므로, 무조건 믿을 수 없으며, 무엇이 진실이고 정의인지 끝까지 물어봐야 되기 때문이다. 게다가 형법학은 사회의 안전과 평화의 달성을 위한 최후수단이다. 도구는 잘못 사용하면 위험하기 때문에 이를 억제할 수 있는 제도적 장치로써 자유 · 민주사회에서 보편적으로 애용되고 있는 법치국가원칙의 준수가 불가결하다.

법치국가원칙이란 인간존엄의 핵심적 내용인 자유·평등과 정의를 실현시키기 위해 국가생활에서 지켜야 할 행동지침을 법으로 마련하고, 국가권력을 이에 입각하여 형성·집행하려는 인간사회의 기본원리를 말한다. 이러한 법치국가원칙의 이념적 기초는 생활환경의 정의로운 조정과 형성을 통하여, 국가생활에서 불가피하게 야기되는 권력현상을 권력분립과 함께 합법성과 정당성에 기초한 법률로 순화시켜 인간의 존엄성을 확보하려는 데에 있다. 즉 국민의 기본권은 국가에 대한 국민의 방어권을 뜻할 뿐만 아니라, 국가가 개인의 생명권 등 보편적 가치질서를 구현하고, 이를 보장하기 위한 국가의 적극적 형성 또는 조정의무를 의미한다.

필자는 이러한 입장에 입각하여 본서에 수록된 형사법상 문제된 몇 가지 쟁점을 질문하면서 이를 해명해 보려고 노력했다. 이를 요약하면 다음과 같다.

① 인간의 정신은 육체를 통하여 차츰 성숙되어 가는 것이지, 육체에 갑자기 스며들지 않는다. 성년이 되어 가면서 자신의 행동을 주체적으로 행사하고, 행위결과에 대한 의미를 온전히 이해할 때 비로소 인간은 자신의 범법행위에 대한 행위주체가 될 수 있다.

② 인간은 사회적 책무를 지닌 주체적 인간으로서 책무위반에 대한 책임을 져야 하는 존재이고, 우리의 삶을 인간답게 누릴 수 있도록 정의로운 국가와 문화의 형성에 결정적으로 기여하였던 존재이며, 건전한 사회발전을 위해 자신의 능력에 어울리는 행동을 해야 할 책무가 있는 인격체이다.

③ 이러한 인격체로서 사회적 책무를 지니고, 위반 시에는 벌칙을 받아야 하는 인간은 국가로부터 이에 대한 보답으로 존엄성을 보장받아야 한다.

④ 인간의 존엄성은 양도나 포기할 수 없는 불가침적 권리이며, 인간의 생명과 육체가 보전될 경우에만 존재하게 된다. 그러므로 인간의 생명권과 신체에 대한 불가침권은 인간존엄의 핵심일 수밖에 없고, 사형제도는 폐지되어야 마땅하다.

⑤ 기본권의 주체로서 인간은 생존의 역사성과 사회성에서 결코 유리될 수 없다. 사회 속에 살고 있는 인간은 공동생활을 책임 있게 형성해야 할 사명을 간직한 인격체이다. 그러므로 개개인이 갖는 사회 관련성은 사회구조와 조화를 위해 기본권의 일정한 한계를 가질 수밖에 없게 한다.

⑥ 형법상 행위란 자신의 태도나 행동을 목적적으로 조종할 수 있는 인간이 사회적으로 회피해야 할 위험을 침해하거나 야기하는 인격적 태도이다. 이를 다른 말로 표현하자면 목적적 행위지배를 할 수 있는 행위자가 행위 시에 회피했어야 할 위험을 자초하거나 야기케 한 일체의 인격적 활동을 형법상 행위로 파악한다.

⑦ 형벌의 주된 목적은 복수의 악순환의 연결고리를 끊고, 더 이상의 복수가 가능하지 않게 하는 데 있다. 국가가 법률로 일정한 행위유형을 금지했음에도 불구하고 이를 무시하고 위반한 자에 대해서는 복수에 비례하는 실질적 고통을 그 행위자에게 적법절차를 통해 되갚아 주는 것이 형벌이다.

⑧ 국가공권력은 현재 진행되고 있는 위난의 현장에 즉시 달려가서 해당 피해자를 즉시 구조해 줄 수 있는 가능성이 극히 적다. 이와 같은 긴급한 상황이라면 국가는 범죄피해자에게 자력구제방식인 정당방위나 긴급피난 등을 상당성이 담보되는 한도 내에서 행사할 수 있도록 허용해 주어야 한다. 이러한 긴급행위는 국가의 시혜적 혜택으로 볼 수 없고 천부인권에 속하므로, 정당방위 등 긴급행위에 대한 윤리적 제한은 삼가야 한다.

⑨ 형사법은 죄형법정주의 원칙에 따라 법익보호 임무와 인권보장 임무를 주된 목적으로 한다. 민사법은 소유권 보장, 사적 자치와 거래 안정 등을 통해 재산권의 효용을 극대화하고, 재산권의 공정한 배분을 일차적 목적으로 삼고 있다. 이처럼 두 영역의 법이념과 제재수단은 서로 다르므로 이들 법률영역의 상이성과 독자성을 인정해야 한다. 예컨대 '의심스러울 때는 피고인의 이익'이라는 형사법의 원칙을 민사법의 경우에도 동일하게 적용될 수 없기 때문이다.

⑩ 모든 법 해석은 법문의 일상적인 의미나 법률적 언어관행을 사용하여 법문의 의미 파악부터 시작해야 한다. 그러나 형벌법규가 일반국민에 대해 무엇이 금지되어 있는가를 항상 명확히 보여줄 수 없고, 형법은 문자로 형식화된 죽어 있는 조문의 집합에 불과하지 않는다. 따라서 법률해석자는 법률 해석 시에 법문에만 집착하여 문언의 일상적 의미 파악에 국한되어서는 아니 된다. 법률의 입법취지, 보호기능과 그 법률의 객관적 의미와 목적을 비롯해 형법의 성격에 마땅한 독자적 개념을 인정할 수 있어야 한다. 때로는 법률의 흠결 또는 법률이 불비된 경우라도 허용되는 해석에 의해 보완될 필요성도 없지 않다. 예컨대 입법의 불비가 입법자의 편집상 과오에 기인한 경우 이를 일정한 요건 하에서 보정할 수 있어야 한다.

⑪ 형법 제34조 제1항의 간접정범은 '공범형 간접정범' 혹은 '공범형 정범'이라고 불러도 무방해 보인다. 왜냐하면 형법 제34조 제1항의 간접정범은 법정형 이하로 형을 감경할 수 있다는 점에서 순수한 정범으로 규정되어 있지 않음은 분명하며, 공범적 성격을 적지 않게 지녔으나 순수한 공범형식이라고 해석하기도 쉽지 않고, 지극히 독자적인 '공범형 정범'이기 때문이다.

⑫ 불능미수를 처벌하려는 취지는 금지규범을 통하여 보호하고자 하는 법익에 대한 침해 위험성으로 연결될 수 있는 구성요건적 행위를 실행했다면, 그런 실행행위가 일반인의 관점에서 보아 보호법익을 침해할 만한 위험한 것으로 판단되었다고 보기 때문이다.

⑬ 배임죄의 성립 여부에서 경영상의 판단은 배임죄의 고의 영역에 해당될 수 없다. 왜냐하면 배임죄의 고의는 배임죄의 구성요건 요소에 대한 인식이나 의욕에 관한 것이지, 범죄의 불법성을 제한하려는 가치판단의 문제가 아니며, 경영상의 판단원칙은 가치판단에 속하는 영역이라는 점에서 구성요건의 단계에서 검토할 기준일

수 없기 때문이다. 오히려 경영상의 판단원칙은 기업경영에서 수반되는 기업의 '업무'로 인정될 수 있는지 혹은 '기타 사회상규에 해당될 수 있느냐'에 의해 위법성의 여부로 판단해야 마땅하다.

⑭ 형법 제33조 본문은 엄격하게 해석해야 한다. 왜냐하면 형법은 보장기능 확보를 위하여 확장적 공범이론을 토대로 제정되었으며, 편집상의 과오로 제정된 형법 제33조 본문은 비신분자에게 신분관계의 확장적 기능을 통하여 정범적격의 지위를 예외적으로 인정하는 모순을 품고 있기 때문이다. 게다가 형법 제33조 본문은 비신분자에게 정범적격의 지위를 인정하고 있지만, 그렇다고 신분관계의 지위를 부여하거나 창설하지 않는다. 그러므로 신분적격을 갖지 않은 비공무원이 형법 제33조 본문에 근거하여 신분관계로 성립된 공무원의 뇌물수수죄에 가공한 행위로 형법 제30조의 공동정범을 무제한으로 인정하는 것은 삼가야 된다. 이는 형법 제33조 본문의 입법경위를 살펴 본다면 더욱 그렇다. 왜냐하면 형법 제33조 본문은 국회의결을 통하여 비신분범에 대한 정범가능성을 명시하지 않았지만, 법률로 공포될 때 편집상의 과오로 정범가능성을 인정했기 때문이다.

⑮ 따라서 형법 제129조 제1항의 뇌물수수죄에 관하여 비공무원이 공무원과 공동정범으로 인정되려면, 비공무원은 공무원의 직무에 관하여 뇌물을 수수하는 불법행위에서 해당 공무원과 서로 일체가 되어야 하므로, 비공무원은 공무원과 함께 그 직무에 관하여 뇌물의 수수를 일체가 되어 요구해야 한다.

⑯ 사법적극주의는 성문법이 발달하지 않은 영미국가에서 법 해석과 판결에 있어서 법문언에만 그치지 않고 정치적 목표나 사회정의 실현 등을 염두에 둔 적극적 법형성을 강조하는 태도를 말한다. 성문법주의와 죄형법정주의를 헌법상 원칙으로 삼고 있는 우리나라에서 이런 주장은 반헌법적이다. 국민들의 인권보장을 담보하기 위해서는 죄형법정주의의 원칙이 철저히 준수되어야 하는 마당에 사법적극주의를 표방한 것은 사법권이 입법부의 입법형성권까지 침해한다는 점에서 결코 용납될 수 없다.

이와 같은 내용을 담고 있는 『형법연구 IX』에 수록된 논문들의 상당수가 적지 않은 분들의 도움을 받았다. "형사정책의 관점에서 본 형사실체법의 입법론과 해석론"은 전임 한국형사정책학회 회장인 박미숙 박사의 촉구로 작성되었고, "형법에서

의사의 자유와 책임"은 전북대학교 김태명 교수의 요청에 기인하였으며, "형법상 간접정범의 규정과 그 본질"에 관한 것은 서울대학교 신동운 교수와 한양대학교 오영근 교수 그리고 김태명 교수의 영향이 컸다. 또한 "형법의 독자적 원리와 고유개념"에 관해서는 김신 전 대법관의 탁월한 질문과 "검사의 역할과 객관의무"를 비롯해 "한국에서 사법경찰의 의미와 연원"은 법무연수원 용인분원의 박철완 분원장의 토론이 크게 작용하였다.

끝으로 본서의 출판에 상업적 실익이 별로 없음에도 우리 형사법의 건전한 발전과 형성을 위해 기꺼이 출판해 준 '피앤씨미디어'의 박노일 대표에게 다시 한 번 깊은 고마움을 표한다.

2022년 6월 22일
부산 송도탑스빌 2706호실에서
허일태

차례

제1편 형사법 논문

제1장 형사정책의 관점에서 형사실체법의 입법론과 해석론 3
제2장 인간존엄과 법치국가원칙 66
제3장 형법에서 의사의 자유와 책임 92
제4장 현대적 형벌의 탄생과 그 파생원칙 112
제5장 형법의 독자적 원리와 고유개념 - 특히 행위주체를 중심으로 - 134
제6장 형법상 간접정범의 규정과 그 본질 149
제7장 장애미수, 불능미수와 불능범의 성립과 구별
- 대법원 2019. 3. 28. 선고 2018도16002 전원합의체 판결
〈준강간죄의 불능미수 사건〉 - 177
제8장 일본 형법과 형법사상이 한국형법에 미친 영향 192
제9장 임의적 감경 사건
- 대법원 2021. 1. 21. 선고 2018도5475 전원합의체 판결 - 226
제10장 정상참작감경의 법률효과에 관한 비판적 검토 237
제11장 배임죄에서 경영상 판단 원칙에 관한 체계적 지위 251
제12장 독일의 사기죄(제263조) 264
제13장 비신분자와 뇌물수수죄 공동정범 성립 여부
- 제81차와 제82차 위원회 전체회의의 상념 - 280

제14장 명예훼손죄의 성립과 전파가능성 사건
- 대법원 2020. 11. 19. 선고 2020도5813 전원합의체 판결 - 297
제15장 검사의 역할과 객관의무 316
제16장 한국에서 사법경찰의 의미와 연원 341
제17장 형법개정위원회의 형법개정작업 단면
- 제81차와 제82차 형법개정위원회 전체회의의 상념 - 358
제18장 독일 형법전 형성에 관한 산책 362
제19장 전봉준의 개혁사상과 재판기록문 380

제 2 편 형사 관련 자료 및 법학교육개혁

제 1 장 1895년 재판소구성법과 그 내용 399
제 2 장 개정 검찰청법 · 형사소송법의 문제점 412
제 3 장 2019년 한국에서 살인사건에 관한 분석 417
제 4 장 2020년 사형제도(국제사면위원회) 보고서 422
제 5 장 한국에서 법학교육의 정비방안
- 특히 법학전문대학원의 도입과 추진현황 - 430

제 3 편 저자의 연구업적

I. 저서, 역서 및 편저 457
II. 논 문 458

제 1 편

형사법 논문

제1장

형사정책의 관점에서 형사실체법의 입법론과 해석론

Ⅰ. 형벌권의 발생근거와 내용 및 한계[1)]

1. 형벌권의 태생과 성격

복수로 인하여 야기되는 사회적 혼란은 사회발전의 결정적 장애사유가 된다는 인식이 점차 확산되면서 성숙한 인간들은 사회평화와 그 유지를 위해 복수의 대안이 무엇인지를 이성의 눈으로 찾아보게 되었다. 이러한 반성을 통하여 인간은 사적 복수를 대신할 국가기관의 형성과 국가기관에 의한 형벌권의 불가피성을 인식하게 되었을 것이다. 그러면서 이러한 인식을 할수 있던 이성적 인간들은 형벌에 관해 다음과 같은 관점에 입각했을 것으로 보인다.

형벌은 복수와는 다르게 처벌내용의 정당성과 처벌절차의 합법성을 가져야 할 필요성을 가진다. 왜냐하면 형벌의 작동은 범죄행위를 억제할 만한 위하력을 갖지 않고, 형벌 부과절차의 적법성이 제대로 준수되지 않을 경우 범죄피해자는 언제나 다시금 복수를 할 수밖에 없는 사정으로 내몰릴 수 있기 때문이다. 이런 점에서 형벌은 민사상 손해배상이나 행정법상 과태료 정도의 제재로는 범죄의 억제를 발휘할 수 없는 경우에 국한되고, 형벌의 내용이나 정도는 그 누구도 참기 어렵고 무서워할

1) 본 논문은 2021년 12월 17일 한국형사정책학회가 한국형사 - 법무정책연구원, 경찰대학 경찰법연구원과의 공동으로 동계학술대회에서 발표한 내용을 보완한 것임.

만한 고통을 핵심으로 삼아야 했다. 또한 형벌의 내용과 형벌부과의 절차는 복수와는 질적으로 다른 차원, 즉 책임주의와 적법절차의 실현 등 법치국가원칙이 작동하는 형사사법의 시스템 내에서 부과될 수 있어야 했다. 이런 내용과 절차에 의한 형벌만이 사적 복수의 반복적인 연결고리의 악순환을 끊을 수 있었기 때문이다.

2. 형벌의 목적, 위법성조각사유의 본질과 범죄피해구제의 불가피성

① 국가는 개개인이 자신의 삶을 영위하는 데에 불가피한 생명과 신체뿐만 아니라 재물이나 재산상 이익 또는 가치 등에 대한 실질적 침해행위를 범죄로 규정하고, 이에 대한 침해행위를 용납하지 않고, 예방하기 위해 인간으로서 참기 힘든 국가 형벌권으로 처벌할 수 있도록 하였다. 따라서 **형벌은 복수의 악순환의 연결고리를 끊고, 더 이상의 복수가 가능하지 않게 하는 데 있으므로, 형벌의 일차적 목적은 형벌을 통하여 더 이상의 복수의 실행을 방지하는 데 있다(형법의 범죄예방목적)**.[2)]

② 일정한 행위유형을 국가가 법률로 금지했음에도 불구하고 이를 무시하고 감행한 자에 대해서는 복수에 버금가는 **실질적 고통을 그 범법 행위자에게 되돌려 줄 수 있도록 하는 것이 정의로 보았다**. 그래야만 한편으로 그러한 범행은 형벌의 대상임을 국민에게 각인시키고, 다른 한편으로 잠재적 범법행위를 미연에 방지하는 데 기여할 수 있기 때문이다.

③ 국가는 형벌권을 행사할 수 있는 유일한 주체이지만, 국가공권력은 현재 진행되고 있는 급박한 범행이나 위난의 현장에 즉시 달려가서 피해자를 곧바로 도와줄 수 없다. 그럼에도 국가만이 유일하게 범죄에 대한 퇴치권(退治權)을 행사할 수 있다면, 피해자는 돌이킬 수 없는 피해의 위험에 직면하게 된다. 이와 같은 긴급한 상황이라면 국가는 범죄피해자에게 복수에 버금가는 자력구제방식인 정당방위나 긴급피난 등을 행사할 수 있도록 허용해 주어야 한다.[3)]

---

2) 형법 교과서들을 보면 형벌의 제1차적 목적이 무엇인지를 적지 않게 묻고 있다. 범죄의 예방에 있다거나 혹은 범죄를 범했기 때문에 그에 대한 응답으로써 응보에 있다고들 한다. 무엇 때문에 그것이 1차적이어야 하는지에 관한 자세한 언급은 드물다. 형벌이란 사적 복수가 야기하는 사회혼란의 악순환에 대한 꼬리를 자르기 위해 중요한 법익침해행위에 대한 복수에 준하는 엄중한 고통을 부과하는 국가권력의 행사이다. 이런 형벌을 통하여 법익침해행위를 예방하여 사회방위를 하려는데 형벌의 1차적인 이유가 존재하는 것이다.

3) 이러한 정당방위 등에 관해 윤리적으로 제한할 수 있는지 여부에 관해 논란이 있다. 정당방위의

④ **중대한 범법행위에 의한 법익침해의 피해자는 그런 피해의 방지를 위한 예방의 책무를 지닌 국가로부터 충분한 보상을 받을 수 있어야 된다.** 왜냐하면 국민 개개인이 사적 복수의 대신으로 형벌권을 국가에 위임했기에 그 피해를 입은 개인에게 실질적 피해를 보장하는 것이 형벌권을 갖게 된 국가의 책무에 해당되기 때문이다.4)

3. 정당한 형벌의 부과를 위한 제반 원칙

형벌은 이처럼 범죄를 예방하고 사회평화를 달성하려는 데에 제1차적인 존재이유를 가진다. 형벌의 정도는 책임에 상응해야 되지만, 사회평화를 훼손할 정도로 사적 복수의 범위를 결코 넘어서는 아니 된다. 즉 형벌은 복수의 형식과 내용을 그대로 답습할 수 없으며, 범법행위와 그에 대한 형벌은 상호간에 균형을 유지할 수 있도록 책임주의가 관철되어야 한다. 어떤 행위가 범죄가 되는지 여부를 미리 명확하게 확보해야 된다는 점에서 죄형법정주의가 철저히 준수되어야 한다. 그래야만 통상적인 인간이라면 금지규범(혹은 요구규범)을 충분히 회피할 수 있었음에도 불구하고 오히려 감행하여 규범위반을 범했다면 처벌되어야 한다는 원칙이 정당성을 얻게 된다.

이로부터 형벌부과의 정당성은 죄형법정주의 원칙과 아울러 책임주의 사상의 관철을 근거로 한다. 이들 사상은 법치국가원칙의 핵심부분이다. 그러므로 이하에서는 법치국가원칙에 어울리는 형사실체법의 입법론과 해석론을 형사정책적 관점에서 전개하고자 한다. 그런데 법치국가원칙은 헌법상 인간의 존엄을 보장하기 위한

행사가 윤리적 이유에서 제한을 받는 것이 정당할까? 일부 학자들은 윤리적 제한을 가할 수 있다고 본다. 이런 입장이 타당하기 위해서는 정당방위는 인간의 천부적인 자연권에 속한다고 할 수 없고, 국가의 시혜적 혜택이라는 관점에 서 있을 때다. 정당방위권의 부여가 국가의 시혜적 혜택이라는 입장에 동의하기 어렵다. 형벌권은 물론 국가의 공권력에 속한다. 그런데 형벌권은 본래 사적 복수의 대안으로서 후천적으로 탄생된 것이다. 게다가 국가형벌권은 모든 사적 복수를 언제 어디서 전면적으로 금지할 만한 법익보호의 능력을 가졌는지를 검토해 보자. 각각의 개인이 부당한 범행에 급박하게 노출되었을 때, 국가형벌권은 그 피해자를 위해 즉시 방위하도록 국가공권력 차원에서 도울 수 있을까? 바로 이 지점에서 각 개인은 국가를 대신하여 이들 위험을 회피할 수 있도록 정당방위를 천부적으로 행사할 수 있다고 해야 할 것이다. 이런 점에서 정당방위의 권한은 국가의 시혜적 혜택의 산물일 수 없고, 오히려 천부적인 자연권의 일종으로 보아야 한다. 따라서 국가는 개인에게 부여한 정당방위를 윤리적 이유로 제한하지 말아야 할 것이다.

4) 특히 살인피해자의 인권보호 근거와 법적 보호제도에 관한 연구문헌으로는 필자의 "살인피해자의 인권현실과 그 보장방안", 『형법연구 Ⅵ』, 동아대학교출판부, 2012, 282쪽 이하 참조.

국가원칙이라는 점에서 '인간의 존엄'의 개념은 무엇이며, 어떤 근거로 인간은 존엄한 것으로 인정될 수 있는지도 함께 간략히 규명하면서 법치국가원칙의 내용을 음미해 보고자 한다.

Ⅱ. 인간의 존엄과 그 보장을 위한 법치국가원칙

1. 인권과 인간의 존엄성

(1) 인권과 인간의 존엄성에 대한 의미

헌법 제10조에 따르면 "모든 국민은 인간으로서의 존엄과 가치를 가지며, 행복을 추구할 권리를 가진다. 국가는 개인이 가지는 불가침의 기본적 인권을 확인하고 이를 보장할 의무를 진다."고 천명하고 있다. 헌법은 이를 구체적으로 실현하기 위해 개별적 인권을 제11조 이하에서 보장하고 있다.

인권[5]이란 "인간 자신의 인간다운 삶을 영위하기 위해 불가피하게 전제되는 기본적 권리"이다. 즉 인간은 누구나 타인의 권리와 사회공동체의 공공복리를 해치지 않는 한, 자신의 능력을 마음껏 꽃피울 수 있는 기본적 권리를 가진다.

이러한 의미의 인권은 인간에 대한 존엄성[6]을 전제로 하고 있다. 왜냐하면 모든 인간은 인간으로서의 존엄과 가치를 가질 때, 비로소 기본적 인권을 향유할 정당성을 가지기 때문이다. 한편 많은 사람들은 인간의 존엄에 관해 언급하여 왔지만, 인간이 존엄해야 할 이유에 관해서는 아무런 설명이 없다. 다만 인간의 존엄이 무엇인가에 관해서는 적지 않은 언급을 찾아볼 수 있다. 지금껏 주장된 인간존엄의 통상적 내용은 다음과 같다. "인격을 가진 인간의 자기존재와 인간의 고유가치로서 모든 인간 자신을 위하고 동시에 그 자신을 목적으로 하는 존재가치로 이해한다."[7]

이러한 의미를 가진 인간 존엄성에 근거하여 모든 인간은 한편으로 출신, 성별,

5) 현대사회에서 인권의 개념의 형성과 한계에 관해서는 이상돈, 『인권법』, 세창출판사, 2005, 3쪽 이하 참조.
6) 헌법이론적 관점에서 '인간의 존엄성'에 관한 자세한 연구로는 김병곤, 『인간의 존엄』, 교육과학사, 1996, 3쪽 이하 참조.
7) 예컨대 김병곤, 위의 책, 3쪽 이하 참조.

연령, 성적 지향(性的 志向)이나 신분에 상관없이 평등한 존재이자 양도할 수 없는 불가침적 권리를 향유하는 주체이고, 다른 한편으로 인간 자신을 다른 생명체나 어떤 사물보다 절대적 우선권을 갖는 존재가치로 인정한다.

(2) 인간이 존엄한 이유[8)]

인간이 그 자체 존엄성을 갖는 존재라면, 인간은 무엇 때문에 존엄한 가치의 대상으로서 대접받을 수 있을까? 이러한 물음에 대한 올바른 해명이 있어야 인권의 핵심내용과 그 한계에 관하여 제대로 대답할 수 있을 것이다. 이하에서 인간은 무엇 때문에 존엄한 존재인지를 간략히 따져보자.

① 언어를 구사하고 상상의 나래를 펼 수 있었던 인간[9)]은 인간 자신의 자유 확보와 안위를 위해서 타인과 상호 연대하고 협력하여 경제와 문화 및 사회질서를 형성하였다. 그렇게 형성된 인간사회는 다른 생물들에 대한 가치적 우위를 확고히 하고 객관적 설득력을 갖기 위하여, "인간 자신에 대해 다른 생명체와는 근본적으로 구별되는 우월한 능력을 인정하고, 인간 자신을 존경받을 만한 가치가 있는 주체"로 인정될 수 있도록 구조화되어 왔다.

② 인간은 그가 속한 사회의 발전을 위해 봉사하고 헌신한 주체이다. 즉 사회의 융성을 위해 여태껏 헌신적 봉사를 실행한 자는 인간이지, 다른 그 어떤 생물일 수 없다. 인간의 봉사와 희생으로 인간다운 삶을 누릴 만한 인간사회를 형성하였다면, 그 사회는 그런 인간을 위해 그에 합당한 존경과 대우의 책무를 져야 한다. 즉 사회 발전을 위해 헌신한 인간에 대해 국가는 인간을 존엄의 대상으로 삼아야 할 책무를 져야 한다.

③ 인간은 다른 생물과 달리 자신의 행위를 사회 속에서 적절히 조종해 나가면서 사회적 갈등을 회피해야 하며, 건전한 사회발전을 위해 자신의 능력에 어울리는 행동을 해야 할 책무가 있는 인격체이다. 인간사회에 대한 이러한 책무의 부담은 인간

---

8) 인간의 존엄한 근거에 관한 자세한 탐구는 허일태, "형사법적 관점에서 인간의 존엄과 형사책임의 근거", 『형법연구 Ⅳ』, 동아대학교 출판부, 2009, 12쪽 이하 참조.

9) 인간의 유전자구조에 내포된 FOXP2라는 유전자돌연변이가 인간에게 말할 수 있는 특별한 능력을 주었다. 인간이 말을 함으로써 다양한 의사전달이 가능함에 따라, 인간은 타인에 대한 뒷담화를 할 수 있었고 이와 함께 갖가지 상상력의 발휘로 신화와 사회질서를 형성할 수 있었다. 바로 이런 점이 인간의 유형에 가깝던 유인원과 본질적으로 달리 발전하게 된 원인이 되었다.

을 존엄의 대상으로 삼아야 할 이유이다.

이처럼 인간은 사회적 책무를 지닌 주체적 인간으로서 책무위반에 대한 책임을 져야하는 존재이고, 국가와 사회문화의 형성과 발전에 결정적 기여를 통하여 우리의 삶을 인간답게 누릴 수 있도록 만들었던 존재이며, 사회적 갈등을 회피해야 하고, 건전한 사회발전을 위해 자신의 능력에 어울리는 행동을 해야 할 책무가 있는 인격체이다. 인간에게 존엄성의 주체로 주어진 인격성은 이 때문에 양도되거나 포기할 수 없는 불가침적 권리이며, 이러한 인격성은 그러나 인간의 생명과 육체를 전제로 할 때만 존재하게 된다. 그 결과 인간의 생명권과 신체에 대한 불가침권 역시 인간존엄의 핵심임은 물론이다. 이에 따라 인간의 자율적 의사에 대한 본질적 침해행위뿐만 아니라, 인간의 생명이나 육체에 대한 침해도 인간의 존엄을 해치는 행위인 것이다. 따라서 이들 인간존엄을 보장하기 위한 보편적 가치들에 대한 침해행위가 형벌을 수단으로 하는 형사실체법의 개입을 불가피하게 한다.

2. 인권의 한계

(1) 인권의 제한가능성

인간은 정신적 윤리적 존재로서 자기의식과 자기행위에 관하여 자율권을 갖고 있으며, 이러한 정신적 자율권은 인간의 생명과 육체를 전제로 한다. 그러므로 인간의 생명과 육체는 인권의 본질적 내용이다. 따라서 인간의 자율적 의사에 대한 본질적 침해행위뿐만 아니라, 인간의 생명이나 육체에 대한 본질적 침해 역시 인간의 존엄을 해치는 반인권적 행위가 된다.

그러나 기본권의 주체로서 인간은 생존의 역사성과 사회성에서 결코 유리될 수 없다. 사회 속에 살고 있는 인간은 지나치게 자기중심적이고 개인주의적 일 수 없으며, 공동생활을 책임 있게 형성해 나갈 사명을 간직한 사회적 관계에서 형성된 인격체이기 때문이다. 기본권 주체인 개개인의 사회 관련성은 사회구조와 조화를 위해 기본권의 일정한 한계를 인정할 수밖에 없다. 그러므로 인간 개개인의 기본권은 타인의 권리를 침해하지 않은 한에서만 유효한 것이다. 왜냐하면 나의 인권이 소중한 만큼 남의 인권도 소중하므로 나의 인권을 존중받기 위해서는 다른 사람의 인권도 존중해 주어야 되기 때문이다. 같은 맥락에서 독일 헌법 제2조 제1항은 다음과 같이 천명하고 있다. “누구든지 타인의 권리를 침해하지 않고 헌법질서나 도덕률에 반하지 않는 한, 자신의 인격을 꽃피울 권리를 갖는다.”

이런 이유로 우리 헌법 제37조 제2항은 기본권의 제한 가능성을 열어두고 있다. 즉 “국가안전보장·질서유지·공공복리를 위하여 필요한 경우에 한하여 법률로써 제한할 수 있다.”고 하였다. 다만 제한한 경우라도 ‘기본권의 본질적 내용을 침해할 수 없음’을 명백히 하고 있다. 따라서 형벌은 인권의 본질적 침해를 해하지 않은 한, 허용되어야 한다. 왜냐하면 형법은 인권의 침해를 불가피하게 수반하는 형벌이란 제재(制裁)를 통하여 범죄행위에 대한 사회적 질책을 체험하게 하여 모든 잠재적 범법행위를 예방할 수 있도록 함으로써 사회평화의 달성과 함께 그 속에서 개인의 인간적 삶을 누리게 하는 데 있기 때문이다.

(2) 인권의 본질적 침해 금지

모든 본질적 침해 금지의 문제는 생명체로서 인간 자신과 자기결정권을 본질적으로 제한하거나 침해하는 경우에 야기된다. 그러므로 인간의 육체와 생명에 대한 본질적 침해를 전제로 하는 형벌은 헌법상 용납될 수 없다. 사람의 신체를 절단하는 형벌이거나 생명을 박탈하는 사형제도 역시 인권에 대한 본질적 침해라는 점에서 허용될 수 없는 것이다. 이런 점에서 예컨대 경범죄처벌법에서 명시하고 있는 행위유형은 사회평화나 개인적 인권에 대한 중대한 침해로 간주할 수 없다는 점에서 중대한 법익침해의 예방과 처벌을 목적으로 하는 형벌의 부과보다는 행정벌의 일종인 과태료의 처벌대상으로 삼아야 한다.

한편 인간은 타인에 대해서뿐만 아니라 공공복리에 대한 침해를 범하지 않는 한, 자신의 자유를 만끽할 수 있는 자기결정권을 갖고 있다. 그러므로 타인에 대한 어떠한 법익침해도 범하지 않고 공공복리에 대한 침해조차도 없는 자기결정권에 근거한 행위라면 형법상 금지될 수 없으며, 그럼에도 금지된다면 이는 자기결정권에 대한 본질적 침해금지 위반에 해당된다고 해야 한다.

3. 인간존엄의 보장원리로서 법치국가원칙의 의미와 내용

모든 인간은 신분에 상관없이 평등하고 양도할 수 없는 불가침의 주체이며, 인간 자신은 다른 생명체보다 절대적 우선권을 갖는 존재이다. 그리고 이를 보장하기 위해서 국가는 개인의 자기결정권을 포함한 개인적 행복추구권이 담보될 수 있는 핵심가치인 '자유와 평등 그리고 정의사회'가 구현될 수 있도록 제도화되어야 한다.

이처럼 인간존엄의 중추적 역할을 하는 자유와 평등 그리고 정의사회의 실현을 실질적으로 담보하려면 무엇보다 실질적 법치국가의 원칙[10]이 준수되어야 한다. 독일의 경우 형식적 법치국가원리가 활보하였던 과거 나치정권 아래에서 경험했던 뼈아픈 기억을 통해 제2차 세계대전 이후, 법치국가원칙은 실질적 의미로 이해되고, 실현되어야 한다는 사상이 보편화되었다. 우리나라에서도 박정희와 전두환의 권위주의 정권 치하에서 실질적 법치국가원칙이 오랫동안 배제되었던 시절이 있었다.

(1) 법치국가원칙과 그 실질적 내용

다양하고 비인간적인 사회관계에 의해 특징지어지는 사회일수록 법의 형식적 통제에 관한 필요성과 사법부의 긍정적 역할을 포함하여 사회적 안전망을 보장하는 사회행정에 대한 필요성이 점차로 증가하는 것은 이미 경험적으로 알려진 사실이다. 특히 사회적 일탈행위에 대한 통제 내지 국가의 개입 여부는 각 개인의 기본권 침해와 직결된다. 국민의 기본권보장을 위해 존재근거를 갖는 국가는 사회적 일탈행위에 대한 형벌권의 개입가능성을 한계 짓는 형사실체법의 입법과 적용 시에 법치국가원칙을 철저히 준수하여야 한다.

여기서 법치국가원칙이란 인간존엄의 핵심적 내용인 자유·평등과 정의를 실현시키기 위해 국가생활에서 지켜야 할 행동지침을 법으로 마련하고, 국가권력을 이에 입각하여 형성·집행하려는 인간사회의 기본원리를 말한다.[11] 이러한 법치국가원칙의 이념적 기초는 한편으로 생활환경의 정의로운 조정과 형성을 통하여, 다른 한편으로 국가생활에서 불가피하게 야기되는 권력현상을 권력분립과 함께 합법성과 정당성에

---

10) 법치국가원리에 관해 읽어볼 만한 문헌으로는 김효전 편역, 『법치국가의 원리』(헤르만 헬러 외), 法元社(2001).

11) 허영, 『헌법이론과 헌법』(제5판), 박영사(2000), 266쪽 참조.

기초한 법률로 순화시켜 인간의 존엄성을 확보하려는 데에 있다. 즉 국민의 기본권은 국가에 대한 국민의 방어권을 뜻할 뿐만 아니라, 국가가 개인의 생명권 등 보편적 가치질서를 구현하고, 이를 보장하기 위한 국가의 적극적 형성 내지 조정의무를 의미한다.12)

(2) 법치국가원칙의 실천적 원리

① 법치국가원칙은 인간의 존엄과 가치를 확보하기 위해 국민의 자유·평등·정의를 국가의 조직형태를 통해서 실현시키려는 구조적 원리이다. 그러기에 법치국가원칙은 국민의 기본권보장뿐만 아니라 권력집중에서 나타나는 권력남용의 위험성을 사전에 제도적으로 방지하기 위하여 국가의 조직을 '견제와 균형의 원리'에 의해서 행해질 것을 요구한다.13) 따라서 사법권은 입법부의 입법형성권을 침해할 수 없고, 법창조적 해석도 허용될 수 없다.

② 법치국가원칙은 국민의 자유·평등·정의의 투명한 실현에 두고 있다는 점에서 국가작용은 명확성, 특정성, 계산가능성과 예측가능성, 객관성, 안전성 등의 절차적·형식적 요건을 지켜야 한다. 이런 점에서 법치국가원칙에 근거한 국가작용은 이와 같은 절차적·형식적 요건을 철저히 준수될 수 있어야 한다.14) 다만 국가작용의 모든 부분은 빠짐없이 세밀하게 법제화할 수 없다는 측면에서 사법적 심사의 대상이 되는 기속재량의 여지 인정을 고려해야 한다.15)

③ 법치국가원칙은 과잉금지 내지 비례성의 원칙에 입각해야 한다. 헌법재판소도 과잉금지원칙에 따라 법률의 위헌심판을 하고 있으며, 목적의 정당성, 수단의 적합성, 피해의 최소성, 법익의 균형성 등을 중요한 판단기준으로 삼고 있다.

---

12) 민주주의 이념이나 법치국가의 이념 모두 인간의 존엄을 실현시키는 데에 있지만, 민주주의는 이것을 국민의 정치참여 형태에 의해 실현시키려고 하는 데 반해, 법치국가원칙은 국가의 기능적 활동에 대한 법의 통제를 통해서 인간존엄을 형성하거나 확보하려는 점에서 차이가 있다.

13) 따라서 법치국가원칙은 인간의 기본권보장을 위한 보루 역할을 담당한다. 이와 관련하여 읽어볼 만한 문헌으로는 김상겸, "법치국가에 있어서 기본권 보장에 관한 연구",『인권법연구』제1호, 가톨릭대학교 법학부 인권법연구소, 2005, 182쪽 이하를 참조.

14) 특히 형사법의 경우 소급효금지의 원칙은 죄형법정주의원칙과 맞물려 다른 어떤 국가작용보다 더욱 철저하게 준수되어야 함은 물론이다.

15) 이에 관해서는 허영, 앞의 책, 268쪽 참조.

(3) 법치국가원칙에 근거한 형사실체법의 기본사상

헌법은 국민의 인권보장을 위한 국민적 합의문적 성격을 가지며, 법치국가원칙에 충실한 국가는 국민을 위한 인권보장의 충실한 이행을 담보한다. 그러므로 형벌권의 목적은 궁극적으로 국민의 인권을 보호하는 데에 기초를 두고 있어야 한다. 이런 이유로 형벌의 목적은 행위자에 대한 과거 잘못된 비행을 질책하는 데에 그치지 않고, 행위자가 장래 개과천선하도록 함과 동시에 사회의 평화스런 생활관계를 유지·형성하게 하는 데에 지장을 초래하지 않도록 하는 데 있다. 이에 따라 형사실체법은 다음과 같은 임무를 갖고서 법치국가원칙이 구현될 수 있도록 정비되어야 한다.

① 형벌이란 인간이 참기 어려운 고통을 본질로 삼고 있다고 해서 인간존엄의 본질을 침해하는 형벌의 정도에까지 이르러서는 아니 된다.

② 형벌의 이런 한계적 성격 때문에 형벌을 수단으로 삼고 있는 형사실체법은 사회적 일탈행위 모두에 개입되어서는 아니 되며, 모든 법익침해 행위 중에서 인간사회에서 결코 용납할 수 없는 유형의 경우에만 최후수단으로서 투입되어야 한다.

③ 형사실체법이 개입되어야 할 불가피한 범죄행위 유형은 일반 국민에게 사전에 충분히 인지될 수 있어야 한다. 만일 소급효가 인정되거나, 소급입법을 통하여 예전의 일을 나중에 범죄로 만드는 행태는 형벌의 예측 가능성을 무너뜨리고 국가의 형벌권에 대한 신뢰를 땅에 떨어지게 하는 불행을 낳는다.

④ 가벌적인 행위는 사전(事前)에 명확하게 명시되어야 한다. 성숙한 국민이라면 누구라도 법으로 무엇을 금지하고 있는 지를 명확히 파악할 수 있도록 해야 한다. 만일 그렇지 못하게 된다면 국민은 어떠한 행위가 처벌의 대상인지를 잘 몰라 국가형벌권으로부터 불안하게 된다. 우리나라의 경우 '형벌'을 부과할 수 있는 형사실체법과 행정형벌 관련 법률들이 700개 이상이나 된다는 점에서 지나치게 많다.[16] 이처럼 많은 형사특별법과 행정형법의 남용은 자제되어야 마땅하다.

⑤ 형벌은 책임에 상응해야 하며, 보안처분은 행위자의 위험성과 불법성에 비례되어야 한다.

⑥ 형벌은 행정벌이나 그 밖의 민사적 제재와 차별화되는 독자성을 가져야 하며,

---

16) 이에 관해서는 https://glaw.scourt.go.kr/wsjo/lawod/sjo130.do?prevUrl=interSrch&tabId=0&q=%%ED%98%95%EB%B2%8C&p4=02#1637921633922 참조.

행정벌이나 민사적 제재의 수단에 의하여 범죄억제 효과를 발휘할 수 없는 경우에만 사용되는 것을 원칙으로 삼아야 한다.

⑦ 법원의 양형도 양형책정요건의 법정화로 구현되어야 한다. 범죄에 대한 법률효과로서 법관에게 광범위한 선택의 여지를 주고 있는 법정형의 규정만으로는 형벌의 죄형법정주의가 필요·충분하지 않기 때문이다. 이런 점에서 형법 제53조의 작량감경 규정에 형의 감경에 관한 구체적인 근거규정을 명시해야 하고, 필요적 감경과 임의적 감경에는 실질적인 차이를 두도록 형법 제55조의 법률상 감경규정을 수정해야 할 것이다.

⑧ 중형주의의 형벌주의는 형벌감응효과를 떨어뜨린다는 북유럽 교정의 경험적 사실에 비추어 볼 때, 형벌의 감응성을 높이고, 또한 형벌의 인도주의적 관점과 어울리도록 현재의 법정형을 근본적으로 하향 조정할 것이 요구된다.

⑨ 법관을 비롯한 검찰 등 사법권을 행사한 자가 자의적인 법적용으로 국민의 기본권을 침해하면, 이들 법관이나 검찰은 법왜곡죄(法歪曲罪)로 처벌될 수 있어야 한다.[17] 이들은 국민의 기본권을 보장해야 책무를 지고 있음에도 불구하고, 오히려 국민의 기본권을 적극적으로 침해하였다면, 이들 법관이나 검찰의 불법성은 일반인의 그것보다 훨씬 심각한 것이며, 결코 용납될 수 없기 때문이다.

4. 죄형법정주의

(1) 죄형법정주의의 사상적 배경

법치국가원칙의 실천적 원리로서 죄형법정주의[18]가 근대형법의 대원칙으로 등장하게 된 것은 17~18세기에 이르러서이다. 이 시기에 진입하면서부터 비로소 시민계급이 주축이 되어 근대자유민주주의 국가가 성립될 수 있었다. 왜냐하면 왕권의 견제와 균형을 통한 권력분립이 실질적으로 형성되기 이전에는 국민 위에 군림하고 있었던 절대왕정은 형벌권을 자의적으로 행사할 수 있어서, 죄형법정주의 원칙의

17) 여기서 말하는 法歪曲罪란 왕법죄(枉法罪)와 같은 의미로, 예컨대 법관이나 검사 등이 사실관계를 왜곡하거나 법규정의 해석과 적용 그리고 양형을 왜곡하여 특정한 당사자를 유리하게 하거나 또는 불리하게 하는 사법행위를 의미한다.

18) 죄형법정주의의 연혁과 그 사상적 배경에 관해 읽어볼 만한 문헌으로는 허일태, “죄형법정주의의 연혁과 그 사상적 배경”, 『법학논고』, 경북대학교출판부, 2011.

실현은 사실상 불가능했고, 국민의 자유와 평등 그리고 정의의 실현 역시 현실적으로 어려웠기 때문이다.

따라서 권위주의적 왕권에 의해 시민에 대한 국가의 지배관계가 견고하게 지속되고 있을 때에는 비록 뛰어난 사상가나 현명한 국왕의 개인적 사상과 판단에 의해 간헐적으로 죄형법정주의가 나타날 수 있었을 뿐이다. 이러한 모습은 중국 진나라의 상앙과 전한시대의 한비자에서도 찾아볼 수 있고, 로마의 공화정 후기인 기원전 67년에 제정된 Cornelia법에서도 역시 잠시 동안 엿볼 수 있다. 그렇지만 이런 사상가나 법률에 근거하여 죄형법정주의 사상이 근대로 이어진 것이 아니었다. 왜냐하면 일회성으로 그쳤기 때문이다.

이에 반해 1215년 대헌장에 나타난 죄형법정주의의 사상은 비록 현대적 의미의 죄형법정주의와 동일하지 않지만, 현대 죄형법정주의를 형성하게 하였던 사상적 배경이었음을 부인할 수 없다. 왜냐하면 국왕과 귀족계급은 경제적 차원에서 서로 간에 힘의 균형을 이루어 '종속관계'가 아닌 '대립관계'로 발전한 상태에 있었고, 그 결과 신하들은 국왕의 통치권에 대한 정치와 사법감시자로서 어느 정도 견제역할이 가능했기 때문이다. 이런 배경에서 1215년의 대헌장에 근거하여 국왕의 신하인 귀족계급은 종래 국왕과의 무조건적인 종속관계에서 벗어나 국왕과 대등관계를 형성할 수 있었다.

이런 점에서 죄형법정주의는 국가권력과의 투쟁과정에서 쟁취된 것이다. 그러므로 현대적 의미의 죄형법정주의는 국가권력에 대한 적법절차의 준수를 강요하는 시민사회운동의 결과이자, 국가공권력에 대한 시민의 핵심적 보호막이다. 따라서 국가 자체의 불법행위나 시민에 대한 부당한 인권침해행위에 대해 국가 스스로 죄형법정주의를 책임면제 근거로 활용할 수는 없다고 새겨야 할 것이다.[19]

(2) 국가폭력과 공소시효에 관한 죄형법정주의의 한계

일제치하의 식민지 국민으로서 엄청난 고통을 이겨내고 자유·민주주의의 토대위에 대한민국을 세운 우리 국민은 불행하게도 이승만, 박정희와 전두환 정권 시대

19) 허일태, "권위주의 시대의 반인륜적 범죄행위와 소급효금지 원칙", 『동아법학』 제31호, 동아대학교 출판부, 2002.

의 권위주의적 체제 아래에서 국가폭력을 적지 않게 당하였다. 요즘조차도 그런 국가폭력을 정당시 하려는 분들이 적지 않다는 사실은 세상이란 참 공정하지 않다는 생각을 들게 한다. 국가폭력에 대한 대응은 법치국가원칙이 허물어진 상황에서는 현실적으로 불가능하기 마련이다. 왜냐하면 이승만과 박정희 그리고 전두환처럼 당대의 권위주의적 대통령 체제 아래서는 사법적 통제가 현실적으로 불가능하였고, 그렇다고 권위주의적 체제를 극복하여 국가폭력의 주도자를 처벌할 수 있는 환경이 마련될 무렵에는 공소시효에 근거하여 형사법적으로 처벌하기 어렵게 구조화되어 있기 때문이다.

대한민국이라는 국가는 인간존엄을 보장하고 실천해야 할 책무의 주체[20]임에도 불구하고 도리어 국민의 본질적 기본권을 유린할 때, 이를 사전에 예방하고 합당한 책임을 물을 수 있도록 하는 것이 정의의 이념에 부합하며 국민정서에도 합당할 것이다. 왜냐하면 앞서 설명한 바와 같이 죄형법정주의는 개인이 국가권력에 투쟁하여 쟁취한 것이기 때문이다.

그러므로 국가폭력으로 국민을 유린한 국가가 도리어 죄형법정주의를 원용하여 국가폭력을 면피하는 것이 정당한 것인지 의문스럽다. 이런 점에서 국가폭력의 경우 국가폭력 주체의 공소시효를 법률로써 무효로 규정하더라도 죄형법정주의에 어긋난 것이라고 보기 어렵다. 즉 주권자의 의사에 부합하는 민주국가가 국가폭력을 행사하는 폭력국가를 어떠한 경우에도 처벌할 수 있도록 하는 것이 현대적 의미의 실질적 법치국가원칙에 부합한다고 믿는다.

Ⅲ. 형사실체법에 대한 입법론과 인간상(人間像)

1. 형사실체법에 대한 국회의 입법형성권

형사실체법의 입법형성권에 관해 헌법재판소 결정[21]에 따르면, 입법자에게 광범위한 입법재량 내지 형성의 자유를 부여하고 있다. “어떤 범죄를 어떻게 처벌할 것인

---

20) 헌법 제10조와 제37조 제2항 후단 참조.
21) 헌법재판소 2006. 06. 29. 2006헌가7.

가 하는 문제, 즉 법정형의 종류와 범위의 선택은 그 범죄의 죄질과 보호법익에 대한 고려뿐만이 아니라 우리의 역사와 문화, 입법 당시의 시대적 상황, 국민 일반의 가치관 내지 법감정 그리고 범죄예방을 위한 형사정책적 측면 등 여러 가지 요소를 종합적으로 고려하여 입법자가 결정할 사항으로서 광범위한 입법재량 내지 형성의 자유가 인정되어야 할 분야이다. 따라서 어느 범죄에 대한 법정형이 그 범죄의 죄질 및 이에 대한 행위자의 책임에 비하여 지나치게 가혹한 것이어서 현저히 형벌체계상의 균형을 잃고 있다거나 그 범죄에 대한 형벌 본래의 목적과 기능을 달성함에 있어 필요한 정도를 일탈하였다는 등 헌법상의 평등의 원칙 및 비례의 원칙 등에 명백히 위배되는 경우가 아닌 한, 쉽사리 헌법에 위반된다고 단정하여서는 아니 된다."[22]

이와 같은 헌법재판소의 입장은 일정 부분 수긍할 수 있는 면이 없지 않으나, 형사실체법에 대한 입법형성권이 입법자의 광범위한 입법재량 내지 형성의 자유가 인정된다는 입장에 대해서는 법치국가적 관점에서 다음과 같은 비판이 가능할 것이다.

인간의 존엄과 가치를 규정하고 있는 헌법 제10조는 국가권력의 남용으로부터 국민의 기본권을 보호하려는 법치국가원칙의 실현을 기본이념으로 하고 있다. 그러므로 형사실체법에 관한 법치국가원칙의 실천원리는 범죄의 형성과 법정형을 정함에 있어서 일탈행위의 사회적 용납 및 사회방위를 위한 형벌개입의 불가피성을 따지고, 행위자의 죄질과 그에 따른 행위자의 책임 사이에 적절한 비례관계가 지켜질 것을 요구한다. 따라서 어떤 행위를 범죄로 규정하고, 어떠한 형벌을 부과할 것인가 하는데 대한 입법자의 입법형성권은 결코 지나치게 광범위하거나 무제한적일 수 없다. 왜냐하면 어떠한 사회적 일탈행위를 범죄로 파악해야 하며, 그런 일탈행위에 대한 형벌의 종류와 내용은 헌법상 평등권조항[23]과 형법상 책임주의의 원칙에 따라 범죄행위의 불법성에 상응될 수 있도록 규정되어야 하며, 입법자라고 해서 형법의 이런 원칙을 파괴할 수 없기 때문이다.[24]

---

22) 헌법재판소 2006. 06. 29. 2006헌가7 전원재판부; 헌법재판소 2006. 4. 27. 2005헌가2 전원재판부.

23) 헌법 제11조.

24) 이런 점에서 다음의 헌법재판소 결정문은 형사실체법에 관한 입법자의 입법형성권의 내용과 한계에 관해 다른 결정문보다 진일보한 기준을 제시하였다고 평가할 수 있다. 헌법재판소 2003. 11. 27. 2002헌바24: 법정형의 종류와 범위를 정할 때는 헌법 제37조 제2항이 규정하고 있는 과잉입법금지의 정신에 따라 형벌개별화 원칙이 적용될 수 있는 범위의 법정형을 설정하여 실질적 법치국가의 원리를 구현하도록 하여야 하며, 형벌이 죄질과 책임에 상응하도록 적절한 비례성을 지켜야 한다. 그러므로 그 입법취지에서 보아 중벌(重罰)주의로 대처할 필요성이 인정되는 경우라 하더라

또한 모든 범죄는 현실적으로 중대한 법익침해나 침해위험을 전제해야 한다. 법익침해의 가능성이 전혀 없는 행위유형을 무조건 형벌의 대상으로 규율하는 것도 법치국가원칙의 실천원리의 관점에서 볼 때 허용될 수 없다. 이런 점에서 '음모'에만 그친 행위를 처벌하고 있는 형법 제28조의 규정은 "생각만으로 처벌될 수 없다."는 로마법 이래의 법원칙을 무시한 것이다.

2. 과잉금지원칙

형사입법에서 해당 법률은 ① 정당한 목적을 가져야 되고(목적의 정당성), ② 목적달성을 위해 상당성을 담보해야 하며(수단의 상당성), ③ 다른 수단으로 해결할 수 없어야 하고(당해 수단의 최후성), ④ 피해가 최소한에 그쳐야 하며(피해의 최소성), ⑤ 다른 법익침해와의 관계에서 법익보호의 우월성을 인정할 수 있어야 한다(법익의 균형성). 우리는 이러한 원칙을 과잉금지원칙이라고 부른다. 그런데 이러한 과잉금지원칙의 배경사상은 공리주의적 사고방식에서 출발한 것이다. 그 결과 과잉금지원칙은 개별적인 이익보다 전체의 이익 내지 복리가 크다면, 개별적 이익의 본질적 침해 여부와 관계없이 복리주의를 관철할 수 있는 명분을 얻게 된다. 그러므로 과잉금지원칙의 무조건 준수는 어떤 공익이라도 개인의 기본적 인권의 본질을 침해할 수 없다는 헌법상 원칙에 반할 수 있는 함정을 품고 있다.

이런 점에서 과잉금지원칙은 사익보다는 공익이 클 때에는 언제든지 관철될 수 있다고 할지라도, 이 원칙은 개별적 인간이 가지고 있는 기본권의 본질적 침해를 훼손할 수 없다는 선에서 그쳐야 한다. 그 이유는 다음과 같다.

헌법 제37조 제2항이 규정하고 있는 과잉입법금지의 정신은 형벌에 의한 인간존엄의 본질을 침해할 수 없음을 분명히 하고 있으며, 형벌개별화 원칙이 적용될 수 있는 범위의 법정형을 설정하여 형벌은 범죄의 죄질과 책임에 상응하도록 적절한 비례성 원칙의 준수를 전제하고 있다. 바로 이런 점에서 국회의 입법형성권은 사람

도 범죄의 실태와 죄질의 경중, 이에 대한 행위자의 책임, 처벌규정의 보호법익 및 형벌의 범죄예방효과 등에 비추어 전체 형벌체계상 지나치게 가혹한 것이어서, 그러한 유형의 범죄에 대한 형벌 본래의 기능과 목적을 달성함에 있어 필요한 정도를 현저히 일탈함으로써 입법재량권이 헌법규정이나 헌법상의 제원리(諸原理)에 반하여 자의적으로 행사된 것으로 평가되는 경우에는 이와 같은 법정형을 규정한 법률조항은 헌법에 반한다고 보아야 한다.

의 생명과 신체의 자유를 비롯해 사적자치, 소유권의 기본원칙 등에 대한 본질적 침해를 허용할 수 없는 것이다. 뿐만 아니라 모든 법률상 금지규범이나 요구규범은 성숙한 인간이라면 대다수가 준수할 수 있어야 한다. 통상적인 인간조차 지킬 수 없거나 지키기 어려운 금지규범이나 요구규범은 형사실체법의 규율대상이 될 수 없다고 해야 한다.

3. 입법형성권의 한계로서 사형제도

인간의 모든 기본권 중에서 생명의 자유만큼 본질적이고 중요한 자유권은 없을 것이다. 그런데도 불구하고 헌법학자와 형법학자 상당수가 사형제도를 찬성하고 있고, 검사들도 예외가 아니다. 현직 검사들 중에서 어느 누구도 사형제도가 위헌이라는 입장을 관철하려는 사례를 찾아볼 수 없다. 이런 사고방식을 가진 분들이 진정한 법학자들이고 법률전문가인지 심히 의심스럽다. 그 이유는 다음과 같다.

① **헌법 재판소에 따르면** "헌법 제110조 제4항은 법률에 의하여 사형이 형벌로서 규정되고 그 형벌조항의 적용으로 사형이 선고될 수 있음을 전제로 하여, 사형을 선고한 경우에는 비상계엄하의 군사재판이라도 단심으로 할 수 없고 사법절차를 통한 불복이 보장되어야 한다는 취지의 규정으로, 우리 헌법은 문언의 해석상 사형제도를 간접적으로나마 인정하고 있다."[25]고 설시한다.

헌법재판소의 이러한 입장은 법률의 존재근거와 해석법칙에 어긋난다. 우리는 Hans Kelsen의 규범의 단계적 지위를 인정하는 데 동의하고, 헌법재판소를 포함하여 법학자 역시 그러한 규범론에 따르고 있다. 이에 의하면 하위법은 상위법에 근거해야 되며 또한 그것에 저촉되지 않은 범위 내에서 불가피한 사회적 질서를 규율해야 한다는 것이다. 그렇다면 상위법은 하위법에 근거하거나 전제해서는 아니 되는 것이고 삼가야 된다.

헌법 제110조 제4항 단서 규정의 존재근거는 하위법인 형법 제41조가 형벌로서 사형제도를 두고 있음을 전제로 하고 있다. 이 헌법 규정은 형법 제41조에서 사형이라는 형벌을 두고 있지 않거나 사형제도가 폐지되거나 또는 비상사태 하의 군사재판에

---

25) 헌재 1996. 11. 28. 95헌바1; 헌재 2010. 2. 25. 2008헌가23 참조.

서 사형이라는 형벌을 선고할 사안이 없으면 무용지물이 되기 때문이다. 이것이 의미하는 바는 하위법인 형법상의 사형제도가 상위법인 헌법상의 사형제도 존립 근거가 됨을 보여준다. 즉 하위법인 형법 제41조는 법정형으로서 사형을 규정하고 있고, 비상계엄 하의 군사재판에서 사형의 선고를 신중하기 위해 우리 헌법은 제110조 제4항의 단서규정을 두었다. 이 단서규정을 근거로 헌법재판소는 사형제도의 합헌성을 인정하고 있는바, 이러한 논리는 하위법인 형법에 근거하여 상위법인 헌법의 사형제도 합법성을 위한 전제가 됨을 인정하고 있다. 그 결과 헌법재판소는 한편에서는 상위법인 헌법은 하위법인 형법에 대한 형성권의 범위와 내용을 결정할 수 있다고 정면에서 큰 소리 치고 있으면서, 뒤에서는 헌법은 하위법인 형법에 의해 사형제도에 관한 합헌성을 부여받는 것을 용인하는 것을 보여준다. 이는 논리적 정당성도 없고 근본규범인 헌법과 형법의 관계에 관해서도 무식한 논리로 잘못을 범하고 있다.

그렇다면 하위법인 형법에서의 사형제도는 상위법인 헌법에 근거하여 합헌성을 갖는다고 할 수 없고, 오히려 하위법인 형법에 사형제도가 현실적으로 존재하고 있고, 비상계엄 하의 군사재판에서 사형을 선고할 경우에 그런 사형의 선고는 위헌이 아니라 합헌이라는 헌법재판소의 논리는 자가당착인 것이다.

② 헌법 제37조 제2항 단서는 "(기본적 인권을) 제한하는 경우에도 자유와 권리의 본질적인 내용을 침해할 수 없다."고 명시하고 있다. 여기서 기본적 인권의 본질적 내용은 생명이며, 이는 부인할 수 없는 사실이다. 예컨대 손발에 대한 절단형이 신체자유에 대한 본질적 침해이기 때문에 용납할 수 없다면, 인간의 생명은 손발의 범위를 넘어선 신체의 전부에 대한 침해이므로 용납될 수 없다고 하는 것이 논리적이다. 신체의 자유의 본질적 내용은 인간의 육체에 깃들인 생명의 결합으로 생긴 생명권의 자유인 것이다. 즉 신체의 자유 중에서 인간의 생명인 정신을 제거하면 인간의 육체만 남게 되는데, 생명이 없는 육체는 시체에 불과할 뿐이다.

③ 우리나라는 유럽연합(EU)과 EU에서 인도된 범인에 대해서는 사형을 집행할 수 없도록 하는 등의 내용을 담은 범죄인인도조약을 2009년 체결했고, 2011년 국회가 이를 비준했다. 이 때문에 EU에서 우리나라로 인도된 범인이 흉악범죄를 범했어도 사형을 집행할 수 없다. 이런 상황에서 한국에서 수많은 살인범죄를 저지르거나 일본 혹은 미국 등에서 인도된 반인륜적 흉악범에 대해 사형집행을 하는 것은 '법

앞의 평등권'을 천명한 헌법에 반한다.

④ 사형제도는 세계인권선언 제2조[26]와 제5조[27] 및 그 외 국제인권법[28]과 기준에서 명시한 생명권과 잔혹한·비인도적인 또는 굴욕적인 처우나 처벌을 받지 않을 권리를 침해하는 제도다. 특히 어떠한 고문도 인간에게 너무 잔인하고 사실을 왜곡하기 때문에 세계인권선언이나 국제인권법에서 금하고 있음을 볼 때 그런 고문보다 근본적으로 더 잔인한 사형제도는 더욱 금지해야 하는 것이 논리적으로 타당하다.

4. 그 밖의 입법형성권의 남용 사례

(1) 형법 제8조[총칙의 적용]

"본법 총칙은 타 법령에 정한 죄에 적용한다. 단 그 법령에 특별한 규정이 있는 때에는 예외로 한다."

이와 같은 형법의 규정은 제1조에서 오직 법률에 근거해서만 범죄의 성립과 처벌의 근거설정을 규정한 죄형법정주의를 천명하고 있음에도 불구하고, 일본 형법의 전례를 무턱대고 모방한 결과, 법률이 아닌, 심지어 대통령의 명령이나 행정각부의 명령조차 범죄의 성립과 처벌의 근거를 설정할 수 있는 듯 명시하고 있다. 이는 죄형법정주의원칙을 심각히 위배한 것이다. 그러므로 형법 제8조의 문언 중에서 '법령'이라는 용어는 '법률'이라고 수정해야 마땅하다.

(2) 형법 제28조[음모, 예비]

"범죄의 음모 또는 예비행위가 실행의 착수에 이르지 아니한 때에는 법률에 특별한 규정이 없는 한 벌하지 아니한다."

로마시대부터 생각만으로 처벌할 수 없다는 원칙은 문명국가에서 대부분 지켜졌다.

---

26) 모든 사람은 인종, 피부색, 성, 언어, 종교, 정치적 또는 기타의 의견, 민족적 또는 사회적 출신, 재산, 출생, 기타의 지위 등에 따른 어떠한 종류의 차별도 없이 이 선언에 제시된 모든 권리와 자유를 누릴 자격이 있다.

27) 어느 누구도 고문 또는 잔혹하거나 비인도적이거나 굴욕적인 대우나 처벌을 받지 아니한다.

28) 시민적 및 정치적 권리에 관한 국제규약 제6조 제1항: 모든 인간은 고유한 생명권을 가진다. 이 권리는 법률에 의하여 보호된다. 어느 누구도 자의적으로 자신의 생명을 박탈당하지 아니한다. 동 규약 제7조: 어느 누구도 고문 또는 잔혹한, 비인도적인 또는 굴욕적인 취급 또는 형벌을 받지 아니한다. 특히 누구든지 자신의 자유로운 동의 없이 의학적 또는 과학적 실험을 받지 아니한다.

그런데도 우리 형법은 범죄의 음모가 실행의 착수에 이르지 아니한 때에는 법률에 특별한 규정이 있는 경우 처벌하고 있으며, 적지 않은 음모에 대한 처벌규정을 두고 있다.

두 가지 관점에서 잘못된 조문이다. 첫째로 모든 범죄는 범죄의 불법성이 객관적으로뿐만 아니라 주관적으로 명백할 때 비로소 처벌의 대상이 된다. 그래서 생각만으론 결코 처벌의 대상이 될 수 없음은 물론이다. 그럼에도 불구하고 우리 형법은 적지 않은 조문에서 음모만으로 처벌하고 있다. 다만 대법원은 단순 음모에만 그친 경우 처벌에서 제외하는 경향을 보여주고 있다는 점에서 대법원의 태도는 그나마 정당한 것으로 보인다.

둘째로 음모만으로는 실행의 착수에 결코 도달할 수 없는 것이다. 그럼에도 형법은 범죄의 음모가 … 실행의 착수에 이르지 아니한 때에는 특별한 규정이 없는 한 벌하지 아니한다고 명시함으로써 실행의 착수에 도달할 수 없는 음모도 처벌 가능한 것처럼 규정하고 있다.

(3) **형법 제33조[공범과 신분]**

"신분이 있어야 성립되는 범죄에 신분 없는 사람이 가담한 경우에는 신분 없는 사람에게도 제30조부터 제32조까지의 규정을 적용한다. 다만 신분 때문에 형의 경중이 달라지는 경우에 신분이 없는 사람은 무거운 형으로 벌하지 아니한다."

신분범은 그 본질이 법정구성요건에서 "특별한 행위주체만이 행위자가 될 수 있는 자격을 가진 것으로 규정한 범죄"를 일컫는다. 그러므로 신분범을 범할 수 있는 행위주체는 누구든지 가능하지 않고, 오직 '특별한 행위자격을 가진 신분자'만 가능할 뿐이다. 비교법적 고찰을 통해서도 역시 신분범의 행위주체는 언제나 특별한 행위주체의 자격을 가진 신분자에 한정하였다. 독일과 오스트리아, 스위스 그리고 일본도 그렇다.

같은 논리로 우리 형법의 제정 시에 정부초안도 공범과 신분에 관한 규정에서 "신분관계로 인하여 성립될 범죄를 **교사 또는 방조한 행위는 신분관계 없는 자에게도 전2조의 규정을 준용한다**. 단 신분관계로 인하여 형의 경중이 있는 경우에는 중한 형으로 처벌하지 않는다."고 명시하였다. 이 초안을 근거로 1953년 6월 26일 법제사법위원장대리였던 엄상섭 의원이 정부초안의 해당 규정을 낭독하였고, 이에 어느 국회의원이 "이의 없소"라고 대답했다. 조봉암 의장대리가 다시금 "이의 없습니까?"라고 물었으나, 아무런 대답이 없자, 엄상섭 의원은 제34조의 간접정범에 관한 규정을 국회에 상정하였다.[29] 여기서 알 수 있는 것은 국회의원의 국회 결의로 공범과 신분에 관한 형법 제33조의 규정은 비신분자는 정범이나 공동정범일 수 없다고 분명히 밝혔다는 점이다. 다만 교사범이나 방조범의 경우 비신분자도 해당될 수 있음을 보여주었다.

그런데 정작 1953년 9월 18일 법률 제293호에 의해 공포된 형법 제33조는 "신분관계로 성립될 범죄에 **가공한 행위는 신분관계가 없는 자에게도 전3조의 규정을 준용한다**. 단 신분관계로 인하여 형의 경중이 있는 경우에는 중한 형으로 벌하지 아니한다."고 명시되어 있다.

국회에서 통과된 형법 제33조의 규정은 이처럼 교사자나 방조범의 경우에만 신분범의 영역에 속한다고 결단했음에도 국회통과 이후 자구수정 단계(?)에서 공동정범의 영역까지 신분범의 범위를 확장한 것으로 보인다.[30] 그렇다면 자구수정은 자구수정에 그쳐야지 그것을 넘어서 처벌의 범위를 확대하는 것은 국회의 입법형성권 영역을 침해한 것이다. 그런데 문제는 그렇게 잘못 수정된 형법 제33조의 조문이 대통령에 의한 법률의 공포로 곧바로 치유가 가능할까? 치유는 원칙적으로 불가능한 것이다. 왜냐하면 권력분립은 견제와 균형을 통한 자유 · 민주주의의 실현에서 핵심적 요소이고, 국회에서 제정된 법률은 행정부가 자의로 수정해서 공포할 수 없기 때문이다.

법조실무와 형법학계의 대부분은 이런 점을 명백히 하지 않았고 그래서 형법 제33조의 잘못된 입법경위에 대해 의문을 갖지 않았으며,[31] 지금까지 유효한 것으로

29) 이에 관한 자세한 기록은 신동운, 『형법』(형사법령제정자료집 1), 한국형사정책연구원, 1990, 220쪽 이하 참조.

30) 형법제정자료집을 편찬하여 형법제정사를 밝히는 데에 업적을 남긴 신동운 교수는 형법 제33조의 연혁에 관한 설명에서 그렇게 추론된다고 보았다. 특히 정부초안 제30조 제2항의 규정인 "범죄를 목적으로 한 단체의 조직자, 가입자 및 지도의 임무에 있는 자는 전항과 같다(정범으로 처벌한다)."와 제3항인 "전항을 적용할 죄는 각 본조에 정한다."는 규정이 법제사법위원회의 수정안에 의해 국회심의 과정에서 삭제되었고, 이로 인해 공동정범의 성립영역이 축소되었다. 이를 보충하기 위해 신분범의 경우에도 정범이 될 수 있도록 보충한 것으로 보았다. 설득력 있는 의견이다. 이에 관해서는 신동운, 『형법총론』 제12판, 법문사, 2020, 739쪽 이하 참조.

31) 신동운 교수가 예외적으로 그 점을 지적하고, 형법 제33조가 공동정범의 적용에 신중해야 된다는

적용하여 왔다고 하더라도 그런 잘못된 입법은 치유된 것으로 무조건 간주할 수 있을까? 무시하기는 어렵다고 하더라도 비신분자를 정범으로 확대하는 형법 第33조의 적용은 가급적 제한적으로 해석하는 것이 마땅한 태도로 보인다.

(4) **형법 제41조[형의 종류]**

"1. 사형, 2. 징역, 3. 금고, 4. 자격상실, 5. 자격정지, 6. 벌금, 7. 구류, 8. 과료, 9. 몰수."

형벌의 본질은 인간이 참기 어려운 고통을 속성으로 하며, 민사상의 배상이나 행정벌에 의해 사회방위가 현실적으로 어려울 때 한하여 최후수단으로 사용되어야 한다는 점에서, 구류나 과료에 해당하는 행위는 비범죄화하여야 한다. 이런 점에서 경범죄처벌법상의 사회적 일탈행위는 모두 비범죄화할 필요가 있다. 아울러 자격상실과 자격정지 및 몰수는 독자적인 형벌일 수 없고, 일종의 부가형으로 이해해야 할 것이다. 그리고 1998년 이후부터 사실상 사형폐지국가로 인정받고 있는 우리나라는 헌법과 헌법정신에 반한 사형이라는 형벌을 폐지하는 것이 마땅함은 위에서 언급한 바 있다.

(5) **형법 제53조[정상참작감경]**

"범죄의 정상에 참작할 만한 사유가 있는 경우에는 그 형을 감경할 수 있다."

이 법조문의 경우 정상참작감경을 어떤 근거에서 어느 정도로 할 것인지에 관해 아무런 근거를 제공하지 않고 있다. 그럼에도 법원은 정상참작감경을 자의적으로 형법 제55조의 법률상 감경에 준하여 감경하고 있는바, 이는 죄형법정주의에 전면적으로 반한다.

혹자는 이 경우 피고인에게 전면적으로 이익이 되기 때문에 죄형법정주의에 반하는 것이 아니라고 볼 수 있다. 그러나 정상참작감경이 법관의 단순한 양형의 문제에 해당된다면 이런 주장은 그럴 듯하다. 그러나 형법 제53조의 규정의 경우 단순한 양형을 넘어서 법정형의 하한 이하에서 선고할 수 있다는 데에 문제의 심각성을 갖는다. 왜냐하면 이 규정으로 하여금 법관의 형벌에 관한 전단주의에 내맡긴거나 다를 바 없기 때문이다.

입장을 견지하고 있을 뿐이다. 신동운, 『형법총론』, 741쪽 참조.

현행 형법의 체계상 형법 제51조의 규정은 정상참작감경 규정인 형법 제53조와 중첩되고, 이들 모두 법관의 광범위한 재량에 의존하고 있는 실정이다. 이는 각종의 강력범죄에 대해 지나치게 온건한 양형관행의 원인이 되고 있으며, 법관의 선고형에 대한 예견가능성을 어렵게 한다. 더구나 우리 형법 제51조와 제53조에 근거하여 이중으로 형을 재량으로 감경할 수 있는 구조로 되어 있으나, 일본 형법 제66조는 이를 통합하여 규정하고 있다. 게다가 외국의 경우 일본을 제외하고는 법관의 재량에 따른 감경규정을 원칙적으로 갖고 있질 않다. 오스트리아, 스위스 및 독일의 경우 정상을 참작할 만한 특별한 사유를 열거하여 규정하고, 이를 종합적으로 고려하여 감경 가능성을 열어두고 있다.

우리의 경우도 앞으로 양형을 할 때 법원은 죄형법정주의에 충실하면서도 정의롭고 적정한 양형을 산정할 수 있도록 법원에 의한 형의 정상감경 사유를 구체적으로 명시하고, 범죄의 정상에 비추어 형의 감경사유가 월등하여 형의 감경이 불가피할 때에 한하여 법정형의 하한 이하로 감경할 수 있도록 규율하는 것이 바람직하게 보인다. 이를 위해 다음과 같은 요소들이 정상참작감경의 사유로 인정될 필요가 있다.

형법 제OO조 [정상참작감경]

① 다음과 같은 사유가 존재할 경우 정상참작감경을 할 수 있다.

1. **초범으로서 우발적 범행**. 단순 초범에 그치지 아니하고 우발적 범행에 해당한 경우를 요구한 것은 초범이라도 계획적 또는 의도적 범행이거나 뚜렷한 목적이나 동기에 근거한 범행이고, 더구나 앞으로도 재범 가능성이 큰 범행이라면 법정형의 범위 내에서만 선고형이 양정되어야 할 것이기 때문이다.

2. **참작할 만한 동기에 의한 범행**. 왜냐하면 원한에 사무친 감정이 폭발하여 범행할 수 있음을 충분히 예상할 수 있고, 그러한 경우에는 형벌도 인간적인 모습에서 다가서야 되기 때문이다.

3. **피해자의 범죄유발**. 피해자에 의한 범죄유발이 크면 클수록 가해자의 범행 가능성이 비례한다는 사실은 무시할 수 없는 현상임을 감안할 때 이것 역시 정상참작감경에 포함시킬 필요가 있기 때문이다.

4. **피해자의 처벌 불원**. 이런 경우는 다양한 모습으로 나타나지만 개인적 법익에 관해 침해를 당한 범죄피해자는 살인죄를 제외하고는 자기결정권에 의해 상당 부분 처분할 수 있다는 점에서, 이 역시 정상참작감경의 요소로 보아야 한다.

5. **피해회복의 진지한 노력과 회복보전조치**. 왜냐하면 가해자의 이와 같은 행위방식을 통해 형벌의 예방목적과 특별예방에도 기여하고, 아울러 피해자에 대한 죗값을 치른다는 점에서 의미가 있기 때문이다.

6. **자백과 수사협조**. 자백과 수사협조 역시 한편으로 사법비용을 줄이는 데 도움을 주고, 다른 한편으로 장차 범죄를 범하지 않겠다는 의미를 준다는 점에서 이 역시 정상참작감경을 할 수 있는 지표로서 충분히 이용할 만하기 때문이다.

7. **범행에 대한 진지한 반성과 적극적 후회를 보증할 만한 조치**. 이런 가해자의 반성과 조치 역시 정상참작감경 사유로 충분하기 때문이다.

8. **강한 압박감이나 공포심 또는 복종심 등과 같은 상황에서 야기된 범행**. 이런 상황에서의 범행은 통상적인 일반인 역시 비슷한 방식이나 태도로 나타나기 때문이다.

9. **범행으로 인해 행위자 자신 또는 그의 인척이 중상해나 다른 중대한 불이익을 당하게 된 때**. 이런 경우에도 역시 감경할 만한 사유가 된다고 보인다.

10. **위법성조각사유나 책임조각사유에 버금가는 상황에서 범행**.

11. **형벌에 비추어 공익이 거의 없고, 범행이 특히 경미한 경우**.

② 제1항에 명시된 정상참작감경사유가 중첩적으로 해당되는 경우 법정형의 하한으로 감경할 수 있다.

③ 정상참작감경을 할 때에는 형법 제OO조의 필요적 감경규정을 준용한다.

5. 형사실체법에서 전제된 '인간상'과 행위주체의 자격

(1) '인간상'의 일반론

형사실체법의 영역에서 국가의 모든 행위는 직·간접으로 언제나 인간과 관련되어 있다. 그 이유는 인간이 규범의 전형적인 수용자에 해당되기 때문이다. 그러므로 올바른 형사정책을 세우기 위해서는 인간의 규범 수용능력과 관련된 '인간상'에 대한 올바른 이해가 전제된다.

이와 관련하여 독일 연방재판소는 인간상을 다음과 같이 그린다. "인간은 자유롭고 책임질 수 있는 그리고 도의적인 자기결정권을 그 본질로 하며, 이 때문에 법에 따르거나 불법에 반한 자기결정을 내릴 수 있고, 자기의 행동을 법적인 당위규범에 따르게 하고, 법적으로 금지되어 있는 것을 회피할 만한 능력이 있다."[32]

독일 연방재판소의 이런 낙관론에 대해 "인간은 책임의식이 결여되어 있고, 무분별성이 주도적이"라고 본 학자들도 있다. 다만 이들도 "인간 개개인은 사회 및 그 사회의 가치에 대한 무관심에서 탈피하여 자신의 책임감을 일깨워야 한다."고 역설한다.

오늘날의 관점에서 볼 때, 인간 개개인의 발전과 성숙은 사회와의 상호작용 안에서 실현되고 있다. 왜냐하면 인간은 인간 사회에서 태어나서 가족, 학교, 회사, 단체 등의 여러 집단에 소속되어 자신을 둘러싼 주변 사람들과 영향을 주고받으며 살아가는 점에서 사회와 밀접한 관계를 형성하고 있기 때문이다. 이런 점에서 법인은 자율적 행위주체로서의 자격이 없을 뿐만 아니라, 금지규범을 회피할 만한 능력도 없다. 그러므로 순수 이론적 차원에서 볼 때 법인에 대해 형사실체법상의 행위주체나 책임주체의 인정은 어렵다.

최근 '4차 산업혁명'이라는 신조어를 통해서 나타난 바와 같이 인공지능(Artificial Intelligence: AI)은 인간의 능력을 넘어서는 바둑의 달인인 '알파고'를 비롯하여 세계 각국에서 '자율주행 차'의 시대를 앞당기고 있다. 특히 신경망, 퍼지이론, 패턴 인식, 전문가 시스템, 자연어 인식, 이미지 처리, 컴퓨터 시각, 로봇공학 등 인공지능의 다양한 분야에서 비약적인 발전을 이루고 있다. 이러한 인공지능은 그 자체만으로 존재하는 것이 아니라 컴퓨터과학의 다른 분야와 직·간접으로 많은 관련을 맺고 있다. 특히 현대에는 정보기술의 여러 분야에서 인공지능적 요소를 도입해 그 분야의 문제 해결에 활용하려는 시도가 활발히 이루어지고 있다. 그 결과 인공지능을 통해 최적의 법적 판단을 이끌어 낼 수 있을 뿐만 아니라 심지어 법률시평까지 쓸 수 있는 데에까지 발달했다. 그러나 이러한 인공지능의 기능과 능력은 그 자체로 행위주체의 자격과 책임능력자의 대상자로서 인정되기 어렵고, 인간을 위한 보조수단에 해당될 수 있을 뿐이다. 왜냐하면 인공지능은 인간성을 대체하는 인격체일 수 없기

32) BGHSt 2.194.

때문이다. 이런 점에서 인공지능은 순수 이론적 차원에서 볼 때 형사실체법상 행의 주체 자격과 책임능력의 대상자라고 할 수 없다.

이런 점들을 종합하여 본다면, 오늘날 형사법상 인간상은 다음과 같이 추론된다. “사회적 행위에 대해 책임을 지는 인간, 일정한 문화 및 사회조직에 소속되어 있는 인간, 특정 환경 아래에서 자신의 개성을 실현할 수 있고 실현하여야 한다고 소명되어 있는 인간, 사회적 관련 속에서 그의 삶을 이웃사람에 대한 책임을 지고 형성해 나가는 인간”이 그것이다.

헌법재판소도 헌법상 인간상은 자기결정권을 지닌 창의적이고 성숙한 개체로서의 국민을 전제로 하고 있다. 헌법재판소의 결정문에 따르면, “우리 국민은 자신이 스스로 선택한 인생관 · 사회관을 바탕으로 사회공동체 안에서 각자의 생활을 자신의 책임 하에서 스스로 결정하고 형성하는 성숙한 민주시민으로 발전하였(고) … 한국 헌법의 인간상인 자기결정권을 지닌 창의적이고 성숙한 개체로서의 국민”이며, “ … 행위를 통하여 사회형성에 적극적으로 참여하는 자아실현”을 할 수 있는 주체로 인정하고 있다.[33)]

이와 같은 식의 ‘인간상’은 오직 규범적 책임을 인정하기 위한 논리의 산물이지, 왜 인간은 사회적 책임 내지 규범적 책임을 져야 하는지에 대한 답변이 아니다. 따라서 풀어야 할 과제는 인간은 무엇에 근거하여 규범의 요청에 대한 의무와 책임을 질 능력을 구비하고 있는지, 또한 무엇 때문에 책임을 져야 하는 지에 대답이다. 이 문제와 관련하여 이하에서 검토해 보자.

(2) 책임의 근거

인간은 자신의 범행에 대해 무엇 때문에 책임을 져야 하는가에 대해 다수의 견해는 다음과 같다. “윤리적으로 성숙하고 정신적으로 건강한 사람은 책임을 져야 하는 것이 원칙임을 부인할 수 없다는 이유에서 인간은 불법행위에 대한 책임을 져야 한다.” 그러나 이러한 논리는 책임을 져야 하기 때문에 책임을 진다는 순환논법임을 피하기 어려우며, 책임의 근거에 대해 아무런 이유 제시가 없는 셈이다.

인간에게는 자유의사가 있는가 아니면 없는가? 없다고 생각하는 ‘결정론’과 의사

33) 현재 1998. 5. 28. 96헌가5.

의 자유를 단지 선택의 자유로 파악하는 '조건부 비결정론자'도 자유의사를 사실상 부인하는 셈이다. 그렇다면 인간에게 의사의 자유가 정말 존재하는가? 이에 관한 물음이 오늘날에도 끊이지 않고 우리들을 괴롭히고 있다.

인간은 자유롭게 생각할 수 있는 동물임에는 틀림없다. 그 점은 '털 없는 원숭이'인 인간을 순수 동물학적 관점에서 수십 년간 파악해 온 영국 동물원관장의 관찰에서도 명백히 볼 수 있다.[34] 그러나 인간을 일반 동물처럼 소질과 환경에 제약된 숙명의 결과로써만 설명할 수 없다. 왜냐하면 인간은 말할 수 있는 능력을 가졌을 뿐만 아니라 뒷담화할 수 있고, 자유롭게 생각할 수 있는 동물이어서 태생적인 소질과 함께 후천적으로 봉착하는 환경을 대응하거나 이용할 수 있는 능력을 보유하고 있기 때문이다.

인간의 문화는 많은 경우 선택을 통해서 이루어지긴 하였지만, 또한 상당수는 창조적인 활동의 소산인 것을 부인할 수 없다. 인간이 창조적인 활동을 할 수 있다는 것은 결국 인간이 상당 부분 새로운 것을 고안해서 만들었다는 이야기이다. 이것이 의미하는 바는 인간이 특정 문제에 대해 오직 선택해서 행동했던 것만 아니라, 자기 의사를 토대로 합리적으로 결정하여 그 문제를 창조적으로 해결하는 능력을 가졌다는 것이다. 인간도 동물처럼 소질과 환경에 의해 제약을 받는다. 그러나 인간은 이러한 소질과 환경에 무조건 구속되지 않고, 성숙한 사람이라면 합리적인 생각과 그에 걸맞은 실행행위를 통해서 소질을 계발하고 환경에 적응할 수 있는 능력을 갖게 된다. 즉 인간은 주체적으로 자기결정권을 가지며, 성숙한 사람이라면 소질과 환경을 합리적으로 이용하여 자신에게 이익 되는 방향으로 행동할 수 있는 경우가 대부분이며, 바로 그 점을 우리 헌법도 전제하고 있다.

형법에서 사물을 변별한 능력이 없거나 의사를 결정할 능력이 있는가의 여부로 책임능력을 따지는 것[35]도 바로 인간의 합리적인 평가능력을 책임판단의 기준으로 인정하고 있는 것이다. 따라서 인간이 책임을 지는 이유는 성숙한 인간은 사리를 판단할 수 있는 자율적 능력을 지녔다고 보기 때문이다.

---

34) Morris Desmond 지음(김선희 역), 『털 없는 원숭이: 동물학적 인간』, 문예춘추사, 2011.
35) 형법 제10조와 제11조 참조.

(3) 의사자유 존재 여부와 책임

형벌의 전제가 되는 책임은 법으로 금지된 범법행위의 감행에 대한 일반 사회인의 불용납(不容納)을 의미하는 사회 일반인의 질타 또는 비난을 뜻한다. 그래서 범법행위자를 비난할 수 있기 위해서는 그 자가 금지규범에 대한 범법행위를 회피할 수 있고, 회피해야 할 규범적 의무를 전제해야 함은 물론이다. 그런데 범법행위의 회피가능성은 현실적으로 존재해야만 행위자에게 규범적 회피의무를 요구할 수 있다. 이 회피의무의 이행능력 여부를 따지기 위해서 지금까지 많은 법학자나 법조인은 행위자의 의사자유 존재 여부를 문제삼았다. 즉 의사자유를 가진 사람이라면, 사회에서 요구된 금지행위를 회피할 수 있고, 따라서 달리 선택할 수 있었음에도 금지된 행위의 길로 나아갔기 때문에 그에 대해서는 책임이라는 질타를 가할 수 있게 된다는 것이다.

그러나 오늘날 과학에 의해서도 인간의 신체나 환경적 요인과 관계가 전혀 없는 인간의 순수 의사자유를 밝히기는 매우 난감한 실정이다. 그렇다고 인간에게 책임을 지울 수 있는 근거가 없다고 말할 수도 없는 딜레마로 인해 인간에게는 '달리 선택할 수 있는' 의사자유가 존재한다고 가설적으로 인정하는 입장에 쉽게 가담하게 된다.

의사자유의 의미를 외부적 영향 없이 정신적으로 자유롭게 선택할 수 있는 행위양식으로만 판단하여 인간은 자신의 자유의지에 따라서 달리 선택할 수 있다고 하게 되면, 모순에 봉착하게 된다. 왜냐하면 인간에게 의사자유가 존재하려면 그것이 인간의 외적 환경이나 신체적 감각과는 무관함을 전제해야 되는데, 오늘날 밝혀진 과학에 의하면 자율적 판단은 각 개인의 인지와 지각에 의한 경험적 영향에 적지 않게 의존하고 있기 때문이다.

최근의 과학에 의하면,[36] 인간의 뇌에는 약 1,000억 개의 신경세포로 이루어져 있으며, 각 신경세포는 수많은 돌기를 갖고 있다. 신경세포에는 축색(軸索)이라는 긴 돌기를 통해 다른 신경세포와 다양한 방식으로 연결되어 있는데, 하나의 축색이 다른 신경세포와 접속하는 부분이 시냅스다. 하나의 신경세포에는 수천 개의 시냅스가 있어 다른 신경세포와 연결되어 있다. 이 연결부위에는 '시냅스 간극'이라는 틈새를 두고 있는데, 뇌에 들어온 정보, 즉 뉴런의 전기신호는 시냅스 간극에 존재하는 '도파민, 아세

---

36) 김형자, 『인간두뇌는 책 2000만권을 저장할 수 있는 컴퓨터』 참조.

틸콜린, 글루탐산, 세르토닌, 히스타민' 등의 물질에 의해 화학신호로 바뀌어 다른 신경세포로 전달되고, 다시 전기신호로 바뀌는 일련의 미묘한 과정을 거친다. 이처럼 인간의 지각이나 마음을 물질적 성질에 적지않게 의존하고 있음을 볼 수 있다.

이런 점에서 의사자유의 문제를 물질적 혹은 외부적 영향 없이 정신적으로 자유롭게 선택할 수 있는 행위양식으로 판단하여, 인간은 자신의 자유의지에 따라서 달리 선택할 수 있음을 의미한다면, 다음과 같은 모순에 봉착하게 된다. 즉 의사자유는 각 개인의 인지와 지각을 통해서 형성되고, 이러한 인지와 지각은 우리의 신경원과 신경원 사이를 연결하는 신경충동전달기제인 시냅스의 생성과 역할에 따라 달라질 수 있다. 따라서 신경원과 시냅스라는 물질이 결과적으로 인간의 지능에 결정적 영향을 주게 되는데, 이는 의사자유와 상호 모순되는 것이다.

더구나 시냅스의 생성은 경험적 기대과정에 따른 것으로 파악되는데, 여기서 경험적 기대과정이란 유전인자의 명령체계에 따라 성숙되지만, 환경이나 경험의 영향을 받아서 형성되는 시냅스의 생성과정이다. 이런 점이 의미하는 바는 "인간의 의사자유는 인간의 유전적·환경적 요인에 의해 적지 않게 의존되어 있는 것이지, 이것으로부터 완전하게 독립될 수 없다."는 결론을 내릴 수밖에 없게 된다. 더욱이 신경세포의 수가 적은 하등동물의 경우에는 어느 세포가 어느 세포와 연락하는 지를 유전자가 엄격하게 지배하며, 신경세포의 수가 늘어나면 날수록 그만큼 자유도가 확대되는 것이다. 인간은 대뇌피질에만 140억 개 정도의 신경세포가 존재하고, 뇌 전체로는 1,000억 개나 된다. 이처럼 많은 신경세포를 인간이 가짐으로써 다른 동물보다 본능으로부터 훨씬 자유스러운 것은 사실이지만, 그렇다고 인간의 뇌 상태와 무관하게 인간의 의사가 자유스럽다고 말할 수 없는 것이다.

게다가 인간의 유전자 구조에서 FOXP2라는 돌연변이가 생각을 말로 표현할 능력을 주었으며, 뒷담화를 가능케 하는 상상력을 부여하였다. 이러한 상상력을 품고 있는 인간은 자신의 결정이나 상상력에 따라 행동할 능력을 가졌다는 점을 암시한다.

그러므로 인간의 의사는 인간의 육체와 아무런 상관이 없다는 것은 진실이 아니며, 허구에 불과하다. 이 문제는 인간의 인식 밖의 문제로 치부해야 된다는 입장도 있지만 굳이 그럴 필요조차도 없다. 왜냐하면 육체와 정신적으로 성숙한 인간은 자신의 행위를 지배하며 조종할 수 있는 목적 지향적인 활동능력을 갖고 있기 때문이다. 그런 능력을 가진 인간이 사회적으로 요구되는, 지켜야 할 준칙을 의도적으로 위배하여 타인이나 사회적 법익을 침해했을 때 그는 마땅히 준수했어야 할 책무를 등한시한 것을 근거로 그에 대한 비난이 가능한 것이다. 즉 **책임 비난의 근거는 인간이 형법상의 금지규범이나 요구규범을 준수하고, 규범위반을 회피하는 합목적적 행위지배를 충분히 실행할 수 있음에도 불구하고, 규범위반을 범하였다는 데에 있다.** 그러기에 지켜져야 할 사회적 준칙이 통상인도 준수가 불가능한 것이라면 그에 대한 준수를 하지 않았다고 할지라도 책임을 질 수 없다고 해야 한다. 또한 어떤 범법행위를 실행하는 중에 통제 불능의 무의식에 빠지고, 그것이 입증 가능하다면 그는 통제 불능에 빠진 그 때부터는 책임능력을 상실했다고 새겨야 할 것이다.[37)]

Ⅳ. 형사실체법의 해석론[38)]

1. 형사실체법 해석의 기본원칙

형벌을 수단으로 삼고 있는 형법은 복수와 달리 죄형법정주의를 기본원칙으로 한다. 죄형법정주의는 형사실체법상 금지된 행위가 구체적으로 무엇인지 사전에 명확히 기술하여 국민에게 알려야 하고, 성숙한 국민이라면 어떤 행위를 금지하고 있거나 이행해야 할지를 알 수 있도록 하여, 그런 규범위반행위에 대해 회피할 수 있음을 전제한다. 이를 위해 죄형법정주의는 소급효금지, 성문법주의, 유추금지와 명확성의 원칙을 내용으로 한다.

통상적으로 허용되는 형법해석의 방법은 문리해석, 역사해석, 체계적 해석과 목

37) 인간의 정신이나 의사는 인간의 육체와 아무런 상관이 없다는 의사자유론의 입장은 다음의 관점에서 문제가 생긴다. 인간의 의사의 자유, 특히 마음과 육체의 대비나 극단적 분리는 인간의 마음에 관한 진실을 왜곡할 수 있다. 왜냐하면 나의 육체는 나의 생명을 구성하는 실체이자 인식의 발현을 가능케 하고 있으며, 나의 육체의 상태와 환경에 따라 나의 마음과 정신도 크게 영향을 받고 있기 때문이다. 따라서 인간에 있어서 육체인 객체와 마음을 담고 있는 주체는 상호 보완적이며, 순환관계에 있는 것이고, 이를 완전히 분리할 수 없다. 이런 점에서 인간은 의사의 자유를 가진다고 할 것이 아니라, 인간은 자기결정권을 가지고 있지만, 환경이나 문화 혹은 신체적 상태로부터 완전하게 자유스러운 존재라고 할 수 없다고 해야 한다.

38) 법의 해석에 관한 자세한 설명은 김영환, 『법철학의 근본문제』 제3판, 홍문사, 2012, 274쪽 이하 참조.

적론적 해석(특히 목적론적 축소해석)을 들 수 있다. 그 밖에도 법원칙의 통일성과 형법 개념의 독자성 역시 해석의 영역에서 다룰 수 있는 쟁점이다. 법조실무가나 실무가 출신 학자들 중에는 법해석의 영역에서 법원의 법창조 기능을 인정하려는 이른바 사법적극주의를 주장하는 분들도 적지 않다.

형법상 허용되는 해석은 법규범에서 명시한 의미를 명확히 하고 이것의 의미파악에 국한되는 반면, 금지되는 유추는 법조문의 문언이 적용되는 범위의 틀을 넘어선 것으로 이해한다. 따라서 해석의 목적은 법률문언에 대한 의미를 사회적 통념에 합당하게 명확히 하려는 데에 있고, 반면 유추의 목적은 법률의 흠결 부분을 사회적 요청에 의하여 유추를 통하여 보완하는 데에 있다. 이처럼 해석과 유추의 이론상 구별은 쉽다.

그러나 해석과 유추 모두가 불명료한 법문의 보완 필요성 때문에 사회적 요청에 걸맞게 적용시키려는 것이어서 이들을 언제나 명확히 구별하는 것은 현실적으로 어려운 일이다. 즉 이들 모두 주어진 상황에 대한 법률 적용 시에 야기되는 문제이며, 방법상으로 유사하고, 법규범을 특정 사안에 대입시키려고 할 때에도 동일한 수단을 사용하고 있기 때문이다. 이런 점에서 일부학자들의 주장처럼 "법률문언의 가능한 의미"의 기준만으로 허용되는 해석과 금지되는 유추를 구별하려는 시도는 지나칠 수 있다.

모든 법해석은 법문의 일상적인 의미나 법률적 언어관행을 사용하여 법문의 의미파악에서 시작해야 한다. 그러나 법문의 문언이 애매하거나 다의적일 때는 법규에 명시된 형식상의 용어에만 집착할 수 없고, 법문의 논리적 의미파악을 비롯한 법률의 입법사나 법률 전체의 체계적 해석을 할 필요성도 발생하며, 경우에 따라서는 목적론적 해석(특히 목적론적 축소해석)이 필요할 수도 있다. 왜냐하면 형벌법규의 입법 시에는 일반조항과 가치충전이 필요한 개념의 필요성이 불가피한 경우가 발생하며, 이럴 때에도 문언에만 집착할 수 없는 목적론적 해석을 통하여서라도 형벌법규가 일반국민에 대해 무엇이 금지되어 있는가를 보여 줄 수 있어야 하고, 또한 형법은 결코 문자로 형식화된 죽어 있는 조문의 집합에 불과한 것이 아니며, 일정한 목적을 갖고 인간의 사회생활 속에서 생활관계와 함께 진화되는 합목적적 정신을 담고 있기 때문이다. 따라서 법률해석자는 법률 해석 시에 단순히 법문에만 집착하여 문언의 일상적 의미파악에 국한되어서는 아니 된다. 법률의 입법취지, 보호기능과 그 법률의 객관적 의미와 목적을 비롯하여 형법의 성격에 고유한 독자적 개념의 존재를 인식하고 고려해야 한다. 때로는 법률의 흠결 내지 법률이 불비된 경우라도 허용되는 해석에 의해 보완될 필요성이 없지 않다. 예컨대 입법의 불비가 입법자의 편집상 과오에 기인한 것이 확인될 경우 이를 일정한 요건 하에서 보정할 수 있어야 한다. 또한 문언의 일상적 의미보다 넓은 개념인 문언의 가능한 의미 내에서의 해석도 이에 관한 정당한 논증에 의해 근거를 갖고 있고, 법치국가적 요청을 만족시킬 수 있다면 허용된 해석으로 간주할 수 있음은 물론이다. 법치국가적 요청을 만족시키는 해석의 허용범위는 형벌법규의 수범자인 국민에게 무엇이 구체적으로 금지되고 있는가(혹은 요구규범)를 명확하게 인식시킬 수 있고, 그렇게 함으로써 국민은 금지규범(혹은 요구규범)에 대응할 수 있는 자기결정을 할 수 있는 정도에 이르러야 한다.

이러한 해석의 원칙 아래에서 형법총칙 규정과 관련하여 형법해석상 문제되는 몇 가지 쟁점들을 살펴보고자 한다.

1. 과실범의 공동정범

이재상 교수를 비롯하여 일부 학자들은 과실범의 공동정범을 인정하고 있으며, 판례는 과실범의 공동정범을 맹신하고 있다. 이들 모두는 과실범의 공동정범의 근거조문을 공교롭게도 형법 제30조에서 찾는다.

특히 판례는 죄형법정주의의 철저한 준수를 외쳐 왔으며, 판결문을 통하여 지금껏 979번[39]이나 원칙으로서 강조하고, "유추를 금지한다."고도 474번[40]이나 선언하여 왔다. 그렇다면 판례는 죄형법정주의의 원칙과 유추금지원칙에서 일탈할 수 없는 것이 상식이다. 만일 그렇지 않다면 앞에서는 원칙을 실컷 이야기하고, 뒤로는 예외를 쉽게 인정하는 이중적 태도의 전형적인 모습이 되기 때문이다. 바로 이런 꼴을 과실범의 공동정범을 인정하고 있는 법원과 학자들의 진짜 모습이다. 한편으로 죄형법정주의를 주장하면서도 다른 한편으로 처벌의 사각지대를 피하기 위하거나 실무상 입증의 필요성

39) https://glaw.scourt.go.kr/wsjo/intesrch/sjo030.do?q=%EC%A3%84%ED%98%95%EB%B2%95%EC%A0%95%EC%A3%BC%EC%9D%98&tabGbnCd=01#1638170911076 참조.

40) https://glaw.scourt.go.kr/wsjo/intesrch/sjo030.do?q=%EC%9C%A0%EC%B6%94%EA%B8%88%EC%A7%80&tabGbnCd=01#// 참조.

때문에 과실범의 공동정범을 허용하려는 태도는 최근 우리나라에서 벌어지고 있는 일부 학자들의 공정과 정의에 관한 이중적 태도와 다르지 않다. 정의와 공정은 수사적 언어나 혹은 논문으로만 그칠 수 없다. 학자는 모름지기 '**지행합일**'이라고 하지 않았나.

형법조문의 해석은 일의적이어야지 과실범의 성립요건과 고의범의 성립요건에 따라 달라질 수 없다. 이 점은 형법 제30조의 공동정범에서도 동일하다. 고의범의 공동정범은 행위주체가 범죄라는 작품을 공동으로 형성하겠다는 의사의 합치 또는 결합에 의해 범죄구성요건을 실행함으로써 성립한다고 말한다. 이렇게 해석될 형법 제30조는 과실범의 경우에도 예외없이 동일하게 적용될 수 있다는 이론구성은 문언상 예상하기 힘들다.

그런데도 판례와 학설의 일부는 형사실무상 고의의 입증을 완화하기 위해 형법 제30조의 적용범위를 유추를 통하여 확대하였다. 이는 죄형법정주의에 대한 정면의 위반이자, 사법의 전형적 왜곡에 속한다.

2. 임의적 감경의 의미와 이에 따른 선고형의 범위41)

(1) 대법원 전원합의체 다수의견에 따르면 "형법 제55조의 '할 수 있다.'는 문언의 의미에 비추어 보면 입법자는 임의적 감경의 경우 정황 등에 따라 형을 감경하거나 감경하지 않을 수 있도록 한 것이고 그 권한 내지 재량을 법관에게 부여한 것이다. 이러한 해석은 문언상 자연스러울 뿐만 아니라 일상의 언어 사용에 가까운 것으로 누구나 쉽게 이해할 수 있다. 법문과 입법자의 의사에 부합하는 이상, 죄형법정주의 원칙상 허용되지 않는 유추해석에 해당하지도 않는다." 그 결과 임의적 감경에 해당되더라도 "유기징역형을 감경할 경우에는 '단기'나 '장기'의 어느 하나만 2분의 1로 감경하는 것이 아니라 '형기', 즉 법정형의 장기와 단기를 모두 2분의 1로 감경함을 의미한다는 것은 법문상 명확하다."고 주장한다.

(2) 다수의견에 따르면 임의적 감경의 경우 "형기의 감경은 법관에게 부여한 권한 내지 재량"이라고 여기고 있다.

---

41) 대법원 2021. 1. 21. 선고 2018도5475 전원합의체 판결.

(3) 생각건대 임의적 감경에 해당되는지 여부 자체는 법관에게 부여한 권한이나 재량일 수 없다. 왜냐하면 임의적 감경의 여부는 법률의 관련 조문에 의해 구체적으로 결정되기 때문이다. 임의적 감경규정에 해당되더라도 법정형의 형기에 관한 감경 여부는 법관의 전적인 자유재량이나 권한일 수 없다.

(4) 형법은 개별적 조문을 통하여 필요적 감경과 임의적 감경을 구별하고 있다. 이러한 구별은 그 법률효과의 차이를 전제로 한다. 형법학계도 임의적 감경과 필요적 감경에서 나타난 차이점 때문에 이들의 구별에 관해 매우 신중한 태도로 접근하고 있다. 예컨대 범죄구성요건의 실행에 착수한 미수범이 어떠한 이유로 실행행위를 중지하여 결과발생을 야기하지 않았다면 그 미수범은 장애미수에 속한지 혹은 중지미수에 속한지는 초미의 관심을 갖게 된다. 이는 형사실무에서 심각하게 인식해야 한다. 임의적 감경의 경우 법원은 법정형의 하한에 대한 감경만을 할 수 있다고 해당 형법규정은 전제하고 있으므로, 선고형의 범위는 법정형의 상한에서부터 하한에 대한 형의 감경까지에 이르게 된다는 것이 상식에 속한다. 필요적 감경은 이에 반해 형의 하한뿐만 아니라 형의 상한도 필요적으로 감경되어 임의적 감경보다 양형의 감경 폭이 훨씬 넓다. 이처럼 양자의 구별실익이 크다는 점은 임의적 감경과 필요적 감경 사이의 법률상 효과가 다름을 전제하기 때문이다.

(5) 만일 다수의견을 따른다면 임의적 감경이냐 필요적 감경이냐의 문제도 형법 제55조의 법률효과가 양자 모두 법률상 동일한 것으로 볼 수밖에 없는 것이고, 이는 임의적 감경과 필요적 감경 사이의 구별실익이 없다는 것을 의미한다.

(6) 다수의견의 이와 같은 입장은 임의적 감경규정과 필요적 감경의 규정에 대한 의미와 형법 제55조에 의한 법률상의 감경에 대한 의미를 동일한 것으로 보고 있는 결과이다.

(7) 다수의견의 이러한 태도는 문제가 있다. 예컨대 장애미수에 해당되는지 혹은 중지미수에 해당되는가의 여부는 재판상 형의 선고 시에 고려의 대상이 되기 이전에, 형법은 장애미수와 중지미수에 관한 법정형의 감경한계를 명시하고 있다. 형법의 이러한 규정은 법관의 해석이나 재량으로 변경할 수 없다. 왜냐하면 범죄구성요

건이나 법정형의 범위는 입법자의 결단에 속한 것이지, 법관의 해석이나 판단에 의해 결정되지 않기 때문이다. 따라서 임의적 감경에 관한 장애미수의 법정형을 법관의 재량에 의해 형의 상한에 대해서도 감경한다면 이는 법령위반에 해당될 수 있다.

(8) 형법 제55조의 법률상 감경은 법관이 구체적 사안과 관련하여 피고인의 양형 시에 적용하는 규정이다. 이는 형법 제3장 제2절 형의 양정이라는 표제에서도 명백히 드러나 있다. 양형단계에서의 법률상 감경은 형법이 그 이전에 특별히 결단한 법정형의 범위를 넘어설 수 없다. 왜냐하면 만일 그렇게 새기지 않는다면 형법 제55조의 규정은 임의적 감경과 필요적 감경의 구별 자체를 무시하게 되기 때문이다.

(9) 이런 점에서 필요적 감경이든, 임의적 감경이든 모든 법률상의 감경은 일률적인 법률효과를 갖는다고 해석한 다수의견은 형법 제55조의 규정을 아주 형식적으로만 이해하고 있다. 이러한 입장은 정당하다고 할 수 없다. 왜냐하면 형법 제55조 제1항 제3호에 따르면, "3. 유기징역 또는 유기금고를 감경할 때에는 그 형기의 2분의 1로 한다."고 명시하고 있는바, 이를 임의적 감경의 효과에 대입해 보면 형의 하한에 관해서만 2분의 1로 감경한다고 해석하는 것이 형법의 취지에 걸맞기 때문이다.

(10) 필요적 감경과 임의적 감경범위에 관한 차이를 인정하고 있는 형법 각 본조의 규정과 달리 형법 제55조 법률상의 감경규정은 그런 차이를 인정하지 않는 바, 이는 입법자의 실수로 보인다. 왜냐하면 형법은 작량감경의 법률효과에 관해서도 감경의 근거규정을 두지 않은 실수를 범했으며, 필요적 감경과 임의적 감경의 법률효과에 관한 형법 각 본조의 규정을 전혀 참작하지 않고 일률적으로 감경의 범위를 명시하고 있기 때문이다.

(11) 그렇다면 **형법 제55조는 법률상 감경에 해당하는 임의적 감경의 범위에 관해서 형의 하한의 경우에만 감경할 수 있다고 판시해야 될 뿐만 아니라, 이를 조문에 명시할 필요성을 갖는다.**

3. 형법 개념의 독자성

(1) 모든 법률에는 기본적으로 일련의 법질서 통일성이 존재한다. 왜냐하면 통상의 법적 사안에 관한 법해석은 법적 안정성 및 법질서의 통일성 관점에서 상호 저촉됨이 없이 조화롭고 체계적으로 파악될 때 비로소 논리성과 체계적 정당성을 확보할 수 있기 때문이다. 그럼에도 각 법률영역은 지향점이 서로 다르기 때문에 각 영역의 독자성을 인정해야 할 필요성도 적지 않다.[42]

(2) 예컨대 민사법은 소유권 보장, 사적 자치와 거래 안정 등을 통해 재산권의 효용을 극대화하고, 이런 재산권을 다시 공정하게 분배하는 데 일차적 목적을 두고 있다.[43] 이에 반해 형사법은 죄형법정주의 원칙에 따라 법익보호 임무와 인권보장 임무를 주된 목적으로 한다. 이처럼 두 영역의 법이념과 제재수단이 서로 다르기 때문에 양 법률영역의 상이성과 독자성을 인정하지 아니할 수 없으며, 이를 인정하지 않고 언제나 형사법 원칙을 민사법에 동일하게 적용하는 것은 잘못이다. 예컨대 '의심스러울 때는 피고인의 이익'이라는 형사법의 원칙을 민사법에 적용하게 되면 잘못된 결과를 야기한다.

(3) 다시 말해 민사책임은 사인(私人) 간에 야기된 손해에 대한 공평한 보상을 목적으로 하는 데 반해, 형사책임은 국가적 제재에 의하여 행위자를 형벌로 처벌함으로써 중요한 법익 보호를 통해 사회를 방위하는 데 기여한다. 또한 법인(法人)은 민사법상 계약의 주체로서 당사자의 자격을 가질 수 있지만, 형사법상 법인은 원칙적으로 범죄행위의 실행주체가 되지 않는다. 왜냐하면 법인은 법인격을 갖고 있긴 하지만 추상적 실체에 불과하다는 점에서, 실행행위의 현실성을 요구하는 형법의 성격에 어울릴 수 없기 때문이다. 게다가 민사법에서는 위험책임 · 무과실책임이 인정되지만, 형사법에서는 결코 그런 위험책임 · 무과실책임을 인정할 수 없다. 민사법은 고의 · 과실의 경중을 묻지 않고 손해를 입힌 만큼 손해배상 책임을 지우는 데 반해,

42) 이에 반해 최성진, "형법상 독자적 개념형성권의 인정여부 - 형법상 구성요건해석에 있어서 민법상의 개념 및 이론이 미치는 영향 -", 『형사법연구』 제27권 제1호, 한국형사법연구회(2015), 163쪽 이하.
43) 박광현, "형사법의 독자성과 민사법과의 통일성 관점에서 바라본 학제 간 고찰", 『서울법학』 제20권 제1호, 서울시립대학교 법학연구소(2012), 253~309쪽 참조.

형사법은 고의범을 원칙으로 처벌하고 과실범은 예외적으로 처벌한다. 이러한 점에서 형사법은 죄형법정주의, 책임주의, 행위시법주의와 최후수단성이라는 형법의 고유한 원칙과 이론을 전제한다.

(4) 형법은 기본적으로 형법 독자의 기준에 근거하여 형법상 조문을 해석해야 되므로 어떤 경우라도 형법의 취지와 그 기본정신에 충실한 해석을 해야 된다. 우리는 적지 않은 사례에서 형법상의 용어가 다른 법역, 특히 민법이나 행정법에서 사용되고 있는 개념과는 다른 독자적 개념으로 사용되고 있음을 자주 본다. 예를 들면 형법상의 점유 개념이 그렇고, 소유권의 개념[44]을 비롯해 인간의 시기[45]의 경우도 그렇다. 이런 점에서 형법상 법원리나 법률개념은 민사법과 언제나 같을 수 없고,[46] 때로는 그 고유의 성격에 따라 독자적 개념이나 성격을 갖고 있음이 분명하다.[47]

(5) 그 밖에도 형법의 성격은 민법보다 동적이고 현실적이다. 민법상 간접점유는 가능하지만, 형법은 간접점유를 인정하지 않는다는 것이 그 전형적인 예이다. 이처럼 형법은 동적인 성격을 지니고 있기 때문에, 행위주체의 실행행위 당시가 중요한 지점이 된다. 이런 이유로 형법 제1조 제1항은 "범죄의 성립과 처벌은 행위 시의 법

---

44) 예컨대 형법상 '위탁금전과 관련한 소유권' 문제도 민법상 소유권 개념으로는 온전한 해명을 할 수 없고, 형법상 독자적인 소유권 개념이 있어야 한다. 이에 관해서는 허일태, "위탁금전과 소유권 개념", 『비교형사법연구』 제5권 제1호, 한국비교형사법학회(2003).

45) 형법상 인간은 진통이 개시될 때부터이지만, 민법상에서는 분만이 되었을 때부터이다. 형법 제251조의 영아살해죄의 규정에서 볼 수 있듯이 분만 중의 태아를 형법상 인간으로 파악하며, 그렇게 하는 것이 타당하기 때문이다. 만일 모든 태아를 인간으로 파악할 경우, 산모의 자유는 극도로 제한되어 몸이 아파도 약을 먹기 힘들고, 자전거도 타기 힘들다. 타다가 넘어져서 태아에게 상해를 입히기만 해도 과실치상죄에 해당될 수 있다. 그러나 진통이 개시될 경우 그 고통 때문에 활동의 자유는 거의 불가능하게 되고, 그 진통은 그리 오래 진행되지 않는데, 사람이 아닌 태아로만 간주하는 것은 산부인과의사가 그 태아를 막 다루어도 과실치상에 해당될 수 없도록 한다는 점에서 용납하기 힘들다.

46) 형법의 경우 타인의 재물을 훔친 자에게는 그 즉시 절도죄가 성립되고, 사후에 그 재물을 소유자에게 반환하더라도 결과가 달라지지 않는다. 사적 자유를 원칙으로 하는 민법은 채무이행을 제때에 하지 못하고 연기하여 추후에 이행하더라도 관련된 비용의 추가부담 등으로 해결될 수 있다.

47) 예컨대 형법상 점유 개념은 민법과 온전히 일치할 수 없다. '형법해석의 독자성'에 관한 문헌으로는 김신, "채무부담행위와 배임죄의 손해", 『법조』 통권 제733호, 법조협회(2019), 108쪽 이하 참조; 김도균, "우리 대법원 법해석론의 전환: 로널드 드워킨의 눈으로 읽기 - 법의 통일성을 향하여 -", 『법철학연구』 제13권 제1호, 한국법철학회(2010); 변종필, "해석근거로서의 법질서 통일성과 형법의 독자성", 『비교형사법연구』 제13권 제2호, 한국비교형사법학회(2011); 조병선, "환경형법을 계기로 새로이 전개된 형법해석학적 이론들 - 감독책임, 행정종속론, 공무원가벌성론, 인과관계론 -", 『법학논집』, 청주대학교 법학연구소(1992); 오세혁, "법체계의 통일성", 『법학연구』 제4권, 홍익대학교 법학연구소(2002).

률에 의한다."고 명시하고 있다. 우리는 형법상 이 규정을 형법의 행위시법주의라고 부르며, 행위시법주의는 죄형법정주의 원칙 중에서 핵심적 내용인 만큼 이는 철저하게 준수되어야 한다. 따라서 행위시법주의는 다음과 같은 두 가지 측면을 지닌다. 하나는 행위주체의 행위 시에 관련 형사처벌 법규가 이미 선재하여야 한다는 점이고, 다른 하나는 행위 시에 행위주체는 행위자 자격을 갖추고 있어야 한다는 점이다.

(6) 행위주체의 자격은 일반범의 경우 형사미성년자가 아닌 이상, 원칙적으로 어느 누구도 행위주체가 될 수 있다. 반면에 신분범은 특정한 자격이나 일정한 신분을 가져야만 비로소 해당 범죄의 행위주체가 될 수 있다. 형법의 행위시법주의는 신분범의 경우에도 예외일 수 없음은 물론이다.

(7) 형법은 이처럼 행위시법주의를 천명하고 있기에 행위 당시에 행위자가 해당 신분범의 주체 자격을 가졌는지, 그 행위주체가 구성요건에 해당하는 행위를 하였는지 여부가 중요하다. 또한 형법상 행위주체의 자격자에 의한 행위 당시의 구성요건적 침해가 있었다는 실체의 존재 여부도 중요한 역할을 한다. 행위객체에 대한 침해 당시 존재하였던 구성요건 위반행위 자체가 사후에 해당 법률의 위헌결정을 제외하고 흔적도 없이 사라질 수는 없기 때문이다. 게다가 형법은 소급효나 추급효를 원칙적으로 인정하지 않는다. 실행행위 당시에 행위주체의 신분을 구비한 자의 형벌법규 위반행위는 여전히 처벌의 대상으로 남기 때문이다. 비록 사후에 발생한 행위주체의 자격상실과 관련된 법인이나 조합의 설립이 재판에 의해 무효라고 판결이 났더라도 말이다.

(8) 공법상의 기본개념도 형법상의 그것과 일치하지 않는 경우가 적지 않다. 예컨대 형법상 수사기관이나 재판기관의 행위는 죄형법정주의 원칙에 철저해야 한다. 이에 반해 행정기관의 공권력 행사작용은 해당 기관의 법집행 행위로서 공권력을 행사함으로써 사인(私人)에 대하여 구체적 사실에 관한 권리의 설정 또는 의무의 부담을 명하거나 기타 법률상의 효과를 발생하게 하는 행위 일체이며, 이러한 행정행위는 그 자체로 공정력을 갖고 있다. 다시 말해 행정행위가 해당 법률을 위반하였다고 하더라도, 그 행위가 원칙적으로 공정력을 가졌다면 무조건 무효나 취소되는 것이 아니다.

(9) 법질서의 통일성 원칙이 원칙적으로 준수되어야 한다고 하더라도, 행정처분의 무효 개념은 형법에 직접 영향을 미치는 절대적 효력을 갖는다고 할 수 없다. 게다가 형법의 행정행위에 대한 형법의 종속성은 언제나 무조건적으로 인정할 수 있는 것이 아니다. 그 이유는 다음과 같다.

① 형사법은 법익보호 및 인권보장이 주요 목적이므로 사후심사와 대응방안을 강구하는 데 반해, 행정행위는 사전예방이 주요 목적이라는 점에서 형사법과 행정법의 양자 간에는 제재수단이나 법원칙의 실질적 차이가 존재한다. 즉 형사법은 다른 법률로 사회방위를 할 수 없는 경우 형벌이라는 최후의 수단을 사용한다는 점에서, 행정법의 제재수단에 의해서도 사회 방위가 충분하다면 형사법의 개입이 불필요하다. 그러므로 형사법과 행정법의 경우 법해석의 적용방식과 제재수단의 운용방식이 다를 수밖에 없다.

② '행정행위의 공정력'에 근거하여 행정행위의 효력은 무효가 확정되기 전까지 원칙적으로 유효한 것으로 인정되어야 한다는 원칙은 '무죄추정의 원칙' 및 이에 바탕을 둔 '의심스러울 때는 피고인의 이익'이라는 원칙을 고수하는 형법상의 원리와 정면으로 배치된다.

③ 공법상의 과잉금지 원리 내지 비례성의 원칙에 따르면, 행정행위로 개인의 재산권 등이 다소 침해된다고 하더라도 목적, 수단, 방법 등이 적절하다고 평가될 경우 공익이 우선시될 수 있다. 반면 형법상에서는 인권의 본질적 침해금지를 비롯하여 죄형법정주의가 강조된다. 또한 행위주체에 의한 범법행위가 심증이 가더라도 합리적 의심이 있을 경우 무죄판결이 가능하기에, 공법상의 원리는 형법의 원리와 적지 않은 차이가 있다.

이런 점에서 형법의 행정행위 종속성을 무조건 인정해야 할 정당한 이유가 없다. 바로 이런 이유로 독일 연방최고법원은 "교통표지와 관련된 결정에서 행정행위가 후일 취소가 되더라도 취소 이전에 행한 위반행위의 위법성에는 아무런 영향을 미치지 않는다."고 판시한 바 있다.[48)]

(10) 또한 행정행위의 전제가 되는 국가의 존속성은 비록 불법적인 쿠데타로 정권을 장악한 정부가 출현하였다고 하더라도 유지되어야 한다. 예컨대 쿠데타로 등장

---

48) 이에 관한 자세한 기술은 조병선, "행정행위와 형법", 『형사판례연구』[4] (1996), 32쪽 이하 참조.

한 박정희 정권 아래에서도 대한민국의 정체성 내지 존속성이 훼손되었던 것은 아니며, 그러기에 그 정체성 및 존속성과 관련되지 아니한, 당시의 행정처분 모두를 당연무효라고 할 수 없다. 그러므로 국가의 존속성과 직접적으로 관련되지 아니한 특정 행정처분이 반헌법적이고 불법적인 정권탈취라고 판결로 확정된 경우라도, 무조건적으로 언제나 무효일 수 없는 것이다. 만일 불법적 쿠데타로 집권한 정부의 행정처분을 처음부터 모두 무조건적인 당연무효라고 한다면, 그런 정부로부터 임용된 법관이나 검찰의 사법행위도 당연무효로 돌리는 것이 마땅할 수 있다. 그 결과로 국가의 모든 권력행사를 소급하여 무효로 한다면 걷잡을 수 없는 사회적 혼란에 빠지게 된다. 이는 결코 바람직한 상황이 아니다. 그러므로 행정처분의 무효 개념은 우리 법질서 일반의 관점에서 언제나 통일적으로 적용되어야 할 성질일 수 없으며, 형법상에 직접 적용되어야 할 정당한 이유가 있는 것도 아니다.

(11) 같은 맥락에서 행정처분의 무효 개념이 항상 형법상 무효의 개념으로 번역되어야 하는 것도 아니다. 예컨대 구청의 인가를 받은 조합이 오랫동안 각종 사업을 추진하였다면 그 사업의 실체는 어디까지나 조합의 것이고, 조합임원이 취한 모든 주도적 행위는 그 조합의 실체에 귀속된다고 평가해야 한다. 후일에서야 조합인가의 적법성에 대한 재판에서 인가처분이 무효로 되었다고 해서, 기왕에 조합임원이 범했던 다양한 실체적 행위나 작품이 갑자기 없어지지도 않는다. 만일 조합설립에 관한 행정행위의 무효가 형법상의 문제에 관해서도 행정행위의 종속성 원칙에 입각해야 한다면, 조합임원의 지위는 애초부터 존재하지 않는 것으로 평가되어야 하고, 그 조합임원은 처음부터 행위주체의 자격이 없는 것이 된다. 그렇다면 '설립무효로 판결될 것으로 예견된 조합'의 임원이 무죄임을 확신하면서 중대한 법익침해 행위, 예컨대 특경법상의 위반을 다수 감행했음에도 그 임원에 대해서는 공소제기 여부가 불확실해지며, 또한 무죄가 확실할 것이기에 형법의 법익보호 기능을 극도로 훼손하게 된다. 형법상에서 이러한 결론은 결코 바람직할 수 없는 것이다.

(12) 그렇다면 구청이 인가한 조합의 사업주체인 조합임원은 실행행위 시에 여전히 형법상 행위자격을 가지고 있었음을 부인할 수 없다. 행정행위의 공정력에 의하더라도 인가된 조합은 적법하게 설립된 것으로 추정되며, 그 임원은 규범위반 행위 당시 실행행위의 행위주체임을 임원 자신뿐만 아니라 그 피해자도 인정하고 있었다

고 보는 것이 자연스럽다. 그러므로 조합설립에 대한 인가(認可)가 사후에 무효로 되었다고 하더라도, 행위 당시에 범했던 조합임원의 행위실체는 여전히 남아 있다. 이 점은 형벌에 관한 법률 또는 법률의 조항에 대한 위헌결정으로 소급하여 효력을 상실한다고 명시한 헌법재판소법 제47조 제3항과는 전혀 다른 성질의 것이다. 왜냐하면 위헌결정으로 특정 법률이나 법률조항이 위헌으로 확정된 경우, 행위 당시에도 그 법률이나 조항은 위법으로 평가되어 행위자의 범법행위가 존재한다고 말할 수 없기 때문이다.

(13) 독일 형법은 제14조 제1항과 제3항[49]에서 타인의 대리인이나 기관의 대표 등도 어느 범죄의 행위주체가 될 수 있음을 명시하고 있다. 그리고 대리인이나 기관대표 등의 자격에 관하여 사후에 무효나 취소사유가 존재하더라도, 실행행위 시에 법을 위반한 타인의 대리인이나 그 기관의 대표 등을 처벌할 행위주체가 될 수 있음을 확인하고 있다. 이 규정의 성격에 관해서는 다음과 같은 두 가지 견해가 있을 수 있다.

하나는 그러한 규정을 일부러 두고 있는 국가에서만 법인이나 조합의 인가에 관한 행정처분의 무효가 확정되더라도 범죄행위의 행위주체 자격을 가질 수 있다는 입장이다. 다른 하나는 행위주체의 행위 시에는 행위자 자신뿐만 아니라 그 행위 상대방인 피해자 역시 행위주체의 자격을 인식하고, 객관적으로도 그것을 인정할 수밖에 없는 사정에 처해 있는 데다 범행의 실체가 고스란히 남아 있기에, 사후에 행위주체의 자격이 소급적으로 적용된다는 것은 생각할 수 없는 당연규정이라는 입장이다. 전자의 입장은 형법상의 갖가지 개념은 기본적으로 법질서의 통일성에서 찾아야 되고, 예외가 인정되기 위해서는 그에 관한 것을 명시할 필요가 있다는 전제에서 출발한다. 이런 문제에 형법에서도 독자적이고 고유한 개념의 존재를 인정해야 한다는 필자의 입장에서는 받아들이기 힘들다.

---

49) 【타인을 위한 행위】 ① 다음 각 호의 1에 해당하는 자격으로 행위한 경우, 특별한 인적 성질, 관계 또는 상황(특별한 인적 요소)이 가벌성의 기초를 이루는 법률은 그와 같은 요소가 대리인에게는 존재하지 아니하고 본인에게만 존재하는 경우에도 그 대리인에 대하여 준용한다.
1. 법인의 대표기관 또는 그 기관의 구성원
2. 권리능력 있는 인적 회사의 대표권 있는 사원
……
③ 제1항과 …은 대리권 또는 위임관계에 기초하여 이루어진 법률행위가 무효로 된 경우에도 적용된다.

(14) 끝으로 학계에서 일부가 주장한 "형법의 규정에 의한 범죄라면 형법의 독자성에 근거해서 판단해야 하지만, 행정법인 '도시정비법'이라는 행정법에 근거한 범죄이므로, 이런 행정법상의 범죄에 관해서는 행정법의 관점에서 따라야 한다."는 입장은 자의적인 기준으로 보인다.[50] 그 이유는 다음과 같다.

① 행정법에 근거하여 자격을 취득한 행위주체가 행정벌에 관한 규정을 위반했다면 행정법적 속성에 걸맞게 다루어 행위 시에 범했던 행위주체도 소급하여 그 자격을 상실한 것으로 볼 수 있다. 그러나 행위주체는 형법상의 범죄로 할 것인가 혹은 행정법상 범죄로 할 것인가는 해당 국가의 입법상황에 따른 문제일 뿐이고, 이를 필연적으로 구분할 기준은 없다. 예컨대 환경범죄에 관해서는 독일의 경우 형법에 명시하고 있지만 우리나라는 대부분 환경행정법에 근거하고 있음이 이를 증명한다.

② 행위주체가 행정법상의 범죄를 범한 경우와 형법상의 범죄를 범한 경우를 구별해서 행위주체의 자격을 달리 파악하는 것은 비현실적이다. 형법의 적용은 자의적 기준으로 평가해서는 아니 되며, 논리 타당해야 된다. 우리는 형벌에 관련된 조문의 해석에서 자의적 기준을 극복할 때 비로소 형법상 책임주의가 올곧게 실현될 수 있다는 점을 명심해야 한다.

③ 행위주체가 행정법상의 범죄를 범했다고 해서 행정법에 근거한 형벌의 부과절차와 집행내용이 형법에 근거한 그것들과 실질적 차이가 있을 수 없다. 이런 점에서 행정법 위반의 경우 행위주체의 신분이 법원 등에 의해 무효나 취소되어 자격상실을 소급하여야 비로소 무죄가 될 수 있음에 반해, 형법규범 위반의 경우 그렇지 않다는 주장 역시 정당한 이유가 없는 것이다.[51]

---

50) 소급하여 취소된 조합의 임원이 취소 이전에 형법규정에 위반된 뇌물죄를 범했음에도 불구하고, 형법의 독자성을 전혀 고려하지 않고 법원이 무죄를 선고하였음은 이를 입증한다고 할 것이다. 이에 관해서는 부산고등법원 2014. 12. 18. 선고 2014노578 판결; 부산지방법원 2014. 8. 8. 선고 2014고합216 판결 참조.

51) 동일한 이유로 판례 역시 다음과 같은 입장을 취하고 있음을 볼 수 있다. "형벌법규의 해석은 엄격하여야 하고 명문규정의 의미를 피고인에게 불리한 방향으로 지나치게 확장 해석하거나 유추해석하는 것은 죄형법정주의의 원칙에 어긋나는 것으로서 허용되지 않으며, 이러한 법해석의 원리는 그 형벌법규의 적용대상이 행정법규가 규정한 사항을 내용으로 하고 있는 경우에 그 행정법규의 규정을 해석하는 데에도 마찬가지로 적용된다." 이에 관해서는 대법원 2007. 6. 29. 선고 2006도4582 판결 참조.

4. 사법적극주의에 대한 비판적 고찰

법조실무자나 실무자 출신의 학자들 중에는 사법적극주의를 줄기차게 주장하는 분들이 적지 않다. 최근에도 변호사비용의 책정과 관련하여 민법상 대원칙인 사적자치를 부정하고 법률의 해석과 판단에 법원의 적극적 개입을 주장한 판결이 탄생하였다.[52)]

사법적극주의(judicial activism)라 함은 성문법이 발달하지 않은 영국과 미국에서 법해석과 판결에 있어서 법문언에만 그치지 않고 정치적 목표나 사회정의 실현 등을 염두에 둔 적극적 법형성 내지 법창조를 강조하는 태도를 말한다.

그러나 성문법주의와 죄형법정주의를 헌법상 원칙으로 삼고 있는 우리나라에서 이런 주장을 거침없이 하였다는 점에 그저 놀랄 뿐이다. 국민들의 인권보장을 담보하기 위해서는 무엇보다 권력분립의 원칙이 철저히 준수되어야 하고, 이에 따라 사법권이 입법부의 입법형성권까지 침해한다는 것은 결코 용납될 수 없다. 왜냐하면 죄형법정주의를 철칙으로 삼고 있는 대륙법계의 경우 어느 누구도 감히 형사실체법의 해석에 있어서 법원의 사법적극주의를 옹호하고 법원에 의한 법창조기능까지 행사해야 된다는 주장을 감히 말할 수 없기 때문이다.

그럼에도 불구하고 '사법의 적극주의'는 도처에서 발견된다. 대학에서의 강연[53)]을 넘어서 '사법의 적극주의'라는 논문도 등장하고 있다.[54)] 이 논문에 따르면 사법적극주의를 표방하는 근거로 다음과 같은 사유를 들고 있다.

"첫째로 법원이 법의 해석적용에 있어서 소극적인 자세를 취하게 되면 궁극적으로 법의 정의실현기능이 유명무실하게 되어 버리므로 적극적으로 정의실현의 자세

52) 대법원 2018. 5. 17. 선고 2016다35833 전원합의체 판결: 변호사의 소송위임사무에 관한 약정 보수액이 부당하게 과다하여 신의성실의 원칙이나 형평의 관념에 반한다고 볼 만한 특별한 사정이 있는 경우라고 전제하긴 했으나, 좌우간 법원의 사법적극주의가 관철되었다. 다만 대법관 김신과 대법관 조희대가 사법적극주의에 대한 반대의견을 소수의견으로 피력했을 뿐이다.

53) 이회창은 1987년 3월 28일 서울대학교 법과대학 제11회 졸업생들의 졸업 30주년 기념행사의 하나로 강연하였음. 이에 관해서는 이회창, "사법의 적극주의", 『법학』, 제28권 제2호, 서울대학교 법학연구소, 1987, 147쪽의 각주* 참조.

54) 이회창, 위의 논문 147~161쪽 참조; 윤진수, "한국 대법원의 형사사건 성공보수 판결: 일반조항, 사법적극주의 그리고 장래적 판례변경", 『법철학연구』, 23권 제2호, 2020, 273-308쪽; 백경태, "프로크루스테스의 침대와 법의 지배 -최근 글꼴 파일 저작권 분쟁에 대한 '필요적' 사법적극주의적 검토-", 『계간 저작권』 32권 2호(2019), 113-140쪽; 김영희, "주택임대차에서 사적자치와 거래비용과 사법적극주의", 『법학연구』 30권 제1호(2020), 103-146쪽.

로 법을 해석적용하여야 한다는 것과, 둘째로 법원은 단순한 법문의 해석적용에 그칠 것이 아니라 나아가 법해석을 통하여 법창조적 기능까지 발휘해야 한다는 것과, 셋째로 법원의 사법심사 범위는 입법권이 제정한 법률과 행정권의 통치행위에까지 미쳐야 한다고 생각해 왔고, 이러한 뜻으로 사법적극주의라는 용어를 써 왔으므로 오늘은 사법적극주의를 이러한 의미로 해석하여 말하고자 한다."[55)]

참 위험한 발상이다. 권력분립의 기본원리를 이해하지 못한 탓일까? 아니면 정의실현 신념에 지나치게 철저해서일까? 후자라고 말하기도 어렵다. 이는 이런 사법적극주의를 주장한 이의 논거를 통해서 파악할 수 있다.

이회창 대법관이 관여한 '복사문서가 문서위조 및 동행사죄의 객체인 문서에 해당하는지 여부'에 관한 대법원 전원합의체 판결[56)]에서 "다수의견은 복사한 문서의 사본은 문서위조 및 동행사죄의 문서에 해당한다."고 판시했다. 그 근거로 복사문서는 원본을 실제 그대로 재현하여 보여준다는 점과 복사문서가 원본에 대신하는 증명수단으로서의 기능이 거래 일상에서 증대되고 있는 실정을 고려하였다. 그리고 만일 이회창 대법관이 철저한 정의관념과 목적론적 사고방식에 철저했다면 그 역시 복사문서도 문서위조의 문서에 해당된다고 보았어야 했다.

그렇지 않고 그가 죄형법정주의에 철저했다면 다음과 같은 입장을 따랐을 것이다. "위조한 문서를 전자복사기로써 복사본을 만들어 낸 경우에 그 복사본은 형법 제231조 소정의 문서라고 보기도 어려울 뿐 아니라 그 복사본을 만들어 낸 행위를 「타인명의로 문서를 작성하였다」고 할 수도 없어 그 행위가 형법 제231조 소정의 문서위조행위에 해당한다고 보기 어렵고, 그러한 경우 문서위조의 성립을 인정하는 것은 죄형법정주의의 원칙에 의하여 금지된 유추확장해석이 되며 같은 법조 소정의 문서의 개념 속에 전자복사본은 포함되고 필사본은 포함되지 않는다고 해석한다면 그 규정을 다의적으로 해석하는 것이 되어 형법법규의 명확성에 반하는 결과가 된다."[57)]

그러나 이회창은 죄형법정주의에도 그리 철저하지 못했다. 그는 다음과 같이 판시했기 때문이다. "위조문서의 원본을 복사하는 행위 자체는 이미 위조가 완성되어 작성명의의 진정이 침해된 문서의 표시내용을 사본으로 재현하는 것에 불과하고 복

55) 이회창, 앞의 논문, 148쪽.
56) 대법원 1989. 9. 12. 선고 87도506 전원합의체판결.
57) 대법원 1989. 9. 12. 선고 87도506 전원합의체판결에서 대법관 이재성의 반대의견.

사로서 새롭게 그 문서의 작성명의의 진정을 침해하는 것은 아니므로 이러한 사본의 작성행위를 문서의 위조라고 볼 여지가 없으나, 위조문서를 전자복사나 사진복사 등의 기계적 방법에 의하여 복사한 사본은 문서원본의 외관과 의식내용을 원본 그대로 재현한 것으로서 복사과정에서 의도적인 조작을 가하지 않는 한 원본의 외관과 의식내용을 그대로 타인에게 전달하는 기능을 가지고 있으므로, 이러한 사본을 제시하는 행위는 기계적 복사라는 중개수단을 통하여 문서원본의 외관과 의식내용을 상대방이 인식할 수 있게끔 간접적인 방법으로 문서원본을 제시하는 것이 되므로 위조문서행사죄를 구성한다."[58]

V. 결 론

형벌의 작동이 범죄행위를 억제할 만한 위하력을 갖지 않고, 형벌 부과절차의 적법성도 제대로 준수되지 않을 경우 범죄피해자는 언제나 다시금 복수를 할 수밖에 없는 사정으로 내몰리게 된다. 그러므로 형벌은 복수와는 달리 처벌내용의 정당성과 처벌절차의 합법성을 가져야 할 필요성을 가져야 한다. 이런 점에서 형벌은 민사상 손해배상으로 범죄를 억제할 수 없는 경우에 국한되고, 형벌의 내용이나 정도는 그 누구도 참기 어려운 고통을 핵심내용으로 삼아야 한다. 또한 형벌의 내용과 형벌 부과절차는 복수와 근본적으로 다른 차원인 책임주의와 적법절차의 실현 등 법치국가원칙의 공정한 작동을 전제로 한다. 그래야만 형벌을 통해 사적 복수의 악순환의 고리를 끊을 수 있기 때문이다.

따라서 형벌은 복수의 악순환의 연결고리를 끊고, 더 이상의 복수가 가능하지 않게 하는 데 있으므로, 형벌의 첫째 목적은 형벌을 통하여 더 이상의 복수의 실행을 방지하는 데 있다. 그래서 국가가 법률로 일정한 행위유형을 금지했음에도 불구하고 이를 무시하고 위반한 자에 대해서는 복수에 버금가는 실질적 고통을 그 행위자에게 되돌려 주는 것이 정의로 보았다.

국가는 형벌권을 행사할 수 있는 유일한 주체이지만, 국가공권력은 현재 진행되

58) 대법원 1989. 9. 12. 선고 87도506 전원합의체판결에서 대법관 이회창의 별개의견.

고 있는 급박한 범행이나 위난의 현장에 즉시 달려가서 피해자를 곧바로 도와 줄 수 없는 경우가 적지 않다. 국가만이 범죄에 대한 퇴치권(退治權)을 행사할 수 있다면, 피해자는 돌이킬 수 없는 피해의 위험에 직면하게 된다. 이와 같은 긴급한 상황이라면 국가는 범죄피해자에게 복수에 버금가는 자력구제방식인 정당방위나 긴급피난 등을 행사할 수 있도록 허용해 주어야 한다. 이러한 긴급행위는 국가의 시혜적 해택이 아니고 천부인권에 속하므로, 긴급행위에 대한 윤리적 제한은 삼가야 한다.

중대한 범법행위에 의한 법익침해의 피해자는 그런 피해에 대한 예방의 책무를 지닌 국가로부터 충분한 보상을 받을 수 있어야 된다. 왜냐하면 국민 개개인이 사적 복수의 대신인 형벌권을 국가에 이전 또는 위임했기에 그 피해를 입은 개인에게 실질적 피해보상을 해주는 것이 형벌권을 갖는 국가의 책무에 해당되기 때문이다.

인간은 사회적 책무를 지닌 주체적 인간으로서 책무위반에 대한 책임을 져야 하는 존재이고, 국가와 사회문화의 형성과 발전에 결정적 기여를 통하여 우리의 삶을 인간답게 누릴 수 있도록 만들었던 존재이며, 사회적 갈등을 회피해야 하고, 건전한 사회발전을 위해 자신의 능력에 어울리는 행동을 해야 할 책무가 있는 인격체이다. 이 때문에 인간은 존엄한 대상이며, 이러한 인간의 인격성은 양도나 포기할 수 없는 불가침적 권리를 누리고, 인간의 생명과 육체가 보전될 경우에만 존재하게 된다. 그러므로 인간의 생명권과 신체에 대한 불가침권 역시 인간존엄의 핵심임은 물론이다. 그런데 기본권의 주체로서 인간은 생존의 역사성과 사회성에서 결코 유리될 수 없다. 사회 속에 살고 있는 인간은 지나치게 자기중심적이고 개인주의적일 수 없으며, 공동생활을 책임 있게 형성해 나갈 사명을 간직한 사회적 관계에서 형성된 인격체이다. 개개인의 사회 관련성은 사회구조의 조화를 위해 기본권의 일정한 한계를 인정할 수밖에 없다. 그러므로 인간 개개인의 기본권은 타인의 권리를 침해하지 않은 한에서만 유효하다.

인간은 정신적·윤리적 존재로서 자기의식과 자기행위에 관하여 자율권을 갖고, 자신의 생명과 육체를 본질적 구성부분으로 전제한다. 따라서 정신적·윤리적 존재로서의 인간성의 자격을 상실케 하는 인간의 자율적 의사에 대한 본질적 침해행위뿐만 아니라, 인간의 생명이나 육체에 대한 본질적 침해 역시 인간의 존엄을 해치는 반인권적 행위가 된다. 인간존엄의 중추적 역할을 하는 자유와 평등의 실현이 실질적으로 담보하려면 실질적 법치국가의 원칙이 준수되어야 한다.

법치국가원칙이란 인간존엄의 핵심적 내용인 자유 · 평등과 정의를 실현시키기 위해 국가생활에서 지켜야 할 행동지침을 법으로 마련하고, 국가권력을 이에 입각하여 형성 · 집행하려는 인간사회의 기본원리를 말한다. 이러한 실질적 법치국가원칙의 이념적 기초는 한편으로 생활환경의 정의로운 조정과 형성을 통하여, 다른 한편으로 국가생활에서 불가피하게 야기되는 권력현상을 권력분립과 함께 합법성과 정당성에 기초한 법률로 순화시켜 인간의 존엄성을 확보하려는 데에 있다.

이를 위해 책임주의를 비롯한 죄형법정주의의 철저한 준수와 법학방법론의 올바른 착상을 비롯해 국회입법형성권의 남용금지 및 사법적극주의를 배척해야 된다. 특히 형법 제33조의 신분범에 관한 규정은 국회 통과 과정에서 비신분자의 정범성을 제한하고 있음에도 불구하고 자구수정 과정의 잘못으로 지나치게 확장되었다. 때문에 형법 제33조에 의한 비신분자의 정범성은 제한적으로 이해해야 한다. 형법 제53조의 정상참작 규정은 형법 제51조의 양형조건에 관한 규정과 본질적 차이가 없다. 게다가 정상참작감경 규정은 법률상 감경규정을 준용하고 있지 않음에도 이를 준용하는 위법을 범하고 있다. 이들 규정에 관해 합리적인 개정이 요구된다.

Ⅵ. 토론문

1. 하태인 교수(경남대)

안녕하십니까. 경남대 하태인입니다.

존경하는 허일태 교수님의 발표에 대담하게 된 것을 영광으로 생각합니다. 허일태 교수님께서 매일 새벽에 기상하셔서 운동과 공부하신다는 말씀을 듣고, 더 분발하여야 하겠다는 생각을 한 적이 있었습니다. 비록 삼일을 가지 못했지만 지금도 그 말씀은 저를 채찍질하게 하는 하나의 원동력입니다.

교수님의 발표에 대하여 많은 공부가 되었습니다. 전체적으로 교수님의 주장에 찬성하며 별 다른 이의가 없습니다.

배움에 미천한 제가 교수님의 발표에 반대의견 내지 토론을 하는 것은 적절치 않다는 생각입니다. 그러나 대담을 위해 비판적 입장에서 몇 가지 여쭈고자 합니다.

① 교수님의 발표문 전체에 흐르는 큰 맥락은 인간의 존엄이며, 이를 위하여 죄형법정주의, 형법의 최후수단성 등이 지켜져야 하며 이러한 논거를 형법의 해석과 적용에서 주장하고 계십니다.

인간의 존엄성은 행복추구권과 더불어 최고의 헌법가치이며 포괄적 인권으로서 개별적 기본권은 이로부터 도출되는 것으로서 자연권이라고 할 수 있습니다. 인간의 존엄성은 인간은 그 자체로서 존엄하다는 것입니다. 인간은 존엄성을 가져야지만 서로를 존중하면서 배려라는 사회의식 공동체가 형성된다고 할 수 있습니다. 그러므로 인간의 존엄성은 타방(他方)의 존재라는 사회를 전제로 하여야 하며 그렇게 하는 것이 사회 및 국가는 그 기능을 유지할 수 있는 것으로 보입니다. 따라서 인간의 존엄성으로부터 생명권, 생활을 유지할 수 있는 권리, 명예권, 자기운명결정권, 초상권, 알권리 등이 포함된다고 할 수 있습니다.

인간사회에서는 인간이 선험적으로 자유의사를 가지냐 또는 아니냐의 문제보다는 사회적 인간으로서 타방(他方)에 대한 영향을 고려할 수밖에 없습니다. 그래서 형법에서도 인간의 행위형태가 중시되며 이에 대한 평가(불법 및 책임)를 하게 되는 것으로 보입니다. 따라서 행위에 대한 책임을 묻는 것에 자유의사 존부를 판단하는 것은 사회 또는 국가 유지에 하나의 기능적 역할일 수 있다는 생각이 듭니다. 그러므로 "책임 비난의 근거는 인간이 형법상 금지규범이나 요구규범을 준수하고, 규범위반을 회피하는 합목적적 행위지배를 충분히 실행할 수 있음에도 불구하고, 규범위반을 범하였다는 데에 있다."라고 하신 말씀은 충분히 공감됩니다.

교수님께서는 "육체와 정신적으로 성숙한 인간은 자신의 행위를 지배하며 조종할 수 있는 목적 지향적인 활동능력을 갖고 있"는 것으로 보고 계시는데 범죄론적 입장에서 인간의 행위는 무엇이라고 생각하십니까?

대답: 지금껏 '범죄론적 입장에서 인간의 행위개념'을 고민해 보지 않았습니다. 규범학인 형법상 행위개념은 형법 제1조와 제9조부터 제26조까지, 제33조와 제34조에서 명시한 '행위'를 고려할 때 다음과 같이 정의될 수 있다고 믿습니다.

형법상 행위란 "자기 자신의 행동을 목적적으로 조종할 수 있는 자가, 사회방위 차원에서 볼 때, 회피했어야 할 현실적 위험을 피하지 않고 방치하거나 또는 그런 위험을 초래하는 인격적 행위태양"을 말합니다. 즉 저는 "목적적 행위지배를 할 수 있는 자가 회피했어야 할 현실적 위험을 회피하지 않거나 자초한 일체의 행위태양"을 형법상 행위개념으로 봅니다. 왜냐하면 성숙한 인간이라면 제한된 범위 내이긴 하지만 사물의 인과과정을 조종하고 지배하여 작품을 형성하는 탁월한 능력을 가졌을 뿐만 아니라, 그 작품 활동 과정에서 야기된 위험을 예상하고 그것을 회피하는 능력까지도 겸비하고 있기 때문입니다.

② 교수님께서는 죄형법정주의, 최후수단성, 사법소극주의 등 전통적 형법의 가치를 지켜야 한다는 취지로 말씀하십니다. 그런데 이러한 전통형법에 새롭게 등장한 위험이 현실화되는 것을 사전적으로 예방하기 위하여 등장한 이론인 위험형법에 대한 교수님의 생각은 무엇입니까?

대답: 오늘날 사회가 전통사회보다 훨씬 위험한 것으로 보는 견해가 적지 않습니다. 이러한 인식이 정말 정당한 것인지 규명할 필요가 있습니다. 40년 전만 하더라도 우리나라의 기대수명이 60대 전후였습니다. 그땐 다양한 사유로 빨리 죽었습니다. 교통사고뿐만 아니라 자연재해로 죽은 사람들이 지금보다 상대적으로 많았습니다. 이런 상황을 주시하지 않고 오늘날 사회를 무조건 위험사회로 치환해서 형법상 개입이 빨라야 된다는 주장은 객관적 데이터에 근거할 때 그리 큰 설득력을 갖지 않아 보입니다. 역사적 사실에서 볼 때 예전의 국가권력의 행사나 작동이라고 해서 대체로 선한 것이 아니었습니다. 조선시대의 가혹한 형벌부과뿐만 아니라, 비교적 최근인 박정희 시대에도 수많은 사법살인이 목격되었습니다. 그러므로 오늘날 사회현상을 울리히 벡이 말한 것처럼 '위험사회'라고 단정하는 태도는 옳다고만 할 수 없습니다. 이런 관점에서 오늘날 사회가 위험사회이니 상당수의 침해범을 위험범으로 해석하거나 입법하려는 사고방식은 지양되어야 합니다. 형벌권의 선제적 개입은 결과적으로 인권을 침해할 우려가 상대적으로 훨씬 크기 때문입니다.

예컨대 형법상 전형적인 침해범으로 구성되어 있는 '명예훼손죄'를 위험범으로 이해하는 판례나 학설의 풍토도 극복되어야 합니다. 명예훼손죄는 "공연히 사실을 적시하여 사람의 명예를 훼손한 자"라고 명시하고 있고, 이는 사실의 공연한 적시로 명예를 훼손할 것을 요구합니다. 결코 사실의 적시가 존재하면 명예훼손죄가 성립된다고 규정되어 있지 않습니다. 그럼에도 불구하고 판례나 학설의 일부는 사실의 적시가 다수인에게 전파될 가능성이 있다면 명예훼손죄가 성립된다는 위험범의 입장을 개진하여 처벌의 범위를 넓히고 있습니다.

③ 사형제도에 대한 교수님의 의지는 많은 문헌[사형의 대체형벌로서 절대적 종신형의 검토(『형사정책』 12권 2호, 2000), 단등중광 교수의 저서 "사형폐지론"을 읽고서(『비교형사법연구』 3권 2호, 2001), 사형의 대안으로서 절대적 종신형 도입방안(『형사정책연구』 66권, 2006), 사형(死刑)의 관념(觀念)에 관하여(『비교형사법연구』 9권 2호, 2007)] 등에서 피력하셨습니다.

이처럼 교수님께서는 인간의 존엄성 확보를 위해서는 사형제도를 폐지하여야 한다고 하시고 주장하십니다. 앞에서 언급한 바와 같이 인간은 천부적으로 이성적으로서 인격의 주체가 될 수 있는데 개개의 인간은 국가권력의 객체가 아니라 주체로서 구성적 지위를 가진다고 하는 것이 바로 인간의 존엄성이라고 할 수 있습니다. 그런데 이러한 지위를 상실한 행위를 한 범죄자에게도 인간의 존엄성과 가치는 인정될 수 있는 것인지, 즉 사회 내지 국가에 매우 큰 위해를 끼친 범죄자는 사회 내지 국가를 전제로 하는 인간의 존엄성이 존재한다고 할 수 있는가라는 것입니다.

사형제도 그 자체로는 위하 내지 일반예방효과가 없다고 하여도, 강력한 범죄에 대한 중한 형벌의 존재는 국민의 법감정에 부합할 수 있습니다. 즉 형사적으로 중대한 범죄 내지 반인륜적 범죄(강도살인죄, 미성년자 강간 살인 등)와 법치주의에 반하는 범죄(헌정질서 파괴범죄)와 잔혹범죄로서 국제적으로 승인을 얻은 집단살해죄(집단살해죄의 방지와 처벌에 관한 협약) 등에 대한 사형제도 폐지는 국민들의 법감정에 반할 수 있습니다. 이에 대한 교수님의 의견은 무엇입니까? 또한 사형제도를 대체할 수 있는 형벌에 대하여 절대적 종신형을 주장하시고 계시는데 이에 대한 설명 부탁드립니다.

대답: 절대적 종신형 역시 인간성의 본질적 침해가 가능하다는 점에서 위헌성의 문제를 야기할 수 있습니다. 교수님께서 적절히 지적한 바와 같은 반인륜적 범죄(강도살인죄, 미성년자 강간 살인 등)와 법치주의에 반하는 범죄(헌정질서 파괴범죄)와 잔혹범죄로서 국제적으로 승인을 얻은 집단살해죄(집단살해죄의 방지와 처벌에 관한 협약) 등에 대한 사형제도 폐지는 국민들의 법감정에 반할 수 있습니다. 그러나 사적 복수가 허용되지 않은 국가에서 국민의 법감정만을 중시하여 법치국가 원칙 내지 헌법상 사형제도의 위헌성을 무시한다는 것은 학자의 올바른 태도가 아니라고 봅니다.

사형제도가 위헌인 것은 ① 헌법 제37조 제2항 단서가 인권의 본질적 침해금지를 천명하고 있는바, 이에 따라 대부분의 헌법학자들은 육체를 절단하는 형벌은 위헌이라고 평가합니다. 그런데 절단형의 핵심인 사형은 합헌이고 절단형의 차선인 신체의 절단은 위헌이라고 본다면 이런 식의 사고방식은 무식의 극치로 보입니다. ② 헌법 제110조 제4항 단서조항은 형법상 명시된 사형제도를 전제로 하고 있다는 점에서 하위법에 의한 사형제도가 헌법상 근거가 된다는 헌법재판소의 무식한 논리, 참 지겹습니다. 즉 형법이 사형을 형벌로 두지 있지 않게 된다면 헌법 제110조 제4항 단서의 사유가 발생할 수 없게 됩니다. 그럼에도 불구하고 헌법재판소의 사형제도 합헌성 논리는 형법이 사형제도를 두고 있으니, 헌법은 그것을 전제로 사형제도의 합헌성을 인정해야 된다는 논리입니다. 이런 사고방식은 사형제도의 합헌성을 상위법인 헌법에서 그 근거를 찾아야 한다는 원칙에 반하며, 오리려 하위법인 형법에서 찾았다는 셈입니다. 가방끈이 누구보다 짧은 저이지만 도대체 헌법재판관들과 헌법학자 그리고 일부 사형존치론의 형법학자들의 논리를 보면 참 안타깝습니다.

우리는 국가를 단순한 개인적 감정의 주체가 아닌, 윤리적이고 합리적인 사고방식의 총합으로서 이해합니다. 따라서 국가가 절도하지 말라고 하면서 절도하는 것은 용납될 수 없듯이 사람을 죽이지 말라고 명령하면서도 사람을 사형시키는 것은 윤리적으로 어긋납니다.

더구나 사형제도를 대신할 절대적 종신형 제도의 도입을 통하여 사회로부터 영원히 격리될 수 있다는 관점을 참작하여 여론조사를 해보니, 절대적 종신형제도가 없는 경우는 사형제도 찬성 70%, 반대 30%가량이지만, 절대적 종신형을 대안으로 하는 경우 찬성 45%, 반대 55%가량이었습니다. 어떻게 조사하느냐에 따라 국민감정은 춤추고 있음을 볼 수 있습니다.

④ 법해석에 있어서 "법률해석자는 법률해석 시에 단순히 법문에만 집착하여 문언의 일상적 의미파악에 국한되어서는 아니 된다. 법률의 입법취지, 보호기능과 그 법률의 객관적 의미와 목적을 비롯하여 형법의 성격에 고유한 독자적 개념의 존재를 인식하고 고려해야 한다. 때로는 법률의 흠결 내지 법률이 불비된 경우라도 허용되는 해석에 의해 보완될 필요성이 없지 않다. 예컨대 입법의 불비가 입법자의 편집상 과오에 기인한 것이 확인될 경우 이를 일정한 요건 하에서 보정할 수 있어야 한다. 또한 문언의 일상적 의미보다 넓은 개념인 문언의 가능한 의미 내에서의 해석도 이에 관한 정당한 논증에 의해 근거를 갖고 있고, 법치국가적 요청을 만족시킬 수 있다면 허용된 해석으로 간주할 수 있음은 물론이다. 법치국가적 요청을 만족시키는 해석의 허용범위는 형벌법규의 수범자인 국민에게 무엇이 구체적으로 금지되고 있는가(혹은 요구규범)를 명확하게 인식시킬 수 있고, 그렇게 함으로써 국민은 금지규범(혹은 요구규범)에 대응할 수 있는 자기결정을 할 수 있는 정도에 이르러야 한다."고 하십니다.

교수님께서는 법해석에 있어서 문언적 일상적 의미파악, 입법취지, 보호기능, 객관적 의미와 목적, 형법의 독자성을 고려해야 한다고 하셨는데, 여기에서 문언의 해석 가능한 의미라는 개념은 매우 추상적이어서 동일한 법률에 대하여 그 해석은 서로 다르지만 '문언의 해석 가능한 의미' 내에 있는 경우에 문제가 발생할 수 있습니다.

형법해석은 전통적 해석방법인 문리해석, 논리적·체계적 해석, 주관적·역사적 해석 또는 객관적·목적론적 해석뿐만 아니라 합헌적 해석 등에 의하더라도 '문언의 가능한 의미'의 한계를 벗어나면 안 된다는 것이 대체적 견해입니다. 그러나 구체적으로 '문언의 가능한 의미' 내에 있는지에 대해서는 견해가 일치하지 않기 때문에, '문언의 가능한 의미'라는 기준은 모호하며 추상적인 기준에 불과하다는 비판이 제기됩니다.

또한 형법해석에 있어서 법률문언이 일상적 의미가 일치하는 범위 내에서도 입법목적과 법관의 해석이 서로 다를 경우가 있습니다. 즉 역사적·주관적 해석과 목적적·객관적 해석이 서로 충돌하는 경우에 어떻게 할 것인가라는 문제가 있습니다. 이에 죄형법정주의에 따라 입법자의 의사에 중점을 두는 주관설, 법률문언은 정적인 것이 아니라 동적이며 발전하는 것이라고 보면서 법의 목적에 근거를 두어 구체적 타당성을 중시하는 객관설, 또 양 설의 절충적 입장에서 목적적·객관적 해석방법을 우위에 두면서 역사적·주관적 해석을 그 제한점으로 삼는 제한적 객관설이 있습니다.

교수님께서는 이러한 경우 그 해결점은 무엇이라고 생각하십니까?

대답: 교수님께서 적절히 지적한 바와 같이 형법해석론에 관해 다양한 학설이 난무합니다. 형법상 해석은 무엇보다 형법의 문언에서 출발해야 됩니다. 교과서들뿐만 아니라 학자들조차 이런 원칙에 그리 철저하지 않습니다. 앞에서는 형법의 문언에 철저해야 한다고들 말들 하지만, 처벌의 사각지대가 발생하면 곧장 말을 바꿉니다. 판례가 그렇고 학설의 상당수도 그렇습니다.

예를 들어 봅시다. 배임죄가 "타인의 사무를 처리하는 자"를 행위주체로 명시하고 있음에도 불구하고, "타인을 위한 자기의 사무처리 자", 즉 '자기의 사무를 처리하는 자' 역시 배임죄의 행위주체로 포섭하며, 누구나 절도죄의 점유는 형법상 현실적이고 사실적 지배를 요한다는 점에서 민법상 간접점유를 배제하고 있음에도 불구하고, 횡령죄의 경우 "타인의 재물을 보관"하는 자의 경우 형법상 현실적이고 사실적인 보관을 요한다고 해석해야 됨에도 그것을 무시하고 "본인의 재물에 대한 후견인이나 법정대리인도 타인의 부동산을 보관할 수 있다."고 해석하고 있습니다. 학설이 필요하기 전에 문언에 대한 올바른 해결이 우선되어야 하며, 그것으로 부족할 경우 그 밖의 해석원칙에 따라야 되겠지요. 다만 목적적 해석은 축소해석의 경우를 제외하고는 삼가야 된다는 생각에는 변함이 없습니다.

⑤ 형법의 독자성과 관련하여 민사사건과 형사사건의 무분별은 결국 남고소로 이어질 수밖에 없으며, 사법서비스의 비경제화로 결국 이를 필요로 하는 국민이 피해를 볼 수밖에 없는 것 같습니다.

형법의 독자성은 결국 형법은 무엇인가라는 궁극적 질문으로 돌아갈 수밖에 없는 것으로 보입니다. 따라서 교수님께서 말씀하는 죄형법정주의, 형법의 최후수단성 등은 형법의 적용과 해석에 있어서 필수불가결한 것으로 여겨집니다. 따라서 형법의 확장은 국민의 자유의 침해 내지 제한으로 이어지기 때문에 벌금형 등의 행정벌로의 대체는 결국 교수님의 형법정신에 부합하는 것으로 보입니다.

또한 형벌 확장의 방지(전과자 양산)를 위해서라도 민사법과의 독자성은 이해가 갑니다. 그러나 형법 개념의 독자성이라고 하더라도 소유권, 점유권 개념 등은 원칙적으로 민사법적 개념을 차용하여야 한다고 생각합니다. 즉 민사법적 개념을 기반으로 하여 형법적 해석이 이루어져야 한다고 생각합니다. 민법의 개념을 따르면서 형법의 해석에 있어서는 이를 독자적으로 해석하는 것이 법적 통일성 및 독자성에 부합하는 것으로 타당하다고 보입니다. 이에 대한 교수님의 의견은 무엇입니까?

대답: ① 형법은 형법의 성격에 걸맞게 이해하고 해석되어야 합니다. 민법상 점유개념은 간접점유가 인정되지만 형법은 인정되지 않습니다. 형법상 보관의 개념도 역시 간접보관의 개념을 인정할 수 없음에도 불구하고 일본 형법의 영향에 따라 사실상 간접보관에 유사한 개념을 차용하여 보관의 의미와 범위를 넓히고 있습니다.

② 은행에 맡긴 예금은 예금자의 소유권일 수 없고, 전적으로 은행의 소유권이라면 어떤 근거로 우리는 우리의 예금을 마음껏 사용하고 처분하고 있을까요. 소유권의 핵심은 자유로운 사용권에 있습니다. 그 속에 처분권과 수익권이 생기고요. 그런 사용권과 처분권을 민법상 개념을 통해서만 이해된다는 것은 현실을 지나치게 왜곡하는 겁니다.

마지막으로 교수님의 글을 보면서 저 또한 논증에만 집중하여 합목적적이고 결과에 부합적인 글을 쓴 것은 없는가? 또 형법학에 대한 철학은 버려두고 생각은 있었던가? 라는 점에 부끄럽기까지 합니다. 덕분에 많은 생각을 하게 되어 감사하게 생각합니다.

늘 건강하시길 바라면서 마지막으로 후학들에게 어떠한 정신으로 형법을 대하여야 되는가에 대한 말씀 부탁드립니다. 감사합니다.

대답: 국가권력은 항상 선하다고만 할 수 없습니다. 최근의 역사에도 형벌의 남용과 왜곡으로 적지 않은 분들이 큰 고통을 받았거나 심지어 저 세상으로까지 보내졌습니다. 인간은 모두 존엄합니다. 이를 위해 한편으로 자유와 평화 그리고 정의가 실현되는 사회방위가 담보되어야 하고, 다른 한편으로 국가형벌권의 남용이나 왜곡은 방지되어야 합니다. 이런 점에서 형사법 교수님들은 인권보장을 위한 법치국가원칙과 적법절차의 철저한 준수에 전력투구해야 합니다.

2. 윤지영 박사(한국형사법무정책연구원 선임연구위원)

교수님과 함께 학술행사의 세션에 참여자로 이름이 오른 프로그램을 보면서 정말 소중한 기회를 얻었다는 생각에 무척 벅차고 감사했습니다. 한국형사 · 법무정책연구원은 형사법 및 형사정책 분야의 발전에 크게 기여하신 학계나 실무계의 석학들과의 대담을 『형사정책소식』에 시리즈로 연재하고 있는데, 저는 2019년 가을호의 주인공이셨던 교수님과의 대담 원고를 준비하며 한동안 교수님의 학문적 발자취를 따라가는 작업을 했던지라 감회가 남다른 것 같습니다.

형사실체법의 입법론과 해석론에 대한 교수님의 통찰력이 압축적으로 담긴 오늘의 발표문에도 ‘인간’과 ‘법’, 그리고 ‘형사정책’에 대한 교수님의 시각이 그대로 반영되어 있다고 생각합니다. 교수님께서 발표하신 방대한 양의 논문들은 인간의 존엄과 가치 실현이라는 공통된 목표를 지향하고 있고, 특히 사형제 폐지와 관련해서는 괄목할 만한 학문적 성과를 내놓으셨으며, 그 실천을 위해 NGO 활동도 꾸준히 전개해 오고 계신 것은 널리 알려진 사실입니다. 현재 우리나라는 실질적 사형폐지국으로 분류되고 있으나, 여전히 사형존치에 대한 국민적 요구가 큰 상황에 대한 교수님의 생각도 공유하고자 합니다.

“우리나라는 과거 권위주의적 정권 하에서 정치적 목적으로 반인륜적 사법살인을 적지 않게 자행했습니다. 그러나 국가는 감정적 존재가 아니라 이성적이고 윤리적인 존재여야 합니다. 국가가 시민들에게 타인을 살해하지 말 것을 요구하면서 정작 국가 스스로 사형제를 허용하는 것은 모순이지요. …(중략)… 다만 사형제를 둘러싼 다양한 문제점이 제기되고 있음에도 불구하고 반인륜적 흉악범의 재범가능성을 우려하는 시민들의 목소리도 간과할 수 없습니다. 여론의 영향을 받을 수밖에 없는 입법자의 입장에서는 쉽사리 사형제 폐지 결단을 내릴 수 없을 것이고요. 저는 사형대체형으로서 가석방 없는 절대적 종신형의 도입을 주장합니다. 종신형을 통해서도 범죄자에게 상당한 응보효과가 발생하고, 재범가능성이 영원히 차단될 수 있다는 점을 알려서 국민들을 설득하는 것이 중요하다고 생각합니다.”

한편 교수님의 발표문에 언급된 ‘인간이 존엄한 이유’를 제가 얼마나 충족하고 있는지는 의문이나, 타인과 연대하고 사회 발전을 위해 봉사하며 갈등을 조정할 수 있는 인간의 본성 때문에 우리는 자유와 평등 및 정의 등을 제도화시키며 살고 있는 것 같습니다.

“내 인생의 목표는 단순합니다. 사물의 본성에 대해 제대로 파악하여 건강한 사회를 형성하는 데 기여하고 싶다는 것이지요. 건강한 사회를 형성하기 위해서는 인권보장이 담보되고, 자유와 평등, 정의가 실현되어야 합니다. 그런데 자유와 평등, 정의는 생래적 본성으로 터득된 것이 아니고, 상상력의 산물이기에 인위적 본성으로 거듭나도록 훈련시켜야 합니다. 그래야만 습관화를 거쳐 제도로서 거듭날 수 있기 때문입니다. 다만 오늘날 사회는 다원주의를 속성으로 하고 있기에 무엇이 자유와 평등 및 정의인지에 관해 깊은 고민이 요구되고, 그 과정에 가능한 많은 사람들이 참여해서 토론할 수 있는 장이 필요하다고 생각했습니다. 법학은 다양한 측면에서 바라보아야 합니다. 모두가 같은 생각을 한다면 발전이 없고, 햇볕이 강할수록 그늘은 짙은 법이지요.”

형사법만이 아니라 법철학 분야에서도 활발한 연구 활동을 펼치신 교수님께서 ‘법’과 ‘정의’를 어떻게 바라보고 계신지도 인용하고자 합니다.

“법이란 인간적인 특성과 사회적인 환경에 밀접한 기반을 두면서 인간의 생활관계를 더욱 정의롭고 인간다운 삶을 형성할 수 있도록 규율하는 강제질서라고 생각합니다. 법철학은 정의롭고 올바른 생활관계의 길을 모색하는 과정에서 문제의식을 충전하는 수단이자 길잡이로 이해하고 있고요. 종래 법철학에서 정의는 각자에게 그의 것을 갖게 하는 항구적인 상태로 설명되었습니다. 그러나 분배될 대상이 희소하거나 전무하다면 각자에게 그의 몫을 돌려주는 것은 공허한 메아리에 불과하겠지요. 때문에 정의의 개념에는 분배 대상의 확대 재생산을 위한 효율성도 고려되어야 합니다. 즉 정의란 단순히 평등을 확보하고자 분배에만 초점을 맞추는 것이어서는 아니 됩니다. 이와 함께 효율적인 생산성을 전제로 하여 각자에게 그의 몫을 돌려 줌으로써 각 개인의 인격을 최대한 꽃피우면서 인간관계의 갈등을 해소하거나 긴장을 완화하기 위해 기울이는 총체적 노력의 길이 바로 정의라고 생각합니다."

나아가 건강한 사회 형성을 위해 마중물 역할을 하고 싶으셨다던 말씀과 함께 형사정책 분야의 연구자들에게 사회적 약자나 소수자의 권익보호를 위해 기여해 줄 것을 당부하셨던 장면도 기억에 남습니다. 인공지능 등 첨단기술의 발전이나 기후위기, 고령화 및 경제적 양극화 심화 등도 형사정책 분야에서 주목되어야 할 주요 쟁점이라고 생각합니다. 더욱이 교수님께서 발표문을 통해 우려를 표하신 사법적극주의를 경계하기 위해서는 시대의 변화 및 사회 구성원들의 목소리를 반영한 입법이 부지런히 단행될 필요가 있을 것입니다. 형사실체법도 그 예외가 아니라고 사료되는바, 일례로 기후위기 시대에 환경범죄에 대한 경각심 제고를 위해 형법전에 주요 환경범죄 규정을 편입시키는 것이 대해서는 어떻게 생각하는지 고견을 여쭙고 싶습니다.

대답: 1968년 결성된 로마클럽이 1972년 경제성장이 환경에 미치는 부정적 영향에 관한 보고서인 『성장의 한계』(1972년 로마클럽 소속의 경제학자 및 기업인들이 경제성장이 환경오염 · 자원고갈 등에 미치는 영향을 분석한 자료)를 1974년도에 읽어 보았습니다. 당시 개발도상국이었던 한국에서 저는 환경문제의 심각성을 피부로 느끼지 못했습니다. 하지만 그 로마클럽의 보고서인 『성장의 한계』를 읽고서 환경문제의 심각성을 절감하게 되었고, 이것이 계기가 되어 환경문제를 석사학위논문 주제로 다루었습니다. 그래서인지 환경문제의 방치는 지구의 생태계를 파괴하고, 인간의 삶의 질을 급격히 파괴할 수 있다는 인식을 하게 되었습니다. 사회적으로 용납할 수 없는 환경파괴에 대해서는 범죄로서 처벌할 필요성을 절감하게 되었고, 이런 환경범죄에 관한 중요규정은 형법전에 명시해야 옳다고 생각합니다.

3. 최준혁 교수(인하대학교)

1. 오늘 귀중한 자리에서 이야기를 할 수 있는 기회를 주셔서 대단히 감사합니다. 신동운 교수님은 저의 은사님이시고 허일태 교수님도 제가 깊이 존경하고 있습니다. 허일태 교수님의 글은 제가 대학원에 다니던 시절에도 읽고 있었으나 뵙고 말씀을 나눌 기회는 제가 울산대학교에서 일하기 시작한 2008년에 영남형사판례연구회에 참석하게 되어서부터였습니다. 당시에도 지금과 마찬가지로 영남형사판례연구회는 매달 열렸는데, 부산역 근처의 아리랑호텔이나 광장호텔 등에서 열리다가 동아대학교 등으로 개최장소가 바뀌기도 하였습니다. 학자들과 실무가들이 모여서 여러 주제에 관한 이야기를 나누는 기회는 그 자체가 토론의 장으로서 공부에 도움에 되었고, 행사를 마친 후의 술자리는 영남형사판례연구회를 꾸준히 참석하게 만드는 또 다른 이유였습니다.

그 후에도 비교형사법학회나 대법원의 형사실무연구회 등에서 여러 번 뵐 수 있었습니다. 2016년에는 교수님의 정년을 맞이하여 연 경주에서의 학술세미나도 매우 의미 있는 시간이었습니다. 당시에는 교수님께서 쓰신 여러 논문 중 발표자가 주제를 선정하여 A4 4페이지 이내의 범위에서 교수님의 의견을 정리하고 스스로의 생각을 덧붙이는 형태였습니다. 저는 사기죄에서의 보험계약상 고지의무의 의미를 다룬 대법원 2012. 11. 15. 선고 2010도6910 판결을 선택했는데, 교수님이 이 판결에 영향을 미쳤다고 볼 수 있기 때문이었습니다. 대법원 형사실무연구회는 대법원이 판결해야 하는 사안들 중 논란의 여지가 있거나 새로운 쟁점이 제기되는 상황에 그 주제에 대하여 학자들의 발표를 하게하고 있습니다. 허일태 교수님은 대상판결의 2심판결인 서울중앙지방법원 2010. 5. 27. 선고 2010노593 제9형사부 판결에 관하여 평석하셨는데,[59] 당시 "이 사건은 아직 대법원에 상고되어 계류 중"(같은 글, 424쪽)에 있었습니다. 교수님은 같은 해 11월 이 주제에 대해서 형사실무연구회에서 발표하셨으며,[60] 교수님의 글은『형사재판의 제문제』제7권(차한성 대법관 퇴임기념), 2014, 85~103쪽에도 수록되었습니다.

교수님의 글은, 보험법상 고지의무위반이 보험법 내지 민사법에서 어떠한 의미와

59) 허일태, "보험계약상 고지의무와 보험금 사기의 고의",『동아법학』제52호(2011), 417~445쪽.

60) 우인성, "보험계약 체결시 고지의무를 위반한 것이 보험금 편취를 위한 기망행위로 볼 수 있는지 여부",『대법원판례해설』제94호(2013), 640쪽.

법률효과가 있는지를 밝힌 후 고지의무위반이 사기죄의 기망행위가 될 수 있는지와 사기죄의 편취의사 내지 사기죄의 고의가 고지의무위반과 어떠한 관계에 있는지를 규명하고, 이에 기반하여 대상사건에 대하여 검토합니다. 특히 상법 제651조의 고지의무의 성격에 주목하면서, 이는 보험계약으로부터 발생하는 직접의무가 아니라 보험계약 체결을 위한 간접의무에 불과하므로 고지의무위반이 존재한다고 해서 보험자가 의무의 이행을 강제할 수 없으며, 악의적인 고지의무의 위반이 없는 한 손해배상의 청구조차 할 수 없다는 상법학계의 견해를 근거로 제시합니다. 모든 거짓말을 다 사기죄로 처벌할 수 없다는 부분에서 사적자치가 논거로 제시되며, 보험계약자의 고지의무 위반이 있더라도 편취의 의사가 없거나, 편취의사에 기초한 것이 아니고 과실이나 착오에 의해 고지의무를 위반한 경우 및 고지의무위반이 사회상규상 용납할 정도인 경우라면 보험사기죄의 성립을 인정하기 어렵다(435쪽)는 결론을 내립니다. 보험자가 동 사건에 관해 5개월이라는 장기간의 심사를 거쳐 보험금을 지급했다는 사실은 동 사건이 민법상 불법행위에 해당될 수 없음을 뜻하며, 민법상 불법행위에도 해당되지 않은 사건을 형법상 고지의무 위반으로 인한 사기죄로 처벌하면 형법의 최후수단성에도 반한다(438쪽)는 것입니다.

교수님의 이러한 접근시각과 방법은, 형법의 다른 주제, 가령 사형폐지나 특별형법의 개정, 배임죄 등에 대하여도 사용하시는 익숙한 형태이며, 이 사건에 대한 대법원 판결내용은 교수님의 논문에 상당히 기반하고 있다고 보입니다. 나중에 제가 보험사기에 대한 판례평석[61]을 쓸 기회가 생겼는데 교수님께서 쓰신 글과 그에 대한 리뷰를 할 때의 제 생각에 기반하여 내용을 정리하면서 다시 한 번 교수님께 감사하는 마음을 가졌습니다.

2020년에는 전북대학교 신양균 교수님의 정년을 맞아 전주에서 행사가 있었는데요.[62] 당시 교수님께서는 멀리 부산에서 오셔서 책임에 관한 '학제적' 연구성과를 말씀해 주셨습니다. 교수님께서 하신 발표와 발표 후에 여러 교수님께서 하시는 말씀을 들을 수 있어서 매우 소중한 기회였다고 생각합니다.

---

61) 졸고, "보험사기의 실행의 착수, 기수시기와 죄수 -대법원 2019. 4. 3. 선고 2014도2754 판결-", 『법조』 제735호(2019), 678~702쪽.

62) 졸고, "객관적 귀속 이론의 정립과 적용 -신양균 교수님의 형사실체법 이론-", 전북대학교 『법학연구』 제64집(2020), 64~89쪽.

2. 교수님께서 퇴임 후에도 열심히 활동하고 계시다는 점은 2020년에 김신 전 대법관님에 관한 두꺼운 책[63]을 내셨다는 사실에서도 나타납니다. 이 책에는 교수님께서 김대법관님에 대해 말씀하신 부분이 있는데 사실 교수님께도 해당하는 내용이 적지 않은 것 같아서 아래에 인용합니다.

"결론부터 말하자면, 그는 교과적인 원칙주의자이자 헌법적 가치실현과 실정법을 중시하는 인물이다. 단순히 형식적 법실증주의자가 아니라 비판적 법실증자에 가까웠다. 오랫동안 재판을 맡아 온 실무자로서 죄형법정주의를 철저히 실현하고자 했던 그는 삼권분립에 부합하는 '권력 상호간의 견제와 균형의 원리'에 충실하면서, 권력 집중이 야기하는 폐해를 막고 실정법적 정의실현에 한 발짝 다가서려는 철학을 갖고 있었다. 즉 법률의 해석과 적용에 있어서 법원의 역할과 그 한계에 대해 누구보다 깊이 인식하고 있었던 것이다."

3. 교수님의 발표에는 제가 대부분 깊이 공감하고 있어서 특히 '강력하게' 찬성하는 몇 가지에 대해서만 말씀드리겠습니다.

(1) 사형제 폐지

사형제 폐지가 마땅함은 모두 설명해 주셔서 덧붙일 내용이 없습니다. 예전 이명박 정권 당시 갑자기 사형집행을 할 것이라는 소문이 있었고 당시에 교수님께서 주창하셔서 반대서명을 했던 기억이 있습니다.

(2) 법정형의 하향조정 필요성

형법 및 형사특별법의 법정형은 특별한 질서가 없고 상당히 높게 설정되어 있다고 생각합니다. 특히 성범죄나 교통범죄에 대한 최근의 입법적 대응은 법정형을 상향하는 것이 주된 내용인데, 그리고 난 후에는 양형기준이 법정형과 숫자가 잘 맞지 않는다는 이유로 양형기준을 상향하자는 주장이 나오는 악순환이 반복되고 있습니다. 외국의 예를 보면 양형기준의 '규범적 조정'은 처벌을 하향하기 위해서도 활용됨에 반해 우리는 그렇지 못하다는 점에 대해 저는 상당한 불만을 갖고 있습니다.

63) 허일태, 『정의의 굴렁쇠 -김신 전 대법관의 법사상과 형법해석-』, 단장, 2020.

(3) 형법 제33조와 공동정범

신분 없는 자가 신분 있는 자에게 범행을 함께 한 경우 공동정범도 성립할 수 있다는 규정은 입법과정에서도 문제가 있었고(발표문 15쪽) 이론적으로도 잘 맞지 않습니다. 특히 이 조문은 마치 소극적 신분에서도 형법 제33조를 근거로 공동정범이 성립할 수 있다고 잘못 이해되는 근거가 되고 있습니다.[64]

(4) 체계적 해석의 필요성

인간의 시기에 대해서 설명하셨는데(발표문 26쪽) 말씀하신 것과 같이 이 논의는 태아가 상해죄의 객체가 되는지 등의 다른 논의와 연결되어 있습니다. 최근 대법원은 강간에 의한 임신이 상해인지를 다루었는데[65] 상해죄 및 낙태죄와의 정합적 해석에 의하면 상해가 아니며, 이 문제는 입법으로 해결할 수 있다고 생각합니다.

4. 교수님께서 오늘 발표한 방대한 내용의 글에 대해서 제가 어떠한 질문이나 비판을 할 능력이 있다고는 생각하지 않습니다. 하지만 지금까지 제게 주셨던 여러 가지 도움에 비교해 볼 때 제가 한 일은 거의 없다는 죄송한 마음과, 교수님과 대화를 통해 제 생각을 어느 정도 정리할 수 있겠다는 기대를 담아서 말씀드리려고 합니다.

(1) 형법이 할 수 있는 것과 할 수 없는 것, 해야 할 것

앞에서 보험사기에 대해 말씀드렸습니다만 최근에 보험사기에 대해 생각해 보니[66] 이 분야는 형법의 역할에 대한 일반인들의 기대가 충족되기 어려운 전형적인 영역 중 하나가 아닌가 하는 생각이 듭니다. 이 분야에서는 수사기관 또는 법원이 따로 통계를 잡지 않고 금융감독원의 통계에 기해 사안을 논의하는데 최근 4년간 적발된 보험사기 금액과 인원은 2017년 7,301억원(83,535명), 2018년 7,981억원(79,179명), 2019년 8,809억원(92,538명)에 이어 지난해에는 8,985억원(87,089명)이며, 보험종류로 보면 생명보험(2020년 기준 770억원/11,737명)보다 손해보험(8,214억원/87,089명)의 비율이 전체에서 금액 대비 91.4%, 인원 대비 88.1%로 훨씬 높고, 보험사기는 꾸준히

---

64) 졸고, “자기무고의 공동정범이 성립하는가? -대법원 2017. 4. 26. 선고 2013도125952 판결의 평석을 겸하여-”, 『형사정책』 제29권 제2호(2017), 185쪽 이하.

65) 대법원 2019. 4. 17. 선고 2018도17410 판결.

66) 아래는 2021. 11. 26. 동국대학교 금융 · 보험법연구센터 개소 기념 학술세미나에서 발표한 졸고, “보험사기에 대한 형사법적 대응”의 내용에 기반하였습니다.

증가하고 있는 반면에 적발된 보험사기금 중 환수액은 최근 4년간 1,264억원으로 환수율(적발액 대비 환수액)은 3.8%에 불과하다고 합니다.[67] 이러한 상황을 들면서 보험사기를 막기 위한 방법으로 엄한 처벌 또는 사기죄의 예비행위에 해당하는 영역[68]에 대한 새로운 구성요건의 신설이 필요하다는 주장은 흔히 찾을 수 있습니다. 그런데 보험사기에 대한 처벌이 많이 이루어지지 않는 이유는 그에 대한 조사와 수사가 불충분하거나 사기인지 여부가 불명확한 사안(이른바 연성사기)들이 많기 때문입니다. 즉 입증의 문제 때문이며 보험회사와 수사기관의 협력을 통해 (혐의가 명확하여) 기소가 되면 처벌되는 것은 분명한 사실입니다.

한편으로 보험사기의 실행의 착수시기를 일반적으로 보험금의 청구시기로 보고 있으나 그 전 단계의 행위는 대부분 형법의 다른 조문으로 해결할 수 있습니다. 이 영역에도 이미 2016년에 보험사기방지 특별법(약칭: 보험사기방지법)이 제정되었는데 이 법에 새로운 가중구성요건을 창설하거나 예비에 해당하는 구성요건을 넣은 것은 보험사기의 방지를 위한 실효적인 방법이 아닙니다. 즉 "이처럼 많은 형사특별법과 행정형법의 남용은 자제되어야 한다."(발표문 8쪽)는 교수님의 지적은 매우 타당하다고 생각합니다.

다른 한편으로 현재 성범죄에 대해서는 전통적인 의미에서의 성폭력범죄, 즉 형법전의 강간과 추행의 죄에 규정된 구성요건을 넘어서 매우 많은 구성요건들이 형법 및 다른 여러 특별법에 규정되어 있습니다. 이러한 새로운 구성요건 중에는 예비죄에 대한 처벌조문 및 실질적으로 예비에 해당하는 조문[69]들도 있습니다. 법조문이 사용하는 '성적 수치심' 개념과 이에 대한 대법원의 판결이 모호하다는 지적은 예전부터 있었습니다.[70] 예비죄에 대해서는 교수님이 말씀하셨듯이(발표문 11쪽) '생각만으로는 처벌될 수 없'음은 분명합니다. 그런데 '인간의 자율적 의사에 대한 본질적 침해행위뿐만 아니라, 인간의 생명이나 육체에 대한 침해도 역시 인간의 존엄을 해치는 행위'(발표문 11쪽)입니다. 그리고 우리 형법은 이미 학대죄나 명예훼손죄

67) 농민신문 2021. 10. 20. "4년간 보험사기 적발금액 3조원…환수율 3.8% 불과" (https://www.nongmin.com/news/NEWS/ECO/FNC/345935/view: 2021. 11. 21. 최종검색).

68) 이에 관해서는 독일과 오스트리아의 입법례가 있습니다.

69) 청소년성보호법의 그루밍의 성격에 대한 설명으로 졸고, "청소년성보호법 개정을 통한 그루밍처벌에서의 쟁점", 『비교형사법연구』 제23권 제2호(2021), 188쪽 이하.

70) 구체화하는 시도로 김한균, 형사법학회 2021 동계학술회의 발표문.

등의 예에서 보듯이 감정을 보호하는 범죄들을 두고 있습니다. 그렇다면 이러한 법익의 범죄를 새롭게 구성하는 것도 이제는 형법이 해야 할 일이라고 생각할 수도 있습니다. 즉 서로 대립한다고 보이는 '자유보호'와 '법익보호' 중에서 '법익보호'를 형법의 목표라고 하면서 이를 강조한다면 결국 새로운 법익침해가 있다는 범주화를 통해 처벌되는 행위를 확대하게 되며, 이것이 형사정책적 관점에 부합한다고 볼 수 있는 것은 아닌가 하는 의문이 듭니다.

답변: 형법은 법치국가원칙의 실현 도구이며, 법치국가원칙은 인간의 자유, 평등과 정의의 실현에 두고 있습니다. 이를 위해 한편으로 권력분립에 의한 '권력 상호간의 견제와 균형'을 통하여 권력남용을 방지하여 국민 개개인의 자유와 평등 그리고 정의의 실현에 기여하고 있습니다. 다른 한편 어떠한 인권도 타인의 권리를 본질적으로 침해할 수 없다는 점에서 타인의 인권에 대한 침해는 경우에 따라 형법의 대상이 될 수 있습니다. 이것이 의미하는 바는 '법익보호만을 중시하는 입장'은 인권의 침해를 쉽게 야기할 수 있다는 사실입니다. 그러므로 '형사처벌의 대상을 확대하고 처벌의 강도를 높이는 법익보호 우선사상'은 법치국가원칙일 수 없으며, 형사정책으로도 바람직하지 않습니다.

예를 들어 봅시다. 형법 제307조 제1항은 "공연히 사실을 적시하여 사람의 명예를 훼손한 자는 2년 이하의 징역이나 금고 또는 500만원 이하의 벌금에 처한다."고 하고 있습니다. 이 조문은 헌법 제21조의 표현의 자유를 심각하게 침해할 수 있습니다. 왜냐하면 사실의 적시에 대한 표현의 자유는 법치국가원칙의 근간이자, 자유민주제도의 정통성을 담보하는 국민의 권리이며, 이에 대한 과도한 침해는 헌법에 반하기 때문입니다. 따라서 형법 제307조 제1항의 경우 되도록이면 엄격한 해석이 요구됩니다. 이런 이유로 독일의 경우 공연한 사실적시 그 자체는 표현의 자유에 기초하여 무죄에 해당되지만, 공연한 사실적시로 명예가 훼손되었음을 피해자가 입증하면 비로소 가해자를 처벌하고 있습니다.

한편 형법상 '사실적시 명예훼손죄'의 구성요건은 ① '공공연한 사실의 적시'와 ② '타인의 명예를 훼손'을 요구하고 있습니다. 판례는 '공공연한 사실의 적시'의 의미를 1~2명에 대한 사실적시라도 타인에게 전파 가능성을 갖는다면 ①의 요건이 충족된다는 입장이며, ②의 요건인 '타인의 명예를 훼손'했느냐 여부를 묻지 않고 있습니다. 형법상 사실적시 명예훼손죄는 공연한 사실의 적시만으로 명예훼손죄가 성립할 수 없고, 그런 적시를 통하여 특정한 타인의 명예가 훼손되었을 때 비로소 기수범이 될 수 있을 뿐입니다. 그럼에도 판례는 헌법상 보장된 표현의 자유를 극도로 무력화시킬 수 있도록 명예훼손의 법익보호에만 치중하고 있으며, 죄형법정주의의 기본원칙을 무시한 법왜곡으로 일관하고 있습니다. 말로는 법치국가원칙이니, 죄형법정주의, 헌법정신이니 하면서 뒤로는 그런 원칙들을 파괴하는 일등공신임을 자초하고 있습니다.

(2) 형벌의 목적과 인간의 존엄

형벌의 목적 및 인간의 존엄에 관한 교수님의 설명에는 모두 공감하면서 제가 알지 못하는 부분에 대해서만 질문 드리는 것을 죄송하게 생각합니다. 형벌은 복수의 악순환의 연결고리를 끊고 더 이상의 복수가 가능하지 않게 하는 데 1차적 목적이 있다(발표문 1쪽)는 말씀에 동의합니다. 그런데 혹시 이러한 설명은 피해자가 없는 범죄에도 적용이 가능한지, 그렇다면 로마법에서의 설명[71]은 소송절차에 기반한 것일 뿐 우리의 논의와는 큰 관계가 없는지 여쭈어보고 싶습니다.

한편 인간의 존엄은 매우 중요한 주제임은 분명합니다. 그런데 인간의 존엄을 정초하기 위해서 인간이 다른 대상과 구별되는 존귀한 존재임을 관철할 필요가 있을까라는 생각이 들기도 합니다. 가령 공동생활을 위해서 인간은 서로 다른 사람에 대한 존중욕구가 있다는 설명을 한다면 −물론 이러한 논변 역시 인간과 인간 아닌 대상의 구별이 전제되어 있습니다- 동물학대나 환경보호 등 최근에 직면한 새로운 문제들을 설명하는 방법이 달라지게 되는지에 대해서 말씀해 주시면 감사하겠습니다.

오늘 하신 말씀을 잘 새겨듣겠습니다. 항상 건강하시기를 진심으로 기원합니다.

답변: 형법상 발전사의 경우 오늘날 형법은 로마법 역시 중요한 역사적 맥락을 갖고 있습니다. 그러하긴 하지만 중세시대는 독일, 프랑스와 영국 모두 민중재판이 주를 이루었고, 형사와 민사의 구분도 미약했습니다. 다만 중세 이후부터 로마법상의 법률이 프랑스, 독일과 영국 등지로 유입되었습니다. 이와 함께 유럽대륙과 영국의 법문화는 구별되기 시작합니다. 유럽대륙 쪽은 형사와 민사가 점진적으로 분화되어갔으며, 성문법화하는 경향으로 치달았습니다. 그러면서 죄형법정주의, 책임주의와 법치국가사상도 점진적으로 강화 · 확대되었습니다. 이에 반해 영미법계에서는 민 · 형사의 분화 정도가 대륙에 비해 경미했고, 성문법보다는 판례법이 중시되었으며, 이 과정에 적법절차가 대륙의 경우보다 훨씬 중시되었습니다.

---

71) 로마시대의 형사절차는 대부분 민사상의 불법행위소송으로 처리되었다. 즉 로마인들은 범죄를 그 실질적 성질이나 법익으로 구분한 것이 아니라 범죄가 소추되는 소송법상의 차이를 기준으로 분류하여 민중재판으로 제재되는 범죄를 공범죄(crimina publica), 민사상의 불법행위소송으로 제재되는 범죄를 사범죄(crimina privata) 또는 불법행위(delicta)라고 하였다. 졸고, “상상적 경합 개념의 발전에 관한 역사적 고찰 −독일형법을 중심으로-”, 『법사학연구』 제58호(2018), 345쪽.

교수님께서 지적하신 “로마시대의 형사절차는 대부분 민사상의 불법행위 소송으로 처리되었다.”는 주장은 물론 역사적 사실에 부합합니다. 그렇다고 그것이 발전되어 오늘날 형법의 목적과 형법체계가 완성되지는 않았다는 점을 지적하고 싶습니다. 다만 형벌의 본래적 목적은 형법사의 역사적 과정에서 파악하려는 것에는 문제가 있다고 보았습니다. 왜냐하면 사적 복수에서 시작된 형벌은 일정한 유형으로 발전하여 오지 않았기 때문입니다. 형벌의 본래적 목적이 무엇이어야 하느냐에 대한 유의미한 답변을 도출하기 위해 그런 식으로 전제했던 것입니다.

우리나라 형법학자들은 독일의 학자들 견해에 따라 피해자 없는 범죄를 나열합니다. 예컨대 향정신성의약품의 남용이나 세금포탈 혹은 환경범죄 등등. 그러나 피해자가 전혀 없는 범죄는 없다고 생각합니다. 다만 직접적 피해자의 유무를 따질 때 피해자가 없는 범죄의 존재가 가능하겠지요.

그러나 중국이 아편전쟁에서 서구에 패한 결정적 원인 중의 하나는 아편으로 인한 중국 고위층의 심각한 능력상실에도 적지 않은 이유를 갖습니다. 오늘날도 마약류의 남용은 가정을 파탄할 수 있는 사회문제를 야기하지 않나요. 환경문제는 구체적 피해자의 입증이 쉽지 않다고 하더라도 이제는 전 지구적 문제이자, 몰디브 같은 국가에서는 국가 존망의 문제가 되었습니다. 세금 포탈 역시 각국의 재정정책에 엄청난 파장을 불러일으키기도 합니다. 이들 범죄들을 예방하기 위해 형사처벌하는 것은 논리적으로 큰 문제가 없어 보입니다.

오늘날 동물학대에 대한 처벌은 점진적으로 확대되고 있습니다. 앞으로 더욱 확대될 것으로 예견됩니다. 그러나 장래에도 동물살인죄, 동물강간죄 혹은 동물명예훼손죄와 같은 행위유형은 인간에 대한 경우와 달리 결코 처벌되지 않을 것입니다. 왜 그래야 하는가요? 라는 문제에 답해야 하기 때문이기도 하지만, 인권의 근거를 뜬구름으로만 잡을 수 없잖아요.

우리 인간은 상호간에 깊은 유대를 맺고, 그 속에서 엄청난 정보의 교환과 습득을 하여 문화를 형성하고 후세에 전하기도 합니다. 인간적 삶을 누리기 위해 불가피하게 요구된 자유, 평등과 정의도 우리의 유전인자에 의해 결정된 것이 아니라, 교육과 훈련을 통해 인위적 본성으로 거듭나고, 그런 것들이 지속되어야 합니다. 이 때 인간 상호간의 존중과 연대의식이 없다면, 자유와 평등 그리고 정의감이 인위적 본성으로 후세에 전해지질 않는다면, 우리와 우리의 후손은 인간다운 삶을 누리기 어려울 것입니다.

제2장

인간존엄과 법치국가원칙*

Ⅰ. 인간의 존엄과 인권

1. 인권의 의미와 인간의 존엄성

(1) 인권과 인간의 존엄성에 대한 의미

헌법 제10조에 따르면 “모든 국민은 인간으로서의 존엄과 가치를 가지며, 행복을 추구할 권리를 가진다. 국가는 개인이 가지는 불가침의 기본적 인권을 확인하고 이를 보장할 의무를 진다.”고 천명하고 있다. 즉 우리 헌법은 ‘인간으로서의 존엄과 가치’를 기본권의 핵심적인 내용으로 삼고 있으며, 국가에 ‘인간으로서의 존엄과 가치’를 주축으로 삼는 기본권의 보장의무를 부과하고 있다. 이런 점에서 헌법은 기본권의 존재가치를 무엇보다 ‘인간의 존엄성’[1]에 두고 있다. 이에 따라 우리 헌법상 보장된 ‘인간의 존엄과 가치’는 기본권질서의 출발점이자 헌법질서의 기초적 바탕이다. 그리고 ‘인간의 존엄과 가치’는 어떤 경우에도 양보할 수 없는 헌법상 최고의 가치이므로 헌법개정의 한계인 동시에 모든 기본권의 본질적 내용으로서 기본권제한입법의 한계이기도 하다.[2]

---

* 본 논문은 『인권연구』 4권 2호, 인권법학회 · 한국인권학회, 2021, 271~305쪽에 기재된 것을 전재함.

1) 헌법이론적 관점에서 ‘인간의 존엄성’에 관한 자세한 연구로는 김병곤, 『인간의 존엄』, 교육과학사, 1996, 3쪽 이하 참조.

2) 이에 관해서는 허영, 『헌법이론과 헌법(제5판)』, 박영사, 2000, 464쪽 참조.

헌법은 모든 국민이 가지는 인간의 존엄과 가치를 위해 개별적 인권을 헌법 제11조 이하에서 보장하고 있을 뿐만 아니라 명문으로 명시되지 않았지만 일반적 인권 역시 존중되어야 함을 헌법 제37조 제1항에서 천명하고 있다. 왜냐하면 인간의 존엄과 가치의 보장은 인권보호로부터 출발하고, 인간으로서의 존엄과 가치가 보장될 수 있어야만 비로소 인간은 인간다운 삶의 기반인 기본적 인권을 누릴 수 있기 때문이다.

무릇 인권[3]이란 "인간 자신의 인간다운 삶을 영위하기 위해 불가피하게 전제되는 기본적 권리"라고 할 수 있다. 인간은 누구나 타인의 권리와 사회공동체의 공공복리를 해치지 않는 한, 자신의 능력을 마음껏 꽃피울 수 있는 기본적 권리를 가진 것으로 여겨진다. 그러므로 인권은 인간에 대한 존엄성을 전제로 하고 있다. 그런데 많은 사람들은 인간의 존엄에 관해 언급하고 있지만, 인간이 존엄해야 할 이유에 관해서는 별로 설명이 없다. 다만 인간의 존엄이 무엇인가에 관해서는 적지 않은 언급을 찾아볼 수 있다. 지금껏 주장된 인간존엄의 핵심 내용을 살펴보면, "인격을 가진 인간의 자기존재와 인간의 고유가치로서 모든 인간 자신을 위하고 동시에 그 자신을 목적으로 하는 존재가치로 이해한다."[4]

이러한 의미를 가진 인간 존엄성에 근거하여 모든 인간은 한편으로 출신, 성별, 연령, 성적 지향(性的 志向)이나 신분에 상관없이 평등한 존재이자 양도할 수 없는 불가침적 권리를 향유하는 주체이고, 다른 한편으로 인간 자신을 다른 생명체나 어떤 사물보다 절대적 우월권을 갖는 존재가치로 인정한다. 이를 위해서 국가는 개인의 자기결정권을 포함한 개인적 행복추구권이 담보되는 사회적 평화 유지와 정의사회를 구현할 수 있어야 한다.

이 때문에 세계인권선언문[5]도 인간의 존엄은 '자유와 평화 그리고 정의'[6]를 누릴 수 있는 국가나 사회를 전제하고 있다. 즉 "자유와 평화 그리고 정의의 실현이 널리 꽃피울 수 있는 사회야말로 기본적 인권이 보장되어 있고, 그래서 인간적 삶을 제대로 영위할 수 있는 이상적인 사회"[7]라고 본다. 이런 이유로 세계인권선언문은 기본

---

3) 현대사회에서 인권의 개념의 형성과 한계에 관해서는 이상돈, 『인권법』, 세창출판사, 2005, 3쪽 이하 참조.
4) 예컨대 김병곤, 앞의 책, 3쪽 이하 참조.
5) 1948년 12월 10일 유엔총회결의 제217호 A(Ⅲ)에 의해 선포됨.
6) 이 점은 시민적 및 정치적 권리에 관한 국제규약(1966. 3. 23일 발효, 한국에서의 적용은 1990. 7. 10일)의 전문에서도 명시되어 있다.

적 인권이 무시될 수 있는 사회, 예컨대 인간에 대한 차별과 인간의 양심을 모독하고, 언론과 신앙의 자유를 압박하며, 자기결정권을 충실히 실현될 수 없는 사회나 국가는 인간의 존엄성을 실현할 수 없다고 선언하였다.

(2) 인간이 존엄한 이유

인간은 그 자체 존엄성을 갖는 존재라면, 왜 기본적 인권을 누려야 할 주체에 해당되는지와 또한 존엄한 가치의 대상으로서 인정받을 수 있을까? 이러한 물음에 대한 올바른 해명이 있어야 인권의 핵심내용과 그 한계에 관하여 제대로 대답할 수 있을 것이다.

인간의 존엄성에 관련하여 오래 전부터 다양한 입장이 난무하고 있다. 역사상 현자에 속했던 아리스토텔레스는 "인간이 동물 중에서 가장 훌륭하고 인간은 유일한 이성적 동물이기 때문에 인간은 존귀하다."고 보았다.[8] 로마시대의 세네카에 따르면, "인간은 인간이기 때문에 존엄하다(homo sacra res homini)."[9]고 평하였다. 그런가 하면 동양의 순자(荀子)는 "인간은 기(氣: 활동하는 힘)가 있으며 생명이 있고, 지각(知覺)과 의(義: 옳음)가 있어서 동물과 자연과는 본질상 차이가 있으므로 천하에서 인간이 가장 존엄하다."고 보았다.[10] 인간의 존엄성에 관한 이러한 생각은 근대의 시민혁명에 의해 종교적 관점을 극복한 이후에도 내용적으로 크게 달라지지 아니했다. 예컨대 칸트에 따르면, "인간이 정신적·윤리적 존재로서 자기의식과 자기행위에 관하여 자기가 결정하고 주위와 세계에 대하여 자기가 발휘하는 소질을 갖고 있다."[11]는 점에 주목한다. 정신적 존재로서 인간은 이성을 갖고 있다는 점에서 칸트는 "인간의 정신작용인 도덕적 자율성(sittliche Autonomie)이 모든 이성적 존재의 존엄의 근거가 된다."[12]고 보았다.

---

7) 세계인권선언의 前文 참조.

8) 최명관 역, 『니코마스윤리학』, 서광사, 1990, 305쪽.

9) "Man is a sacred thing for man."

10) 조성을 옮김, 『중국고대사상사』, 까치, 1990, 150쪽 이하 참조.

11) Hamann/Lenz, Das Grundgesetz für die Bundesrepublik Deutschland vom 23, Mai 1949, Kommentar 3. Aufl., Neuwied/Berlin 1970, S. 128.

12) Grundlegung zur Metaphysik der Sitten, von Wilhelm Weischedel, in: Schiften zur Ethik und Religionsphilosophie, Darmstadt 1983, S. 140.

인간의 존엄성에 관해 언급한 이들 입장의 핵심은 인간이란 다른 동물과 달리 이성이 깃든 존재이고, 이성을 통하여 타인에 대한 배려와 연대하고 이와 함께 건강한 공동체의 형성을 위한 윤리적 책무를 부담하는 특별한 존재라는 점에서 인간은 존엄하다는 결론이다.

그러나 이러한 생각은 지나치게 인간본위적이자 편협하고 단편적인 입장으로 보인다. 왜냐하면 인간의 이성이 구체적으로 무엇이며 어떠한 능력을 갖고서 어떠한 역할을 수행하고 있는지에 관해 충분히 해명되지 않았고, 또한 이성이 깃든 동물 모두는 존엄해야 되며, 이성이 멈춘 인간은 존엄할 수 없다는 독단론에 빠질 수 있기 때문이다.

이런 점에서 볼 때 인간이 존엄한 이유는 이성이 깃든 존재라는 1차원적 관점이 아닌, 다원적 관점에서 파악해야 된다. 즉 인간은 다른 동물과 달리 존엄할 수밖에 없는 논리적인 정당한 근거를 다원적으로 제시할 필요성이 요구된다. 필자는 다음과 같은 세 가지 관점에서 인간이 존엄한 것으로 간주하고 싶다.

첫째로 언어를 구사하고 상상의 나례를 펼 수 있었던 인간[13)]은 인간 자신의 자유 확보와 안위를 위해서 타인과 상호 연대하고 협력하여 경제와 문화 및 사회질서를 형성하였다. 그렇게 형성된 인간사회는 그 구성원인 개개인의 자유와 평화 그리고 정의로운 삶의 유지에 존립기반을 이루었다. 인간의 이러한 능력은 다른 생물들에 대한 가치적 우위를 확고히 하고 객관적 설득력을 갖기 위하여, "인간 자신에 대해 다른 생명체와는 근본적으로 구별되는 우월한 능력을 인정하고, 인간 자신을 존경받을 만한 가치가 있는 주체"로 인정될 수 있도록 구조화되어 왔다. 이와 함께 인간사회 자체는 이러한 인간존엄을 위한 수단으로 여겼다. 수단은 목적에 봉사해야 하므로, 인간사회는 그 구성원에게 인간의 존엄을 제대로 누릴 수 있도록 제도를 구비하고, 실행해야 할 책무를 진다.

둘째로 인간은 그가 속한 사회의 발전을 위해 봉사하고 헌신한 주체이다. 즉 사회의 융성을 위해 여태껏 헌신적 봉사를 실행한 자는 인간이지, 다른 그 어떤 생물일 수 없다. 인간의 봉사와 희생으로 인간다운 삶을 누릴 만한 인간사회를 형성하였다면,

---

13) 인간의 유전자구조에 내포된 FOXP2라는 유전자돌연변이가 인간에게 말할 수 있는 특별한 능력을 주었다. 인간이 말을 함으로써 다양한 의사전달이 가능함에 따라, 인간은 타인에 대한 뒷담화를 할 수 있었고 이와 함께 갖가지 상상력의 발휘로 신화와 사회질서를 형성할 수 있었다.

그 사회는 그런 인간을 위해 그에 합당한 봉사의 책무를 져야 한다. 즉 사회발전을 위해 헌신한 인간에 대해 사회는 인간을 존엄의 대상으로 삼아야 할 책무를 진다.

셋째로 성숙한 인간이라면 자신의 올바른 행위지침을 자신의 통찰력으로써 파악하여 그에 따른 행위방향을 설정할 수 있다. 그러기에 인간은 자신의 설정된 행위준칙에 근거하여 평화로운 사회를 형성해 나가야 할 책무를 지닌 주체이다. 즉 인간은 다른 생물과 달리 자신의 행위를 사회 속에서 적절히 조종해 나가면서 사회적 갈등을 회피해야 하며, 건전한 사회발전을 위해 자신의 능력에 어울리는 행동을 해야 할 책무가 있는 인격체이다. 인간사회에 대한 이러한 책무의 부담은 인간을 존엄의 대상으로 삼아야 할 이유이다.

2. 인권의 한계

(1) 인권의 제한 가능성

인간은 정신적 윤리적 존재로서 자기의식과 자기행위에 관하여 자율권을 갖고 있으며, 이러한 정신적 자율권은 인간의 생명과 육체를 전제로 한다. 따라서 인간의 자율적 의사에 대한 본질적 침해행위뿐만 아니라, 인간의 생명이나 육체에 대한 본질적 침해 역시 인간의 존엄을 해치는 반인권적 행위가 된다.

그러나 기본권의 주체로서 인간은 생존의 역사성과 사회성에서 결코 유리될 수 없다. 그러므로 사회 속에 살고 있는 인간은 지나치게 자기중심적이고 개인주의적일 수 없으며, 공동생활을 책임 있게 형성해 나갈 사명을 간직한 사회적 관계에서 형성된 인격체이다. 기본권 주체인 개개인의 사회 관련성은 사회구조와 조화를 위해 기본권의 일정한 한계를 인정하게 만든다. 그러므로 인간 개개인의 기본권은 타인의 권리를 침해하지 않은 한에서만 유효한 것이다. 왜냐하면 나의 인권이 소중한 만큼 남의 인권도 소중하므로 나의 인권을 존중받기 위해서는 다른 사람의 인권도 존중해 주어야 되기 때문이다. 같은 맥락에서 독일 헌법 제2조 제1항은 다음과 같이 천명하고 있다. "누구든지 타인의 권리를 침해하지 않고 헌법질서나 도덕률에 반하지 않는 한, 자신의 인격을 꽃피울 권리를 갖는다."

이런 이유로 우리 헌법 제37조 제2항은 기본권의 제한 가능성을 열어두고 있다. 즉 "국가안전보장 · 질서유지 · 공공복리를 위하여 필요한 경우에 한하여 법률로써 제한할 수 있다."고 하였다. 다만 제한한 경우라도 '기본권의 본질적 내용을 침해할 수 없음'을 명백히 하고 있다. 따라서 예컨대 형벌은 인권의 본질적 침해를 해하지 않은 한, 허용되어야 한다. 왜냐하면 형법은 인권의 침해를 불가피하게 수반하는 형벌이란 제재(制裁)를 통하여 범죄행위에 대한 사회적 질책을 체험하게 하여 모든 잠재적 범법행위를 예방할 수 있도록 함으로써 사회평화의 달성과 함께 그 속에서 개인의 인간적 삶을 누리게 하는 데 있기 때문이다.

(2) 인권의 본질적 침해 금지

정신적 · 윤리적 존재로서 자기의식과 자기행위에 관하여 자율권을 갖고 있는 인간은 자신의 생명과 육체를 전제로 한다. 따라서 정신적 · 윤리적 존재로서의 인간성의 자격을 상실케 하는 인간의 자율적 의사에 대한 본질적 침해행위뿐만 아니라, 인간의 생명이나 육체에 대한 본질적 침해 역시 인간의 존엄을 해치는 반인권적 행위가 된다.

모든 본질적 침해 금지의 문제는 자기결정권을 본질적으로 제한하거나 침해하는 경우에 야기한다. 인간은 타인에 대한 본질적 침해를 하지 않는 한, 자신의 자유를 만끽할 수 있는 자기결정권을 갖고 있기 때문이다. 특히 타인에 대한 어떠한 법익침해도 없는 자기결정권에 근거한 행위라면 형법상 금지될 수 없으며, 금지된다면 이는 본질적 침해금지 위반에 해당된다고 해야 한다.

또한 인간의 육체와 생명에 대한 본질적 침해를 전제로 하는 형벌은 헌법상 용납될 수 없다. 사람의 신체를 절단하는 형벌이거나 생명을 박탈하는 사형제도 역시 사람의 생명이나 육체에 대한 본질적 침해라는 점에서 허용될 수 없는 것이다.

Ⅱ. 인간존엄의 보장원리로서 법치국가원칙의 의미와 내용

1. 법치국가원칙의 의미

법치국가원칙[14]이란 "법우선의 원칙에 따라 인간의 존엄과 가치의 보장을 위한 불가결한 기초가 되는 자유·평화·정의를 실현하기 위해 국가공동생활에서 지켜야 할 행동지침을 마련하고, 국가 활동을 이에 입각해서 형성·조절하려는 국가의 구조적 원리"이다. 즉 법치국가원칙은 사회공동체 내에서 인간의 존엄과 가치가 충분히 실혈될 수 있도록 행동규범을 마련하고, 이를 관철시키는 국가원칙을 말한다.[15]

2. 법치국가원칙의 실천적 원리

① 법치국가원칙은 인간의 존엄과 가치를 확보하기 위해 국민의 자유·평화·정의를 국가의 조직형태를 통해서 실현시키려는 구조적 원리이다. 그러기에 국민의 기본권 보장뿐만 아니라 권력집중에서 나타날 수 있는 권력남용의 위험성을 사전에 제도적으로 방지하기 위하여 국가의 조직을 '견제와 균형의 원리'에 의해서 행해질 것을 요구한다. 따라서 법치국가원칙은 인간의 기본권보장을 위한 보루 역할을 담당한다.[16]

② 법치국가원칙은 국민의 자유·평화·정의의 투명한 실현에 두고 있다는 점에서 국가작용은 명확성, 특정성, 계산가능성과 예측가능성, 객관성, 안전성 등의 절차적·형식적 요건을 지켜야 한다. 이런 점에서 법치국가원칙에 근거한 국가작용은 이와 같은 절차적·형식적 요건을 폭넓게 준수되어야 한다. 다만 국가작용의 모든 부분은 빠짐없이 세밀하게 법제화할 수 없다는 측면에서 사법적 심사의 대상이 되는 기속재량의 여지를 인정할 수밖에 없음을 인정해야 한다.[17] 특히 입법작용의 헌

---

14) 법치국가원칙에 관한 자세한 연구는 Hermann Heller 외(김효전 역), 『법치국가의 원리』, 법원사, 1996, 5쪽 이하 참조.

15) 허영, 『헌법이론과 헌법(신정 5판)』, 박영사, 2000, 253쪽 이하 참조.

16) 법치국가원칙과 기본권 보장에 관해 읽어볼 만한 문헌으로는 김상겸, "법치국가에 있어서 기본권 보장에 관한 연구", 『인권법연구』 제1호, 가톨릭대학교 법학부 인권법연구소, 2005, 182쪽 이하를 참조.

17) 이에 관해서는 허영, 앞의 책, 268쪽 참조.

법에의 귀속, 법치행정, 효과적인 권리구제의 경우가 그렇다. 다만 형사법의 경우 소급효금지의 원칙은 죄형법정주의 원칙과 맞물려 다른 어떤 국가작용보다 더욱 철저하게 준수되어야 함은 물론이다.

③ 법치국가원칙은 과잉금지 내지 비례성의 원칙에 입각해야 한다. 헌법재판소도 과잉금지원칙에 따라 법률의 위헌심판을 하고 있으며, 목적의 정당성, 수단의 적합성, 피해의 최소성, 법익의 균형성 등을 중요한 판단기준으로 삼고 있다.

3. 죄형법정주의

(1) 죄형법정주의의 사상적 배경과 내용

법치국가원칙의 실천적 원리로서 죄형법정주의[18]가 근대형법의 대원칙으로 등장하게 된 것은 17~18세기에 이르러서이다. 이 시기에 진입하면서부터 비로소 시민계급이 주축이 되어 근대자유민주주의 국가가 성립될 수 있었다. 왜냐하면 국민 위에 군림하고 있었던 절대왕정은 형벌권을 자의적으로 행사할 수 있어서, 죄형법정주의 원칙의 실현은 사실상 불가능했기 때문이다.

이런 점에서 역사상 최초의 법전으로 인정받고 있는 함무라비법전뿐만 아니라 고대 중국의 법전(法典)과 로마시대의 법률에서도 근대적 죄형법정주의가 정착될 수 있는 충분한 토양이 원리적으로 형성될 수 없었다. 왜냐하면 근대적 의미의 죄형법정주의는 종래 국민이 국왕에 대한 종속관계를 극복하여 시민계급에 의한 왕권 감시 또는 억제가 가능한 상황에서 태동한 사상이기 때문이다. 그러므로 실질적 의미의 죄형법정주의의 실현은 시민이 국왕과의 종속관계에서 해방되어 공권력을 감시할 수 있는 대등관계로 발전하였다는 징표이며, 국왕의 형벌권에 대한 시민계급에 의한 통제와 감시가 형법에 반영된 것임을 의미한다.

따라서 권위주의적 왕권에 의해 시민에 대한 국가의 지배관계가 견고하게 지속되고 있을 때에는 비록 뛰어난 사상가나 현명한 국왕의 개인적 사상과 판단에 의해 간헐적으로 죄형법정주의가 반짝거릴 수 있었을 뿐이다. 이러한 모습은 중국 진나

---

18) 죄형법정주의의 연혁과 그 사상적 배경에 관해 읽어볼 만한 문헌으로는 허일태, “죄형법정주의의 연혁과 그 사상적 배경”, 『법학논고』, 경북대학교출판부, 2011.

라의 상앙과 전한시대의 한비자에서도 찾아볼 수 있고, 로마의 공화정 후기인 기원전 67년에 제정된 Cornelia법에서도 역시 엿볼 수 있다. 그렇지만 이런 사상가나 법률에 근거하여 죄형법정주의 사상이 근대로 이어진 것이 아니었다. 왜냐하면 일회성으로 그쳤기 때문이다. 이에 반해 1215년 대헌장에 나타난 죄형법정주의의 사상은 비록 현대적 의미의 죄형법정주의와 동일하지 않지만, 현대 죄형법정주의를 형성하게 하였던 사상적 배경이었음을 부인할 수 없다. 왜냐하면 국왕과 귀족계급은 경제적 차원에서 서로 간에 힘의 균형을 이루어 대립관계로 발전한 상태에 있었고, 그 결과 신하들은 국왕의 통치권에 대한 일종의 정치 내지 사법감시자로서 역할이 가능했기 때문이다. 이런 배경에서 1215년의 대헌장에 근거하여 국왕의 신하인 귀족계급은 종래 국왕과의 무조건적인 종속관계에서 벗어날 수 있었다.

이런 점에서 현대적 의미의 죄형법정주의는 국가권력에 대한 적법절차의 준수를 강요하는 시민사회운동의 결과이자, 국가공권력에 대한 시민의 핵심적 보호막이다. 따라서 국가 자체의 불법행위나 시민에 대한 부당한 인권침해행위에 대해 국가 스스로 죄형법정주의를 책임의 면제 근거로 활용할 수는 없다고 새겨야 한다.[19]

이러한 죄형법정주의는 첫째로 법률이 없으면 범죄가 없고, 둘째로 사전에 제정된 법률에 의하지 아니하고는 처벌되지 아니하며, 셋째로 죄가 없으면 형벌도 없다는 것을 내용으로 삼고 있다. 이의 실효성을 담보하기 위해 ① 성문형법 요구와 관습형법 금지, ② 소급효력의 금지, ③ 유추해석의 금지와 ④ 절대적 부정기형의 금지라는 파생원칙이 요구된다.

(2) 국가폭력과 공소시효에 관한 죄형법정주의의 한계

일제치하의 식민지 국민으로서 엄청난 고통을 이겨내고 자유·민주주의의 토대 위에 대한민국을 세운 우리 국민은 불행하게도 이승만, 박정희와 전두환 시대의 권위주의적 체제 아래에서 국가폭력을 적지 않게 당하였다. 요즘조차도 그런 국가폭력을 정당시 하려는 분들이 적지 않다는 사실은 세상이란 참 공정하지 않다는 생각을 들게 한다. 국가폭력에 대한 대응은 법치국가원칙이 허물어진 상황에서는 현실적으로 불가능

---

19) 허일태, "권위주의 시대의 반인륜적 범죄행위와 소급효금지 원칙", 『동아법학』 제31호, 동아대학교 출판부, 2002.

하기 마련이다. 왜냐하면 이승만과 박정희 그리고 전두환처럼 당대의 권위주의적 대통령 체제 아래서는 사법적 통제가 현실적으로 불가능하였고, 그렇다고 권위주의적 체제를 극복하여 국가폭력의 주도자를 처벌할 수 있는 환경이 마련될 무렵에는 공소시효에 근거하여 형사법적으로 처벌하기 어려운 구조로 되어 있기 때문이다.

대한민국이라는 국가는 인간존엄을 보장하고 실천해야 할 의무주체[20]임에도 도리어 국민의 본질적 기본권을 유린할 때, 이를 사전에 예방하고 합당한 책임을 물을 수 있도록 하는 것이 정의의 이념에 부합하고 국민정서에도 합당할 것이다. 왜냐하면 죄형법정주의는 개인이 국가권력에 투쟁하여 쟁취한 것이기 때문이다.

그러므로 국가폭력으로 국민을 유린한 국가가 도리어 죄형법정주의를 원용하여 국가폭력을 면피하는 것이 정당한 것인지 의문스럽다. 이런 점에서 국가폭력의 경우 국가폭력 주체의 공소시효를 법률로써 무효로 규정하더라도 죄형법정주의에 어긋난 것이라고 보기 어렵다. 즉 주권자의 의사에 부합하는 민주국가가 국가폭력을 행사하는 폭력국가를 어떠한 경우에도 처벌할 수 있도록 하는 것이 현대적 의미의 실질적 법치국가원칙에 부합한다고 믿는다.

4. 유죄확정 시까지의 무죄추정원칙(헌법 제27조 제4항)

(1) 의 의

법원의 유죄 확정판결이 있기 전까지 누구도 범인으로 추정되어서는 안 된다는 무죄추정의 원칙은 법치국가원칙상 당연한 논리적 귀결이다. 인간의 존엄성을 보장하는 것이 헌법질서의 근본이념이라면, 유죄의 확정판결이 있기도 전에 유죄로 취급하여 부당한 대접을 받게 하는 것을 허용할 경우, 인간의 존엄성 보장은 실질적으로 공허해지기 때문이다. 따라서 무죄의 입증책임을 피고인에게 전가한다든지, 의심스런 경우에도 피고인에게 불리하게 처분한다는 것은 무죄추정의 원칙에 반한다. 이러한 무죄추정의 원칙을 근거로 의심스런 경우에는 피고인의 이익으로(in dubio pro reo) 판결을 해야만 하고, 유죄를 선고할 때는 합리적인 의심이 없을 정도로 유죄의 심증을 가질 경우에만 가능한 것이다.[21]

20) 헌법 제10조와 제37조 제2항 후단 참조.

(2) 무죄추정 원칙의 제도적 표현

무죄추정의 원칙은 헌법적 원리이다. 여기에는 시민의 자유 보장이라는 헌법사적 의미가 담겨 있다. 제아무리 범죄를 범했던 자라 하더라도 유죄의 확정판결을 받기 전까지는 자유로운 자유인으로 대접받게 하는 것이 시민적 자유권보장이라는 헌법적 기본권에 충실한 태도이기 때문이다.

① 무죄추정의 원칙은 형사피의자나 형사피고인에 대한 구속 자체의 제한원리로 나타난다. 즉 현행법상 인신구속에 대한 엄격한 요건(형사소송법 제70조 및 제201조)을 요구하고, 이러한 요건을 충족하였는지에 대한 실질적 영장심사제도(형사소송법 제201조의2)의 도입과 구속이 필요한 경우를 필요한 최소한으로 제한하는 것(형사소송법 제199조 제1항)은 무죄추정의 원칙에서 파생된 원리이다. 이러한 원리에 근거해서 범죄자라도 구속을 당해야 할 불가피한 사정이 없으면, 그는 인신에 대한 구속으로부터 자유스러워야 된다. 이는 수사과정에서뿐만 아니라 재판과정에서도 역시 유효하게 작용한다. 즉 피의자나 피고인이 제아무리 범죄를 범했다 하더라도, 단지 수사나 재판의 편의를 위해서 임의적으로 이들을 구속할 수 있는 것은 아니므로(형사소송법 제199조 참조), 이들에 대해 원칙적으로 불구속의 상태에서 수사나 재판을 받도록 요구된다.

② 무죄추정의 원칙은 부득이 구속된 경우에도 가급적 석방되어 시민적 자유를 향유할 것을 요청한다.[22] 이러한 의미에서 구속적부심사제도(형사소송법 제214조의2)와 필요적 보석제도(형사소송법 제95조) 및 재구속의 제한(형사소송법 제208조 및 제214조의3) 역시 무죄추정의 원칙에 그 뿌리를 두고 있다.

③ 무죄추정의 원칙은 구속 중인 범죄혐의자라 할지라도 구속으로 야기된 제약을 제외하고는 기본적으로 자유인과 같은 대우를 받아야 한다는 요청을 의미한다. 이런 점에서 피구속자는 접견교통권을 가지며(형사소송법 제34조, 제89조, 제91조 참조), 구치소와 미결수용실은 참관할 수 없게 하고(형의 집행 및 수용자의 처우에 관한 법률 제80조), 미결수용자의 이발도 특히 필요한 경우가 아니면 그의 의사에 반하게 짧게 깎을 수 없도록 하고 있다(형의 집행 및 수용자의 처우에 관한 법률 제83조). 이를

---

21) 대판 2017. 7. 11. 2016도10447 판결; 대판 2016. 11. 25. 2014도14166 판결.

22) 백형구, 『형사소송법강의』, 신정 2판(1996), 22쪽.

위반한 법령은 위헌으로 보인다.

④ 피의자는 헌법상 무죄로 추정되므로 범죄혐의자가 유죄일 가능성을 확신할 수 있을 경우에만 검사가 그에 대해 공소할 수 있고, 혐의 가능성이 일부 존재한다고 해서 공소를 무조건 제기할 수 없다고 해야 한다. 그러므로 검사가 수사과정에서 피의자의 범행혐의에 대한 입증 가능성이 처음부터 불충분한 경우라면 공소를 제기하지 않는 것이 무죄추정의 원칙에 상응한 일이다.

⑤ 피고인도 역시 무죄로 추정되므로, 검사가 유죄를 입증하지 못하면 그 피고인은 유죄로 인정될 수 없다. 따라서 공소범죄사실의 존재에 관해서는 검사가 거증책임을 부담한다. 이러한 전제 아래 법관이 모든 증거조사를 통해서도 합리적인 의심이 없을 정도의 확신으로 피고인의 유죄를 확신하지 못하면, 무죄를 선고해야 함은 물론이다.[23] 검사도 피고인이 사실심리를 거치면서 무죄임이 분명하게 드러나면, 그에 대한 공소를 취소해야 한다. 피고인이 무죄임이 분명한 경우인데도 불구하고, 검사가 공소취소를 하지 않는다는 것은 무죄추정의 원칙에 벗어난다. 또한 우리의 형사소송법은 고문 · 협박 · 기망 등에 의한 자백의 증거능력을 부정한다(형사소송법 제309조).

⑥ 그 밖에도 형법 제126조는 검찰 등 범죄수사에 관한 직무를 행하는 자가 그 직무를 행함에 당하여 지득한 피의사실을 공판청구 전에 공표한 때에는 처벌하도록 함으로써 무죄추정의 한 측면을 보장해 주고 있다.

5. 적법절차[24]

(1) 헌법상 근거

헌법 제12조 제1항은 "누구든지 법률에 의하지 아니하고는 체포 · 구속 · 압수 · 수

23) "의심스러울 때에는 피고인의 이익으로 판단해야 한다."라는 법리는 대법원 판례의 확립된 견해이다. 대법원은 다음과 같이 천명하고 있다. "형사재판에 있어서 유죄의 인정은 법관으로 하여금 합리적인 의심을 할 여지가 없을 정도로 공소사실이 진실한 것이라는 확신을 가지게 할 수 있는 증명력을 가진 증거에 의하여야 하고, 이러한 정도의 심증을 형성하는 증거가 없다면 설령 피고인에게 유죄의 의심이 간다 하더라도 피고인의 이익으로 판단할 수밖에 없다"(대판 2017. 7. 11. 2016도10447 판결; 대판 2016. 11. 25. 2014도14166 판결; 대판 1993. 3. 23, 92도3327 판결; 대판 1992. 9. 1, 92도1405 판결 참조).

24) 허일태, "형사절차에서 적법절차의 원리", 『동아법학』 제28호, 동아대학교출판부, 2000.

색 또는 심문을 받지 아니하며, 법률과 적법한 절차에 의하지 아니하고는 처벌 · 보안처분 또는 강제노역을 당하지 아니한다."고 함으로써 처벌과 보안처분 또는 강제노역에 관한 적법절차를 명시하고 있고, 동조 제3항에서는 "체포 · 압수 · 구속 또는 수색을 할 때에는 적법한 절차에 따라 검사의 신청에 의하여 법관이 발부한 영장을 제시하여야 한다."고 명시함으로써 영장발부에 관한 적법절차를 재차 규정하고 있다.

이들 두 조항을 통일적으로 해석하여 보면, 범죄혐의에 대한 합리적 의심을 가지는 자일지라도 적법한 절차에 의해서만 그를 체포 · 구속 · 압수 · 수색을 할 수 있고, 형벌을 포함한 보안처분 및 강제노역에 처할 수 있다는 것이다. 따라서 적법절차에 의하지 아니하고는 체포 등을 할 수 없을 뿐만 아니라, 처벌 등도 불가능하며, 비밀영장제도는 허용될 수 없고, 보안처분도 적법절차에 따라 법관의 합리적 판단을 통한 선고에 의해서만 가능한 것이다.

헌법상 적법절차의 핵심조항은 헌법 제12조 제1항 제2문이다. 헌법은 누구도 적법절차에 의하지 아니하고는 형벌과 보안처분 또는 강제노역을 당하지 아니한다고 명시함으로써, 무엇이 형벌과 보안처분 그리고 강제노역이고, 어떠한 경우에 그러한 처분을 할 수 있는가에 관해 적법절차의 구체적 내용을 명시하고 않고, 이를 입법자와 사법적 판단자에게 실질적 법치국가의 이념에 걸맞게 보충할 수 있도록 추상적으로 규율하고 있다.

이런 점에서 적법절차에 관한 헌법상 규정은 적법절차의 일반적 원리로서 구체적 사안에 따라 형사절차에 관한 지도이념으로 기능해야 한다. 이런 이유에서 헌법재판소는 구 사회보호법 제5조 제1항에서 보호대상자가 일정한 요건에 해당되면 법관은 재량의 여지가 전혀 없이 무조건 그에 대한 '필요적 보호감호처분'을 하도록 명시한 것은 (보호대상자의 실질적 권익을 위한) 법관의 합리적 판단재량을 박탈하고 있기 때문에 적법절차의 원리에 위배되는 위헌적인 조문이라는 결정을 내린 바 있다[25].

그러므로 헌법상의 적법절차는 인신에 관한 형사상의 절차적 적법성뿐만 아니라, 국가작용으로서의 모든 입법작용과 행정작용에도 광범위하게 적용되는 독자적인 헌법 원리이다. 이에 따라 적법절차원리는 모든 법률의 내용에 대해 합헌성과 정당성을 갖춘 적정한 것이어야 함을 요구한다.[26]

---

25) 헌재결 1989. 7. 14, 88헌가5 / 88헌가8 / 89헌가44.

(2) 적법절차의 구체적 내용

① 사전영장주의[27)]

사전영장주의의 헌법상 의의는 (넓은 의미의) 사법적 지위를 갖는 검사를 청구권자로 인정하고, 사법권 독립에 의해서 그 신분이 보장되는 법관을 인신의 자유를 제한하는 수사과정에 참여시킴으로써 인신보호에 만전을 기하려는 데 있다고 할 것이다.

② 자백의 증거능력 제한(헌법 제12조 제7항)

우리 헌법은 고문·폭행·협박·구속의 부당한 장기화 또는 기망, 기타의 방법을 동원하여 받아 낸 '임의성 없는 자백'과 피고인의 자백이 그에게 불리한 유일한 증거인 경우 이를 뒷받침해 주는 다른 보강증거가 없는 한 이를 유죄의 증거로 삼거나 이를 이유로 처벌할 수 없게 하고 있다. 이러한 '자백의 증거능력 제한'이 없으면, '고문을 받지 아니할 권리'와 '불리한 진술거부권'도 규범적 효력을 쉽게 잃게 된다. 이런 점에서 '자백의 증거능력 제한'은 인신보호를 위한 사법절차적 기본권으로서 '고문을 받지 아니할 권리' 및 '불리한 진술거부권'과 상호 불가분의 관계에 있다.[28)]

③ 고문을 받지 아니할 권리

헌법은 고문을 받지 아니할 권리(헌법 제12조 제2항 전단) 및 불리한 진술거부권(형법 제12조)을 인정함으로써 형사피의자에 대한 일체의 심리적·육체적 폭력 행사를 금지하고, 이의 실효성을 담보하기 위하여 자백의 증거능력을 제한하고 있다. 뿐만 아니라 고문을 가한 공무원에 대해 직권남용죄에 의한 처벌을 규정하고(형법 제125조), 고문을 당한 자에 대해서는 공무원의 직무상 불법행위를 이유로 국가배상청구권(헌법 제29조)을 인정하고 있다.

---

26) 헌재결 1997. 11. 27, 92헌바28 참조.

27) 헌법은 인신의 체포·구속·압수·수색과 주거에 대한 압수 및 수색을 할 때에는 법관이 발부한 영장의 제시하게(헌법 제12조 제3항과 제16조) 함으로써 사전영장주의를 규정하고 있다. 즉 법관이 발부한 영장의 제시가 없으면 누구든지 체포 등을 할 수 없다. 영장을 발부받기 위해서는 검사가 법관에게 체포나 수색 등의 영장발부를 청구하여야 되고, 법관은 피의자가 범죄를 범했다고 볼 수 있는 상당한 이유의 제시 등 영장발부에 불가피한 요건을 충족한 경우에 영장을 발부한다.

28) 이러한 '자백의 증거능력 제한'은 한편으로 자백강요를 위해 야기되는 인신의 침해를 막을 수 있고, 다른 한편으로 실체적 진실을 촉진시켜 사법정의를 실현하게 된다.

④ 불리한 진술거부권

헌법은 고문의 금지를 실효적으로 뒷받침하기 위해 불리한 진술거부권(헌법 제12조 제2항 후단)을 인정하고, 피고인의 자백이 고문 등의 방법으로 임의로 진술한 것이 아니라고 의심할 만한 사유가 있는 때에는 이를 유죄의 증거로 사용할 수 없도록 형사소송법 제309조는 규정하고 있다. 여기서 불리한 진술거부권을 행사할 수 있는 자는 형사피의자나 형사피고인에 국한되지 않고, 증인이나 감정인도 유죄 여부의 기초가 되는 사실과 양형의 기초가 되는 사실에 대해서도 역시 거부할 수 있는 것이다.

이러한 진술거부권은 역사적으로 17세기 말엽 영국에서 종교재판소의 청교도에 대한 가혹한 강제심문절차에 대한 반동으로 보통재판소에 의해서 확립된 것이었다. 그리고 미국의 수정헌법 제5조가 그러한 특권을 명문으로 규정한 이후 근대 형사소송법의 기본원칙으로 확립되었다. 이러한 진술거부권은 다른 한편 무죄추정의 원칙을 실현하는 제도로서 기능하기 때문에, 오늘날에 와서는 무죄추정의 원칙으로 인해 피의자나 피고인의 진술거부권이 강화되는 방향으로 나아가고 있다. 수사기관이 피의자에 대해 진술거부권을 행사할 수 있음을 고지해야 하는 이른바 미란다원칙은 이러한 경향의 하나의 사례라고 할 수 있다.

Ⅲ. 법치국가원칙에 입각한 형벌권의 발생근거와 내용 및 한계

1. 형벌부과의 근거

국가가 형성되기 이전에는 가해자의 침해에 대한 피해자의 복수(復讐)는 개인의 사적 감정에 기초한 것으로서 피해자 스스로를 보호할 수 있는 유일한 수단이었다. 그러므로 '복수'라는 의미는 '피해를 당한 자의 가해자에 대한 앙갚음'이라고 정의할 수 있다. 복수의 절차와 방식은 정해진 바가 없으므로, 언제 어떤 방식으로 어디에서 실현할 것인가에 대한 예견가능성이 없을 뿐더러, 앙갚음의 내용과 정도도 정해진 규칙이 없었다.

복수는 필연적으로 또 다른 복수를 낳게 하였고, 복수에 의한 피의 보복을 불러일으키고, 그럼으로써 사회혼란을 지속적으로 야기하는 악순환의 연결고리 역할을 충실히 수행했다. 그러므로 복수가 지속되는 한, 극심한 사회적 혼란은 영속될 수밖에 없으며, 그 결과 복수사회(復讐社會)는 안전과 평화를 누리고, 각 개인의 능력을 꽃피울 수 있는 사회적 여건 마련을 불가능하게 하였다. 게다가 복수를 통하여 얻게 되는 가족이나 집단의 위안과 평화는 복수할 상대를 제압할 수 있을 만큼 충분한 능력이나 무력을 갖고 있을 경우에만 가능하였다는 점에서 지극히 한시적일 수밖에 없었다. 왜냐하면 복수를 했던 자가 늙고 병이 들면 언제든지 다시금 복수를 당할 가능성에 노출될 수밖에 없게 되었기 때문이다.

이에 따라 복수로 인하여 야기되는 문제점을 올바로 인식하고, 사회평화와 그 유지를 위해서 복수의 대안이 무엇인지에 관해 인간 이성의 눈으로 냉정하게 파악할 필요성이 대두되었다. 이러한 인식으로부터 사적 복수를 대신할 국가의 강력한 공권력인 형벌의 필요성이 정당화될 수 있게 되었다.

형벌은 복수의 대안으로서 손색이 없을 정도로 범죄행위의 억제를 위한 강력한 위하력(威嚇力)을 발휘하는 수단이어야 한다. 뿐만 아니라 형벌은 복수와는 달리 처벌내용의 정당성과 처벌절차의 합법성을 가져야 한다. 왜냐하면 형벌이 사적 복수를 미연에 방지할 정도로 충분한 실효성을 갖지 못하거나, 형벌 부과절차의 적법성이 제대로 준수되지 않을 경우 범죄피해자는 언제나 다시금 복수를 할 수밖에 없는 사정으로 내몰릴 수 있기 때문이다. 그러므로 형벌은 민사상 손해배상이나 행정법상 과태료 정도의 제재로는 범죄의 억제를 할 수 없는 경우로 국한되어야 하고(형벌의 최후수단성), 형벌의 내용이나 정도는 그 누구도 참기 어려울 만한 고통을 내용으로 해야 한다(형벌의 정도와 한계). 또한 형벌부과 절차는 사적(私的)인 복수와 질적으로 달라야 한다. 즉 책임주의와 적법절차 원칙의 실현 등 법치국가원리가 제대로 작동하는 형사사법의 시스템 내에서 부과되는 형벌만이 사적 복수의 반복적인 연결고리를 끊을 수 있게 된다.

2. 형벌의 근거에서 유래된 원칙

① 국가 형벌권은 엄정한 사전경고를 통하여 복수를 야기할 만한 범법행위의 실행을 미연에 방지하려는 데에 일차적 목적을 가져야 한다(형벌목적의 범죄예방 관철).

② 그럼에도 불구하고 범법행위가 발생하면, 국가는 범법자에 대해 복수의 차원과 달리 죄형법정주의와 적법절차 등 형사사법의 근본원칙에 따라 수사와 재판을 적정하게 운용해야 하고, 또한 책임에 상응한 처벌이 부과되도록 해야 한다(적법절차와 책임주의).

③ 국가는 범죄로 야기된 침해에 대해 복수에 버금갈 정도의 충분한 보상을 범죄피해자에게 제공해야만 한다(중대한 범죄로 야기된 피해자의 손해에 대한 국가의 보상책임원칙). 다만 국가가 범죄피해자에게 지급하는 범죄피해보상금은 피해의 원인 야기자 부담의 원칙에 따라 가해자에 대한 구상권(求償權)의 행사와 범죄로 인하여 발생한 수익의 몰수 등을 통하여 조달되어야 한다.

④ 죄를 범하는 자에 대해 국가공권력의 도움을 즉시 받을 수 없는 긴급상황에 처한 범죄피해자에게 정당방위나 긴급피난 또는 자력구제와 같은 사적 긴급형벌권(긴급성과 대응내용의 상당성을 요건으로 하는 복수의 성격)의 행사를 지나치게 제한해서는 아니 된다(이른바 정당방위 등의 윤리적 제한 금지). 왜냐하면 국가만이 형벌권을 행사할 수 있는 유일한 주체이지만, 급박한 법익의 침해나 위난의 현장에 즉시 달려가서 피해자를 도와줄 수 있는 시간적 제약이 발생할 수 있고, 그럼에도 국가만이 범죄에 대한 퇴치권(退治權)을 행사할 수 있다면, 피해자는 돌이킬 수 없는 피해의 위험에 직면할 수 있기 때문이다. 즉 이와 같은 한계상황이라면 국가는 범죄피해자에게 복수에 버금가는 개인적 자력구제인 정당방위나 긴급피난 또는 자구행위를 충분히 행사할 수 있도록 허용해 주어야 한다. 이처럼 각 개인은 위난이나 범죄에 직면한 자신의 긴급상황에서는 국가를 대신하여 이들 위험을 회피할 수 있도록 개인에게 부여된 긴급피난이나 정당방위 등의 권한은 천부적인 자연권으로 보아야 한다. 따라서 국가는 개인에게 부여한 정당방위나 긴급피난과 같은 권한을 축소하거나 제한하는 것을 삼가야 한다. 그럼에도 불구하고 일부 학자들은 정당방위나 긴급피난을 행사하는 데에 윤리적인 제한을 두어야 한다는 일부 독일학자 견해를 무작정 따라서 주장하고 있으나,[29] 이는 올바른 태도가 아니다.

29) 예컨대 김일수/서보학, 『새로 쓴 형법총론(제10판)』, 박영사, 2004, 296쪽과 298쪽; 이재상, 『형법총론(제5판 보정판)』, 박영사, 2005, §17/19 참조.

3. 공권력으로서 형벌권 행사의 정당성

(1) 형벌의 정당성과 합법성

형벌은 복수의 대안으로서 범죄자를 처벌함으로써 잠재적 범죄를 사전에 예방할 수 있어야 한다. 그러기 위해서 형벌의 본질은 복수의 대안이므로 단순히 범죄행위에 대한 응보로서 복수일 수 없으며, 복수와 달리 행위자의 행위책임에 어울리는 형사제재라야 한다. 즉 형벌은 무엇보다 죄형법정주의에 근거하여 부과되어야 하고, 범죄의 불법성과 책임에 상응하도록 범죄의 정도에 비례해야 한다. 또한 형벌은 인권의 본질적 내용인 인간성을 말살해 버리는 정도의 가혹한 성격을 가져서는 안 된다. 헌법 제37조 제2항 단서의 본질적 침해 금지에 해당될 수 있기 때문이다. 더욱이 형벌은 복수 자체일 수 없기에 부당한 형벌은 복수와 본질적 차이가 없다는 점에서 부당한 형벌의 부과는 결코 허용될 수 없으며, 부당한 처벌 역시 범죄로 인식되어야 한다.

형벌은 손해배상이나 행정벌로써도 사회를 방위할 수 없는 최후수단인 점에서, 형벌의 성격은 인간이 참기 힘든 고통의 성격을 가지게 된다. 그리고 범죄로 인해 처벌된 자는 전과자라는 이름으로 사회적 낙인의 대상이 된다. 전과자라는 사회적 낙인은 사회생활을 정상적으로 영위해 나가는 데에 치명적인 부작용을 수반한다. 그러므로 수형자에 대해 현재뿐만 아니라 미래에도 치명적일 수밖에 없는 형벌은 사회적으로 명백한 해악을 끼치는 악행에 대해서만 부과해야 된다는 결론은 자명하다.

(2) 형벌권의 남용과 사법왜곡

권력의 행사는 남용의 성질을 가지며, 형벌권을 행사하는 자 역시 그것을 남용하려는 경향을 갖는다. 수사기관은 범죄피의자에 대해 범행 여부를 철저하게 추궁하며, 혐의점이 발견되면 형벌권의 실행을 위해 최선을 다하게 된다. 수사는 검찰과 경찰에게, 소추는 검사의 고유한 권한이지만, 이들이 그런 권한을 행사하는 데에서 철저한 정의감으로 충만해 있질 않다. 수사기관은 정치적으로 민감한 사안에서는 임용권자의 입맛에 길들여 왔음을 각국의 현대사뿐만 아니라 세계역사에서도 쉽게 찾을 수 있다. 게다가 정치권은 끊임없이 검찰권에 관한 다양한 방식의 압력을 행사하는 모습을 우리나라에서도 수없이 목격하여 왔지 않는가?

수사기관보다 독립적인 법관이라고 해서 예외일 수 없다. 지난날 권위주의적 정권 하에서 적지 않는 사법살인이 이루어졌음을 오늘날 재심을 통하여 확인할 수 있다. 심지어 권위주의적 시대가 청산되었다고 할 수 있는 근자에도 대법원에 의한 유죄 여부가 확정되기도 전에 헌법재판소는 유죄를 추정하여 이른바 통합진보당을 해산한 바 있다.[30] 최근에도 사법왜곡의 경우가 재현되고 있음을 볼 수 있다. 예컨대 형법 제130조의 제3자 뇌물공여죄에 해당될 수 있는 사안임에도 불구하고 특검 측에서 해당 조문의 '부정한 청탁'에 대한 입증에 자신이 없기에 형법 제129조 제1항의 뇌물수수죄로 공소를 제기하였다. 이에 대해 대법원 전원합의체 다수의견은 뇌물수수죄의 공동정범으로 유죄 판결하였다.[31] 대법원의 이런 행태는 전형적인 사법왜곡에 해당될 수 있다. 독일은 이와 같은 사법왜곡을 처벌하고 있다.[32] 검찰이나 법관의 사법왜곡[33]은 다음과 같은 문제점을 야기한다.

(3) 사법왜곡의 내용

① 사실관계나 적용될 법률의 왜곡에 의하여 무고한 자를 처벌하는 것은 죄형법정주의에 반할 뿐만 아니라 사법정의에도 반한다.

② 헌법상 무죄추정원칙에 반한다.

③ 형벌은 인간이 참기 힘든 고통인데 그런 고통을 무고한 피고인에게 덮어씌우는 것은 악질적인 고문이자 부당한 형벌이다.

④ 악행을 범하는 모든 범죄가 적발되는 것이 아니며, 범죄의 암수는 범죄통계에 잡히는 범죄보다 언제나 훨씬 많아서 검거된 자만이 특별한 고통을 받게 된다. 이는 형평성에 어긋날 수 있다.

그러므로 형벌의 고통과 국가형벌권의 남용가능성으로 인해 단순한 범죄혐의자에 대한 일방적인 형벌부과는 되도록 삼가야 한다. 의심스러울 때에는 피의자나 피고인의 이익으로 판단해야 하고, 확정판결 전이라면 범죄의 수사뿐만 아니라, 재판

---

30) 헌재 2014. 12. 19. 2013헌다1, 판례집 26-2하, 1 [인용(해산)].
31) 대판 2019. 8. 29. 2018도2738 전원합의체 판결.
32) 독일 형법 제339조: 법관, 기타 공무원 또는 중재인이 법률사건을 지휘하거나 재판함에 있어 당사자 일방에게 유리 또는 불리하게 법률을 왜곡한 경우에는 1년 이상 5년 이하의 자유형에 처한다.
33) 허일태, "법관의 법왜곡행위에 대한 대책", 『박양빈 교수 화갑기념논문집』, 1996; 허일태, "검찰의 법왜곡행위와 이에 대한 대책", 『형사법연구』 제11호, 한국형사법학회, 1999.

의 절차에서도 무죄추정의 원칙이 고수되어야 한다.

(4) 과잉금지원칙과 그 한계

형사법상 법률은 ① 정당한 목적을 가져야 되고(목적의 정당성), ② 목적달성을 위해 수단의 상당성을 담보해야 하며(수단의 상당성), ③ 다른 수단으로 해결할 수 없어야 하고(당해 수단의 최후성), ④ 피해가 최소한에 그쳐야 하며(피해의 최소성), ⑤ 다른 법익침해와의 관계에서 법익보호의 우월성을 인정할 수 있어야 한다(법익의 균형성). 그러나 이러한 과잉금지원칙을 원용하는 배경사상은 공리주의적 사고방식이 짙게 깔려 있다. 개별적인 이익보다 전체의 이익 내지 복리가 크다면 개별적 이익의 본질적 침해 여부와 관계없이 복리주의를 관철할 수 있는 명분을 얻을 수 있는 바, 이는 어떤 공익이라도 개인의 기본적 인권의 본질을 침해할 수 없다는 헌법상 원칙에 반할 수 있는 함정을 품고 있다. 그러므로 과잉금지원칙의 기준에는 합헌성의 기준을 추가하는 것이 바람직해 보인다. 즉 ⑥ 헌법정신과 헌법규정에 반하지 않아야 된다(법률의 합헌성).

이런 점에서 과잉금지원칙은 사익보다는 공익이 클 때에는 언제든지 관철될 수 있다고 할지라도, 그러나 이 원칙은 개별적 인간이 가지고 있는 기본권의 본질적 침해를 훼손할 수 없다는 선에서 그쳐야 한다.

(5) 인권의 본질적 침해 금지 원칙과 사형제도의 위헌성

헌법 제37조 제2항에 의하면 기본권을 제한할 수 있다. 다만 그 기본권의 본질적 침해를 금지하고 있음도 분명하다. 헌법상에 명시된 본질적 침해금지조항은 해석론에 의해 좌우될 수 없는 헌법정신이자 헌법의 근본규범에 속해야 한다. 어떠한 기본권도 그 본질적 침해 금지가 허용된다면 그것은 허울 좋은 기본권에 불과하기 때문이다.

인간의 모든 기본권 중에서 생명과 신체의 자유만큼 본질적이고 중요한 자유권은 없을 것이다. 그런데도 불구하고 헌법학자들 상당수가 사형제도를 찬성하고 있고, 검사들도 예외가 아니다. 현직 검사들 중에서 어느 누구도 사형제도가 위헌이라는 입장을 관철하려는 사례를 찾아볼 수 없다. 이런 사고방식을 가진 분들이 진정한 법학자들이고 법률전문가인지 심히 의심스럽다. 그 이유는 다음과 같다.

① **헌법 재판소에 따르면** "헌법 제110조 제4항은 법률에 의하여 사형이 형벌로서 규정되고 그 형벌조항의 적용으로 사형이 선고될 수 있음을 전제로 하여, 사형을 선고한 경우에는 비상계엄 하의 군사재판이라도 단심으로 할 수 없고 사법절차를 통한 불복이 보장되어야 한다는 취지의 규정으로, 우리 헌법은 문언의 해석상 사형제도를 간접적으로나마 인정하고 있다."[34]고 설시한다.

헌법재판소의 이러한 입장은 법률의 존재근거와 해석법칙에 어긋난다. 우리는 Hans Kalsen의 규범의 단계적 지위를 인정하는 데 동의하고, 헌법재판소를 포함하여 법학자 역시 그러한 규범론에 따르고 있다. 이에 의하면 하위법은 상위법에 근거해야 되며 또한 그것에 저촉되지 않은 범위 내에서 불가피한 사회적 질서를 규율해야 한다는 것이다. 그렇다면 상위법은 하위법에 근거하거나 전제해서는 아니 되는 것이고 삼가야 된다.

헌법 제110조 제4항 단서 규정의 존재근거는 하위법인 형법 제41조가 형벌로서 사형제도를 두고 있음을 전제로 하고 있다. 이 헌법 규정은 형법 제41조에서 사형이라는 형벌을 두고 있지 않거나 또는 비상사태 하의 군사재판에서 사형이라는 형벌을 선고할 사안이 없으면 무용지물이 되기 때문이다. 이것이 의미하는 바는 하위법인 형법이 명시하고 있는 사형제도가 상위법인 헌법규정의 사형제도에 관한 존립근거가 됨을 보여준다.

다시 말해 하위법인 형법 제41조는 법정형으로서 사형을 규정하고 있고, 비상계엄 하의 군사재판에서 사형의 선고를 신중하기 위해 우리 헌법은 제110조 제4항의 단서규정을 두었다. 이 단서규정을 근거로 헌법재판소는 사형제도의 합헌성을 인정하고 있는 바, 이러한 논리는 하위법인 형법에 근거하여 상위법인 헌법의 사형제도 합법성을 위한 전제가 됨을 인정하고 있다. 헌법재판소는 한편에서는 상위법인 헌법은 하위법인 형법에 대한 형성권의 범위와 내용을 결정할 수 있다고 정면에서 큰소리 치고 있으면서, 뒤에서는 헌법상 사형제도는 하위법인 형법에 의해 사형제도에 관한 합헌성을 부여받는 것을 용인하는 것을 보여준다. 이는 논리적 정당성도 없고 근본규범인 헌법과 하위법인 형법의 관계에 관해서도 무식한 논리로 잘못을 범하고 있다.

---

34) 헌재 1996. 11. 28. 95헌바1; 헌재 2010. 2. 25. 2008헌가23 참조.

그렇다면 헌법재판소는 하위법인 형법에서의 사형제도는 상위법인 헌법에 근거하여 합헌성을 갖는다고 할 수 없고, 오히려 하위법인 형법에 사형제도가 현실적으로 존재하고 있고, 비상계엄 하의 군사재판에서 사형을 선고할 경우에 그런 사형의 선고는 위헌이 아니라 합헌이라는 논리는 자가당착인 것이다.

② 헌법 제37조 제2항 단서는 "(기본적 인권을) 제한하는 경우에도 자유와 권리의 본질적인 내용을 침해할 수 없다."고 명시하고 있다. 여기서 기본적 인권의 본질적 내용은 생명이며, 이는 부인할 수 없는 사실이다. 예컨대 손발에 대한 절단형이 신체자유에 대한 본질적 침해이기 때문에 용납할 수 없다면, 인간의 생명은 손발의 범위를 넘어선 신체의 전부에 대한 침해이므로 더욱 용납될 수 없다고 하는 것이 논리적이다. 신체의 자유의 본질적 내용은 인간의 육체에 깃들인 생명의 결합으로 생긴 생명권의 자유인 것이다. 즉 신체의 자유 중에서 인간의 생명인 정신을 제거하면 인간의 육체만 남게 되는데, 생명이 없는 육체는 시체에 불과할 뿐이다. 생명을 전제로 하는 신체만이 신체의 본질적 자유를 갖는다.

③ 현대국가는 동일한 형식의 복수로서의 형벌제도를 두고 있지 않다. 반인륜적 살인범에게조차도 마찬가지다. 복수는 복수를 낳고, 사회불안을 가중시킨다. 복수로서의 형벌은 이미 극복된 구시대의 사상이다.

④ 바로 이런 이유로 2022년 현재 세계 198개국 중에서 사형제도를 법률적으로 완전 폐지한 국가는 106개국이며, 통상의 범죄에 대한 사형제도 폐지 국가는 8개국이고, 실질적으로 폐지한 국가가 28개국에 이른다. 사형제도 폐지 국가는 지속적으로 늘어나는 추세다. 2022년 현재 55개국만 사형존치국가에 속한다.[35] 아시아에서는 캄보디아, 몽고, 우즈베키스탄, 네팔, 부탄, 투르크메니스탄, 필리핀, 터키, 아제르바이잔, 키르기스탄이 법률로써 사형제도를 이미 폐지했고, 2022년 1월 현재 우리나라는 24년째 사형을 집행하지 않는 실질적 사형제도 폐지 국가이다. 이에 반해 중국[36]이나 일본[37]은 아직도 사형을 집행하고 있다.

---

35) https://www.amnesty.org/en/what-we-do/death-penalty/ 참조.

36) 국제엠네스티에 따르면 중국은 매년 1,000명 이상의 사형 집행을 하고 있는 것으로 예상하고 있다.

37) 일본 최고재판소는 사형제의 유지로 발생하는 위하력으로 인해 파생되는 범죄예방 가능성이 폐지에 따른 개인생명권 존중 등의 이익보다 크다는 이론에 따라 공공복리 차원에서 '합헌'이라는 입장을 1948년 3월 12일 '쇼와 22년 제119호 사건'의 판결 선고를 통하여 밝힌 이후, 70여년이 지난 2020년 현재까지도 위 판례를 변경하여야 할 타당한 이유가 없다면서 일관되게 유지하고 있다.

⑤ 국가는 개인과 같은 감정적 존재가 아닌, 윤리적이고 이성적 존재다. 국민을 상대로 거짓말을 해서도 안 되고 감정적으로 대응해서도 안 된다. 국가가 국민에게 절도하지 말라고 명령하면서, 다른 한편으로 국민의 재산을 절취하는 것은 용납될 수 없는 일이다. 그러므로 국가가 국민에게 사람을 죽이지 말라고 명령하면서, 국가 스스로 사람을 살인하는 사형제도를 용인하는 건 모순의 극치다.

⑥ 모든 인권국가에서는 반인륜적 흉악범에 대해 손발을 절단하는 등의 신체절단의 형벌을 부과하지 않는다. 이런 형벌은 잔인하고 비인도적이기 때문이다. 손발을 절단하는 것이 잔인해 용납할 수 없는 형벌이라면, 사람을 죽이는 사형제도는 더욱 잔인한 형벌로 결코 허용하지 말아야 하지 않을까.

⑦ 우리나라는 유럽연합(EU)과 EU에서 인도된 범인에 대해서는 사형을 집행할 수 없도록 하는 등의 내용을 담은 범죄인인도조약을 2009년 체결했고, 2011년 국회가 이를 비준했다. 이 때문에 EU에서 우리나라로 인도된 범인이 흉악범죄를 범했어도 사형을 집행할 수 없다. 이런 상황에서 한국에서 범죄를 저지르거나 일본 혹은 미국 등에서 인도된 반인륜적 흉악범에 대해 사형집행을 하는 것은 '법 앞의 평등권'을 천명한 헌법에 반한다.

⑧ 우리나라에서는 인혁당재건위 사건[38] 피해자[39]를 비롯한 적지 않은 분들이 사법살인을 당했다. 이런 사법살인이 일어났던 것은 사형제도가 존재하고 있었기 때문이다. 사법살인을 피하기 위한 최선의 방법은 사형제도 폐지에 있음은 분명하다. 오판에 의한 사형을 방지하기 위해서도 사형제도의 폐지가 불가피하다.

⑨ 사형제도는 살인범죄를 비롯한 반인륜적 범죄에 대한 실질적 예방효과가 없다. 유엔인권이사회는 1988년과 2002년 두 차례에 걸쳐 사형제도 존치가 살인사건을 실질적으로 예방할 수 있는가에 관한 광범위한 조사를 실시했으며, 그 결과 예방효과가 있음을 입증할 수 없다고 밝혔다.

---

38) 인혁당재건위 사건은 중앙정보부의 조작에 의해 도예종 등이 기소되어 무려 대법원의 선고 18시간 만에 사형이 집행된 날조사건이다. 1964년의 제1차 사건에서는 반공법, 1974년의 제2차 사건에서는 국가보안법, 대통령 긴급조치 4호 위반 등에 따라 기소되었다. 1975년 4월 8일에 대법원이 사형을 선고한 후, 불과 18시간 만에 사형이 집행되었다. 인혁당재건위 사건은 국가가 법을 이용해 무고한 국민을 살해한 사법살인 사건이자 박정희 정권 시기에 일어난 대표적 인권 탄압의 사례이다.

39) 1975년 4월 8일 도예종 등 8명에 대한 사형이 집행됨.

⑩ 사형제도는 사형을 당한 자만 고통스럽게 하지 않는다. 사형을 집행해야 하는 교도관과 사형당한 자의 가족에게도 너무나 큰 고통을 안긴다.

⑪ 사형제도는 세계인권선언 제2조[40]와 제5조[41] 및 그 외 국제인권법[42]과 기준에서 명시한 생명권과 잔혹한·비인도적인 또는 굴욕적인 처우나 처벌을 받지 않을 권리를 침해하는 제도다. 특히 어떠한 고문도 인간에게 너무 잔인하고 사실을 왜곡하기 때문에 세계인권선언이나 국제인권법에서 금하고 있음을 볼 때 그런 고문보다 근본적으로 더 잔인한 사형제도는 더욱 금지해야 하는 것이 논리적으로 타당하다.

⑫ 따라서 유엔총회는 2007년 이후 2020년까지 사형제도를 폐지할 목적으로 사형집행의 중단을 요구하는 총 8번째의 결의안을 채택했다. 유엔총회에서 채택된 결의안은 상당한 도덕적·정치적 무게를 지니며, 사형집행 모라토리움 결의안 채택을 통해 국제사회는 사형제도의 인권 문제를 우선순위로 두고 면밀한 조사를 진행할 수 있었다. 한국정부는 2020년 12월 16일에 개최된 유엔총회의 제8차 사형집행 모라토리움 결의안의 동의에 처음으로 동참하였고, 이 결의안은 유엔총회에서 찬성 126개국의 동의로 최종 승인되었다.

⑬ 이 모든 이유와 더불어 사형제도를 폐지해야 하는 마지막 이유는, 사형제도가 품고 있는 위와 같은 문제점을 해소할 수 있고, 사형제도와 동일한 정도로 반인륜적 흉악범의 재범 소지를 영원히 차단할 수 있는 '가석방 없는 절대적 종신형'을 대안으로 삼을 수 있기 때문이다. 특히 사람을 반복적으로 여러 번 살해하고, 그 방법이 잔인하여 반인륜적이며, 재범의 개연성을 지닌 자에 국한하여 가석방이 영원히 금지되는 절대적 종신형을 부과할 수 있도록 함으로써 절대적 종신형의 헌법상 위헌성을 피할 수 있다.

---

40) 모든 사람은 인종, 피부색, 성, 언어, 종교, 정치적 또는 기타의 의견, 민족적 또는 사회적 출신, 재산, 출생, 기타의 지위 등에 따른 어떠한 종류의 차별도 없이 이 선언에 제시된 모든 권리와 자유를 누릴 자격이 있다.

41) 어느 누구도 고문 또는 잔혹하거나 비인도적이거나 굴욕적인 대우나 처벌을 받지 아니한다.

42) 시민적 및 정치적 권리에 관한 국제규약 제6조 제1항: 모든 인간은 고유한 생명권을 가진다. 이 권리는 법률에 의하여 보호된다. 어느 누구도 자의적으로 자신의 생명을 박탈당하지 아니한다. 동 규약 제7조: 어느 누구도 고문 또는 잔혹한, 비인도적인 또는 굴욕적인 취급 또는 형벌을 받지 아니한다. 특히 누구든지 자신의 자유로운 동의 없이 의학적 또는 과학적 실험을 받지 아니한다.

Ⅳ. 결 론

인간의 존엄이란 “인격을 가진 인간의 자기존재와 인간의 고유가치로서 모든 인간 자신을 위하고 동시에 그 자신을 목적으로 하는 존재가치”를 의미할 때, 인간 존엄의 근거는 다음과 같다. ① 인간은 자기 자신의 자유와 안위를 위해서 타인과 상호 연대하고 협력하여 경제와 문화 및 사회질서를 형성하였고, 그렇게 형성된 인간사회는 그 구성원인 개개인의 자유와 평화 그리고 정의로운 삶의 유지에 존립기반을 이루었다. 인간의 이러한 능력은 “인간 자신에 대해 다른 생명체와는 근본적으로 구별되는 우월한 능력을 인정하고, 인간 자신을 존경받을 만한 가치가 있는 주체”로 인정될 수 있도록 구조화되어 왔다. ② 인간은 그가 속한 사회의 발전을 위해 봉사하고 헌신한 주체이다. 우리 인간이 봉사와 희생으로 인간다운 삶을 누릴 만한 인간사회를 형성하였다면, 그 사회는 그런 인간을 위해 그에 합당한 존엄의 대상으로서 섬겨야 할 책무를 진다. ③ 성숙한 인간이라면 자신의 올바른 행위지침을 자신의 통찰력으로써 파악하여 건강하고 평화로운 사회를 형성해 나가야 할 책무를 지닌 주체이다. 인간사회에 대한 인간의 이러한 책무 부담에 대한 보답으로 사회나 국가는 인간을 존엄의 대상으로 삼아야 한다.

인간은 이처럼 국가나 사회로부터 존엄한 존재라면, 한편으로 국민의 자유스럽고 민주적인 정치참여를 통하여 인류사회의 기본가치를 보장할 수 있는 통치형태를 전제하는 사회여야 하고, 다른 한편으로 인간의 자기결정권과 행복추구권을 충분히 누릴 수 있는 법치국가원칙이 담보될 수 있어야 한다. 이 법치국가원칙이란 사회공동체 내에서 인간의 존엄과 가치가 충분히 실현될 수 있도록 행동규범을 마련하고, 이를 관철시키는 국가원칙을 의미할 때, 법치국가원칙의 실현을 위해서는 국가권력의 조직을 ‘견제와 균형의 원리’에 의해서 행해질 것을 포함하여 다음과 같은 실천적 원리가 충실히 작동되어야 한다.

① 법치국가원칙은 국민의 자유ㆍ평화ㆍ정의의 실현에 두고 있다는 점에서 국가작용은 명확성, 특정성, 계산가능성과 예측가능성, 객관성, 안전성 등의 절차적ㆍ형식적 요건을 지켜야 한다. ② 법치국가원칙은 입법의 형성과 행정작용에 관해 과잉금지 내지 비례성의 원칙에 입각해야 한다. 비례성의 원칙을 판단할 때 목적의 정당

성, 수단의 적합성, 피해의 최소성, 법익의 균형성은 중요한 평가기준으로 인정되어야 한다. ③ 죄형법정주의를 비롯하여 무죄추정의 원칙과 적법절차의 원칙은 철저히 준수될 수 있어야 한다. 따라서 법관에 의한 사법적극주의는 용납될 수 없어야 한다. ④ 법치국가원칙은 헌법상 기본권의 본질적 내용을 침해할 수 없어야 한다. 특히 생명과 신체의 자유와 평등권 및 사적 자치에 관한 본질적 침해가 없어야 된다. 더구나 생명은 인간의 존엄을 구성하는 중추이기에 생명의 박탈은 어떠한 경우에도 허용될 수 없으므로, 형벌제도로서 사형제도는 우리 헌법과 실정법에서 결코 용납될 수 없는 제도이다.

그럼에도 적지 않은 법조인들은 인간존엄의 핵심적 내용에 제한을 가할 수 있다는 점을 찬성하는 데 주저하지 않는다. 상당수의 법조인들은 인간의 존엄의 본질적 내용에 해당하는 인간의 생명권을 박탈하는 사형제도를 적극적으로 주장하기도 한다. 심지어 인간의 존엄성과 기본적 인권의 보장을 위해 누구보다 기여했던 칸트조차 사형수에 대한 생명의 박탈을 찬성하였다. 그에 따르면, 어떤 섬나라 사람들이 그 나라를 해체하기로 결정한다면 사람을 죽인 사형수에 대해 그 섬나라의 해체 이전에 사형시키는 것이 정당하다는 것이다. 왜냐하면 칸트의 입장에서 볼 때 사람을 죽인 자를 사형시키는 것은 악행에 대한 정언명령이자, 정의에 해당된 것으로 이해하고 있기 때문이다. 법학계나 법조인들 중 일부는 칸트의 이러한 입장이 무슨 대단한 진리인 것처럼 반복적으로 인용되기도 하고, 사형제도의 존치 근거로 사용되기도 한다.

그러나 칸트의 이와 같은 사고방식은 적지 않은 논리모순을 품고 있다. 왜냐하면 인간은 결코 수단에 해당될 수 없고 목적 그 자체라고 줄기차게 주장했던 칸트의 논리에 따르면, 사형수에 대한 사형집행은 사회정의를 위해서 불가피한 정언명령의 실현이라고 주장하는 그 지점에서 인간은 그 자체 목적이지 않고, 사회정의를 실현시키려는 수단성을 자인하는 셈이기 때문이다.

제3장
형법에서 의사(意思)의 자유와 책임

Ⅰ. 문제의 제기

국내의 저명한 교수들의 교과서를 살펴보면 '의사의 자유'에 관한 입장은 대체로 다음과 같다. "그것이 가능한 것인지의 여부는 인간인식의 한계 밖에 놓여 있는 문제이지만, 형법의 책임은 인간의 보편적 행위자유를 전제하며, 이 자유가 구체적 상황에서도 타당한 것으로 간주한다."[1] 이와 같은 입장은 형법 교과서를 서술했던 한국 형법학자들의 거의 일치된 견해이기도 하다.[2] 그리고 이를 '비결정주의'라고 부르기도 한다. 이에 반해 결정주의는 인간행위는 남김없이 인과법칙적으로 결정된다는 입장으로 "범죄는 개인적 소양과 환경의 필연적 소산"으로 파악한다. 여기서 이상한 점은 결정주의자가 과연 누구인지를 밝히지 않는다. 왜 그럴까?

결정론자의 의미는 다음과 같이 새길 수 있다. 인간은 어떤 갈등이나 충돌상황에 부딪칠 경우 생래적으로 내재된 유전자 프로그램에 따라 그렇게 행동하게 되어 있으며, 사회환경 또한 인간의 행동을 그렇게밖에 실현하도록 꾸미는 데 결정적 역할을 다한다. 그러니까 "인간은 자신의 행위를 합목적적으로 지배할 수 없으며, 모든 행위는 자신의 DNA에 의해 지배되거나 자신을 둘러싼 환경의 제약에 의해 결정되므로 본질적인 의미에서 의사의 자유를 가질 수 없다."라는 결론에 이른다.

---

1) 예컨대 배종대, 『형법총론』(제12판), 홍문사, 2016, 406~407쪽 참조.
2) 대표적으로 임웅, 『형법총론』(제7정판), 법문사, 2015, 290쪽 이하 참조.

그러나 비결정론자의 결정론자에 대한 이런 생각은 다소 지나치다. 그 이유는 다음과 같다.

첫째로, 인간도 기생충이나 하등동물처럼 자신의 DNA에 의해 프로그램된 행태만을 실행할 수 있다는 입장은 입증된 것이 없기 때문이다. 이런 결정론적 주장은 비결정론자들의 입지를 담보하기 위한 것으로서 과장된 부분이 적지 않다.

둘째로, 인간만이 본능에 따른 행동의 제어가 가능하여 충동을 억제하고 가치에 따라 결정할 수 있다는 유일한 존재라는 주장은 지나치게 인간중심적인 사고방식의 소산이다. '예쁜 꼬마선충(Caenorhabditis elegans)'의 경우 체내의 세포가 959개이며, 이 중에서 신경세포가 302개나 차지하고 있다. 전체 세포의 3분의 1가량을 차지하고 있는 이들 신경세포는 이 꼬마선충이 살아남기 위해 자신의 주변 환경에 대한 적응에 기여한다. 이것이 의미하는 바는 비록 꼬마선충이라고 할지라도 오직 본능적으로 필연적인 인과관계에 의해서만 행동이 결정된다고 볼 수 없어 보인다. 이보다는 오히려 꼬마선충은 살아남기 위해 자기 자신에 내재한 신경세포의 역할로 주변 환경에 대해 적극적으로 대응함을 부인하기 어렵다고 할 것이다. 즉 이들 신경세포는 주변의 상황을 제어하여 자신의 생존력을 높이려는 역할을 담당하고 있다고 할 것이다. 이 꼬마선충보다 엄청나게 많은 뉴런을 갖고 있는 침팬지나 오랑우탄은 그들 상호간에 인간 못지않게 다양한 협력과 연대의식을 가지면서 삶을 누리고 있다. 이런 동물까지 무조건적이고 필연적인 본능에 따른 행동에 의해서만 행동할 수 있다는 주장은 지나친 억측에 불과하다. 이런 입장이 과히 틀리지 않은 것이라면 인간만이 충동을 억제할 수 있다는 믿음은 맹목적인 것이다.[3)]

셋째로, 그러면서 비결정론자는 다음과 같이 말한다. "인간은 본래 충동을 억제하고 가치에 따라 행위를 결정할 수 있는 … 존재이다." 여기서 후자의 단락인 "가치에 따라 행위를 결정할 수 있는 … 존재이다."라고 하는 명제는 틀리지 않은 것이다. 왜냐하면 인간은 충동을 억제하고 가치에 따라 합목적적으로 행위할 수 있기 때문이다.

그런데 비결정론자의 이런 주장은 논리모순으로 보인다. 이런 주장은 한편으로 인간은 합목적적 행위지배를 통한 자신의 행위목적을 달성하려는 존재로 본다. 다

---

3) 이에 관해 https://terms.naver.com/entry.nhn?docId=2070157&cid=41991&categoryId=41991 참조.

시 말해 행위주체는 금지규범을 준수할 수 있고, 자기의사에 따른 자기결정권을 갖고서 행위할 수 있음을 인정한다. 그러나 다른 한편으로 그런 행위지배의 핵심적 본질인 인간의 자유의사가 인간에게 존재하는지 여부는 우리의 인식수준 밖에 있으므로 과학적으로 알 수 없다는 것이다. 그렇다면 과학적으로 인식할 수 없음에도 불구하고 자기결정을 할 수 있다고 단언한 것은 오만이다.

넷째로, 비결정론자들은 범법행위에 대한 책임을 부담하기 위해 불가피하게 의사의 자유를 전제해야 된다고 주장한다. 형법상 형벌은 사형까지 가능하다. 그래서 죄형법정주의 원칙과 의심스러울 경우 피고인의 이익 원칙이 형법과 형사소송법에서 통용되고 있다. 형사법은 사실관계가 확정되고 논리적으로도 합리적인 의심이 없을 정도의 확신이 설 때 비로소 유죄를 선고하도록 규정하고 있다. 그럼에도 비결정론자들은 형벌의 근거가 되는 책임을 인정하는 것이 의사의 자유라는 가정의 입장을 전제하여 처벌하는 데에 문제가 없다고 생각한다. 이러한 태도는 형사법학에서 결코 용납할 수 없는 치명적 오류이다.

다섯째로, 신앙의 문제라면 궁극의 단계에 들어섰을 때 하나님의 말씀이니 그냥 믿어야 되며, 더 이상 캐물을 필요가 없다. 허나 법학, 특히 형법학은 '학'이라는 이름표가 달린 것을 볼 때 학문의 범주에 속한다. 학문의 성격은 과학적으로 논증되거나 입증되어야 한다. 그러니 끝까지 물어야 한다. 신앙과 달리 학문은 믿음의 문제가 아니며, 합리적인 해명을 요구하기 때문이다. 그래서 의사의 자유라는 주제에 관해 인간의 인식 밖의 문제라고 치부해서 될 일도 아니다. 그 문제가 논증 가능하고 인식 가능한 것인지 여부도 제대로 살펴보지도 않고 포기하는 것은 비겁하다.

비결정론자의 입장을 다시금 살펴보자. 이들은 의사의 자유가 존재하는가의 질문에 대해 결정론처럼 곧바로 대답하지 않는다. 여러 가지 표현을 동원하여 사람의 생각을 약간 혼미하게 만든 다음, "인간에게 책임을 물어야 할 불가피한 사정이 있으니, 발생된 결과가 어느 인간의 인과적이고 기계적인 작동에 의한 것이라면 그에게 책임을 물을 수 없으니, 그것을 극복하기 위해 자유의사의 존재 가능성을 불가피하게 인정할 수밖에 없다."는 설명방식을 취한다. 그러면서도 물음에 걸맞은 대답을 끝까지 회피하기 위해 "형법의 책임은 인간의 보편적 행위자유를 전제한다."고 둘러대면서 표현한다. 이에 더하여 이런 "의사자유는 보편적일 뿐 구체적 상황에서 입증되지 않는다."고 한다. 이게 뭔 소리인가. “술을 마시고 운전하였지만 음주운전은 아니다.”라는 변명과 무엇이 다를까.

형법학이 학문이라면 좀 더 솔직해지자. 그것이 후학들이나 학생들에게 덜 부끄러운 일이지 않을까?[4)]

따라서 인간의 의사자유에 관한 문제, 즉 우리의 마음이나 의식은 어떻게 생성되었으며, 생명이 깃든 육체와 어떤 관계에 있는지, 아니면 비결정론자처럼 아무런 관련이 없는 것으로 파악하는 것이 옳은 것인지를 이하에서 검토해 보자.

Ⅱ. 자유의사의 의미와 그 가능성

1. 자유의사의 탄생배경

인간사회의 질서 형성에 적지 않은 영향을 미쳤던 사상가들은 대체로 다음과 같은 생각을 가졌다. “인간은 의사의 자유를 갖고 태어났으며, 그래서 인간의 자유의사는 인간의 육체와 독립해서 발현되기에 인간의 육체와 상호 깊은 관련성을 갖고 있질 않다.”

이런 생각은 근대로 접어들어 인문주의를 중시한 계몽시대가 열리게 되면서 인간 상상력의 소산인 신(神)을 대신하여 구체적 인간을 중시하는 사조로 변화되었고, 이런 사회문화 속에 정착하게 되었다. 이런 변화는 신의 역할과 그 말씀의 절대적 진리성에 대한 믿음이 흔들리게 되었고, 또한 성서의 자국어 번역으로 신의 말씀을 직접 인지하면서 한편으로 성서의 수많은 오류를 밝히게 되었고, 다른 한편으로 신부님은 신의 대리인이 아닌, 구체적이고 현실적인 인간의 본성을 지닌, 하나의 인간에 지나지 않음을 알게 되었다. 그 결과, 하나님의 말씀의 믿음, 즉 신앙에 의한 해결보다는 인간의 합리성 특히 신을 대신하는 인간의 ‘이성(理性)’은 인간사회의 갈등 해결을 위한 영역에서 올바른 판단이나 평가를 내릴 수 있는 법관의 영역으로 인정되었다.

4) 자유의지와 뇌과학의 상호간 인정에 관한 논의에 대해서는 박은정, “자유의지와 뇌과학: 상호인정 투쟁”, 『법철학연구』 제18권 제2호, 2015, 100쪽 이하 참조. 그에 의하면 “인간의 자유의지에 관한 이론을 포기한 과학적 견해가” 책임문제를 제대로 파악하여 답할 수 없다는 점을 강조하고, “뇌과학은 인간성에 대한 비판적 철학적 담론에 대한 위협이라기보다는 학문융합의 방향에서의 ‘뇌과학의 패러다임 전환적 의미’로 읽힐 수 있을 것”으로 보고 있다. 특히 130쪽 참조.

때문에 이제껏 신의 영역이었던 정당한 판결을 할 수 있는 능력조차도 인간에게 존재하고 있으며, 그리고 그런 인간의 '이성'의 합리성을 담보하기 위해 자유의지는 신과 마찬가지로 인간 주변의 환경이나 인간의 육체 등 물질에 의한 영향을 전혀 받지 않는다고 전제하여야 했다. 그래서 인간의 자유의사는 인간의 마음이나 인식과 함께 인간을 감싸고 있는 환경이나 마음의 발현기구인 인간의 신체와 별개의 독립성을 가진 실존으로 여겨졌으며, 그것은 틀림없는 진리로 보았다. 인간의 자유의지가 인간의 육체에 의해 자의적으로 지배되지 않으며, 그 자체가 영구적이고 객관적인 능력을 갖고 있음을 담보하기 위해서는 인간의 자유의사를 그렇게 이해하는 것은 불가피하였다.

2. 잘못된 믿음

이러한 생각은 오늘날까지도 법학, 특히 형벌을 수단으로 삼고 있는 형법학에서 깊은 영향을 미치고 있다. 현대 형법학자의 대부분은 인간이 의사의 자유를 향유하고 있다는 사실을 전제하고 있다. 그래서 다음과 같이 설명하고 있다. "인간은 자신의 사회적 행위에 대한 책임을 부담해야 되는 존재인데, 그 근거로 인간은 자신의 신체와 환경에서 독립된 자율적인 자유의사를 갖고 있기에 자신이 처한 환경을 올바르게 파악하고 사회적으로 요구되는 규범에 친한 행위를 장악하고 지배할 수 있다는 것이다. 따라서 자유의사를 갖춘 통상의 인간이라면 사회규범에 반한 행위를 충분히 회피할 수 있다고 파악한다. 인간이 그런 자유의지를 갖고 있음에도 그런 반사회적 행위를 회피하지 않고 선택하여 범죄구성요건에서 명시된 반사회적 행위를 범했다면 인간은 그것에 대한 책임을 전적으로 부담해야 하는 것은 지극히 자연스러운 것이다." 즉 인간은 자유의사를 갖고 있기에 법규범에 반하는 행위를 회피할 수 있는 것이고, 그럼에도 불구하고 법규범위반행위를 범했다면 처벌을 받아야 한다는 것이다.

"인간은 자유의사를 갖는다."란 이런 사고(思考)에 결정적 역할을 끼쳤던 사람들 가운데 특히 지목해야 할 분은 '데카르트'이다. 그는 자신의 생각에 대한 객관성을 확실히 담보하고자 질문의 한계상황에 이르기까지 묻고 파고들면서 과학적 논증을 분명히 하려고 시도하였다. 이런 노력의 결과 그는 다음과 같은 결론에 도달했다.

"나는 생각한다. 고로 존재한다."

이 언명은 '대상'에 관해 '인식하거나 파악할' 때 '나'라고 하는 인식주체가 없으면 그 대상을 결코 파악할 수 없음은 명백한 진실이라고 하는 점을 각성하게 한다. 따라서 생각하는 주체로서의 '내'가 '그 무엇인가'를 생각하고 있다는 사실만은 존재하고 있음에 틀림없고, 그것은 틀림없는 절대적 진리이다. 이렇게 생각한 그는 '이런 언명'을 모든 진리와 과학의 기초로 보았다. 다시 말해 그에 따르면 행위주체의 행위 대상에 관한 인식은 행위주체의 존재를 전재하므로, 인식의 세계에서는 인식주체의 실체성은 필연적으로 증명되고 담보될 수 있다는 것이다. 그 결과 그는 학문의 과학성을 인정하려면 학문의 일차적 출발이 '생각하는 주체'에서 비롯된다고 확신했고, 아울러 이런 행위주체는 행위객체인 사물이나 물질과는 본질적으로 달리 구성되어 있으며, 또한 대상으로부터 영향을 받지 않는다는 점을 지적하였다. 따라서 그는 행위주체의 인식은 행위객체 내지 물질이나 환경에 의한 영향에서 독립된 상수로 파악했다. 다시 말해 그의 이러한 사상의 배경에는 인식의 주체와 인식객체의 대비를 전제하였다. 즉 이들 행위주체와 행위객체는 상호 호환성이 없으며, 인식의 객체, 즉 대상은 오직 인식주체의 상대이자 건너편이며, 대상은 인식주체에 대한 어떠한 영향도 상호관계도 없다고 보았다. 특히 물질은 오직 대상에 해당될 뿐, 결코 인식주체와는 아무런 상호 관련이 없다고 보았으며, 이러한 착상을 과학적으로 입증하기 위해 그는 다음과 같이 설명한다. '연장된 실체(res extensa: 사물)'와 '사유하는 실체(res cogitans: 마음)'는 상호 호환적일 수 없고, 항상 대비되는 관계로 인식했다. 이는 마음은 결코 물질에서 발현되지 않으며, 물질 역시 마음의 어떠한 근원이나 원인일 수 없다는 믿음이자 신념이 되었다.

그의 "마음 없는 물질과 물질 없는 마음의 대립"이라고 하는 주장은 그러나 진실일 수 없어 보인다. 우리의 생명은 현대과학에서 입증한 바와 같이 물질의 성분(예컨대 물질의 기초인 각종 원소)을 기초로 하여 생리화학적 발현과정을 통해 탄생한다. 즉 생명이란 유기체가 주변의 에너지를 활용하여 자신을 재생산할 수 있게 해주는 생리화학적 발현과정의 집합이다. 마음은 이런 물질이라는 원소에 기초한 생명체에서 연유하므로",[5] 마음과 생명을 담고 있는 육체는 서로 분리될 수 있는 것이 아니

5) 이에 관한 자세한 설명은 Adam Zeman/김미선(역), "A Portrait of The Brain", 특히 250쪽 이하 참조.

라, 순환관계에 있기 때문이다. 따라서 마음은 육체로부터 발현하고, 육체는 마음에 의해 움직이는 것임을 부인할 수 없는 것이고, 인간의 육체와 인간의 정신은 따로 논다는 명제는 성립할 수 없는 것이다.

3. 인간과 그 능력

인간은 생명체로서 동물의 한 종류이다. 동물도 환경에 적절히 대응할 줄 알며, 고등동물일수록 그 대응능력은 그 수위가 높아짐을 부인할 수 없다. 자연환경적 대응을 넘어 먹거리를 구할 때 분업과 협업을 할 수 있는 동물도 존재한다. 이런 존재에 대해 인과적으로 혹은 본능적으로 그렇게 대응할 수 있다고 말할 수 있다. 그러나 그렇게 대답하는 것은 다소 무책임하다. 동물도 분위기 파악을 하며, 웃기도 하고 슬퍼하기도 한다. 우리가 애지중지 키우던 소를 팔고, 그 소를 샀던 사람이 몰고 갈 때 소가 눈물을 흘리는 것을 경험할 수 있다. 이것조차 단순히 본능에서 나온 것이라고 단정하자.

그러나 인간은 말할 수 있을 뿐만 아니라,[6] 생각할 수 있다. 또한 생각이나 기억을 보충하기 위해 기록할 수 있는 문자와 숫자라는 수단까지 찾아냈다. 이처럼 인간은 말하고 생각할 수 있는 능력을 갖게 됨과 동시에 신화의 창조와 나름의 신용경제를 형성할 수 있도록 상상력이라는 선물을 덤으로 받았다. 아울러 인간은 수많은 사람과 일련의 관계를 맺고, 사람과 세계에 관한 다양한 정보를 교환하며 저장한다. 이러한 기초 위에서 인간의 상상력은 인간세계 자체의 보호와 문화의 형성에 탁월

6) 언어를 구사하는 능력은 현생 인류가 시초이다. 약 10만년 전후쯤 비로소 인류는 다양한 단어로 말하기 시작하였다. 그것의 결정적 인자는 인간의 DNA를 구성하는 유전자 중에서 FOXP2 유전자의 돌연변이이며, 이는 이미 18만 년 전부터 현생 인류에게 주어졌던 특이한 능력이었다. 즉 유전자 돌연변이를 통해서 인류는 말할 수 있게 되었다. 이에 관해서는 https://www.nature.com/articles/nrn1605 참조: “That speech and language are innate capacities of the human brain has long been widely accepted, but only recently has an entry point into the genetic basis of these remarkable faculties been found. The discovery of a mutation in FOXP2 in a family with a speech and language disorder has enabled neuroscientists to trace the neural expression of this gene during embryological development, track the effects of this gene mutation on brain structure and function, and so begin to decipher that part of our neural inheritance that culminates in articulate speech.” 유발 하라리(Yuval Noah Harari)는 그의 저서 『사피엔스』에서 인간의 말하는 능력을 7만 년 전부터 인지혁명을 통해서, 즉 ‘지식의 나무 돌연변이’를 통해서 이루어졌다고 가정하고 있다. 이에 관해서는 유발 하라리/조현욱(역), 『사피엔스』, 김영사, 2015, 43쪽 이하 참조.

함을 발휘하였고, 국가와 그 유지를 위한 법률을 형성할 수 있도록 해 주었다.

인간이라는 생명체가 작동하는 원리를 분석해 보면, 인간은 종교적인 믿음에 기초한 "태초에 신의 작품으로 마음과 함께 육체를 빚어냈던 것"이 아님을 현대과학은 규명해 내었다. 인간의 생명체는 이처럼 신의 창조물이 아니라 그보다는 지구상에 현존하는 각종의 유기물질에 바탕을 두고 있는 물질의 복잡한 생리학적 조합에 의해 형성된 것이다. 즉 생명이라 함은 산소, 수소, 질소 등의 원자로 구성된 세포소기관과 단백질, 유전자 그리고 그것을 담고 있는 세포에 의해 형성된 유기체가 자신의 주변에 산재해 있는 에너지를 이용하여 자신을 재생산할 수 있게 해주는 과정들의 집합이며, 이에 관한 것은 현대과학에 의해 해명될 수 있다.7)

4. 마음과 신체의 관계

(1) 의사의 자유가 가능한가?

"인간의 의사(意思)는 인간의 신체와 주변 환경으로부터 자유로운 존재로 파악해야 한다."는 비결정론자들의 입장은 유지하기 어렵다. 인간의 의사는 육체로 구성된 생명체에서 형성된 뉴런과 뇌의 유기적 작업을 통해서 출현하기 때문이다. 이런 점을 입증할 수 있는 증거는 필요 · 충분할 정도로 차고 넘친다. 두 가지 사례만 살펴보기로 하자.

첫째로, "우리가 술에 취하면 육체만 취하고, 마음은 멀쩡할 수 있는가?" 결코 그렇지 않다. 술로 육체가 취하면 마음의 핵심적 내용인 의사(意思) 역시 자유롭지 못하기 때문이다.

둘째로, 당신이 이러한 설명으로도 납득되지 않는다면 과학의 힘을 빌려보자. 생명의 탄생은 생리 · 화학적 과정들의 집합에 의해서 발생하며, 인간의 의사는 그렇게 조직된 생명체의 작업과정에서 출현하고 있음을 숨길 수 없다. 왜냐하면 인간은 육체와 무관한 생명체 없이 의식이나 생각이 일어날 수 없고, 생명은 물질로 구성된 물질에 의한 생리 · 화학적 결합으로 탄생되기 때문이다. 물질로 형성된 생명체는 생명의 연장을 위해 환경 적응력을 꾀하며, 그래서 자신을 둘러싼 환경이나 세계에

---

7) Adam Zeman/김미선(역), 앞의 책, 250쪽 이하 참조.

대한 지식을 습득하여 그것을 자신의 행동지침으로 사용하려고 함은 자연스럽다. 그렇게 해야만 생명체 자신의 환경 적응력이 커지게 되고, 살아남기에 유리해질 수 있기 때문이다.

주변 환경에 적응능력을 터득한 유기체만이 살아남게 되기에, 환경 친화적으로 진화 발전된 유기체는 자연스럽게 환경과 자신의 상황을 추적하는 시스템을 구축하는 것은 진화론상 자연스럽다. 생명체는 자신의 주변 환경에 대한 지식 습득과 지식사용 목적에 사용하는 시스템을 구축하는데, 인간에 있어서 핵심적 시스템은 '뇌'임을 부정할 수 없다. 생명이 유기체 자신의 재생산과정인 번식과 대사과정을 위해 그 존재가 불가피하듯, 생명체에서 발현되는 마음이나 의사라는 것은 유기체 자신의 환경에 대한 적절한 대응을 위한 뇌의 작업과 뇌가 통제하는 생명체의 활동을 위해 불가피하다.

우리의 뇌에는 약 1,000억여 개의 뇌세포가 있으며, 이들 뇌세포는 시냅스[8]에 의하여 연결되며 모든 뉴런의 끝 쪽에 자리 잡은 시냅스는 많게는 수천 개도 넘는다. 이 엄청난 뉴런의 수량에다가, 매 뉴런의 끝자락에 달린 수백 내지 수천 개의 시냅스와 시냅스의 연결 및 시냅스에 내재한 세로토닌을 비롯하여 도파민 등 다양한 화학물질의 상호작용은 수백 조도 넘는 엄청난 분량의 정보교환의 연결고리를 형성하고, 이들의 연결과정에서 형성된 기억소자와 이로 인한 경험축적 등에 의해 마음, 즉 지각의 발현이 나타나게 된다.

특히 "기억형성에 결정적 역할을 담당한 해마(Hippocampus)[9]의 뉴런들은 -이를 극히 단순화 시킨다면- 외부세계에서 처리된 정보가 내후각뇌피질이라는 해마 입구의 영역으로 모여든 신호를 처리한다. "내후각뇌피질 안의 뉴런들은 관통로를 통해 해마 자체와 해마를 안고 있는 치상화의 세포들에게로 이들 신호를 전달한다. 치상화에서부터 이끼섬유들이 해마의 CA3 영역으로 뻗어가고, 거기서 차래로 CA1에 있는 세포들에게로 신호를 전달한다. 이 세포들이 해마이행부에 있는 세포들에게 신호를 보내면 거기서 다시 내후각뇌피질로 신호를 돌려보내고, 내후각뇌피질 자체가 자신

8) 뉴런과 뉴런 사이에 존재하는 시냅스는 1~2개가 아니라 수백 내지 수천 개이며, 그 시냅스에 내재된 화학물질은 도파민, 세로토닌, 히스타민, 글루탐산, 아세틸콜린, 감마아미노부티르산, 노르아드레날린을 비롯한 엔도르핀 등이다.

9) 해마는 관자엽의 안쪽에 위치하면서 둘레계통(변연계)에서 한가운데 원호의 일부분을 차지한다. 해마는 학습, 기억 및 새로운 것의 인식 등의 역할을 하며 속후각겉질을 통하여 주된 들섬유를 받아들이고, 뇌활을 통하여 날 섬유를 내보낸다. 이에 관해서는 [네이버 지식백과] 해마[海馬] (서울대학교병원 신체기관정보) 참조.

에게 정보를 전송했던 감각 영역 쪽으로 그 신호들을 돌려보냄으로써 기억의 국지적 네트워크를 형성한다. 이 시스템 안의 여러 수준에서 한 뉴런에서 나오는 정보들이 전후 양쪽으로 신호를 보내면서 복잡한 반향을 가능하게 만든다."[10]

여기서 언급한 내용들은 인간의 의사나 마음은 생명을 이루고 있는 물질에서 발현함을 엿볼 수 있다. 즉 신경세포인 뉴런의 구성부분 자체가 마음이나 의사일 수 없고 단순한 물질이며, 뉴런 사이인 시냅스를 연결하는 것 역시 마음이 아니라 세로토닌 등 다수의 화학물질이다. 기억형성에 관여한 해마의 구성부분과 관여기관인 내후각뇌피질을 비롯해 관통로, 치상화와 이끼섬유 등 역시 물질이다. 이 물질 등의 유기적 성질과 더불어 생리 · 화학적 조작이나 처리되는 환경에 의해 기억의 형성이나 정보의 조작이 가능해진다. 따라서 마음은 물질과 상호 대비되는 것이 아니라, 오히려 물질과 상호 교환성을 갖고서 언제나 상호 깊이 관여하며 호환될 수 있다.[11]

그러므로 마음과 물질의 대비 혹은 행위주체와 행위객체의 극단적 분리나 대비 역시 진실을 왜곡할 수 있다. 왜냐하면 나의 육체는 나의 생명을 구성하는 실체이자 인식의 발현을 가능케 하고 있으며, 나의 육체의 상태와 환경에 따라 나의 마음도 크게 영향을 받고 있기 때문이다. 따라서 인간에 있어서 육체인 객체와 마음을 담고 있는 주체는 상호 보완적이며, 순환관계에 있는 것이고, 이를 완전히 분리할 수 없다고 보아야 한다.[12] 더구나 인식이나 지식은 생명력을 가진 행위주체에 의해 형성되므로, 이런 행위주체에 의해 탐구될 수 없거나 파악될 수 없는 '존재나 실체에 관해 완전한 객관성을 담보할 수 있는 절대적 진리'는 애초부터 불가능하다.

이처럼 마음은 물질로부터 연원한다는 것이 틀린 것이 아니라면, 물질의 근원이자 태초의 원형인 원자로부터 마음이 형성된다고 할 것이다. 인식이나 마음의 기초

---

10) Adam Zeman/김미선(역), 『뇌의 초상』, 출판사 지호, 2011, 174~175쪽 참조.

11) 물질과 마음에 관한 깊은 관계는 뇌에 관한 최근 연구성과에서도 찾아볼 수 있다. 뇌를 구성하고 있는 다양한 '엽(lobe)'은 상호 긴밀하게 작용하고 있지만 특정한 엽이 특정 기능에 결정적 역할을 하고 있다. 예컨대 후두엽의 경우 단순한 시각적 특징인 깊이나 색 혹은 동작 등을 분석하고 친숙한 사물이나 얼굴 혹은 단어들을 재인하는 작업을 체계적으로 실현하면서 보이는 세계를 살피고 해석하는데 기여한다. 측두엽은 분류목록을 갖추고 개인의 경험과 생애 동안 축적된 지혜들을 저장하고 인출하는 데 관계한다. 두정엽은 우리 신체의 내부공간과 우리가 부비고 있는 외부공간의 지도를 그리는 건축사무소 역할을 한다. 전두엽은 이들 엽으로부터 받은 정보를 처리하여 우리의 행동을 계획하고 운동 띠의 도움을 받아 이 계획들을 운동으로 옮긴다.

12) 그럼에도 불구하고 아직까지도 이런 생각에 더 깊은 연구가 필요하다는 입장으로는 박은정, "자유의지와 뇌과학", 『법철학연구』 18권 제2호, 세창출판사, 2015, 120쪽 이하 참조.

는 사물이나 환경 혹은 이들에 관한 정보를 감각기관을 거쳐 인식의 중추인 뇌에 전달되고, 다시금 뇌의 영역에 존재하는 해마에 의해 기억되며, 이러한 기억은 측두엽에서 도서관처럼 정보로 저장되고, 외부의 자극이나 또 다른 정보를 통해서 야기된 문제를 해결하기 위해 판단이나 결정 등에 관해 전두엽에서의 회의를 거쳐 운동띠를 통해 행동으로 나타난다. 마음과 물질 모두 활동의 기초는 원자이다. 그렇다고 이들 활동이 단순히 인과적이라는 가설을 옳다고 할 수 없으며, 오히려 양자역학에 가깝다. 그 이유는 다음과 같다.

사람의 마음이나 의사는 단순히 인과적으로 결정된다고 말할 수 없다. 마음이나 의사는 인과적 결정론과 달리 고정되지 않고, 흔들리는 현상을 자주 볼 수 있는 바, 이를 통해 우리의 정신은 양자역학에서 이해될 수 있는 신경물질에서 파생된 지각의 파동으로 파악될 수 있다. 즉 우리의 정신은 이처럼 양자역학에서 볼 수 있는 바와 같이 인과과정에 얽매이지 않고, '물질의 성질을 넘어선 지각의 파동' 또는 '물질의 성질에서 파생된 마음의 집합적 성질'을 갖고 있다. 왜냐하면 오늘날 발전된 정신과학에 따르면, 인간의 엄청난 수량의 뉴론과 그것을 잇는 어마어마한 시냅스들 사이에서 다양하고 무수한 정보교환 작용은 대상에 대한 감각을 '지각 형식의 파동으로 전환시키고, 이런 지각은 지혜의 습득'과 밀접한 관련성을 밝히고 있기 때문이다. 그 결과, 우리의 정신은 이러한 지각의 파동을 통해 사물이나 관계의 대상에 대한 인상을 터득하고 감정을 느끼며, 이를 언어적 표현으로 묘사할 수 있게 된다.[13)]

이러한 점에 비추어 볼 때 인간의 정신은 우리의 생명체인 육체에서 나오지만, 그렇다고 단순한 인과관계 과정의 산물일 수 없고, 신체적 감각에 근거한 지각의 파동을 통해 사물이나 관계의 대상에 대한 인상을 터득하고 감정을 느끼며, 기억하고 이를 언어적 표현으로 묘사하면서 지혜의 빛을 담은 마음의 총체적 활동인 것이다. 따라서 인간은 의사의 자유를 향유하고 있다기보다는 환경이나 사회관계에 민첩하게 대응하기 위해 사물을 변별할 수 있는 존재이며, 변별능력을 지속적으로 성숙시킬 수 있도록 구조화되어 있다고 할 것이다.

---

13) 신경세포에 의한 대상 물체의 감각이 지각의 파동을 야기하고, 이를 통해 형성된 우리의 마음은 우리에게 상상력의 세상을 건축한다. 우리의 이러한 상상력에 의한 건축물, 예컨대 종교나 규범 혹은 화폐 등은 인간 공동체의 사회생활을 영위하는 데 불가피한 인공적 본능을 구성하고, 이런 것들이 우리의 마음과 정신에 다시금 깊은 영향을 끼친다.

Ⅲ. 책임에 관하여

1. 가치의 정당한 평가능력, 즉 법과 정의에 관한 인간의 관념은 유전적 실체인가?

이 논문의 문제제기에서 비결정론자의 결정론에 대한 비판으로 다음과 같은 언명을 볼 수 있다. "인간은 … 가치에 따라 행위를 결정할 수 있는 유일한 존재이다." 비결정론자의 이러한 비판이 옳은지 틀린지의 검토를 제쳐두고, 우리에게 도대체 '가치'란 개념은 무엇일까?

예를 들어보자. 한국에서 통용되는 5만원권 화폐의 실질 제조원가는 몇 원에 불과할 수 있다. 그럼에도 세상의 많은 사람들, 특히 한국인들은 그것이 5만원의 상품가치가 있음을 신뢰하고 믿는다. 5만원권의 물질로서 실질가치와 상상력에 의한 가치가 이처럼 현저히 다름에도 불구하고 우리는 상상력에 의해 창조된 가치를 믿고 확신하면서 5만원 상당의 실질적 가치를 향유한 마력을 갖고 있음을 본다. 그 이유가 무엇일까? 화폐로서 5만원권의 가치를 그렇게 믿고 사용하는 것이 사회생활을 형성하고 유지하는 데 있어서 실물가치만 고집하는 것보다 훨씬 편리하고 유리하기 때문일 것이다.

동물들과 달리 인간은 온갖 물음에 대답할 수 있는 탁월한 언어능력을 갖고 있다. 그러기에 현실 세계를 보이는 대로 표현할 수 있고, 그 이상으로 설명할 수 있을 뿐만 아니라, 타인에 대한 뒷담화도 가능하다. 뒷담화의 가능성은 심지어 보이지 않은 세계나 타인에 대해서조차 생각할 수 있게 만들며, 다양한 모습의 상상력을 가능하게 한다. 이런 상상력을 발휘하여 사람은 5만원권에 대해서도 동일한 실물가치를 믿게 되는 것이다.

5만원권 지폐처럼 이미지로 형성될 수 있는 상상의 건축물은 동일한 공동체에 살고 있는 사람들을 출생 직후부터 길들이게 한다. 어떤 종교를 믿느냐 혹은 어떤 정치체제에서 사느냐에 따라서 달라지게 한다. 즉 공산주의 사회냐 아니면 자유민주주의 사회냐 혹은 자본주의 사회냐, 사회경제가 본질적으로 국가로부터 통제되느냐의 경우처럼. 그 속에 사는 사람들은 특정한 방식으로 생각하고 처신하며 특정한 규범을 준수하도록 강요된다.14) 무엇이 정의이고 공정한 것인지에 관해서도 이런 방식이 동원된다. 따라서 정의나 공정이란 관념은 우리의 상상력의 소산에 불과한 것이다.

그러므로 비결정론자가 말하는 인간은 '가치에 따라 결정할 수 있는 존재'라는 표현에서 '가치'라는 용어는 보편타당한 객체나 실체가 아님은 분명하다. 이처럼 사회적 '가치'라고 하는 것은 모든 인간이 태어날 때부터 유전자로 생득하게 되는 것이 아니며, 사회문화나 환경에 의해 후천적으로 체득된다. 그러므로 가치의 문제인 '정의'나 '공정'이라는 것 역시 우리의 상상력의 산물이지 생래적으로 타고나는 것은 결코 아니다. 만일 유전되었다면 정의와 평등을 위해 우리 인간이 그렇게 이를 교육이나 훈련시키고, 그것을 쟁취하기 위해 끊임없이 싸울 필요도 없었을 것이다.

따라서 '자유'의 개념도 국가와 민족에 따라 그 의미가 달라질 수 있으며, 결코 동일하지도 않다. 미국의 경우를 볼 때 미국 연방헌법의 아버지들은 예외 없이 모두 당시 노예들을 소유하고 있었으며, 그 헌법이 선포된 이후에도 노예제도를 헌법의 자유원칙에 위배된다고 생각하지 않았다. 왜냐하면 당시의 자유 개념은 '소유권에 대한 자유'로만 이해되었기 때문이다.

물론 자유와 평등의 개념은 변화하고 있다. 큰 틀에서 본다면 이와 같이 변화하고 있는 자유와 평등의 개념은 건강한 사회형성을 위한 핵심적 도구 내지 틀로서 사회적으로 요구되고 전제된다. 자유라는 개념은 이처럼 선천적으로 생득된 것이 아니고, 교육과 훈련을 통해서 습득되고 문화적으로 형성됨으로써 인위적 본성으로 거듭날 수 있는 것이다. 그래서 자유나 평등 혹은 정의의 실현은 교육과 훈련을 통하여 우리의 인위적 본성으로 거듭나도록 형성되어야만 하며, 그래야만 우리는 자유와 평등 그리고 정의가 충만한 사회, 정의로움이 구축된 사회에서 안전하고 정의로운 삶을 누릴 수 있기 때문이다.

2. 법질서 준수 요청에 걸맞게 행위할 수 있는 인간의 능력

상대방의 질문에 답할 수 있고, 타인에 대한 뒷담화를 할 가능성은 인간에게 갖가지 상상력을 불어넣었다. 특히 농업혁명 이후 인구가 급증하기 시작하면서 씨족사

14) 이에 관해 자세한 것은 유발 하라리/조현욱(역), 앞의 책, 234쪽 참조.

회가 부족사회로 발전하고, 여러 부족들이 통합하여 국가로서의 모습이 들어날 즈음 다음과 같은 행위태도가 요구되었을 것이다. 다양한 사람들이 모여서 갈등 없는 평화로운 삶을 영위하기 위해서는 종래까지의 개인적 복수는 국가권력으로 대체되었고, 복수를 전제로 삼았던 개인적 정의 역시 사회적 정의로서 전환됨을 요청받게 되었다. 그러면서 건강한 사회 내지 국가의 형성을 위해 불가피하게 전제되는 갖가지의 질서준수와 그 위반에 대한 제재가 탄생하였다. 이와 같이 사회적으로 준수가 요구되는 준칙은 통상의 경우 대부분의 사람들이 지킬 수 있어야 하고, 그래서 지키는 것이 건강한 사회형성을 위해 유익함에 반해, 위반은 사회평화를 침해하는 위험요소로 작용하는 것이어야 했다.

그래서 개인적 법익이나 사회평화에 관한 침해에 대해 일정한 준칙을 정하여 국가의 이름으로 법률이라 칭하고, 그런 법률에서 금지하는 행위를 충분히 회피할 수 있음에도 불구하고 위반행위를 감행하는 인간에 대해 다음과 같은 요건을 두어 벌하였다.

첫째로, 개인적 법익이나 사회적으로 중요한 법익에 대한 침해를 통상의 인간이라면 회피할 수 있어야 한다.

둘째로, 중요한 법익을 침해한 자는 침해행위에 대한 인식이나 인식할 수 있음을 전제한다.

셋째로, 행위주체는 자신의 침해행위에 대한 지배력을 갖고 있어야 한다.

넷째로, 금지나 요구규범에 대한 착오는 원칙적으로 허용될 수 없으나, 성숙한 인간이라면 그런 착오를 회피하기 어려웠다면 처벌될 수 없음을 인정한다.

3. 인간의 사회적 책임을 위한 변론

오늘날 법은 통상적으로 우리가 지킬 수 있는 것을 요구하고, 지킬 수 없는 것을 요구하지 않는다. 지켜야만 될 준칙을 준수하지 아니하여 사회나 개인에게 중대한 법익침해를 야기한 자에 한하여 책임을 묻는다.

이런 책임을 묻기 위해 비결정론자들은 인간에게 보편적 행위 자유가 있다고 전제하며, 의사의 자유를 인정한다.

그러나 비결정론자의 이런 결론은 상식적이지 않다. 다음과 같은 이유 때문이다.

① 모든 생명체는 자신의 주변에서 얻은 에너지를 이용하여 자신을 복제 내지 재생산한다. 여기에는 유전자를 복제하고 보관하며, 후손에게 물려주는 역할이 포함된다. 이런 과정을 실현하려면 살아남아야 되고, 또한 유전자를 물려줄 정도로 오랫동안 생존하여 살아남기 위해 수많은 동물들은 주변환경에 대응할 수 있는 다양한 활동의 능력을 가진다. 인간만이 주변 환경에 대응할 수 있는 행위능력을 갖고 있다는 주장은 억측이다. 큰 다랑어가 작은 정어리를 잡아먹을 때에도 나름의 작전을 구사하지 무조건 입만 벌리고 있는 것은 아니기 때문이다.

② 활동능력과 이에 따른 행위자유는 살아있는 생명체에서 유래한다. 생명이 없는 물질은 자유가 존재할 수 없다. 생명을 복제하고 보존하며 물려주기 위한 일련의 과정에서 생명체의 신경세포는 그때마다 무수히 많은 반응을 하며, 행위를 한다. 행위의 실행 중에 오직 신경세포가 인과적 과정이나 유전자의 프로그램에 따른다고만 생각하는 것은 지나치게 인간중심적인 오만이다. 사자나 호랑이도 잡아먹을 작은 동물을 습격할 때 그들 상호간에 협력과 분업을 하는 것을 볼 수 있다. 이런 동물에게는 오직 필연적이고 본능적인 행태만이 가능하기에 그런 분업과 협업을 할 수 있다는 억지 주장은 눈으로 확인하고 있으면서도 부정하는 인지 부조화의 극치이다.

③ 인간의 의사나 인지는 살아있는 생명체에서 유래된 것이다. 생명체를 구성하고 있는 핵심인 인간의 신체나 육체에서 비로소 의식이나 인식이 발현되는 것이지, 이와 관계없는 인간의 마음의 존재가 안주할 장소는 어디란 말인가? 마음이 생명체인 육체를 떠나는 것이 불가능함에도 그것이 가능하다는 사고방식은 상상력의 산물일 뿐 학문일 수 없다.

④ 술을 엄청 마셔서 취하게 되었을 때, 육체만 취하고 인간의 의사인 정신은 그것과 전혀 관계가 없다는 주장은 억지논리의 전형이다.

⑤ 인간의 유전자구조에서 FOXP2라는 유전자돌연변이가 인간에게 말할 수 있는 능력을 주었다. 인간이 말할 수 있게 됨으로써 우리 인간은 뒷담화를 가능하게 하고, 상상의 세계를 여행할 수 있게 하였다.

⑥ 이러한 상상력으로부터 신화가 창조되고, 신용경제가 활성화되었다. 이는 다시금 국가질서, 특히 법질서를 형성하게 하였다. 왜냐하면 법질서는 인간이 인간다

운 삶을 영위하게 위한 강력한 도구이기 때문이다. 인간다운 삶은 정의사회에서 가능하기에 이를 구축하기 위해 자유와 평등 그리고 정의감의 요청이 불가피하게 되었다. 이를 위해 자유와 평등 그리고 정의라는 사회적 요청은 인간에게 인위적 본성으로 거듭나도록 지속적으로 교육하고 훈련할 때 비로소 문화로 격상할 수 있다.

만일 인간의 의사가 자유롭다면 예컨대 유교문화권이나 기독교문화권 혹은 공산주의 체제에 살더라도 그 문화권에서의 삶에 익숙해지는 현실을 부정할 수 있는 인간이 적지 않을 수도 있어야 옳을 것이다. 그러나 현실은 이와 반대이지 않는가?

⑦ 의사의 자유론은 리차드 도킨스의 밈의 이론에도 배치된다. 우리가 무의식 중에 남을 모방하는 일은 우리 인간에겐 아주 친숙한 사실이다. 예컨대 어린 아이가 자기의 모국어를 배우게 되는 것은 모방 때문이다. 전라도와 경상도 사투리가 존재하는 것 역시 현실이지 않는가? 이런 현상은 언어뿐만 아니라 종교, 민족, 사상이나 신념 등 헤아릴 수 없는 많은 곳에서도 찾아 볼 수 있다.[15] 그럴 수 있는 이유는 인간의 마음 역시 생물 복제의 핵심인 유전자처럼 타인에게 유전되고 진화되면서 세대로 전파되면서 이어지고 있기 때문이다.

이처럼 세대를 이어가면서 문화를 복제하여 보존하며 전파하고 있는 이러한 현실은 누구도 쉽게 부정하기 어렵다. 그럼에도 인간의 의사는 환경이나 문화로부터 자유롭다고 전제해야 한다고 우리는 끝까지 우길 수 있을까? 특정한 이미지로 형성된 인간의 상상력에 의해 구축된 사회는 그 속에서 태어난 인간을 특정한 방식으로 길들여지게 하고, 특정한 규범의식을 갖게 하며, 특정한 질서를 존중하고 있는 것을 도처에서 확인할 수 있기 때문이다.

⑧ 형법 제9조에 따르면 "14세 되지 아니한 자는 벌하지 아니한다."고 명시하고, 형법 제10조를 심신장애인이라는 표지 아래 "① 심신장애로 인하여 사물을 변별할 능력이 없거나 의사를 결정할 능력이 없는 자의 행위는 벌하지 않는다. ② 심신장애로 인하여 전항의 능력이 미약한 자의 행위는 형을 감경할 수 있다."고 기술되어 있다. 이들 조문에서 명시한 문언의 의미는 다음과 같이 해석하여도 크게 틀리지 않을 것이다. 즉 인간의 의사능력이나 책임능력은 점진적으로 발전하는 것이며, 그런 능

---

15) 리처드 도킨스 추천사, 수잔 블랙모어(1999), 밈, Oxford [Oxfordshire]: Oxford University Press (1999 발행), ISBN 0-19-850365-2.

력은 성숙한 인간에게 국한하여 전적인 책임능력을 부여하며, 심히 부족하거나 다소 미약한 경우에는 벌하지 않거나 혹은 형을 경감해 줄 수 있을 뿐이다. 그러므로 이들 규정의 그 어디에도 인간의 범법행위에 대해 책임을 지우기 위해서 인간의 자유의사가 전제되어 있어야 함을 요구하고 있지는 않다. 이런 점에서 그런 책임을 전제하기 위해 불가피하게 의사의 자유가 요구된다는 설명은 부자연스럽다.

⑨ 성숙한 시민이라면 자유와 평등이 토대가 되는 정의사회를 구현하기 위해 형법이라는 사회적 규범을 준수해야 하고, 이에 위반될 때 그에 따른 응분의 책임을 질 책무를 지녔다라고 이해하는 것이야말로 형법 제9조와 제10조의 진정한 의미일 것이다.

⑩ 형법 제30조가 명시하는 정범의 개념에 관해 우리나라 학자들 대부분 행위지배설을 취한다.[16] 여기서 '행위지배'의 의미는 Claus Roxin의 견해에 따라 "구성요건 합치적 사건 진행 과정의 장악"을 뜻한다. 여기에는 다시금 의사지배는 행위지배가 가능함을 인정한다.

이 행위지배설은 기본적으로 Hans Welzel의 목적적 행위 개념을 차용한 것이다.[17] Welzel에 따르면, 행위주체가 되기 위해서 인간은 자신의 목표나 목적달성 실현에 걸맞은 행위를 할 수 있는 존재이며, 이것은 모든 고의범죄를 범하는 기본행위로 파악했다. Roxin은 Welzel의 이와 같은 행위개념에 터잡아 정범의 주체가 되기 위한 조건으로서 행위지배설을 주장한다.[18]

모든 범죄의 행위주체가 정범으로 처벌되기 위해서는 행위지배와 아울러 규범에 대한 합목적적으로 행동할 수 있음을 전제한다. 이것이 의미하는 바는 인간은 금지규범이나 요구규범에 관해 합목적적으로 준수할 수 있는 능력을 갖고 있음을 전제한다. 이러한 능력이 전제되기에 형사책임을 부담하는 것이지, 인간에게 의사의 자유가 전제되어야 비로소 책임을 지게 될 수 있다는 비결정론자들의 주장은 합리적이지 않다.

---

16) 오영근 교수는 행위지배설이 타당함을 인정하면서도 문제점이 있음을 구체적으로 지적하고 있다. 이에 관해서는 오영근, 『형법총론』(제2판), 박영사, 2010, 360쪽 이하 참조.

17) 형법상 행위개념에 관한 자세한 문헌으로는 허일태, "형법상 행위개념의 재구성", 『형법연구 Ⅰ』, 세종출판사, 1997, 17쪽 이하 참조.

18) 왜냐하면 목적적 행위론이나 행위지배설 모두 사태를 파악하거나 장악하여 사건을 진행시키거나 중지케 하는 데 핵심적 의미를 두고 있다는 점에서 정범의 의미를 규정하는 행위지배설은 고의범에 관한 목적적 행위론과 본질적인 차이가 없기 때문이다.

Ⅳ. 결 론

인간의 의사는 인간의 육체와 아무런 상관이 없다는 것은 진실이 아니며, 허구에 불과하다. 이 문제는 인간의 인식 밖의 문제로 치부해야 된다는 입장도 있지만 굳이 그럴 필요조차도 없다. 왜냐하면 육체와 정신적으로 성숙한 인간은 자신의 행위를 지배하며 조종할 수 있는 목적 지향적인 활동능력을 갖고 있기 때문이다. 그런 능력을 가진 인간이 사회적으로 요구되는, 지켜야 할 준칙을 의도적으로 위배하여 타인이나 사회적 법익을 침해했을 때 그는 마땅히 준수했어야 할 책무를 등한시한 것을 근거로 그에 대한 비난이 가능한 것이다. 즉 **책임 비난의 근거는 인간이 형법상의 금지규범이나 요구규범을 준수하고, 규범위반을 회피하는 합목적적 행위지배를 충분히 실행할 수 있음에도 불구하고, 규범위반을 범하였다는 데에 있다**. 그러기에 지켜져야 할 사회적 준칙이 통상인도 준수가 불가능한 것이라면 그에 대한 비준수를 범했다고 할지라도 책임을 질 수 없다고 해야 한다. 또한 어떤 범법행위를 실행하는 중에 통제 불능의 무의식에 빠지고, 그것이 입증 가능하다면 행위주체는 통제 불능에 빠진 그 때부터 책임능력을 상실했다고 새겨야 할 것이다.

인간의사가 인간의 육체와 아무런 상관이 없다는 의사자유론의 입장은 다음의 관점에서 문제가 생긴다. 인간의 의사의 자유, 특히 마음과 육체의 대비나 극단적 분리는 인간의 마음에 관한 진실을 왜곡할 수 있다. 왜냐하면 나의 육체는 나의 생명을 구성하는 실체이자 인식의 발현을 가능케 하고 있으며, 나의 육체의 상태와 환경에 따라 나의 마음도 크게 영향을 받고 있기 때문이다. 따라서 인간에 있어서 육체인 객체와 마음을 담고 있는 주체는 상호 보완적이며, 순환관계에 있는 것이고, 이를 완전히 분리할 수 없다. 이런 점에서 인간은 의사의 자유를 가진다고 할 것이 아니라, 인간은 자기결정권을 가지고 있지만, 환경이나 문화 혹은 신체적 상태로부터 완전하게 자유스러운 존재라고 할 수 없다고 해야 한다.

게다가 마음과 물질 모두 활동의 기초는 원자이다. 이들 활동이 단순히 인과적이라는 가설을 옳다고 할 수 없고, 오히려 양자역학에 가깝다. 왜냐하면 사람의 마음이나 의사는 단순히 인과적으로 결정되는 것이 아니라, 오히려 마음이나 의사가 흔들리면서 왔다갔다하는데, 이는 양자역학처럼 물질적인 인과관계를 뛰어넘어 감각이 지각으로 전환될 수 있음을 보여주고, 감각이 지각에 의해 생성된 의사나 마음은 우리의 상상력에 의해 사회생활을 하는 데 필요한 건축물로서 다시금 우리의 마음과 의사에 영향을 미치고 있기 때문이다.

이런 관점에서 볼 때 오늘날 인간의 인식 내지 마음의 생성과정을 과학적으로 파악할 수 있음에도 형법학계는 아직도 의사의 자유 문제는 인간의 인식 영역 밖의 문제라거나 과학적으로 입증할 수 없다고 소리치고 있다. 그러면서도 의사의 자유는 책임을 지게 만드는데 논리적으로 요구되기 때문에 인간에겐 그것의 존재를 입증할 수 없지만 그 존재를 전제해야 한다는 주장을 고치려고 하지 않는다. 이처럼 '의사의 자유'가 존재함을 유추하거나 가정하여 책임의 근거를 삼으려는 이러한 사고방식은 이제 지양해야 할 것이다.

V. 여 론

신양균 교수님은 자신의 자리가 어디인줄 알고 있었을 뿐만 아니라, 그것에 부합하는 능력을 유감 없이 발휘하여 왔다. 그는 형법학에 관한 본연의 이치를 제대로 파악하고, 그에 따른 이론을 전개했다. 그래서 그런지 그는 형사법학에 관해 풍부하고 깊은 사상을 지니고 있으면서 실무를 감안한 형사법이론 구성에 박차를 가해왔다. 그러기에 그의 이론은 실천적 내용으로 가득했고, 많은 선후배들이 그의 입장을 지지하였다.

게다가 세상 살아가는 데 요긴한 갖가지 정보에 관해서는 거의 살아있는 백과사전 수준이다. 그런 걸 자랑하지도 않고 뽐내지도 않는다. 필요한 경우에만 살짝 내밀 뿐이다. 어떤 곳의 음식점이 맛이 좋으며, 가볼 만한 명소를 비롯해 영화에 관한 조예는 전문가 수준이다. 그는 2004년 법무부의 위탁으로 행형법 개정안을 만드는 데 참여하였고, 이를 토대로 이에 관한 법안인 "형의 집행 및 수용자의 처우에 관한 법률"이 제정되었다. 이는 형사법학자의 업적으로서 대단한 것이다. 뿐만 아니라 그가 편집한 2009년 형사소송법 재 · 개정 자료집 (상), (하)는 훗날에도 그의 이름을 빛나게 할 것이다. 특히 그가 2004년에 기고한 '바람직한 형사재판의 방향 -공판중심주의의 재정립을 위하여-'[19]은 진정한 적법절차의 의미가 무엇인지에 관한 깊은 숙고를 하게 만들었다.

그는 어느 누구를 만나더라도 정성껏 배려한다. 품위와 겸손이 몸에 항상 배어 있다. 그를 만나면 만날수록 편안한 느낌을 물씬 주고 있는 이유이다. 그런 그가 2021년 봄에 정년을 맞이한다. 형사법학계의 구성원 사이의 소통에 깊은 관심을 갖고 있는 그가 정년을 맞이하면 각 구성원의 활동과 업적을 상호 간에 쉽게 접할 수 있는 가교 역할뿐만 아니라 법조 실무가들에게도 실용적인 형사법이론이나 올바른 해결방안의 제시를 위해 소식지를 발간하려고 한단다. 참 그다운 발상이다.

이런 그를 한 문장으로 표현하자면 '**형사법학계의 신사**'이지 않을까?

19) 『저스티스』, 통권 제78호(2004. 4), 126~141쪽 참조.

제4장

현대적 형벌의 탄생과 그 파생원칙

Ⅰ. 복수의 극복과 공적 형벌의 탄생

농경사회가 전개되고 유지되려면 농작물을 재배하고, 정착해서 살아야 되었지만, 어떤 작물이 농작물로서 가치가 있고, 어떤 환경이나 토지가 해당 농작물 재배에 적합한지, 어떤 동물들을 가축으로 길들여야 할 것인지에 대해 인간의 유전자는 그것들에 관한 정보를 아예 갖질 않았다. 그래서 오랜 세월이 흐른 후에서야 이들에 관한 정보를 취득하고 농작물의 재배 경험을 통하여 인간은 점진적으로 농경사회에 전환할 수 있었다. 인간은 나무의 열매를 채집하거나 동물들을 사냥하여 생존을 유지하는 수렵사회를 참으로 오랫동안 형성하며 살았다. 그래서 현대의 인간은 농경사회에 적합하게 길들여졌다기보다는 오히려 수렵사회의 생활태도에 더 길들여졌음을 부인할 수 없을 것이다.

이런 수렵사회의 생활환경에서 수천 명 혹은 그 이상이 함께 모여 집단생활을 누릴 수 없었다. 왜냐하면 수많은 사람들이 특정한 장소에서 평생 동안 정착할 수 있을 정도로 과일의 충분한 채집이나 동물 사냥으로 먹고 살 만한 곳은 지구상에 거의 없었기 때문이다.[1)]

그래서 이러한 수렵사회의 인간들은 제도적으로 국가를 형성하거나 국가에 버금갈 정도의 공동체를 유지하지 않았다. 그렇기에 그런 것에 걸맞은 조직을 구성하여

1) 초창기의 인간들은 오스트레일리아의 원주민처럼 식물재배나 가축사육도 모르고 사회집단이 이동하면서 먹이를 채집하거나 어로·수렵에 의하여 생활하는 모습을 보였을 것으로 추정된다.

야 할 간절한 필요성도 없었을 것이다. 그 이유는 수렵사회에서는 대부분 씨족 단위나 가족단위로 생활했고, 그런 곳에서는 씨족장이나 그곳의 우두머리가 그 사회의 질서유지를 장악하고, 그래서 가족이나 씨족의 구성원들에 의해 질서유지에 반한 행위의 발생이 비교적 적었고,[2] 만일 발생한 경우 제재가 필요했지만, 그 방법은 복수나 이에 준하는 것으로 족했기 때문이다.[3]

여기서 말하는 (사적) 복수란 어떠한 내용과 의미를 갖고 있을까? 가해자의 침해에 대한 피해자의 복수는 개인의 사적 감정에 기초한 것으로서 피해자 스스로를 보호할 수 있는 유일한 수단이었다. 그러므로 복수의 의미는 '피해를 당한 자의 가해자에 대한 앙갚음'이라고 정의할 수 있다. 그 결과 가해행위에 대한 복수로의 제재는 피해자의 입장을 그 나름의 만족을 충족한다고 믿는 사회에서는 공권력으로서 형벌의 개념을 구상할 필요성이 크지 않았을 것이다.[4]

더구나 국가의 형성도 없었고, 사회적 연대 역시 크게 발달되지 않은 그런 사회에서는 국가적 형벌이든 사회적 벌칙 개념을 생각해 볼 수 없다. 이런 사회에서는 사적 복수, 특히 폭력에 의한 징벌을 하는 것으로 다소간 만족하였을 것으로 보인다. 그러다 보니 가해자가 피해자의 사적 복수를 실행하기 이전에 멀리 다른 곳으로 떠나버리면 보복을 당할 염려가 거의 없었을 것이고, 피해자 역시 복수 직후에 또 다른 보복을 당하기 전에 다른 곳으로 도망가서도 충분히 살아남을 수 있었을 것이다.

인간역사에서 기원전 1만 1,000년 전후부터 전개된 농업사회의 전환은 다수의 인간들이 점차 군집을 이루게 되는 결정적 계기가 되었다.[5] 수렵사회에서는 그 나름의 순기능을 향유했던 (사적) 복수는 수천 혹은 수만 명이 함께 모여 사는 농업사회로 발전단계에서는 적잖은 부작용의 초래와 복수의 악순환으로 충분한 사회방위기능을 점차 잃어갔을 것이다. 왜냐하면 다수가 일정한 곳에 정착하여 살아가야만 했

---

2) 인구의 과밀화가 범죄의 한 원인인가에 관해 체사례 롬브로조는 그의 저서 『범죄인의 탄생』(이경재 번역), 263쪽 이하에서 이를 밝히고 있다.

3) 형벌의 자연적 기원에 관해 자세한 설명은 이경재, 『서양형벌사』, 길안사, 1997, 50쪽 이하 참조.

4) 이에 관해서는 허일태, "형법의 목적과 형벌의 현실", 『형법연구 Ⅷ』, 피앤씨미디어, 2019, 10쪽 이하 참조.

5) 터키의 '비옥한 초승달지대'는 미국의 역사가 제임스 브레스테드에 의해 발굴된 서아시아의 고대문명 발생지를 이르는 말로 이 지역의 모양이 초승달을 닮았다 하여 붙여진 이름이다. 페르시아부터 시리아 등지가 포함된다. 이 지역에서 1만 1,000년 전 농경문화가 발생했다고 알려져 있다. 이 문화의 영향으로 메소포타미아 지대와 이집트에 고도의 문명이 발생했다. 이에 관해 자세한 것은 https://terms.naver.com/entry.nhn?docId=5550805&cid=60296&categoryId=60310 참조.

던 농업사회의 구조상 가해자에 대한 피해자 측의 복수 허용은 언제나 또 다른 복수를 야기할 수밖에 없는 구조[6]이고, 가해자나 피해자 모두 평화롭고 안정된 삶을 지속적으로 누리기 힘들게 되었기 때문이다. 그래서 다수가 모여 사는 농업사회에서는 현명한 사람들이라면 타인의 생명이나 신체 혹은 재산 등을 정당한 이유 없이 침해하는 사람에 대한 사적 복수를 대신할 방법을 점진적으로 모색할 수밖에 없었을 것이다.[7] 이런 점은 정치적 틀이 없는 단순 농경사회에서 사망의 15%가 적어도 (복수에 의한) 폭력 때문임을 경험적으로 입증할 수 있다. 예컨대 뉴기니의 경우 농경 부족사회인 다니족[8]에서 남성 사망의 30%가 그리고 엥가족에서는 35%가 그런 폭력 때문에 사망했다. 특히 에콰도르의 와오란족 성인의 50%가량은 다른 인간의 (복수에 의한) 폭력으로 죽는다.[9]

따라서 초기형태의 국가라는 개념은 사회의 공동생활을 평화롭게 형성하고 유지하기 위해 행위자에 대한 피해자의 사적 복수 대신에 사회나 국가의 공적 복수(형벌의 초기형태)를 부과할 수 있는 권한의 탄생에서 출발했을 것이다. 그 사회의 질서유지를 확보할 수 있는 공적인 복수인 형벌의 권한을 장악하여 행사할 수 있는 핵심주체의 탄생이 국가형성의 시초일 가능성이 높다. 그리고 이 때 사회질서를 평화롭게 유지하기 위해 행사할 수 있는 권력의 핵심내용은 형벌의 부과와 그 집행이었을 것이다. 이 때에는 형벌의 내용도 사적 복수의 성격을 크게 벗어나지 못했을 것이다. 다만 단순한 사적 복수보다는 일정한 절차와 방식에 따른 공적 복수인 형벌을 집행했다는 점이 차이라면 차이였을 것이다. 그래서 "눈에는 눈, 이에는 이"라는 복수 방식의 형벌이 집행되었음은 국가체제를 비교적 일찍이 정비했던 바빌로니아에서조차 볼 수 있었던 이유이다.[10]

---

6) 농업사회에서는 생존에 필요한 농토를 떠날 수 없고 그곳에 머물러야 했으므로, 복수를 얼마든지 가할 수 있었고 수렵사회에서처럼 피할 방법이 거의 없게 된다.

7) 모세의 율법에서도 형벌로서 복수가 핵심을 차지함을 볼 수 있다. 이에 관해서는 이경재, 『서양형벌사』, 길안사, 1997, 71쪽 이하 참조.

8) 현존하는 석기시대의 문화유산을 가진 다니족은 이들의 추장 집에는 추장과 남성들이 거주하고, 주변 집에는 여성들이 거주함으로써 남녀가 따로 공동생활을 하는 것이 특징적이다. 이에 관해서는 https://terms.naver.com/entry.nhn?docId=2444284&cid=51670&categoryId=51672 참조.

9) 이에 관해서는 유발 하라리 저/조현욱 옮김, 『사피엔스』, ISBN 978-89-7246-4, 김영사, 2016, 127쪽 참조.

10) 성문형법의 가장 오래된 형태로 보존된 함무라비법전에서 이런 성격의 형벌을 볼 수 있다. 총 282개의 조문으로 형성된 함무라비 법전 제196조는 "만일 사람이 평민의 눈을 상하게 했을 때는 그 사람의 눈도 상해져야 한다." 그리고 제200조는 "만일 사람이 평민의 이를 상하게 했을 때는 그 사람

이처럼 이런 권한 행사자의 가해자에 대한 벌칙이 복수와 별반 그리 큰 차이를 갖고 있질 않지만 적법절차를 갖추고 동일한 내용의 복수만을 허용하였다는 점에서 그 이전의 사적 복수로 인한 사회적 혼란의 악순환을 상당 부분 극복할 수 있었다. 그리고 한번 장악한 형벌에 관한 권력은 유지되며, 계속하여 강화하려는 속성을 갖고 있음을 우리는 역사로부터 알고 있다. 그러기에 형벌권이라는 공권력을 행사할 수 있는 권력의 주재자는 점진적으로 모든 범죄행위에 대해 사적 복수를 금지하고 아울러 형벌의 성격도 동해보복의 수준에서 사회방위를 위한 형벌의 강화 쪽으로 탈바꿈하게 되었다. 즉 국가의 권력자는 범법자에 대한 자신의 권한을 강화할수록 국가형벌의 고통수준 역시 상승하면서 사적 복수의 금지 강화와 국가형벌권만의 인정, 또한 그것을 강화하는 추세로 발전시켰을 것이다. 우리의 역사에서 고조선의 8조금법 중, 전해 내려온 3조금법의 조문에서 이런 모습을 파악할 수 있다. ① 사람을 죽인 자는 사형에 처한다. ② 남에게 상해를 입힌 자는 곡물로써 배상한다. ③ 남의 물건을 훔친 자는 데려다 노비로 삼으며, 속죄하고자 하는 자는 1인당 50만 전(錢)을 내야 한다는 것 등이다.[11)]

이와 비례하여 권력자는 형벌을 통하여 국가의 체제형성을 더욱 굳건하게 하고, 이는 결국 형벌권 행사의 본격적 시작은 국가성립의 출발과 별반 다르지 않았음을 의미한다. 이런 점에서 볼 때 모든 국가에서 형벌의 행사권한은 국가권력의 핵심적 관건이며, 형법은 모든 법의 기원일 가능성이 높다.

이런 추정은 성문형법의 가장 초기 형태로 남아있는 함무라비 법전에서도 찾아볼 수 있다. 이 법전은 왕권에 의해 제정되었음에도 불구하고 법전의 서문과 마지막 부분에 인간의 작품이 아니라, 신의 뜻으로 제정되었음을 만천하에 공표하고, 이것을 지키는 것이 곧 정의이기에 누구나 이를 받아들이도록 하면서 위반 시에는 처벌했다. 이렇게 함으로써 왕권의 강화를 담보할 수 있게 하였고, 국가의 형성과 그 유지를 강화하는 데 기여하게 하였다. 특히 함무라비 법전은 형법의 비중이 압도적으로 높으며, 형벌의 내용도 동해보복의 것을 포함하여 인간의 신분에 따른 형벌의 내

의 이도 상해져야 한다."고 명시하고 있기 때문이다. 이에 관해서는 [네이버 지식백과] 눈에는 눈, 이에는 이 - 함무라비 법전(기원전 1700년경) (세계사 다이제스트 100, 2010. 8. 13., 김희보) 참조.

11) ③의 경우 고조선에서 화폐경제가 가능했다는 것은 진실일 가능성이 없으며, 아마도 낙랑조선 시기에서 중국 한나라의 사형에 대한 속죄법으로 50만전을 요구했던 것은 지배계급들의 소유욕에서 비롯되었을 가능성이 크다.

용 차이를 볼 수 있다. 동아시아의 고대 법률에서도 형법의 존재가 압도적으로 우위를 차지하며, 중세의 유럽에서도 그 점에서 별반 차이가 없다.

다만 사회문화현상이 고도로 높아지거나 경제수준의 정도에 따라 사법(私法)의 영역이 이에 비례하여 발달하였다는 것은 부유했던 로마시대와 현대의 자본주의 시대에서의 엄청난 민사법의 폭주가 초래됨을 우리는 볼 수 있다.

2. 가혹한 형벌의 전개[12)]

근대국가의 성립 이전 시대에는 형벌은 가혹하기 그지없었다. 이에 관해서는 다음과 같은 권력의 성향과 사회적 환경이 그런 배경에 결정적 원인으로 작용하였을 것이다.

첫째로 근대국가가 성립하기 이전에 권력을 쟁취하였던 자는 그 권력에 취하게 되고, 그것을 유지하고 장악하기 위해 형벌권을 남용하게 된다. 더구나 당시에는 권력의 견제를 위한 제도적 장치가 없었고, 절대군주는 자신의 뜻이 곧바로 법이었고, 자신의 권위와 권력을 평생토록 유지하기 위해 그것을 방해하거나 장애물에 대해서는 가차 없는 처벌로 대응하였다.

둘째로 오늘날과 같은 교도소나 이와 유사한 제도를 유지할 수 없었다. 농경사회에서의 국가예산은 농업생산물과 직접적 관련을 맺을 수밖에 없는데, 이런 사회는 세수가 많지 않았고, 교도소를 만들고 범죄자를 수용하여 간수하면서 사용되는 비용을 마련할 수 없었기 때문이다.

셋째로 징역형이나 자유형의 집행이 근본적으로 불가능한 사회에서는 사소한 범죄라도 사형에 처하는 방향으로 전개되었을 것이다. 그 결과, 형벌은 잔인했음이 분명하다. 오늘날과 같은 경찰제도가 마련되어 있지도 않고, 산속이나 다른 곳으로 도망간 범법자를 추적하고 잡아서 가둬둘 수 없는 사회적 환경은 후일의 후환을 없애기 위해서도 사형에 대한 선호도가 높을 수밖에 없게 만들어졌기 때문이다.

넷째로 적법절차보다도 실체적 진실을 더욱 중요시하였으므로 고문의 자행이 야기되고, 혹독한 고문 등은 사건의 진실을 오히려 왜곡할 수도 있었다.

지금도 독일의 역사도시인 로텐베르크의 형벌박물관을 방문하면, 중세시대의 권

---

12) 가혹한 형벌과 이로부터 나타나는 형벌의 공포에 관해서는 이경재, 앞의 책, 141쪽 이하 참조.

력자는 잔인한 고문과 형벌을 가할 수 있는 갖가지 도구들을 볼 수 있는바, 이를 통해 그 당시의 형벌과 고문의 극한적 상황을 충분히 엿볼 수 있다.

3. 형벌의 가혹성 극복과 국가형벌권의 제한

형벌에 관한 이러한 폐습을 타파하기 위해서는 무엇보다 사회경제적 진보와 인간의 존엄을 중시하는 문화의 융성이 전제가 되었어야 했다.

이와 관련하여 인류 역사상 경제적·문화적인 진전을 크게 이루게 된 지역은 북부 이탈리아였다. 베니스와 피렌체를 중심으로 하는 이곳에서 비로소 인간을 중심 사상으로 하는 문예부흥이 일어났다. 피렌체와 베니스는 더 이상의 농업사회가 아닌, 상거래와 금융업 등의 발전으로 종래에는 꿈도 꾸지 못할 정도의 경제적 부를 축적하게 되었다. 경제적 부의 축적은 각종 산업생산자들로부터 자유로운 신분들을 창출하고, 이들의 인간에 관한 탐구와 철학은 인간다움의 삶을 융성하게 하는 데 결정적 기여를 하였다. 이런 현상이 바로 문예부흥의 탄생을 의미했다. 이를 통한 인문주의의 발전은 인간의 기본적 인권의식을 일깨우게 되었다. 아울러 종래 농업사회에서 산업기술을 기초로 하는 산업사회로 전환되기 시작하고, 국가의 세수도 급증하게 되었다. 세수의 급증은 다시금 문예부흥을 진전시키는 선순환의 효과를 발휘하게 되었다. 이와 함께 국가는 교도소를 짓고 운영하게 되었다. 그 결과 종래 쉽게 사형으로 엄벌했던 형벌에서 자유형에 관한 사상적 진전을 보게 되었다.

동시에 국가권력에 관해서도 깊은 고찰을 하게 되었다. 어떤 연유로 국가권력을 장악했다는 이유로 형벌권을 비롯한 공권력을 자의적으로 남용할 수 있는 것인지를 따지기 시작하였다. 이미 영국에서는 귀족계급의 연합세력이 존왕의 권력에 뒤지지 않을 수준에 이르자, 1215년 왕권을 법률로 제한하여 자의적으로 행사할 수 없도록 조치하였다. 그 이후 여러 차례 시민혁명이 발생하였고, 시민들의 연합세력이 왕권을 능가하게 되면서 왕권을 근본적으로 제한하고 견제하는 권력분립의 원칙들이 점차로 확립되어 갔다. 프랑스의 몽테스키외(Montesquieu)는 영국에서의 경험을 바탕으로 그의 저서 『법의 정신』을 통하여 권력의 배분과 함께 권력의 견제와 균형을 이루기 위한 지침을 밝혔다.

또한 국가권력의 원초적 근거에 관한 연구가 활발하게 진행되면서 종래의 왕권신수설[13]에 관한 주장은 설득력을 점차 잃게 되고, 시민의식의 발전과 함께 사회계약론이 활기를 떨치기 시작하였다. 이 사회계약이론에 의하면 “모든 사람은 국가가 성립되기 이전인 자연 상태에서 이미 생명·자유 및 재산에 대한 자연법상의 권리를 갖고 있었으며, 이 권리를 확실히 보장하기 위해 그 사회 구성원들의 합의에 의한 계약에 따라 국가라는 조직을 성립시켰다.”고 한다. 그리고 이런 사회계약론은 인간의 천부인권을 인정하였다. 즉 인간은 태어나면서부터 자유롭고 평등한 인격과 스스로의 행복을 추구하는 권리를 가진다는 것이다.

이러한 사회계약론의 영향 아래에 있던 이탈리아의 체사레 베카리아는 그의 책 『범죄와 형벌』을 통해서 형벌권의 근거에 관해 다음과 같이 설명한다. “주권자는 그가 위탁받은 공공의 자유와 복지를 개개인의 사적 침탈로부터 방어할 필요가 있다. 바로 이것이 형벌권의 근거가 된다.”[14]고 갈파하였다.

그는 그러면서 형벌권의 한계를 다음과 같이 적시하였다.[15]

① 범죄에 대한 형벌은 오직 법률을 통해서만 가능하다. 공공복리를 우려한답시고 범법자에 대해 법률로 정해진 형벌보다 더한 처벌은 안 된다.

② 사회계약에 의해 각 개인은 사회에 속박되지만 사회도 개인에 대하여 똑같이 그 계약준수의무에 속박된다. 계약의 속성은 쌍방에 구속되기 때문이다. 계약상의 의무는 왕좌로부터 오두막에 두루 미치며, 지체 높은 자와 미천한 자를 똑같이 속박한다.

③ 잔혹한 형벌이 공공복리나 범죄예방의 목적에 직접적으로 저촉되지 않는다고 여겨지는 경우라 할지라도 그것이 별 쓸모 없음을 증명할 수 있기만 한다면 그 경우에 잔혹한 형벌을 과해서는 안 된다.

현대국가의 형법전은 베카리아의 이와 같은 형법사상의 유산임을 부인할 수 없다. 즉 그는 죄형법정주의의 사상과 형벌의 한계로서 잔혹한 형벌의 금지 그리고 모든 형벌의 부과와 집행은 귀족이냐 평민이냐의 여부와 상관없이 평등하게 이루어져야 한다는 점을 분명하게 하였다.

---

13) 제왕신권설(帝王神權說)이라고도 한다. 왕이나 황제가 신으로부터 그 권력을 부여받았다는 생각을 가리킨다.

14) 한인섭 역, 『범죄와 형벌』, 박영사, 2006, 13쪽 참조.

15) 위의 책, 16쪽 이하 참조.

Ⅱ. 형벌의 존재근거와 정당성

1. 형벌의 존재근거와 최후수단성

형벌은 형법의 핵심적 수단이자 불가결한 도구이다. 형법이 형법다운 역할을 하는 것은 형벌을 내용으로 삼고 있어서다. 왜냐하면 "만일 오늘날 국가에서 형법이 전혀 존재하지 않고, 민법이나 행정법만 존재한다면", 즉 우리가 사회적으로 중요한 법익침해자인 범법자에 대해 형벌로 처벌할 수 없고 기껏해야 민사상 손해배상이나 행정처분으로서 과태료 등을 부과하는 길밖에 없게 된다면, 그런 범법자는 손해배상이나 행정처분을 별로 무서워하지 않을 것이고, 그러기에 범법자는 반복적으로 범법행위를 범할 가능성이 높기 때문이다.

더구나 범법자에 대한 형벌의 부과 없이 오직 민사상 손해배상 청구만 가능할 경우, 가해자의 재산이 많거나 혹은 전혀 없을 때라면 민사상 해결방식은 그런 가해자에 대해 무용지물이 될 수도 있다. 왜냐하면 재산이 많은 자는 그가 범한 범죄행위를 모두 돈으로 해결할 수 있다는 생각으로 어떠한 범행도 무서워하지 않을 수 있고, 재산이 전혀 없는 자 역시 손해를 배상할 돈이 없으므로 민사상 손해배상으로부터 자유스러울 수 있기 때문이다. 또한 범법행위에 대한 형벌의 존재를 인정하지 않고, 행정벌인 과태료의 부과나 인·허가의 취소만 가능하다면 그런 범법자의 범법행위를 미연에 충분히 방지할 수도 없을 뿐더러, 사적 복수에 버금갈 합당한 응징을 담보할 수 없는 심각한 단점을 수반하게 된다. 이렇게 되면 사회는 혼란의 악순환에 빠지게 되고 사적인 복수의 등장이 자연스럽게 될 것이다.

사회평화와 안전을 본질적으로 해치는 온갖 범행을 예방하고, 그런 범행을 응징할 수 있는 합당한 제재인 형벌을 수단으로 삼고 있는 형법의 필요성은 불가피하게 된다.[16] 그런데 형벌의 본질은 범법행위에 대한 대가로서 인간이 참기 어려운 고통을 가하는 핵심적 성격을 갖고 있다. 이런 점에서 형벌의 개입은 극도로 제한적이어

16) 베카리아도 그의 저서『범죄와 형벌』제49쪽에서 "형벌의 목적은 오직 범죄자가 시민들에게 새로운 해악을 입힐 가능성을 방지하고, 타인들이 유사한 행위를 행할 가능성을 억제시키는 것이다." 라고 갈파하였다.

야 하며, 다른 법률에 의해서도 사회통제가 현실적으로 어려울 경우에 국한하여 최후수단으로 이용되어야 함은 물론이다. 왜냐하면 사회평화를 위해 필요불가결한 형벌은 그 자체 인간이 참기 어려운 고통을 내재하고 있다는 점에서 인간성의 본질에 대한 영역에까지 미칠 수 있어 가급적 형벌의 사용을 삼가야 되기 때문이다.

이런 이유로 형벌이 갖고 있는 최후수단의 성격을 고려할 때 범죄의 행위유형이 사회평화나 개인적 권리에 대해 현실적이고 심각한 법익침해를 야기하지 않고,[17] 또한 벌칙의 내용 역시 형벌의 본질에 어울리지 않는 행정제재에 불과한 경우[18] 형벌의 영역에서 축출하여 사회방위 차원에서 행정벌인 '질서벌'에로의 전환이 불가

---

17) 경범죄 처벌법(일부개정 2017. 10. 24) 제3조(경범죄의 종류)
① 다음 각 호의 어느 하나에 해당하는 사람은 10만원 이하의 벌금, 구류 또는 과료의 형으로 처벌한다. <개정 2014.11.19, 2017.7.26, 2017.10.24>
1. (빈집 등에의 침입) 다른 사람이 살지 아니하고 관리하지 아니하는 집 또는 그 울타리·건조물·배·자동차 안에 정당한 이유 없이 들어간 사람
2. (흉기의 은닉휴대) 칼·쇠몽둥이·쇠톱 등 사람의 생명 또는 신체에 중대한 위해를 끼치거나 집이나 그 밖의 건조물에 침입하는 데에 사용될 수 있는 연장이나 기구를 정당한 이유 없이 숨겨서 지니고 다니는 사람
3. (폭행 등 예비) 다른 사람의 신체에 위해를 끼칠 것을 공모하여 예비행위를 한 사람이 있는 경우 그 공모를 한 사람
…

18) 경범죄 처벌법 제6조(정의)
① 이 장에서 "범칙행위"란 제3조 제1항 각 호 및 제2항 각 호의 어느 하나에 해당하는 위반행위를 말하며, 그 구체적인 범위는 대통령령으로 정한다.
② 이 장에서 "범칙자"란 범칙행위를 한 사람으로서 다음 각 호의 어느 하나에 해당하지 아니하는 사람을 말한다.
1. 범칙행위를 상습적으로 하는 사람
2. 죄를 지은 동기나 수단 및 결과를 헤아려볼 때 구류처분을 하는 것이 적절하다고 인정되는 사람
3. 피해자가 있는 행위를 한 사람
4. 18세 미만인 사람
③ 이 장에서 "범칙금"이란 범칙자가 제7조에 따른 통고처분에 따라 국고 또는 제주특별자치도의 금고에 납부하여야 할 금전을 말한다.
제7조(통고처분)
① 경찰서장, 해양경찰서장, 제주특별자치도지사 또는 철도특별사법경찰대장은 범칙자로 인정되는 사람에 대하여 그 이유를 명백히 나타낸 서면으로 범칙금을 부과하고 이를 납부할 것을 통고할 수 있다. 다만, 다음 각 호의 어느 하나에 해당하는 사람에게는 통고하지 아니한다.<개정 2014.11.19, 2017.7.26>
1. 통고처분서 받기를 거부한 사람
2. 주거 또는 신원이 확실하지 아니한 사람
3. 그 밖에 통고처분하기가 매우 어려운 사람
② 제1항에 따라 통고할 범칙금의 액수는 범칙행위의 종류에 따라 대통령령으로 정한다.

피해 보인다.[19] 이런 점에서 경범죄처벌법이 명시하고 있는 행위유형들은 비범죄화하여 질서벌로서 제재만으로 족하다고 본다.

2. 형벌의 정당성

(1) 두 가지 입장(윤리적 형벌관과 탈윤리적 형벌관)

형벌의 정당성과 관련하여 한편으로 형법은 범인의 범법행위에 대한 사회윤리적 질책과 법공동체로부터 그런 범법행위를 결코 용납할 수 없다는 응답의 의미인 형벌을 수단으로 삼아야 한다는 윤리적 형벌관의 입장이 있다.[20] 다른 한편으로 법으로 금지되는 타인의 법익에 대한 침해 때문에 그에 대한 적절한 응답으로서 사회적 질책이 요구되고 있다는 탈윤리적 형벌관의 입장도 있다.[21] 즉 전자의 입장은 형벌의 근거를 윤리적 측면에서 사회적 비난이라고 보는 데 반해, 후자의 입장은 타인의 보호법익을 침해했기 때문에 비난해야 한다는 것이다. 처벌의 근거를 이처럼 각기 달리 보고 있는 양자의 주장은 아직도 다툼이 계속되고 있다. 다만 양자 모두가 형벌의 목적을 사회적 비난을 통하여 행위자의 그런 규범위반행위에 대해 예방할 수 있다고 생각한다.

(2) 양 입장의 문제점과 그 극복

a) 탈윤리화의 전개

오늘날 사회는 다원적 사회이고 사회적 가치나 그 기준 또한 완전한 모습으로 통일되기 어렵다. 종전의 형법에서 혼인빙자간음죄와 간통죄는 성윤리의 보호를 위한 것으로 오랜 기간 동안 유지했으나, 이제는 비범죄화 되었다. 중세까지만 하더라도 여성은 남성과 동등한 인격체로서 대우를 받지 못했고, 일부 지역에서는 일종의 재산으로 파악하기도 하였다. 도덕이나 윤리는 문화의 영역으로서 어떤 공동체 내에서도 어느 정도의 유효한 영향력을 갖고 있음을 완전히 무시할 수 없다. 그럼에도 오늘날

---

19) “공권력으로서 형벌권 행사의 정당성과 그 한계”에 관해 자세한 것은 허일태, 『형법연구』 Ⅷ, 12쪽 이하 참조.

20) 특히 Hans Welzel, Das Deutsche Strafrecht, AT(11 Aufl., 1969), S. 1.

21) 차용석, 『형법총론강의 [1]』, 고시연구사, 1984, 27쪽 이하 참조.

같이 다양한 종교와 문화가 중첩되고 있는 현실과 남녀 사이의 성문화에 대한 개방의식의 전개는 형법에서의 탈윤리의 방향으로 가고 있음을 적지 않게 볼 수 있다.

또한 형법은 단편적 성격을 가져야 함은 물론이다. 처벌의 과잉은 사회에 유익하기보다는 해를 끼치는 경우가 훨씬 더 많다. 교도소는 범죄인의 양성소라는 오명은 어제 오늘의 이야기가 아니다. 더욱이 형법에서 요구되는 보충성 내지 최후수단성 역시 처벌의 과잉을 불식시키기 위한 방안이다. 개인의 사생활이나 인간의 생활태도를 윤리적인 척도만으로 재단하려는 발상은 이제 그만두어야 할 것이다.[22)]

b) 탈윤리화의 한계

형벌의 탈윤리화를 극도로 실현한다면 타인에 대한 침해만을 형벌로 규제해야만 한다는 발상이 되는데, 이것 역시 적절하지 않아 보인다. 피해자 없는 범죄가 가능하며, 이런 것에는 조세범죄나 마약류범죄처럼 사회적 긴밀한 연대를 침해할 경우 건전한 사회형성을 위해 최후수단으로 형벌의 개입이 필요할 수 있다. 왜냐하면 인간은 상상력에 의한 건축물을 쌓고, 그 속에서 나름의 질서와 문화를 형성하고 사회적 연대를 형성하고 있기에 비록 타인의 법익침해를 직접적으로 범하지 않았다고 할지라도 그런 질서와 문화 혹은 연대의식을 과도하게 침해하는 행위에 대한 형사제재의 필요성이 불가피할 수도 있기 때문이다.

인간은 상상력의 동물이다. 인간이 갖고 있는 그런 상상력으로 형성된 신화와 인간적 도리에 관한 내면적 의식은 “출생 직후부터 길들여져 특정한 방식으로 생각하고 특정한 기준에 맞게 처신하며, 특정한 것을 원하고 특정한 규칙을 준수하도록 만들었다.”[23)] 이에 따라 특정한 국가나 사회와 같은 지역의 질서의식 혹은 사회적 연대를 침해하여 공동체의 유지나 평화를 침해하는 행위에 대해서는 대책을 강구하게 되고, 이런 한 대책 중에는 형벌에 의한 것도 포함될 수 있음은 물론이다.

다시 말해 인간은 사회적 관계 속에서 성숙되어가고 그 사회가 요구하는 윤리 또는 도덕적 책무의식을 체험하며 그것을 내재화하면서 그 사회 속에 스며들게 된다. 그러면서 인간은 미숙한 상태로 태어나지만, 점차 성숙한 인격체로 거듭나게 된다.

---

22) 형벌의 적정성에 관해서는 허일태, 『형법연구 Ⅷ』, 161쪽 이하 참조.
23) 이에 관해서는 유발 하라리(조현욱 옮김), 앞의 책, 234쪽에서 재인용.

자식으로서, 부모로서, 엄마로서, 아빠로서, 교사로서 혹은 정치지도자로서 역할을 지게 되고 그 역할에 걸맞은 책무를 이행해야 한다. 이러한 책무 또는 의무는 윤리적 것일수록 더욱 더 큰 가치를 가진다. 이런 점에서 이런 책무 또는 윤리적 의식 상태와 그런 책무나 윤리적 의무를 제대로 이행할 수 없는 미숙한 자를 미성년자로 구분하여 처벌에서 제외하고 있음을 우리 형법도 인정하고 있다.

또한 형법상 행위 중에는 작위만 존재하는 것이 아니라 부작위도 존재한다. 여기서 부작위의 하나인 부진정부작위는 규범적으로 금지되는 결과발생을 회피하기 위하여 이행했어야 할 의무를 이행하지 않음으로써 결과발생을 야기하는 경우이다. 이런 부진정부작위의 경우 이행해야 할 의무의 내용은 단순히 법적 의무에만 그친다고 할 수 있을까? 밀접한 생활관계 속에서 윤리적으로 요구되는 이행의무도 포함될 수 있음은 물론이다. 예컨대 탐험대의 요원 중에서 사고로 일부 대원이 상처를 입은 경우 나머지 대원들은 상처를 당한 대원을 구조해야 할 도덕적 책무가 있다고 새겨야 하는 것처럼. 그렇다면 건강한 사회를 위한 연대의식의 강화나 그 유지를 위해 불가피하게 전제되는 도덕적 책무위반에 형벌의 제재가 가능하다고 해야 한다.

이와 같이 사회적으로 준수가 요구되는 준칙은 통상의 경우 대부분의 사람들이 지킬 수 있어야 하고, 그래서 지키는 것이 건강한 사회형성을 위해 유익함에 반해, 위반은 사회평화를 침해하는 위험요소로 작용하는 것이다. 그러므로 사회적 연대를 본질적으로 침해하는 윤리적 책무위반도 처벌될 수 있어야 한다.

c) 정당한 형벌

그래서 개인적 법익이나 사회적 법익 혹은 사회적 연대에 관한 침해에 대해 일정한 준칙을 정하여 다음과 같은 요건이 충족되는 경우 형벌을 가할 수 있도록 해야 한다.

① 개인적 법익뿐만 아니라 사회적으로 중요한 법익에 대한 침해를 성숙한 인간이라면 회피할 수 있어야 한다. 후자의 법익 중에는 사회적 연대를 유지 또는 결속하는 것도 포함되어야 함은 물론이다.

② 중요한 법익을 침해한 자의 처벌을 위해서는 그가 그것을 침해하거나 침해할 수 있다는 인식을 전제해야 한다.

③ 행위주체는 자신의 침해행위에 대한 지배력을 갖고 있어야 한다.

④ 금지나 요구규범에 대한 착오는 원칙적으로 허용될 수 없으나, 성숙한 인간이라도 그런 착오를 회피하기 어려웠다면 처벌될 수 없음을 인정해야 한다.

이러한 요건이 충족된 경우에 국한하여 형벌을 가할 때 비로소 정당한 형벌이 될 수 있다고 본다.

3. 형벌의 한계로서 기본권의 본질적 침해 금지

형법은 범법자에 대한 형벌의 집행을 통하여 범인의 범죄행위에 대한 사회적 질책을 체험하게 함으로써 모든 잠재적 범법행위를 예방하는 데 핵심적 목적을 갖고 있다. 즉 형법을 통하여 사회평화를 달성하고, 평화스런 사회 속에서 각 개인은 그의 인간적 삶을 제대로 누릴 수 있게 된다.

이러한 목적을 갖는 형법은 그 수단인 형벌에 대한 내용과 한계에 관해 죄형법정주의의 정신에 철저해야 하고, 아울러 지나치게 잔혹하거나 생명박탈의 형벌을 용납할 수 없어야 한다. 왜냐하면 형벌은 헌법 제37조 제2항에 근거하여 헌법상 인권의 본질적 침해를 하지 않는 범위 내에 국한되어야 하는 내재적 한계를 갖기 때문이다.[24] 그럼에도 불구하고 헌법재판소는 헌법상 본질적 침해금지규정에 관해서는 사형제도의 위헌성과 관련하여 다음과 같이 논리적으로 납득하기 어려운 설시를 하고 있다.

"헌법은 절대적 기본권을 명문으로 인정하고 있지 아니하며, 헌법 제37조 제2항에서는 국민의 모든 자유와 권리는 국가안전보장 · 질서유지 또는 공공복리를 위하여 필요한 경우에 한하여 법률로써 제한할 수 있도록 규정하고 있어, 비록 생명이 이념적으로 절대적 가치를 지닌 것이라 하더라도 생명에 대한 법적 평가가 예외적으로 허용될 수 있다고 할 것이므로, 생명권 역시 헌법 제37조 제2항에 의한 일반적 법률유보의 대상이 될 수밖에 없다. 나아가 생명권의 경우, 다른 일반적인 기본권 제한의 구조와는 달리, 생명의 일부 박탈이라는 것을 상정할 수 없기 때문에 생명권에 대한 제한은 필연적으로 생명권의 완전한 박탈을 의미하게 되는바, 위와 같이 생명권의 제한이 정당화될 수 있는 예외적인 경우에는 생명권의 박탈이 초래된다 하

24) 헌법 제37조 제2항: 국민의 모든 자유와 권리는 국가안전보장 · 질서유지 또는 공공복리를 위하여 필요한 경우에 한하여 법률로써 제한할 수 있으며, 제한하는 경우에도 자유와 권리의 본질적인 내용을 침해할 수 없다.

더라도 곧바로 기본권의 본질적인 내용을 침해하는 것이라 볼 수는 없다."[25]

이러한 헌재의 견해를 찬성하기 어렵다. 인간의 기본권 중에서 생명과 신체의 자유만큼 중요한 자유는 없기 때문이다. 그러기에 오늘날 이슬람사회의 율법적 형법을 제외하고 문명국가의 대다수 형법전(刑法典)에서는 신체를 절단하는 형벌을 두고 있지 않는다. 그러한 형벌은 너무도 잔인하기 때문이다. 그러므로 비록 형사정책상으로 절도범의 손이나 팔을 절단하는 것이 절도의 상습을 가장 잘 막을 수 있는 최선의 대책일 수 있음에도 불구하고 문명국가에서는 제아무리 파렴치하고 상습적인 절도범일지라도 그의 손이나 팔을 절단하지는 않는다. 이처럼 인간의 손이나 팔을 결코 형벌로 절단할 수 없도록 하고 있는 이유는 손이나 팔은 인간정신이 깃든 인간 육체의 일부로 구성되어 있고, 그런 육체는 인권의 본질적 부분에 해당된다고 보기 때문이다. 절도죄를 예방하기 위한 형사정책적 효용성에도 불구하고 손이나 팔을 절단하지 못하도록 하는 것은 인간의 신체는 기본적 인권의 본질적인 부분이고, 생명이 없는 육체는 시체에 불과하며, 생명이 깃든 육체만이 본질적으로 중요하다는 사실을 시사한다. 이와 같은 논리는 결과적으로 생명이야말로 모든 기본적 인권 중에서 가장 본질적임을 의미한다. 따라서 헌재의 판단과 달리 헌법상 생명은 기본권의 본질적 부분이기 때문에 생명을 박탈할 수 있는 사형제도는 허용될 수 없다고 해야 한다.[26]

Ⅲ. 형벌의 탄생에서 형성된 몇 가지 원칙들

이로부터 형벌과 관련하여 다음과 같은 원칙이 탄생하였다.

첫째로 사적 복수를 대안으로 삼고 있는 국가의 형벌권은 무엇보다 범죄의 예방에 주된 목적을 두어야 한다. 그래야만 복수할 근거를 없앨 수 있기 때문이다.

둘째로 그럼에도 불구하고 범법행위를 감행한 자에 대해서는 사적 복수에 버금가는 실질적 고통을 그 행위자에게 되돌려 주어야 한다. 여기에서는 다음과 같은 원칙이 준수되어야 한다.

① 범행과 형벌은 균형을 이루어야 한다.

---

25) 헌재 2008헌가23 결정.
26) 이에 관해서는 허일태, 『형법연구 Ⅶ』, 165쪽 참조.

② 형벌은 사적 복수의 대안으로서 국가의 공권력이지만 각 개인은 자신의 생명까지 희생시킬 수 있는 그러한 권리를 국가기관에 결코 이양하지 않았을 것이다. 그러므로 국가의 형벌권이라는 이름으로 타인을 살해할 수 없기에, 형벌로서 사형제도는 존치시킬 수 없는 것이다. 우리 모두는 자유의 일부를 희생해서라도 그 나머지 핵심적 자유를 평온하고 안전하게 누리려 하며, 이런 공공선을 위한 개인이 희생한 자유의 총합이 공권력의 근원이다. 따라서 이러한 공권력, 즉 형벌은 인간 개개인이 결코 양도할 수 없는 자신의 생명권에 관한 본질적 침해를 할 수 없다고 해야 하는 것이 논리적이다.

③ 형벌의 적용은 사적 복수와 달리 언제나 예외 없이 적법절차를 준수해야 되며, 죄형법정주의가 담보되어야 할 뿐만 아니라, 그것을 최우선의 가치로 삼아야 한다.

셋째로 개인적 법익에 관한 급박한 침해행위에 대해 국가기관의 즉시 방위행위 실행은 현실적으로 불가능하다. 이러한 범위 내에서 개인은 자신의 법익침해를 감행한 행위자에 대해 이에 상응할 정도의 정당방위나 긴급피난을 할 수 있어야 한다. 이러한 권리는 국가의 시혜적 혜택일 수 없고, 천부적인 자연권이며, 따라서 이를 윤리적으로 제한하는 것은 정의롭지 않다. 이런 이유로 정당방위나 긴급피난에 관해 갖가지 제한하려는 시도는 용납될 수 없다. 다만 정당방위나 긴급피난의 인정 가능성은 시간적으로 긴급성이 요구될 뿐만 아니라, 수단 역시 상당성을 준수해야 할 것이다. 만일 긴급성이 요구되지 않거나 요구되더라도 수단의 상당성을 심히 초과한 보복이라면 그것은 적법한 정당방위나 긴급피난이라고 볼 수 없다.

넷째로 중대한 범법행위를 당한 피해자는 그 범법행위에 대한 예방의 책무를 지닌 국가로부터 충분한 보상을 받아야 된다. 여기서 충분한 보상이란 범죄피해자의 실질적 피해에 해당되는 구제금을 의미한다. 왜냐하면 사적 복수의 대안인 형벌권을 국민이 국가에 이전했다고 하더라도 그 피해를 입은 개인에게 복수에 버금가는 실질적 피해보상을 해주는 것이 형벌권 이양의 근본적 원인이기 때문이다.

다섯째로 형벌의 목적은 다음의 내용을 핵심적으로 삼고 있어야 한다.

① 형벌은 사회평화를 달성하려는 데에 그 존재의 이유가 있다. 형벌의 정도는 사적 복수의 범위를 넘어서는 아니 된다. 다시 말해 형벌은 사적 복수의 형식과 내용을 그대로 답습해서는 아니 되며, 범법행위와 그에 대한 형벌은 상호간에 균형을 유지해

야 한다. 또한 어떤 행위가 범죄가 되는지 미리 명확하게 명시되어야 한다. 그래야만 그런 금지규범을 충분히 회피할 수 있었음에도 불구하고 오히려 감행하여 규범위반을 범했으므로 처벌된다는 원칙이 서게 된다. 이로부터 죄형법정주의 원칙의 탄생과 아울러 책임주의의 사상이 생겨난다. 또한 형벌의 부과와 절차의 방식은 법률에 정한 절차와 방식에 따라야 된다. 복수야말로 시도 때도 없을 뿐만 아니라 다양한 방식으로 보복하는 것이므로, 이에 반하여 형벌은 사적 복수 대신에 일정한 절차와 방식에 따라야 한다는 사상, 즉 적법절차의 원칙을 그 자체에 잉태하고 있다.

② 형벌을 통해서 더 이상 사적 복수로 인한 사회적 악순환의 고리를 자르려는 데에 형벌의 목적이 있다. 이를 일반예방이라고 부른다. 이런 일반예방 외에도 특별예방을 형벌의 목적으로 인정하자는 의견이 점차 설득력을 갖고 있다. 하지만 형벌의 발생과 관련된 초기 상황에서는 이러한 특별예방의 인정은 지나친 상상력의 산물이다. 왜냐하면 그 당시에서는 특별예방을 할 수 있을 정도의 고도의 법적 제도와 인적·물적 자원이 뒷받침되지 아니했기 때문이다.

한편 오늘날 형법 교과서들을 보면 형벌의 제1차적 목적이 무엇인지를 묻고 있다. 범죄의 예방에 있다거나 혹은 범죄를 범했기 때문에 그에 대한 응답으로써 책임에 있다고들 한다. 그러나 무엇 때문에 그것이 1차적이어야 하는지에 관한 자세한 언급은 드물다.

형벌이란 사적 복수가 야기하는 사회혼란의 악순환에 대한 꼬리를 자르기 위해 중요한 법익침해행위에 대한 복수에 준하는 엄중한 고통을 부과하는 국가권력의 행사이다. 그러므로 형벌을 통하여 법익침해행위를 예방하여 사회방위를 하려는 데 형벌의 1차적인 이유가 있는 것이다. 따라서 형벌의 1차적 목적은 범죄예방에 있다.

그럼에도 가해자는 국가가 형벌로 금지하는 법규범의 침해, 즉 범죄를 범했다면 그 가해자에 대해서는 사적 복수에 버금갈 정도의 고통을 수반하는 벌칙을 가해야 한다. 다만 사적 복수와는 전적으로 다른 형태인 책임주의에 따라 범행에 걸맞은 형벌을 적법절차에 따라 부과하여 집행해야 한다. 이를 형벌의 2차적 목적이라고 불러도 무방하다. 형벌은 복수에 상응하는 고통이어야 할 필요성이 없지만 책임주의에 걸맞은 고통의 부과, 즉 형벌은 가해자가 피해자에 대한 범행의 책임 내지 그런 범행에 대한 비난가능성의 정도와 비례해야 한다.

현대 국가에서 책임의 개별화와 성향의 다양성이 인정되고 있는 시대에서는 행위자의 상태에 최적화된 처벌의 필요성이 요구되어야 한다. 다만 행위자의 책임의 범주를 벗어나는 형벌의 부과는 부당함은 물론이다.

Ⅳ. 사형제도의 위헌성과 폐지 필요성

무고한 생명을 아무 이유 없이 무참히 살해하는 반인륜적이고 흉악한 살인사건은 지속적으로 발생한다. 그러기에 이런 반인륜적 살인자에 대해서는 사형을 집행하는 게 정당하고 또한 필요하다는 주장이 적지 않다. 범법자에게 사형을 집행하면 범죄 예방효과가 적지 않으며, 살인자를 사형에 처해야 국가정의를 바로 세울 수 있다는 게 그들의 논거다. 반인륜적 범죄를 연쇄적으로 범한, 즉 인간이기를 포기한 흉악범들에 대해서만은 사형 집행을 재개해야 한다는 주장은 국민정서에 부합하여 깊은 호소력을 갖고 있음을 부인할 수 없을 것이다. 그러나 이런 주장은 우리 헌법과 헌법정신에 부합하지도 않을 뿐만 아니라, 한국의 인권국가 지위를 잃게 하며, 합리적이지도 않다. 그 이유는 다음과 같다.

① 헌법재판소에 따르면 "헌법 제110조 제4항은 법률에 의하여 사형이 형벌로서 규정되고 그 형벌조항의 적용으로 사형이 선고될 수 있음을 전제로 하여, 사형을 선고한 경우에는 비상계엄하의 군사재판이라도 단심으로 할 수 없고 사법절차를 통한 불복이 보장되어야 한다는 취지의 규정으로, 우리 헌법은 문언의 해석상 사형제도를 간접적으로나마 인정하고 있다."[27]고 설시한다.

헌법재판소의 이러한 입장은 법률, 특히 형법의 해석법칙에 어긋난다. 우리는 Hans Kelsen의 규범의 단계적 지위를 인정하는데 익숙하고, 헌법재판소를 포함하여 법학자 역시 그러한 규범론에 따르고 있다. 이에 의하면 하위법은 상위법에 근거해야 되며 또한 그것에 저촉되지 않은 범위 내에서 불가피한 사회적 질서를 규율해야 한다는 것이다. 그렇다면 어떤 법률의 합헌성 문제는 상위법인 헌법규정의 존재근거를 하위법에 근거하거나 전제해서는 아니 되며, 그런 전제를 삼가야 한다.

그런데 헌법 제110조 제4항 단서 규정의 존재근거는 하위법인 형법 제41조가 형

27) 헌재 1996. 11. 28. 95헌바1; 헌재 2010. 2. 25. 2008헌가23 참조.

벌로서 사형제도를 두고 있음을 전제로 하고 있다. 이 헌법 규정은 형법 제41조에서 사형이라는 형벌을 두고 있지 않거나 비상사태 하의 군사재판에서 사형이라는 형벌을 선고할 사안이 없으면 무용지물이 된다. 이것이 의미하는 바는 하위법인 형법이 상위법인 헌법규정의 존립근거가 됨을 보여준다.

하위법인 형법 제41조는 법정형으로서 사형을 규정하고 있고, 비상계엄 하의 군사재판에서 사형의 선고를 신중하기 위해 우리 헌법은 제110조 제4항의 단서규정을 두었다. 이 단서규정을 근거로 헌법재판소는 사형제도의 합헌성을 인정하고 있는 바, 이러한 논리는 하위법인 형법에 근거하여 상위법인 헌법의 사형제도 합법성을 위한 진제가 됨을 인정하고 있다. 헌법재판소는 한편에서는 상위법인 헌법은 하위법인 형법에 대한 형성권의 범위와 내용을 결정할 수 있다고 정면에서 큰 소리 치고 있으면서, 뒤에서는 헌법은 하위법인 형법에 의해 사형제도에 관한 합헌성을 부여받는 것을 용인하는 것을 보여준다. 이는 논리적 정당성도 없고 근본규범인 헌법과 형법의 관계에 관해서도 잘못을 범하고 있다. 따라서 헌법 제110조 제4항 단서규정이 사형제도를 인정하는 결정적 규정이라고는 주장은 논리성이 결여되어 있다.

이런 점에서 하위법인 형법에 사형제도가 현실적으로 존재하고 있고, 비상계엄 하의 군사재판에서 사형을 선고할 경우에 그런 사형의 선고는 위헌이 아니라 합헌이라는 논리는 자가당착인 것이다.

② 우리 헌법 제37조 제2항 단서는 "(기본적 인권을) 제한하는 경우에도 자유와 권리의 본질적인 내용을 침해할 수 없다."고 명시하고 있다. 여기서 기본적 인권의 본질적 내용은 인간이라는 생명체를 일컫는다. 인간의 육체에 깃든 생명을 기초로 기본적 인권이 구성되거나 형성되기 때문이다. 더구나 손발에 대한 절단형이 신체자유에 대한 본질적 침해이기 때문에 용납할 수 없다고 한다면, 인간의 생명은 손발의 범위를 넘어선 신체의 전부에 대한 침해이므로 더욱 용납될 수 없다고 하는 것이 논리적이다. 신체의 자유의 본질적 내용은 인간의 육체에 깃들인 생명의 결합이자, 생명권의 자유인 것이다. 다시 말해 신체의 자유 중에서 인간의 생명인 정신을 제거하면 인간의 육체만 남게 되는데, 생명이 없는 육체는 시체에 불과할 뿐이다. 생명을 전제로 하는 신체만이 신체 내지 인권의 본질적 자유를 갖는다.

③ 현대 국가는 동일한 보복 형식의 복수로서의 형벌제도를 두고 있지 않다. 반인

륜적 살인범에게조차도 마찬가지다. 복수는 복수를 낳고, 사회불안을 가중시킨다. 복수로서의 형벌은 이미 극복된 구시대의 사상이다.

④ 바로 이런 이유로 2022년 현재 세계 198개국 중에서 사형제도를 법률적으로 완전 폐지한 국가는 106개국이며, 통상의 범죄에 대한 사형제도 폐지 국가는 8개국이고, 실질적으로 폐지한 국가가 28개국에 이른다. 사형제도 폐지 국가는 지속적으로 늘어나는 추세다. 2022년 현재 55개국만 사형존치국가에 속한다.[28] 아시아에서는 캄보디아, 몽고, 우즈베키스탄, 네팔, 부탄, 투르크메니스탄, 필리핀, 터키, 아제르바이잔, 키르기스탄이 법률로써 사형제도를 이미 폐지했고, 2022년 1월 현재 우리나라는 24년째 사형을 집행하지 않는 실질적 사형제도 폐지 국가이다. 이에 반해 중국[29]이나 일본[30]은 아직도 사형을 집행하고 있다.

⑤ 국가는 개인과 같은 감정적 존재가 아닌, 윤리적이고 이성적 존재다. 국민을 상대로 거짓말을 해서도 안 되고 감정적으로 대응해서도 안 된다. 국가가 국민에게 절도하지 말라고 명령하면서, 다른 한편으로 국민의 재산을 절취하는 것은 용납될 수 없는 일이다. 그러므로 국가가 국민에게 사람을 죽이지 말라고 명령하면서, 국가 스스로 사람을 살인하는 사형제도를 유지하는 건 모순의 극치다.

⑥ 모든 인권국가에서는 반인륜적 흉악범에 대해 손발을 절단하는 등의 신체절단의 형벌을 부과하지 않는다. 이런 형벌은 잔인하고 비인도적이기 때문이다. 손발을 절단하는 것이 잔인해 용납할 수 없는 형벌이라면, 사람을 죽이는 사형제도는 더욱 잔인한 형벌로 결코 허용하지 말아야 하지 않을까.

⑦ 우리나라는 유럽연합(EU)과 EU에서 인도된 범인에 대해서는 사형을 집행할 수 없도록 하는 등의 내용을 담은 범죄인인도조약을 2009년 체결했고, 2011년 국회가 이를 비준했다. 이 때문에 EU에서 우리나라로 인도된 범인이 흉악범죄를 범했어도 사형을 집행할 수 없다. 이런 상황에서 한국에서 범죄를 저지르거나 일본 혹은

---

28) https://www.amnesty.org/en/what-we-do/death-penalty/ 참조.

29) 국제엠네스티에 따르면 중국은 매년 1,000명 이상의 사형집행을 하고 있는 것으로 예상하고 있다.

30) 일본 최고재판소는 사형제의 유지로 발생하는 위하력으로 인해 파생되는 범죄예방 가능성이 폐지에 따른 개인생명권 존중 등의 이익보다 크다는 이론에 따라 공공복리 차원에서 '합헌'이라는 입장을 1948년 3월 12일 '쇼와 22년 제119호 사건'의 판결 선고를 통하여 밝힌 이후, 70여년이 지난 2020년 현재까지도 위 판례를 변경하여야 할 타당한 이유가 없다면서 일관되게 유지하고 있다. https://namu.wiki/w/%EC%82%AC%ED%98%95/%EA%B5%AD%EA%B0%80%EB%B3%84%20%ED%98%84%ED%99%A9/%EC%9D%BC%EB%B3%B8 참조.

미국 등에서 인도된 반인륜적 흉악범에 대해 사형집행을 하는 것은 '법 앞의 평등권'을 천명한 헌법에 반한다.

⑧ 우리나라에서는 특히 인혁당재건위 사건[31] 관계자[32]를 비롯한 수많은 사람이 사법살인을 당했다. 이런 사법살인이 일어났던 것은 사형제도가 존재하고 있었기 때문이다. 사법살인을 피하기 위한 최선의 방법은 사형제도 폐지에 있음은 분명하다. 오판에 의한 사형을 방지하기 위해서도 사형제도의 폐지가 불가피하다.

⑨ 사형제도는 살인범죄를 비롯한 반인륜적 범죄에 대한 실질적 예방효과가 없다. 유엔인권이사회는 1988년과 2002년 두 차례에 걸쳐 사형제 존치가 살인사건을 실질적으로 예방할 수 있는가에 관한 광범위한 조사를 실시했으며, 그 결과 예방 효과가 있음을 입증할 수 없다고 밝혔다.

⑩ 사형제도는 사형을 당한 자만 고통스럽게 하지 않는다. 사형을 집행해야 하는 교도관과 사형당한 자의 가족에게도 너무나 큰 고통을 안긴다.

⑪ 사형제도는 세계인권선언 제2조[33]와 제5조[34] 및 그 외 국제인권법[35]과 기준에서 명시한 생명권과 잔혹한·비인도적인 또는 굴욕적인 처우나 처벌을 받지 않을 권리를 침해하는 제도다. 특히 어떠한 고문도 인간에게 너무 잔인하고 사실을 왜곡하기 때문에 세계인권선언문이나 국제인권법에서 금하고 있음을 볼 때 그런 고문보다 근본적으로 더 잔인한 사형제도는 더욱 금지해야 하는 것이 논리적으로 타당하다.

⑫ 따라서 유엔총회는 2007년 이후 2020년까지 사형제도를 폐지할 목적으로 사형집행의 중단을 요구하는 총 8번째의 결의안을 채택했다. 유엔총회에서 채택된 결의안은 상당한 도덕적·정치적 무게를 지니며, 사형집행 모라토리움 결의안 채택을

31) 인혁당재건위 사건은 중앙정보부의 조작에 의해 도예종 등이 기소되어 무려 대법원의 선고 18시간 만에 사형이 집행된 날조사건이다. 1964년의 제1차 사건에서는 반공법, 1974년의 제2차 사건에서는 국가보안법·대통령 긴급조치 4호 위반 등에 따라 기소되었다. 1975년 4월 8일에 대법원이 사형을 선고한 후, 불과 18시간 만에 사형이 집행되었다. 인혁당재건위 사건은 국가가 법을 이용해 무고한 국민을 살해한 사법살인 사건이자 박정희 정권 시기에 일어난 대표적 인권 탄압의 사례이다.

32) 1975년 4월 8일 도예종 등 8명에 대한 사형이 집행됨.

33) 모든 사람은 인종, 피부색, 성, 언어, 종교, 정치적 또는 기타의 의견, 민족적 또는 사회적 출신, 재산, 출생, 기타의 지위 등에 따른 어떠한 종류의 차별도 없이 이 선언에 제시된 모든 권리와 자유를 누릴 자격이 있다.

34) 어느 누구도 고문 또는 잔혹하거나 비인도적이거나 굴욕적인 대우나 처벌을 받지 아니한다.

35) 시민적 및 정치적 권리에 관한 국제규약 제6조 제1항: 모든 인간은 고유한 생명권을 가진다. 이 권리는 법률에 의하여 보호된다. 어느 누구도 자의적으로 자신의 생명을 박탈당하지 아니한다. 동 규약 제7조: 어느 누구도 고문 또는 잔혹한, 비인도적인 또는 굴욕적인 취급 또는 형벌을 받지 아니한다. 특히 누구든지 자신의 자유로운 동의 없이 의학적 또는 과학적 실험을 받지 아니한다.

통해 국제사회는 사형제도의 인권 문제를 우선순위로 두고 면밀한 조사를 진행할 수 있었다. 한국정부는 2020년 12월 16일에 개최된 유엔총회의 제8차 사형집행 모라토리움 결의안의 동의에 처음으로 동참하였고, 이 결의안은 유엔총회에서 찬성 126개국의 동의로 최종 승인되었다.[36]

⑬ 이 모든 이유와 더불어 사형제도를 폐지해야 하는 마지막 이유는, 사형제도가 품고 있는 위와 같은 문제점을 해소할 수 있고, 사형제도와 동일한 정도로 반인륜적 흉악범의 재범 소지를 영원히 차단할 수 있는 '가석방 없는 절대적 종신형'을 대안으로 삼을 수 있기 때문이다. 특히 사람을 반복적으로 여러 번 살해하고, 그 방법이 잔인하여 반인륜적이며, 재범의 개연성을 지닌 자에 국한하여 가석방이 영원히 금지되는 절대적 종신형을 부과할 수 있도록 함으로써 절대적 종신형의 헌법상 위헌성을 피할 수 있다.

Ⅴ. 실질적 사형제도 폐지를 통한 최근 10년간 살인사건의 현황[37]

김대중 정부가 들어선 1998년부터 2022년 현재까지 우리나라에서 사형집행을 유보하고 있다. 국제사면위원회는 10년 동안 사형집행을 하지 않는 국가들을 실질적 사형제폐지국으로 분류하고 있으며, 지난 24년간 집행을 보류한 우리나라 또한 여

36) The number of states voting for UN resolutions on halting executions worldwide continues to grow, signalling that consensus is building towards ending the death penalty once and for all, Amnesty International said today. The plenary session of the UN General Assembly (UNGA) today adopted a resolution on a moratorium on executions, with a view to fully abolishing the death penalty, after 123 states voted in favour. In 2007, the first time a resolution on a moratorium for executions was adopted by UNGA, only 104 states voted in favour. "Countries which still practice the death penalty must treat this as a wake-up call - state sponsored executions have no place in the modern world, or in any society committed to upholding human rights," said Rajat Khosla, Amnesty International's Senior Director of Research, Policy and Advocacy. 이에 관해서는 https://www.amnesty.org/en/latest/news/2020/12/un-opposition-to-the-death-penalty-continues-to-grow/ 참조.

37) 검찰청의 범죄분석 최근 10년간의 사형제도에 관한 통계 file:///C:/Users/user/AppData/Local/Temp/Temp2_2020_02._10%EB%85%84_%EB%8F%99%EC%95%88_%EB%B2%94%EC%A3%84%EB%B0%9C%EC %83%9D_%EB%B0%8F_%EB%B2%94%EC%A3%84%EC%9E%90_%ED%8A%B9%EC%84%B1_%EC%B6%94%EC%9D%B4.zip/2020_02.%2010%EB%85%84%20%EB%8F%99%EC%95%88%20%EB%B2%94%EC%A3%84%EB%B0%9C%EC%83%9D%20%EB%B0%8F%20%EB%B2%94%EC%A3%84%EC%9E%90%20%ED%8A%B9%EC%84%B1%20%EC%B6%94%EC%9D%B4.pdf 참조.

기에 속한다. 사형제도 존치론의 주된 논거는 살인사건과 같은 강력범죄를 예방하는 데 사형제도가 결정적 역할을 한다고 우긴다. 그러나 지난 24년 동안 사형집행을 하지 않았지만, 살인사건이 대폭 감소하는 추세에 있음을 볼 수 있다. 이는 사형제도 존치론의 주장이 실무상 근거가 없음을 명백하게 보여주는 셈이다.

이하는 우리나라의 최근 10년 동안 살인사건의 추이를 살피고 있는 검찰청의 범죄분석 자료를 여기에 옮겨본다.

2019년 살인범죄의 발생건수는 847건, 인구 10만명당 1.6건의 범죄가 발생하였다.

살인범죄의 발생비율은 2018년 대비 0.3%(0.005건) 감소하였으며, 지난 10년 동안 34.6%(0.9건) 감소하였다. 지난 10년간 연도별 살인범죄의 발생비율 추이를 살펴보면, 2010년부터 지속적으로 감소하였다.

살인범죄에는 실제 피해자가 사망한 사건 이외에도 미수, 예비, 음모, 방조 등과 같은 유형을 모두 포함하고 있다. 이러한 점을 고려하여 살인범죄를 기수범죄와 미수 등의 범죄로 나누어 살펴보면, 2019년에는 전체 847건 중 살인기수범죄가 323건(38.1%)이며, 나머지 524건(61.9%)은 살인 미수 등의 범죄인 것으로 나타나 실제 피해자가 사망한 사건의 비율은 40% 미만이었다.

살인 기수범죄의 발생비율은 2010년 0.9건이었으나 지속적으로 감소하여 2019년에는 0.6건으로 나타났다. 살인 미수 등 범죄의 발생비율은 인구 10만명 당 2010년 1.6건에서 지속적으로 감소하였다.

살인범죄의 발생건수 및 발생비율 추이 (2010년~2019년)

연도	살인(전체)			살인(기수)		살인(미수)	
	발생건수	발생비율	증감률	발생건수	발생비율	발생건수	발생비율
2010	1,262	2.5	-	438	0.9	824	1.6
2011	1,221	2.4	-3.7	410	0.8	811	1.6
2012	1,022	2.0	-19.7	402	0.8	620	1.2
2013	959	1.9	-24.9	348	0.7	611	1.2
2014	938	1.8	-26.8	366	0.7	572	1.1
2015	958	1.9	-25.6	359	0.7	599	1.2
2016	948	1.8	-26.6	344	0.7	604	1.2
2017	858	1.7	-33.7	287	0.6	571	1.1
2018	849	1.6	-34.4	326	0.6	523	1.0
2019	847	1.6	-34.6	323	0.6	524	1.0

제5장

형법의 독자적 원리와 고유개념

- 특히 행위주체를 중심으로 -

Ⅰ. 문제의 제기

1. 사실관계와 재판의 경과

A 주택재개발정비사업조합(이하 '이 사건 조합'이라 함)의 조합장이던 피고인 甲과 총무이사이던 乙은 공모하여 ① 2009. 12. 16. 조합 총회의 결의 없이 철거감리업체 X 건축사무소를 선정하고, ② 2009. 1. 28. 조합원 B가 조합과 관련된 사건의 변호사 비용을 공개하여 달라고 신청하자 이를 거절하였을 뿐만 아니라, ③ 2011. 1. 18. 조합원 공소 외 C, D가 X 건축사무소 선정에 따른 선정일자와 선정방법에 관한 자료, 감리비 지급내역, 철거비 지급내역, 석면 관련 지급내역을 공개하여 달라고 신청하였으나 이것 역시 거절하였다.

한편 2013. 5. 24. 이 사건 조합의 설립인가가 무효라는 판결이 확정되었다.

당해 사건에서 피고인들은 제1심과 원심에서 200만 원의 벌금형을 받았고, 상고하였다. 대법원에서 9 대 4로 피고인들이 승소하였다.

2. 문제의 제기

행정법상의 범죄를 실행한 행위시점에서는 해당 범죄를 범할 수 있는 신분범의 자격을 갖췄지만 사후 조합 성립에 관한 승인인가에 대해 법원의 무효확정으로 인하여 소급하여 조합성립이 무효화되고 이와 함께 조합 구성원으로서 신분상실이 야기된 경우, 조합인가의 유효기간 내에서 행위주체의 범죄 실행행위도 소급되어 무효가 되는지가 쟁점 사항이다.

이에 관해 대법원의 다수의견은 행위주체의 자격이 소급하여 상실되었으므로 무죄가 된다는 입장[1]인 반면, 소수의견은 유죄의 가능성을 인정한다.

학계에서도 의견이 갈리고 있다. 발표된 논문들을 살펴보면 대법원의 다수견해를 모두 따르고 있다. 그 근거로서 대상 판결의 다수의견이 "법질서의 통일성 요청과 죄형법정주의의 원칙에 충실하기 때문"이라는 입장[2]과 대상 사건의 경우 형법의 규정에 의한 범죄가 아니고, 행정법인 '도시정비법'에 근거한 범죄이므로, 이런 행정법적 범죄에 관해서는 행정법의 관점에서 따라야 하므로 행위주체의 범행은 소급하여 무효가 된다는 주장[3]이다.

이에 반해 대법원의 소수의견을 추종하는 입장은 학계에서 찾아보기 힘들다.

Ⅱ. 대법원의 다수의견과 소수의견의 입장

1. 대법원의 다수의견

"조합은 … 관계 법령에서 정한 요건과 절차를 갖추어 조합설립인가처분을 받은 후에 등기함으로써 성립하며, 그때 비로소 관할 행정청의 감독 아래 … 행정주체로서의 지위가 인정된다. 여기서 행정청의 조합설립인가처분은 조합에 정비사업을 시행할 수 있는 권한을 갖는 행정주체(공법인)로서의 지위를 부여하는 일종의 설권적 처분의 성

---

1) 대법원 2014. 5. 22. 선고 2012도7190 전원합의체 판결.
2) 한상규, "행정처분의 무효와 형사처벌"(대법원 2014. 5. 22. 선고 2012도7190 전원합의체 판결), 강원대학교 비교법학연구소, 『강원법학』 제45권, 115쪽 이하 참조.
3) 오영근, "2014년도 형법판례 회고", 『형사판례연구[23]』, 735쪽 이하 참조.

격을 가진다. 따라서 토지등소유자로 구성되는 조합이 그 설립과정에서 조합설립인가처분을 받지 아니하였거나 설령 이를 받았다 하더라도 처음부터 조합설립인가처분으로서 효력이 없는 경우에는, 구 도시정비법 제13조에 의하여 정비사업을 시행할 수 있는 권한을 가지는 행정주체인 공법인으로서의 조합이 성립되었다 할 수 없고, 또한 이러한 조합의 조합장, 이사, 감사로 선임된 자 역시 구 도시정비법에서 정한 조합의 임원이라 할 수 없다. 이러한 법률 규정과 법리에 비추어 보면, 정비사업을 시행하려는 어떤 조합이 조합설립인가처분을 받았다 하더라도 그 조합설립인가처분이 무효여서 처음부터 구 도시정비법 제13조에서 정한 조합이 성립되었다고 할 수 없는 경우에, 그 성립되지 아니한 조합의 조합장, 이사 또는 감사로 선임된 자는 구 도시정비법 제85조 제5호 위반죄 또는 제86조 제6호 위반죄의 주체인 '조합의 임원' 또는 '조합임원'에 해당하지 아니한다고 해석함이 타당하며, 따라서 그러한 자의 행위에 대하여는 구 도시정비법 제85조 제5호 위반죄 또는 제86조 제6호 위반죄로 처벌할 수 없다."[4]

2. 대법원의 소수의견

다수의견에 반대되는 소수의견의 근거는 다음과 같다. "행위 시점에서 그 행위자가 객관적으로 조합임원이었고 자신이 조합임원이라는 사실을 분명하게 인식한 상태에서 조합임원에게 주어진 법적 명령이나 금지를 위반한 이상 그 행위 당시의 형벌규정에 의하여 처벌되는 것은 당연하다. 이 점은 범죄가 성립된 시점 이후에 조합설립인가처분 무효확인 또는 취소의 판결이 확정되었다 하더라도 마찬가지이다. 그리고 이러한 결과는 죄형법정주의를 위반하는 것이라고 할 수도 없다. 범죄행위가 기수에 이른 시점 이후에 생겨난 조합설립인가처분 무효 또는 취소라는 사정을 반영하여 이미 성립된 범죄를 그에 관한 재판의 시점에서 달리 평가할 수 있느냐 하는 문제는 죄형법정주의와는 차원을 달리하는 별개의 문제이기 때문이다."[5] 즉 실행행위 시의 행위 실체가 존재함은 물론이고, 형법상의 판단은 어디까지나 행위 시의 시점을 기준으로 삼아야 된다는 입장에서 유죄의 죄책을 질 수 있다고 보았다.

4) 대법원 2014. 5. 22. 선고 2012도7190 전원합의체 판결.
5) 대법원 2014. 5. 22. 선고 2012도7190 전원합의체 판결.

Ⅲ. 다수견해와 소수견해의 비교검토

(1) 범죄행위를 범하는 행위주체로서 자격을 갖추기 위해서는 인가된 조합의 대표 등 임원으로서 특정한 업무이행에 관해 신분을 구비하고 있어야 한다는 점에는 양 입장 사이에 이견이 없다.

다수의견과 소수의견이 입장을 달리한 지점은 다음과 같다. 다수의견은 "조합의 설립인가처분에 관하여 무효확인의 판결이 확정되었다면 그 조합이 조합설립인가처분을 받았다 하더라도 그 조합설립인가처분이 무효여서 처음부터 해당 법률조문에서 정한 조합이 성립되었다고 할 수 없게 되고, 그 경우 그 성립되지 아니한 조합의 조합장, 이사 또는 감사로 선임된 자는 특정 범죄의 주체인 '조합의 임원' 또는 '조합임원'에 해당하지 아니한" 것으로 보고 있다. 그 결과, 행정처분의 무효로 해당 조합의 설립이 무효가 되면, 그 조합임원은 기왕에 저지른 해당 범죄에 관한 행위주체 자격의 상실로 처벌할 수 없다는 것이다. 즉 대상 사건에서 신분범의 행위주체가 비록 행위 당시에 규범위반 행위를 범했다고 할지라도, 행위주체로서의 신분자격과 관련된 법인이나 조합 등이 사후에 설립무효가 되면 행위주체의 신분은 원초적으로 상실되어 처벌할 수 없다는 견해이다.

(2) 이에 반해 소수의견은 주택조합과 관련된 제 규정을 종합하여 살펴볼 때 "조합설립인가처분에 의하여 법적 실체를 갖게 된 조합이 투명하고 공정하게 운영되도록 하기 위한 목적에서 생겨난 것이기 때문"에 "조합의 최종적인 운명에 관계없이 조합설립인가의 시점부터 조합이 공법상의 지위를 상실하는 확정적인 판단을 받는 시점까지, 또는 목적달성으로 그 지위가 소멸되는 시점까지 조합임원에 대한 법적 명령이나 금지가 유효하게 존재한다."고 이해하는 것이 타당하다고 본다. 따라서 사후에 조합의 공법상 자격이 무효로 확정되더라도, 그렇게 평가된 조합임원은 행위시에 이미 처벌될 수 있는 행위주체였던 점을 부인할 수 없다는 견해이다.

(3) 이 두 가지 견해는 모두 죄형법정주의[6]를 원용하면서 논증하고 있다. 다수의

6) 죄형법정주의의 연혁과 사상적 배경에 관한 자세한 내용은 필자의 "죄형법정주의의 연혁과 그 사상적 배경", 『법학논고』 제35호, 경북대학교 법학연구원(2011) 참조.

견은 관련 쟁점이 죄형법정주의에 걸맞게 해석되어야 한다고 원용하면서, 이에 충실하려면 행정관청이 인가한 조합이 무효로 판결되었다면 조합임원의 처벌법규 위반행위도 소급하여 무효가 되는 것이 마땅하다고 본다. 즉 조합의 인가가 무효처분의 판결을 받게 되면 그 임원이 범했던 기왕의 규범위반 행위는 임원의 소급된 자격상실로 인하여 행위주체의 신분도 소급하여 상실되므로, 그 임원은 처벌될 수 없다는 것이다. 이는 "조합설립인가처분이 판결에 의하여 취소되거나 무효로 확인된 경우에는 조합설립인가처분은 처분 당시로 소급하여 효력을 상실하고, 이에 따라 당해 조합 역시 조합설립인가처분 당시로 소급하여 도시정비법상 정비사업을 시행할 수 있는 행정주체인 공법인으로서의 지위를 상실한다."[7]는 공법상의 논리를 형법 해석에 그대로 받아들인 것이다. 다수의견은 이른바 '형법의 행정행위에 대한 종속성'을 인정하고, 이에 따라 조합설립의 무효로 행위 당시에 행위주체가 위법행위를 범했음에도 아예 처벌받을 만한 신분을 갖추지 않았기에, 대상 사건의 경우 처벌받을 행위주체의 자격 자체가 처음부터 존재하지 않은 것으로 간주한다.

(4) 이에 반해 소수의견은 구 도시 및 주거환경정비법의 관련 조항을 살펴볼 때 "조합원 등과 조합의 법적 이익이 정당하게 보호될 수 있기 위해서는 조합의 최종적인 운명에 관계없이 조합설립인가의 시점부터 조합이 공법상의 지위를 상실하는 확정적인 판단을 받는 시점까지, 또는 목적달성으로 그 지위가 소멸되는 시점까지 조합임원에 대한 법적 명령이나 금지가 유효하게 존재한다고 보아야 한다."는 입장이다. 따라서 사후에 조합임원의 자격이 무효판결로 소급하여 상실되었다고 하더라도, 조합임원의 자격을 갖고 있었던 실행행위 당시에 이미 범죄가 범해졌으며, 이로 인한 범행의 실체가 존재하였다는 점에서 형법 제1조 제1항에 근거한 죄형법정주의의 행위시법주의 원칙에 어긋나지 않는다고 본다. 또한 행위시법주의 원칙은 행위 당시의 사정을 기준으로 판단될 수 있을 때, 비로소 '실질적 행위시법주의 원칙'이 관철될 수 있음을 인식하고 있다. 그 결과, 행위 당시에 그 행위가 명령규범이나 금지규범을 위반한 것으로 인정되는 이상, 그 행위는 범죄로서 성립되는 것이며 가벌적인 것으로 본다.

---

7) 대법원 2012. 11. 29. 선고 2011두518 판결 등 참조.

Ⅳ. 다수의견에 대한 비판

(1) 모든 법률에는 기본적으로 일련의 법질서 통일성이 존재한다. 왜냐하면 통상의 법적 사안에 관한 법해석은 법적 안정성 및 법질서의 통일성 관점에서 상호 저촉됨이 없이 조화롭고 체계적으로 파악될 때 비로소 논리성과 체계적 정당성을 확보할 수 있기 때문이다. 그럼에도 각 법률영역은 지향점이 서로 다르기 때문에 각 영역의 독자성을 인정해야 할 필요성도 적지 않다.[8)]

(2) 예컨대 민사법은 소유권 보장, 사적 자치와 거래 안정 등을 통해 재산권의 효용을 극대화하고, 이렇게 극대화된 재산권을 다시 공정하게 분배하는 데 일차적 목적을 두고 있다.[9)] 이에 반해 형사법은 죄형법정주의 원칙에 따라 법익보호 임무와 인권보장 임무를 주된 목적으로 한다. 이처럼 두 영역의 법이념과 제재수단이 서로 다르기 때문에 양 법률영역의 상이성과 독자성을 인정하지 아니할 수 없으며, 이를 인정하지 않고 언제나 형사법 원칙을 민사법에 동일하게 적용하는 것은 잘못이다. 예컨대 '의심스러울 때는 피고인의 이익'이라는 형사법의 원칙을 민사법에 적용하게 되면 잘못된 결과를 야기한다.

(3) 민사책임은 사인(私人) 간에 야기된 손해에 대한 공평한 보상을 목적으로 하는 데 반해, 형사책임은 국가적 제재에 의하여 행위자를 형벌로 처벌함으로써 중요한

---

8) 이에 반해 최성진은 그의 논문["형법상 독자적 개념형성권의 인정여부 - 형법상 구성요건해석에 있어서 민법상의 개념 및 이론이 미치는 영향 -", 『형사법연구』 제27권 제1호, 한국형사법연구회(2015), 163쪽 이하]에서 법질서의 통일성에 관해 다음과 같은 입장을 보이고 있다. "생각해보면 과연 개념해석의 충돌이 법질서의 통일성이라는 요청에 정면으로 반하고 있는가에 대해서는 의문의 여지가 있다. 즉 법질서의 통일성이라 함은 헌법을 정점으로 하는 법단계설에서 그 근거를 찾을 수 있는데 법문언에서 사용되는 언어가 가진 내재적 한계로 인해 비단 동일한 용어가 사용되고 있다 하더라도 그 목적에 따라 다르게 사용되는 것은 피할 수 없는 사실이 아닌가 하는 점이다. 예를 들어 형법에서 '폭행'이라는 단어가 최광의, 광의, 협의, 최협의로 분류되는 것도 언어가 가진 내재적 한계로 인한 것이라 할 수 있으며 이렇게 본다면 애초에 개념해석의 상이함이 법질서의 통일성이라는 테제에 정면으로 반하지 않는다는 단순한 결론도 가능하기 때문이다." 그러나 법질서의 통일성에 관한 그의 이러한 이해는 법질서 동일성의 근본취지에 어긋난다. 왜냐하면 이러한 사고방식은 본문에서 언급한 바와 같이 법해석은 법적 안정성 및 법질서의 통일성 관점에서 상호 저촉됨이 없이 조화롭고 체계적으로 파악할 때 비로소 체계적인 정당성을 확보할 수 있기 때문이다.

9) 박광현, "형사법의 독자성과 민사법과의 통일성 관점에서 바라본 학제 간 고찰", 『서울법학』 제20권 제1호, 서울시립대학교 법학연구소(2012), 253~309쪽 참조.

법익 보호를 통해 사회를 방위하는 데 기여하고 있다. 또한 법인(法人)은 민사법상 계약의 주체로서 당사자의 자격을 가질 수 있지만, 형사법상 법인은 원칙적으로 범죄행위의 실행주체가 되지 않는다. 왜냐하면 법인은 법인격을 갖고 있긴 하지만 추상적 실체에 불과하다는 점에서, 실행행위의 현실성을 요구하는 형법의 성격에 어울릴 수 없기 때문이다. 게다가 민사법에서는 위험책임 · 무과실책임이 인정되지만, 형사법에서는 결코 그런 위험책임무 · 과실책임을 인정할 수 없다. 민사법은 고의 · 과실의 경중을 묻지 않고 손해를 입힌 만큼 손해배상 책임을 지우는 데 반해, 형사법은 고의범을 원칙으로 처벌하고 과실범은 예외적으로 처벌한다. 이러한 점에서 형사법은 죄형법정주의, 책임주의, 행위시법주의와 최후수단성이라는 형법의 고유한 원칙과 이론을 전제한다. 그러므로 형법상 법원리나 법률개념은 민사법과 언제나 같을 수 없고,[10] 때로는 그 고유의 성격에 따라 독자적 개념이나 성격을 갖고 있음이 분명하다.[11]

(4) 그 밖에도 형법의 성격은 민법보다 동적이고 현실적이다. 민법상 간접점유는 가능하지만, 형법은 간접점유를 인정하지 않는다는 것이 그 전형적인 예이다. 이처럼 형법은 동적인 성격을 지니고 있기 때문에, 행위주체의 실행행위 당시가 중요한 지점이 된다. 이런 이유로 형법 제1조 제1항은 "범죄의 성립과 처벌은 행위 시의 법률에 의한다."고 명시하고 있다. 우리는 형법상 이 규정을 형법의 행위시법주의라고 부르며, 행위시법주의는 죄형법정주의 원칙 중에서 핵심적 내용인 만큼 이는 철저하게 준수되어야 한다. 따라서 행위시법주의는 다음과 같은 두 가지 측면

10) 형법의 경우 타인의 재물을 훔친 자에게는 그 즉시 절도죄가 성립되고, 사후에 그 재물을 소유자에게 반환하더라도 결과가 달라지지 않는다. 사적 자유를 원칙으로 하는 민법은 채무이행을 제때에 하지 못하고 연기하여 추후에 이행하더라도 관련된 비용의 추가부담 등으로 해결될 수 있다.

11) 예컨대 형법상 점유 개념은 민법과 온전히 일치할 수 없다. 또한 필자가 논증한 형법상 '위탁금전과 관련한 소유권' 문제도 민법상 소유권 개념으로는 온전한 해명을 할 수 없고, 형법상 독자적인 소유권 개념이 있어야 함을 입증한 바 있다. 이에 관해서는 "위탁금전과 소유권개념", 『비교형사법연구』 제5권 제1호, 한국비교형사법학회(2003); 그 밖에 '형법해석의 독자성'에 관한 문헌으로는 김신, "채무부담행위와 배임죄의 손해", 『법조』 통권 제733호, 법조협회(2019), 108쪽 이하 참조; 김도균, "우리 대법원 법해석론의 전환: 로널드 드워킨의 눈으로 읽기 - 법의 통일성을 향하여 -", 『법철학연구』 제13권 제1호, 한국법철학회(2010); 변종필, "해석근거로서의 법질서 통일성과 형법의 독자성", 『비교형사법연구』 제13권 제2호, 한국비교형사법학회(2011); 조병선, "환경형법을 계기로 새로이 전개된 형법해석학적 이론들 - 감독책임, 행정종속론, 공무원가벌성론, 인과관계론 -", 『법학논집』, 청주대학교 법학연구소(1992); 오세혁, "법체계의 통일성", 『법학연구』 제4권, 홍익대학교 법학연구소(2002).

을 지닌다. 하나는 행위주체의 행위 시에 관련 형사처벌 법규가 이미 선재하여야 한다는 점이고, 다른 하나는 행위 시에 행위주체는 행위자 자격을 갖추고 있어야 한다는 점이다.

(5) 행위주체의 자격은 일반범의 경우 형사미성년자가 아닌 이상, 원칙적으로 어느 누구도 행위주체가 될 수 있다. 반면에 신분범은 특정한 자격이나 일정한 신분을 가져야만 비로소 해당 범죄의 행위주체가 될 수 있다. 형법의 행위시법주의는 신분범의 경우에도 예외일 수 없음은 물론이다.

(6) 형법은 이처럼 행위시법주의를 천명하고 있기에 행위 당시에 행위자가 해당 신분범의 주체 자격을 가졌는지, 그 행위주체가 구성요건에 해당하는 행위를 하였는지 여부가 중요하다. 또한 형법상 행위주체의 자격자에 의한 행위 당시의 구성요건적 침해가 있었다는 실체의 존재 여부도 중요한 역할을 한다. 행위객체에 대한 침해 당시 존재하였던 구성요건 위반행위 자체가 사후에 해당 법률의 위헌결정을 제외하고 흔적도 없이 사라질 수는 없기 때문이다. 게다가 형법은 소급효나 추급효를 원칙적으로 인정하지 않는다. 실행행위 당시에 행위주체의 신분을 구비한 자의 형벌법규 위반행위는 여전히 처벌의 대상으로 남기 때문이다. 비록 사후에 발생한 행위주체의 자격상실과 관련된 법인이나 조합의 설립이 재판에 의해 무효라고 판결이 났더라도 말이다.

(7) 공법상의 기본개념도 형법상의 것과 일치하지 않는 경우가 적지 않다. 예컨대 형법상 수사기관이나 재판기관의 행위는 죄형법정주의 원칙에 철저해야 한다. 이에 반해 행정기관의 공권력 행사 작용은 해당 기관의 법집행 행위로서 공권력을 행사함으로써 사인(私人)에 대하여 구체적 사실에 관한 권리의 설정 또는 의무의 부담을 명하거나 기타 법률상의 효과를 발생하게 하는 행위 일체이며, 이러한 행정행위는 그 자체로 공정력을 갖고 있다. 다시 말해 행정행위가 해당 법률을 위반하였다고 하더라도, 그 행위가 원칙적으로 공정력을 가졌다면 무조건 무효나 취소되는 것이 아니다.

(8) 법질서의 통일성 원칙이 원칙적으로 준수되어야 한다고 하더라도, 행정처분의 무효 개념은 형법에 직접 영향을 미치는 절대적 효력을 갖는다고 할 수 없다. 게다가 형법의 행정행위에 대한 형법의 종속성은 언제나 무조건적으로 인정할 수 있는 것이 아니다. 그 이유는 다음과 같다.

① 형사법은 법익보호 및 인권보장이 주요 목적이므로 사후 심사와 대응방안을 강구하는 데 반해, 행정행위는 사전예방이 주요 목적이라는 점에서 형사법과 행정법의 양자 간에는 제재수단이나 법원칙의 실질적 차이가 존재한다. 즉 형사법은 다른 법률로 사회방위를 할 수 없는 경우 형벌이라는 최후의 수단을 사용한다는 점에서, 행정법의 제재수단에 의해서도 사회방위가 충분하다면 형사법의 개입이 불필요하다. 그러므로 형사법과 행정법의 경우 법해석의 적용방식과 제재수단의 운용방식이 다를 수밖에 없다.

② '행정행위의 공정력'에 근거하여 행정행위의 효력은 무효가 확정되기 전까지 원칙적으로 유효한 것으로 인정되어야 한다는 원칙은 '무죄추정의 원칙' 및 이에 바탕을 둔 '의심스러울 때는 피고인의 이익'이라는 원칙을 고수하는 형법상의 원리와 정면으로 배치될 수 있다.

③ 공법상의 과잉금지 원리 내지 비례성의 원칙에 따르면, 행정행위로 개인의 재산권 등이 다소 침해된다고 하더라도 목적, 수단, 방법 등이 적절하다고 평가될 경우 공익이 우선시될 수 있다. 반면 형법상에서는 인권의 본질적 침해 금지를 비롯하여 죄형법정주의가 강조된다. 또한 행위주체에 의한 범법행위가 심증이 가더라도 합리적 의심이 있을 경우 무죄판결이 가능하기에, 공법상의 원리는 형법의 원리와 적지 않은 차이가 있다.

이런 점에서 형법의 행정행위 종속성을 무조건 인정해야 할 정당한 이유가 없다. 바로 이런 이유로 독일 연방최고법원은 "교통표지와 관련된 결정에서 행정행위가 후일 취소가 되더라도 취소 이전에 행한 위반행위의 위법성에는 아무런 영향을 미치지 않는다."고 판시한 바 있다.[12)]

12) 이에 관한 자세한 기술은 조병선, "행정행위와 형법", 『형사판례연구[4]』 (1996), 32쪽 이하 참조.

(9) 또한 행정행위의 전제가 되는 국가의 존속성은 비록 불법적인 쿠데타로 정권을 장악한 정부가 출현하였다고 하더라도 유지되어야 한다. 예컨대 쿠데타로 등장한 박정희 정권 아래에서도 대한민국의 정체성 내지 존속성이 훼손되었던 것은 아니며, 그러기에 그 정체성 및 존속성과 직접적으로 관련되지 아니한 당시의 행정처분 모두를 당연무효라고 할 수 없다. 그러므로 국가의 존속성과 관련되지 아니한 특정 행정처분이 반헌법적이고 불법적인 정권탈취라고 판결로 확정된 경우라도, 무조건적으로 언제나 무효일 수 없는 것이다. 만일 불법적 쿠데타로 집권한 정부의 행정처분을 처음부터 모두 무조건적인 당연무효라고 한다면, 그런 정부로부터 임용된 법관이나 검찰의 사법행위도 당연무효로 돌리는 것이 마땅할 수 있다. 그 결과로 국가의 모든 권력행사를 소급하여 무효로 한다면 걷잡을 수 없는 사회적 혼란에 빠지게 된다. 이는 결코 바람직한 상황이 아니다. 그러므로 행정처분의 무효 개념은 우리 법질서 일반의 관점에서 언제나 통일적으로 적용되어야 할 성질일 수 없으며, 형법상에 직접 적용되어야 할 정당한 이유가 있는 것도 아니다.

(10) 같은 맥락에서 행정처분의 무효 개념이 항상 형법상 무효의 개념으로 번역되어야 하는 것도 아니다. 예컨대 구청의 인가를 받은 조합이 오랫동안 각종 사업을 추진하였다면 그 사업의 실체는 어디까지나 조합의 것이고, 조합임원이 취한 모든 주도적 행위는 그 조합의 실체에 귀속된다고 평가해야 한다. 후일에서야 조합인가의 적법성에 대한 재판에서 인가처분이 무효로 되었다고 해서, 기왕에 조합임원이 범했던 다양한 실체적 행위나 작품이 갑자기 없어지지도 않는다. 만일 조합설립에 관한 행정행위의 무효가 형법상의 문제에 관해서도 행정행위의 종속성 원칙에 입각해야 한다면, 조합임원의 지위는 애초부터 존재하지 않는 것으로 평가되어야 하고, 그런 조합임원은 처음부터 행위주체의 자격이 없는 것이 된다. 그렇다면 '설립무효로 판결될 것으로 예견된 조합'의 임원이 무죄임을 확신하면서 중대한 법익침해 행위, 예컨대 특경법상의 위반을 다수 감행했음에도 그 임원에 대해서는 공소제기 여부가 불확실해지며, 또한 무죄가 확실할 것이기에 형법의 법익보호 기능을 극도로 훼손하게 된다. 형법상에서 이러한 결론은 결코 바람직할 수 없는 것이다.

(11) 구청이 인가한 조합의 사업주체인 조합임원은 실행행위 시에 여전히 행위자격을 가지고 있었음을 부인할 수 없다. 행정행위의 공정력에 의하더라도 인가된 조합은 적법하게 설립된 것으로 추정되며, 그 임원은 규범위반 행위 당시 실행행위의 행위주체임을 임원 자신뿐만 아니라 그 피해자도 인정하고 있었다고 보는 것이 자연스럽다. 그러므로 조합설립에 대한 인가가 사후에 무효가 되었다고 하더라도, 행위 당시에 범했던 조합임원의 행위실체는 여전히 남아 있다. 이 점은 형벌에 관한 법률 또는 법률의 조항에 대한 위헌결정으로 소급하여 효력을 상실한다고 명시한 헌법재판소법 제47조 제3항과는 전혀 다른 성질의 것이다. 왜냐하면 위헌결정으로 특정 법률이나 법률조항이 위헌으로 확정된 경우, 행위 당시에도 그 법률이나 조항은 위법으로 평가되어 행위자의 범법행위가 존재한다고 말할 수 없기 때문이다.

(12) 독일 형법은 제14조 제1항과 제3항[13]에서 타인의 대리인이나 기관의 대표 등도 어느 범죄의 행위주체가 될 수 있음을 명시하고 있다. 그리고 대리인이나 기관대표 등의 자격에 관하여 사후에 무효나 취소 사유가 존재하더라도, 실행행위 시에 법을 위반한 타인의 대리인이나 그 기관의 대표 등을 처벌할 행위주체가 될 수 있음을 확인하고 있다. 이 규정의 성격에 관해서는 다음과 같은 두 가지 견해가 있을 수 있다.

하나는 그러한 규정을 일부러 두고 있는 국가에서만 법인이나 조합의 인가에 관한 행정처분의 무효가 확정되더라도 범죄행위의 행위주체 자격을 가질 수 있다는 입장이다. 다른 하나는 행위주체의 행위 시에는 행위자 자신뿐만 아니라 그 행위 상대방인 피해자 역시 행위주체의 자격을 인식하고, 객관적으로도 그것을 인정할 수밖에 없는 사정에 처해 있는 데다 범행의 실체가 고스란히 남아 있기에, 사후에 행위주체의 자격이 소급적으로 적용된다는 것은 생각할 수 없는 당연규정이라는 입장이다. 전자의 입장은 형법상의 갖가지 개념은 기본적으로 법질서의 통일성에서 찾

---

13) 【타인을 위한 행위】 ① 다음 각 호의 1에 해당하는 자격으로 행위한 경우, 특별한 인적 성질, 관계 또는 상황(특별한 인적 요소)이 가벌성의 기초를 이루는 법률은 그와 같은 요소가 대리인에게는 존재하지 아니하고 본인에게만 존재하는 경우에도 그 대리인에 대하여 준용한다.
1. 법인의 대표기관 또는 그 기관의 구성원
2. 권리능력 있는 인적 회사의 대표권 있는 사원
…
③ 제1항과 …은 대리권 또는 위임관계에 기초하여 이루어진 법률행위가 무효로 된 경우에도 적용된다.

아야 되고, 예외가 인정되기 위해서는 그에 관한 것을 명시할 필요가 있다는 전제에서 출발한다. 이런 문제에 형법에서도 독자적이고 고유한 개념의 존재를 인정해야 한다는 필자의 입장에서는 받아들이기 힘들다.

(13) 끝으로 학계에서 일부가 주장하는 것으로 대상 사건과 같은 경우 "형법의 규정에 의한 범죄라면 형법의 독자성에 근거해서 판단해야 하지만, 행정법인 '도시정비법'이라는 행정법에 근거한 범죄이므로, 이런 행정법상의 범죄에 관해서는 행정법의 관점에서 따라야 한다."는 입장은 자의적인 기준으로 보인다.[14] 그 이유는 다음과 같다.

첫째로 행정법에 근거하여 자격을 취득한 행위주체가 행정법에 관한 규정을 위반했다면 행정법적 속성에 걸맞게 다루어 행위 시에 범했던 행위주체도 소급하여 그 자격을 상실한 것으로 볼 수 있다. 그러나 행위주체는 형법상의 범죄로 할 것인가 혹은 행정법상 범죄로 할 것인가는 해당 국가의 입법상황에 따른 문제일 뿐이고, 이를 필연적으로 구분할 기준은 없다. 예컨대 환경범죄에 관해서는 독일의 경우 형법에 명시하고 있지만 우리나라는 대부분 환경행정법에 근거하고 있음이 이를 증명한다.

둘째로 행위주체가 행정법상의 범죄를 범한 경우와 형법상의 범죄를 범한 경우를 구별해서 행위주체의 자격을 달리 파악하는 것은 비현실적이다. 형법의 적용은 자의적 기준으로 평가해서는 아니 되며, 논리 타당해야 된다. 우리는 형벌에 관련된 조문의 해석에서 자의적 기준을 극복할 때 비로소 형법상 책임주의가 올곧게 실현될 수 있다는 점을 명심해야 한다.

셋째로 행위주체가 행정법상의 범죄를 범했다고 해서 행정법에 근거한 형벌의 부과절차와 집행내용이 형법에 근거한 그것들과 차이가 없다. 이런 점에서 행정법 위반의 경우 행위주체의 신분이 법원 등에 의해 무효나 취소되어 자격상실을 소급하여 야기하므로 무죄가 될 수 있음에 반해, 형법규범 위반의 경우 그렇지 않다는 주장 역시 정당한 이유가 없는 것이다.[15]

---

14) 소급하여 취소된 조합의 임원이 취소 이전에 형법규정에 위반된 뇌물죄를 범했음에도 불구하고, 형법의 독자성을 전혀 고려하지 않고 법원이 무죄를 선고하였음은 이를 입증한다고 할 것이다. 이에 관해서는 부산고등법원 2014. 12. 18. 선고 2014노578 판결; 부산지방법원 2014. 8. 8. 선고 2014고합216 판결 참조.

15) 동일한 이유로 판례 역시 다음과 같은 입장을 취하고 있음을 볼 수 있다. "형벌법규의 해석은 엄

V. 결 론

필자는 소수의견의 견해를 지지한다. 죄형법정주의를 원칙으로 삼고 있는 형법에서는 행위 시의 범행만이 처벌될 뿐이며, 처벌의 대상인 행위주체의 신분은 범행 시에 유효한 신분의 자격을 향유하고 있었고, 그의 실행행위로 인한 법익침해행위의 실체는 법인격의 존부와 관계없이 여전히 실존하기 때문이다. 사후에 행위주체의 자격이 소급하여 무효로 되었다고 해서 현실적으로 발생했던 행위 당시 행위자의 범행 실체가 부정될 수 없으며, 만약 그 범죄성을 소급해서 부인한다면 행위 시의 법률에 의한 처벌이라는 죄형법정주의의 원칙과 논리모순이다.

대법원의 소수의견은 형법이론적인 차원, 특히 죄형법정주의 차원에서도 틀리지 않았다. 왜냐하면 행위 당시에 행위자격을 가진 행위주체가 범법행위를 범했다면 그가 범한 행위실체는 그대로 존재하며, 그러한 규범위반 행위는 당연히 회피했어야 할 중대한 사회적 일탈행위이자 보호법익침해행위로서 공소가 제기될 만큼 충분히 각인되었기에 처벌함이 형법상 행위시법의 원칙이자 요청에 부합하기 때문이다.

다수의견의 주장인 죄형법정주의 원칙에 철저하려면, 행정처분의 무효는 신분범의 행위주체 자격을 소급하여 원천무효가 되므로 처벌할 수 없다는 사고방식은 형벌에 의한 처벌은 행위시법주의를 따라야 한다는 죄형법정주의 사상을 잘못 이해한 것이고, 또한 이른바 '행정행위의 종속성'에 기초한 사상은 극복되어야 한다. 왜냐하면 예컨대 조합임원의 형법 위반행위가 실체로 존재하고 있음에도, 조합인가의 무효판결로 임원자격이 소급하여 원초적으로 상실되었다고 해서 기왕에 범했던 각종 범법행위를 아무런 실체도 없는 상태로 간주하는 것은 지나친 상상력의 산물일 뿐만 아니라, 그 실행행위로 인하여 위법행위가 현실적으로 발생했다는 사실 자체를 부정하는 것이기 때문이다.

게다가 대법원의 종전 판례에서도 수뢰죄의 행위주체가 소급하여 신분을 박탈당

격하여야 하고 명문규정의 의미를 피고인에게 불리한 방향으로 지나치게 확장 해석하거나 유추해석하는 것은 죄형법정주의의 원칙에 어긋나는 것으로서 허용되지 않으며, 이러한 법해석의 원리는 그 형벌법규의 적용대상이 행정법규가 규정한 사항을 내용으로 하고 있는 경우에 그 행정법규의 규정을 해석하는 데에도 마찬가지로 적용된다." 이에 관해서는 대법원 2007. 6. 29. 선고 2006도4582 판결 참조.

한 유사한 사례에서 수뢰죄의 행위주체를 인정한 바 있다. 해당 판례는 "법령에 기한 임명권자에 의하여 임용되어 공무에 종사하여 온 사람이 나중에 그가 임용결격자이었음이 밝혀져 당초의 임용행위가 무효라고 하더라도, 그가 임용행위라는 외관을 갖추어 실제로 공무를 수행한 이상 공무 수행의 공정과 그에 대한 사회의 신뢰 및 직무행위의 불가매수성은 여전히 보호되어야 한다. 따라서 이러한 사람은 형법 제129조에서 규정한 공무원으로 봄이 타당하고, 그가 그 직무에 관하여 뇌물을 수수한 때에는 수뢰죄로 처벌할 수 있다."[16]고 하였다.

이러한 맥락에서 볼 때, 다수의견은 죄형법정주의 원칙, 특히 행위시법주의에 관한 잘못된 이해에서 기인한 것이다. 또 다른 유사한 판례에 따르면 "계속하여 실질적으로 조합임원으로서의 직무를 수행하여 왔다면 직무수행의 공정과 그에 대한 사회의 신뢰 …(는) 여전히 보호되어야 한다."는 이유로 자격이 상실된 조합임원의 경우 행위주체 자격을 인정하고 있다.[17] 그렇다면 대상 사건의 경우에도 역시 "계속하여 실질적으로 조합임원으로서의 직무를 수행하여 왔다면 직무수행의 공정과 그에 대한 사회의 신뢰 …(는) 여전히 보호되어야 (함)"에도, 다수의견은 논리법칙과 경험법칙에 반하는 논거로 임하고 있다. 이런 모순된 입장은 부당하기 짝이 없다.

그에 반해 소수의견에 따른 결론, 즉 "피고인들은 실행행위 당시 행위주체의 자격을 갖고서 처벌되는 규범을 위반했으므로 형법상 행위시법주의의 원칙에 따라 유죄판결을 받았어야 한다."는 견해는 행위시법주의에 철저한 해석론으로서 타당성을 갖는다. 따라서 소수의견의 다음과 같은 주장이 다수의견보다 훨씬 설득력이 있어 보인다.

"조합임원이 총회의 의결을 거쳐야 하는 사항임에도 총회의 의결을 거치지 아니하고 그에 관한 사업을 임의로 추진하였다면 그 시점에서 범죄가 성립된다. 그리고 조합임원이 정비사업 시행과 관련한 서류 및 자료를 인터넷과 그 밖의 방법을 병행하여 공개하지 아니하거나 조합원 또는 토지 등 소유자의 열람·등사 요청에 응하지 아니

16) 대법원 2014. 3. 27. 선고 2013도11357 판결 참조.

17) 대법원 2016. 1. 14. 선고 2015도15798 판결 역시 "계속하여 실질적으로 조합임원으로서의 직무를 수행하여 왔다면 직무수행의 공정과 그에 대한 사회의 신뢰 및 직무행위의 불가매수성은 여전히 보호되어야 한다. 따라서 **그 조합임원은 임원의 지위상실이나 직무수행권의 상실에도 불구하고 도시정비법 제84조에 따라 형법 제129조 내지 제132조의 적용에서 공무원으로 보아야 한다.**"고 판시하고 있다.

하였다면 그 시점에서 범죄가 성립된다. 또한, 조합임원이 시공자 등으로부터 금품을 수수하였다면 그 시점에서 범죄가 성립된다. 위 각 행위 시점에서 그 행위자가 객관적으로 조합임원이었고 자신이 조합임원이라는 사실을 분명하게 인식한 상태에서 조합임원에게 주어진 법적 명령이나 금지를 위반한 이상 그 행위 당시의 형벌규정에 의하여 처벌되는 것은 당연하다. 이 점은 범죄가 성립된 시점 이후에 조합설립인가처분 무효확인 또는 취소의 판결이 확정되었다 하더라도 마찬가지이다."

제6장

형법상 간접정범의 규정과 그 본질*

Ⅰ. 문제의 제기

사례 (1): "아버지(A)가 고열에 시달리는 자신의 전처 태생의 어린 아들(C)에게 해열제약을 먹이고 싶었다. A는 심한 근시 때문에 집어든 약이 치명적인 독약임을 모르고 해열제라고 착각하여 C에게 먹이려고 할 때, 동거 중인 계모(B)가 그것이 독약인줄 알면서도 이를 제지하지 않고, 도리어 A의 컵에 물을 따라주어 그 약을 물과 함께 마신 C가 사망하게 되었다."[1)]

사례 (2): "의사 D가 환자기록카드의 기록물을 제3자에게 넘겨 주도록 자기의 아내 E에게 넌지시 말하였다. D의 아내 E는 그러한 진료기록물의 유출이 허용되어 있지 않음을 알면서도 이에 응하여 그 기록물을 E의 친구인 제3자에게 넘겨 주었다." 이 경우 업무상 비밀누설죄의 주체가 될 수 없는 E의 행위를 이용한 D에 대해 이 죄의 간접정범을 인정할 수 있을까?

사례 (1)에서 A의 행위는 C에 대한 고의살인일 수 없고, 단지 과실치사죄의 정범에 해당될 수 있다. 이에 반해 B는 A의 C에 대한 과실치사죄의 공동정범이나 교사범 혹은 방조범으로도 처벌될 수 없다. 왜냐하면 과실치사죄의 공동정범은 형법 제

* 본 논문은 2021년 8월 정년을 맞이한 오영근 교수를 위하여 작성되었다. 오영근 교수의 탁월한 식견에 경의를 표한다.

1) Nowakovski, Tatherrschaft und Täterwille, JZ 1956, S. 549에서 제시된 사례를 필자가 약간 변형함.

30조의 규정내용상 성립이 불가능하며, B의 교사범이나 방조범의 성립은 A가 고의 살인의 정범 지위를 전제로 하기 때문이다. B는 C의 죽음에 대한 가해행위를 직접적으로 실행하지 않았다는 점에서 B를 C에 대한 살인죄의 직접 정범으로 처벌하기도 어렵다. 다만 B는 A가 해열제라고 착각한 독약을 C에게 먹이려고 할 때 컵에 물을 따라 건네 주었다는 점에서 A의 착오를 이용하여 C의 죽음에 이르게 하였다. 형법 제34조 제1항은 이와 같은 사례의 경우에 B를 C에 대한 살인죄의 간접정범으로 파악할 수 있을까?

사례 (2)의 경우 D의 간접정범 성립 여부에 관해 긍정설과 부정설 등 다양한 입장이 개진되고 있다.[2] 어느 입장이 형법 제34조에 비추어 볼 때 정당한 해석일까?

형법의 주된 목적은 보호기능과 보장기능에 있다. 특히 보장기능을 담보하는 것이 죄형법정주의이고, 죄형법정주의는 성문형법의 전제와 소급효 금지 및 유추해석 금지 등을 핵심 내용으로 삼고 있다. 사례 (1)과 (2)의 행위유형에 관하여 이러한 형법해석의 원칙에 입각할 때 어떻게 해결하는 것이 정당한 것인지를 규명하고자 한다. 이를 통하여 형법상 간접정범의 규정과 그것의 실질적 의미 및 효과에 대한 올바른 입장이 무엇인지를 규명해 보고자 한다.

Ⅱ. 간접정범에 관한 개념의 형성과정과 이론적 발전 개요

간접정범의 개념은 로마시대에 법률용어로서 존재하지 아니하였다. 그렇다고 로마시대는 간접정범의 실체를 부인했던 것도 아니다. 로마법상에서는 신분적 종속관계에 있는 자가 상급자의 지시 또는 명령을 거역할 수 없는 예속상태에서 범죄를 범한 경우, 그 지시나 명령을 하였던 상급자만이 교사범으로 처벌되었다. 예컨대 로마시대의 Aquilia법[3]에 의한 '재산침해죄'는 "주인의 지시나 명령을 거역할 수 없는 노예가 주인의 지시나 명령에 따라 타인의 재산을 침해한 경우 그 주인만이 교사범으로 형사책임을 부담하였다."[4] 로마법학자들과 입법자들은 이처럼 교사범을 알고

2) 이에 관해서는 김성돈, 『형법총론(제7판)』, SKKUP, 2021, 663-664쪽 참조.
3) Aquilia법에 관해서는 조규창, 『로마형법』, 고려대학교 출판부, 1998, 483쪽 이하 참조.
4) 이에 관해서는 조규창, 위의 책, 46~47쪽; D. 50, 17, 169; D. 9, 2, 37.

있었으나, 간접정범의 개념을 생각하지 못했다.

간접정범의 실체를 형법이론에서 처음 인정한 것은 중세 초기의 이탈리아 법학자들이었다.[5] 이들은 '진정정범의 부류에 속하는 Mandat'(청탁범)와 '진정정범이 아닌 Consilium'(조언자)을 구별하고,[6] Mandat는 "명령복종자나 협박을 당한 자 혹은 책임무능력자를 이용하는 자가 그 범죄로 인하여 자기의 이익을 취하려는 경우"에 해당되는 것으로 파악했다. 그리고 이용자인 Mandat는 '진정정범'으로 처벌되었다. 이에 반해, Consilium는 "범행에 대한 단순한 권고자에 불과한 역할만 할 뿐, 그 범죄에 관해 자신의 이익이 없는 자"로 보았다.[7]

간접정범에 관한 이탈리아의 이런 입장은 18세기 이후 독일 형법학계에 계수되었다.[8] 이탈리아의 이런 학설이 주류를 이루었던 독일에서도 시간이 흐르면서 공범 또는 가담범에 관한 실체를 규명하려는 움직임이 있었다. 예컨대 Pufendorf는 자기가 직접 실행한 '자기범행(Die eigene Tat)'과 '타인범행에의 가담범(Die Beteiligung an fremder Tat)'을 구별하였다.[9] 이를 따르는 학자들이 점차 많아지면서 Mandat에 속하느냐의 여부로 구별한 이탈리아 방식은 점차 모습을 감추게 되었다. Pufendorf의 구별방식은 Böhmer[10]와 Ziegler[11] 등에 의해 심리적 인과관계와 도의적 인과관계의 구별방식의 도입으로 보완되었다. 이 방식에 의하면 이용자의 지시나 명령이 심리적 인과관계를 야기한 경우 정범이 성립되며, 피이용자에 대한 도의적 인과관계가 있는 경우에는 공범이 된다고 보았다. 18세기 후반부터 이런 입장이 독일 학계의 지배적 의견이 되었다.[12]

그러는 사이에 Feuerbach는 1847년 출간한 그의 형법 교과서(제14판)[13]에서 교사범의 개념과 그 외의 행위주체에 대한 구별을 명백히 하였다.[14] 즉 교사범인지 여

5) Dahm, Strafrecht Italiens im ausgehenden Mittelalter, 1931, S. 200. 이에 관해서는 Schroeder, Der Täter hinter dem Täter, Schriften zum Strafrecht, Band 2, S. 18에서 재인용.
6) Schroeder, Der Täter hinter dem Täter, S. 17.
7) 이에 관해 자세한 것은 Schroeder, Der Täter hinter dem Täter, S. 17 참조.
8) Schroeder, Der Täter hinter dem Täter, S. 19.
9) Schroeder, Der Täter hinter dem Täter, S. 18.
10) Böhmer에 관해서는 Schroeder, Der Täter hinter dem Täter, S, 18.
11) Ziegler에 관해서는 Schroeder, Der Täter hinter dem Täter, S, 18 참조.
12) Schroeder, Der Täter hinter dem Täter, S. 18.
13) Lehrbuch des gemeinen in Deutschland gülitigen Peinleichen Rechts von Dr. Anselm Ritter v. Feuerbach, Glessen 1847.
14) Schaffstein, Die Allgemeinen Lehren von Verbrechen in ihrer Entwicklung durch die Wissenschaft

부는 “타인을 범죄실행의 도구로서 지시한 것이냐, 아니면 정범에 해당되는 행위를 하도록 타인을 지시한 것이냐의 여부에 따라 결정된다.”[15]고 보았다. 이러한 개념에 따르면 “정범에 해당되는 행위를 하도록 타인을 지시한 자”는 교사범이 되고, 이에 반해 “타인을 범죄실행의 도구로서 지시한 자”는 교사범일 수 없다고 본 것이다. 그리고 이 무렵 Stübel는 종래 교사범의 의미를 가졌던 ‘intellktueller Urheber’ 대신에 간접정범이라는 의미의 ‘mittelbare Täterschaft’라는 용어를 처음 사용하였다.[16] Stübel은 비록 간접정범(mittelbare Täterschaft)이라는 용어를 사용하였음에도 불구하고, 그는 간접정범과 교사범의 본질적 차이를 명확히 구별하지 못했던 것으로 보인다.[17]

19세기 전후 무렵에 이르러서 독일 형법학계는 교사범과 간접정범의 구별을 시도하기 시작하였다. 독일 형법학계는 교사자가 피교사자에 대해 범죄를 실행하게 하면 교사범이 성립된다고 보았다. 반면에 간접정범은 그런 교사범에 흡수되지 않을 정도로 타인을 이용하여 자기의 범죄에 기여할 것을 요구했다. 이런 영향 하에서 1794년 제정된 프로이센 형법 제67조는 “타인을 범죄(Verbrechen)의 실행에 이용한 자”[18]를 처벌하도록 하였다.

이와 같은 이론적 · 입법적 발달을 거치면서 19세기 중엽 무렵 간접정범의 개념이 정립하게 되었다. 즉 간접정범이란 자신의 범죄에 타인을 도구로 이용하여 범행을 주도적으로 실현하는 자라는 학설이 점차 주류를 이루게 되었다. 이런 입장은 주로 독일의 구파형법학자들이었고, 학설사적으로 객관주의의 입장에 속했다. 이들 객관주의자는 근세의 계몽주의적 합리주의사상을 배경으로 이성을 가진 인간이 자유의사에 의하여 현실적으로 범죄행위를 범하고, 그 결과를 실현하는 점에 도의적 비난가능성을 가진다는 학파였다.[19] 그 결과 타인을 범죄도구로 이용하여 자신의 범죄

---

des gemeinen Strafrechts, 1930, S. 190.

15) Der begriff des Anstifters verschieden gefasst werde, je nachdem ob man dahin auch denjenigen rechne, welcher einen anderen als Wekzeuk zum Verbrechen bestimmin, oder nur den, der einen anderen zu einer Handlung bestimmen, die bei dem Täter Verbrechen sei.

16) Stübel은 그의 논문 Über die Teilnahme mehrerer Person an einem Verbrechen(Ein Beitrag zur Criminal-Gesetzgebung und zur Berichtigung der in den Criminalgerichten geltenden Grundsätze), 1828, S. 96, 105에서 이 용어를 사용하였다. 즉 그는 종래 ‘intellektulen Urheber’를 대신하여 ‘mittellbare Täterschaft’라는 용어를 썼다. 이에 관해 자세한 것은 Schroeder, Der Täter hinter dem Täter, S. 17 참조.

17) Schroeder, Der Täter hinter dem Täter, S. 17.

18) Preussen ALR von 1794, Ⅱ. Teil, 20. Titel §67 verlangte etwa dass, “sich jemand eines anderen zur Ausfürung eines Verbrechens bedient.”

실현에 주도적으로 기여하게 한 이용자를 정범의 일종으로 파악하였고, Luden,[20] Köstlin,[21] Berner[22]를 비롯해 Hälschner[23]가 이런 입장의 주축을 이루었다. 이들의 뒤를 이어 Binding[24]을 비롯하여 Hegler[25]와 Birkmeyer[26]도 이런 이용자를 정범의 일종으로 인정하였다. 즉 이들의 입장에 따르면 간접정범은 이용자 자신의 범죄 실현을 위한 피이용자인 타인을 도구나 수단으로 이용하는 행위주체로 파악했다.

한편 간접정범의 정범성 경향을 거부하는 입장이 20세기가 시작되면서 독일 형법학계에도 나타났다. 이들은 형법의 보장기능을 충실히 실현하기 위해서 정범의 범위를 엄격하게 제한해야 한다는 입장을 가졌다.[27] 이러한 입장은 그 결과로 정범 개념을 "범죄구성요건을 직접적으로 실현하는 자"로 보았다. 즉 이들은 종래의 객관주의적 입장보다 더욱 철저한 객관주의적 형법이론을 추구한 셈이다. 이들에 따르면 간접정범은 범죄구성요건을 직접 실행하지 않는다는 점에서 정범일 수 없고, 오직 공범으로 파악해야 한다는 입장을 가졌다. 더욱이 간접정범을 공범으로 인정하게 되면 방조범의 경우처럼 형벌의 필요적 감경을 가져다 주기 때문에 형법의 보장기능을 더욱 담보할 수 있다는 것이다. 이런 입장의 학자들은 이른바 '확장적 공범론'[28]을 펼치면서 이 이론이 형법의 보장성을 더욱 담보할 수 있다고 보았고, 직접정범에 속할 수 없는 간접정범은 정범일 수 없고, 공범의 성질을 가진다고 이해하였다.[29] 이에 속하는 대표적인 학자들로는 Hoegel,[30] Zimmerl,[31] Grünhut[32]과

---

19) 이에 관해서는 차용석, 『형법총론강의[1]』, 고시연구사, 1984, 37쪽 참조.
20) Abhandlungen aus dem gemeinen deutschen Strafrechte, Bd. Ⅱ, 1840, S. 336.
21) Neue Revision der Grundbegriffe des Criminalrechts, 1845, S. 130, 451, 464 f.
22) Die Lehre von der Theilnahme am Verbrechen und die neuren Controversen über Dolus und Culpa, 1847, S. 171, 207.
23) System des Preussien Strafrechts, Erster oder allgemeiner Teil des Systems, 1858, S. 667 ff.
24) Das Subjekt des Verbrechens usw., GS 76(1910), S. 87.
25) Zum Wesen der mittelbaren Täterschaft, RG-Festgabe, Bd. V, 1929, S. 305.
26) Teilnahme am Verbrechen, VDA Ⅱ 1.
27) 이에 관해서는 김태명, "간접정범 규정의 해석과 허위공문서작성죄의 간접정범", 『형사법연구』, 제22호, 2004, 50쪽 참조.
28) 이 이론을 극단적으로 밀고 나갔던 Bruns나 Zimmerl은 간접정범을 교사범의 범주로 파악하려고 하였다.
29) Wezel, Das Deutsche Strafrecht(11. Aufl.,), 1969, S. 99.
30) Hoegel, Akzessorische Natur der Teilnahme, mittelbare Täterschaft, Eventualvorsatz, ZStW 37, 652, 659.
31) Zimmerl, Grundsätzliches zur Teilnamelehre, ZStW 49(1929), S. 39.
32) Grünhut, Grenzen strafbarer Täterschaft und Teilnahme, JW 1932, S. 366 f.

Dahm[33] 등을 들 수 있다.

1925년 독일 형법초안은 독일 형법학계의 확장적 공범론의 기류를 반영하였다. 즉 이 형법초안 제27조는 "교사범과 방조범의 가벌성은 범죄를 실행한 자의 가벌성과 독립적이다."고 명시하였는바, 이는 공범종속성을 완화한 것이다.[34] 게다가 1925년 독일 형법초안은 "교사범과 방조범이 성립하기 위한 전제로서 타인의 가벌적 행위를 규정하고"(제25조와 제26조), "이 가벌행위에 대해 위법성이 조각되는 경우 가벌행위가 존재하지 않는다."(제20조)고 규정하였을 뿐만 아니라, "고의 또는 과실로 행위하는 자만이 가벌적이며"(제12조), "행위 시에 책임능력이 없는 자는 불가벌적임"(제16조)을 명시하였다. 이들 조문의 상호간의 맥락을 검토한 Dahm은 행위의 가벌성(제20조)과 행위자의 가벌성(제12조와 제16조)이 구분되어 있음을 근거로, 가벌적 행위를 전제로 하는 공범은 책임이 없는 자를 이용한 경우에도 간접정범으로 처벌될 수 있다고 해석하였다. 이런 점에서 1925년의 독일 형법초안은 간접정범을 공범으로 전제하고 있었다고 할 수 있다.[35] 이처럼 1925년 형법초안의 정범과 공범에 관한 규정을 해설한 Dahm은 입법의 변화로 종전에 간접정범으로 이해되었던 '책임무능력자에 대한 교사행위'를 '의제적 공범'으로 파악하고, 그 밖의 간접정범의 영역에서도 공범에 관한 규정이 적용된다고 보았다.[36]

그렇지만 이들 형법초안 모두 법률로서 발전하지 못했다. 게다가 당시 독일 형법학계에서는 공범독립설을 취하는 입장보다 객관주의학파가 추종한 공범종속설을 따르는 학자들이 다수에 이르고 있었다. 이에 따라 피이용자의 행위가 범죄성립요건 중에서 책임능력 등 범죄구성요건이 결핍되면 이용자의 가벌적 행위를 공범으로 처벌할 수 없을 수 있고, 이를 보완할 필요가 발생하였다.[37] 이런 처벌의 간극을 극복하기 위하여 입법적 차원에서 공범의 종속형식에 관한 수정이 요청되었고, 독일은 1943년 형법 제50조 제1항을 신설하여[38] "여러 사람이 어느 범죄에 관여되면 각

33) Dahm, Täterschaft und Teilnahme im Amtlichen Entwurf eines Allgemeinen Deutschen Strafgesetzbuchs, Strafrechtliche Abhandlungen Heft 224, 1927, S. 125.

34) 이에 관해서는 Dahm, a.a.O., S. 75 참조.

35) 1925년 독일 형법초안의 공범 관련 해당 조문은 1927년 및 1930년 형법초안과 유사한 규정을 견지하였다.

36) 이에 관해서는 김태명, 앞의 논문, 50쪽에서 재인용함.

37) Jescheck-Weigend, Strafrecht, AT., S. 664.

38) Leipziger Kommentar(10 Aufl.), Strafgesetzbuch, vor §26 18ff, §28 1.

자는 타인의 책임에 관계없이 자신의 책임에 따라 처벌받는다."[39]고 규정하였다. 형법 제50조의 이와 같은 개정으로 독일 형법학계와 판례는 제한적 종속형식을 따르게 되었다.[40]

제2차 세계대전 이후 정범 개념을 명확히 하는 행위지배설[41]의 등장으로 간접정범이 공범에 속한다는 공범의 입장은 후퇴하게 되었다. 그 결과, 1975년 독일 형법 제25조 제1항은 간접정범을 정범으로 규정하였다. 독일 판례도 형법에서 간접정범에 관한 명문의 규정을 둔 이후부터 간접정범의 적용의 폭을 확대하고 있다.[42][43]

오늘날 독일은 간접정범의 본질을 "자기 범죄를 실행하기 위하여 타인의 손을 이용하는 것"[44]으로 파악한다. 이하에서 필자가 언급하게 될 '강학상 간접정범'이란 개념은 현재 독일에서의 간접정범에 관한 입법과 학설 및 판례에서 사용된 개념을 지칭하고자 한다.

1908년에 시행된 일본 형법은 간접정범에 관한 규정을 두지 않았으며, 우리의 일제강점기 시절에도 마찬가지였다. 간접정범에 관한 일본 형법의 규정 미비에 관해 반성적 차원에서 1953년 제정된 우리 형법전은 간접정범에 관한 규정을 두었다. 그런데 우리 형법전이 명시하고 있는 간접정범은 강학상의 그것과 사뭇 다르다. 왜냐하면 형법 제34조 제1항은 간접정범을 정범의 일종으로 인정한다고 규정하지 않고, "어느 행위로 인하여 처벌되지 아니하는 자 또는 과실범으로 처벌되는 자를 교사 또는 방조하여 범죄행위의 결과를 발생하게 한 자는 교사 또는 방조의 예에 의하여 처벌한다."고 명시하고 있기 때문이다.

그렇다면 우리 입법자는 형법을 제정할 때 간접정범의 본질을 어떻게 이해하였으며, 어떠한 관점에서 처벌하려고 하였을까?

---

39) "Sind mehrere an eiener Tat beteiligt, so ist jeder ohne Rücksicht auf die Schuld des anderen nach seiner Schuld strafbar."
40) Wessels(허일태 역), 『독일형법총론(전정판)』, 세종출판사, 1998, 266쪽 참조.
41) Maurach, AT 4. Aufl. §49 Ⅱ C 2.
42) 예컨대 Siriusfall에 관해서는 BGHSt 32, 38 및 Katzenkönigfall에 관해서는 BGHSt 35, 347 참조.
43) Koch, Grundfälle zur mittelbaren Täterschaft, §25 I Alt. 2 StGB, JuS 2008, S. 399ff.
44) Koch, Grundfälle zur mittelbaren Täterschaft, S. 399.; Wessels(허일태 역), 앞의 책, 257쪽.

Ⅲ. 간접정범 규정의 연혁

1. 구형법(식민지 시대에 적용된 일본 형법)과 일본 개정형법가안

(1) 구형법

프랑스인 브아소나드(Boissonnade)에 의해 주도적으로 형성된 1882년의 일본 구형법은 일본 사회의 급격한 변화로 형법전의 개정이 필요해졌다. 그 결과 1907년 독일형법을 참작하여 신형법전을 제정하였고, 1908년 1월부터 시행되었다.[45] 이 형법전은 제11장에 공범규정을 두어, 정범과 공동정범,[46] 교사범[47] 그리고 방조범[48]에 관한 규정을 명시하였다. 그러나 일본 형법은 독일과 마찬가지로 간접정범에 관한 규정을 두지 아니했다. 1910년 조선반도가 일본에 강제 병합되자, 1905년부터 적용되었던 우리의 형법대전[49]은 역사 속으로 사라지고, 조선형사령에 의거하여 일본 형법이 1912년 3월 18일부터 조선반도에 적용되었다.

일본 형법은 오늘날에도 부분적인 수정을 가하긴 하였지만 여전히 적용되고 있다. 일본 형법은 아직도 간접정범에 관한 규정을 두고 있지 않다. 그럼에도 일본 형법의 다수설[50]과 일본 판례[51]는 간접정범을 공범이 아닌, 정범으로 인정하는 분위기다. 그 이유는 첫째로 간접정범에 관한 명문의 규정이 없으므로, 강학상 간접정범의 개념을 자연스럽게 상정하게 될 수 있었고, 둘째로 이런 강학상 간접정범 개념은 과실범이나 책임능력이 결여된 타인을 자신의 범죄도구로 이용하여 자신의 범죄를 범하게 하는 자,[52] 즉 자신의 범죄 실현에 타인을 도구로 이용하는 정범으로 파악

45) 신파형법이론의 섭취와 일본 형법전의 성립에 관해서는 內藤謙(허일태 책임번역), "형법이론의 역사적 개관", 『일본 형법이론사의 종합적 연구』, 동아대학교 출판부, 2009, 515쪽 이하 참조.

46) 일본 형법 제60조.

47) 일본 형법 제61조.

48) 일본 형법 제62조와 제63조.

49) 형법대전은 1905년 4월 29일 반포되었고, 이는 한편으로 종래의 대명률을 적지 않게 차용하였지만, 다른 한편으로 적용범위, 범죄의 성립에 관한 부분, 형벌의 일반원칙과 형법각칙 등 현대적 형법체계를 상당 부분 수용하였던 형법전이다. 이에 관해 자세한 것은 허일태, "형법대전의 내용상 특징", 『형법연구 Ⅳ』, 동아대학교출판부, 2009, 29쪽 이하.

50) 예컨대 草野豹一郎, 『刑法總論 Ⅱ』, S. 1159; 小野淸一郎, 『刑法總論』, S. 211.

51) 일본 판례 제15집(1909), 1580쪽; 일본 판례 제27집, 261쪽. 이런 판례의 입장에 대해 부분적으로 반대입장을 가진 분은 牧野英一, 『刑法總論』, 461쪽 참조.

52) Kinsaku Saito, "Das japanische Strafrecht", Das ausländische Strafrecht der Gegenwart I, Duncker &

하는데 큰 부담이 없었기 때문이다.

(2) **일본 개정형법가안**

일본 현행 형법이 1907년 제정되어 1908년 시행 이후, 일본 사회는 공업화와 도시화의 급속한 진전으로 사회적 혼란이 점증하게 되었다. 이러한 사회적 갈등현상에 충실히 대응할 수 있는 형법 개정의 필요성이 대두되면서 개정작업이 개시되었다. 1931년에 이르러 개정형법총칙가안이 완성되었다. 이 총칙가안에서 간접정범에 관한 규정이 일본 형법사상 처음으로 도입되었다. 당시 일본 학계는 독일의 영향으로 형법의 보장기능을 수용하려는 학자들이 적지 않았고, 그래서 이들은 제한적 정범개념에 우호적인 경향을 가졌다. 제한적 정범 개념은 역으로 확장적 공범론을 야기했고, 이 확장적 공범론은 그 결과로 간접정범의 본질을 공범으로 파악하는 입장에 이르렀다. 이런 상황에서 일본 개정형법가안은 간접정범에 관한 1920년대 독일 형법학계의 견해와 함께 형법초안의 규정내용을 상당 부분 받아들이게 되었다.[53]

그 결과로 일본 개정형법가안의 간접정범 규정은 다음과 같이 명시하게 되었다.

"전4조의 규정은 자기행위에 대하여 처벌받지 않는 자 또는 과실범으로서 처벌받는데 불과한 자를 행위에 가공시킨 경우에도 또한 이를 적용한다."

이와 같이 간접정범을 규정하고 있는 일본 개정형법가안은 "자기행위에 대하여 처벌받지 않는 자 또는 과실범으로서 처벌받는데 불과한 자를 행위에 가공시킨 경우"를 내용으로 삼고 있다.

여기서 첫째로 "자기행위에 대하여 처벌받지 않는 자 또는 과실범으로서 처벌받는데 불과한 자"를 교사나 방조하여 범죄의 결과를 발생한 경우, 정범에 대한 공범종속성의 원칙에 따르면 정범의 처벌이 불가능함에 따라 교사범이나 방조범으로도 처벌할 수 없게 된다. 이렇게 되면 법익보호를 중시하는 형법에서 교사범이나 방조범으로의 처벌 공백을 메울 필요성이 발생하게 되고, 이를 위해 간접정범이라는 형상의 처벌주체가 요구된다.

Humblot 1955, S. 270.

53) 瀧川幸辰, 『범죄론 서설』, 1935, 281쪽. 이에 관해서는 김태명의 앞의 논문에서 재인용.

둘째로 '자기의 행위에 대하여 처벌받지 않는 자를 행위에 가공시킨 경우'는 어떤 의미일까? 이는 범죄구성요건의 실행행위에 가담하는 '교사나 방조, 사주 혹은 이용한 경우'로서 어느 범죄의 실현에 기여케 한다는 의미로 보인다. 그러므로 '행위에 가공시킨 경우'란 교사, 사주, 방조 혹은 이용하여 범죄행위에 가담한 경우'로 읽힌다. 이런 점에서 1931년 일본 개정형법가안의 간접정범은 정범으로 파악하지 않고, 공범으로 규정하였다고 봄이 타당하다고 할 것이며, 일본학자도 그렇게 이해하고 있다.[54]

2. 형법 제34조의 입법연혁

일본 개정형법가안은 제2차 세계대전이 격화되면서 국회의 심의조차 받지 못하고 패전되면서 일본에서 개정형법으로 탄생하지 못했다. 그러나 일본 개정형법가안의 간접정범에 관한 규정은 우리 형법 제34조의 탄생에 큰 영향을 미쳤고, 그래서 유사한 구조를 갖고 있다. 이는 우리 형법 제정 과정에서 일본 개정형법가안을 롤모델로 참고했던 결과이기도 하다.

(1) 정부초안

1945년 8월 15일 일본으로부터 독립한 우리나라는 즉시 형법을 제정할 형편이 되지 못했다. 게다가 1950년 6·25사변이 발생하면서 형법의 제정이 더욱 지연될 상황에 처했다. 그럼에도 불구하고 전쟁 중인 상태에서도 형법 제정에 관한 1953년 정부초안이 성안되었다. 정부초안을 근거로 임시수도인 부산에서 국회의 제2독회 과정을 거치는 동안 다소의 논의와 함께 일부 조문이 수정되었으며, 국회의 통과를 거쳐 1953년 9월 18일 법률 제293호로 공포되었다.[55] 그해 10월 3일 시행되면서 해방 이후 8년 넘게 적용되었던 일본 형법은 그때에서야 비로소 막을 내렸다.[56]

---

54) Kinsaku Saito, "Das japanische Strafrecht", S. 270.

55) 신동운, 『형법(형사법령제정자료집 1)』, 한국형사정책연구원, 1990, 특히 164쪽 이하 참조.

56) 미군정은 한반도 이남에 1945년 8월부터 주둔하면서 법치행정을 위한 미군정포고령을 발동하였다. 이들 포고령 중에서 1945년 11월 2일 군정법령 제21호는 일본인이 한국인을 차별대우했던 종래의 법령을 폐지하고, 그 외의 법령은 존속시켰다. 이에 관해 자세한 것은 『재조선미국육군사령부 군정법령집(영인본의 국문판)』, 도서출판 민족문화사, 1987, 139쪽 참조. 이들 법령 중에는 형법 역시 포함되었다.

형법 제정을 위해서 국회에 제출된 정부초안의 간접정범 규정은 현행 형법 규정과는 내용상으로뿐만 아니라 법정형에 있어서도 상당한 괴리가 있었으며, 일본 개정형법가안의 간접정범에 관한 규정을 상당 부분 수용하였다.

정부초안 제34조: "자기의 행위에 대하여 처벌되지 않는 자, 과실범으로 처벌될 자 또는 자기의 지휘감독에 복종하는 자의 행위를 교사 또는 방조한 자는 정범에 정한 형의 장기 또는 다액의 2분의 1을 가중한다."

정부초안 제34조는 다음과 같은 3가지 특징이 있는 것으로 보인다.

첫째로 정부초안 제34조는 "자기의 행위에 대하여 처벌되지 않는 자, 과실범으로 처벌될 자 또는 자기의 지휘감독에 복종하는 자의 행위를 교사 또는 방조한 자"로 명시하고 있다. 이 초안의 규정은 간접정범에 관한 규정뿐만 아니라, 특수교사와 특수방조를 함께 명시하고 있다. 왜냐하면 "자기의 지휘감독에 복종하는 자의 행위를 교사 또는 방조한 자"라는 범죄구성요건은 교사범이나 방조범에 해당될 수 있을 뿐이고, 간접정범으로 파악할 수 없기 때문이다.

둘째로 형법상 정범의 법정형은 죄형법정주의 원칙에 따라 해당 조문에서 명확히 명시되어야 한다. 정범의 형벌에 관한 법정주의 때문이다. 그러므로 형법은 어떤 경우도 정범의 법정형에 예외로 두지 않는다. 그런데도 정부초안 제34조는 처벌되지 않는 자의 행위 등을 교사나 방조로 범행한 간접정범자에 대해 해당 범죄의 정범에 정한 형의 장기 또는 다액의 2분의 1을 가중하고 있다. 이는 형법상 간접정범에 해당된다면 무조건 정범의 법정형에 국한해야 된다고 볼 때, 간접정범의 이러한 법정형을 인정하지 않는다는 점에서 정범으로 해석하기 힘들다.

셋째로 정부초안 형법 제34조는 일본 개정형법가안 제29조를 차용했음을 조문의 내용에서 볼 수 있다. 왜냐하면 정부초안이 차용했던 일본 개정형법가안의 "자기행위에 대하여 처벌받지 않는 자 또는 과실범으로서 처벌받는데 불과한 자를 행위에 가공시킨 경우"는 정부초안의 내용인 "자기의 행위에 대하여 처벌되지 않는 자, 과실범으로 처벌될 자(또는 자기의 지휘감독에 복종하는 자)의 행위를 교사 또는 방조한 자"와 실질적으로 동일하거나 유사한 내용을 갖고 있기 때문이다.

(2) 정부초안에 대한 법제사법위원회의 수정안

1953년 국회의 독회 과정에서 형법 제34조는 법제사법위원회에 의해 아래와 같은 내용의 수정제안이 제출되었다.

제1항: "어느 행위로 인하여 처벌되지 아니할 자 또는 과실범으로 처벌될 자를 교사 또는 방조하여 범죄행위의 결과를 발생하게 한 자는 교사 또는 방조의 예에 의하여 처벌한다."

제2항: "자기의 지휘감독에 복종하는 자를 교사 또는 방조하여 전항의 결과를 발생하게 한 자는 교사인 때에는 정범에 정한 형의 장기 또는 다액에 2분의 1을 가중하고 방조인 때에는 정범의 형으로 처벌한다."

정부초안에 대한 법제사법위원회의 수정안은 형법 제34조를 간접정범에 관한 규정을 제1항에, 특수교사와 특수방조에 대해서는 제2항에 분류하여 명시하였다. 이에 따라 형법수정안 제34조 제1항은 간접정범에 관한 규정임을 명백히 하였다.

(3) 정부초안 형법 제34조에 대한 법제사법수정안의 근거

당시 법제사법위원회 위원장대리였던 엄상섭 위원은 그 근거에 관해 다음과 같이 설명하였다. "이렇게 수정한 이유는 소위 형법학상 용어로 간접정범이라는 것, 범의를 가지고 있지 않는 사람, 그런 사람은 갑(甲)이라는 사람이 을(乙)이라는 사람을 이용해가지고 죄를 짓습니다. 을이라는 사람은 전연 행위를 한 줄을 모르고 갑이 을을 일종의 도구의 연장으로 사용하고 죄를 짓는 일이 있습니다. 그런데 그럴 때에 종래에 규정이 없어서 해석에 의해 적용을 하고 있었는데 이것을 요번에 우리 형법에 명문으로 정해서 이 간접정범이라고 하는 것을 규정해 두게 되었습니다."[57)]

엄상섭 위원은 이에 덧붙여 특수간접정범의 처벌가중에 관한 필요성을 밝히고 있다. "원안(原案)에서는 거기다가 또 하나 자기 지휘감독에 복종하는 자, 가령 회사사장이 자기 마음대로 쓸 수 있는 비서를 시켜서 했다든지 그런 경우에 있어서는 좀 그 정상이 가증(可憎)하니 더 형을 중하게 하자 이 두 개를 한테 다 규정했어요. 그

57) 신동운, 앞의 책, 221쪽.

러기 때문에 도리어 형을 중하게 안 받아도 좋다. 당연히 제3자를 도구로 이용해서 단순한 간접정범하고 자기의 지휘감독에 복종할 수 있는 그 지위를 이용한 간접정범하고 형을 혼돈해서 가중하게 되는 이런 결과가 나타나는 것입니다. 그래서 법제사법위원회에서는 제1항과 제2항으로 나누어 교사는 정범형의 2배로 하고 종범은 정범의 행위를 가지고 있는 형을 가중하는 정도를 명확화하고 명백히 만드는 그 점이 수정안의 취지입니다."[58)]

엄상섭 의원의 요지는 '간접정범에 관한 형법상 명시적 규정의 필요성과 특수간접정범의 가중형벌의 정당성'에 관한 것이다. 간접정범의 본질이 정범에 속하느냐 아니면 공범에 속하느냐의 문제에 대한 언급은 없다. 그러나 그가 형법제정 직후인 1955년에 발표한 "우리 형법전과 공범이론"이란 논문에서 간접정범의 본질에 관한 형법 제34조의 성안과 관련하여 자세히 설명하였다. 엄상섭은 우리 형법의 제정에 깊숙이 관여했고, 특히 간접정범에 관한 정부초안에 대해 법제사법위원회의 수정안을 제시하는 데에 앞장 선 분[59)]으로 형법상 간접정범의 본질에 관한 검토를 할 때 그의 입장을 충분히 고려할 필요가 있어 보인다.

(4) 형법 제34조

이상에서 볼 수 있는 바와 같이 간접정범에 관한 정부초안은 국회의 심의과정에서 통과되지 못하였다. 그 대신에 국회는 법제사법위원회의 수정안을 통과시켰다. 이 수정안에 따르면, 간접정범에 관한 정부초안에 대해 제1항의 간접정범과 제2항의 특수간접정범으로 구별하고, 제1항의 경우 법정형을 조정하였다. 이에 따라 형법 제34조 제1항은 간접정범을 규정하고, 동조 제2항은 '특수교사' 혹은 '특수방조'의 경우로 형을 가중하였다.

---

58) 신동운, 앞의 책, 221~222쪽. 여기서 인용한 엄상섭 위원의 수정안 취지에 관한 말씀 중에 "법제사법위원회에서는 제1항과 제2항으로 나누어 교사는 정범형의 2배로 하고 종범은 …"이란 표현은 "교사는 정범형의 2배로 하고"가 아니고, "교사는 정범형의 2분의 1을 가중하고"라고 기술했어야 옳다. 왜냐하면 국회에서 통과된 형법 제34조 제2항에 의하면 "교사인 때에는 정범에 정한 형의 장기 또는 다액에 그 2분의 1까지 가중하고 방조인 때에는 정범의 형으로 처벌한다."고 규정하였기 때문이다.

59) 이에 관해서는 신동운, 앞의 책, 174~175, 221~222쪽 참조. 엄상섭은 형법초안에 관여하였을 뿐만 아니라, 법제사법위원회 위원으로 형법초안의 수정에 관여하였고, 형법초안에 관한 국회의 독회시에 법제사법위원장 대리로 활동하였다.

제34조 제1항: "어느 행위로 인하여 처벌되지 아니할 자 또는 과실범으로 처벌될 자를 교사 또는 방조하여 범죄행위의 결과를 발생하게 한 자는 교사 또는 방조의 예에 의하여 처벌한다."

제2항: "자기의 지휘감독에 복종하는 자를 교사 또는 방조하여 전항의 결과를 발생하게 한 자는 교사인 때에는 정범에 정한 형의 장기 또는 다액에 2분의 1을 가중하고 방조인 때에는 정범의 형으로 처벌한다."

이들 조문내용을 읽어 보노라면, 간접정범에 관한 실현방식의 현실적 모습과 규범적 태도가 참 많이 다름을 느낀다. 그러다 보니 현행법상 간접정범에 관한 논의는 타인을 도구로 이용하여 정범과 유사하게 범행하는 자라는 현실세계에 집착하는 입장과 그럼에도 해석론자는, 입법자가 아닌 이상, 규범세계를 벗어날 수 없다는 세계관이 충돌하고 있는 형법상 가장 뜨거운 지점이 되었다. 이에 따라 세계관이나 형법해석학의 태도에 따라 학설이 첨예하게 대립할 수밖에 없음은 자연스러운 모습이다.

Ⅳ. 형법 제34조에 근거한 간접정범의 본질

1. 형법 제34조의 간접정범은 정범인가 아니면 공범인가?

우리나라에서 형법상 간접정범의 본질에 관해 학설은 정범설과 공범설 그리고 공범형 간접정범설로 나눌 수 있다. 학계의 다수 입장은 정범으로 취급하고 있음에 반해, 소수설은 공범이나 공범형 간접정범으로 보고 있다.[60] 이처럼 입장이 다른 이유는 강학상 간접정범의 본질뿐만 아니라, 실행방식의 현실태(現實態) 모습과 형법 제34조의 간접정범에 관한 규정의 상이점에서 찾을 수 있다. 이와 관련하여 아래에서 이들 학설들이 간접정범의 규정에 관한 우리 형법규정을 죄형법정주의 원칙에 입각하여 적용할 때 어느 학설이 타당한 것인지를 살펴보도록 한다.

---

60) 이런 견해 이외에 이창섭은 "형법 제34조 제1항이 포섭할 수 있는 간접정범과 그렇지 못한 간접정범의 범위를 구별하고, 후자의 경우는 각칙의 구성요건에 의해 직접 파악되는 형태로 이론 구성하는 것이 필요하다."는 입장을 피력한다. "형법상 간접정범의 본질에 관한 새로운 관점의 제안", 『형사법연구』 제25호, 2006, 17쪽 참조.

2. 정범설의 논거와 이에 대한 비판

(1) 정범설의 논거

① 정범설은 강학상 정범 개념을 중시하여 현행법상 간접정범을 정범으로 파악하는 입장이다. 이 학설은 종래 범죄의 실현에 직·간접으로 영향을 미치는 실행행위의 기여자 모두를 정범으로 보았던 확장적 정범설에서 출발하였다. 이런 확장적 정범설은 한편으로 오스트리아 형법처럼 범죄의 실현에 기여한 모든 사람을 모두 정범으로 취급하고, 다만 범죄의 실현에 기여한 각자는 범행 기여의 정도에 따라 처벌하는 단일정범원리로 발전하였다.[61] 다른 한편으로 독일의 경우처럼 피이용자를 자신의 범죄도구로 이용한 자신의 범죄라는 도구설로 진화하면서 간접정범의 정범성을 인정할 수 있었다. 도구설의 입장은 다시금 제2차 세계대전 이후 발전한 행위지배설에 근거한 정범 개념의 확립[62]으로 타인에 대한 행위지배를 통하여 성립되는 간접정범은 정범의 개념 속에 쉽게 포섭할 수 있게 되었다.

② 오늘날 독일에서 간접정범에 대한 개념은 "이용자가 자신의 우월적 의사에 기초하여 피이용자에 대한 행위지배를 통한 간접적 방식으로 범죄구성요건을 실현하는 자"라고 본다. 독일 형법 제25조 제1항 역시 "범죄행위를 스스로 또는 타인을 통하여 실행한 자는 정범으로 처벌된다."[63]고 명시함으로써 간접정범을 정범으로 규정하고 있다. 독일 형법학계도 해당 조문의 문언에 입각하여 간접정범을 정범으로 인정하고 있다.

③ 국내에서도 정범 개념에 대해 독일의 행위지배설을 따르는 것이 학계의 대세에 속한다.[64] 행위지배설에 따르면, 간접정범의 주체인 이용자는 그의 우월적 의사

---

61) 제12조(단일정범 개념): 직접정범뿐만 아니라 타인으로 하여금 그 범죄를 실행하도록 교사하거나 그 밖에 그 범죄실행에 기여한 경우에도 범죄를 실행한 자이다(Behandlung aller Beteiligten als Täter §12. Nicht nur der unmittelbare Täter begeht die strafbare Handlung, sondern auch jeder, der einen anderen dazu bestimmt, sie auszuführen, oder der sonst zu ihrer Ausführung beiträgt).

62) 여기서 행위지배란 "고의에 의하여 파악된 구성요건 합치적인 사건 진행 과정의 장악"을 의미한다. 이에 관해서는 Maurach, AT 4. Aufl. §49 Ⅱ C. 2; Wessels(허일태 역), 앞의 책, 249쪽.

63) StGB §25 Täterschaft (1) Als Täter wird bestraft, wer die Straftat selbst oder durch einen anderen begeht.

64) 권오걸, 『형법총론(제2판)』, 형설출판사, 2007, 505쪽; 김종구, "간접정범의 정범성 표지", 『법학연구』 제59권, 2015, 386쪽. 다만 그는 '불완전 정범설'을 추구하고 있다; 박상기, 『형법총론(제9판)』, 박영사, 2012, 393-394쪽; 김성돈, 『형법총론(제7판)』, SKKUP, 2021, 597~598쪽; 배종대, 『형법총론(제15판)』, 홍문사, 2021, 408쪽; 이재상, 『형법총론(신정판)』, 박영사, 1998, 391쪽; 임웅, 『형법총론

지배에 의해 피이용자에 대한 행위지배를 함으로써 범죄행위의 결과를 발생하게 한 주범이므로, 그 이용자를 불가피하게 정범으로 보아야 한다는 입장이다. 이런 입장에 기초하여 간접정범은 "결과에 이르기까지의 전체적 결과가 이용자의 조종적 의사의 산물로 나타나고, 이용자가 자신의 영향력에 의하여 피이용자를 자기의 수중에 두고 있는 경우에 인정된다."[65]고 주장한다. 즉 간접정범의 정범성은 이용자인 간접정범의 의사지배에 의한 피이용자의 행위지배를 전제로 삼고 있다.[66] 그 이유는 간접정범의 정범성은 피이용자의 행위를 '자기가 행위 하듯이 조종·지배할 수 있는 위치'에 있기 때문이라는 것이다.

④ 간접정범의 본질을 사물 논리적 관점에 비추어 볼 때, 형법상 간접정범은 정범으로 파악할 수밖에 없다는 주장을 심심찮게 볼 수 있다. 즉 "간접정범자는 그에 의해 이용되는 자와의 관계에서 행위의 전체 진행과정을 손아귀에 넣고 지배·조종하는 자로서 정범으로 보아야 한다."[67]고 설파한다.

⑤ 게다가 형법 제34조의 표지가 '간접정범'이라고 칭하고 있는 바, 이는 문언적으로 공범을 표기한다기보다는 정범을 지칭한 것으로 봐야 한다는 입장도 적지 않다.[68]

⑥ 형법 제34조 제1항을 정범설의 관점에서 해석할 때에도 죄형법정주의에 어긋나지 않는 것으로 본다. 그 이유는 다음과 같다.

첫째로 형법 제34조 제1항이 '교사 또는 방조의 예에 의해 처벌'된다는 문언의 경우 이를 굳이 교사범의 교사나 방조범의 방조 의미일 수 없고, '사주'나 '이용'의 의미를 가진 것으로 해석할 수 있다는 것이다.

둘째로 형법 제34조 제1항은 "교사 또는 방조의 예에 의하여 처벌한다."는 문언은 간접정범을 공범으로 해석해야 될 하등의 이유가 없다는 것이다. 만일 처벌의 방식에 의하여 간접정범을 공범으로 이해한다면, 간접정범의 '처벌' 문제를 공범·정범의 구별에 관한 '본질' 문제로 호도하는 것은 잘못이며, 따라서 형법 제34조 제1항의 처벌규정을 공범의 본질적 성격으로 파악할 수 없기 때문에 이를 죄형법정주의

(제12정판)』, 법문사, 2021, 448쪽; 천진호, 『형법총론』, 준커뮤니케이션즈, 2016, 826쪽.

65) 임웅, 위의 책, 488쪽.

66) 김성돈, 위의 책, 659쪽; 임웅, 위의 책, 448쪽 이하; 이재상, 위의 책, 391쪽.

67) 김성돈, 위의 책, 659쪽.

68) 배종대, 앞의 책, 463쪽.

의 위반으로 볼 수 없다는 것이다.[69)]

정범설의 이런 입장들은 간접정범의 본연의 사물논리적 구조에 근거하여 해석하면 간접정범은 정범일 수밖에 없다는 결론에 이른다.

(2) 정범설에 대한 비판

① 현행 형법의 각 조항의 내용은 입법자의 결단에 속한 산물이다.[70)] 비록 어느 규정이 처벌의 정당성에 관해 헌법상 충분히 담보되어 있지 않는다고 할지라도 그것이 헌법재판소에 의해 위헌으로 결정된 경우가 아니라면 해당 형법의 규정은 해석론에 의해 그 의미를 축소하거나 확대하는 것은 죄형법정주의에 반한다.

② 형법해석도 형법조문의 문언을 전제하고, 그 문언의 틀을 일탈하지 않은 범위에서 문언의 의미와 내용을 파악하여 문제된 사안에 적용되어야 한다. 더욱이 형법해석은 다른 법역, 예컨대 민법이나 공법에서보다 죄형법정주의의 원칙에 철저해야 한다. 따라서 형법상 간접정범은 정범에 속하는지, 아니면 공범 혹은 독자적인 간접정범의 성격을 갖고 있는지의 규명은 형법 제34조 제1항의 규정에서 찾아야 한다.[71)]

③ 이런 관점에서 비추어 볼 때 정범설은 형법 제34조 제1항이 의미하는 간접정범의 규정내용에서 찾지 않고, 오히려 강학상 간접정범의 성질에서 규명하고 있어 보인다. 정범설의 이러한 태도는 강학상 간접정범과 실정법상 간접정범을 혼돈하고 있는 것이다.

④ 형법 제34조 제1항의 간접정범 규정은 강학상 간접정범의 본질과 달리 명시되어 있어서 이 때문에 실정법상 규정이 국민의 법감정에 어울리지 않거나 혹은 형사처벌의 왜곡과 불편을 야기한다면 입법론적 차원에서 간접정범의 사물논리적 성격에 걸맞게 개정하려는 노력이 우선이다. 입법론적 차원의 해결 노력을 제쳐 두고 해석론에 의해 실정법상 간접정범의 본질을 '강학상 간접정범'의 이론적 틀에 억지로 집어넣으려는 시도는 모양이 사납다. 죄형법정주의를 무엇보다 중시하는 형법해석에서 죄형법정주의 원칙을 무시하고 입법론에 의해 형법상 간접정범의 규정을 독일

69) 특히 김성돈, 앞의 책, 658-659 참조.

70) 같은 입장으로 신동운, 『형법총론(제12판)』, 658쪽; 김태명, 앞의 논문, 49쪽 이하 참조.

71) 이런 점에서 "형법학은 무엇보다도 현행 실정형법규범을 연구대상으로 가지지 않으면 아니 된다."는 주장은 오늘날에도 여전히 설득력을 가진다. 이에 관해서는 황산덕, 『형법총론(제4정판)』, 법문사, 1971, 24쪽 참조.

의 그것처럼 해석하려는 시도는 결코 바람직하지 않기 때문이다.72)

⑤ 독일은 입법에 의해 1975년 형법 제25조 제1항을 수정하여 간접정범을 정범으로 규정하게 되었으므로, 독일 형법학계나 판례 역시 간접정범을 정범으로 보는 것은 당연하다. 그러나 우리 학계의 '강학상 간접정범'에 관한 해석방식은 형법 제34조 제1항이 명시한 간접정범의 실행행위인 '교사 또는 방조하여'와 처벌의 법정형에 관한 "교사 또는 방조의 예에 따라 처벌한다."라는 문언 내용을 철저히 무시한 결과이다. 따라서 형법해석상 허용될 수 없는 문리해석을 뛰어넘는 정범설은 실정법상 간접정범 규정과 '강학상 간접정범'의 괴리를 해석론으로 극복할 수 있다고 본 것이다. 정범설의 이러한 태도는 다음과 같은 문제에 직면할 수 있다.

첫째로 현행 제34조 제1항의 규정이 간접정범을 정범으로 파악하고 있다면 굳이 형법 개정을 통하여 정범으로 명시하려는 노력을 지속적으로 할 필요가 없다. 그럼에도 불구하고 1992년 형법개정안과 2011년 형법개정안 모두 간접정범은 정범임을 입법적으로 명시하고 있다. 이런 개정안들이 간접정범을 굳이 정범이라고 명시한 이유가 무엇일까? 이는 형법 제34조 제1항의 간접정범 규정과 '강학상 간접정범'에 관한 괴리의 간극을 인정하고 이를 해소하기 위한 불가피한 조치 때문으로 보인다.

둘째로 정범설은 형법 제34조 제1항의 간접정법 근거를 행위지배설에 집착하고 있다. 행위지배설에 의거하게 되면 간접정범이 성립하기 위해서는 이용자의 우월적 의사지배에 의하여 피이용자에 대한 행위지배를 통하여 이용자 자신의 범죄를 실현하는 것이라고 설명하는 게 맞다. 그러나 이런 행위지배설에 의거하여 간접정범을 정범으로 인정할 경우, 형법 제34조 제1항의 간접정범 적용범위를 극단적으로 축소 또는 왜곡시킬 수 있다는 문제점을 야기한다.

이런 문제점과 관련하여 사례 (1)의 경우를 살펴보자. 정범설은 B를 간접정범의 정범으로 인정하기 매우 곤란할 것이다. 왜냐하면 B는 A의 구성요건적 실행행위를 지배하는 상황을 만들거나 A에 대한 어떤 우월적 의사를 가지고 그의 행위를 지배하였다고 보기 어렵기 때문이다. 더구나 이 때의 "우월적 의사지배의 의미를 배후조종자인 간접정범자가 피이용자에 비해 상대적으로 우월한 의사 혹은 지식을 가지

---

72) 정범설을 주장하는 분들 중에서 상당수가 현형 형법 제34조 제1항의 부당성이나 매끄럽지 못한 규정을 탓하고 있다. 물론 그 점을 탓할 수 있으나, 이런 문제의식은 형사정책이나 형사입법론의 문제이지 해석론으로 정당한 것은 아니다.

고 매개자의 행위를 지배 내지 조종하는 경우"[73]라고 이해한다면 더욱 그렇다. 이처럼 정범설에 따르면 B의 처벌은 C에 대한 과실치사죄의 죄책이거나 아니면 무죄가 된다고 하게 될 것이다. 이는 형법 제34조 제1항의 적용을 왜곡하는 것이다.[74] 그러나 형법 제34조는 이런 경우에도 방조형식의 간접정범의 죄책을 지는 데 하등 문제점이 없어 보인다.

정범설은 이런 경우 처벌의 공백을 메워서 간접정범을 인정하기 위하여 '행위지배 개념'의 확대를 가져온다. 즉 "처벌의 공백을 메우기 위해서 '행위지배 개념'을 사실상의 심리적 우위성 대신에 '형식적 · 법적 우위성을 전제로 하는 개념'으로 이해하는 것이 바람직하다."[75]는 것이다. 그러나 이쯤 되면 우월적 의시지배를 내용으로 하는 행위지배설의 원칙은 정범성의 여부를 확인하는 결정적 인자를 무시하고, 필요에 따라 처벌의 공백을 메우기 위해 한없이 확장될 수 있다는 것임을 자인한 셈이다. 즉 행위지배설에 의한 간접정범의 인정 여부는 사실상 유명무실화되는 것이고, 형법상 간접정범의 정범성을 인정하는 데 전혀 무가치한 것임을 보여준다.

사례 (2)의 경우는 어떠할까? 형법 제34조 제1항을 문리해석에 따를 경우 D의 행위를 '못된 일을 하도록 부추김'의 의미인 '교사'에 준한 실행행위로 파악할 수 있다는 점에서 D를 간접정범으로 처벌하는 데에 큰 애로는 없을 것이다. 이와 달리 정범설의 입장에서는 D를 간접정범으로 처벌하기 쉽지 않다. 왜냐하면 D는 E에 대해 우월적 의사지배에 의한 행위지배가 있다고 말할 근거가 턱없이 부족하기 때문이다.

셋째로 법해석을 할 때 원칙은 되도록 준수되어야 하며, 예외는 특별한 사정을 동반한 경우로 국한되어야 한다. 이런 점에서 정범설은 피이용자에 대한 이용자의 우월적 의사지배와 아무런 상관이 없는 형법 제34조의 원칙을 무시하면서 예외적인 의사지배를 요건으로 하고 있다는 점에서 비판을 면하기 어렵다. 게다가 간접정범

73) 김성돈, 앞의 책, 659쪽.

74) 어느 대법관 출신 변호사가 이런 말을 필자에게 하였다. 법관의 법왜곡행위에 대한 비난을 하는 필자에게 왜 법관에 대해서만 그러냐고. 그렇다. 우리 형법학자들이 버젓이 살아있는 형법 제34조 제1항의 조문을 창고 안에 넣고서, 강학상 간접정범의 규정을 전제로 해석하고 있다. 혹자는 형법 제34조 제1항의 조문이 잘못되었다니 하면서 비난을 가하기도 한다. 표현의 자유가 있는 이상, 그럴 수도 있다. 그러나 앞에서는 죄형법정주의 원칙을 하늘의 뜻으로 찬양하고, 특히 성문형법과 그 명확성의 원칙을 노래하면서 뒤로는 죄형법정주의와 명확성의 원칙을 슬며시 쓰레기통에 넣어 버리는 학문적 태도, 제발 이런 모습은 이젠 사라졌으면 한다.

75) 김성돈, 앞의 책, 663쪽.

의 정범성을 갖출 만한 우월적 의사지배의 고리가 없거나 약한 곳에서는 그 개념을 대폭 확대해석 적용하는 예외의 남용을 보이고 있다.[76]

3. 공범설과 이에 대한 비판과 그 응답

(1) 공범설의 논거

① 정범설은 확장적 정범설에 따라 발전된 도구이론을 주축으로 탄생한 행위지배설을 그 근거로 삼고 있음에 반해, 공범설은 형법의 보장기능을 담보하기 위해 제한적 정범설에서 출발하였다. 즉 제한적 정범설은 범죄구성요건에 관여한 모든 자를 정범으로 파악하게 되면, 관여자 모두 정범의 법정형 굴레에 빠지게 되어 간접적으로 실행에 가담한 경우조차도 정범의 법정형 굴레를 벗어날 수 없기에, 오직 구성요건적 실행을 직접적으로 실현하는 자에 국한하여 정범으로 취급하자는 취지다. 제한적 정범설은 공범 범위의 확대를 야기한다는 점에서 확장적 공범설의 다른 이름이다. 범죄구성요건을 간접적으로 실행한 자는 직접적으로 실행한 경우보다 실행행위의 관여 내용과 정도가 다소간 다양할 수 있으며, 직접으로 실행한 자보다 비난가능성 역시 적을 수도 있다. 이 때문에 형법상 간접정범에 관해 법률상 감경이 가능한 공범으로 파악한 입장이 법률상 감경의 가능성을 갖지 않는 정범으로 이해한 것보다는 형법의 보장기능을 높인다.[77] 입법권자는 간접정범을 독일처럼 정범으로 결단 내릴 수 있고, 일본 개정형법가안처럼 공범으로 파악할 수도 있는 것이다. 간접정범을 정범으로 파악한 입법형식이 실무상 언제나 옳고, 바람직하다고만 할 수 없는 이유이기도 하다.

② 형법이 제34조 제1항의 간접정범을 둔 것은 "어느 행위로 처벌되지 않는 자 또는 과실범으로 처벌되는 자를 이용하여 죄를 범하는 경우" 고의정범에 대한 공범성립의 종속형식에 의할 때 교사범이나 방조범으로 처벌할 수 없는 불합리한 간극을 극복하기 위함이다.[78] 공범종속설의 입장에 따를 때 교사범이나 방조범은 고의

---

76) 위의 책, 664쪽 이하 참조.

77) 이에 관해 자세한 것은 엄상섭(신동운 · 허일태 편저), "우리 형법전의 공범이론", 『효당 엄상섭 논집』, 서울대학교출판부, 2003, 182쪽 이하 참조.

78) 우리 형법의 제정 무렵 '고의정범에 대한 공범종속설'을 추종한 우리 입법자들에게 다음과 같은 문제가 제기되었다. "범죄구성요건 중에서 책임조각사유 등 어느 범죄성립요소가 결여되었다는

적 정범을 전제로 하고 있어서 범죄성립요소가 결핍되면 교사범이나 방조범으로 처벌될 수 없고, 정범이 과실범에 해당될 경우 교사범이나 방조범의 존재가 아예 불가능하다. 우리가 공범종속설을 따르고 있는 이상, 교사나 방조행위로 어느 범죄행위의 결과를 발생하게 하는 행위주체는 정범이 처벌되지 않거나 과실범으로 처벌될 경우 처벌이 아예 불가능한 측면을 숨길 수 없다. 이런 점을 간과한다는 것은 형법의 법익보호적 측면을 무시하는 결과를 낳는다. 따라서 이런 경우 간접정범의 형상을 통하여 법익을 보호해야 하고, 이런 범죄의 형상을 무조건 정범이어야만 한다는 주장은 항상 옳다고 할 수 없다.

③ 형법 제34조 제1항의 문언은 간접정범의 실행행위를 '교사 또는 방조하여'로 명시하고 있다. 간접정범 규정이 명시한 '교사 또는 방조하여'의 문언이 '교사범의 교사나 방조범의 방조'와 항상 동일 개념을 요한다고 말할 수 없다. 왜냐하면 교사범의 경우 '교사하여'라는 의미는 "타인을 설득하여 범죄 구성요건적 고의를 품게 하고, 이를 통해 해당 범죄구성요건을 피교사자로 하여금 실행하게 한다."는 뜻인 반면에, 간접정범의 실행행위 방식으로 명시한 '교사하여'는 언제나 이런 의미로만 쓰일 수 없기 때문이다. 간접정범에서 행위방식을 '교사하여'라는 행위방식처럼 방조범에서의 '방조' 역시 고의로 범죄구성요건을 실행하는 정범을 방조하여야 한다는 점에서 간접정범의 '방조'와 동일한 의미일 수 없음도 마찬가지이다. 이런 점에서 형법 제34조 제1항에서의 '교사 또는 방조하여'라는 문언은 '교사범에서의 교사' 혹은 '방조범에서 방조'와 동일한 의미로 이해할 수 없음은 분명하다.

그럼에도 간접정범의 실행행위방식으로서 '교사 또는 방조하여'는 우리의 일상적인 생활용어 사용에서의 '교사 또는 방조'의 의미로 이해하는 데 큰 무리가 없어 보인다. 한글학회에서 펴낸 우리말 큰 사전에 의하면 '교사'의 통상적인 의미는 '못된 일을 하도록 남을 부추김'이고, '방조'는 '거들어서 도와주는 것'을 뜻한다. 따라서 간접정범의 실행행위에 규정된 '교사 또는 방조하여'는 교사범에서의 '교사'와 방조범에서의 '방조'와 같은 동일한 의미는 아닐지라도, 못된 일을 하도록 남을 부추기

이유로 정범이 처벌되지 아니할 때 교사범이나 방조범도 함께 형사처벌을 면하는 것이 과연 합당한 것인가?" 이처럼 공범처벌의 불비가 문제된 상황에서 이의 해결을 위해 등장한 보완책이 다름 아닌 간접정범의 존재근거였음을 부인하기 어렵다. 이와 관련해서는 신동운, 『형법총론(제12판)』, 658쪽 참조.

는 '사주' 또는 '못된 일을 거들어서' 범죄의 실행행위에 기여한 행위유형으로 새길 수 있다.

간접정범에서 '교사 또는 방조하여'란 용어를 이처럼 통상적인 의미로 사용하여도 죄형법정주의에 반한다고 할 수 없다. 왜냐하면 간접정범에서 사용하는 '교사 또는 방조하여'는 우리의 일상생활용어인 "못된 일을 하도록 남을 부추기거나 혹은 못된 일을 거들음"과 내용상 그리 큰 차이가 없으며, '교사나 방조하여'라는 문언의 통상적 내용에서 본질적으로 벗어난 것으로 볼 수 없기 때문이다. 이런 점을 감안하면 간접정법의 행위방식은 교사범의 교사나 방조범의 방조와 동일한 것일 필요는 없지만 죄를 사주하거나 혹은 죄를 범하도록 거든다는 의미로 해석 가능한 것이다.

이처럼 이용자가 피이용자를 교사나 방조와 함께 "못된 일을 하도록 남을 부추기거나 혹은 못된 일을 거들어서" 범죄의 결과를 발생하게 하였다면, 범죄구성요건을 직접적으로 실행하지 않았을 뿐만 아니라, 범죄의 실행에 관여한 정도의 범위가 매우 폭넓을 수 있다. 물론 형법상 간접정범은 피이용자에 대한 이용자의 의사지배적인 경우도 있지만, 이와 달리 피이용자의 범죄구성요건 실행이 가능하도록 이용자가 넌지시 암시하거나 슬쩍 이용하는 경우 간접정범의 성립도 인정될 수 있다.

이런 점에서 앞에서 언급했던 사례 (1)의 경우 B는 A가 착오로 실행한 행위를 의식적으로 거들어 주었다는 점에서, B를 간접정범으로 처벌하게 된다면 법정형에 대한 형의 감경이 가능한 공범으로 처벌하는 것이 현실적으로 그리 부당한 것은 아니다.

④ 형법 제34조는 이용자에 대한 처벌을 '교사 또는 방조의 예'에 의하도록 함으로써 사안에 따라 정범의 형보다 필요적 감경이 가능한 간접정범의 법정형을 인정하고 있다. 정범으로 이해한다면, 결코 법정형의 감경을 인정할 수 없기에 법정형의 감경을 인정하는 형법상 간접정범은 공범으로 파악할 수 있는 유력한 근거이다.

이에 대해 "교사 또는 방조의 예에 의해 처벌된다."라는 문언은 형법 제34조 제1항의 간접정범을 공범으로 전제하고 있다는 근거로 보긴 부족하다는 비판이 있다. 그 이유로 "처벌의 문제를 해결하고 있는 규정을 그 가담형태의 본질에 관한 규정"으로 이해한다면, "교사자를 정범과 동일한 형으로 처벌한다."는 형법 제31조 제1항으로부터도 교사범은 정범이라고 도출할 수 있는 바, 이러한 방식은 옳다고 말할 수

없기 때문이란다.[79)]

이러한 비판은 잘못된 방향에서 질문하고, 잘못된 대답을 하고 있다. 그 이유는 다음과 같다.

첫째로 범죄구성요건을 실현하는 정범인 행위주체에 대해서는 그에 걸맞은 형벌이 정해져야 한다. 우리는 이것을 이른바 '정범에 대한 형벌의 법정주의'라고 할 수 있다. 그러기에 범죄구성요건을 주도적으로 실현하는 정범에 대해서는 어떤 "형에 처한다."고 명시하고 있으며, 이에 대한 예외는 '형벌의 법정주의'에 반하기 때문에 가능할 수 없다. 만일 범죄구성요건을 실현하였다고 할지라도 해당 범죄의 형벌에 관한 법정형이 명시되어 있지 않다면 그 구성요건을 실현하는 자는 무죄의 선고를 받게 된다. 판례도 이를 인정하고 있음은 물론이다.[80)] 따라서 어떤 범죄의 정범이 된다는 것은 언제나 해당 범죄의 법정형에 해당되는 범위에서 처벌되어야 한다. 따라서 형법 제34조의 간접정범을 처벌하는 법정형은 법문의 문언상 공범의 처벌 범위에 있다는 점에서 결코 정범으로 처벌할 수 없다고 해석하는 것이 문리해석에 걸맞다.

둘째로 교사범의 처벌을 정범과 "동일한 형으로 처벌한다."는 형법 제31조 제1항의 규정을 가지고 와서 간접정범의 본질을 비판하는 방식 역시 타당하지 않다. 왜냐하면 교사범의 처벌은 정범과 동일한 정도의 형벌을 부과해야 한다면, 교사범의 법정형에 대한 규정을 형법 제31조 제1항에서처럼 명시하지 않고, 달리 명시한다는 것은 입법기술상 무식한 일이기 때문이다.

셋째로 간접정범의 실행행위가 방조의 방식이나 이에 준한 이용의 방식으로 진행되었다면, 형법 제32조 제2항에서 볼 수 있는 바와 같이 형의 감경사유가 되고, 이는 법률상 감경사유로 형법 제55조에 의해 형벌의 감경으로 이어질 수 있다. 정범의 경우 아무런 법적 근거 없이 법정형의 범위의 하한을 벗어나서 해석론으로 감경할 수 있다는 사고방식은 이미 형법적 사고를 넘어선 위험한 것이다.

⑤ 형법 제34조 제1항의 간접정범은 타인을 도구로 이용하는 도구이론[81)]이나 의사지배설을 필요하지 않는다. 이런 이론에 의하지 않아도 간접정범의 존재근거를 설명하는 데에 전혀 어떤 문제도 야기하지 않기 때문이다.

---

79) 김성돈, 앞의 책, 658-659쪽.
80) 대법원 1977. 6. 28. 선고 77도251 판결 참조.
81) 엄상섭(신동운 · 허일태 편저), 앞의 글, 182쪽.

⑥ 형법은 교사범의 경우 정범에 관하여 "죄를 실행한 자"라고 명시하고 있고, 방조범의 경우 정범은 '범죄'를 범한 자로 전제하고 있다. 따라서 형법 제34조 제1항의 간접정범이 정범을 징표한 것이라면 해당 조문에서 간접정범에 관하여 "죄를 실행한 자"나 혹은 "범죄를 범한 자"라고 표현하지 굳이 중립적인 표현인 "범죄행위의 결과를 발생하게 한 자"라고 기술해야 할 이유가 없다. 왜냐하면 "범죄행위의 결과를 발생하게 한 자"는 정범에 국한된다고 말할 수 없고, 교사범이나 방조범도 당연히 포함되는 것으로 볼 수 있기 때문이다.[82]

⑦ 형법 제34조 제1항이 이용자의 교사나 방조행위 이외에 피이용자의 행위로 인한 범죄행위결과의 발생을 요건으로 하고 있는 바, 이런 요건은 간접정범을 정범으로 파악한 경우라면 사물논리상 처벌범위를 제한하기 위해 굳이 그런 처벌의 방지턱을 구축할 필요가 없을 것이다. 따라서 이런 요건은 간접정범을 공범으로 인정할 때 야기되는 처벌의 확장 범위를 막아주는 방지턱 역할을 한다.[83]

⑧ 형법 제34조의 입법사적 관점에 비추어 볼 때 간접정범은 공범설에 입각하고 있음을 부인할 수 없다. 왜냐하면 형법의 제정에 깊이 관여하였던 엄상섭에 따르면, 형법 제34조 제1항의 규정은 "제한적 종속형태와 결부하는 확장적 공범론을 이론적 근거로 삼았음"을 분명히 하고 있기 때문이다. 즉 "형법의 보장기능에 충실히 한다는 이유에서 확장적 공범론을 취하여 정범범위를 축소하는 태도를 취하였다는 것이 형법 제34조 제1항의 입법취지"임을 밝히고 있다.[84]

(2) 공범설에 대한 비판과 응답

공범설에 대한 비판적인 학자들은 그 밖에도 다음과 같은 문제점들을 지적하고 있다.

① 공범설은 교사범과 방조범 이외에 제3의 공범형태를 인정해야 가능한 이론인데, 형법상 공범에는 오직 교사범과 방조범 두 가지 종류밖에 없다.

이런 입장은 순수 이론적인 관점에서 틀린 것은 아니다. 행위주체로서 정범 이외에 공범을 두고 있고, 그 공범으로 교사범과 방조범이 통상의 공범에 속하기 때문이

82) 이에 관해 자세한 것은 신동운, 『형법총론(제12판)』, 657쪽 참조.
83) 김태명, 앞의 논문, 47쪽 이하.
84) 엄상섭(신동운 · 허일태 편저), 앞의 글, 182쪽 이하; 김태명, 앞의 논문, 48쪽 이하 참조.

다. 그러나 이런 입장은 간접정범은 절대적으로 정범임을 전제로 할 때 가능한 것이다. 강학상 간접정범의 본질과 현실세계에서 간접정범의 행위주체를 전체 범행의 과정을 장악하고 이를 실해하기 위해 타인에 대한 의사지배를 통해서 범죄의 결과를 발생하게 한 자를 정범으로 보는 것은 물론 자연스럽다.

그러나 형법의 해석은 입법자의 결단인 형법조문의 문언에서 출발해야 한다. 간접정범에 관한 형법 제34조 제1항의 문언을 창고 속에 가둬 두고서 강학상 간접정범을 노래하는 것은 한국 형법학자의 태도가 아니다. 간접정범에 관한 형법규정은 입법자의 결단이고, 그 입법자는 형법의 보장기능을 담보하기 위해 간접정범을 정범으로 처벌하지 않고 공범으로 처벌하고자 하였다.

② 형법 제34조의 표지가 '간접정범'임에 비추어 이는 '정범'의 일종으로 이해해야 한다는 비판이 있다.[85]

이런 비판은 그리 큰 설득력이 없어 보인다. 간접정범이라는 용어를 처음 사용한 Stübel조차 그것이 반드시 정범으로 파악해야 한다고 생각하지 않았으며, 교사범과의 본질적 구별도 제시하지 않았다. 형법은 제1편 제2장 제3절에서 '공동정범'과 '교사범', '방조범' 및 '간접정범'을 포함한 상위개념으로 '공범'이라고 표기하고 있다. 또한 우리 형법의 롤모델이었던 1931년 일본 개정형법가안은 간접정범에 관한 규정을 형법 제34조 제1항과 매우 유사하게 명시하고 있으며,[86] 그 규정이 공범의 성질을 갖고 있음을 확실히 하였다. 게다가 형법 교과서를 서술한 상당수 학자들도 정범과 교사범 및 방조범 그리고 간접정범을 함께 묶어 '공범'의 장으로 표현하고 있고,[87] 그 밖에도 우리 모두 '필요적 공범'이라고 부르면서도, 그것은 실제로 '정범'에 해당됨을 속일 수 없다. 이런 여러 점들을 감안할 때 '간접정범'이라는 표지 용어의 규범성은 결코 절대적이지 않음을 보여준다.[88]

③ 공범독립성을 취하지 않고 공범종속성을 받아들이고 있는 우리 형법학계에서

---

85) 배종대, 앞의 책, 463쪽; 정성근 · 박광민, 『형법총론(제2판)』, 506쪽.

86) 일본 개정형법가안 제29조: "전4조의 규정은 자기행위에 대하여 처벌받지 않는 자 또는 과실범으로서 처벌받는데 불과한 자를 행위에 가공시킨 경우에도 또한 이를 적용한다." 여기서 '전4조의 규정'에는 공동정범(제25조), 교사범(제26조), 방조범(제27조) 그리고 공범과 신분(제28조)에 관한 규정을 가리킨다. 따라서 간접정범의 상당수는 교사범이나 방조범의 벌로 처하게 됨을 인정하고 있다.

87) 예컨대 이재상, 앞의 책, 371쪽 이하; 정영석, 『형법총론(제4정판)』, 법문사, 1978, 226쪽 이하; 황산덕, 앞의 책, 207쪽 이하.

88) 신동운, 『형법총론(제12판)』, 660쪽 참조.

간접정범을 공범에 해당한다는 입장은 논리법칙에 어긋날 수 있다. 왜냐하면 만일 간접정범을 정범으로 보지 않고, 공범으로만 파악한다면 정범에 종속되어 있어야 하는 공범의 성격에서 볼 때 정범 없이 공범만 존재하는 결론에 이르게 되고, 이는 공범의 정범종속성에 반하기 때문이다. 즉 공범은 정범에 대한 종속형식을 전제로 하고 있으므로, 정범이 없는 공범의 존재는 논리적으로 납득하기 힘들다는 점에서 간접정범의 공범 인정은 정범종속설의 입장에서 볼 때 이론적으로 관철시키기 어렵다[89]는 지적은 그리 틀린 것이 아니다.

이처럼 정범설이 공범설에 대한 비판 중에서 설득력이 있어 보이는 점은 "공범독립성을 취하지 않고 정범종속성을 받아들이고 있는 우리 형법학계에서 간접정범을 공범에 해당한다는 입장은 논리법칙에 어긋날 수 있다."는 반론이다. 이런 비판은 형식 논리적 관점에서 그리 틀린 것은 아니라고 생각된다.

그러나 형법의 규정은 학설에 근거하여 빈틈없이 논리 일관적으로 형성되지 않음을 형법 제31조 제2항과 제3항에서도 찾아볼 수 있다. 만일 공범종속설의 입장이 철저히 관철된 경우라면 피교사자가 범죄의 실행을 승낙하지 아니한 때에는 교사자에 대하여 예비나 음모로 처벌될 수 없기 때문이다. 그럼에도 불구하고 예비나 음모로 처벌되는 것은 공범종속설과 공범독립설의 절충에서 탄생한 입법적 결단의 산물이기 때문이다.

마찬가지 논리로 형법 제34조 제1항의 간접정범의 본질을 설명할 수 있을 것이다. 즉 형법의 보장기능을 충실히 담보하기 위해 제한적 정범설을 추구할 필요성이 대두되었고, 이 때문에 제정형법의 제34조 제1항의 입법자는 범죄구성요건을 직접적으로 실행하지 않고 간접적으로 실행한 행위자에 대해 법정형의 부담을 안아야 되는 정범으로 처벌하지 않고, 이보다 가벌성의 완화가 가능한 공범의 형으로 처벌할 수 있도록 입법적 결단을 하였다.[90]

물론 행위지배가 정범의 핵심적 기준이라는 점에서 볼 때 형법 제34조 제1항의 간접정범 규정이 학리적으로 올바르게 형성된 입법인 것인지 묻는다면 그렇지 않다고 대답할 수 있다. 그러나 입법적 결단의 소산으로 탄생한 형법 제34조 제1항이 실

89) 김성돈, 앞의 책, 659쪽.
90) 엄상섭, 앞의 글, 182쪽 이하와 185쪽 참조.

무상으로 실익이 없는 조문인가라고 묻는다면 그렇지 않다고 말할 수 있다. 왜냐하면 형법 제34조 제1항은 사례 (1)과 (2)와 같은 간접정범의 문제를 큰 무리 없이 해결할 수 있는 장점도 갖고 있기 때문이다.

Ⅳ. 결 론

행위지배설을 주축으로 하는 정범개념과 정범에 대한 공범종속성을 전제할 때, 현행 형법에서 간접정범에 관한 입법적 결단이 없는 경우 간접정범은 범죄구성요건 실현의 전과정을 파악하거나 장악하고 있는 자가 처벌되지 않거나 과실로 처벌되는 타인을 이용하여 그것을 실현하는 자라는 점에서 사실상 정범으로 파악하는 데는 이론상 큰 무리가 없음은 분명하다.

게다가 공범설의 이론적 약점은 '강학상 공범'의 종류는 교사범과 방조범 두 가지뿐이며, 공범종속설을 추종한다면 정범을 전제해야 하는데, 그럼에도 불구하고 간접정범의 경우 공범만 존재한다는 것은 비논리적이라는 점이다. 간접정범이 순수한 공범형식이라면 행위방식 또한 철저한 공범의 내용을 갖추어야 할 것임에도 그렇지 않다는 것은 앞서 이미 논증한 바 있다.

그럼에도 불구하고 형법 제34조 제1항에서 타인을 이용하여 구성요건을 간접적으로 현실화시키는 간접정범의 경우 사안에 따라 정범에 준한 법정형으로 혹은 방조범의 법정형으로 처벌하려는 것은 형법의 보장기능을 강화시키려는 입법자의 결단이다. 이런 입법자의 결단에 의해서 탄생한 간접정범에 관한 규정은 공범형의 방식으로 접근하였고, 이 점은 형법 제34조의 제정과정과 당시에 제시되었던 제한적 정범개념, 즉 확장적 공범개념의 수용을 통한 형법의 보장기능 강화라는 이론적 근거에서도 나타나 있음을 볼 수 있다.

이런 점에서 형법 제34조 제1항의 간접정범은 넓은 의미에서 '공범형 간접정범' 혹은 '공범형 정범'이라고 불러도 무방해 보인다. 왜냐하면 형법 제34조 제1항의 간접정범은 정범으로 규정되어 있지 않음은 분명하며, 공범적 성격을 적지 않게 지녔으나 순수한 공범형식이라고 해석하기도 쉽지 않고, 공범종속성 원칙상 간접정범 역시 공범에 속할 수 없는 지극히 독자적인 '공범형 정범'이기 때문이다. 이와 같은 결론은 이미 차용석 교수가 '간접정범형식의 공범'[91]이라고 부르는 데서 찾아볼 수 있다. 오영근 교수 역시 '공범형 간접정범'을 형법 제34조에서 찾고 있다. 다만 그는 형법상 간접정범을 도구형과 공범형으로 구분하고, 도구형의 경우 강학상 간접정범의 문제 해결에 최적화되었다는 점에서 명문의 규정이 없어도 적용하는 데 무리가 없다고 본다. 이런 점에서 '공범형 간접정범'이 적용되어야 하는 형법 제34조 제1항의 간접정범과 분리하여 해결하여야 한다는 입장을 지니고 있다.[92] 오영근 교수의 이러한 태도는 이론적으로 적합성을 가질 수 있으나, 한편으로 공범형 간접정범을 형법 제34조 제1항에 근거한 '정범'이라고 보는 점에서 입법적 결단을 무시하고, 해석론으로 정범으로 파악하였고, 도구형 간접정범의 입법적 근거가 결여되어 있다는 점에서 아쉽다.[93]

91) 차용석, 『형사법강좌 II(형법총론 하)』, 한국형사법학회 편, 박영사, 1984, 703쪽에서 '간접정범형식의 교사범'과 '간접정범형식의 방조범'으로 표기하고 있다.

92) 오영근, 『형법총론(제5판)』, 박영사, 2019, 421쪽.

93) 같은 입장으로 신동운, 『형법총론(제12판)』, 695쪽.

제7장

장애미수, 불능미수와 불능범의 성립과 구별

– 대법원 2019. 3. 28. 선고 2018도16002 전원합의체 판결
〈준강간죄의 불능미수 사건〉 –

Ⅰ. 사실관계와 재판의 경과

피고인은 자신의 집에서 피해자와 함께 술을 마시다가 피해자를 따라 안방에 들어간 뒤, 피해자가 실제로는 반항이 불가능할 정도로 술에 취하지 아니하여 '항거불능의 상태에 있는 피해자'를 강간할 수 없음에도 불구하고, 피해자가 술에 만취하여 항거불능의 상태에 있다고 오인함으로써 누워 있는 피해자의 바지와 팬티를 벗긴 후 1회 간음하였다. 이로써 피고인은 피해자의 항거불능 상태를 이용하여 피해자를 강간하려고 하다가 미수에 그쳤다.

원심판결인 서울고등군사법원(2018. 9. 13. 선고 2018노88 판결)은 이와 관해 피고인의 죄책은 준강간죄의 불능미수에 해당한다고 판시하였다. 이에 상고한 피고인에 대해 대법원 합의체 판결은 10 대 3의 다수의견으로 원심과 동일한 입장으로 상고를 기각하였다.

Ⅱ. 판시사항과 판결요지

1. 판시사항

[2] 피고인이 피해자가 심신상실 또는 항거불능의 상태에 있다고 인식하고 그러한 상태를 이용하여 간음할 의사로 피해자를 간음하였으나 피해자가 실제로는 심신상실 또는 항거불능의 상태에 있지 않은 경우, 준강간죄의 불능미수가 성립하는지 여부

2. 판결요지

가. 다수의견

형법 제300조는 준강간죄의 미수범을 처벌한다. 또한 형법 제27조는 "실행의 수단 또는 대상의 착오로 인하여 결과의 발생이 불가능하더라도 위험성이 있는 때에는 처벌한다. 단, 형을 감경 또는 면제할 수 있다."라고 규정하여 불능미수범을 처벌하고 있다.

따라서 피고인이 피해자가 심신상실 또는 항거불능의 상태에 있다고 인식하고 그러한 상태를 이용하여 간음할 의사로 피해자를 간음하였으나 피해자가 실제로는 심신상실 또는 항거불능의 상태에 있지 않은 경우에는, 실행의 수단 또는 대상의 착오로 인하여 준강간죄에서 규정하고 있는 구성요건적 결과의 발생이 처음부터 불가능하였고 실제로 그러한 결과가 발생하였다고 할 수 없다. 피고인이 준강간의 실행에 착수하였으나 범죄가 기수에 이르지 못하였으므로 준강간죄의 미수범이 성립한다. 피고인이 행위 당시에 인식한 사정을 놓고 일반인이 객관적으로 판단하여 보았을 때 준강간의 결과가 발생할 위험성이 있었으므로 준강간죄의 불능미수가 성립한다.

형법 제27조에서 정한 '실행의 수단 또는 대상의 착오'는 행위자가 시도한 행위방법 또는 행위객체로는 결과의 발생이 처음부터 불가능하다는 것을 의미한다. 그리고 '결과 발생의 불가능'은 실행의 수단 또는 대상의 원시적 불가능성으로 인하여 범죄가 기수에 이를 수 없는 것을 의미한다고 보아야 한다.

한편 불능범과 구별되는 불능미수의 성립요건인 '위험성'은 피고인이 행위 당시

에 인식한 사정을 놓고 일반인이 객관적으로 판단하여 결과 발생의 가능성이 있는지 여부를 따져야 한다.

나. 반대의견[1)]

형법 제27조(불능범)는 "실행의 수단 또는 대상의 착오로 인하여 결과의 발생이 불가능하더라도 위험성이 있는 때에는 처벌한다. 단, 형을 감경 또는 면제할 수 있다."라고 규정하고 있다. 이 조항 표제에서 말하는 '불능범'이란 범죄행위의 성질상 결과 발생 또는 법익침해의 가능성이 절대로 있을 수 없는 경우를 말한다. 여기에서 '실행의 수단의 착오'란 실행에 착수하였으나 행위자가 선택한 실행수단의 성질상 그 수단으로는 의욕한 결과 발생을 현실적으로 일으킬 수 없음에도 무지나 오인으로 인하여 당해 구성요건적 행위의 기수 가능성을 상정한 경우를 의미한다. 그리고 대상의 착오란 행위자가 선택한 행위객체의 성질상 그 행위객체가 흠결되어 있거나 침해될 수 없는 상태에 놓여 있어 의욕한 결과 발생을 현실적으로 일으킬 수 없음에도 무지나 오인으로 인하여 당해 구성요건적 행위의 기수 가능성을 상정한 경우를 의미한다. 한편 형법 제27조에서 '결과 발생이 불가능'하다는 것은 범죄기수의 불가능뿐만 아니라 범죄실현의 불가능을 포함하는 개념이다. 행위가 종료된 사후적 시점에서 판단하게 되면 형법에 규정된 모든 형태의 미수범은 결과가 발생하지 않은 사태라고 볼 수 있으므로, 만약 '결과 불발생', 즉 결과가 현실적으로 발생하지 않았다는 것과 '결과 발생 불가능', 즉 범죄실현이 불가능하다는 것을 구분하지 않는다면 장애미수범과 불능미수범은 구별되지 않는다. 다시 말하면, 형법 제27조의 '결과 발생의 불가능'은 사실관계의 확정단계에서 밝혀지는 '결과 불발생'과는 엄격히 구별되는 개념이다.

이 조항의 표제는 '불능범'으로 되어 있지만, 그 내용은 가벌적 불능범, 즉 '불능미수'에 관한 것이다. 불능미수란 행위의 성질상 어떠한 경우에도 구성요건이 실현될 가능성이 없지만 '위험성' 때문에 미수범으로 처벌하는 경우를 말한다. 판례는 불능미수의 판단 기준으로서 위험성의 판단은 피고인이 행위 당시에 인식한 사정을 놓고 이것이 객관적으로 일반인의 판단으로 보아 결과 발생의 가능성이 있느냐를

---

1) 대법관 권순일, 대법관 안철상, 대법관 김상환의 반대의견.

따져야 한다는 입장을 취하고 있다.

형법 제27조의 입법 취지는, 행위자가 의도한 대로 구성요건을 실현하는 것이 객관적으로 보아 애당초 가능하지 않았기 때문에 원칙적으로 미수범으로도 처벌의 대상이 되지 않을 것이지만 규범적 관점에서 보아 위험성 요건을 충족하는 예외적인 경우에는 미수범으로 보아 형사처벌을 가능하게 하자는 데 있다. 그렇기 때문에 형법 제27조에서 말하는 결과 발생의 불가능 여부는 실행의 수단이나 대상을 착오한 행위자가 아니라 그 행위 자체의 의미를 통찰력이 있는 일반인의 기준에서 보아 어떠한 조건 하에서도 결과 발생의 개연성이 존재하지 않는지를 기준으로 판단하여야 한다. 따라서 일정한 조건 하에서는 결과 발생의 개연성이 존재하지만 특별히 그 행위 당시의 사정으로 인해 결과 발생이 이루어지지 못한 경우는 불능미수가 아니라 장애미수가 될 뿐이다.

Ⅲ. 판례 분석

1. 들어가면서

(1) 형법 제27조의 불능미수범 성립에 관해 판례와 학설은 참으로 다양한 양상을 보여주고 있다.[2] 특히 형법 제27조에서 명시하고 있는 '위험성'에 관한 해석을 둘러싸고 더욱 그런 모습을 보여주고 있다. 학설 중의 일부는 이런 위험성에 관해 새로운 해석을 시도하기도 한다. 즉 위험성 여부는 구성요건의 단계에서부터 책임의 영역까지 줄곧 심사해야 할 문제로 본다.[3] 일부는 독일에서 주장되었던 인상설은 독일법제에 걸맞은 것이고, 전혀 다른 내용을 가진 우리 형법규정의 해석으로는 맞지 않다[4]고 설명한다.

(2) 불능미수는 형법상의 구성요건적 결과발생이 물리적으로 야기될 수 없는 실

2) 학설의 다양성에 관해 잘 정리된 문헌은 천진호, 『형법총론』, 준커무니케이션즈, 2016, 710~717쪽.
3) 특히 위의 책, 717쪽 이하 참조.
4) 오영근, 『형법총론』 제3판, 박영사, 2014, 343쪽.

행행위에 속한다. 그럼에도 불구하고 대부분의 국가들은 무엇 때문에 불능미수를 처벌하고 있을까? 그 처벌이유는 아마도 형법 자체의 특질에서 비롯된 것으로 보인다. 형법은 물론 최후의 수단으로 사용되어야 한다는 점에서 단편적인 성격을 갖는다. 그럼에도 불구하고 사적 복수를 극복하기 위해 탄생된 현대적 의미의 형벌은 무엇보다 범죄의 예방을 주된 목적으로 삼고 있다. 왜냐하면 사적 복수가 철저히 극복되기 위해서는 책임주의와 적법절차를 동반한 형벌에 의하여 사적 복수를 행사할 만한 틈새를 가급적 줄이고, 이를 통해 사회평화가 정착될 수 있어야 했기 때문이다. 그러므로 사회적 평화를 실질적으로 침해할 만한 특정 구성요건의 실현행위를 탈법적, 위법적 또는 불법적으로 시도하는 자에 대해 가벌적 불능미수를 인정하게 된 것이다. 이런 점에서 각국마다 불능미수의 처벌근거를 전혀 달리할 수 없는 것이다. 따라서 독일에서 주장된 이론이라는 이유로 무조건 배척하는 것은 불능미수범의 처벌근거나 취지를 제대로 이해하지 못한 관점이라고 할 수 있다.

2. 학설과 판례

(1) 학 설

① 학설의 대다수는 구체적 위험설을 취하고 있다. 이에 의하면 행위 당시 일반인이 인식할 수 있었던 사정과 행위자가 특별히 인식했던 사정을 모두 기초로 하여 일반인의 입장에서 판단하여 결과 발생의 가능성이 있으면 불능미수, 결과 발생의 가능성이 없으면 불능범이라고 한다.[5] 위험성에 관해 일반인이 인식한 사정뿐만 아니라 행위자가 특별히 인식한 사정을 기초로 일반인의 관점에서 평가해야 한다는 입장이다. 이런 입장을 구체적 위험설이라고 부르고 있으나, 적합한 용어로 보기 어렵다. 왜냐하면 행위자가 특별히 인식한 사정을 기초로 하고 있음을 전제하는 것은 추상적 위험설의 입장을 철저히 극복한 구체적 위험설이라고 보기 어렵기 때문이다. 더구나 이 학설은 행위자가 인식한 사정과 일반인이 인식한 사정이 서로 다른 경우 어느 쪽을 기준으로 할 것인지가 여전히 문제로 남는다.

---

5) 박상기, 『형법총론』 제8판, 박영사, 2009, 358쪽; 배종대, 『형법총론』 제12판, 홍문사, 2016, 519~520쪽; 이재상, 『형법총론』 신전정판, 박영사, 1996, 358쪽.

② 그래서 이런 문제점을 극복하기 위해 이른바 수정된 구체적 위험설을 주장하고 있는 분들이 늘고 있다. 이에 따르면 위험성에 관해 일반인이 인식할 수 있었던 사정만을 기초로 하여 일반인의 입장에서 결과 발생의 가능성 유무를 판단하여 위험성 유무를 결정해야 한다는 것이다.[6] 이런 입장은 구체적 위험설을 보완하고 있음은 물론이다. 그러나 이 학설은 다음과 같은 문제점을 낳고 있다.

첫째로 일반인의 관점에서 인식은 언제나 실체적 진실과 부합한다는 것을 전제로 하지만, 그런 사고는 억측일 수도 있다. 많은 경우 행위자의 인식은 일반인들의 인식과 본질적 차이를 갖는 경우가 드물기 때문이다. 예를 들어보자. 음식점에 걸어둔 타인의 외투에서 지갑을 몰래 훔친 피고인이 화장실 가서 그 지갑을 열어 보니, 음식점에서 들어오는 길에 잃어버렸던 자신의 지갑이었다. 또 다른 사례로 타인의 두툼한 주머니 속에 화폐가 많이 있을 줄 알고 절취를 시도했으나 각종 영수증의 묶음이었다. 이런 경우 행위자도 일반인도 동일한 착각을 했을 것이다.

둘째로 일반인이 인식한 사정 역시 모두 동일할 것이라고 볼 수도 없다. 아무리 평균적인 일반인의 인식이라고 하더라도 그 점은 큰 변화가 없어 보인다.

셋째로 수정된 구체적 위험설을 이용한다고 해서 장애미수와 불능미수를 명확히 구별할 수 없다. 행위주체의 고의는 행위시점에서 존재해야 되며, 사후에 비로소 형성되는 것은 아니기 때문이다.

(2) 판 례

(가) 판례의 다수의견

판례는 이른바 '추상적 위험설'을 따르고 있다. 이에 의하면 형법 제27조의 위험성은 행위자가 행위 당시에 인식한 사정을 놓고 일반인이 객관적으로 판단하여 보았을 때 위험하다고 평가할 수 있다면 그 요건을 충족한다고 본다. 따라서 타인의 주머니에 손을 넣어 지갑이나 돈을 절취하려고 하였으나, 그곳에 돈이 없어 절취하지 못하였다면 장애미수라고 할 수 없고, 불능미수에 해당될 뿐이라고 새기게 된다. 대상판결의 사실관계도 마찬가지로 행위자의 입장에서 피해자가 항거불능 상태에

---

6) 신동운, 『형법총론』 제10판, 법문사, 2017, 533쪽 이하 참조; 오영근, 앞의 책, 34쪽 이하; 임웅, 『형법총론』 제7정판, 법문사, 2015, 402~403쪽.

빠져 있다고 착각한 경우이므로 행위자가 인식한 사정을 기초로 할 때 행위자는 불능미수범이 성립된다는 결론에 이른다.

대상판례의 경우 다수의견은 그 이유를 다음과 같이 들고 있다.

① 형법 제27조에서 규정하고 있는 불능미수는 행위자에게 범죄의사가 있고 실행의 착수라고 볼 수 있는 실행행위가 있지만 실행의 수단이나 대상의 착오로 처음부터 구성요건이 충족될 가능성이 없는 경우이다. 다만 결과적으로 구성요건의 충족은 불가능하더라도, 그 행위의 위험성이 있으면 불능미수로 처벌한다. 그러므로 불능미수는 행위자가 실제로 존재하지 않는 사실을 존재한다고 오인하였다는 측면에서 존재하는 사실을 인식하지 못한 사실의 착오와 다르다.

② 형법은 제25조 제1항에서 "범죄의 실행에 착수하여 행위를 종료하지 못하였거나 결과가 발생하지 아니한 때에는 미수범으로 처벌한다."라고 하여 장애미수를 규정하고, 제26조에서 "범인이 자의로 실행에 착수한 행위를 중지하거나 그 행위로 인한 결과의 발생을 방지한 때에는 형을 감경 또는 면제한다."라고 하여 중지미수를 명시하고 있다. 장애미수 또는 중지미수는 범죄의 실행에 착수할 당시 실행행위를 놓고 판단하였을 때 행위자가 의도한 범죄의 기수로 성립될 가능성이 있었으므로 처음부터 기수가 될 가능성이 객관적으로 배제되는 불능미수와 구별된다.

③ 형법 제27조에서 정한 '실행의 수단 또는 대상의 착오'는 행위자가 시도한 행위방법 또는 행위객체로는 결과의 발생이 처음부터 불가능하다는 것을 의미한다. 그리고 '결과 발생의 불가능'은 실행의 수단 또는 대상의 원시적 불가능성으로 인하여 범죄가 기수에 이를 수 없는 것을 의미한다고 보아야 한다.

한편 불능범과 구별되는 불능미수의 성립요건인 '위험성'은 피고인이 행위 당시에 인식한 사정을 놓고 일반인이 객관적으로 판단하여 결과 발생의 가능성이 있는지 여부를 따져야 한다.

④ 형법 제299조에서 규정한 준강간죄는 사람의 심신상실 또는 항거불능의 상태를 이용하여 간음함으로써 성립하는 범죄로서, 정신적 · 신체적 사정으로 인하여 성적인 자기방어를 할 수 없는 사람의 성적 자기결정권을 보호법익으로 한다. 심신상실 또는 항거불능의 상태는 피해자에게 존재하여야 하므로 준강간죄에서 행위의 대상은 '심신상실 또는 항거불능의 상태에 있는 사람'이다. 그리고 구성요건에 해당하

는 행위는 그러한 '심신상실 또는 항거불능의 상태를 이용하여 간음'하는 것이다. 심신상실 또는 항거불능의 상태에 있는 사람에 대하여 그 사람의 그러한 상태를 이용하여 간음행위를 하면 구성요건이 충족되어 준강간죄가 기수에 이른다.

피고인이 피해자가 심신상실 또는 항거불능의 상태에 있다고 인식하고 그러한 상태를 이용하여 간음할 의사를 가지고 간음하였으나, 실행의 착수 당시부터 피해자가 실제로는 심신상실 또는 항거불능의 상태에 있지 않았다면, 실행의 수단 또는 대상의 착오로 준강간죄의 기수에 이를 가능성이 처음부터 없다고 볼 수 있다. 이 경우 피고인이 행위 당시에 인식한 사정을 놓고 일반인이 객관적으로 판단하여 보았을 때 정신적·신체적 사정으로 인하여 성적인 자기방어를 할 수 없는 사람의 성적 자기결정권을 침해하여 준강간의 결과가 발생할 위험성이 있었다면 불능미수가 성립한다고 보아야 하기 때문이다.

(나) 판례의 반대의견[7)]

① 형법 제13조(범의)는 "죄의 성립요소인 사실을 인식하지 못한 행위는 벌하지 아니한다."라고 규정하고 있다. 여기에서 '죄의 성립요소인 사실'이란 형법에 규정된 범죄유형인 구성요건에서 외부적 표지인 객관적 구성요건요소, 즉 행위주체·객체·행위·결과 등을 말한다. 이와 달리 행위자의 내면에 속하는 심리적·정신적 상태를 주관적 구성요건요소라고 하는데, 고의가 대표적인 예이다. 형법 제13조는 고의범이 성립하려면 행위자는 객관적 구성요건요소인 행위주체·객체·행위·결과 등에 관한 인식을 갖고 있어야 한다고 규정하고 있으므로, 구성요건 중에 특별한 행위양태(예컨대 강간죄에서의 '폭행·협박'이나 준강간죄에서의 '심신상실 또는 항거불능의 상태를 이용' 등)를 필요로 하는 경우에는 이러한 사정의 존재에 대해서도 행위자가 인식하여야 한다.

② 형법 제27조(불능범)는 "실행의 수단 또는 대상의 착오로 인하여 결과의 발생이 불가능하더라도 위험성이 있는 때에는 처벌한다. 단, 형을 감경 또는 면제할 수 있다."라고 규정하고 있다. 이 조항 표제에서 말하는 '불능범'이란 범죄행위의 성질상 결과 발생 또는 법익침해의 가능성이 절대로 있을 수 없는 경우를 말한다. 여기

7) 대법관 권순일, 대법관 안철상, 대법관 김상환의 의견.

에서 '실행의 수단의 착오'란 실행에 착수하였으나 행위자가 선택한 실행수단의 성질상 그 수단으로는 의욕한 결과 발생을 현실적으로 일으킬 수 없음에도 무지나 오인으로 인하여 당해 구성요건적 행위의 기수 가능성을 상정한 경우를 의미한다. 그리고 대상의 착오란 행위자가 선택한 행위객체의 성질상 그 행위객체가 흠결되어 있거나 침해될 수 없는 상태에 놓여 있어 의욕한 결과 발생을 현실적으로 일으킬 수 없음에도 무지나 오인으로 인하여 당해 구성요건적 행위의 기수 가능성을 상정한 경우를 의미한다.

한편 형법 제27조에서 '결과 발생이 불가능'하다는 것은 범죄기수의 불가능뿐만 아니라 범죄실현의 불가능을 포함하는 개념이다. 행위가 종료된 사후적 시점에서 판단하게 되면 형법에 규정된 모든 형태의 미수범은 결과가 발생하지 않은 사태라고 볼 수 있으므로, 만약 '결과 불발생', 즉 결과가 현실적으로 발생하지 않았다는 것과 '결과 발생 불가능', 즉 범죄실현이 불가능하다는 것을 구분하지 않는다면 장애미수범과 불능미수범은 구별되지 않는다. 다시 말하면, 형법 제27조의 '결과 발생의 불가능'은 사실관계의 확정단계에서 밝혀지는 '결과 불발생'과는 엄격히 구별되는 개념이다.

이 조항의 표제는 '불능범'으로 되어 있지만, 그 내용은 가벌적 불능범, 즉 '불능미수'에 관한 것이다. 불능미수란 행위의 성질상 어떠한 경우에도 구성요건이 실현될 가능성이 없지만 '위험성' 때문에 미수범으로 처벌하는 경우를 말한다. 판례는 불능미수의 판단 기준으로서 위험성의 판단은 피고인이 행위 당시에 인식한 사정을 놓고 이것이 객관적으로 일반인의 판단으로 보아 결과 발생의 가능성이 있느냐를 따져야 한다는 입장을 취하고 있다.

형법 제27조의 입법 취지는, 행위자가 의도한 대로 구성요건을 실현하는 것이 객관적으로 보아 애당초 가능하지 않았기 때문에 원칙적으로 미수범으로도 처벌의 대상이 되지 않을 것이지만 규범적 관점에서 보아 위험성 요건을 충족하는 예외적인 경우에는 미수범으로 보아 형사처벌을 가능하게 하자는 데 있다. 그렇기 때문에 형법 제27조에서 말하는 결과 발생의 불가능 여부는 실행의 수단이나 대상을 착오한 행위자가 아니라 그 행위 자체의 의미를 통찰력이 있는 일반인의 기준에서 보아 어떠한 조건 하에서도 결과 발생의 개연성이 존재하지 않는지를 기준으로 판단하여야 한다. 따라서 일정한 조건 하에서는 결과 발생의 개연성이 존재하지만 특별히 그 행위 당시의 사정으로 인해 결과 발생이 이루어지지 못한 경우는 불능미수가 아니라 장애미수가 될 뿐이다.

③ 강간죄나 준강간죄는 구성요건결과의 발생을 요건으로 하는 결과범이자 보호법익의 현실적 침해를 요하는 침해범이다. 그러므로 강간죄나 준강간죄에서 구성요건결과가 발생하였는지 여부는 간음이 이루어졌는지, 즉 그 보호법익인 개인의 성적 자기결정권이 침해되었는지를 기준으로 판단하여야 한다.

다수의견은 준강간죄의 행위의 객체를 '심신상실 또는 항거불능의 상태에 있는 사람'이라고 보고 있다. 그러나 형법 제299조는 "사람의 심신상실 또는 항거불능의 상태를 이용하여 간음 또는 추행을 한 자는 제297조, 제297조의2 및 제298조의 예에 의한다."라고 규정함으로써 '심신상실 또는 항거불능의 상태를 이용'하여 '사람'을 '간음 또는 추행'하는 것을 처벌하고 있다. 즉 심신상실 또는 항거불능의 상태를 이용하는 것은 범행 방법으로서 구성요건의 특별한 행위양태에 해당하고, 구성요건행위의 객체는 사람이다. 이러한 점은 "폭행 또는 협박으로 사람을 강간한 자는 3년 이상의 유기징역에 처한다."라고 정한 형법 제297조의 규정과 비교하여 보면 보다 분명하게 드러난다. 형법 제297조의 '폭행 또는 협박으로'에 대응하는 부분이 형법 제299조의 '사람의 심신상실 또는 항거불능의 상태를 이용하여'라는 부분이다. 구성요건행위이자 구성요건결과인 간음이 피해자가 저항할 수 없는 상태에 놓였을 때 이루어진다는 점은 강간죄나 준강간죄 모두 마찬가지이다. 다만 강간죄의 경우에는 '폭행 또는 협박으로' 항거를 불가능하게 하는 데 반하여, 준강간죄의 경우에는 이미 존재하고 있는 '항거불능의 상태를 이용'한다는 점이 다를 뿐이다. 다수의견의 견해는 형벌조항의 문언의 범위를 벗어나는 해석이다.

④ 결론적으로 다수의견은 구성요건해당성 또는 구성요건의 충족의 문제와 형법 제27조에서 말하는 결과 발생의 불가능의 의미를 혼동하고 있다. 만약 다수의견처럼 보게 되면, 피고인의 행위가 검사가 공소 제기한 범죄의 구성요건을 충족하지 못하면 그 결과의 발생이 불가능한 때에 해당한다는 것과 다름없고, 검사가 공소장에 기재한 적용법조에서 규정하고 있는 범죄의 구성요건요소가 되는 사실을 증명하지 못한 때에도 불능미수범으로 처벌할 수 있다는 결론에 이르게 된다. 이러한 해석론

은 근대형법의 기본원칙인 죄형법정주의를 전면적으로 형해화하는 결과를 초래하는 것이어서 도저히 받아들일 수 없다.

3. 학설과 판례에 대한 비판적 검토

(1) 위험성의 판단대상

학설의 대부분과 판례는 가벌적 불능미수범의 요건으로서 위험성의 판단대상을 명확히 언급하지 않고 있다.[8] 그 이유는 아마도 행위자의 실행행위로 결과 발생이 불가능하더라도 위험성이 존재한 때에 처벌한다는 형법 제27조의 혼란스런 규정에 기인해 보인다. 왜냐하면 행위자의 실행행위가 애초부터 해당 구성요건의 결과발생을 불가능하게 한다면 그 행위로 결과 발생의 위험성이 아예 존재하지 않기 때문이다.

이처럼 불능미수는 애초부터 행위주체의 행위객체에 대한 침해행위는 결과 발생의 가능성도 없기 때문에, 결과 발생의 위험성 역시 존재할 수 없다. 결과발생이 불가능한데, 이를 두고 결과발생의 위험성이 존재한다고 주장하는 것은 논리법칙에 어긋나기 때문이다. 그렇기 때문에 판례나 학설에서 결과 발생의 위험성을 행위객체에 대한 침해에서 찾으려고 한다면 이것은 아예 잘못된 시도이다.

모든 범죄는 금지규범 내지 요구규범의 형식으로 구성되어 있다. 이들 금지규범 내지 요구규범은 사회방위를 위해 불가피한 경우 특정한 행위를 형벌로 금지하거나 혹은 이행을 요구하는 식이다. 이들 금지규범은 법정구성요건의 실현 금지를 통하여 법익을 보호하려는 데 그 목적을 두고 있다.

이런 관점에서 볼 때 대상판례의 반대의견의 다음과 같은 입장은 시사하는 바가 크다고 할 것이다. "**형법 제27조의 입법 취지는**, 행위자가 의도한 대로 구성요건을 실현하는 것이 객관적으로 보아 애당초 가능하지 않았기 때문에 원칙적으로 미수범으로도 처벌의 대상이 되지 않을 것이지만 **규범적 관점에서 보아 위험성 요건을 충족하는 예외적인 경우에는 미수범으로 보아 형사처벌을 가능하게 하자는 데 있다.**"

이를 다음과 같이 수정하여 설명할 수 있다. 즉 **형법상 불능미수의 금지 취지는 비록 행위자가 의도한 대로 구성요건을 실현하는 것이 객관적으로 보아 애당초 가**

8) 예외적으로 이 문제를 다루고 있는 학자로서는 임웅, 앞의 책, 402쪽 참조.

능하지 않았다고 하더라도 금지규범(혹은 요구규범)을 통하여 보호하고자 하는 법익에 대한 침해 위험성으로 연결될 수 있는 구성요건적 행위를 실행했다면, 그런 실행행위가 사회적으로 보았을 때 보호법익을 침해할 만한 위험한 것으로 판단되었을 때에는 처벌하자는 것이다.

따라서 불능미수의 성립요건인 위험성의 판단대상은 구성요건적 행위객체의 결과 발생 위험성이라기보다는 오히려 보호법익의 침해 위험성이라는 규범적 관점에서 파악되어야 하는 것이 옳다고 할 것이다.

(2) 위험성 판단의 기준

위험성 판단의 기준에 관하여 판례는 이른바 추상적 위험설을, 학계는 구체적 위험설을 취하고 있다는 점은 이미 상론한 바 있다. 그러나 이들 양 입장은 논리적으로 납득하기 어려운 전제에서 출발한다. 왜냐하면 구성요건적 행위객체에 대한 침해의 위험성에 관해 행위자 개인의 인식을 기초로 할 것이냐, 아니면 행위자 개인의 특별한 인식과 함께 일반인의 인식을 기초로 할 것이나 또는 아예 일반인의 인식한 것을 기초로 할 것이냐 하면서 서로 다투고 있기 때문이다. 이는 바로 앞서 논증한 바와 같이 잘못된 전제에서 출발하고 있다.

행위자의 구성요건 실현행위와 그로 인해 발생한 결과 발생이 불가능한 것이라면 결과 발행의 위험성 역시 불가능하다는 점은 이미 적시한 바 있다. 따라서 불능미수범에서의 위험성이라는 것은 형법 제27조 불능미수범 규정의 취지에 따라, "금지규범(혹은 요구규범)을 통하여 보호하고자 하는 법익에 대한 침해 위험성으로 연결될 수 있는 구성요건적 행위를 실행했다면, 그런 실행행위가 사회적으로 보았을 때 보호법익을 침해할 만한 위험한 것으로 판단되었을 때에는 처벌하자는 것이다."

이런 점에서 "형법 제27조에서 말하는 결과 발생의 불가능 여부는 실행의 수단이나 대상을 착오한 행위자가 아니라 그 행위 자체의 의미를 통찰력이 있는 일반인의 기준에서 보아 어떠한 조건 하에서도 결과 발생의 개연성이 존재하지 않는지를 기준으로 판단하여야 한다. 따라서 일정한 조건 하에서는 결과 발생의 개연성이 존재하지만 특별히 그 행위 당시의 사정으로 인해 결과 발생이 이루어지지 못한 경우는 불능미수가 아니라 장애미수가 될 뿐이다."[9] 즉 해당 사안의 경우 통찰력이 있는 일반인이라면 결과 발생의 개연성을 인정할 수 있을 경우 장애미수로 인정할 수 있음에 반해, 불능미수는 그런 결과 발생의 개연성을 인정할 수 없고, 단지 법익침해의 위험성을 일반사회에 충분히 심어 줄 수 있는 정도에 이르면 형사처벌이 요구된다고 할 것이다.

이에 반해 통찰력이 있는 일반인의 관점에서 볼 때 행위주체의 실행행위로 결과 발생의 개연성이 애초부터 불가능할 뿐만 아니라, 일반사회인에게 법익침해의 위험성을 충분히 심어 줄 수 없는 것이라면 불능범으로서 불가벌이 된다고 해야 할 것이다.

4. 형법 제299조의 행위방법과 행위객체

형법 제299조는 "사람의 심신상실 또는 항거불능의 상태를 이용하여 간음 또는 추행을 한 자는 제297조 …의 예에 의한다."라고 규정함으로써 '심신상실 또는 항거불능의 상태를 이용'하여 '사람'을 '간음 또는 추행'하는 것을 처벌하고 있다. 따라서 항거불능의 상태를 이용하는 것은 범행방법이고, 이는 구성요건의 특별한 행위양태에 해당한다.[10] 이와 달리 제297조가 명시한 구성요건행위의 객체는 사람이다. 다시 말해 사람에 대한 '항거불능할 정도의 폭행(행위수단)에 의해서' 간음하면 강간죄가 성립되고, '항거불능의 상태를 이용'(행위수단)하여 간음하면 준강간죄가 성립되는 것이다.

그럼에도 전원합의체 다수의견은 행위수단과 행위객체를 혼돈하고 있다. 형법 제299조의 행위객체는 단순히 사람에 한정되었을 뿐이고, 행위수단인 '항거불능의 상태를 이용하여' 그 행위객체를 간음한 것이다. 이에 반해 다수의견은 형법 제299조의 행위객체를 '항거불능의 상태에 있는 사람'이라고 보고 있다. 다수의견은 형법 제299조의 명시된 규정을 있는 그대로 해석하지 않고 자의적으로 행위수단과 행위객체를 혼돈하여 해석함으로써 죄형법정주의를 왜곡하고 있다.

---

9) 대법관 권순일, 대법관 안철상, 대법관 김상환의 의견.
10) 이에 관련하여 자세한 것은 전원합의체의 반대의견 ③ 참조.

Ⅳ. 결 론

형법 제27조의 규정에 의하면 행위주체는 범하고자 하는 범행의 수단 또는 대상의 착오로 인하여 결과 발생을 아예 초래할 수 없음에도 그런 실현행위로 위험성이 있을 경우 처벌한다는 것이다. 실행의 수단이나 실행 대상의 착오에 기인하여 결과 발생을 야기할 수 없다면 결과 발생의 위험성도 없음은 물론이다. 그렇다면 여기서의 위험성은 결과 발생의 위험성이 아니라, 금지규범에 대한 실행행위의 위험성을 의미한다고 보는 것이 합리적이다. 이는 다른 말로 표현하자면 실행의 수단이나 실행대상의 착오로 인하여 결과 발생을 전혀 야기할 수 없어도 해당 범죄의 금지규범을 통해서 보호하고자 하는 법익에 대한 침해의 위험성을 갖는 실행행위를 행위주체가 범하였다면, 처벌 가능함을 징표한 것이다. 다만 이런 경우 형을 감경하거나 면제할 수 있다고 함으로써 장애미수와 달리 처벌의 강도를 한층 완화하고 있다.

불능미수의 성립을 인정할 근거로서 '행위객체에 대한 침해행위의 위험성'을 가지고 판단기준으로 삼고 있는 학설이나 판례의 다수의견은 논리법칙에 어긋난다. 왜냐하면 결과 발생의 가능성이 전혀 없다면 결과 발생의 위험성은 아예 없음에도 불구하고, 결과 발생의 위험성이 있음을 전제로 그 여부를 따지고 있기 때문이다.

전원합의체의 반대의견에서 제시하고 있는 견해처럼 불능미수를 처벌하려는 취지는 금지규범(혹은 요구규범)을 통하여 보호하고자 하는 법익에 대한 침해 위험성으로 연결될 수 있는 구성요건적 행위를 실행했다면, 그런 실행행위가 일반인의 관점에서 보아 보호법익을 침해할 만한 위험한 것으로 판단되었을 때에는 처벌하자는 것이다.[11] 이에 따라 통찰력 있는 일반인의 관점에서 볼 때 행위주체의 실행행위로 결과 발생의 개연성을 야기할 수 있을 때에는 장애미수가 성립하는 것이고, 구성요건적 결과 발생은 불가능하지만 법익침해의 개연성이 있다고 평가된다면 불능미수가 성립되며, 아예 법익침해의 가능성조차 불가능해 보일 때에는 불능범으로서 불가벌이 된다고 해야 한다.

이에 따라 대상판결의 사안에 관해서는 불능미수로 인정하기 곤란하고, 오히려 장애미수로 파악함이 타당해 보인다. 왜냐하면 행위주체는 "피해자가 술에 만취하

11) 전원합의체의 반대의견 ② 참조.

여 항거불능의 상태에 있다고 오인하였을 뿐이고", 이런 오인에 기초하여 해당 피해자에 대한 간음을 범하였고, 간음할 당시 통찰력 있는 일반인이라면 그 피해자가 항거불능의 상태에 있지 않음을 알 수 있었으므로, 실행행위에 의한 결과 발생의 개연성을 가질 있기 때문이다.

만일 해당 사안을 전원합의체의 다수의견처럼 불능미수로 파악하게 된다면 첫째로 장애미수와 불능미수의 구별이 애매해지고, 둘째로 범행 방법과 구성요건적 행위객체의 혼돈이 야기된다.

형법 제299조는 "사람의 심신상실 또는 항거불능의 상태를 이용하여 간음 또는 추행을 한 자는 제297조 …의 예에 의한다."라고 규정함으로써 '심신상실 또는 항거불능의 상태를 이용'하여 '사람'을 '간음 또는 추행'하는 것을 처벌한다. 따라서 여기서 "항거불능의 상태를 이용하는 것은 범행방법이고", 이와 달리 "실행행위의 객체는 사람이다." 다시 말해 사람에 대해 '항거불능할 정도의 폭행(행위수단)에 의해서' 간음하면 강간죄가 성립되고, '항거불능의 상태를 이용'(행위수단)하여 간음하면 준강간죄가 성립된다. 이런 점에서 다수의견은 행위객체와 행위수단을 혼돈하고, 아울러 장애미수와 불능미수의 구별을 더욱 불분명하게 하였다는 비난을 면하기 어렵게 되었다.

제8장

일본 형법과 형법사상이 한국형법에 미친 영향*

Ⅰ. 문제의 제기

한국형법은 1953년 9월 18일 제정되고, 동년 10월 3일 시행되었다. 동법이 시행되기 이전에는 1908년 시행된 일본 신형법(이하 '일본 형법'이라 칭함)이 1912년부터 한반도에서 적용되었다. 그렇게 된 배경에는 일본이 독립왕조였던 朝鮮을 1910년 8월 29일 식민지로 강제 합병하여 자신의 지배 하에 두게 되었고, 이를 바탕으로 일본이 제정한 조선형사령(1912년)[1]에 의거하여 일본 형법이 한반도에 전면적으로 의용(依用)되었기 때문이다.[2]

일본 형법을 의용하기 이전의 경우 정부조직인 육조체제(六曹體制)[3]를 토대로 구성된 경국대전(經國大典)[4]이 국법(國法)의 기본법이었으며, 고종(高宗) 초기에도 경국

---

* 이 글은 필자의 『형법연구 Ⅵ』의 제2장에 실린 것을 보완·교정한 것임.

1) 조선형사령은 1912년 3월 18이 制令 제11호에 의해, 明治 44년 법률 제1조 내지 제2조에 의하여 공포됨. 조선형사령 제1조의 내용은 다음과 같다; 형사에 관하는 사항은 本令 기타의 法令에 특별한 규정 있는 場合을 제외하고는 다음 사항의 법률에 의함. 1. 형법, 2. 형법시행령, 3. 爆發物取締罰則, 4. 明治 22年 법률 제34호, 5. 通貨及證券模造取締罪, 6. 明治 38년 法律 제66호, 7. 印紙犯罪處罰法, 8. 明治 23년 法律 제101호, 9. 海底電信線保護萬國聯合條約罰則, 10. 刑事訴訟法, 11. 普通治罪法 陸軍治罪法 海軍治罪法 交涉의件處分法, 12. 外國裁判所의 囑託에 因하는 共助法. 조선형사령 부칙에 해당하는 제41조는 다음과 같이 명시하고 있다. 다음의 법령은 이를 폐지함. 1. 刑法大全, 2. 鐵道事項犯罪人處斷例, 3. 刑事裁判費用規則.

2) 다만 태형과 가족법에 관해서는 종래의 형법대전과 관습법에 따르도록 정하였다.

3) 吏曹, 戶曹, 兵曹, 禮曹, 刑曹, 工曹로 이루어진 정부.

4) 經國大典은 조선왕조 개창 때부터의 정부체제인 六曺體制를 따라 6典으로 구성되었으며, 각기 14~61개의 항목으로 이루어졌다. 吏典은 宮中을 비롯하여 中央과 地方의 職制 및 官吏의 任免과 辭令, 戶典은 재정을 비롯하여 戶籍·租稅·祿俸·通貨와 商去來 등, 禮典은 여러 종류의 科擧와

대전을 보완한 대전회통(大典會通)[5]이 기본법으로서 역할을 담당하였다. 그러나 경국대전이나 대전회통은 중국의 대명률(大明律)을 의용하였기 때문에 형사사건의 상당 부분은 실질적으로 대명률에 의거한 셈이었다. 다만 대명률은 본시 중국의 법이기에 조선 실정에 맞지 않은 부분이 존재하였고, 이런 부분에 대해 경국대전이나 대전회통은 조선 실정에 걸맞게 규율함으로써 대명률을 보완하였다.

대명률 등에 근거한 형사에 관한 실체법의 효력은 1905년에 종말을 맞이하였다. 왜냐하면 조선은 1905년 대명률의 육전체제의 법전(法典)[6]을 극복하고 하나의 완결된 형식의 형법전인 형법대전(刑法大全)[7]을 제정하여 시행하였기 때문이다. 이 형법전은 범죄의 종류와 내용 및 형벌의 종류와 정도에 관하여 대명률의 형전을 많이 차용하였다. 그 결과 형법대전은 대명률에 근거를 두고 있는 '인율비부(引律比附)'[8]와 '불응위율(不應爲律)'[9] 등의 규정을 둠으로써 형식적 관점에서 볼 때 근대형법의 기본원칙인 죄형법정주의를 철저하게 실현하지 못하였다.[10] 게다가 형법대전은 시행된 지 얼마 지나지 않은 1912년에 일본 형법(1907년 제정되고, 1908년 시행됨)의 의

官吏의 儀裝·外交·儀禮·公文書·家族 등, 兵典은 軍制와 軍士, 刑典은 刑罰·裁判·奴婢·相續 등, 工典은 道路·橋梁·度量衡·產業 등에 대한 규정을 실었다. 이에 관한 출처는 http://100.naver.com/100.nhn? docid=9928 참조.

5) 大典會通은 經國大典과 그 이후 편찬된 여러 성문법전의 중복된 입법 내용을 피하여 高宗 初期의 政治的 ·社會的 現實에 맞게 經國大典을 基本法으로 삼고 《속대전》과 《대전통편》의 조문 입법규정 내용을 비교 나열하면서 현실적으로 보완해야 할 보충적 입법규정 등을 새 傳敎의 규정으로서 보완하였다. 經國大典에 수록된 내용은 原으로 표기하고, 《속대전》에 처음 보이거나 經國大典의 내용이 바뀐 것은 增으로 표기하였으며, 大典會通에 와서 처음 보이거나 기존의 법전 내용이 바뀐 것은 補로 표기하고 있다.

6) 즉 吏典, 戶典, 禮典, 兵典, 刑典 및 工典으로 이루어진 法典을 일컬음.

7) 刑法大全에는 비록 大明律의 核心的 內容을 담고 있긴 하지만, 西歐의 발달된 刑法思想과 理論을 상당 부분 受容한 刑法으로서 舊時代의 最後 刑法典이자 近代刑法의 胎動으로서 性格도 지녔다고 보여진다. 예컨대 형법대전 제1편 제1장은 형법의 적용범위를 명시하고 있고, 모든 국민들에게 공평하게 적용할 것과 범죄구성요건에 해당되는 경우에만 처벌하되, 사형을 법정형으로 하는 경우 이외에는 합리적인 유추가 가능하며, 아울러 정범과 공범을 구별하였고, 공범에 대한 형의 감경을 인정하였다.

8) 형법대전 제2조: "犯罪한 者가 本 法律에 正條가 無ᄒᆞᆫ(없는) 境遇에는 引律比附하여 處斷하되 死刑에는 比附하지 못한다."

9) 형법대전 제678조 "應爲치 못할 事를 爲한 者는 笞 40이며 事理 重한 者는 笞 80에 처함이라."

10) 刑法大全上 引律比附가 現代의 罪刑法定主義原則에 비해 피고인에 대해 매우 불리할 정도로 本質的 差異가 있다는 주장은 올바르지 않아 보인다. 왜냐하면 첫째로 형법대전은 범죄구성요건을 현대형법전보다 더욱 구체적으로 명시하고 있어 유사한 범죄불법성에 대한 틈새가 생길 수밖에 없고, 둘째로 사형을 법정형으로 하는 범죄에 대해서는 적용될 수 없도록 하고 있으며, 셋째로 현행 한국형법이나 일본 형법도 법관의 작량감경을 거의 무제한으로 허용하고 있기 때문이다. 이에 관해서는 허일태, "형법대전의 내용상 특징", 『형법연구 Ⅳ』, 동아대학교 출판부, 2009, 34쪽 참조.

용으로 고작 7년간의 생명밖에 누리지 못하는 신세가 되었다.

1912년부터 조선에서 시행된 일본 형법은 1945년 8월 15일 일본이 패전(敗戰)했을 때뿐만 아니라, 1953년 10월 3일 한국의 제정형법이 시행되기 전날까지 한국헌법과 공서양속 등에 반하지 않은 범위에서 적용되었다.

1953년 시행된 한국 형법은 다음과 같은 특정한 상황에서 제정되었다. 첫째로 1912년부터 41년 동안 시행되어 왔던 일본 형법과 형법학이 한국인들 뇌리에 이미 광범위하게 수용되어 있었다. 왜냐하면 그 기간 동안 일본 형법이 한국에서 적용되어 왔던 결과 일본으로부터 독립 이후에도 한국의 독자적 형법을 입법하고, 이를 해석하며 적용하였던 입법자나 법률실무자들과 형법학자 대부분이 일본에서 법학 공부를 하였거나, 일본의 고등고시에 합격하여 일본의 형사실무를 익혀 왔던 분들로 구성되었기 때문이다. 둘째로 6·25사변이라는 극도의 혼란 속에서 한국형법의 제정이 이루어졌으므로, 사회방위와 사회평화를 더욱 중시할 수밖에 없는 사정에 있었다.[11] 셋째로 형법에 정통한 전문가가 많지 않은 상황이었고, 게다가 전시상황에서 하루빨리 독자적인 한국형법을 제정할 필요성이 매우 컸던 결과 당시의 외국 형법이나 외국 형법초안인 1930년 독일 형법초안과 중국 형법(대만 형법),[12] 특히 1941년 일본 개정형법가안을 광범위하게 수용하게 되었다.

이런 점들을 비추어 보면 일본의 형법과 형법사상이 한국형법에 심대한 영향을 주었음을 부인할 수 없다. 그러므로 이와 같은 사정을 문헌적으로 규명하기 위해 본 논문에서는 다음과 같은 점을 검토하고자 한다.

첫째로 1870년대부터 싹트기 시작한 일본의 근대형법학의 성립과 발전과정 그리고 그 내용과 사상에 대한 탐구를 먼저 살펴보고, 둘째로 이러한 일본 형법학과 형법사상이 한국에서 어떤 영향을 끼쳤으며, 한국에서의 수용 실태를 살펴본다. 셋째로 필자의 입장에서 살펴본 오늘날 일본 형법학의 문제점에 관하여 몇 가지를 지적함으로

11) 당시 한국형법제정자들은 한편으로 형사실무의 연속성의 불가피성에서 종래부터 적용되어 왔던 일본 형법의 각칙내용을 배제할 수 없었고, 다른 한편으로 한국형법의 제정 시가 전시상황이어서 권위주의적이고 중형주의의 입장에 젖어 있는 1941년 일본의 개정형법가안을 크게 참조할 수밖에 없는 불가피한 사정에 있었다.

12) 신동운, “형법초안 이유설명서”, 『형법(형사법령제정자료집 1)』, 형사정책연구원, 1990, 86쪽에서 다음과 같은 입안의 기본원칙을 명시하고 있다. “1. 세계 각국의 현행법 형법개정초안, 특히 독일법 및 독일 1930년 형법초안을 많이 참조하였고, 제정역사기 새롭고 國情이 우리나라와 유사한 중국형법을 참작하였다. ….”

써 일본 형법학의 정체성이 무엇인가에 대해 다소라도 자극이 될 수 있었으면 한다.

Ⅱ. 일본의 근대형법학의 태동과 발전

일본에서는 메이지(明治) 전기(前期) 이후에 유럽, 특히 프랑스의 형법을 계승하고 그 형법이론을 섭취하여 이미 1882년 근대적 형법전(刑法典)을 제정하였다. 메이지 유신(明治維新) 직후 1868년에 가형률(假刑律)이 제정되고, 이어 신율강령(新律綱領: 1870년)과 개정율례(改定律例: 1873년)가 차례로 제 · 개정되었는데, 이들 법률은 중국법계(中國法系)의 율령(律令)의 계통에 속하는 것으로 근대형법의 기본원리인 죄형법정주의에 철저한 것도 아니었다. 일본의 형법학이 근대화의 길을 걷기 시작한 것은 프랑스 출신인 브아소나드(Gustave Boissonade)[13]에 의해 작성된 초안을 기본으로 성립된 1882년 구형법이 제정되면서부터이다.

1. 구파(舊派)의 등장

일본은 미국의 페리 제독에 의해 주도된 1854년의 '함포외교(艦砲外交)'[14]로 미국과 불평등조약을 체결할 수밖에 없었다. 이를 계기로 일본은 영국 등 서구열강들과 연이어 불평등조약을 맺게 되었으며, 이런 불평등조약으로 인하여 일본인들은 외국인들에 비해 오히려 차등적인 불리한 대우를 받게 되었다. 이로 인한 사회적인 불만이 점증되면서 불평등조약의 해소 문제는 큰 사회적 · 정치적 문제가 되었다. 바로 이런 문제를 해소하기 위해 형법전의 제정이 강력하게 요구되었다.

또한 일본은 '존왕양이(尊王洋夷)'[15]를 목표로 1868년 막부체제(幕府體制)를 무너뜨리고, 메이지유신을 단행하여 천황제(天皇帝) 국가를 세웠다. 이와 함께 '화혼양재'

13) 브아소나드에 관해 자세한 것은 허일태 책임번역, "브아소나드와 明治 초기의 형법이론", 『일본 형법이론사의 종합적 연구』(吉川經夫 · 內藤 謙 · 中山研一 · 小田中聰樹 · 三井 誠 編著), 2009, 17쪽 이하.

14) 1853년 미국의 페리 제독이 4척의 배를 이끌고 문호개방을 요구하였다. 동경만을 무차별 폭격하여 적지 않은 사망자가 나오는 아비규환을 겪고 문호개방을 하였다. 패배의 아픔의 상황에서 불평등조약을 체결하였다.

15) 원래는 尊王攘夷를 뜻하여 임금을 숭상하고 오랑캐를 물리친다는 중국의 사자성어를 빗대어, 일본에서 尊王洋夷라고 하여 일본 왕을 숭상하고, 서양을 배척하겠다는 뜻으로 변질된 것으로 보임.

(和魂洋才: 일본의 정신과 서양의 기술)라는 구호 아래 서구문물을 재빨리 받아들여 식산흥업(殖産興業)과 부국강병책을 폈다. 이러한 일련의 과정에서 천황제 국가인 일본은 근대적 법전의 제정을 통하여 불평등조약의 개정을 실현하고, 통일적 국가권력을 확립하려는 목적에서 근대적 법률의 정비에 나섰다.[16)]

이러한 목적을 달성하기 위해 1882년에 시행된 구형법(明治 13년, 즉 1880년 太政官布告 제36호)은 사법성(司法省)의 고문으로 초빙된 프랑스의 법률학자 브아소나드가 일본 위원과 협의하여 기초한 형법초안('일본 형법초안', 1877년)을 토대로 하여 형법초안심사국에서 심사 · 수정하고 원로원의 심의를 거쳐 공포된 법전이었다.

일본 법학의 아버지로 칭송되는 브아소나드는 19세기 후반에 이르기까지 프랑스의 지배적인 학설이었던 절충주의 형법이론, 특히 올트란(Ortolan) 학설의 강력한 지지자였다. 그래서 브아소나드는 위 형법초안을 기초하는 데 있어서 1810년 프랑스 형법전을 기본모델로 하면서 다른 유럽 국가들의 발달된 형법전을 참고함과 동시에 절충주의 형법이론의 입장을 담았다. 즉 브아소나드를 통하여 도입된 형법이론은 절충주의 형법이론[17)]이었다. 절충주의 형법이론의 핵심은 한편으로 어떤 행위가 범죄로 평가되기 위해서는 무엇보다도 그 행위가 법익침해 결과에 원인을 제공해야 하며, 또한 그 행위가 도의적 의무에 위반하고, 다른 한편으로 행위의 의무위반성은 반도덕성과 동일한 것이며 귀책성과 달라서 정도에 차이를 갖는다는 데에 기초하고 있었다.

1882년의 일본 구형법전은 이와 같은 절충주의 관점에서 제정된 형법전으로 죄형법정주의를 선언하고, 범죄의 성립요건에 고의 · 과실 · 책임능력을 요구함으로써 책임주의를 채택하였으며, '윤형(閏刑)'[18)]제도를 폐지하여 형벌의 신분에 따른 차별적 취급을 철폐함으로써 근대적 형법전으로서의 성격을 가졌음을 보여주고 있다. 또한 미수범 · 종범(從犯)에 대한 형의 필요적 감경규정을 두고, 법관의 형의 작량감경 규정을 둠으로써 광범위한 재량에 의한 선고형을 내릴 수 있도록 하였다.

브아소나드는 사법성 법학교를 설립하고 거기서 강의를 통해 미야기 코우조우(宮

---

16) 이에 관해서는 허일태 책임번역, 앞의 책, 17쪽 이하.

17) 프랑스의 절충주의 핵심적 형법사상은 범죄를 사회적 해악이자 도덕적 해악이라고 봄으로써 그 절충을 실현하고자 하였던 점에 있고, 여기서 말하는 사회적 해악이란 법익의 침해를, 도덕적 해악이란 도의적 책임을 의미하였다. 따라서 전자로서 공리적 목적주의를 대표하고, 후자로서 응보사상을 대표함으로써 양자를 절충하는 것이다.

18) 귀족 등에 부과하는 형벌로서 귀향을 보내는 방법의 형벌이며, 일반 평민들에 대한 가혹한 처벌과는 대조되었다.

城浩藏: 1852~1893)[19]와 이노우에 세이이치(井上正一: 1850~1936),[20] 이소배 시로우(磯部四郎), 카메야마 사다요시(龜山貞義) 등 많은 법률전문가를 양성하였다. 이들 법률전문가들을 통하여 절충주의 형법이론은 메이지(明治) 30년대(1897~1906년)에 이르기까지 일본에서 통설적 지위를 차지하게 되었다.

그러나 미야기(宮城) 등의 절충주의 형법이론이 통설적 지위를 차지한 기간은 길지 않았고, 메이지 20년대(1887년 이후)에 들어와서는 에기 마코토(江木衷: 1858~1925)[21]가 독일 형법이론, 특히 헤겔학파인 베르너(Albert Friedrich Berner: 1818~1907)[22]의 이론에 의거하여 일본 형법을 논하게 되면서 독일 형법학이 점차 수용되기 시작했다. 이에 따라 학설상 새로운 '신파(新派=근대파)' 형법이론이 유력해지고 또 그 영향을 강하게 받은 1907년의 일본 형법전이 성립되었다.

2. '신파(新派)' 형법이론의 섭취와 현행 형법전의 성립

유럽에서는 이미 1870년대에 산업화가 진전되면서 범죄자가 격증되자, 이에 대한 대책으로 사회방위의 필요성을 강하게 느끼기 시작하였다. 이와 함께 고전주의 또는 신고전주의 형법이론을 비판하고, 그에 대항하는 신파 형법이론이 대두하였다. 시간적으로 다소 늦었지만 일본에서도 1880년대 후반부터 범죄의 급증 때문에 가로팔로 등의 신파이론을 높게 평가하여 소개한 토미이 마사아키(富井政章: 1858~1835)[23]가 미야기 코우조우(宮城浩藏), 이노우에 세이이치(井上正一) 등의 프랑스류의 절충주의 형법이론뿐만 아니라 구형법전에 관해 지나치게 관대하여 범죄대책으로서 무력하다는 비판을 하였다. 토미이(富井)는 신파(新派)의 사회방위론의 국가주의적·권위주의적인 측면에 중점을 두고, 형벌의 엄격화에 의해 범죄로부터 국가·사회를 방위해야 한다고 강조했다.

그리고 토미이(富井)의 이와 같은 주장이 제기된 이후 일본에서의 신파이론은 이

19) 그의 사상과 형법이론에 관해 자세한 것은 허일태 책임번역, 앞의 책, 32쪽 이하.
20) 그의 사상과 형법이론에 관해 자세한 것은 허일태 책임번역, 앞의 책, 54쪽 이하.
21) 그의 사상과 형법이론에 관해 자세한 것은 허일태 책임번역, 앞의 책, 66쪽 이하.
22) Eberhard Schmidt, Einfuerung in die Geschichte der deutschen Strafrechtspflege, 3.Aufl., Vandenhoeck & Ruprecht, S. 299.
23) 그의 사상과 형법이론에 관해 자세한 것은 허일태 책임번역, 앞의 책, 79쪽 이하.

탈리아에 직접 유학하여 롬브로조(Cesare Lombroso)에게 사사(師事)하고, 경도대학(京都大學)에서 형법강좌를 담당한 카츠모토 칸자부로우(勝本勘三郎: 1868~1923)[24]에 의해 이론적으로 일본에 도입되었다. 카츠모토는 유럽의 '학파의 분쟁'과 관련하여 일본에서 처음으로 본격적인 연구를 시작하였고, 신파이론의 확립에 공헌하였다. 카츠모토는 신파 입장의 형벌론을 전개하면서 응보주의를 배격하고 신파적인 보호형주의를 강력하게 주장하였다. 그러나 그는 엄벌주의적인 사회방위론이나 주관주의를 취하지 않았고, 범죄론에서는 객관주의적 이론을 수용하였다.

또한 리스트(Franz von Liszt)에게서 사사하였고 동경대학에서 형법강좌 담당자였던 오카다 아사타로우(岡田朝太郎: 1868~1936)[25]도 당시에 풍미(風靡)하던 진화론의 입장에서 주관주의인 신파이론을 전개하였다. 그리고 특히 이탈리아의 페리(Enrico Ferri: 1856~1929)와 독일의 리스트(Franz von Liszt: 1851~1919)에게서 배웠던 마키노 에이이치(牧野英一: 1878~1970)[26]가 신파이론으로 1907년 일본 형법을 이론적·체계적으로 정리하여 전개함으로써 일본 형법학계에 큰 영향을 끼쳤다. 그는 메이지 말기부터 소화 전전기(昭和戰前期)에 이르기까지 일본의 대표적 신파이론가였다.

3. 1907년의 신형법전

1882년에 시행된 구형법전은 이미 그 시행 당초부터 개정이 예상되었다. 왜냐하면 메이지 30년대(1897년 이후)에 들어서자 자본주의의 급격한 발전에 수반되는 범죄증가 현상을 배경으로 이를 소극적으로 대처한 '구형법전'과 '절충주의 형법이론'에 대해 사회방위의 목적에서 범죄의 격증에 적극적으로 대처하려는 신파 입장의 비판은 날로 격렬해져 가고 있었기 때문이다. 게다가 메이지 14년(1881년)에 일어난 정변을 계기로 천황제 국가 확립을 위해 프로이센 헌법을 모방한 메이지 헌법이 제정된 점을 감안하면 일본의 법제도는 종래 프랑스법적인 것에서 점차 독일법적 법제도로 재편되어 갔다. 이러한 상황 하에서 수차에 걸친 개정작업·개정초안을 제국의회에 제출한 뒤, 유럽 각국의 형법을 널리 참조하면서 1871년 독일 형법전과 그

---

24) 그의 사상과 형법이론에 관해 자세한 것은 허일태, 책임번역, 앞의 책, 124쪽 이하.
25) 그의 사상과 형법이론에 관해 자세한 것은 허일태 책임번역, 앞의 책, 152쪽 이하.
26) 그의 사상과 형법이론에 관해 자세한 것은 허일태 책임번역, 앞의 책, 232쪽 이하.

개정운동인 신파이론을 비교적 많이 참고한 일본 형법이 1907년 제정되고, 1908년에 시행되기에 이르렀다.

일본 형법은 구형법 규정의 많은 부분을 계승하고, 기본적으로 그 연장선상에 있으면서도, 유럽의 형법개정운동을 주도한 신파형법이론의 영향도 적지 않게 받은 법전이었다. 신파형법이론의 영향은 ① 구형법전에 비하여 범죄유형을 훨씬 포괄적·탄력적으로 규정하고, 법정형의 범위도 현저하게 확대하여 범죄의 성립범위와 양형에 대해 재판관에게 광범위한 재량의 여지를 부여하였으며, ② 미수범의 형을 종래 필요적 감경에서 임의적 감경으로 하고, ③ 형의 집행유예와 가석방의 조건 완화 등 형사정책적 제도들을 확대하였다. 또한 ④ 결합범의 형은 자유형의 장기(長期)에 1.5배를 가중하고, 누범에 대해서는 2배로 가중하는 중형주의를 취함으로써 사회방위를 더욱 강화하였다. 1882년의 구형법전에서부터 불과 25년만인 1907년의 일본 형법으로 이행은 유럽의 근대 시민사회에서 성립된 형법전에 대해 오랫동안 논쟁 중이었던 문제를 짧은 기간 안에 대담하게 해결하고 실시했음을 의미한다.

이와 같은 일본 형법은 자본주의의 급격한 발전에 수반되는 범죄의 증가에 대응하는 것으로서 신파이론의 영향도 적지 않게 받아서 입법된 것에서 알 수 있듯이 당시의 독일 형법전, 프랑스 형법전에 비해 새로운 현대법적인 색채를 농후하게 지니게 되었다.

4. 일본 개정형법가안(改正刑法假案)[27]에 나타난 사상

일본 형법의 시행 이후 10여년이 지나면서 한편으로 시민운동 내지 민주화의 진

27) 이 가안의 성립과 내용에 관한 문헌으로는 林弘正, 『개정형법가안』이 있다. 5부로 구성된 본 단행본의 제1부는 大正 10년(1921년) 10월 임시법제심의회에서 시작하게 된 형법개정의 要否를 묻는 자문 제4호에서 발단하는 형법개정사업의 경위를 여러 자료에 기초하여 개정형법가안의 성립과정을 고찰하고, 제2부는 형법개정예비초안과 개정형법가안의 각칙규정에 있어서 차이가 있는 규정 중, 특히 간통죄의 법제사적 관점에서 고찰한다. 제3부는 상습범에 관한 법제사적 연구의 序說로 도박행위에 대한 법적 대응의 변천을 현행 형법성립(明治 40년)에 이르기까지에 행하여진 논의를 검토한 다음, 형법개정사업에서의 상습범의 이해에 관하여 「형법개정의 강령」의 성립까지를 고찰한다. 제4부는 형법개정사업의 경위에 입각하여 현행법의 해석을 시도한 약간의 판례평석으로, 당해 문제에 관한 입법사적 고찰을 제시하고 있다. 제5부는 자료 편으로서 「刑法 및 監獄法 개정기초위원회 결의조항」을 開示하며, 본 자료와의 비교검토의 편의를 시도하고, 그 원안이 된 형법개정예비초안과 최종안이 된 개정형법가안을 병기하고, 본 자료의 특징과 의의를 명확하게 하려고 하였다.

전을 요구하는 목소리가 높아지기 시작하였고, 또한 급속한 산업화와 이에 따른 사회변화 요구에 순응해야 할 필요성에서 전면개정의 움직임이 있었다. 이에 따라 1921년 11월 일본 정부는 임시법제심의회(臨時法制審議會)에 "① 현행 형법은 일본 고유의 도덕과 미풍양속에 비추어 개정할 필요가 있다. ② 인신 및 명예의 보호를 완전히 하기 위하여 개정할 필요가 있다. ③ 최근의 인심(人心) 동향에 비추어 범죄방지의 효과를 확실히 하기 위하여 형사제재의 종류 및 집행방법을 고칠 필요가 있다."는 점을 들어 그 개정요강을 자문하였다. 이를 토대로 1931년에 형법초안이, 그리고 1940년에는 각칙을 덧붙인 '개정형법가안'이 약간의 유보조항을 붙인 미정고(未定稿)로 공표되었다.

가안(假案)은 전술한 자문의 제1점을 고려하고, 또 그것이 기초된 일본파시즘 시대의 사조를 반영하여 황실에 대한 죄를 비롯하여 국가범죄를 강화하고, 제2점에 부응한다는 미명 아래 법정형을 전반적으로 상향조정하고, 제3점의 실현을 위하여 상습누범에 대한 부정기형, 정신장애나 흉악범에 대한 보안처분 등이 새로운 형사정책의 도입을 주된 목적으로 하였다.

그러나 이는 명목상의 목적이었고, 국민의 입장에서 일본개정형법가안을 평가한다면, 사회의 치안유지를 중시하고, 황실과 국가 및 공공의 이익에 대한 보호를 강화하는 국가주의적 성격이 강한 형법전이었다.

5. 일본 형법상에서 구파와 신파의 주요 형법사상과 이론

1) 구파의 대표적 입장과 내용

대략 1876년부터 프랑스 형법사상과 이론의 수용으로 시작된 일본 형법의 이론적 전개는 1890년대 이후부터 벌써 독일 형법학을 수용하려는 변화를 보였다. 이 시기에 독일로 유학갔던 카츠모토 칸자부로우(勝本勘三郎)와 오카다 아사타로우(岡田朝太郎)에 의해 신파형법학의 경향이 강력하게 유입되었다. 그리고 또한 독일 München 대학에서 공부했던 오오바 시게마(大場茂馬)[28]는 일본에서 구파형법학의 전개에 매

28) 오오바의 형법이론에 관해 자세한 문헌으로는 허일태(책임번역), "大場茂馬의 형법이론", 앞의 책, 193쪽 이하 참조.

진하였다. 그는 1907년 현행 일본 형법의 성립 전후인 明治 末期부터 大正 前期에 걸쳐 독일의 Birkmeier로부터 사사하였으며, 구파의 입장에서 형법이론을 체계적으로 전개하였다. 그는 법률실증주의의 입장을 지지하고, 유추해석의 금지 등 죄형법정주의원칙을 중시하여 법문의 해석 시에 엄격한 입장을 취하였다. 형벌은 '정의응보(正義應報)'에 일치해야 한다고 주장하였으며, 여기서 말하는 '정의응보'란 죄책에 정비례하는 해악의 실질, 즉 정의에 적합한 응보로 보았다. 또한 객관적 상당인과관계설을 취하고 미수범과 불능범의 구별을 객관설에 따라 해결하려고 하였으며, 행위의 주관적 면뿐만 아니라 결과적 면까지 중시하는 객관주의 범죄론을 구성하였다.

오오바 시게마는 이러한 이론에 기초하여 형벌의 목적을 생활이익과 법질서의 보호에 두었다. 이 때문에 그는 "법률질서를 유지하고, 생활이익을 보호하기 위해서는 법률로써 미풍양속을 보호하고 개인의 도덕관념의 형성에 기여함으로써 국민 일반이 행하는 도의의 준칙이 잘 지켜질 수 있도록 그 위력을 보호해야 한다."[29]고 주장하였다. 오오바(大場)는 신파입장에 대해 범죄의 진압을 부인하고, 범죄의 예방을 목적으로 하는 것은 형법부인론(刑法否認論)과 다를 바 없으며, 신파가 도덕관념을 무시하고, 형법의 권위 내지 위용을 소홀히 하는 경향은 형사정책을 그르칠 수 있으며, 신파의 특징적 형벌인 보안처분적 형법은 인간의 인권을 본질적으로 침해할 수 있다고 비판하였다.[30]

오오바의 구파이론은 大正 中期부터 다키가와 유키토키(瀧川幸辰: 1891~1962)[31]에 의해, 대정 말기부터는 오노 세이이치로우(小野清一郎: 1891~1986)[32]에 의해 유력하게 형성 · 전개되었다. 다키가와 유키토키는 근대 시민사회 성립기에서의 계몽형법사상, 전기 고전파에 강한 관심과 영향으로 구파의 골격을 가진 형법이론을 형성하고, 大正 初期 이후(大正期는 1912년부터 1925년까지 지속됨)부터 昭和期(1926년부터 시작됨)에 이르기까지 구파이론의 연장선상에서 마르크스주의의 영향을 받은 자유주의적 형법이론을 구성 · 전개했다. 다키가와의 형법이론은 인권사상에 기초한 죄형법정주

29) 大場, 『刑法總論』 上卷(1912년), 143, 148쪽.
30) 위의 책, 85, 109쪽.
31) 다키가와의 형법이론에 관해 종합적인 연구로는 허일태(책임번역), "瀧川幸辰의 刑法理論", 앞의 책, 410쪽 이하 참조.
32) 오노의 형법이론에 관한 문헌으로는 허일태(책임번역), "小野清一郎의 刑法理論", 앞의 책, 367쪽 이하.

의를 핵심으로 하는 사상이며, 형법이론 · 형법제도 · 형사정책을 '사회지반(社會地盤)'의 관점에서 고찰하였다. 그는 昭和 初期부터 戰前期에 걸쳐 신파의 사회방위론 · 교육론 · 주관주의가 말하는 '사회'란 어떠한 사회를 의미하는가를 문제삼았으며, 현실의 자본주의 '사회'에서는 죄형법정주의와 응보형론 그리고 객관주의의 범죄론을 취할 수밖에 없다는 주장을 통하여 신파이론을 비판했다. 형벌은 악(惡)이기 때문에 제한할 필요가 있지만, 마키노 에이이치(牧野英一)가 교육형론을 철저히 하는 것은 교육은 선(善)이며, 선(善)은 무제한으로 행해지면 좋은 것이므로 죄형법정주의의 폐기에 의해서만 실현될 수 있는데, 그 폐기는 법치국가에서 경찰국가로 역행하는 것을 시인하지 않는 이상 불가능하다고 비판했다.[33]

다키가와(瀧川)에 따르면 형벌은 범죄가 행해졌음을 조건으로 하여 범인에게 부과하는 악보이며, 범죄와 균형을 이루지 않으면 안 된다는 의미에서 '응보(應報)'라고 하고, 형벌의 궁극적인 목적은 사회의 질서유지인데, 이 목적 달성을 위한 형벌의 응보로서의 본질을 넘어서서는 안 된다[34]고 하였다. 다키가와의 객관주의 범죄론은 구성요건을 위법유형으로 이해하면서, 위법의 실질은 생활이익의 침해 · 위험화이며 (이른바 '결과반가치론'), 책임은 행위자가 법규범위를 벗어나 적법행위 대신에 위법행위를 행했을 경우에 가해지는 법적 비난이라 하였다.[35]

2) 신파의 대표적 입장과 내용

1907년 형법전의 성립 당시 학설상으로 신파이론이 유력하였으며, 형법전 자체에 신파이론의 영향도 강하게 나타나 있었다. 게다가 구파이론이 일본에서 전통적으로 확고하게 자리잡고 있지 않았기 때문에 마키노(牧野)는 신파이론에 근거한 현행형법의 해석 · 체계화를 감행할 수 있었다. 그는 진화론적 사고에서 형법을 고찰하였으며, 따라서 사회와 개인의 조화를 최종목표로 하는 사회진화의 추세로 볼 때, 형법이론은 자각적 · 의식적인 목적론, 특히 교육형론으로 진화 · 발전해야 하며, 범죄이론은 범인의 사회적 위험성을 기준으로 하는 주관주의 범죄론으로 진전되지 않으면

33) 瀧川幸辰, 『犯罪論序說』(1938), 1쪽 이하; 同 '確信犯人의 敎育刑', 『瀧川幸辰 刑法著作集』(1981), 60쪽 이하.

34) 瀧川幸辰, 『刑法講義』(개정판: 1930), 23, 175쪽.

35) 瀧川幸辰, 『犯罪論序說』(1938), 106, 131, 141쪽.

안 된다고 보았다. 즉 주관주의의 범죄론에 따라 형사정책을 펼칠 때 비로소 사회의 생존경쟁으로 야기되는 여폐(餘弊)인 범죄로부터 합리적인 사회방위가 가능해진다고 논했다.[36] 마키노는 개념법학적 법률실증주의의 사고방법을 비판하고, 자유법론을 전개하였다.[37] 이러한 마키노의 방법론에는 국가권력과 개인의 긴장관계가 직접 대상이 되어야 한다는 입장에 있으면서도, 국가에 대한 지나친 신뢰 때문인지 죄형법정주의의 원칙이 철저히 지배해야 하는 형법이론 영역에서 형법의 적극적 기능을 지나치게 강조함으로써 죄형법정주의를 경시하였고, 개인의 권리와 자유에 위험을 초래할 수 있는 결정적 실수를 범하였다.

마키노(牧野)의 진화론적 사고방식은 자연과학적 · 생태학적 사고이지, 국가와 사회의 현실 상황에 대한 충분한 분석을 통한 경험적 결론이 아니었다. 그런데도 그는 자연과학의 사고방식을 사회과학에 그대로 적용함으로써 결과적으로 무조건적 응용주의적 사고라는 소박한 입장에 기인한 것이다. 그의 사상이 무서운 것은 지금까지 경험했던 국가권력이 시민들에게 항상 위협적인 존재로 다가왔음을 알 수 있었음에도 이를 철저히 무시하고, 지나치게 낙천적인 국가관을 가졌다는 점이다. 그의 이런 낙관적 국가사상을 기초로 그는 昭和期에 들어갈 무렵부터 19세기의 법치국가 사상에서 20세기의 문화국가 사상으로의 진화 · 전개를 논하고,[38] 법해석의 무한성을 주장하면서 죄형법정주의의 제한에서 벗어날 것을 희망하였다.[39] 그리고 확신범인도 교육 가능하다고 하는 교육형론과 아울러 그의 사회방위론은 昭和 戰前 · 戰中期에서 사상범(思想犯)에 대한 보호관찰법(1936년)의 적극적 지지,[40] 치안유지법상의 예방구속(豫防拘束: 1941년)의 무비판적인 수용[41]을 초래하였다. 그리고 범죄론의 영역에서도 주관주의를 관철한 것은 범의(犯意) 등 주관적 요소의 행위가 있으면 원칙적으로 폭넓게 범죄의 성립을 긍정함으로써 형법의 너무 빠른 개입을 인정하는 해석론을 전개하는 기초가 되었다

이러한 입장의 신파의 진영에 미야모토 히데나가(宮本英脩), 키무라 케메지(木村龜

36) 牧野英一, 『刑事學의 新思潮와 新刑法』(1909), 5쪽 이하.
37) 牧野英一, "法律의 社會化", 『현대의 문화와 법률』(1918), 1쪽 이하.
38) 牧野英一, 『刑法上의 治安國思想의 展開』(1931), 1쪽 이하.
39) 牧野英一, "罪刑法定主義의 解消", 『형법연구 제6권』(1936), 90쪽 이하.
40) 牧野英一, "思想犯保護觀察法의 思想的 意義", 『刑政』 제40권 제7호(1936), 9쪽 이하.
41) 牧野英一, "豫防拘禁制度의 思想的 意義", 『刑政』 제55권 제2호(1942), 12쪽 이하.

二) 등이 합류하였다. 미야모토(宮本)는 大正 말기부터 昭和期에 걸쳐서 주관적 위법론과 규범적 책임주의에 근거하는 독자적인 규범적인 주관주의 범죄론을 구축했다. 미야모토(宮本)는 형법의 근본주의의 하나로서 '겸억주의(謙抑主義)'를 강조하고, 규범적 평가와 가벌적 평가를 엄격하게 구별하고, 주관주의에 의한 범죄성립의 과도한 확장을 가벌적 평가에 의해 억제하려고 시도하여 국가형벌권을 제약할 수 있다는 이론구성을 나타냈다.[42] 키무라(木村)는 昭和 戰前期에 마키노 에이이치(牧野英一)의 영향 하에 단체주의의 기본적 입장에서 교육형론과 주관주의 범죄론을 주장하여 형사정책을 논했다.[43]

Ⅲ. 한국에서 근대형사법 발전의 전개과정과 일본의 영향

1. 한반도에서 근대형사법의 태동과 그 전개과정

한국 최초의 서구적인 형식을 갖춘 근대법전은 1894년에 제정된 재판소구성법(裁判所構成法)[44]이다. 조선은 사회질서 확립과 왕권체제를 강화하려는 차원에서 입법의 근대화의 요구가 강력하게 요구되었다.[45] 이를 위해 조선은 1894년 6월 15일 法部令 제7호로 법률기초위원회를 구성하였고, 이 위원회에서 근대적 형법체제의 형식을 갖추고 있는 일본의 예에 따라 刑法, 民法, 商法, 治罪法, 訴訟法을 근대적 법전형식으로 제정할 법안을 기초하도록 하였다. 법률기초위원회는 위원장 1인과 위원 6명으로 구성되었으며, 위원장에는 법부(法部)의 이재정(李在正), 위원에는 민사국

42) 宮本英脩, 『刑法綱要』(1928) 참고.

43) 木村龜二, 『刑法解釋의 諸問題』 제1권(1939) 등 참조.

44) 裁判所構成法은 1894년 3월 25일 法律 제1호로 공포된 韓國 最初의 近代法典이며, 그 내용은 총 66개의 조문과 法院 種類의 近代化 및 從來 行政官이 裁判하던 것을 專屬的 職位를 가진 判事에 의한 裁判을 할 수 있도록 하였고, 檢事도 역시 法院의 職員에 속하였다.

45) 1905년의 형법대전을 반포할 때 참정대신 민영환은 다음과 같은 詔勅을 발표하였다. "형법은 정치의 필수로서 국가 존립을 위하여 먼저 취해야 할 일이다. 우리나라의 典憲은 처음부터 완비되지 않은 것은 아니었으나, 과거와 현재의 제도가 다르고, 제도의 존폐가 無常하여 사람이 범하는 범죄는 더욱 많아지고 有司의 疑眩은 더욱 심해지니 짐이 심히 개탄하여 이에 先王의 成憲을 本으로 하고 외국의 規例를 참고하여 王의 典을 만들어 刑法大全이라고 명명하고 국내외에 알려 영원히 드리워 무궁케 하니 庶民은 畏避해야 할 것을 알게 되고 有司는 遵奉하기에 쉽게 될지라. 오호 항상 공경할 일이로구나."

장(民事局長) 서위순(徐胃淳), 형사국장(刑事局長) 장박(張博), 검사국장(檢事局長) 신재영(申載永), 한성재판소(漢城裁判所) 판사 한창수(韓昌洙), 법관양성소장 피상범(皮相範), 5品 현영운(玄暎運)으로 구성되었다.[46] 이들에 의해 각종 법률의 기초 작업이 진행되었을 것으로 보이나, 이에 관한 자료는 아직까지 알려진 바가 없다. 형법의 경우도 마찬가지로 법률기초위원회가 구체적으로 어떤 내용의 형법전을 구상하였고, 이를 실현하기 위해 무엇을 어떻게 하였는지에 관해 알 수가 없다. 다만 법률기초위원회와는 별도로 일본인의 주도로 조선의 형법초안이 작성되었으며, 그 내용이 오늘날까지 알려져 있을 뿐이다.

1895년 4월에는 조선 주재 일본 공사 이노우에 가오루(井上馨: 1835~1915)의 추천으로 일본인 호시 도오루(星亨: 1850~1901)가 법부아문(法部衙門: 오늘날의 法務部)의 고문관(顧問官)에 임명되어 조선의 내정개혁에 관여하였다.[47] 1897년에는 호시 도오루가 조선의 형법초안에 대한 기초 작업을 실시하였다. 호시 도오루(星亨)가 형법초안을 완성하지 못한 상태에서 일본으로 귀국하고, 그의 후임 고문관이었던 노자와 게이치(野澤鷄一)가 형법초안을 완성하였으며,[48] 법률기초위원회 위원인 현영운(玄暎運)은 이 형법초안의 작업 초기부터 마무리 작업에 이르기까지 관여하였다. 그리고 완성된 이 형법초안을 한국어로 번역하는 작업도 현영운 위원이 맡았다.

1897년의 형법초안 내용을 살펴보면, 1882년의 일본 구형법과는 달리 1871년의 독일 형법의 성향[49]을 가졌을 뿐만 아니라, 일본 구형법에 비해 더욱 발전된 이론과 체계적인 모습을 갖추었다. 그러나 이 형법초안은 당시 러시아와의 전쟁을 하게 된 일본의 사정, 이른바 일로전쟁(日露戰爭)[50] 때문에 조선에 대한 내정간섭이 소홀하게 되었고, 그 결과 이 초안은 정식 법전(法典)으로 채택되지 못하였다.

조선에 대한 일본의 내정간섭이 다소 약화되자, 조선정부는 체계적 차원에서는 일본의 발달된 형법전을 상당부분 수용하면서, 내용적인 면에서는 중국의 大明律을

46) 이에 관해서는 김효전, 『近代韓國의 法制와 法學』, 326쪽 이하.

47) 정긍식, "韓末法律起草機關에 관한 小考", 『박병호교수환갑기념논집(II)』, 1991, 255쪽.

48) 정긍식 교수에 따르면, 형법초안은 "형법초안 해설", 『법사학연구』 제16호, 한국법사학회, 182쪽 이하 참조.

49) 동 초안의 제1조를 보면, "本法으로 罰하는 犯罪를 分하야 二種으로 한다. 1. 重罪, 2. 輕罪. 重罪는 제12조에 기재하는 刑으로 형벌을 부과하는 범죄를 말함. 輕罪는 제13조에 기재하는 刑으로 형벌을 부과하는 범죄를 말함." 이들 제1조만 보더라도 형법초안은 1871년 독일형법을 크게 받았다.

50) 1904년 2월부터 1905년 10월까지 러시아와 일본 사이에 일어난 전쟁.

참조하여 독자적인 형법대전(刑法大全)[51]을 제정하여 1905년 4월 29일 반포하였다. 그러나 이 형법전은 형식적인 면에서 아직도 구시대적 사고방식에 터 잡아 죄형법정주의와 책임주의가 관철되지 못하였다. 예컨대 인율비부(引律比附)와 불응위율(不應爲律)을 인정하여 유추해석을 허용하고 명확성의 원칙을 손상하였다.[52] 그럼에도 형법대전은 한국 고유의 전통적 범죄들을 근대적 형법사상의 여러 원칙들과 접목하려고 시도된 것으로 구시대의 최후 법률이자, 근대형법적 요소를 가진 최초의 한국 형법전으로 볼 수 있다.

그러나 이 형법전은 제정된 지 얼마 지나지 않아, 다시금 대폭적 개정을 통하여 더욱 현대적 형법전으로 거듭나려는 노력을 기우렸다.[53] 하지만 1912년 조선형사령에 의하여 일본의 신형법전(新刑法典)이 한국에 적용됨으로써 형법대전의 운명이 끝났다.

한편 1908년에는 한국에서도 형법총론 교과서가 발간되었다. 저자는 일본 유학파였던 장도(張燾)[54]로, 그는 이 책에서 진화론에 근거한 형법이론을 세웠던 당시의 세계적 추세, 특히 일본의 오카다(岡田) 박사의 형법사상에 따라 논리 일관된 형법이론과 사상을 구축하였다. 예컨대 그의 형법체계는 당시 발달된 서구와 일본의 신파계열의 형법사상과 내용을 대부분 그대로 수용하였으며,[55] 형법의 기본사상에 관

51) 예컨대 형법대전 제1조에 따르면, "本 法律은 一般 人民犯罪에게 施用함이라." 제2조: "犯罪한 者가 本 法律에 正條가 無한 境遇에는 引律比附하야 處斷하되 死刑에는 比附함을 得지 못함이라."

52) 그러나 이점에 관해 실질적으로 오늘날의 죄형법정주의와 실질적이고 본질적으로 전혀 다른 모습이었느냐 하면 그렇지 않는 부분이 적지 않다. 이점에 관한 문헌으로는 허일태, "형법대전의 내용상 특징", 『형법연구 Ⅳ』, 동아대학교 출판부, 2009, 46쪽 이하 참조.

53) 張燾에 의해 편집된 刑法大全改正草案을 보면, 1871년의 독일 형법과 너무나도 흡사한 부분이 많다. 예컨대 제1조와 제2조에 따르면, "본 법률은 重罪와 輕罪 되는 행위를 罰함. 犯罪 後의 法律을 因하야 刑의 變更이 有한 경우에 判決이 確定되기 前에는 新舊各法을 比照하야 其最輕한 者를 適用함."

54) 張燾는 1876년 5월 7일 武官出身 張厚根의 子로 출생하여 漢學을 공부하다가 1895년 3월 朝鮮政府에서 日本에 派遣하는 官費留學生으로 東京으로 갔다. 동경에서 慶應義塾 普通科에 入學하여 1년 3개월간 修學한 후 1886년 東京法學院(現在 日本 中央大學의 전신)에 입학하여 3년간 법률학을 공부하였다. 1899년 7월 졸업 후 일본의 大審院, 東京控訴院, 東京地方裁判所 등을 두루 다니면서 事務 見習을 하고, 같은 해 10월에 실습사무를 마쳤다는 畢習證明書를 받고 다음 달 귀국하였다. 1900년 2월 광흥학교의 교사가 되어 형법 등을 강의하였고, 1905년 3월에는 보성전문학교의 강사로서 법학통론과 형법을 담당하였다. 1905년 7월 平理院 檢事로 임명되고, 11월에는 法律起草委員을 겸임하였으며, 1906년에는 漢城裁判所 判事로 임명되고, 9월부터는 法官養成所의 敎官을 겸임하여 형법을 담당하였다. 저서로는 『형법총론』 외에, 『新舊刑法大全』을 편찬하여 당시 한국에서 시행되었거나 시행되고 있는 모든 刑事法典뿐만 아니라, 1897년에 작성된 刑法草案까지 기술함으로써 일반인들도 당시의 형사법을 쉽게 접근할 수 있도록 하였다.

55) 그의 『형법총론』(1908년)의 제1편에는 범죄론을, 제2편에는 형벌론을 기술하고, 제1편 제1장에는 범죄의 정의, 범죄요소의 槪意, 제2장에는 범죄의 일반요소를 서술하고, 그 내용을 범죄의 주체와

해 어떤 입장을 가질 것인가에 관해 당시 활발하게 논의되었던 다양한 입장들, 다시 말해 순정주의(純正主義: 형벌의 목적을 정의실현에 둠), 필요주의(必要主義: 형벌의 목적을 최대의 이익실현에 둠), 절충주의(折衷主義: 형벌의 목적을 정의와 이익실현에 둠), 진화주의(進化主義: 형벌의 목적을 적자생존의 계속과 번영에 둠)에 관해 비교적 치밀하게 논하고, 자신은 오카다(岡田)의 입장과 같이 진화주의를 신봉하였다.[56]

그리고 사형제도에 관한 그의 견해는 "사형제도는 이론적으로 폐지해야 하나 사회적으로 용납할 수 없는 불치의 반인륜적 범인이 현실적으로 존재하고 있으므로, 그런 범인에 국한하여 예외적으로 사형을 시킬 필요가 있다는 점에서 실무상의 관점에서 예외적으로 사형제도의 존치가 요구된다."는 입장을 보였으며, 이는 오늘날에도 일부 학자들이 주장하고 있다는 점에서 의미 있어 보인다.

또한 그가 저술한 교과서의 특징 중의 하나는 작량감경의 근거와 내용에 관해 매우 구체적이고 체계적인 기술을 하고 있다는 점이다.[57] 그리고 작량감경의 이유를 "범죄와 형벌의 권형(權衡)을 보유케 하기 위함에 있다."[58]고 한다. 이에 반해 현행 한국형법 제53조는 "범죄의 정상을 참작하여 작량하여 형을 감경할 수 있다."고 명시하고 있을 뿐, 이것의 근거와 어느 정도 형을 감경할 것인지의 여부에 관해 일체의 언급이 없다. 그럼에도 한국의 법관은 해당 조문을 근거로 피고인에 대해 필요에 따라 광범위한 재량에 의해 법정형의 하한 이하로 형을 선고하고 있다. 이는 법치국가사상, 특히 죄형법정주의의 관점에 크게 반할 수 있는 소지가 있다. 그럼에도 오늘날 대부분의 한국 형법 교과서가 여전히 작량감경의 문제를 소홀히 다루고 있음에 비추어 보면, 그의 형법이론은 매우 실용적인 관점에 서 있다고 할 수 있다. 다만 그의 형법사상이나 형법이론이 자신의 독자적인 입론에 근거하기보다는 오히려 1890년대 이후에 기술된 일본 교과서 저술자들의 사상, 특히 1894년에 저술된 오카다(岡田)의 형법총론 교과서[59]에서 나타난 사상을 광범위하게 수용한 결과였음을 부

객체, 正條, 意思(責任能力), 所爲, 無權利를, 제3장에는 범죄의 종류로 중죄와 경죄를 구분하였다. 그리고 제2편의 형벌론에는 제1장에 總論이라는 제목을 두고 형벌의 정의 등을 설명하고 있으며, 제2장에서 사형제도를 논하고 있다.

56) 『형법총론』, 1908, 16쪽 이하.

57) 위의 책, 414~428쪽.

58) 위의 책, 414쪽.

59) 오카다가 1894년에 출간한 『日本刑法總論 總則分野』는 1,134면이나 되는 방대한 분량의 교과서로 진화론의 입장에서 기술되었다.

정하기 어렵다.

2. 일본의 식민시대의 형법

일본 형법이 한국에서 의용(依用)되기 시작한 이후 1953년 10월 2일까지 적용되었기 때문에, 일본 형법은 한국에서 41년간 이상이나 적용되었다. 어느 특정의 형법전이 41년이란 긴 세월 동안 적용됨은 형법의 영역에 있어서 학계뿐만 아니라 실무운용상으로도 절대적 영향을 미치게 된다. 또한 일본 식민지 시대의 조선인 법과대학생들 역시 일본 형법과 일본형사실무를 그대로 읽혔을 수밖에 없었음은 물론이다.

일본 식민지 시대에도 한국인 형법학자가 없었던 것은 아니다. 예컨대 일본에서 법학을 공부했던 김병로(金炳魯)[60]는 이미 1915년도에 '실질적 위법성론'을 다음과 같이 전개하였다. "종래에는 구성요건에 해당하는 행위가 있으면 법의 명령 · 금지에 위반한 것이고 법익침해가 있었다고 하여 위법하다고 판단하였다. 이러한 접근방법을 형식적 위법성이라고 하는데, 이는 이미 낡은 이론이다. 새로운 이론발전에 의하면 어느 행위가 위법하다고 판단되려면 형식적 위법성 판단을 넘어서 실질적으로 위법하다는 판단이 내려져야 한다."[61] 그는 이와 같은 입장에서 다음과 같은 결론에 도달한다. "위법성, 즉 반상규적 특별성(反常規的 特別性)을 말함이요 사회적 상규는 公의 秩序와 善良한 風俗을 말함이니 공서양속(公序良俗)은 위법성의 가치판단의 기초가 됨은 물론이요 사회공존의 관계에 대한 비행을 판단함에 있어 유일한 명감(明鑑)이 되니 公法과 私法을 물론하고 일반 법률의 목적이 되는 것이라고 말하지

60) 김병로는 1888년 1월 27일 태어나 일제시대에는 대한민국의 독립운동을 하였던 분들을 위한 변호사로서, 미군정 하에서는 사법행정가로서, 대한민국 건국 후에는 대법원장과 형법, 형사소송법의 기초 초안자로서 그리고 박정희의 5 · 16 군사쿠데타 이후 민정이양을 강조한 야당지도자로서 활동하였다. 그는 3차례에 걸쳐 일본 유학을 하였는데, 첫째는 1910년 일본 동경으로 유학을 떠났다가 동년 8월 29일 조선이 강제 병합되는 일에 비분을 느끼고 중도에 귀국하였다. 1911년 가을 다시 일본 유학을 떠나 明治大學 3학년에 편입한 후 1913년 3월 동 대학 법학부를 졸업하였다. 그해 여름 명치대학과 중앙대학이 공동운영하는 '법률고등연구과'에서 연구를 시작하였으며, 이 때 그가 형법학을 배운 선생이 牧野英一(1878~1970)있다. 아마도 김병로의 입장 역시 실질적 위법성론을 독일 유학으로 터득한 牧野로부터 적지 않은 영향을 받았을 것으로 추정된다.

61) 김병로, "범죄구성의 요건되는 위법성을 논함", 『법학계』, 제3호(1915년 12월), 1쪽 이하. 이에 관해서는 신동운, "가인 김병로 선생과 법전편찬 -형법과 형사소송법을 중심으로-", 『법학연구』(전북대학교 법학연구소), 통권 25집, 13쪽 이하.

않을 수 없다."[62)63)]

김병로의 이와 같은 실질적 위법성사상은 1953년의 한국형법 제정 시에 한국형법 제20조에 다음과 같은 법문으로 입법화되었다. "기타 사회상규에 위배되지 아니한 행위는 벌하지 아니한다." 이에 따라 한국형법은 비록 어느 행위가 형식적인 차원에서 구성요건에 해당될지라도, 그 구성요건에 위반된 행위의 불법성이 매우 경미하여 형벌의 본질에 비추어 볼 때 일반인의 관점에서 형벌로 처벌하기에는 지나치다는 평가를 할 만한 정도로 용납될 수 있는 사회적 일탈행위로 평가되면, 그런 구성요건해당행위는 아예 위법성의 단계에서 탈락을 시켜야 한다는 결론에 이르게 된다.

3. 한국형법의 제정목적과 입법과정에서 일본의 영향

1945년 8월 15일 광복 이후 미군정이 한국에 주둔하면서 조선법전편찬위원회가 구성되었다. 이 위원회의 형법분과위원회에서 양원일 위원(당시 판사로 재직)이 형법 총칙을, 엄상섭 위원(당시 검사)이 형법각칙 부분에 대한 요강안(要綱案)을 기초하기로 하고 형법분과위원회와 총회에서 순차로 의결하도록 하였다.[64)] 그러나 1948년 대한민국이 수립된 후에는 대통령 제4호에 의해 '법전편찬위원회' 직제가 정식으로 공포되고(1948년 9월 15일) 입법화 작업은 동 위원회로 계승되었다.[65)] 이 위원회의 활동을 통하여 1953년에 제정된 한국형법전은 다음과 같은 입안의 근본원칙에서 출발하여

62) 김병로, 위의 논문, 7쪽 이하.

63) 이러한 입장은 당시의 상황으로 보았을 때 매우 진취적인 이론이었으며, 오늘날에도 매우 의미 있는 주장으로 평가된다. 일본이나 한국에서 학설과 판례는 사람의 신체에 대한 폭행의 개념을 "사람의 신체에 대한 일체의 유형력"이라고 정의하고 있는 바, 이는 타인의 신체에 접촉만 하여도 곧바로 폭행죄의 구성요건에 해당됨을 말한다. 다만 이런 수준의 폭행행위는 비록 폭행죄의 구성요건적 행위에 해당되지만 폭행죄의 위법성을 충족할 자격을 갖추지 못했다는 의미에서 이른바 '가벌적 위법성'이라는 개념으로 해결하든지 아니면 독일처럼 아예 구성요건의 해당성을 배제하기 위한 이론인 사회상당성이론에서 찾고 있다. 그러나 이는 논리적으로 적지 않은 문제점을 야기한다. 왜냐하면 어느 행위가 규범에 위반되어 위법하느냐의 평가는 법률상의 금지(혹은 요구)규범에 위반되었느냐의 여부 문제이지, 그것의 정도를 가지고 위법성을 평가하지 않기 때문이다. 즉 위법성은 규범위반의 존부 문제이지, 규범위반의 정도 문제가 아니다. 다만 범행의 불법성은 行爲反價値와 結果反價値의 정도와 내용에 따라 양적으로 달라질 수 있다는 점에서 가벌적 위법성과 달리 가벌적 불법성은 규범위반의 존부 문제가 아니라 규범위반 내용의 정도에 관한 문제이며, 이것은 다시금 형벌의 정도에 영향을 미칠 수 있게 된다.

64) 徐壹敎 편, 『신형법』(附 참고자료), 大韓出版文化史, 1953, 75쪽.

65) 이에 관해 자세한 것은 신동운 편, 『형법(형사법령제정자료집 1)』, 형사정책연구원, 1990; 김종원, "형법(Ⅰ-1)", 『한국의 학술연구』, 413~416쪽 참조.

제정되었다.[66)]

1. 세계 각국의 현행법, 형법개정초안, **특히 독일 1930년 형법초안을 많이 참고하였고**, 제정역사가 새롭고 국정(國情)이 한국과 유사한 중국형법(즉 臺灣刑法)을 참작하였다.

2. 모든 독재적인 정치요소를 배격하고 국민의 기본권을 옹호하여 자유와 평화의 완전실현을 지향하는 세계적 추세에 적응케 하였다.

3. 신생국가로서의 潑剌生新하고 勇往邁進的인 國風과 그러한 국민으로서의 창의력과 진취성을 풍부케 함을 適當하다록 하였다.

4. 目下 우리가 당면하고 있는 위기의 극복, 즉 민족적 분열에서 통일에의 推進方途에 있어서 遺憾됨이 없도록 하기에 努力하였다.

5. 우리 民族固有의 美風良俗의 維持向上에 유의하였다.

6. 弱者를 보호하여 그들의 落伍性에서 孕胎되는 사회의 不健全化를 防止함으로써 국가의 기초를 堅固히 企圖하였다.

7. 형법학설의 華麗奇拔함에 偏頗됨을 피하고 그 健全中正함을 擇하여서 현실에 적합하도록 하였다. 따라서 세계 각국의 입법례와 **특히 새로운 형법초안을 광범위로 참고하였다**.

8. 용어는 법으로서의 명확성과 존엄성을 해하지 아니하는 한 될 수 있는 대로 平易하도록 하였다.

한국형법은 이와 같은 관점에서 형법전을 편찬하였고, 독립된 대한민국에서 형법의 민주화를 위해 형법총칙에 다음과 같은 규정을 두었다.[67)]

첫째로 형법 제12조는 “저항할 수 없는 폭력이나 자기 또는 친족의 생명, 신체에 대한 위해를 방어할 방법이 없는 협박에 의하여 강요된 행위는 벌하지 아니한다.”고 명시되어 있다. 이는 적법행위의 기대 가능성이 없으면 책임을 지울 수 없다는 보편적인 책임주의사상을 한국형법에서도 실현하려는 강력한 메시지이며, 지극히 인간적인 형법이자 책임주의를 철저히 기하려는 의도가 담긴 조문이다.

---

66) 이에 관해서는 신동운 편저, 위의 책, 86쪽 이하.

67) 이에 관해 자세한 것은 엄상섭, “우리 형법전에 나타난 형법민주화의 조항”, 『효당 엄상섭 형법논집』, 74~81쪽.

둘째로 형법 제16조에서 “자기의 행위가 법령에 의하여 죄가 되지 아니하는 것으로 오인하는 행위는 그 오인에 정당한 이유가 있는 때에 한하여 벌하지 아니한다.”고 규정하였다. 이 규정은 다음과 같은 두 가지 의미가 있다. 그 하나는 오늘날처럼 특별형법이 확산되어 있는 상황에서 자신의 행위가 위법함을 정말로 알지 못하거나 알 수 없는 경우가 적지 않다는 사실을 입법자가 인정하고, 자신의 위법행위를 알지 못하는 합리적 이유가 존재하면 처벌할 수 없다는 책임주의사상을 철저히 하였다. 다른 하나는 이와 같이 금지착오에 관한 규정인 형법 제16조를 명시함으로써 위법성의 인식 내지 인식 가능성이 책임의 핵심요소로 작용하게 하였고, 이에 근거하여 범죄체계를 사실의 착오만을 인정하였던 고전적 범죄체계에서 금지착오까지 인정할 수 있는 합목적적 범죄체계를 곧바로 형성할 수 있게 하였다.

셋째로 형법 제20조에서 “기타 사회상규에 위배되지 아니한 행위는 벌하지 아니한다.”고 명시함으로써 형법의 최후수단적 성격을 분명히 하고, 이와 함께 형식적 범죄 개념에 따른 불필요한 해석의 방식을 극복할 수 있게 하였다.[68)]

넷째로 정당방위의 조항에서 “전항의 경우(오상방위의 상황)에 그 행위가 야간 기타 불안스러운 상태 하에서 공포, 경악, 흥분 또는 당황으로 인한 때에는 벌하지 아니한다.”라고 하여 오상방위의 경우에 그 오상(誤想)함에 대하여 참작해 주어야 할 조건이 구비되었을 때에는 책임이 조각될 수 있는 법적 효과를 갖도록 하였다.

다섯째로 한국형법에서 “피고사건에 대하여 무죄 또는 免訴의 판결을 선고할 때에는 判決公示의 취지를 선고할 수 있다.”라고 하였다. 일반에게 공시하여 피고인의 명예를 회복할 책임이 국가에 있음을 분명히 한 조항이다.

여섯째로 선고유예제도를 도입하여 자유형의 병폐를 예방할 수 있도록 하였다.

일곱째로 형의 실효(失效)와 복권(復權)에 관한 규정을 두어 전과자로서의 낙인을 불식시키는 규정을 두어서 비록 과오가 있는 사람도 개과천선함으로써 재생의 의욕을 갖도록 하였다.

한국제정형법은 이처럼 많은 점에서 민주화를 이룩하고, 아울러 선진 형법이론과 실질적 법치국가원칙을 적극적으로 수용하였으며, 각국의 최신 형법전이나 형법초

68) 이에 관해 자세한 문헌으로는 허일태, “형법 제20조의 ‘사회 상규에 위배되지 아니한 행위’의 재조명”, 『형법연구 Ⅱ』, 동아대학교 출판부, 2004, 261쪽 이하.

안을 참조하여 독자적인 한국형법이 될 수 있도록 노력하였다. 이와 같은 노력에도 불구하고 한국의 입법제정자들은 위의 형법입안에 관한 기본원칙 제1호와 제7호에서 언급한 바와 같이 새로운 초안을 광범위하게 수용하였다고 명시하고 있는 바, 여기서 말하는 형법초안은 1930년 독일 개정형법초안과 1941년 일본 개정형법가안을 말하는 것으로 보인다. 왜냐하면 제정형법 입안원칙 제1호가 특히 독일 형법 1930년 초안을 참작하였음을 명시적으로 밝혔으며, 한국형법의 실질적 내용은 일본 개정형법가안과 많은 부분에서 일치하고 있기 때문이다.

4. 형사실무에서 일본의 영향

한국 대법원 판례를 포함하여 많은 판례들이 1945년 일본으로부터 해방 직후뿐만 아니라, 1953년 10월 3일 한국형법이 제정 · 시행된 이후에도 유사한 사안에 관해 일본의 판례를 적지 않게 참조하였음을 잘 알려진 사실이다.

예컨대 일본 형법과 일본 판례는 '법률의 부지'에 관한 합리적인 착오가 있었다고 할지라도 그런 착오를 용납할 수 없다고 본다. 이러한 사고방식은 1945년 이후, 특히 한국형법이 금지착오에 관한 규정을 통하여 정당한 이유가 있는 금지착오에 대해 책임성이 조각됨을 명시하고 있음[69]에도 대법원 판례를 포함한 모든 판례는 법률의 부지에 관해서는 정당한 이유의 존재 여부에 관계없이 계속적으로 처벌하고 있다.[70] 또한 공모공동정범의 개념은 원래 범행현장에 나오지 않고 배후에서 조종한 범죄집단의 수괴를 처벌해야 한다는 필요성에서 1896년 일본의 대심원 판결에 의하여 인정되기 시작하여 일본 최고재판소에서도 이를 일관되게 인정하여 왔다.

---

69) 韓國刑法 第16條(法律의 錯誤): 自己의 行爲가 法令에 의하여 罪가 되지 아니하는 것으로 誤認한 行爲는 그 誤認에 正當한 理由가 있는 때에 限하여 罰하지 아니한다.

70) 대법원 1961.10.5. 4294형상208【국가보안법위반】본조(형법 제16조)의 취지는 단순한 법률의 부지의 경우를 말하는 것이 아니고 일반적으로는 범죄가 되는 행위이지만 자기의 특수한 경우에는 법령에 의하여 허락된 행위로서 죄가 되지 아니한다고 그릇 인정하고 그와 같이 그릇 인정함에 정당한 이유가 있는 경우에는 벌하지 아니한다는 뜻이다; 대법원 1983.11.24. 자 83모50 결정【상소권회복청구기각결정에 대한 재항고】상소권회복 청구기간을 준수하지 못한 것이 법률의 부지로 인한 것이라는 사유는 동 청구기각 결정에 대한 적법한 재항고 사유가 될 수 없다; 대법원 1990.10.30. 선고 90도1126 판결【부동산소유권이전등기등에관한특별조치법위반】: 피고인이 자신의 범행이 부동산소유권이전등기등에관한특별조치법에 위반되는지를 몰랐다고 하더라도 이는 단순한 법률의 부지에 불과하며 이것이 형법 제16조에 해당하는 경우라고 볼 수 없다.

물론 일본의 식민지 지배 하의 조선고등법원도 역시 이를 인정하여 왔으며, 1945년 해방 후 한국법원에서도 그대로 승계되어 일본 판례에서 인정되고 있는 공모공동정범론을 그대로 답습하고 있다.[71)]

이뿐만이 아니다. 사형제도의 존치에 관해 그 정당성을 기술한 일본 최고재판소의 판결문을 모방하는 것까지 굳이 비난할 수 없을 것이다. 그러나 일본 최고재판소가 사형제도의 존치근거에 관해 다음과 같은 논리까지 모방했다는 것은 매우 부끄럽게 생각된다. "生命은 尊貴하다. 한 命의 生命은 全地球보다 重하다. 死刑은 확실히 모든 刑罰 중에서 가장 冷嚴한 刑罰이며, 또 정말로 부득이한 경우에 인정되는 窮極의 刑罰이다."[72)] 한국대법원도 다음과 같이 판시한 바 있다. "생명은 한번 잃으면 영원히 회복할 수 없고, 이 세상에서 무엇과도 바꿀 수 없는 절대적 존재이며, 한 사람의 생명은 전지구보다 무겁고 또 귀중하고도 엄숙한 것이며, 존엄한 인간 존재의 근원인 것이다. … (한국헌법에서 명시적으로 사형을 금지한 조문이 없고), 우리나라(한국)의 실정과 국민의 도덕적 감정 등을 고려하여 국가의 형사정책상으로서 질서유지와 공공복리를 위하여 형법, 군형법 등에 사형이라는 처벌의 종류를 규정하였다 하여도 이것을 헌법에 위반된 조문이라고 할 수 없"다는 것이다.[73)] 즉 한국 대법원 판례도 한편으로 인간은 전지구보다 중하며, 인간의 생명은 존엄한 존재라고 말하면서, 다른 한편으로 사형이라는 인간생명의 박탈은 부득이한 경우에 허용될 수 있다는 것이다. 한국 대법원과 일본 최고재판소의 논리는 참으로 유치해 보인다. 왜냐하면 인간의 생명이 지구보다 무거울 정도이고, 존귀한 존재라면, 한 인간의 생명은 일본과 한국을 합한 것보다 중요하다는 것인데, 그럼에도 불구하고 국가의 형사

---

71) 대법원 1972.4.20. 선고 71도2277 판결【폭력행위등처벌에관한법률위반, 특수폭행치사】: 공모공동정범에 있어서도 다른 공모자가 실행행위에 이르기 전에 그 공모관계에서 이탈한 때에는 공동정범의 책임을 지지 않는다; 대법원 2010.7.15. 선고 2010도3544 판결【뇌물공여 · 건설산업기본법위반 · 국가기술자격법위반 · 건설기술관리법위반 · 전기공사업법위반】: 형법 제30조의 공동정범은 공동가공의 의사와 그 공동의사에 의한 기능적 행위지배를 통한 범죄실행이라는 주관적 · 객관적 요건을 충족함으로써 성립하므로, 공모자 중 구성요건행위를 직접 분담하여 실행하지 아니한 사람도 위 요건의 충족 여부에 따라 이른바 공모공동정범으로서의 죄책을 질 수도 있다. 한편 구성요건행위를 직접 분담하여 실행하지 아니한 공모자가 공모공동정범으로 인정되기 위하여는 전체 범죄에 있어서 그가 차지하는 지위 · 역할이나 범죄경과에 대한 지배 내지 장악력 등을 종합하여 그가 단순한 공모자에 그치는 것이 아니라 범죄에 대한 본질적 기여를 통한 기능적 행위지배가 존재하는 것으로 인정되어야 한다.

72) 日本最高裁判所 昭和 23년 3월 12일(尊属殺殺人死体遺棄被告事件), 昭和 二二年 (れ) 第一一九号.

73) 한국 大判 1963. 2. 28. 62도241.

정책상 필요하다면 사형을 가할 수 있다고 비논리적으로 논증하고 있기 때문이다.

5. 한국 형법학계의 일본 영향

1945년 직후부터 1950년 6월 25일에 발생한 6·25사변이 끝날 무렵까지 한국의 법과대학생들 대부분은 일본의 형법 교과서로 법학 공부를 하였다. 그 주된 이유는 첫째로 일본의 갑작스런 패망으로 정부수립의 준비가 충분하지 못했고, 특히 한국 형법은 1953년 10월 3일 시행되었으므로, 그 사이 일본 형법전은 한국의 헌법이나 기타 법질서에 반하지 않는 한 그대로 적용될 수밖에 없었으며, 둘째로 당시의 대학생들 대부분은 공교육에서 공용어로 일본어를 배워서 일본 형법 교과서를 막힘없이 읽을 수 있었기 때문이었다. 또한 일본 교과서의 한국어 번역판도 있었다. 예컨대 일본의 牧野 교수의 형법총론은 한국어로 번역되었으며,[74] 당시의 대학생 사이에 크게 유행된 책이기도 하였다.

사정이 이러다 보니 1950년 초반까지 일본의 교과서와 일본 학자들의 이름은 자연스럽게 한국의 교과서에서 찾아 볼 수 있었다. 한국형법이 시행되기 전에 출판된 저서로는 1947년 黃聖熙의『現行刑法要說』과 1948년에는 金南榮의『刑法』(총론과 각론), 1949년에는 신파계열에서 李健鎬의『刑法講義 總論』의 저술이 출판되었고, 沈鉉尙의『刑法總論』도 1949년에 출간되었다. 1950년에는 張承斗의『刑法要綱』(총론과 각론)이 그리고 1952년에는 金斗一의『刑法』이 출간되었다. 이들 저서들은 모두 일본 형법을 중심으로 하는 해설서였다. 그 결과 일본에서 치열하게 논란을 불러일으켰던 신파와 구파 간의 싸움이 한국에서도 적지 않은 파장을 일으켰다. 특히 대구대학의 백남억 교수가 일본의 구파계열의 형법이론을 토대로 교과서를 출간함으로써[75] 신파계열의 고려대 이건호 교수 간 학설 다툼이 발생하였다.

한국의 제정형법이 시행된 것은 일본으로부터 해방된 후 8년이 지난 1953년 10월 3일이었다. 신형법을 해설한 저서로는 1953년에 金龍晋의『新刑法解義』, 朴商謐의『新刑法』, 徐壹敎의『新刑法』, 1954년에는 姜瑞龍의『大韓民國 刑法總論』등이 쏟아져 나왔다. 그러나 이들 교과서의 대다수는 독자적인 한국형법학의 뿌리가 없는

74) 牧野英一(著),『刑法總論』(重訂板 日本刑法 上卷: 李種恒 譯), 英雄出版社, 1952년 9월 發行.
75) 白南檍,『刑法總論』, 法文社, 1955.

상황에서 일본 형법이론이나 형법사상에 토대를 두고 있었다.

물론 일본의 영향을 받으면서도 한국의 실정에 걸맞게 이론을 수정하거나 새롭게 정립한 형법 교과서도 나타났다. 예컨대 柳秉震 판사는 한국전쟁 시의 혼란 속에서 敵軍에 附逆한 者에 대한 재판을 하는 과정에서 적법행위의 기대가능성 이론을 통하여 평균적 인간이라면 敵의 統治 下에서 통상적으로 그런 정도의 부역을 아니 할 수 없을 것이라고 평가될 때에는 무죄판결을 내렸다. 그의 이런 경험을 토대로 발표된 그의 여러 논문들과 형법총론 교과서를 통해 자연법사상과 법치국가사상이 깊이 녹아 있는 사상과 이론을 구축하였다.[76] 첫째로 그의 이러한 사상은 단행본 『재판관의 고민』에서와 "正義와 法强制의 限界"[77]라는 논문에서도 이 점을 확인할 수 있다. 단행본 『재판관의 고민』 제9장에서 유병진 판사는 (국가 내지 입법자가 비록 광범위한 입법형성권을 갖는다고 해도) 법률은 법치국가원칙에 철저한 것이어야지, 감정적인 법률이어서는 아니 됨을 분명히 하고, 이른바 부역자 처벌이 감정의 입법임을 확신하였다.[78] 부역자처벌법이 적군의 치하에서 생존을 위해 불가피하게 소극적으로 逆徒에 협력한 일조차 모두 범죄시하고, 게다가 법정형 역시 책임원칙에 비해 지나치게 남용되어 중한 형벌로 벌한 점에서 입법자의 입법형성권 일탈을 비판하였다. 또한 유병진 판사는 진정한 자연법론자임이 틀림없어 보인다. 그 이유를 들자면, 첫째로 그는 사회적 정의가 존재하고 있음을 밝히고 있으며, 이를 실현하기 위해 不義에 항거하고, 사회악에 대해 정열적인 용기와 결단을 통해 극복할 것을 주문하고 있음을 그의 저서 『재판관의 고민』에서 볼 수 있다. 둘째로 그는 "법과 현실 -법률실무가가 지니는 근본과제"라는 논문을 통하여 부역자처벌법의 불법적인 문제점을 명확하게 파악하고, 비록 불법적 법률이 존재할지라도 정의이념과 책임원칙에 철저히 부합하도록 해석함으로써 악법의 성격을 지닌 법률의 악법성을 극복하려고 노력하였다. 그러기 위해 그는 자유법사상을 이론적 도구로서 적극적으로 전개하여, 당시 활개 치던 장후영 선생의 현실주의법학,[79][80] 특히 "정의는 영구불변한 것도 아니며,

76) 柳秉震의 法理論과 法思想에 관해서는 許一泰, "유병진의 법사상과 법이론", 『동아법학』 제47호 참조.

77) 『法政』, 제7권 제5 · 6호(1952. 6), 3~8, 13쪽.

78) 이에 관해서는 신동운(편저), 『재판관의 고민』, 97쪽 이하 참조.

79) 張厚永, "法現實主義法學에 대하야", 『法政』, 제6권 제12호(1951. 12), 3~5쪽.

80) 張厚永이 말한 현실주의 법학이란, "법은 한번 제정되면 그대로 고정되고 마는 것이지만 우리의

또한 생활현실과 유리된 존재여서는 아니 된다."는 내용을 핵심으로 하는 현실주의 법학에 대한 맹점을 철저히 분석·비판하였다.

다만 이 시기에 저술된 대부분의 교과서나 논문은 인과적 행위론을 크게 벗어나지 못하였다. 인과적 행위론의 특색은 범죄체계에 있어서 고의를 책임의 요소에 배치시키고, 구성요건의 해당성은 인간의 외부적 행위가 범죄의 구성요건에 영향을 미치었느냐의 문제에 귀착된 이론이었다. 그 결과 인과적 행위론에 근거한 착오론은 원칙적으로 금지착오를 인정하지 않고 오직 사실의 착오만을 인정하는 범죄체계였다.

교과서에서 나타난 이런 주장은 한국의 제정형법규정에 정면으로 반한 것이다. 왜냐하면 한국 제정형법은 착오를 사실의 착오와 법률의 착오로 구분하고, 법률의 착오 시에 정당한 사유가 존재하면 책임이 조각될 수 있음을 명시하고 있기 때문이다. 따라서 한국 제정형법에서 형법상 책임의 근거는 자신의 행위가 범법행위가 된다는 것을 알거나 알 수 있었음을 전제로 하게 되었고, 자신의 행위에 대한 위법성의 인식 내지 인식가능성이 없으면 책임이 조각될 수 있는 구조로 입법화되었다. 그럼에도 불구하고 당시의 대부분의 교과서들은 일본 형법학을 충분한 검토 없이 수용하였기 때문에, 이와 같은 모순을 알지 못하였다고 보여진다.

다만 한국형법의 아버지라고 불리는 嚴祥燮 선생은 한국형법의 기초를 초안했고, 국회의원으로서 법률안을 통과시키는 데 중요한 역할을 하였으며, 한국형법전의 기초사상 형성에 초석을 깔았다. 그의 기본적 이념은 형법은 국민 개인의 인격을 최대한 꽃피우게 하는 데 있으며, 그러기에 실질적 법치국가원칙을 철저히 준수하고, 형법의 민주화에 만전을 기하여야 한다는 신념을 가졌다.[81] 아울러 우리 형법의 체계에 있어서 사회상규에 의한 위법성 조각사유와 적법행위의 기대가능성 그리고 금지착오에 관한 이해를 올바르게 하고 있었음은 물론이다.

1950년대와 1960년대 초기까지의 한국형법학을 이끌던 학자나 실무가들은 일본에서 연구를 했거나 일본 고등고시에 합격한 사람들이 대부분이었다. 예를 들면, 서

생활현실은 나날이 변천해 가는 것이므로 고정된 법과 끊임없이 變遷해 가는 생활현실 사이에 넓어져가는 간격, 즉 법과 생활현실과의 유리 …를 법의 가치적 해석과 현실적 운용으로써 완화 내지 말소시켜야 한다."는 입장이다.

81) 엄상섭의 형법사상과 형법이론에 관해 자세한 것은 신동운·허일태 편저, 『효당 엄상섭 형법논집』, 서울대학교 출판부, 2005, 참조.

울대학교에서 형법과 형사소송법을 강의했던 金基斗,[82] 大邱 慶北大學校 白南憶,[83] 高麗大 南興祐,[84] 연세대 鄭榮錫,[85] 한국외대 成時鐸,[86] 江原大 李漢敎[87] 교수 등은 한국형법이 제정된 이후 한국형법학을 일본의 형법학사상과 이론에 결정적 영향을 받아 해석 · 적용하였던 시절이었다. 일본 유학을 직접적으로 하지 아니하였지만 일본어를 해독하는 데에 아무 지장이 없었던 분들도 일본의 영향을 크게 받았다. 성균관대 金種源,[88] 성균관대 정성근[89] 교수가 그랬었다.

그러나 金種源 교수는 1956년에 독일 Hans Welzel의 목적적 행위론을 한국에 처음으로 소개하였고,[90] 뒤이어 黃山德[91] 교수 역시 Hans Welzel의 단행본 『獨逸刑法

82) 김기두(金箕斗: 1920~1993)는 1937년 광주공립 고등보통학교를 나와 일본 松江高等學校 문과를 마친 뒤 1943년 동경제국대학 법률학과를 졸업하였다. 1967년 서울대학교에서 법학박사학위 취득. 1945년 11월부터 광주의과대학 조교수, 1949년 1월부터 1951년 말까지 법무부 법무관으로 근무. 1950년 9월부터 1954년 2월까지 동국대학교 교수로 재직하다가 1959년 9월부터 서울대학교 법과대학 교수로서 1985년 8월 정년퇴임할 때까지 후학 양성. 주요 저술로는 『신형사소송법』(1956) · 『형사소송법』(1959) · 『형법각론』(1963) · 『신형사소송법』(1964) · 『한국소년범죄의 연구』(1967) 등이 있으며, 번역서로는 『미국형사소송법』(1948) · 『형사학원리』(1957) 등이 있다.

83) 1914년 경북김천 태생이며, 일본 규슈대 법문학부를 졸업한 후 58년 대구대 대학원장을 지냈고, 60년 5대 참의원을 시작으로 정계에 투신해 오랫동안 국회의원을 역임했다. 저서로는 『형법총론』(1962년 초판발행)이 있음.

84) 남흥우(南興祐, 1913년 6월 7일 ~ 2012년 10월 6일)는 경성제국대학 법과대학에 입학하여 1939년 3월 졸업하였고 1940년의 고등문관시험에 응시, 그해 10월에 합격하였다. 1946년 1월 美軍政廳 법무부 법무관이 되어 법무관, 검사 등을 지내다가, 1948년 정부 수립 뒤에도 대한민국 법무부에 2개월간 근무하였다. 1948년 10월 법무관을 사퇴하고 변호사가 되었으며, 부산대학교와 고려대학교 교수를 역임했다. 저서로는 『형사정책』(박영사, 1962), 『형법강의』(각론: 고대출판사, 1965), 『형법강의』(총론: 박영사, 1975) 등이 있다.

85) 일본 제7고등학교 문과를 나와 일본 경도제국대학 법학부를 졸업하였다. 연세대학교에서 형법 교수로 재직하였다. 저서로는 형법총론(1961년 출간), 형법각론, 형사소송법, 형사정책 등이 있다.

86) 일본에서 한국인으로는 가장 먼저 형법박사학위를 취득하였음.

87) 일본 고주가꾸잉대학에서 형사법을 전공하였음.

88) 1931년 부산에서 출생하였으며, 1976년 법학박사학위를 취득하였다. 1959년부터 경희대 교수로 활동하다가 1977년 성균관대로 옮겼으며, 1956년 법대학보(서울대) 제3권 제1號에 『현대 범죄론의 변천』을 번역하여 기고한 것을 필두로 200여 편의 형사법에 관한 각종 논문과 저서 및 번역서와 번역논문을 출간하였다. 1984년에는 10개월간 독일 Freiburg에 소재한 막스 프랑크 형사법연구소에서 연구생활을 하였다. 1977년부터 1977년까지 10년간 한국형사법학회 회장을 역임하였다.

89) 성균관대에서 법학박사를 취득하고, 독일 Köln 대학 형사법연구소의 초빙교수로 잠시 활동하였음. 저서로 형법총론, 형법각론 등 6권의 단행본을 저술하였으며, 형법상의 신분개념 등 다수의 논문을 발표하였다. 한국형사학회 회장을 역임하였다.

90) 1955년 일본의 후쿠다(福田) 교수의 논문을 통하여 '목적적 행위론'의 존재를 알게 되었고, 1957년 '목적적 행위론'을 학위논문으로 법학석사학위를 취득하였다.

91) 1917년 평안남도 출생, 1938년에 경성제국대학 법문학부 법학과 1類 입학하여 1940년 일본유학을 잠시 하였다. 1943년 일본고등시험 행정과 및 사법과 동시합격. 관료로 재직하다가 1948년 고려대 정법대학 부교수로 부임, 1952년 서울대로 옮김. 1957년 법철학회를 창립하였고, 1960년 서울대에서 박사학위 취득함. 저서로 『법철학』, 『형법총론』 등 수십 권의 단행본을 출판하였으며 논문 역

의 新形象』을 1957년에 번역하였다. 또한 劉基天[92]은 1950년대 초 미국 유학을 다녀와서 1950년대 후반부터 영미형법학을 소개하기 시작하였다. 그리고 영미형법학은 다시금 車鏞碩[93] 교수가 미국 연수를 받고 돌아온 이후 더욱 본격화되었다. 이처럼 유학경험을 가졌던 형법학자뿐만 아니라 미국 문헌이나 독일 문헌을 손쉽게 해독할 수 있는 연구자가 점진적으로 증가함으로써 일본으로부터 직수입되었던 형법이론, 형법사상과 형사판례도 점차 일본의 영향력이 약해지기 시작하였다.[94] 특히 1960년대 이후부터 폭넓은 형법사상과 이론을 형성하였던 독일 유학파 沈在宇[95] 교수를 시작으로 1970년대는 미국 유학파인 姜求眞[96] 교수와 독일 유학파인 이형국[97] 교수 등에 의해 형사법학에 대한 심도 있는 논의가 성숙되었으며, 뒤이어 독어와 일어에 능한 李在祥[98] 교수가 刑法新講이라는 單行本을 시작으로 형법과 형사

시 적지 아니 하였다. 그가 저술한 『형법총론』은 독일의 Hans Welzel의 형법을 많은 부분 모방한 것이지만, 일본 형법이론과 사상에 철저히 물들었던 당시의 한국형법학계에 큰 파장을 일으켰다.

92) 1952년 미국 국무성 Smith-Mundt Program 장학금으로 미국 유학을 시작하여 1956년까지 Yale 대학 등에서 형법학, 심리학 등을 공부했다. 서울대 총장을 역임하였으며, 저서로는 『형법학』(총론), 『형법학』(각론 상), 『형법학』(각론 하) 등을 출간하였으며, 일본 의존적 형법학설과 형법이론에서 본질적으로 탈피한 나름의 독자적 형법사상이 깃든 저술을 발간하였다.

93) 1967년 미국 Southern Methodist University 법과대학원에서 비교법학석사를 받았고, 1967년 9월부터 1968년 6월까지 미국 University of Pennsylvania에서 범죄학을 수학하였다. 한국형사정책학회 회장과 한국형사법학회 회장을 역임하였다.

94) 고려대학교, 沈在宇 教授; 건국대학교 朴東熙 教授 등이 1960년대 獨逸에서 刑法學으로 博士學位를 받았다.

95) 1933년 강원도 강릉에서 태어나, 1954년에 고려대 법대에 입학하였다. 1962년부터 2년간 고려대에서 박사과정을 이수하였고, 1966년부터 독일의 Marburg 대학을 시작으로 Saarbrücken, Bielefeld 대학에서 박사과정을 이수하고 1973년에 법학박사학위를 취득함. 한국법철학회 회장과 형사법학회 회장을 역임하였음. 저서와 역서로는 『권리를 위한 투쟁』, 『법치국가와 인간의 존엄』, 『책임형법론-형법상의 책임원칙에 관한 연구』, 『법과 존재』, 『폭정론과 저항권』, 『Wiedestandsrecht und Menschenwürde』 등이 있으며, '상대주의의 법철학적 의의와 그 한계' 등 다수의 논문이 있음.

96) 서울대 법대출신으로 제1회 사법시험에 합격하고, 미국 Harvard 법과대학에서 법학박사(S.J.D.)를 취득하였으며, 독일 Max-Planck 형법연구소에서 1년간 연구 활동을 하였음. 서울대 법대 교수로 재직 중 1984년 교통사고 사망. 저서로는 『형법각론』과 『형사소송법원론』이 있으며, 논문으로는 '이중매매의 형사책임에 관한 약간의 고찰' 등 다수가 있음. 특히 앞의 논문은 부동산 이중매매가 배임죄가 될 수 있음을 이론적으로 밝혀 판례형성에 큰 영향을 주었다.

97) 1938년 서울서 출생, 1978년 독일 Heidelberg 대학교에서 형법으로 법학박사 취득하였으며, 1972년부터 총신대학 교수로 활동하다가 1979년 경희대로, 1981년 다시금 연세대로 옮겼다. 형법총론 연구 1 등 8편의 형사법 교과서와 100여 편이 훨씬 넘는 형사법에 관한 논문을 썼다.

98) 1943년 경북 선산에서 출생하였으며, 1965년 서울대 법대를 졸업하였다. 동년 사법시험에 합격하고 1968년부터 육군법무감을 시작으로 1978년까지 검사로서 활동하였다. 1982년 이화여대 교수로 부임한 후, 경희대로 자리를 옮겼다가 다시금 이화여대에서 정년까지 근무를 하였다. 한국형사판례연구회를 창립하였으며, 형사정책연구원장을 비롯하여 한국형사정책학회 회장 및 한국형사법학회 회장 등을 역임하였다. 저서로는 보안처분의 연구를 비롯하여 '형법총론', '형사소송법', '형법연습' 등 수많은 단행본을 발간하였으며, 논문도 70여편 넘게 썼다.

소송법에 관한 교과서를 발간하면서 시중의 지가를 높였다. 1983년부터 1984년에는 독일유학파인 金日秀,[99] 裵種大,[100] 申東雲[101] 교수와 필자[102] 등이 국내로 들어오면서 독일을 통한 형법사상과 형법이론이 급속도로 확산되었으며, 1985년 이후부터는 급기야 한국에서도 다양한 학문적 배경을 가진 다양한 학설이 양산되고, 그 속에서 한국적 형법학을 형성하고자 하는 노력이 강하게 분출되었다.

Ⅳ. 일본 형법학에 관한 약간의 문제 제기

브아소나드가 1876년 일본에 도착한 이래 일본의 근대형법전(구형법전)을 제정하고, 형법학의 이론과 사상을 소개하기 시작한지도 벌써 145년 이상의 긴 역사를 가졌다. 이와 함께 일본에서 형사법의 전문연구자도 현재 600여명이 훨씬 넘는다. 한국에서도 근대적 형사법전이 성안된 것은 1895년이며, 이후 일본의 직·간접적 영향으로 형사법, 특히 형법학이 형성되기 시작한 것은 이미 1897년의 형법초안의 작성과 함께 이루어졌다고 해도 과언이 아니다. 그리고 1905년 형법대전이 시행되고,

99) 고려대 법대 출신으로 독일 München 대학교의 Claus Roxin 교수지도로 형법학박사 학위를 취득하고 1983년에 귀국하여 고려대 법대에 재직하고 있다. 풍부한 독일의 문헌을 참고삼아 형법 교과서와 형사법 관련 단행본을 저술하는 한편 다수의 논문도 끊임없이 발표하였다. 한국형사정책학회 회장과 한국형사법학회 회장을 역임하였다.

100) 고려대 법대 출신으로 Frankfurt 대학교의 Hassemer 교수의 지도로 형법학 박사학위를 1984년에 취득하고, 1985년부터 고려대에 재직하면서 '형법총론'과 '형법각론', '형사정책', '형사소송법' 등 형사에 관한 교과서를 모두 출판하였으며, 적지 않은 논문도 발표하였다. 한국형사정책학회 회장, 한국비교형사법학회 회장 및 한국형사법학회 회장을 역임하였음.

101) 서울대 출신으로 독일 Freiburg 대학교의 Kaiser 교수의 지도로 박사학위를 취득하고 1984년에 귀국하였으며 1985년부터 서울대 법대 교수로 재직 중임. '형사소송법', '형법총론', '형법각론', '판례백선 형법총론', '판례분석 신형사소송법', '판례백선 형법각론 1' 등의 저서와 '입문 일본형사수속법'을 번역하였으며, 그리고 편저로는 '효당 엄상섭 형법논집', '효당 엄상섭 형사소송법논집', '권력과 자유'가 있다. 그 밖에 150여 편이 넘는 학술논문을 쓰셨다. 한국형사정책학회 회장, 한국형사법학회 회장을 역임하였다.

102) 국민대 법대 출신으로 독일 Würzburg 대학교의 Krause 교수 지도로 1984년에 형법학 박사학위를 취득하고 1984년 가을부터 동아대 법대에 재직 중임. 저서로는 '형법연구 Ⅰ', '형법연구 Ⅱ', '형법연구 Ⅲ', '형법연구 Ⅳ', '형법연구 Ⅴ', '형법연구 Ⅵ', '형법연구 Ⅶ', '형법연구 Ⅷ', '형벌과 인간의 존엄', '정의의 굴렁쇠', '법학입문', '인간적인 법을 찾아서', '인간적인 삶을 찾아서', 'Die Verfolgung Unschuldier'와 번역서로는 '일본 형법이론사의 종합적 연구', '독일형법총론', '법학방법론', '법철학입문', '법철학의 근본문제', '법학방법론입문' 그리고 편저로서 '효당 엄상섭 형법논집', '권력과 자유'가 있고, 200여 편의 논문을 기고하였다. 한국비교형사법학회와 영남형사판례연구회의 창립하고 한국형사정책학회 회장, 한국비교형사법학회 회장과 한국형사법학회 회장을 역임하였다.

1912년에는 일본 형법이 조선에서 전국적으로 적용되었기 때문에, 한국에서도 일본식의 형법 역사는 110년도 넘었다. 그리고 극히 일부이긴 하지만 1900년대 초부터 일본을 통하여 들여온 근대적 형법이론과 형법사상을 습득한 한국인 학자도 더러 있었다. 그러나 근대적 의미의 한국형법전이 처음으로 성안된 것은 1953년이고, 이는 그 이후 지금까지 고작 70여년의 역사를 갖고 있을 뿐이며, 오늘날 한국에서 전문 형법학자는 300여명을 넘지 않는다.

이런 관점에서 볼 때 일본 법원의 형법판례에 관한 축적과 일본 형법학계의 형법상의 제반 문제에 대한 논문은 양적인 차원에서 한국과 비교될 수 없을 정도로 많다. 일본은 독일과 비교하여서도 결코 뒤지지 않는다고 보여진다. 독일어권의 전문적 형사법 교수는 500여 명을 넘지 않아 보이기 때문이다. 사정이 이렇다면 일본 형법학은 한국을 비롯한 외국에 비해 그 나름의 독자성과 우월성을 가질 만하다. 또한 형법상 각종 문제들에 대해 한국보다 精緻한 解決을 보여주는 일본 판례와 일본 논문들이 훨씬 많은 것도 사실이다.

그러나 한국의 형사법을 전공하는 사람의 관점에서 볼 때, 일본 형법학에 대해 몇 가지 아쉬움도 눈에 띈다. 작금의 시점에서 일본은 한국보다 선진형법에 기반을 두고 있고, 또한 유능한 형법 학자가 상대적으로 많기에, 일본에서의 형법이론학과 형법입법론 및 형법사상은 한국을 비롯하여 아시아를 선도할 수 있어야 마땅하다. 그럼에도 불구하고 일본 형법학의 현주소는 일본 국내용의 한계를 벗어나기 어려워 보인다. 몇 가지 사례를 들어 살펴보자.

첫째로 모든 형법상 출발점은 형법상의 행위론에서부터 시작되어야 함에도 일본에는 독자적인 형법상 행위론을 갖고 있지 않다. 게다가 형법해석학에 충실한 행위론에 관한 깊은 고민의 흔적도 찾아보기 어렵다. 행위론에 관해 실익이 무엇이 있을 수 있느냐고 묻는 것은 적절하지 않다. 왜냐하면 모든 범죄는 형법상의 행위에서 비롯되며, 수사도 형법상 행위가 존재해야 비로소 착수할 수 있는 것이고, 구성요건에 해당하는 행위, 위법한 행위 그리고 책임을 지는 행위 등도 행위개념을 전제하고 있다. 이런 점에서 형법상 행위개념이 무엇인가를 명백히 밝혀야 할 필요성을 갖는다.

그럼에도 일본 학자들은 이 문제에 대해 무관심하거나 아니면 독일 이론을 단순 모방하는 데 그치고 있으며, 대부분 사회적 행위개념을 따르고 있다. 더구나 사회적 행위개념의 대표인 Roxin에 따르면, "형법상 행위개념은 가치개념의 중립성, 행위와 비행위 여부의 한계성 그리고 상위개념의 기능을 모두 갖추어야 한다."고 주장한다. 그러나 이런 Roxin의 주장은 사회적 행위개념의 정의에 걸맞지 아니한다. 왜냐하면 사회적 행위개념에 따르면 한편으로 형법상 행위개념은 전구성요건적 행위여야 하고, 그런 행위개념은 가치중립적이어야 한다고 주장하면서, 다른 한편으로는 형법상 행위개념은 사회적으로 의미 있고 중요해야 한다는 사고방식은 서로 배치되기 때문이다. 이런 Roxin의 입장이 아직도 일본에서 적지 않은 영향력을 보이는 것은 다소 의아해 보인다.[103] 형법상 행위란 단순한 존재론적 차원에 머물 수 없고, 사회적 일탈행위로서 구성요건에 해당할 만한 가능성을 가져야 한다. 그래야만 부작위도 형법상 행위개념으로 파악할 수 있기 때문이다. 이런 점에서 필자는 형법상 행위란 "자신의 태도 내지 행동을 목적적으로 조종할 수 있는 인간이 회피했어야 할 위험을 야기하는 사회적 일탈행동"이라고 본다.[104]

둘째로 형법의 기본원리는 책임주의에 철저해야 하고, 또한 책임을 기초로 삼아야 한다. 그럼에도 불구하고 인간은 무엇 때문에 책임을 지는가에 대해 한국뿐만 아니라 일본이나 독일 학자들도 합리적인 근거도 없이 '달리 선택할 가능성을 가진다는 논거'로 의사의 자유를 의제(擬制)하고 있다. 이것은 잘못이다. 필자는 다음과 같은 이유로 책임의 근거를 인정해야 한다고 본다. 우리가 책임의 전제로서 인간의 의사자유가 인간의 육체, 특히 뇌의 구조와 역할과 무관하게 존재하느냐라는 식으로 질문하게 된다면, 이는 잘못된 질문이어서 올바른 대답을 할 수가 없다. 이러한 잘못된 질문을 우리는 거의 200년 동안 쉼 없이 무의미하게 되풀이하여 왔다. 최근에도 독

103) 2009년 일본 형사법학회에 모인 500여명 이상의 형법 교수가 모인 동경대회의 자리에서 Claus Roxin의 기조발제가 있었고, 그는 지극히 독일적인 문제제기와 답변을 보였다. 왜 일본은 자신들의 형법학에 관한 정체성을 독일이나 한국 또는 중국에서 바라보는 일에 눈을 감고 있을까 하는 의문이 일어났다.

104) 이에 관한 자세한 연구로는 허일태, "형법상의 행위개념의 재구성", 『형법연구 Ⅰ』, 1쪽 이하: 한국형법이 전제하고 있는 인간상은 과학적 지식에 기초하여 일정한 목표를 세워 그 목표를 실행할 수 있을 뿐만 아니라, 그러한 목표의 실행으로 야기되는 부수적인 제반 사정까지 일정한 범위에서 예견하여 그것을 회피할 수 있는 능력자이며, 더 나아가서 자기의 활동범주에서 빚어진 결과에 대하여 사회적 책무를 부담하는 인격자인 것이다. 그렇기 때문에 형법상의 의미 있는 행위를 할 수 있는 능력자는 인간 모두가 포함되는 것이 아니라 목적적 행위지배가 가능한 인격 있는 행위능력자로 국한해야 한다. 이러한 능력자에는 자기가 목적하는 바를 실현할 수 있을 뿐만 아니라, 그 행위로 부수되는 제 사정을 참작할 수 있는 능력이 있으면 족하고, 그 행위가 사회적으로 어떠한 의미를 갖는지 알 수 있는 능력을 요구하지 않는다.

일의 저명한 형법교수인 쉬네만(Prof. Dr. Schünemann)이 서울대학교에서 인간의 의사자유에 대한 문제를 제기하고 이의 존재성을 규명하려고 노력하였다.[105) 그는 그 근거를 인간의 문화 창조능력과 언어사용의 방식을 통하여 사물을 지배하는 언어구조 속에서 찾으려고 하였다. 그러나 그가 의사자유를 인정하는 근거를 찾으려는 노력은 잘못된 방향에서 묻고 답한 것으로 보인다. 왜냐하면 인간의 문화 창조능력과 언어사용방식은 자유의사와 동일시되는 개념일 수 없기 때문이다. 오히려 인간에게 책임을 지우는 근거는 인간이 사회적 동물로서 문화창조와 사회평화를 형성하고 달성할 만한 합리적 상황인식과 그에 따라 올바르게 행동할 수 있는 능력 내지 지능을 갖고 있느냐의 문제이다.[106) 술에 취한 사람은 육체만 취한 것이 아니라 정신도 취한 것처럼, 환경과 유전인자에 의존되어 있는 인간의 자유의지는 환경과 유전인자로부터 완전히 자유로울 수 없지 않은가. 우리는 모든 성숙한 인간에게 "목적적으로 행동하고 합리적으로 사고하며, 그 환경을 효과적으로 처리하는 개인적인 종합적 · 전반적 능력인 지혜"를 향유함을 과학적으로 인정하고 있다. 특히 이러한 지혜의 핵심요소인 지능의 인자와 구조, 지능의 유전적 요인과 환경적 요인 그리고 지능의 발달에 대하여 현대과학은 많은 것들을 과학적으로 입증하고 있다. 이에 따라서 IQ검사를 비롯하여 인간의 지능을 과학적으로 측정하는 기술이 일상에서 이용될 정도로 축적되고 있다. 인간사회에서 목적적으로 조정할 수 있는 인간의 지혜는 사회발전과 문화창조의 원동력이 되고 있는 현실에서 이제는 인간의 지혜가 인간의 의사자유를 대신하여 사회평화를 발전 · 유지해야 할 책무의 존재근거로 되어야 한다. 다시 말해 책임의 근거는 인간이 의사자유를 가졌다는 가설에서 출발할 것이 아니라, 성숙한 인간이라면 인간다운 삶을 유지해야 할 사회적 책무를 준수할 수 있는 지혜 내지 능력을 지녔다는 데서 구해야 할 것이다. 그러므로 성숙한 인간이라면, 제한된 범위 내

105) Bernd Schünemann, "독일에 있어서 책임론의 새로운 전개"(미간행논문: 서울대학교 법과대학에서 발표한 강연논문), 4쪽 이하 참조.

106) 여기서 知能이란 지식을 쌓거나 사물을 바르게 판단하는 등의 지적인 능력을 말한다. 지능의 정의에는 여러 가지가 있으나 비교적 널리 알려져 있는 것을 유형화하면, ① 추상적 사고력을 중시하는 입장, ② 학습하는 능력, ③ 새로운 환경에 대한 적응성, ④ 조작적 정의, ⑤ 포괄적으로 정의하고자 하는 입장 등 5가지로 구분될 수 있다. ⑤의 입장으로 D. 웩슬러는 "목적적으로 행동하고 합리적으로 사고 하며, 그 환경을 효과적으로 처리하는 개인의 종합적 · 전반적인 능력"으로 이해한다. 형법상의 책임 문제와 관련된 지능 개념에서는 ⑤의 개념이 가장 실용적으로 사용될 수 있어 보인다.

이긴 하지만 사물의 인과과정을 조종하고 지배하여 '행위'라는 작품을 형성하는 능력을 가졌을 뿐만 아니라, 그 작품 활동 과정에서 야기된 위험을 예상하고 그것을 회피하는 능력까지도 겸비하고 있음을 우리는 부정할 수 없다. 인간은 이러한 능력을 바탕으로 그의 과학적 지식에 기초하여 자신의 활동을 지배하거나 조절함으로써 우리의 문화형성에 기여하는 작품 활동을 할 수 있는 유일한 존재이며, 사회적으로 봐서 이득이 되는 작품 활동뿐만 아니라, 악영향을 끼치는 활동도 가능한 이중적 존재이기도 하다. 그렇기 때문에 인간은 문화 창달에 부정적인 영향을 줄 수 있는 사회침해적 행동을 회피할 수 있는 지혜를 가지고 있을 뿐만 아니라, 그러한 침해적 행동을 회피해야 할 책무도 지게 된다. 이와 같은 지혜와 책무에 근거하여 공동생활에 위험이 되는 행동을 피할 수 있었음에도 불구하고 위험을 야기한 자에 대하여는 불가피한 경우에 한하여 최후의 수단인 형법적 대응을 강구하게 된다.

셋째로 일본의 형법학계에서 사형폐지론자가 한국에 비해 상대적으로 적어 보인다. 물론 일본에서도 적지 않은 학자가 사형제도를 폐지해야 한다고 주장하고 있으나, 이들의 목소리는 한국처럼 그렇게 크게 울리지 않고 있다. 분명한 것은 사형제도 폐지에 적극적으로 동참하는 학자가 한국보다 훨씬 적어 보이기 때문이다.[107] 아마도 그 이유는 다음과 같은 두 가지 관점에서 이해될 수 있다고 생각된다. 그 하나는 일본 헌법이 잔인한 형벌 금지를 천명하고 있을 뿐이고, 한국헌법처럼 인간존엄의 불가침성과 기본권의 본질적 침해 금지를 두지 않고 있기에, 일본에서는 사람을 돌로 쳐 죽이는 형식과 같은 방식이 아닌, 교수형(絞首刑)과 같이 비교적 덜 고통스러운 형식으로 사형시키면 잔인한 형벌금지원칙을 피할 수도 전혀 없지 않아 보이기 때문이다. 다른 하나는 일본은 천황제를 허용하고 있는바, 국가의 상징으로서 천황은 국민을 위한 봉사주체로서 파악하지 않고, 오히려 국민이 국가의 상징인 천황을 위해 헌신해야 한다는 정서가 강하게 작용할 수밖에 없기 때문으로 보인다. 즉 상당수 일본인들이 천황을 국가와 동격으로 이해하고 있는 마당에 국가는 국민을 위한 수단으로서 보기보다는 목적으로 보려는 경향이 강할 수 있다. 이런 상황에서

107) 일본은 최근 해마다 적지 않은 사형을 집행하고 있지만, 형법 교수들의 집단적 반대운동을 하고 있지 않다. 이에 반해 한국정부가 2008년 3월에 사형수로 수감되어 있는 자들 중 일부를 집행하려는 움직임이 있자, 이를 방지하기 위해 필자와 韓寅燮 서울대 교수가 주동이 되어 형법교수 200여명 중에 132명의 반대서명을 받아 법무부에 제출하였고, 정부는 집행을 보류하였다.

는 국가의 사회질서유지 목적이 강하면 강할수록 사형제도를 얼마든지 허용할 수 있기 때문이다.[108)]

그러나 성실한 형법학자라면 다음과 같은 이유로 사형폐지론자가 되어야 할 것이다. 일본 학자들은 성범죄자에 대한 화학적 거세를 반인권적인 것으로 보고 있다. 왜냐하면 일본 헌법은 잔인한 형벌을 금지하고, 그래서 신체의 본질적 권리인 신체의 절단을 용납할 수 없는 것으로 보기 때문이다. 그러므로 아무리 상습적인 절도범이라고 하더라도 절도범의 팔을 자르는 절단형(切斷刑)은 일본에서 결코 허용되지 않는다. 그런데 신체의 자유를 살펴보면, 신체 그 자체와 신체에 정신이 깃들어져야 비로소 신체의 자유를 가진 것이지, 정신이 없는 신체는 시체에 불과하며, 신체의 자유는 결과적으로 인간의 생명을 전제로 할 때에만 가능한 것이다. 그리고 무엇보다 신체의 절단형이 그렇게 잔인하고 인간존엄의 본질적 침해라면, 사람의 생명박탈은 그 이상이지 결코 그 이하일 수 없다.

더욱이 국가는 윤리적 존재이다. 국가는 결코 거짓말을 하거나 사기를 칠 수 없다. 만일 국가 스스로 거짓말을 하거나 사기를 친다면 국민들의 준법정신은 파괴되고 사회는 혼란스러워져 국가존립을 위태롭게 하기 때문이다. 그렇기 때문에 국가는 권위를 갖고 "절도하지 말라", "강도하지 말라", "사기하지 말라", "사람을 죽이지 말라"고 정언명령을 내리고, 이에 위반하면 시민이든 공무원이든 형벌을 가한다. 그리고 국가 스스로 절도나 강도, 사기 또는 횡령을 삼가야 됨은 물론이다. 그럼에

108) 다만 일본의 최고재판소 판결문을 읽어 보면, 일본 형법학의 일반적 수준을 짐작할 수 있다. 남아연방공화국의 헌법결정문이나 헝가리 헌법재판소의 결정문과 비교하여 볼 때 안권의식과 법적 사고력이 너무나 대조적이기 때문이다. 일본에서 사형제도의 합헌성에 관한 전형적인 판결문은 明治 23년 3월 12일자의 것으로 다음과 같이 판시하고 있다. "생명은 존귀이다. 한 명의 생명은 전 지구보다 중하다. 사형은 확실히 모든 형벌 중에서 가장 냉엄한 형벌이며, 또 정말로 부득이한 경우에 인정되는 궁극의 형벌이다. 그것은 말할 필요도 없이 존엄한 인간존재의 근원인 생명 그 자체를 영원히 빼앗아 가는 것이기 때문이다. 현대국가는 일반적으로 통치권의 작용으로서 형벌권을 행사하는 것에 즈음해 형벌의 종류로서 사형을 인정할지, 어떠한 죄질에 대해서 사형을 과할지, 또 어떠한 방법절차로서 사형을 집행할 것인지를 법정하고 있다. 그리고 형사재판에서는 구체적 사건에 대하여 피고인에게 사형을 과할까 아니면 다른 형벌을 부과할 지를 심판한다." 즉 이 판결문에 따르면 "사람의 생명은 전 지구보다 중하다고 하면서, 부득이한 사정 때문에 일본에서 사형은 합헌"이라는 것이다. 말도 되지 않는 논리이다. 일본 최고대심원은 더 나아가서 법의식에 대한 정서 부족을 보여주기도 한다. 일본 헌법 제36조에 의한 잔인한 형벌금지 규정과 관련하여 사형은 잔인하지 않은 방식(예컨대 불필요한 정신적, 육체적 고통을 내용으로 하는 인도적으로 잔혹하다고 인정되는 형벌의 방법이 아닌 방식)으로 집행하면 위헌이 아니라고 판시하고(일본 최고대심원 明治 23년 6월 30일 판결문 참조) 있기 때문이다. 그러나 살인 자체가 잔인한 형벌임은 초등학생도 알고 있다.

도 불구하고 국가 자신이 사람을 죽이지 말라고 요구하면서 사람을 의도적으로 죽이는 사형제도의 허용은 그 자체 모순이다.

혹자는 말한다. 사형이 살인범죄에 대한 억제효과가 있다고. 사형제도의 존치와 집행이 살인범죄 등 강력범죄의 예방효과를 가지려면 그 효과가 입증되어야 한다. 그런데 1988년과 2002년 UN인권위원회의 광범위한 조사결과 사형제도의 존치가 살인범죄의 발생 억제에 특별한 효과가 있음을 밝혀 내지 못했다. 우리는 사람의 생명에 대해 조심스럽게 다루어야 한다. 가해자의 인권이 중요한 것처럼 피해자의 인권 역시 중시되어야 한다. 그럼에도 사형제가 살인범죄와 같은 강력범죄에 대한 예방효과가 확실하지 않다는 입장이 지배적이라면, 우리는 의심스러울 때 사람을 죽이는 쪽으로 가야할까 아니면 사람을 살리는 쪽으로 가야할까?

넷째로 일본의 각종 형법총론 교과서나 『일본 형법이론사의 종합적 연구』라는 저서를 보면 일본에서는 죄형법정주의의 철저한 관철이 그리 중요함을 느끼기 어렵다. 그 이유는 다음과 같다. 죄형법정주의는 범죄의 성립과 형벌의 부과는 국회에서 통과된 법률에 근거해야 된다는 것을 의미한다. 법률에 근거하여 범죄의 성립과 형벌의 정도를 명시하지 않으면 죄형법정주의에 반하는 것임에도 불구하고 일본에서는 지방자치에 의한 조례에 의해서도 형벌의 부과를 허용하고 있다. 그러나 조례는 비록 지방의회에 의하여 제정되었다고 할지라도 조례일 뿐이며, 법률일 수 없다. 그럼에도 조례에 의한 처벌을 인정하는 일본[109]이 오직 법률에 의한 범죄의 성립과 처벌을 인정하는 철저한 죄형법정주의의 실행 국가라고 말할 수 있을까?

---

109) 예컨대 일본의 최근 교과서를 보면 죄형법정주의를 다음과 같이 이해한다. 즉 원칙적으로 협의의 법률에 한정된다(일본 헌법 제31조). 법률의 대표적인 것은 일본 형법(明治 40년 법률 제45호)이고, 일본 형법은 타의 형벌법규에 대한 기본법으로서의 성격을 가진다(형법 제8조). 그리고 위임명령에 벌칙을 두는 것은 특별위임의 경우에 한하여 허락된다. 明治憲法 아래에서는 위임명령에 의해서 벌칙을 과하는 것이 매우 널리 인정되었으며 특히 명령의 조항위반에 관한 벌칙의 건(明治 23년 法律 제84호)에 의해서 칙령 등에 광범위한 포괄적 위임이 인정되고 있었다(또한 동년 칙08호). 또한 일본 지방자치법 제14조 제5항은 보통지방공공단체는 법령에 특별한 정함이 있는 경우를 제외하고 그 조례 중에 조례를 위반한 자에 대하여 "2년 이하의 징역 또는 금고, 100만엔 이하의 벌금, 구류, 과료 및 몰수의 형을 과하는 취지의 규정을 둘 수 있다."라고 하여 매우 넓은 범위의 포괄적 위임을 인정하고 있다. 이와 관련하여 형법학자들에 따르면, "조례는 민의를 반영하는 지방공공단체의 의회의 의결에 의한 성문법이기 때문에 법률에 준하는 것으로서 실질적으로는 죄형법정주의에 반하지 않는다고 해석될 수 있다."고 설명하고 있다.

제9장

임의적 감경 사건

- 대법원 2021. 1. 21. 선고 2018도5475 전원합의체 판결110) -

Ⅰ. 사건의 개요 및 쟁점과 경과

1. 사건의 개요

피고인은 "2016년 12월 23일경 피해자 공소외 1을 폭행하고, 같은 날 위험한 물건인 식칼로 피해자 공소외 2의 가슴을 찔렀으나 피해자 공소외 2가 손으로 피고인의 손을 밀쳐 피해자 공소외 2의 옷만 찢어지게 하고 미수에 그쳤다."는 폭행 및 특수상해미수의 공소사실로 공소가 제기되었다.

제1심은 피고인에 대한 위 공소사실 중 폭행의 점에 대해 해당 법조를 적용하여 유죄로 인정하면서 징역형을 선택하였고, 특수상해미수의 점에 대해서도 해당 법조를 적용하여 유죄로 인정하였다. 제1심이 선택한 폭행죄의 법정형은 '2년 이하의 징역'이고, 특수상해미수죄의 법정형은 '1년 이상 10년 이하의 징역'이다. 이어 제1심은 특수상해미수죄에 대해 형법 제25조 제2항, 제55조 제1항 제3호에 따라 감경한 뒤(특수상해미수죄의 형기가 징역 6월 이상 5년 이하로 되었다), 형이 더 높은 특수상해미수죄에 정한 형에 경합범가중을 하되 특수상해미수죄의 장기의 2분의 1을 가중한 형기(7년 6월)보다 특수상해미수죄와 폭행죄의 장기를 합산한 형기(7년)가 낮으므로

110) 【원심판결】 의정부지법 2018. 3. 27. 선고 2017노3162 판결.

합산한 범위 내에서 처단형(징역 6월 이상 7년 이하)을 결정하였다. 그리고 처단형의 범위 내에서 피고인에게 징역 8월, 집행유예 2년을 선고하면서, 보호관찰 및 120시간의 사회봉사를 명하였다.

2. 사건의 쟁점과 경과

제1심판결에 대해 피고인이 양형부당을 이유로 항소하였다. 원심은 피고인의 항소를 기각하였다. 이에 대해 피고인은 상고하였다.

상고심에서의 쟁점사항은 ① 임의적 감경의 의미가 무엇인지, ② 임의적 감경사유의 존재가 인정되고 법관이 그에 따라 징역형에 대해 법률상 감경을 하는 경우, 형법 제55조 제1항 제3호에 따라 상한과 하한을 모두 2분의 1로 감경하여야 하는지 여부와 ③ 이러한 현재의 판례와 실무의 해석이 여전히 타당한지 여부이다.

②와 ③의 문제는 밀접하게 결합되어 있고, ②의 결론에 따라 ③의 문제도 결정되어진다는 점에서 ③의 쟁점은 여기서 더 이상 논하지 않는다.

이와 관련하여 대법원 전원합의체는 ①의 쟁점, 즉 "임의적 감경의 경우 문언의 의미에 비추어 보면 입법자는 임의적 감경의 경우 정황 등에 따라 형을 감경하거나 감경하지 않을 수 있도록 한 것이고 그 권한 내지 재량을 법관에게 부여한 것"으로 이해하고, ②에 관해서는 법관이 임의적 감경을 할 경우 형의 상한과 하한을 2분의 1로 모두 감경해야 한다는 입장이며, ③ 이러한 법관과 실무의 해석이 여전히 타당하다는 입장을 12 대 1로 결정하였다. 즉 다수의견에 따르면 비록 임의적 감경은 형법 제55조가 의미하는 법률상의 감경에 해당되므로, 임의적 감경에 해당되는 사안에서 법관이 감경을 하려면 제55조 제3항에 의해 법정형의 상한과 하한 모두에 대해 2분의 1로 감경하는 것이 법문언에 충실한 해석이라고 보았다.

이에 반해 별개의견은 필요적 감경과 임의적 감경의 명확한 차이를 법률로 인정하고 있고, 임의적 감경은 해당 법관이 형을 감경하는 경우의 범위와 하지 않은 경우의 범위에 걸쳐서 선고형을 정할 수 있다는 의미로 이해한다. 이런 점에서 임의적 감경의 경우 형의 하한에 관해서만 2분의 1을 감경할 수 있지만, 형의 상한에 대해서는 굳이 감경할 필요가 없다고 본다.

Ⅱ. 판결요지

1. 다수의견

필요적 감경의 경우에는 감경사유의 존재가 인정되면 반드시 형법 제55조 제1항에 따른 법률상 감경을 하여야 함에 반해, 임의적 감경의 경우에는 감경사유의 존재가 인정되더라도 법관이 형법 제55조 제1항에 따른 법률상 감경을 할 수도 있고 하지 않을 수도 있다. 나아가 임의적 감경사유의 존재가 인정되고 법관이 그에 따라 징역형에 대해 법률상 감경을 하는 이상 형법 제55조 제1항 제3호에 따라 상한과 하한을 모두 2분의 1로 감경한다. 이러한 현재 판례와 실무의 해석은 여전히 타당하다. 구체적인 이유는 다음과 같다.

① 형법은 필요적 감경의 경우에는 문언상 형을 '감경한다.'라고 표현하고, 임의적 감경의 경우에는 작량감경과 마찬가지로 문언상 형을 '감경할 수 있다.'라고 표현하고 있다. '할 수 있다.'는 말은 어떠한 명제에 대한 가능성이나 일반적인 능력을 나타내는 말로서 '하지 않을 수도 있다.'는 의미를 포함한다. '할 수 있다.'는 문언의 의미에 비추어 보면 입법자는 임의적 감경의 경우 정황 등에 따라 형을 감경하거나 감경하지 않을 수 있도록 한 것이고 그 권한 내지 재량을 법관에게 부여한 것이다. 이러한 해석은 문언상 자연스러울 뿐만 아니라 일상의 언어 사용에 가까운 것으로 누구나 쉽게 이해할 수 있다. 법문과 입법자의 의사에 부합하는 이상, 죄형법정주의 원칙상 허용되지 않는 유추해석에 해당하지도 않는다.

한편 형법 제55조 제1항은 형벌의 종류에 따라 법률상 감경의 방법을 규정하고 있는데, 형법 제55조 제1항 제3호는 "유기징역 또는 유기금고를 감경할 때에는 그 형기의 2분의 1로 한다."라고 규정하고 있다. 이와 같이 유기징역형을 감경할 경우에는 '단기'나 '장기'의 어느 하나만 2분의 1로 감경하는 것이 아니라 '형기', 즉 법정형의 장기와 단기를 모두 2분의 1로 감경함을 의미한다는 것은 법문상 명확하다. 처단형은 선고형의 최종적인 기준이 되므로 그 범위는 법률에 따라서 엄격하게 정하여야 하고, 별도의 명시적인 규정이 없는 이상 형법 제56조에서 열거하고 있는 가중·감경할 사유에 해당하지 않는 다른 성질의 감경사유를 인정할 수는 없다. 따라서 유기징역형에 대한 법률상 감경을 하면서 형법 제55조 제1항 제3호에서 정한 것과 같이 장기와 단기를 모두 2분의 1로 감경하는 것이 아닌 장기 또는 단기 중 어느 하나만을 2분의 1로 감경하는 방식이나 2분의 1보다 넓은 범위의 감경을 하는 방식 등은 죄형법정주의 원칙상 허용될 수 없다.

② 법률상 감경사유는 구성요건해당성, 위법성, 책임 등 범죄의 성립요건과 관련이 있거나 불법의 정도나 보호법익의 침해 정도 등과 관련 있는 사유들이 대부분이다. 입법자는 범죄의 성립 및 처벌과 관련된 중요한 사항들을 법률상 감경 요건으로 정한 뒤 해당 요건이 범죄의 성립 또는 처벌 범위의 결정에 일반적으로 미치는 영향이나 중요성을 종합적으로 고려하여 필요적 감경, 임의적 감경으로 구별하여 규정하였다.

위와 같이 필요적 감경사유와 임의적 감경사유가 구별되어 규정되어 있는 취지를 고려하면 그 법률효과도 명확히 구별되어야 한다.

2. 별개의견

① 임의적 감경은 다음과 같이 새롭게 해석되어야 한다(이하 '새로운 해석론'이라 함). 다수의견은 '할 수 있다.'는 문언에 비추어 그 의미가 '하거나 하지 않을 수 있는 재량 내지 권한'이라고 해석하는 것이 타당하다고 주장하나 '할 수 있다.'라는 말은 문맥에 따라 추측, 능력, 가능성, 허가 등 다양한 의미를 나타내지만 그 기저에는 '잠재적 혹은 실제적 가능성'의 의미로 수렴한다.

② 이와 같이 '할 수 있다.'의 의미가 다의적으로 해석되는 이상, 이를 입법자의 의사에 최대한 부합되게 해석해야 한다. '할 수 있다.'는 것은 감경을 '하는 경우의 범위'와 '하지 않는 경우의 범위' 모두에 걸쳐서 선고형을 정할 수 있다는 의미로 보아야 한다. 즉 감경을 하는 경우와 하지 않는 경우가 모두 가능하다는 점을 고려하여 두 경우의 범위를 합하여 처단형을 정하여야 한다. 그렇다면 감경을 하지 않은 범위의 상한과 감경을 한 범위의 하한 사이의 범위가 임의적 감경의 처단형 범위가 된다. 이를 간단히 법정형의 하한만 감경된다고 이해할 수도 있다.

③ 새로운 해석론에 따른 임의적 감경방식은 법관의 재량이 개입할 여지가 없이 감경한 구간과 감경하지 않은 구간을 합한 영역이 처단형 범위로 '당연확정'되고,

그에 따라 처단형 범위는 감경하지 않은 구간의 상한과 감경한 구간의 하한이라고 보는 것이다. 결과적으로는 법정형의 하한만 2분의 1로 감경하는 것과 동일한 결론에 이른다.

Ⅲ. 판례 분석

1. 형식적 법치국가원칙과 실질적 법치국가원칙

(1) 법치국가원칙은 나치 독일에서도 철저했다. 왜냐하면 히틀러도 모든 권력을 법률에 의하여 행사하였기 때문이다. 그럼에도 우리는 그를 권위주의의 전형적인 상징으로 여긴다. 왜 그럴까? 이유는 그가 신봉했던 법치국가원칙은 형식적으로 적법하게 탄생된 모든 법률에 대해 그 내용이 비록 반인륜적이라고 할지라도 국민이 준수해야 할 법으로서 인정하고, 그에 반한 행위에 대해 가차 없이 처벌하였기 때문이다. 따라서 그는 법률의 실질적 내용을 전혀 문제삼지 않았고, 비록 기본권의 본질적 침해 혹은 실질적 공정이나 정의감에 반한 법률일지라도 형식적 조건을 갖추어 탄생하면 법률로서 간주하였기 때문이다. 그래서 히틀러에 따르면, “Gesetz ist Gesetz!” 즉 법률은 곧바로 법률이 된다는 것이다. 이를 다른 말로 표현하면 “Gesetz ist Recht”로, 이는 국회 등에서 형식적으로 형성된 법률은 그 내용이 어떤 것이라도 상관없이 언제나 법률로서 기능을 하여야 한다는 사고방식이다.

(2) 이를테면 1935년 9월 15일 나치의 이른바 ‘뉘른베르크법’(Nürnbergs Gesetz)이 공포됐다. 히틀러는 뉘른베르크에서 제국의회를 소집, 통칭 ‘뉘른베르크법’이라 불리는 두 법안, 즉 ‘독일혈통 및 명예보존법’(the Law for the Protection of German Blood and German Honour)과 ‘제국 시민법’(the Reich Citizenship Law)을 통과시켰다. 전자는 유대인과 독일인의 결혼 및 성관계를 금지하는 법안이고, 후자는 유대인의 독일 시민권을 박탈하는 법안이었다. 이들 법률에 근거하여 유대인은 독일인과 연애를 하면 형사처벌되었고, 실제로도 나치 독일 시절 이에 위반된 Nürnberg 출신의 유대인은 독일 여자와 연애했다는 이유로 처벌되었을 뿐만 아니라, 600만여 명의 유대인 학

살의 근거법률이 되었다.[1])

(3) 우리나라도 헌법상 기본권의 본질적 침해를 야기하는 위헌적인 법률이 양산된 적도 없지 않다. 특히 박정희는 자신의 두 번째 쿠데타로 유신정권을 세운 후, 그 비판을 금지하기 위해 헌법상의 기본권에 반하는 법률을 자신의 초헌법적 권한으로 수차례의 긴급조치를 발동하였다. 예컨대 긴급조치 제9호의 경우 '일체의 집회·시위·정치 관여행위 금지'를 하고, 만일 이에 위반한 경우 영장 없이 체포할 수 있도록 했다[2]). 이런 반헌법적 법률을 문제의식 없이 그대로 적용했던 법관과 검찰들도 부지기수였을 뿐만 아니라, 이런 독재자를 칭송하는 학자들, 특히 헌법학자들도 적지 않았다. 아직도 그런 박정희를 우상화하고 있는 분들도 적지 않다. 법학을 한 사람으로 그것 참 부끄러운 일이다.

(4) 이런 점에서 정의와 공정을 가장하고, 기본권을 심하게 침해하는 법률은 결코 공정과 정의의 화신이라거나 건강한 사회형성에 결정적 인자로 작용할 수 없다. 기본적 인권을 충실히 보장하고, 공정과 정의로운 사회형성에 기여할 수 있는 법률이어야 비로소 진정한 법률이며, 이러한 법률에 의한 형사사법의 적용이 있을 때 비로소 실질적 법치국가원칙이 살아있는 법률체계이며, 이런 곳에서만 죄형법정주의의 원칙이 강조되고, 준수되어야 함은 물론이다.

(5) 죄형법정주의는 다른 법률보다 형법의 영역에서 더 엄격해야 한다. 다만 그것

---

1) https://www.hankookilbo.com/News/Read/201509150496545810.

2) 1975년 5월 13일 선포된 긴급조치. 그 내용은 다음과 같다.
   ① 유언비어의 날조·유포 및 사실의 왜곡·전파행위 금지
   ② 집회·시위 또는 신문·방송 기타 통신에 의해 헌법을 부정하거나 폐지를 청원·선포하는 행위 금지
   ③ 수업·연구 또는 사전에 허가받은 것을 제외한 일체의 집회·시위·정치 관여행위 금지
   ④ 이 조치에 대한 비방행위 금지
   ⑤ 금지 위반내용을 방송·보도·기타의 방법으로 전파하거나 그 내용의 표현물을 제작·소지하는 행위 금지
   ⑥ 주무장관에게 이 조치의 위반 당사자와 소속 학교·단체·사업체 등에 대해 제적·해임·휴교·폐간·면허취소 등의 조치를 취할 수 있는 권한 부여
   ⑦ 이런 명령이나 조치는 사법적 심사의 대상이 되지 않으며 위반자는 영장 없이 체포할 수 있다는 것 등.

은 해당 법률이 공정하고 정의로운 내용을 가져야 한다는 것을 망각해서는 안 된다.

(6) 우리의 실정법체계는 헌법을 근본으로 삼고, 이에 근거하여 각종 실정법을 국회에서 형성한 것이다. 모든 법률, 헌법을 포함하여 인간이 제정하다 보니, 내용적으로 상호모순을 가질 수 있다. 이럴 때 헌법의 경우 헌법정신과 헌법상 근본규범에 해당되는 것을 더욱 중시하여 해석할 필요가 발생한다.

(7) 이와 같은 문제는 형법에서도 나타난다. 형법에 규정된 조문의 내용이 상호 저촉될 수 있는 가능성을 가질 때, 죄형법정주의라고 하여 무조건 형식적 죄형법정주의를 강조하는 것 역시 금물이다. 형법해석의 경우도 근본규정과 지엽규정을 구분할 수 있으며, 양자가 충돌할 때 근본규범에 해당되는 것을 우선해야 함은 물론이다.

2. 임의적 감경에 관한 다수의견에 대한 비판적 검토

(1) 형법은 필요적 감경과 임의적 감경을 구별하고 있다. 예컨대 중지범을 규정하고 있는 형법 제26조 단서는 "형을 감경 또는 면제한다."고 기술하고 있다. 이에 따라 법원은 중지범에 해당하는 피고인의 경우 법정형에 대해 필요적으로 감경하거나 면제해야 한다. 이런 경우를 필요적 감경이라고 한다. 이에 반해 (장애)미수범을 규정하고 있는 형법 제25조 제2항에 의하면, "미수범의 형은 기수범보다 감경할 수 있다."고 표기하고 있다. (장애)미수범을 범한 피고인에 대하여 법원은 기수범과 동일할 정도로 형을 선고하거나, 혹은 감경하여 선고할 수 있다. 즉 이에 해당하는 경우 임의적 감경이 가능하다.

(2) 필요적 감경과 임의적 감경을 구별하고 있는 형법 제55조 제1항은 유기형의 경우 형의 감경 범위에 관해 다음과 같이 규정하고 있다. "**법률상의 감경은 다음과 같다.** … 3. **유기징역 또는 유기금고를 감경할 때에는 그 형기의 2분의 1로 한다.**"
여기서 쟁점사항이 된 것은 임의적 감경의 경우 법률상의 감경에 해당되는지 및 형법 제55조 제1항의 규정을 무조건 적용하여야 되는지 여부이다. 다수의견은 찬성하고,

별개의견은 반대한다. 어느 쪽의 의견이 정당한 것인지에 관해 아래에서 살펴보자.

(3) 임의적 감경의 의미와 이에 따른 선고형의 범위

① **다수의견은 임의적 감경을 다음과 같이 이해한다.**

"'할 수 있다.'는 문언의 의미에 비추어 보면 입법자는 임의적 감경의 경우 정황 등에 따라 형을 감경하거나 감경하지 않을 수 있도록 한 것이고 그 권한 내지 재량을 법관에게 부여한 것이다. 이러한 해석은 문언상 자연스러울 뿐만 아니라 일상의 언어사용에 가까운 것으로 누구나 쉽게 이해할 수 있다. 법문과 입법자의 의사에 부합하는 이상, 죄형법정주의 원칙상 허용되지 않는 유추해석에 해당하지도 않는다."

그래서 임의적 감경에 해당되더라도 "유기징역형을 감경할 경우에는 '단기'나 '장기'의 어느 하나만 2분의 1로 감경하는 것이 아니라 '형기', 즉 법정형의 장기와 단기를 모두 2분의 1로 감경함을 의미한다는 것은 법문상 명확하다."고 주장한다.

② **별개의견은 이와 다르다.**

"'할 수 있다.'라는 말은 문맥에 따라 추측, 능력, 가능성, 허가 등 다양한 의미를 나타내지만 그 기저에는 '잠재적 혹은 실제적 가능성'의 의미로 수렴한다. 이와 같이 '할 수 있다.'의 의미가 다의적으로 해석되는 이상, 이를 입법자의 의사에 최대한 부합되게 해석해야 한다. '할 수 있다.'는 것은 감경을 '하는 경우의 범위'와 '하지 않는 경우의 범위' 모두에 걸쳐서 선고형을 정할 수 있다는 의미로 보아야 한다. 즉 감경을 하는 경우와 하지 않는 경우가 모두 가능하다는 점을 고려하여 두 경우의 범위를 합하여 처단형을 정하여야 한다."

③ 다수의견에 따르면 임의적 감경의 경우 "형기의 감경은 법관에게 부여한 권한 내지 재량"이라고 여기고 있는 반면, 별개의견은 "감경을 할 수 있는 범위와 그렇지 않는 범위가 포함된 범위에서 선고형을 정할 수 있다."는 의미로 이해한다.

④ 생각건대 임의적 감경에 해당되는지 여부 자체는 법관에게 부여한 권한이나 재량일 수 없다. 왜냐하면 임의적 감경의 여부는 법률의 관련 조문에 의해 구체적으로 결정되기 때문이다. 임의적 감경규정에 해당될 경우라도 법정형의 형기에 관한 감경 여부는 법관의 전적인 자유재량이나 권한일 수 없는 일이다. 임의적 감경의 사유가 존재할 뿐만 아니라, 또한 형을 가중할 사유가 존재하지 않는다면 형법 제51조

를 참작하여 기속재량으로 감경할 수 있을 뿐이다. 만일 법정형의 범위에 대해 법관의 작량으로 감경할 수 있다면 그것은 한편으로 국회의 입법형성권에 저촉되어 권력분립원칙에 반하며, 다른 한편으로 죄형법정주의에 정면으로 위배된다.[3)]

⑤ 형법은 개별적 조문을 통하여 필요적 감경과 임의적 감경을 구별하고 있다. 이러한 구별은 그 법률효과의 차이를 전제로 한다. 형법학계도 임의적 감경과 필요적 감경에서 나타난 차이점 때문에 이들의 구별에 관해 매우 신중한 태도로 접근하고 있다. 예컨대 범죄구성요건의 실행에 착수한 미수범이 어떠한 이유로 실행행위를 중지하여 결과 발생을 야기하지 않았다면 그 미수범은 장애미수에 속한지 혹은 중지미수에 속한지는 초미의 관심을 갖게 된다. 이는 형사실무에서도 그리 틀리지 않을 것으로 보인다. 왜냐하면 임의적 감경의 경우 기껏해야 법정형의 하한에 대한 감경을 할 수 있어서 선고형의 범위는 법정형의 상한에서부터 하한에 대한 형의 감경까지에 이르게 됨에 반해, 필요적 감경은 형의 하한뿐만 아니라 형의 상한도 필요적으로 감경되어 임의적 감경보다 형의 실질적 감경 폭이 훨씬 크기 때문이다. 이처럼 양자의 구별실익이 있다는 것은 임의적 감경과 필요적 감경 사이의 법률상 효과가 다르기 때문일 것이다.

⑥ 만일 다수의견을 따른다면 임의적 감경이냐 혹은 필요적 감경이냐의 문제도 형법 제55조의 법률효과가 양자 모두 법률상 동일한 것으로 볼 수밖에 없는 것이고, 이는 임의적 감경과 필요적 감경 사이의 구별실익이 없다는 것을 의미한다.

⑦ 다수의견의 이와 같은 입장은 임의적 감경규정과 필요적 감경의 규정에 대한 의미와 형법 제55조에 의한 법률상의 감경에 대한 의미를 동일한 것으로 보고 있는 결과이다. 이런 입장이 설득력을 얻으려면 임의적 감경이나 필요적 감경은 재판상 형벌에 관한 양형을 하는 단계에서 고려해야 한다고 보아야 한다.

⑧ 다수의견의 이러한 태도는 문제가 있다. 예컨대 장애미수에 해당되는지 혹은 중지미수에 해당되는가의 여부는 재판상 형의 선고 시에 고려의 대상이 되기 이전에, 형법은 벌써 미수범의 범행 이전에 장애미수와 중지미수에 관한 법정형을 정하고 있다. 형법의 이러한 규정은 법관의 해석이나 재량으로 변경할 수도 없다고 할

---

3) 작량감경의 문제점과 개선방안에 관해서는 허일태, 『형법연구 VI』, 동아대학교출판부(2012), 234쪽 이하 참조.

것이다. 왜냐하면 범죄구성요건이나 법정형의 범위는 입법자의 결단에 속한 것이지, 법관의 해석이나 판단에 의해 결정되지 않기 때문이다. 따라서 임의적 감경에 관한 장애미수의 법정형을 법관의 재량에 의해 형의 상한에 대해서도 감경한다면 이는 법령위반에 해당될 수 있을 뿐만 아니라 전형적인 법왜곡의 문제이기도 하다.

⑨ 형법 제55조의 법률상 감경은 법관이 구체적 사안과 관련하여 피고인의 양형시에 적용하는 규정이라고 보아야 한다. 이는 형법 제3장 제2절 형의 양정이라는 표제에서도 명백히 드러나 있다. 양형단계에서의 법률상 감경은 형법이 그 이전에 특별히 결단한 법정형의 범위를 넘어설 수 없다고 해야 한다. 왜냐하면 만일 그렇게 새기지 않는다면 형법 제55조의 규정은 임의적 감경과 필요적 감경의 구별 자체를 무시하게 되기 때문이다.

⑩ 이런 점에서 필요적 감경이든, 임의적 감경이든 모든 법률상의 감경은 일률적인 법률효과를 갖는다고 해석한 다수의견은 형법 제55조의 규정을 아주 형식적으로만 이해하고 있다. 이러한 입장은 정당하다고 할 수 없다. 왜냐하면 형법 제55조 제1항 제3호에 따르면, "3. 유기징역 또는 유기금고를 감경할 때에는 그 형기의 2분의 1로 한다."고 명시하고 있는 바, 이를 임의적 감경의 효과에 대입해 보면 형의 하한에 관해서만 2분의 1로 감경한다고 해석하는 것이 형법의 취지에 걸맞기 때문이다.

⑪ 필요적 감경과 임의적 감경범위에 관한 차이를 인정하고 있는 형법 각 본조의 규정과 달리 형법 제55조 법률상의 감경규정은 그런 차이를 인정하지 않는 바, 이는 입법자의 실수로 보인다. 왜냐하면 형법은 작량감경의 법률효과에 관해 근거규정을 두지 않은 실수를 범했으며, 필요적 감경과 임의적 감경의 법률효과에 관한 형법 각 본조의 규정을 참작하지 않고 일률적으로 감경의 범위를 명시하고 있기 때문이다.

Ⅳ. 결 론

(1) 임의적 감경에 관한 법률효과는 그 용어의 본래적 의미에 따라 '형을 감경하는 경우와 하지 않는 경우를 포함하여' 선고형을 정할 수 있다고 해석되어야 한다. 이렇게 이해해야만 필요적 감경과 임의적 감경을 법문에서 구별하고 있고, 이런 구별에 의한 법률효과의 차이를 인정할 수 있다. 아무런 법률효과의 차이도 없음에도

불구하고 형법은 필요적 감경과 임의적 감경을 법률상 구별할 이유가 전혀 없기 때문이다. 뿐만 아니라 학계에서도 필요적 감경과 임의적 감경에 관한 기준에 관해 날카로운 의견대립이 있을 정도이며, 실무에서도 양자 사이에 깊은 실익이 있다는 점을 눈여겨 본다면, 구별의 차이를 인정하는 것이 법논리적이다.

(2) 다수의견의 경우 법관의 재량에 따라 임의적 감경의 경우 형을 감경할 때 무조건 형의 상한도 2분의 1로 감경한다면 이는 임의적 감경 규정의 본연의 성질을 축소하고, 법관에게 지나친 재량의 여지를 넘겨 주는 것이 된다. 재판형성권은 법관의 재량일 수 없으며, 양형을 제외한 법정형의 문제는 입법자의 결단에 속하는 것이지, 법관의 재량에 따른 해석에 의할 수 없다.

(3) 이런 관점에서 형법 제55조의 '법률상의 감경'의 의미는 원칙적으로 필요적 감경에 국한되며, 임의적 감경의 경우에는 형의 하한만 감경할 수 있음을 의미한다고 새겨야 할 것이다.

(4) 혹자는 법률상의 감경에는 필요적 감경뿐만 아니라 임의적 감경이 모두 포함되는 것은 너무도 당연하고, 따라서 임의적 감경 역시 감경할 경우 필요적 감경과 똑같이 처리해야 한다고 할 수 있다. 그러나 이러한 사고방식은 지극히 형식적 법실증주의에 사로잡힌 해석이다. 왜냐하면 같은 것은 같게 다른 것은 다르게 하는 것이 정의이며, 임의적 감경은 상황에 따라 기수범의 형과 동일하게 처벌할 경우까지 감안할 것을 암묵적으로 지시하고 있어서 형의 상한까지 무조건 감경해야 하는 것은 아니기 때문이다.

(5) 피고인의 범행이 임의적 감경사유에 해당한 경우 법정형의 범위는 이미 형의 상한에서부터 하한의 감경의 범위까지로 정해져 있고, 이 범위에서 양형이 가능하다는 것이 임의적 감경제도를 인정하는 입법취지이다.

제10장

정상참작감경의 법률효과에 관한 비판적 검토

Ⅰ. 문제의 제기

(1) 형법 제53조는 정상참작감경에 관해 다음과 같이 규정하고 있다. **"범죄의 정상(情狀)에 참작할 만한 사유가 있는 경우에는 그 형을 감경할 수 있다."**

(2) 대법원은 법관이 작량감경을 할 경우 형법 제55조의 '법률상의 감경'을 준용하고 있다. 대법원의 이와 같은 태도는 다음과 같은 설시들에서도 찾아 볼 수 있다.

① "… **작량감경은 오로지 법관의 재량에 의해 형을 감경하는 것인 반면, 법률상 감경은 형법이 정한 감경사유가 인정되는 경우 형을 감경하는 것이고, 작량감경이든 법률상 감경이든 감경의 방법은 형종(刑種)에 따라 형법 제55조에서 정한 바에 따라야 한다.**"[1)]

② "수형자를 사회로부터 영구히 격리시켜 그 자유를 박탈하는 종신자유형인 무기징역형은 유기징역형과는 현저한 차이가 있으므로, 양형의 조건에 비추어 무기징역형에 처하는 것이 과중하다고 인정되고 **작량감경의 사유가 있다면 작량감경한 형기 범위 내에서 형을 선고하여야지** 작량감경한 형이 가볍게 느껴진다고 하여 과중한 무기징역형을 선고할 수는 없는 것이며, 만일 무기징역형을 선고한다면 이는 형

---

1) 대법원 2021. 1. 21. 선고 2018도5475 전원합의체 판결.

의 양정이 심히 부당한 경우에 해당하여 위법하다."[2]

(3) 형법은 법률상의 감경과 정상참작감경을 명확히 구별한다. 왜냐하면 첫째로 형법 제56조 의하면 형을 감경할 사유가 경합한 때에는 법률상 감경을 먼저하고, 작량감경을 나중에 실시하도록 명시되어 있어 구분하고 있으며, 둘째로 형법 제51조의 양형조건과 작량감경의 내용은 매우 유사함을 부인하기 어렵기 때문이다.

(4) 법관은 형법 제53조에 근거하여 정상참작감경을 할 수 있다.[3] 형법 제53조의 정상참작감경은 형법 제51조의 양형조건과 유사하다는 점에서 정상참작감경의 범위는 법정형의 범위에서 양형에 의한 형의 감경을 의미하는 것으로도 볼 수 있다. 그런데도 법원은 위에서 언급한 (2)의 ①과 ②의 경우처럼 법률상의 감경과 정상참작감경에 관한 법률효과를 구별하지 않고 있으며, 이에 따라 정상참작감경에 대해서도 법률상의 감경 규정을 준용하고 있다.

(5) 정상참작감경할 경우 형법 제55조의 '법률상의 감경'을 하고 있는 대법원의 이러한 태도가 정당한 것인지에 대해 아래서 검토해 보고자 한다. 특히 정상참작감경에서 말하는 '감경'은 법정형의 형기를 의미한 것인지 여부, 특히 '법률상의 감경'과 동일한 법률효과를 가진 것인지, 아니면 형법 제51조의 양형조건인지 여부이다. 이를 위해 우선적으로 법률상의 감경에 관한 의미와 그 법률효과를 살펴보자.

Ⅱ. 법률상의 감경과 그 법률효과

1. 형법 제55조의 규정

"① **법률상의 감경은 다음과 같다.**

1. 사형을 감경할 때에는 무기 또는 30년 이상 50년 이하의 징역 또는 금고로 한다.

---

2) 대법원 1992. 10. 13. 선고 92도1428 전원합의체 판결.

3) 형법 제53조 "범죄의 정상에 참작할 만한 사유가 있는 때에는 그 형을 감경할 수 있다."

2. 무기징역 또는 무기금고를 감경할 때에는 10년 이상 또는 50년 이하의 징역 또는 금고로 한다.

3. **유기징역 또는 유기금고를 감경할 때에는 그 형기의 2분의 1로 한다.**

2. 법률상의 감경의 의미와 종류

① 법률상 감경사유는 법률에 의해서 감경사유가 구체적으로 적시되어 있다. 예컨대 농아자의 행위는 형을 감경하고(형법 제26조), 장애미수(형법 제25조 제2항)는 형을 감경할 수 있다. 이들 모두 원칙적으로 법률상 감경사유에 해당된다고 할 것이다. 법률상 감경사유는 이처럼 범죄구성요건 실행의 정도와 해당 여부, 범죄의 불법성 정도 혹은 책임미약이나 비난가능성의 현격한 약화와 깊은 관련을 가진 사유들이다. 이들 사유는 법률에 의해 이미 구체적으로 명시되어 있다

② 법률상 감경에는 두 가지 종류가 있다. 이른바 필요적 감경과 임의적 감경이다. 필요적 감경의 경우에는 감경사유의 존재가 인정되면 반드시 형법 제55조 제1항에 따른 법률상 감경을 하여야 함에 반해, 임의적 감경의 경우에는 감경사유의 존재가 인정되더라도 법관이 형법 제55조 제1항에 따른 법률상 감경을 할 수도 있고 하지 않을 수도 있다.

3. 법률상 감경의 법률효과

① 법률상 감경 중에서 필요적 감경의 경우는 법관이 그런 감경사유가 존재한다고 인정하면 재량의 여지없이 언제나 형법 제55조 제1항의 규정에 따라 형기를 감경해야 한다. 이에 반해 임의적 감경은 감경사유가 존재해도 감경하지 않을 수도 있지만(예컨대 임의적 감경사유와 가중사유가 혼재할 때), 감경사유가 우세한 경우에는 감경해야 하는 경우도 발생한다.

② 법률상의 감경은 형법이 정한 감경사유를 인정하는 경우 법정형을 감경하는 것이고, 형법 제55조의 적용을 받는다. 그래서 예컨대 유기형을 감경할 때는 형법 제55조 제1항 제3호에 의해 법정형의 상한과 하한 모두 2분의 1까지 감경할 수 있

도록 하고 있다. 다만 유기형의 감경의 경우 필요적 감경이나 임의적 감경을 할 때 언제나 형기의 상한과 하한 모두 2분의 1까지 감경할 수 있느냐에 관해 다툼이 있을 수 있다.

③ 임의적 감경에 해당된다고 해서 형기의 상한과 하한 모두를 무조건 감경할 수 있는지 여부는 법관에게 부여한 권한이나 재량일 수 없다. 왜냐하면 임의적 감경의 존재 여부는 법률에 의해 명시된 사유에 해당되는지에 따라 결정되어지며, 이의 존재가 인정되더라도 선고형의 범위는 기수범의 처벌영역을 모두 포섭해야 되기 때문이다. 즉 임의적 감경의 경우 선고형의 상한을 법관의 재량이나 권한에 의하여 축소할 수 없는 일이다. 만일 임의적 감경의 경우 선고형의 범위에 대해 법관이 권한이나 재량으로 감경할 수 있다면, 이는 한편으로 국회의 입법형성권에 저촉되어 권력분립원칙에 반하며, 다른 한편으로 죄형법정주의에도 정면으로 위배되기 때문이다.

④ 그러므로 예컨대 장애미수범과 같은 임의적 감경의 법률효과는 형을 감경하는 경우와 하지 않는 경우를 포함하여 선고형을 정해야 한다. 임의적 감경사유가 존재하지만 그것이 아주 미약할 정도여서 양형의 수준에서 형의 선고가 필요한 경우도 적지 않기 때문이다. 이렇게 이해해야만 필요적 감경과 임의적 감경을 형법의 법문에서 구별하고 있고, 이런 구별에 따른 법률효과의 차이를 인정할 수 있다는 데서 실익이 있는 것이다. 이들 양자 사이에 아무런 법률효과의 차이도 없음에도 불구하고 필요적 감경과 임의적 감경을 구별하고, 후자의 경우 법관의 재량에 따라 형을 감경할 때 무조건 형의 상한도 2분의 1로 감경한다면 이는 임의적 감경 규정의 본연의 성질을 축소하고, 법관에게 지나친 재량의 여지를 넘겨 주는 것이 된다.

⑤ 이런 관점에서 형법 제55조의 '법률상의 감경'의 의미는 원칙적으로 필요적 감경에 국한되며, 임의적 감경의 경우에는 형의 하한만 감경할 수 있음을 의미한다고 새겨야 할 것이다.

⑥ 정상참작감경 규정은 이와 같은 법률상의 감경에 해당되지 않으므로, 정상참작감경의 법률효과가 무엇인지에 관해 검토가 필요해 보인다.[4)]

4) 작량감경제도의 문제점과 개선방안에 관해서는 허일태, "작량감경제도의 문제점과 개선방안", 『형법연구 Ⅵ』, 동아대학교 출판부, 2012, 234쪽 이하 참조.

Ⅲ. 정상참작감경과 법률효과

1. 정상참작감경의 의미와 내용

① 정상참작감경이란 법관이 "범죄의 정상에 참작할 만한 사유가 존재할 경우 피고인에 대한 선고형을 법관의 작량에 따라 형을 감경할 수 있다."는 것을 의미한다. 이와 같이 법관의 정상참작에 따라 형벌을 감경할 수 있도록 현행 형법에 일반적 규정을 두고 있는 국가는 우리나라[5]와 일본뿐이다. 그런데 일본 형법상 정상참작감경[6]은 우리 형법상 양형의 조건으로 이해하고 있다. 일본 형법은 우리 형법 제51조의 규정을 두고 있지 않으며, 이것 대신에 작량감경 규정을 두고 있기 때문이다.

② 정상참작감경은 '범죄의 정상에 참작할 만한 사유'가 있어야 하며, 이것의 요건 충족 여부는 형법 제51조의 규정이 고려되어야 하는 입장이 주류를 이룬다.[7] 형법 제53조는 정상참작감경의 가능성을 규정하고 있을 뿐이며, 그 감경방법에는 침묵하고 있다. 그럼에도 학설[8]과 판례[9]는 정상참작감경의 방법을 법률상의 감경[10]

---

5) 우리나라에서 양형의 문제점에 관한 최초의 실무적 연구는 김홍섭 판사에 의해 시작되었다. 이에 관해서는 김홍섭, "형의 양정에 관한 소고(一)", 『법조』, 9권 4호, 1960, 27쪽 이하 참조.

6) 제66조 범죄의 정상(情狀)이 민량(憫諒)할 바 있는 것은 작량하여 그 형을 감경할 수 있다.

7) 1. 학계의 입장으로는 남흥우, 『형법총론』, 박영사, 1985, 281쪽; 이재상, 『형법총론』, 박영사, 2008, 581쪽; 이정원, 『형법총론』, 법지사, 2004, 541쪽; 이천현/김혜정, 『양형 관련규정의 정비방안』, 한국형사정책연구원, 2006, 78쪽; 황산덕, 『형법총론』, 방문사, 1989, 316쪽.
   2. 대법원 판례의 입장으로는 대법원 2004. 4. 23. 선고 2004도805 판결; 대법원 2002. 10. 25. 선고 2002도4298 판결; 대법원 1996. 12. 23. 선고 96도2354 판결; 대법원 1988. 6. 14. 선고 88도534 판결; 대법원 1984. 2. 28. 선고 83도3232 판결 참조.

8) 김성돈, 『형법총론(제2판)』, 성균관대학교 출판부, 2009, 764쪽 및 765쪽 참조; 신동운, 『형법총론(제10판)』, 법문사, 2017, 822쪽; 임웅, 『형법총론(제7정판)』, 법문사, 2015, 652쪽; 이재상, 앞의 책, 581쪽; 이정원, 앞의 책, 541쪽; 이천현/김혜정, 앞의 책, 78쪽.

9) 대법원 1964. 10. 28. 선고 64도454 판결; 대법원 1959. 8. 21. 선고 4292형상358 판결; 대법원 1959. 4. 24. 선고 4292형상72 판결 참조.

10) 제55조 (법률상의 감경)
   ① 법률상의 감경은 다음과 같다.
   1. 사형을 감경할 때에는 무기 또는 10년 이상의 징역 또는 금고로 한다.
   2. 무기징역 또는 무기금고를 감경할 때에는 7년 이상의 징역 또는 금고로 한다.
   3. 유기징역 또는 유기금고를 감경할 때에는 그 형기의 2분의 1로 한다.
   4. 자격상실을 감경할 때에는 7년 이상의 자격정지로 한다.
   5. 자격정지를 감경할 때에는 그 형기의 2분의 1로 한다.
   6. 벌금을 감경할 때에는 그 다액의 2분의 1로 한다.
   7. 구류를 감경할 때에는 그 장기의 2분의 1로 한다.

과 동일한 수준과 내용으로 할 수 있다고 보고 있다.[11)]

③ 게다가 판례는 정상참작감경을 법원의 자유재량에 속하는 사항이며,[12)] 감경사유가 되는 사실에 대해 법원이 구체적으로 판시할 필요가 없다고 한다.[13)] 또한 법률상 임의적 감경사유가 존재하고 있음에도 불구하고 이를 적용하지 않고, 정상참작감경만을 할 수 있는가에 대해서 판례[14)]는 종래 긍정하다가 이를 부정하는 견해로 바뀌었다.[15)] 학설은 긍정과 부정하는 견해가 혼재하고 있다.[16)] 작량감경을 할 것인지의 여부는 법원의 자유재량에 속하고, 작량감경을 할 때 법원은 감경사유가 되는 사실을 반드시 구체적으로 판시할 필요가 없다는 입장[17)]이 대세이다. 이러한 견해에 대해 반대론자가 눈에 특별히 띄지 않고 있는 실정이다.

2. 정상참작감경의 법률효과

형법 제53조는 정상참작감경의 법률효과에 대해 침묵하고 있다. 법률상의 감경규정을 준용한다거나 혹은 준용할 만한 근거를 형법의 어디에도 두고 있지 않다. 그렇다면 정상참작감경의 법률효과는 무엇일까? 정상참작감경도 법률상의 감경에 준한다는 법원의 관행적인 사고방식에 젖어 형법 제55조 제1항을 직접적으로 준용해도 되는지, 아니면 오스트리아 형법처럼 일종의 양형사유에 불과한 것인지? 이에 관해 우리 판례는 법률상의 감경에 준한 것으로 이해하여 준용하고 있다. 법원의 이

---

8. 과료를 감경할 때에는 그 다액의 2분의 1로 한다.

② 법률상 감경할 사유가 수개 있는 때에는 거듭 감경할 수 있다.

11) 김성돈, 앞의 책, 764쪽 및 765쪽 참조; 신동운, 『형법총론(제4판)』, 법문사, 2009, 783쪽; 임웅, 『형법총론(개정판)』, 법문사, 2002, 605쪽.

12) 판례의 이러한 견해에 대해 비판적인 입장은 허일태, 앞의 책, 240쪽 참조.

13) 대법원 1958. 9. 12. 선고 4191형상389 판결.

14) 대법원 1985. 3. 12. 선고 84도3042 판결; 대법원 1984. 11. 13. 선고 84도1897 판결; 대법원 1959. 4. 24. 선고 4292형상72 판결; 이천현/김혜정, 앞의 책, 78쪽.

15) 대법원 1991. 6. 11. 선고 91도985 판결: 형법 제56조는 형을 가중, 감경할 사유가 경합된 경우 가중, 감경의 순서를 정하고 있으며 이에 따르면 법률상 감경을 먼저하고 마지막으로 작량감경을 하게 되어 있으므로 법률상 감경사유가 있을 때에는 작량감경보다 우선하여 하여야 할 것이고, 작량감경은 이와 같은 법률상 감경을 다하고도 그 처단형의 범위를 완화하여 그 보다 낮은 형을 선고하고자 할 때에 하는 것이 옳다.

16) 긍정하는 견해는 이천현/김혜정, 앞의 책, 78쪽. 부정하는 견해로는 오영근/최석윤, 『양형의 합리화에 관한 연구』, 형사정책연구원, 1993, 77쪽 참조.

17) 이천헌/김혜정, 앞의 책, 78쪽; 대법원 1958. 9. 12. 선고 4291형상389 판결.

러한 이해가 올바른 것일까?

(1) 비교법적 고찰

① 정상참작감경제도는 천황제국가였던 일본 형법(1908년 시행)에서 유래되었다. 일본에서 정상참작감경제도의 취지는 다음과 같다. 당시 일본의 사고방식에 의하면 천황은 거의 신적 존재에 가까웠으며, 그의 말씀은 법률에 버금갈 정도의 위상을 가졌던 것으로 보인다. 이런 상황에서 천황의 대리인이자 긴 팔의 역할을 담당한 법관도 천왕을 대신하여 피고인에게 은혜를 베푼다고 하는 사고가 반영되었고, 이러한 배경에서 정상참작감경이라는 제도는 법관에게 법정형의 형기에 관한 광범위한 재량의 인정으로 입법되었다.[18]

② 이에 반해 우리나라는 일본과 같은 천황제국가가 아니고, 자유민주국가로서 모든 국가권력은 국민으로부터 나오며, 따라서 법관은 천황을 대신하여 시혜를 베풀 수 있는 지위에 있지 않고, 국민으로부터 위임된 업무를 정당하게 행사해야 할 책무만을 진다. 이러한 점에서 법정형의 형기에 관한 권한은 법관에게 곧바로 위임된 것이 아니며, 국회의 입법권에 속한 것이다.

③ 현행 형법의 제정에 깊은 영향을 끼쳤던 현행 일본 형법 역시 작량감경을 할 때 법률상 감경에 관한 규정의 준용을 입법적으로 해결하고 있다.[19] 또한 우리 형법의 제정 시에 '롤 모델'이 되었던 '일본 개정형법가안'에 의하면 작량감경을 할 경우 그 법률상 효과는 "법률상 감경을 준용한다."[20]고 명시하고 있다. 그런데 일본 형법은 우리 형법 제51조에서 명시한 양형의 조건에 관한 규정이 없다. 이를 대신하여 정상참작감경을 법률상의 감경효과로 인정하고 있을 뿐이다. 그리고 일본 개정형법가안 제57조에 따르면, "형의 적용에 관하여는 범인의 성격, 연령 및 환경과 범

18) 허일태, 앞의 책, 239쪽 참조. 이천현/김혜정, 앞의 책, 80쪽 이하에 따르면 일본의 경우 법관은 실무상에서 작량감경을 널리 애용하고 있다고 한다.

19) 일본 형법 제71조: "작량감경을 할 때에도 제68조(법률상 감경의 방법) 및 전조의 예에 의한다."

20) 일본 개정형법가안(총칙 昭和 6년 9월) 제68조 ① 刑의 最下限이 犯情에 비추어 너무 무겁다고 인정될 때에는 酌量하여 감경할 수 있다. ② 법률에 의하여 형을 감경할 경우에 있어서 그 감경을 하여도 犯情에 비추어 科刑이 아직 무겁다고 인정될 때에 한하여 작량감경을 할 수 있다. ③ 前 2조의 규정은 작량감경에 이를 準用한다. 제66조 법률에 의하여 형을 감경해야 할 할 1개 또는 수개의 原由가 있을 때에는 다음의 예에 의한다. … 제3호 유기의 징역 또는 금고를 감경할 때에는 그 형기의 2분의 1을 감한다.

죄의 정상 및 범죄 후의 정황을 고찰하고 특히 다음의 사항을 참작해야 한다."고 명시하면서 "1. 범인의 경력, 습관 및 유전, 2. 범죄의 결의의 강약, …" 등 8개의 사유를 구체적으로 나열하고 있다. 이들 사유를 법관은 세심하게 살펴서 양형을 하되, "형의 최하한이 범정에 비추어 너무 무겁다고 인정될 때에는" 제68조에 의거하여 "작량하여 형을 감경할 수 있다."고 하였다.

④ 스위스 형법 제48조는 형의 감경사유를 구체적으로 명시하고 있다.21) 그 법률효과에 관해서는 다음과 같이 규정하고 있다; "1. 형을 감경하는 경우 법률에 정한 형의 하한에 구속되지 아니한다. 2. 법원은 법률에 정한 형의 종류와 다른 형을 선고할 수 있다. 그러나 법률에 정한 형의 종류의 상한과 하한에 구속된다."(스위스형법 제48a조).

⑤ 오스트리아 형법 제34조는 양형감경사유인 '참작할 만한 피고인 측의 사정'에 관해 19개를 나열하고 있다.22) 이들 사유 중에는 "3. 참작할 만한 동기로 범행한 때, … 13. 범행이 종료되었음에도 손해가 발생하지 않았거나 범행이 미수에 그친 때" 등이 포함되어 있다. 이들 요건 중의 하나에 해당하는 경우 법관은 원칙적으로 법정형의 범위 내에서 감경할 수 있다. 다만 오스트리아 형법 제41조에서 이들 '감경사유가 압도적으로 우세한 때의 형의 예외적 감경'을 인정하여 우리 형법 제55조 법률상의 감경처럼 법정형의 상한뿐만 아니라 하한의 범위까지 감경을 법률로 인정하고 있다.

(2) 잘못된 입법, 양형조건과 정상참작감경의 혼동

① 형법 제51조의 양형의 조건은 제53조의 정상참작감경과 사실상 동일한 것임에도 따로 규정하여 다른 법률효과가 있는 것처럼 볼 수 있는 우를 범했다. 그 이유는 다음과 같다.

② 일본 형법은 형법 제51조와 같은 양형의 조건을 규정하지 않고, 그 대신에 작

---

21) 법원은 다음 각호의 1에 정한 경우에 해당하는 때에는 형을 감경한다.
  a. 행위자가 다음 각호의 1에 정한 방식으로 행위한 경우
    1. 참작할 만한 동기
    2. 중한 압박감을 가지고,
    3. 중한 협박의 영향 하에서
    …

22) 오스트리아 형법 제33조는 양형가중사유 7가지를 구체화하고 있다.

량감경에 관한 규정을 두었다. 그리고 정상참작감경 규정은 법률상의 감경 규정을 준용할 것을 명시했다.

③ 우리 형법의 제정에 심대한 영향을 끼친 1941년 일본 개정형법가안은 제57조에서 양형조건을 다음과 같이 명시하였다.

"형의 적용에 관하여는 범인의 성격, 연령 및 환경과 범죄의 정상 및 범죄 후의 정황을 고찰하고 특히 다음 사항을 참작해야 한다.

1. 범인의 경력, 습관 및 유전

2. 범죄의 결의의 강약

3. 범죄의 동기가 충효 기타 도의상 또는 공익상 비난할 만한 것인가의 여부 또는 容恕할 만한 것이냐의 여부

4. 범죄가 공포, 경악, 흥분, 당황, 도발, 위박, 군집암시(군중심리) **기타 이와 유사한 사유에 인한 것이냐의 여부**

…

6. 범죄수단이 殘酷하였느냐의 여부 및 교활하였느냐의 여부

…

8. 죄를 범한 후 후회하였느냐의 여부, 손해를 배상하거나 기타 실해를 경감하기 위해 노력하였느냐의 여부"

④ 형법은 양형에 관한 일반조항으로 제51조를 다음과 같이 명시하였다.

"형을 정함에 있어서는 다음 사항을 참작하여야 한다.

1. 범인의 연령, 성행, 지능과 환경

2. 피해자에 대한 관계

3. 범행의 동기, 수단과 결과

4. 범행 후의 정황"

⑤ 위의 ③의 일본 개정형법가안 규정과 ④의 규정을 비교해 보면 ④의 핵심부분은 ③의 내용을 참작했음이 분명해 보인다. 게다가 일본 개정형법가안은 작량감경의 구체적 기준이나 내용에 관해 별도의 규정을 따로 두고 있지 않았다. 다만 추상적으로 다음과 같이 규정하고 있을 뿐이다. "범죄의 情狀이 憫諒할 바 있는 것은 酌

量하여 그 형을 감경할 수 있다.”

⑥ 일본 개정형법가안의 경우 작량감경의 법률효과에 관하여서는 제68조가 “형의 최하한이 범정에 비추어 너무 무겁다고 인정될 때에는 작량하여 형을 감경할 수 있다.”고 명시하고, 그 범위에 관해 법률상의 감경 규정을 준용하도록 하고 있다.

⑦ 이에 반해 형법은 제51조에서 양형의 조건을 명시하고 있는바, 이는 일본 개정형법가안 제57조의 핵심적 내용을 계수한 것이고, 형법 제53조는 형법 제51조의 내용을 다시금 추상적으로 적시하여 “범죄의 정상에 참작할 만한 사유가 있는 때에는 작량하여 그 형을 감경할 수 있다.”고 규정하고 있다. 이것이 의미하는 바는 우리 형법상 정상참작감경 규정과 양형 규정의 본질적 차이가 있느냐 하는 점이다. 형법은 결과적으로 제51조의 양형조건과 제53조의 작량감경 규정이 모두 동일한 내용, 즉 양형조건에 해당될 수 있음을 보여준다.

(3) 정상을 참작할 만한 사유의 구체화와 양형사유

스위스 형법이나 오스트리아 형법뿐만 아니라 일본 개정형법가안에서도 ‘정상을 참작할 만한 구체적 사유와 이들의 법률효과’는 죄형법정주의에 입각하여 법률에 의한 근거규정을 두고 있다. 특히 오스트리아 형법의 경우 정상을 참작할 만한 사유가 우세한 때 법관은 비로소 법정형의 형기를 감경할 수 있고, 그러한 경우가 아닌 한, 정상참작사유는 양형사유로만 인정하고 있다.

(4) 일본 형법의 제정 당시 천황제국가였기 때문에 천황의 긴 팔인 법관이 천황을 대신하여 작량감경을 통한 국민에게 시혜를 베풀 수 있는 지위에 있었고, 그것이 오늘날까지 이어져 내려온 전통을 가지고 있음을 위에서 살펴보았다. 그러나 우리나라는 자유민주국가로서 모든 국가권력은 국민으로부터 나오며, 따라서 법관은 국민으로부터 위임된 업무를 정당하게 행사해야 할 책무만을 진다. 이러한 점에서 법정형의 형기에 관한 감경권한이나 감경재량이 법관에게 위임되었다는 명백한 법률규정이 없는 한, 형기의 감경권한은 국회의 전속적 입법권에 속한다.

(5) 형법은 정상참작감경의 법률효과에 관해 형법 제55조의 법률상의 감경 규정을 준용한다는 규정을 두고 있지 않다. 그리고 입법적인 근거도 없이 "법관은 정상참작감경을 법률상의 감경과 동일하게 유기징역이나 유기금고형에 대하여 형기의 2분의 1까지 감경할 수 있고, 그 감경의 범위는 형의 상한뿐만 아니라 하한까지 가능하다."는 입장을 판례는 취하고 있다.

(6) 법률상 감경사유는 범죄구성요건 해당 여부, 위법성과 불법성의 정도, 책임미약이나 비난가능성의 현격한 약화와 보호법익의 침해 정도와 깊은 관련을 가진 사유들이다. 이들 사유는 법률에 의해 이미 명시되어 있다. 이에 반해 작량감경의 사유는 '참작할 만한 동기 등 정상을 참작할 만한 사유'라는 점에서 형법 제51조의 양형조건과 본질적으로 다르지 않고, 그러기 때문에 심지어 범행 후의 피해자에 대한 피고인의 진정성 있는 후회나 피해의 완전회복 같은 태도 등도 고려가 된다. 바로 이런 점들에서 정상참작감경은 법률상 감경사유의 요건인 구성요건실현의 미완성이나 범죄의 불법성 내지 책임의 미약한 정도와 같은 사유와 구별된다.

(7) 정상참작감경의 조건은 이런 측면에서 형법 제51조의 '양형의 조건'에서 명시된 사유와 깊은 관련성을 가진다. 왜냐하면 형법 제51조가 명시한 양형조건인 '1. 범인의 연령, 성행, 지능과 환경, 2. 피해자에 대한 관계, 3. 범행의 동기, 수단과 결과, 4. 범행 후의 정황'의 사유는 모두 작량감경에서 정상을 참작하는 내용과 구분하기 어렵고, 또한 이들 요소 모두 정상을 참작하는 결정적 인자에 속한다고 할 수 있기 때문이다.

(8) 따라서 법관은 정상참작감경의 경우 형법 제55조 '법률상의 감경'에 따른 법률효과를 직접 적용하는 것은 법률상의 근거도 없고 이론적으로도 타당해 보이질 않는다. 법관은 오히려 정상참작감경을 형법 제51조 양형의 조건과 동일하거나 준한 것으로 해석하는 것이 그나마 죄형법정주의에 반하지 않게 보인다. 왜냐하면 첫째로 형법 제53조는 법원이나 법관에게 법정형의 형성권을 위임하였다는 어떤 징표도 없으며, 법정형은 입법권의 권한에 속하는 것이지 법원에 속하지 않고, 둘째로

법원은 형법 제55조 법률상의 감경에 의해서만 법정형의 상한과 하한을 감경할 수 있으며, 셋째로 오스트리아 형법은 정상을 참작할 만한 사유를 양형조건으로 명시하고, 다만 법정형의 감경까지 할 수 있는 경우는 정상을 참작할 만한 아주 우세한 예외적 경우에만 두는 것을 법률로 명시하고 있기 때문이다.

(9) 만일 정상참작감경이 법률상 감경의 법률효과를 무조건 인정할 수 있다면 일본 형법이나 '일본 개정형법가안' 모두 작량감경에 관해 법률상 감경을 준용한다고 굳이 명시할 필요가 전혀 없을 것이다.

(10) 형법 제53조 정상참작감경은 형법 제55조 법률상의 감경을 무조건 준용할 수 있다는 판례 입장은 죄형법정주의를 심히 왜곡하는 것이다. 형법상 정상참작감경의 법률효과에 관한 대법원의 이런 태도는 논리일관성이 결여된다. 왜냐하면 정상참작감경은 판례도 인정한 바와 같이 법률상의 감경일 수 없고, 양형사유에 해당된다는 점은 일본 형법과 일본 개정형법가안에서 찾아볼 수 있기 때문이다. 그러므로 정상참작감경규정이 형법 제55조에 의한 법률상의 감경 규정을 직접적으로 적용하는 판례의 태도는 논리비약이다.

(11) 정상참작감경의 법률효과에 관한 입법의 불비가 존재함에도 불구하고, 대법원 판례는 이를 무시하고 법률상의 감경 규정인 형법 제55조 제1항을 직접적으로 적용하는 태도는 헌법정신에 반하며, 사법권의 독자성에도 충돌된다. 법원의 이러한 입법형성권적 태도는 국가권력의 분리와 상호 견제 원리에 반하는 행태이다. 왜냐하면 모든 범죄의 법정형은 입법권자인 국회에 의해 형성될 수 있는 것이지, 사법권의 재량에 의해 법정형에 관한 형성권을 인정하는 것은 삼권분립에 반할 뿐더러 죄형법정주의에도 반하기 때문이다.

(12) 이런 점에서 법관의 작량에 의해, 즉 법관의 재량으로 법정형의 범위를 법률상의 감경 수준으로 상한과 하한의 범위까지도 축소할 수 있다는 사고방식에 그저 놀랍다. 법관은 왜 정상참작감경을 법률상의 감경과 동일한 효과를 갖고 있는지에

관해 아무런 고민도 보여주지 않았다. 아마 실무상의 관행이라는 이름으로 아직도 그것을 답습하고 있는 법원의 태도가 한심스러울 뿐이다.

(13) 이러한 주장에 대해 다음과 같은 비판이 가능해 보인다. 형법 제56조에 의해 "형을 가중, 감경할 사유가 경합될 때에는 다음 순서에 의한다."고 명시하면서 맨 마지막에 정상참작감경에 의한 감경을 적시하고 있다. 또한 형법 제54조에 따르면 선택형과 정상참작감경의 표지 아래 "1개의 죄에 정한 형이 수종인 때에는 먼저 적용할 형을 정하고 그 형을 감경한다."는 규정을 두고 있다. 이들의 존재는 작량감경 규정이 단순히 양형의 조건에만 국한된 것이 아니고, 형기까지 감경할 수 있음을 추인케 한다.

(14) 그러나 죄형법정주의는 어디까지나 범죄와 형벌에 관해 미리 법률에 의하여 명확하게 기술되어 있어야 한다는 원칙이다. 바로 그렇게 해야만 행위주체가 구성요건적 행위를 회피할 수 있는 기능을 갖기 때문이다. 이런 점에서 작량감경에 관한 법률효과에 대한 근거규정도 없이 무조건 법률상의 감경규정을 직접적으로 준용하는 행태는 그런 죄형법정주의의 사고방식에 반하는 것이다.

Ⅳ. 결 론

(1) 우리나라는 법치국가원칙에 입각해서 권력분립에 의한 견제와 균형을 헌법상의 핵심 축으로 삼고 있는 국가이다. 모든 입법형성권은 국회의 권한이고, 법원은 국회에 의해 형성권 입법을 적용하는 기관이지 법형성이나 법창조(法創造) 기관일 수 없다. 왜냐하면 입법형성권이 어디까지나 국회의 핵심적 권한인 점을 감안한다면 법관이 입법형성권적 권한이나 재량을 가질 수 없기 때문이다. 더욱이 형법의 적용에 관해서는 다른 법률영역보다도 죄형법정주의 원칙이 더욱 철저해야 된다면, 법관은 법정형의 감형이나 가중을 재량이나 권한으로 행사할 수 없으며, 만일 그것이 가능하다면 죄형법정주의를 뿌리째 부정하는 것이다.

(2) 형법 제53조 정상참작감경 규정은 ① 법관은 피고인의 정상을 참작하여 어느 정도 법정형을 감경할 것인지에 관한 근거규정을 두고 있지 않고, ② 작량감경의 근거가 되는 '범죄의 정상에 참작할 만한 사유'는 형법 제51조의 양형조건과 본질적으로 다르다고 할 수 없다. ③ 사정들이 이러하다면 양형조건에 불과한 "정상을 참작할 만한 사유가 존재한다."고 해서 법관에게 법정형의 감경권한이나 감경의 재량을 부여한 것으로 볼 수 없다. 왜냐하면 '정상참작감경'이란 용어를 형법 제53조 법문언에서 이용하고 있다고 해서, 정상참작감경이 법관에게 법정형의 범위에 관한 감경의 재량이나 감경의 권한을 부여한다는 어떤 법적 근거도 없기 때문이다. 그러므로 정상참작감경을 법률상의 감경으로 간주하여 직접 적용하는 것은 죄형법정주의에 반한다고 할 것이다.

제11장

배임죄에서 경영상 판단 원칙에 관한 체계적 지위

Ⅰ. 문제의 제기

기업의 경영자가 경영의 실패로 그 기업에 손해를 야기했을 때, 배임죄의 성부에 관한 결정적 핵심은 배임죄의 고의가 있었는지 여부이다. 이를 판가름하는 방법으로 판례는 '경영상의 판단 원칙'이란 기준을 이용한다. 미국의 판례에서 유래한 '경영상의 판단 원칙(Business Judgement Rule)'[1]이란 법인의 대표자나 이사가 자신의 권한 범위에 속한 경영사항에 대하여 합리적인 근거에 기초하여 성실하게 회사에 최상의 이익이 된다고 신뢰하는 바에 따라 독자적인 결단을 내리고 그에 따라 경영하면, 회사의 경영과 관련하여 잘못된 판단으로 회사의 손해를 야기할지라도 대표자나 이사에게 손해배상책임을 물어서는 아니 된다는 것이다. 이런 원칙은 미국에서는 주로 민사법상의 원칙으로 이용되고 있다. 미국에서 이것이 형사법의 분야에도 적용되기 시작하였고, 뒤이어 우리 판례도 영향을 받아 이 원칙을 적용하고 있는 사례를 심상찮게 찾아볼 수 있다.[2]

더구나 우리 상법 제399조[3]와 제401조[4]는 이사(理事)의 선관주의의무를 인정하고

1) 이 원칙은 미국의 판례법상 발전된 이론으로서 그 개념에 대하여는 다양한 정의가 내려지고 있지만, 경영판단상 경영책임자에게 중대하고도 명백한 재량권의 남용이나 고의 또는 중대한 과실이 있는 경우에는 적용되지 않는다.

2) 민사법 영역에서는 서울지법 1998. 7. 24 선고 97가합39907 판결에서 경영판단원칙이 도입되었고, 형사법적 영역에서는 대법원 2004. 7. 22 선고 2002도4229 판결에서 경영판단원칙을 수용해서 판단하였다. 그 이외에도 대법원 2011. 10. 27. 선고 2009도14464 판결과 대법원 2007. 11. 15. 선고 2007도6075 판결 참조.

있고, 판례는 이런 이사의 선관주의의무를 판례상 경영판단의 원칙이란 기준으로 구체화한 것으로 보인다. 동 원칙의 인정근거는 회사의 업무집행과 관련하여 이사에게 광범위한 재량을 허용하고, 이사가 회사경영에 있어서 위험을 수반한 이윤 창출적인 관리나 활동을 주저하지 않도록 하는 데에 있다고 할 것이다.

따라서 이사의 선관주의의무나 경영상의 판단 원칙은 배임죄의 성립과 관련하여 제한하는 소극적 차원에서 깊은 영향을 미칠 수 있다. 그러기에 배임죄의 성립에 관한 일부 판례에서 경영상의 판단 원칙이 수용되고 있음은 자연스런 일이다.[5] 이에 관한 우리나라의 대표적인 형사 판례를 살펴보자.

해당 판례는 경영상의 판단과 관련하여 경영자에게 배임의 고의와 불법이득의 의사가 있었는지를 판단할 경우 "문제된 경영상의 판단에 이르게 된 경위와 동기, 판단 대상인 사업의 내용, 기업이 처한 경제적 상황, 손실 발생과 이익 획득의 개연성 등의 여러 사정을 고려할 때 자기 또는 제3자가 재산상 이익을 취득한다는 인식과 본인에게 손해를 가한다는 인식 하의 의도적 행위임이 인정되는 경우에 한하여 배임죄의 고의를 인정하여야 하고, 그러한 인식이 없는데도 … 책임을 물어서는 안 된다."고 판시하고 있다.[6]

이 판례에 따르면 기업 경영자의 경우 배임죄의 고의가 성립되는지 여부 문제는 경영상의 판단 원칙이라는 척도를 참고해야 된다고 보는 입장이다. 따라서 경영상의 판단이 개입될 수 있는 배임죄의 경우 고의의 성립 여부는 "문제된 경영상의 판

3) ① 이사(理事)가 고의 또는 과실로 법령 또는 정관에 위반한 행위를 하거나 그 임무를 게을리한 경우에는 그 이사는 회사에 대하여 연대하여 손해를 배상할 책임이 있다.
② 전항의 행위가 이사회의 결의에 의한 것인 때에는 그 결의에 찬성한 이사도 전항의 책임이 있다.
③ 전항의 결의에 참가한 이사로서 이의를 한 기재가 의사록에 없는 자는 그 결의에 찬성한 것으로 추정한다.

4) ① 이사가 고의 또는 중대한 과실로 그 임무를 게을리한 때에는 그 이사는 제3자에 대하여 연대하여 손해를 배상할 책임이 있다.
② 제399조 제2항, 제3항의 규정은 전항의 경우에 준용한다.

5) 이에 관해서는 이경렬, "경영판단의 과오와 업무상배임죄의 성부", 법조 55권 12호, 법조협회, 2006, 122쪽 이하에서 다음과 같은 입장을 개진하고 있다: 경영상의 결정에 실패한 경영진의 회사에 대한 책임을 논함에 있어 최근의 몇몇 대법원 형사판결은, "단지 경영상의 판단이었다는 이유만으로 업무상배임죄의 죄책을 면할 수는 없다."고 판시하여 이사에 대한 민사책임의 제한장치로 미국 판례법상 발전되어 온 경영판단의 원칙을 형사책임의 귀속 여부에 대한 기준으로 사용하고 있다. 그러나 상법상의 손해배상책임은 경영판단에 실패한 이사가 과실이 있는 경우에도 부담하게 되는 데 반하여 업무상배임죄의 경우에는 과실범의 처벌규정이 없기 때문에, 경영판단원칙을 그대로 형사책임의 귀속 여부에 대한 기준으로 사용할 수 있을지는 의문이다.

6) 대법원 2011. 10. 27. 선고 2009도14464 판결.

단에 이르게 된 경위와 동기, 판단 대상인 사업의 내용, 기업이 처한 경제적 상황, 손실 발생과 이익 획득의 개연성 등의 여러 사정을 고려할 때 자기 또는 제3자가 재산상 이익을 취득한다는 인식과 본인에게 손해를 가한다는 인식 하의 의도적 행위임이 인정되는 경우에 한하여" 비로소 배임죄의 고의를 인정할 수 있다는 것이다. 판례의 이러한 태도는 경영상의 판단이 개입된 경우 문제가 된 해당 대표자나 이사의 임무 위배와 이로 인한 이익의 취득 및 손해의 발생을 위한 의도적 행위가 입증될 때 비로소 배임죄의 고의를 인정할 수 있다는 사고방식이다.

그러나 판례의 이런 입장이 형법해석학적으로 타당한 것인지 의문스럽다. 배임죄의 고의는 존부의 문제이지, 가치 평가적으로 다루어지는 것이 아니다. 행위주체의 주관적 구성요건인 고의는 행위대상에 대한 인식과 침해의사를 갖고 있느냐의 존재 여부에 해당되므로 진, 선, 미와 같은 가치판단의 문제일 수 없다. 따라서 배임죄의 고의가 존재하려면 타인의 사무를 처리하는 행위주체가 자신에게 맡겨진 임무에 대한 위배를 알면서도 그런 위배를 실행하고, 이익을 취득하여 피해자에게 그런 손해를 야기해야 된다. 그러므로 구성요건적 고의는 어디까지나 존재의 문제에 불과할 뿐이고 가치판단의 문제일 수 없으며, 구성요건적 행위가 위법한지를 평가할 때에 비로소 가치평가적 기준(불법성의 정도)이 적용될 수 있다.

또한 경영상의 판단 원칙은 민사실무에서 경영상의 판단 원칙의 적용을 배제하기 위해서는 경영자의 결정이 경영상의 판단 원칙의 적용요건을 충족하지 못한 사유에 관해 합리적 의심의 여지를 야기할 정도로 구체적인 입증을 요구하게 된다. 따라서 경영상의 판단 원칙은 경영자에게 장래의 회사경영이나 투자에 대한 위험으로부터 보호해 주는 역할을 한다.

이에 반하여 형사법에서는 의심스러울 때는 피고인의 이익으로(in dubio pro reo)라는 무죄추정의 원칙에 근거하여 검사에게 합리적 의심의 여지가 없을 정도로 공소사실을 증명할 것을 요구하고 있다는 점을 감안한다면, 경영자가 기업이익보다는 재산 손실의 위험성이 훨씬 높은 사업에 비합리적으로 투자했으면서도 자신의 일련의 경영활동을 경영상의 판단에 따른 것이라고 주장하게 되면 배임죄로 처벌되기 곤란한 상황에 빠지게 된다. 왜냐하면 형사실무에서 피고인이 경영상의 판단 원칙을 주장하고 배임죄의 범의를 부인하는 경우, 경영상의 판단 원칙의 추정적 효력은 검사에게 해당 법관이 공소사실에 대하여 합리적 의심을 하지 않을 정도로 입증하도록 요구하게 되기 때문이다. 그 결과 우리가 목격한 현실은 대표이사나 이사들을 중심으로 회사경영이 비합리적인 결정이나 파행적으로 행해지는 경우 경영상의 판단 원칙이 이들에게 면죄부를 부여할 수도 있다는 점이다. 따라서 경영상의 판단 원칙이 비합리적 기업경영의 결정이나 파행적인 경영으로 인한 손실을 면제 해주는 역할로 그쳐서는 아니 된다.7)

배임죄에서 경영상의 판단 원칙은 우리 판례나 학계에서 한편으로 고의의 존부에 관해 가치평가적인 기준에 의한 인정 여부를 결정하게끔 하고, 다른 한편으로 절차법상 무죄추정주의와 결합하여 고의의 인정 여부를 사실상 어렵게 만들고 있는 역할을 하고 있다. 이러한 태도가 타당한 것인지를 이하에서 차례로 살펴보자.

Ⅱ. 배임죄에서 고의의 내용과 그 범위

경영진의 회사에 대한 배임죄의 성부에 있어서 경영판단의 원칙은 경영진에게 과중한 책임이 지워질 경우에 그 한계 원리로서 기능할 수 있도록 고려되어야 하기 때문에, 경영상의 판단 원칙은 배임죄의 고의 인정을 위한 기준이어야 한다는 입장을 일부 학자도 수긍하고 있다. 이와 같은 맥락에서 경영상의 과오에 대한 최근의 형사 판례가, 이사의 경영상 결정에 대해 배임의 고의를 긍정하기 위하여 충실의무의 위반 여부, 법령 또는 사회상규에 위배되는 불법행위에 해당하는지의 여부, 그 밖에 문제된 경영상의 판단에 이르게 된 경위와 동기, 판단대상인 사업의 내용, 기업이 처한 경제적 상황, 손실 발생의 개연성과 이익 획득의 개연성, 나아가 이사의 지위, 대안의 숙고과정이나 회사의 손해를 회피하기 위한 노력 및 사후방지 노력, 경영판단 후의 사정변경 등을 고려하고 있는 것은 타당하다8)고 본다.

그러나 고의의 성립 여부 문제는 오직 구성요건적 행위객체에 대한 사실적인 인식과 실행행위를 통해서 구성요건을 실현하겠다는 객관적인 사실만 존재하면 족하다. 그러므로 배임죄의 고의는 다른 범죄의 고의와 마찬가지로 (배임죄를 구성하는)

---

7) 바로 이런 점에서 경영상의 판단 원칙은 배임죄의 고의 성립에서 중요한 역할을 한다고 보는 입장으로는 이경렬, 앞의 논문, 122쪽 이하 참조.

8) 대표적으로는 이경렬, 앞의 논문 참조.

구성요건적 고의여야 하고, 배임죄의 객관적 구성요건의 징표를 인식하고 그것을 실현하려는 의사를 갖고 있어야 한다. 다시 말해 배임죄의 구성요건은 "타인의 사무를 처리하는 자가 그 임무에 위배되는 행위로써 재산상의 이익을 취득하여 손해를 가한 때"이므로, 행위주체는 ① 자신의 행위가 임무에 위배됨을 인식하고, ② 그 위배행위에 의하여 이익을 취득하고, 피해자에게 손해를 가함을 인식하고 용인하면서 실행해야 한다.

그러므로 배임죄의 행위주체가 타인의 사무처리에 대한 임무위배를 범했더라도 이익을 취득하지 못하거나 혹은 이익을 취득했더라도 이익을 취득하고 손해를 야기할 의사가 없었다면 배임죄의 고의 성립은 부정되어야 마땅하다. 배임죄의 발생 초기 규정은 국왕이나 영주에 대한 신하의 배신행위를 처벌하였던 데서 유래한 범죄로서 배신행위나 임무의 위배만으로 처벌되었다. 그러나 1851년 프로이센 형법 제246조에 의해 처음으로 재산상 손해를 야기하는 배신행위에 대해 처벌하게 되었으며,[9] 그 이후 우리나라의 **배임죄는 임무위배행위에 의한 재산상 이익이나 손해와 필연적 관련을 가져야 비로소 처벌되는 범죄**로 발전하였다. 바로 이런 점 때문에 우리 판례도 "(업무상) 배임죄는 본인에게 재산상의 손해를 가하는 외에 배임행위로 인하여 행위자 스스로 재산상의 이익을 취득하거나 제3자로 하여금 재산상의 이익을 취득하게 할 것을 요건으로 하므로, 본인에게 손해를 가하였다고 하더라도 행위자 또는 제3자가 재산상 이익을 취득한 사실이 없다면 배임죄가 성립할 수 없다."[10]고 판시하고 있다.

다만 고의의 범위를 어디까지로 할 것인지는 적지 않은 넓은 울타리를 갖고 있다. 그래서 형법상 고의란 좁게는 의도적으로 구성요건을 실현하는 의사로부터 넓게는 실행행위를 통해서 구성요건적 결과 발생의 개연성을 인식하고 있음에도 그런 행위

---

9) **§246[Arten der Untreue]** Wegen Untreue werden mit Gefängniß nicht unter drei Monaten, sowie mit zeitiger Untersagung der Ausübung der bürgerlichen Ehrenrechte bestraft:
 l) Vormünder, Kuratoren, Sequester, Testaments-Exekutoren und Verwalter von Stiftungen, wenn sie vorsätzlich zum Nachtheile der ihrer Aufsicht anvertrauten Personen oder Sachen handeln;
 2) Mäkler, Güterbestätiger, Schaffner und andere Gewerbtreibende, welche zur Betreibung ihres Gewerbes von der Obrigkeit besonders verpflichtet sind, wenn sie bei den ihnen übertragenen Geschäften vorsätzlich diejenigen benachtheiligen, deren Geschäfte sie besorgen.
 Wird die Untreue in der Absicht verübt, sich oder Anderen Gewinn zu verschafffen, so soll neben der Freiheitsstrafe zugleich auf Geldbuße von fünfzig bis zu Eintausend Thalern erkannt werden.
 Ist durch die Handlung eine härtere Strafe begründet, so tritt nach den Grundsätzen des §55 diese härtere Strafe ein.

10) 대법원 2009. 6. 25. 선고 2008도3792 판결.

를 그만두지 않고 결과 발생의 야기까지 용인한 경우(이른바 미필적 고의)까지 다양한 스펙트럼을 갖고 있다. 형법상에서 고의의 개념은 특별한 제한이 없는 한, 이런 의도적 고의에서부터 미필적 고의까지 포함되는 것을 원칙으로 하고 있다.

그런데 대법원의 판시에서 나타난 경영상의 판단은 '판단'이라는 용어와 그 내용에서 보듯 가치 내지 평가의 색채를 지닌다. 왜냐하면 "판단 대상인 사업의 내용, 기업이 처한 경제적 상황, 손실 발생과 이익 획득의 개연성 등의 여러 사정을 고려할" 것을 요구하고 있는 것은 가치판단을 위한 평가대상이지, 단순히 행위대상에 대한 인식이나 그 행위를 실행한 의사나 인식의 존재 문제일 수 없기 때문이다.

구성요건적 고의의 성부는 결코 가치판단의 문제일 수가 없으며, 어디까지나 단순한 객관적 사실, 즉 행위대상에 대한 인식과 그 대상에 대한 실행행위의 의사를 갖추고 있느냐의 존재적 문제이다. 구성요건의 표지도 물론 예외적으로 평가의 형식을 갖고 있음을 찾아볼 수 있다. 예컨대 형법 제307조 '명예훼손죄'에 있어서 '명예'나 제245조의 '공연음란죄'에서 '음란한 행위'가 그런 것의 일종이다. 그러나 이런 경우에도 이에 관한 고의의 문제는 어디까지나 그러한 가치평가적인 구성요건의 징표인 '명예'나 '음란한 행위'에 대한 인식과 의욕이 존재하고 있느냐의 여부로 치환될 뿐이다.

Ⅲ. 사회상당성이론과 문제점

필자의 이와 같은 주장에 대해 적지 않는 분들은 다음과 같은 반론이 있을 수 있다. 독일에서 맨 처음 주장된, 구성요건의 표지를 제한하기 위한 원리인 '사회상당성이론'[11)]은 결과적으로 가치판단의 성격을 지니므로, 우리의 형법해석에 있어서도 기업의 경우 배임죄의 성부를 논함에 있어서 경영상의 판단이라는 가치판단을 포섭하는 데에는 논리적으로 아무런 무리가 없다고 항변할 법하다. 왜냐하면 경영상의 판단 원칙은 독일 형법이론에서 사회상당성이론, 특히 허용된 위험의 이론[12)]과 상당 부분 일치하고 있고, 우리나라의 학자들도 적지 않게 이러한 이론을 무비판적으

11) 독일의 Hans Welzel이 처음 주장하였음. 이에 관해서는 그의 책 Das deutsche Strafrecht, 11 Aufl., 1969, S. 56 참조.

12) 법익침해의 위험성을 수반하는 행위라도 그로 인한 사회적 이익이 그 위험성에 비해 현저히 큰 경우에는 일정한 조건 하에서 그 행위를 허용해야 한다는 원칙을 말한다. 이에 관해서는 오영근, 『형법총론』 제2판, 박영사, 2010, 201쪽 참조.

로 수용하고 있기 때문이다.

그러나 이러한 항변은 우리나라 형법을 무시한 해석방식이다. 우리 모두는 죄형법정주의를 형법에서 알파요 오메가로 이해한다. 그렇다면 구성요건의 해당성 여부를 평가하거나 판단하는 데에 있어서 형법이론에 의한 것보다 형법조문에 의한 해결이 죄형법정주의에 더욱 합당한 방법이다. 우리 형법 제20조의 사회상규 규정은 어느 행위가 형식적으로 구성요건에 해당한다고 하더라도 그 행위가 사회적으로 용납할 수 있다면 굳이 형벌이라는 가혹한 고통을 부과하는 것을 삼가야 한다는 형법상의 단편성 내지 형벌의 최후수단성을 고려하여 형식적 성격의 우리 형법상 구성요건 해당성을 제한하는 기능을 하고 있다.

예를 들어 보자. A가 사람들로 꽉 찬 전철에서 비좁은 틈새로 이동하면서 다른 사람들, 특히 B와 부딪쳤다. 그렇다면 A는 B에 대해 폭행을 가한 것이 된다. 우리 형법은 형식적 성격을 갖고 있어서,[13] A가 B의 신체에 대한 사소한 유형력의 행사라도 폭행죄의 구성요건에 해당되는 것이고, A의 행위가 타인에 대한 유형력의 행사임을 모를 리 없을 때, 그럼에도 불구하고 A의 그런 행위를 실질적으로 처벌하기는 어렵다고 할 것이다. 그래서 독일의 경우 우리와 같은 제20조의 정당행위에 관한 규정이 없다. 그래서 울며 겨자먹기로 불가피하게 구성요건 단계에서 사회상당성이론으로 제한하고자 하였다. 이러한 독일과 달리 우리 형법은 제20조의 정당행위 규정을 통해서 이와 같은 문제점을 해소할 수 있도록 하고 있는 것으로 보인다.

그럼에도 불구하고 일부 학자들은 형법 제20조의 규정은 죄형법정주의 원칙을 훼손할 수 있는 조문이어서 폐기처분해야 하고, 그 대신에 독일의 사회상당성이론을 우리의 구성요건 해당성에서 사용하여야 한다고 주장한다. 형법의 규정에도 없는 이론이 형법에서 명시하고 있는 규정을 무시하려는 이러한 사대주의적 태도는 받아들이기 어려운, 참 어처구니가 없는 주장이다.

---

13) 형법전의 규정에는 실질적인 내용과 형식적인 내용을 취하는 방식으로 명시하고 있다. 주로 공산주의의 국가에서는 실질적 내용을 처벌규정으로 하고 있음에 반해, 자유주의의 진영에서는 형식주의로 임하고 있다. 따라서 예컨대 형법상 폭행죄는 사람에 대한 일체의 유형력이 폭행죄의 구성요건을 충족한다고 보는 입장은 형식주의이고, 이에 반해 일체의 유형력의 행사 중에서 실질적인 폭행을 가한 경우에만 국한하여 처벌하는 입법방식을 실질적 형법이라고 부른다. 이와 관련하여 중국 형법은 실질적 형법을 취하고 있는데, 동법 **제13조[범죄개념] … 권리를 침범하는 모든 행위 및 사회에 해를 끼치는 기타 행위로서 법률에 의하여 형벌처벌을 받아야 하는 것은 모두 범죄이다. 그러나 그 정상이 확실히 경미하고 위해가 크지 않은 것은 범죄로 인정하지 않는다.**

Ⅲ. 형법 제20조의 정당행위와 경영상의 판단 원칙

1. 형법 제20조의 정당행위 개념

형법 제20조의 정당행위, 특히 '업무로 인한 행위'와 '기타 사회상규'에 관한 자세한 논의는 여기서 삼가고[14] 이것이 갖고 있는 의미만을 파악해 보자.

첫째로 우리 형법은 실질적 형법의 개념을 갖질 않고 형식적 개념에서 출발하고 있다. 실질적 형법 개념은 구성요건에 해당되는 행위이더라도 처벌의 공익이 거의 없고, 사안이 경미한 경우에는 아예 벌하지 않는다고 함으로써 실질적으로 법익침해의 위험을 야기하지 않는 구성요건적 행위는 범죄가 될 수 없다는 것이다. 중국처럼 공산주의의 국가에서 주로 애용하고 있는 형법 개념이다.

이에 반해 형식적 범죄 개념은 어느 범죄가 범죄구성요건상 성립되느냐의 여부는 오직 형식적인 문언에 해당되기만 하면 일단 성립된 것으로 파악하고 있다. 이에 대한 질적 가치판단을 보충하여 제한할 필요성이 있는 바, 형법 제20조 정당행위 조항이 이 문제에 대한 순기능을 하고 있다. 따라서 어느 행위가 형식적으로 범죄구성요건에 해당하더라도 그것이 사회에서 통상적으로 용납되는 이른바 '업무로 인한 행위'이거나 '기타 사회상규'에 해당된다면 굳이 위법한 행위로 평가될 수 없다는 실질적 범죄 개념의 역할을 담당하고 있다.

둘째로 '기타 사회상규에 위배되지 아니하는 행위'는 법질서의 전체적인 기준에 근거해서 직접적으로 판단할 수 있는 기능을 갖고 있는 것이 아니라, 전체 법질서의 배후정신에 비추어 볼 때 사회생활상 광범위하게 허용된 관행이나 행위양식에 속하느냐로 판단되는 기준이다. 판례 역시 이런 입장을 보이고 있다. 즉 "사회상규에 위반되지 아니하는 행위라 함은 법질서 전체의 정신이나 그의 배후에 놓여 있는 사회윤리·도의적 감정 내지 사회통념에 비추어 용인될 수 있는 행위를 말하는 것이어서 어떠한 행위가 사회상규에 위배되지 아니하는가는 구체적 사정 아래에서 합목적적·합리적으로 고찰하여 개별적으로 판단되어야 한다."[15]고 설시하고 있다.

---

14) 이에 관한 자세한 논의는 허일태, "형법 제20조의 '사회상규에 위배되지 아니한 행위'의 재조명", 『형법연구 Ⅱ』, 동아대학교출판부, 2004, 79쪽 이하 참조.

15) 대법원 2004. 6. 10. 선고 2001도5380 판결.

이를 보다 합리적으로 제한하기 위해서는 다음의 3가지 요건을 고려해야 한다. ① 그 행위가 사회생활상 이미 광범위하게 인정된 관행이거나 관행으로 보편화되거나 될 수 있는 행위양식에 속하고, 사회적으로 용납될 수 있어야 한다. ② 참작할 만한 행위목적과 행위수단 그리고 침해행위 및 그 행위의 보충성 등에 비추어 볼 때 구성요건적 행위의 불법성이 형벌로 처벌할 만한 수준에 도달하지 않아야 된다. ③ 형벌은 인간이 참기 힘든 고통을 항상 수반하므로 사회방위를 위해 불가피한 최후의 수단으로서 성격을 유지해야 한다. 따라서 형벌에 의한 처벌이 아니더라도 사회방위를 유지할 적절한 수단이 있다면 굳이 불법성으로 낙인찍어 처벌할 필요가 없다.

셋째로 형법 제20조는 우리의 일상생활에서 통용되고 있는 '업무로 인한 행위'조차도 정당행위로 인정하고 있다. 다시 말해 기업을 운영하는 기업가는 통상의 기업활동의 범주에서 용납되고 허용되는 일련의 경영행위는 비록 그 결과가 손해를 야기한다고 하더라도 예외적인 경우를 제외하고는 기업의 정상적인 활동영역으로 인정할 수 있다. 왜냐하면 기업경영은 기업의 이익 취득을 주된 목적에 두고 있지만 기업환경이나 사회적 경향을 잘못 읽어서 기업경영에 실패했다고 하여 무조건 처벌하려든다면 자본주의의 근간을 근본적으로 훼손할 수 있기 때문이다.

넷째로 '기타 사회상규에 위배되지 아니하는 행위'의 허용범위는 '업무로 인한 행위'와 '사회상규에 적합한 행위'보다 더 넓은 개념으로 보인다. 왜냐하면 법문이 '사회상규'만을 명시하지 않고 '기타 사회상규에 위배되지 아니한 행위'라고 표현함으로써 사회상규뿐만 아니라 이와 유사한 행위, 즉 사회적으로 혹은 역사적으로 용납되고 허용될 수 있는 행위는 비록 행위의 정당성을 구비하지 못했다고 할지라도 위법성이 조각된다고 하는 것이 형법 제20조의 취지라고 읽혀지기 때문이다.

2. 경영상의 판단 원칙과 형법 제20조 정당행위의 관계

판례는 경영상의 판단과 관련하여 다음과 같이 판시하고 있다. "문제된 경영상의 판단에 이르게 된 경위와 동기, 판단 대상인 사업의 내용, 기업이 처한 경제적 상황, 손실 발생과 이익 획득의 개연성 등의 여러 사정을 고려할 때 자기 또는 제3자가 재산상 이익을 취득한다는 인식과 본인에게 손해를 가한다는 인식 하의 의도적 행위임이 인정되는 경우에 한하여 배임죄의 고의를 인정하여야 하고, 그러한 인식이 없는데도 … 책임을 물어서는 안 된다."

기업경영이란 '영리를 목적으로 필요한 자금을 조달하고, 인적 요소와 물적 요소를 결합하여 이것을 경제적으로 운용하는 생산·판매 활동'을 의미한다. 이러한 의미의 경영은 투자를 전제로 하며, 투자는 항상 위험을 수반하기 마련이다. 그렇다고 투자 없는 기업경영이란 존재하기 어렵기 때문에, 기업경영상 허용될 수 있는 위험의 경우 경영상의 판단 원칙에 의거하여 민사상 손해배상이나 형사상 처벌로부터 자유롭게 할 필요성이 요구된다. 그러므로 기업의 경영이란 위험이 수반되는 영리활동이고, 그 영리활동이 기업경영상 요구되는 허용된 위험을 넘지 않는 수준이라면, 즉 형법상 업무로 인한 행위 혹은 기타 사회상규에 의한 행위를 벗어나지 않았다면 목표로 삼았던 이익을 창출하지 못하고 손해를 야기했다고 해서 곧바로 배임죄로 처벌할 수 없을 것이다.

이처럼 경영상의 판단 원칙은 경영에서 수반된 허용된 위험이 불가피하게 내재하고 있음을 감안하고, 이를 통하여 기업의 투자활동이나 상거래 활동을 최소한 위축시키지 않으려는 고육지책에서 나타난 사회상규의 일환으로 파악할 수 있는 것이다. 문제가 되는 경우는 기업가가 경영활동의 통상적 범위를 크게 이탈하여 실질적으로 해당 기업에 손해를 야기할 개연성이 적지 않는 투자나 경영으로, 그로 인해 해당 기업에 손해의 결과를 야기하였다면, 이에 대해서는 경영상의 판단에 의한 정당행위로 인정될 수 없다고 해야 할 것이다.

그러므로 기업경영의 경우 경영상의 판단 원칙은 배임죄의 고의의 인정 여부를 검토하는 단계에서 적용해야 할 기준이 아니고, 오히려 통상적인 업무 내지 기타 사회상규에 위배되지 않느냐라는 정당행위, 즉 위법성을 평가하는 단계에서 검토해야 되는 문제이다. 고의 문제는 언제나 구성요건의 단계에서 검토되며, 배임죄의 경우에도 기업가의 경영이 배임죄의 구성요건적 고의를 갖고 있는지, 미필적 고의라도 존재하면 족할 뿐이다. 기업경영이라고 해서 판례가 적시한 바처럼 배임죄의 고의를 의도적 고의로 제한할 필요성과 정당성은 그 어디에서도 찾아 볼 수 없다. 다만 배임죄의 고의가 미치는 범위는 행위주체의 임무위배에 관해서뿐만 아니라, 임무위배행위로 인한 재산상 이익의 취득과 함께 손해의 발생에 대해서까지 미친다고 할 것이다. 그래야만 비로소 배임죄의 고의가 성립되는 것이다. 행위주체에게 이러한 고의가 존재함에도 불구하고 그 자신에게 이익의 취득이 없거나 혹은 사무처리 위임자에게 손해가 발생하지 않았다면 미수에 그칠 뿐이다.

3. 경영상의 판단 원칙과 무죄추정

형법상 피고인이나 피의자는 무죄추정의 원칙을 적용받는다. 이것은 헌법상 원리이기도 하다. 기업경영으로 기업의 대표자나 이사가 배임죄의 혐의를 받는 경우에도 무죄추정의 원칙은 그대로 적용되어야 함은 물론이다. 그러나 행위주체에게 배임죄의 고의 여부를 인정하는 데 있어서 언제나 경영상의 판단 원칙을 무조건 참고해야 한다면, 경영진이 기업경영을 중대하고도 명백한 재량권의 남용이나 상식에 반하여 파행적으로 경영하는 방식의 임무위배로 주주에게 엄청난 손해를 야기하였다는 점이 합리적인 의심이 없을 정도로 입증되지 아니하면, 유죄로 인정되기 매우 어려운 구조를 갖게 된다. 왜냐하면 경영상의 판단 원칙이 배임죄의 고의를 인정하는 데 기준점이 된다면 ① 기업경영자가 의도적 배임행위로 기업경영을 파행적으로 실행하였다는 배임의 고의를 인정할 수 있어야 하는데, 이는 결코 쉽지 않고, ② 고의라는 것은 눈에 보이는 것도 아니고, 행위자의 경영활동이나 경영과정을 통해 비로소 관찰될 뿐이며, ③ 무죄추정의 원칙은 이런 경우에도 적용되어야 하기 때문이다.

경영상의 판단 원칙은 어디까지나 경영자나 이사가 자신의 직무영역에 속한 경영과정을 총체적으로 판단하는 평가의 차원에 속한다. 우리가 경영상의 판단 원칙은 가치평가 내지 이런 기준에 준하는 평가임을 감안한다면, 경영상의 판단 원칙은 사실의 존부 문제라기보다는 평가의 문제이자, 형법체계상으로는 정당성 또는 불법성의 문제에 속한다. 따라서 경영상의 판단 원칙은 배임죄의 고의의 문제가 아니며, 기업경영자의 행위가 구성요건에 해당되었을 때 비로소 형법 제20조의 정당행위, 즉 '업무로 인한 행위'나 '기타 사회상규에 위배되지 아니하는 행위'인지 여부를 평가하는 준칙으로서 사용되어야 형법체계상 타당하다고 할 것이다.

Ⅳ. 결 론

배임죄의 성립 여부에서 경영상의 판단은 배임죄의 고의 영역에 해당될 수 없다. 구성요건적 고의는 존재의 문제이지, 가치나 평가의 문제일 수 없다. 따라서 배임죄의 고의는 어떤 범죄의 불법성을 제한하려는 가치판단의 문제가 아니기에 경영상의 판단 원칙은 구성요건의 단계에서 검토할 기준일 수 없다. 오히려 경영상의 판단 원칙은 기업경영에서 수반되는 기업의 '업무'로 인정될 수 있는지 혹은 '기타 사회상규에 해당될 수 있느냐'에 의해 위법성의 판단기준에 영향을 미치는 척도라고 하겠다.

어떤 범죄가 갖는 불법성의 정도는 그것의 실행행위 불법성과 발생된 결과불법성의 결합으로 성립된다. 정당방위나 긴급피난 혹은 법령에 의한 행위는 행위주체의 규범위반에 대한 불법의식이 없어 행위불법성로 파악될 수 없기 때문에 처벌에서 자유롭게 된다. 이에 반해 우리 형법 제20조는 "업무로 인한 행위, 기타 사회상규에 반하지 아니한 행위는 벌하지 아니한다."고 명시함으로써 구성요건적 행위가 사회적으로 허용된 위험이나 용인된 정도의 불법성이라면 이것 또한 위법성의 조각을 하고 있다. 이런 점에서 판례가 인용한 "문제된 경영상의 판단에 이르게 된 경위와 동기, 판단 대상인 사업의 내용, 기업이 처한 경제적 상황, 손실 발생과 이익 획득의 개연성 등의 여러 사정을 고려할 때"라는 요소는 경영자의 배임 고의를 인정하는 기준으로 파악하는 것은 사리에 맞지 않아 보인다. 이보다는 행위주체의 기업경영이 허용된 위험이거나 경영상의 판단 원칙에 볼 때 형법 제20조의 정당행위, 특히 '업무로 인한 행위' 혹은 '기타 사회상규에 반하지 아니하는 행위'에 해당된다고 판단된다면, 구성요건에 해당되는 배임죄에 대한 위법성이 조각된다고 해야 옳다.

기업경영에 있어서도 이윤창출을 목적으로 삼는 경영자의 투자활동이나 경영행위 역시 다소의 위험을 수반할 수 있다. 기업의 그런 활동을 축소하기 않기 위해서도 이사의 선관주의의무를 이행하면 면책되는 것처럼 경영상의 판단 원칙에 비추어 볼 때 거래상 합리적 판단에 의한 결정이라고 판단된다면 그것은 허용된 위험으로서 형법 제20조의 정당행위에 해당되어 위법성이 조각된다고 해야 할 것이다. 그럼에도 판례의 입장은 배임죄의 고의 성립에 관해 경영상의 판단이 일정한 영향을 미친 것으로 전제하고 있다. 이러한 해석방식이 잘못되었음은 위에서 언급한 바와 같다.

또한 우리 형법상 배임죄는 재산범죄이며, 행위주체가 주어진 임무를 위배한 범죄이지 본인에게 인간적인 배신행위로만 성립되는 범죄가 아니다. 그럼에도 앞서 예시로 삼았던 판례는 우리 형법 제355조 제2항의 배임죄를 '배신죄'로 파악하고 있다. 즉 판례는 "… 신의성실의 원칙상 구체적 상황과 자신의 역할·지위에서 당연히 하여야 할 것으로 기대되는 행위를 하지 않거나 하지 않아야 할 것으로 기대되는 행위를 함으로써 재산상 이익을 취득하거나 제3자로 하여금 이를 취득하게 하고 본인에게 손해를 가하였다면 그에 관한 고의 내지 불법이득의 의사는 인정된다."고 판시하고 있다.[16] "신의성실의 원칙상 구체적 상황과 자신의 역할·지위에서 당연히 하여야 할 것으로 기대되는 행위를 하지 않거나 하지 않아야 할 것으로 기대되는 행위를 함으로써" 이익을 취하고 피해자에게 손해를 가하는 행위의 전형은 채무의 불이행이다. 이것은 민법상의 문제로 해결해도 충분하다.

더구나 형법의 배임죄 규정은 타인의 사무처리자의 임무위배를 통하여 이익을 취득하고, 그로 인하여 손해를 발생하게 한 자를 처벌한다. 본인에 대한 사무처리자의 배신행위의 존재로 이익을 취하고 본인에게 손해를 가하기만 하면 배임죄가 언제나 성립된다는 사고방식은 오늘날 자본주의의 시장 경제을 망각한 입장이다. 오늘날 경제는 신용경제의 토대 위에 있다. 누구나 그 신용을 배신할 가능성이 있다. 이런 경우에 대응하기 위해 우리 민법은 손해배상을 청구할 수 있도록 하고 있다. 형법은 민법 등 다른 법률에 의해서 사회방위가 불가능할 때 비로소 개입되는 최후수단의 성격을 갖기에, 단순한 배신의 경우까지 형법의 대응은 지나친 것이다. 이런 이유로 세계의 대부분의 국가들은 배임죄를 갖고 있질 않는다. 배임죄를 갖고 있는 우리나라는 단순한 배신행위를 처벌하는 것이 아니라, 타인의 사무를 처리함에 임무를 위배해야 되고, 이를 통하여 이익을 얻고 손해를 발생시켜야 한다. 만일 모든 배신행위를 형사처벌한다면 단순한 채무불이행 역시 배신행위이며 행위주체는 이익을 얻고 피해자에게 손해를 발생시켰으므로 배임죄로 처벌해야 된다. 세상에 이런 식의 법제가 있는 국가는 없지 않는가!

16) 대법원 2011. 10. 27. 선고 2009도14464 판결. 또한 대법원 2004. 7. 22. 선고 2002도4229 판결; 대법원 2007. 11. 15. 선고 2007도6075 판결 참조.

제12장

독일의 사기죄(제263조)

번역: 동아대학교 법학전문대학원 명예교수 허일태

사기죄(Betrug)는 독일 형법상 처벌된다. 재산범죄에 속하며, 독일 형법 제263조(§266 StGB)에 명시되어 있다. 재산보호를 목적으로 한다. 사기죄는 행위자가 타인을 속여 자기 자신이나 제3자의 이익을 위해 피해자의 재산에 대한 손해 발생을 낳게 하는 행위이다.

독일 형법상 사기죄는 5년 이하의 자유형이나 벌금형에 처해진다. 독일에서 사기사건은 2017년 910,352건이 발생되었다.[1] 절도죄(§242 StGB)의 1,936,315건 다음으로 많은 범죄에 속한다. 경제범죄 중에서 사기죄는 발생 건수도 많고, 피해액 역시 적지 않아 배임죄(§266 StGB)와 함께 중요한 범죄로 다루고 있다.[2]

I. 사기죄에 관한 독일 형법규정

사기죄는 2017년 7월 1일 일부 개정되었으며, 개정된 현행 규정은 다음과 같다.

(1) 자기 자신 또는 제3자에게 위법적인 재산상 이익을 줄 의도로 허위사실의 기망이나 진실의 왜곡 또는 억압에 의해 착오를 야기 또는 유지하도록 하여 타인에게 재산상 손해를 가한 자는 5년 이하의 자유형이나 벌금에 처한다.

(2) 미수는 처벌된다.

(3) 특히 중한 경우 6개월에서 10년까지의 자유형이 선고된다. 행위자의 행위가 특히 중한 경우란

1. 문서위조나 사기행위에 관련한 범행을 지속적으로 참여한 조직원의 일원이거나 조직원의 상업적인 행위

1) 2016년 899,043건; 2015년 966,326건; 2014년 968,866건.

2) 2017년 6,041건; 2016년 7,164건; 2015년 7,410건; 2014년 8,696건; 2013년 8,512건으로 완만하게 감소하고 있다. 사기죄에 비해 사건은 비록 적으나 피해액은 사기사건에 비해 훨씬 큰 것으로 보고되고 있다.

2. 지속적으로 사기죄를 범함으로써 (피해자에게) 대규모의 재산상 손해를 입히거나 다수 사람들의 재산상 손실을 가져오는 위험에 처할 의도로 범한 경우

3. 타인에게 경제적 곤경에 빠뜨리게 한 경우,

4. 공무원이나 유럽공무원으로서 권한이나 지위의 남용,

5. 보험사고 목적으로 자기 또는 타인이 보험에 가입한 중요 가치를 가진 물건에 불을 놓거나 방화로 전부 또는 일부를 소실하게 하거나 배를 물속에 가라앉히거나 좌초시킨 방식으로 보험사건을 기망한 행위

(4) 제243조 제2항 및 제247조 및 제248a조는 준용된다.

(5) 제263조부터 제264조까지 혹은 제267조부터 제269조까지와 결합된 범죄행위에 조직원의 구성원으로서 영업적으로 범한 자는 1년 이상 10년 이하의 자유형에, 특히 중하지 않는 경우는 6개월에서부터 5년 이하의 자유형에 처한다.

(6) 법원은 행정감독을 명할 수 있다(제68조 제1항).

Ⅱ. 사기죄의 역사

1. 사기죄에 대한 이해

독일의 고대와 중세 법체계는 사기죄를 알지 못했다. 오늘날 사기죄로 파악되는 행위는 중세 시대의 경우 배임죄나 위조범죄와 같은 범죄부류에 속한 것으로 보았다. 타인의 재산에 대한 손해 발생 행위는 당시의 견해에 따르면 민법에 의해 충분히 보상된다고 생각했기에 형법상 굳이 처벌의 대상으로 인식하지 않았다.

1794년 프로이센 일반법(Preussischen Landrecht) 규정이 독일에서 처음으로 사기죄의 구성요건을 독자적으로 명시했다. 이 법 제1256조 제2항에서 명시한 '사기죄'는 "타인의 권리를 침해하게 하는 착오의 원인으로 정의하였다." 이 규정은 현행 독일 형법 제263조의 사기죄 규정과 달리 특정 재산 관련 요소를 범죄성립요건으로 명시하지 않았다. 1813년 바이에른 형법의 사기죄 규정도 이와 동일하였다.

1851년 프로이센 형법의 사기죄가 재산범죄의 성격을 처음으로 명백히 하였다. 동법의 사기죄 규정은 재산범죄의 성격을 갖고 있었던 1810년 프랑스 치죄법(code pénal)의 사기구성요건을 계수하여 제정되었기 때문이다. 1851년 프로이센 형법상 사기죄에 따르면, 허위사실의 진술이나 진실한 사실에 대한 왜곡 혹은 억압을 통하여 착오를 불러일으켜 이를 통해 이익을 취득할 의도로 타인의 재산을 침해한 자를 사기범으로 규정했다.[3] 이처럼 사기죄가 순수한 재산사기 범죄로 바뀌게 된 본질적 원인은 계몽의 여파로 경제 상황의 변화에 있었는바, 이런 변화에 의거하여 새로운 형태의 재산범죄가 등장하게 되었다.

2. 독일에서 사기죄의 전개

프로이센 형법의 사기죄는 약간의 수정을 거쳐 1870년 북부독일연맹의 형법으로 계수되었고, 1871년 독일제국 형법으로 받아들여졌다.

독일제국 시대에서 사기죄(§263 StGB)는 내용적으로 변경되지 않았다. 그럼에도 입법자는 빌헬름 시대에 나타난 경제범죄를 억제하기 위해 사기죄와 관련한 적지 않은 수정 구성요건을 제정했다. 예컨대 회계사기(상법 제331조)와 설립사기(제한책임회사법 제82조, 독일 주식회사법 제399조)가 여기에 해당된다. 또한 착오를 일으킨 광고에 대한 금지도 새로 제정되었다(부당경쟁에 대한 법률 제16조).

1933년 10월 1일 사기죄의 구성요건은 '특히 중한 경우'를 양형규정으로서(Strafzumessungsvorschrift) 보완되었는바, 이 규정은 이전의 단순한 변형보다 높은 수준의 양형 범위를 명시했다. 이 양형의 범위는 법률상 예시규정(Regelbeispiel- vorschrift)의 명시를 통해 명확히 했다. 여기에선 형벌가중 근거에 관한 것으로 가중적 구성요건과 달리 필연적으로 중한 처벌로 이어지지 않는다. 법률상 예시에 해당하는 경우, 형법은 법관에게 단순 사기죄에 대비하여 더 높은 형을 선고하는 것을 권장한다. 행위자가 민족의 복지를 훼손하거나 중대한 손해를 야기하거나 특히 악의로 행위한 경우 입법자는 더 높은 형으로 벌할 것을 권장한다.

1953년 10월 1일에 법률상 예시가 사기죄의 구성요건에서 제외되었다. 그럼에도 특히 중한 경우는 사기죄의 구성요건에서 불특정 형벌가중 근거로서 남게 되었다.

---

3) 동법 제241조[Begriff des Betruges] Wer in gewinnsüchtiger Absicht das Vermögen eines Anderen dadurch beschädigt, daß er durch Vorbringen falscher oder durch Entstellen oder Unterdrücken waher Thatsachen einen Irrthum erregt, begeht einen Betrug.

1975년 1월 1일 입법자는 절도죄의 양형 규정과 친고죄 규정(§242 StGB)을 사기죄가 준용하도록 삽입했다.

입법자는 1976년과 1986년의 경제범죄 방지에 관한 제1법과 제2법을 통하여 특정 사기유형에 유사한 행위를 개별적으로 분리하여 형벌을 과할 수 있도록 몇 가지 새로운 구성요건을 제정했다. 여기에는 예컨대 신용사기(§265b StGB) 및 자본투자사기(§264a StGB)가 포함되었다.

1998년 제6차 형법개정법에 따라 입법자는 특히 중한 사기죄의 경우 5건의 새로운 법률상 예시를 다시금 구체화했다. 이들은 도난 및 파산과 같은 다양한 범죄를 기반으로 설계 되었다(§283 StGB). 또한 입법자는 조직범죄에 대한 보다 효과적인 투쟁의 표준 사례가 되는 가중적 구성요건을 제정했다. 표준 사례와 달리 가중적 구성요건에는 법정형의 강제적 가중이 포함되었다.

Ⅲ. 객관적인 구성요건

1. 기 망

사기죄의 가벌성은 행위자가 사실(Tatsache)에 대해 다른 사람을 속이는 것을 전제로 한다. 여기서 사실(Tatsache)이라 함은 증거를 제시할 수 있는 사실관계(Sachverhalt)를 의미한다. 예컨대 사물의 가치나 성질도 여기에 해당된다. 스스로의 지불의사와 같은 자발적인 요소에 관한 기망도 가능하다. 이것을 내심적 사실이라고 부를 수 있다. 또한 행위자가 피해자에게 이를 증명할 수 있다면, 마귀 추방의 가능성과 같은 입증 불가능한 것들도 사기의 의미에서 사실로 간주될 수 있다.

사실과 주장은 구별되어야 한다. 주장은 어떤 사실을 기술하지 않는 것이다. 주장에는 예컨대 사물에 관한 입증할 만한 정보도 없이 광고문구의 선전은 물론 실제로는 존재하지도 않는 청구권의 주장도 여기에 포함된다. 그럼에도 행위자가 계약의 존재와 같은 자격조건의 존재를 진실에 반하게 주장한 경우라면 그것은 법적 견해에 대한 단순한 주장이 아니다. 그러한 것이 체결되었는지 여부는 입증 가능하므로, 이 때문에 그것은 기망될 수 있는 사실의 문제에 속한다.

기망행위는 사실의 가장이나 왜곡 혹은 억제함을 의미한다. 행위자는 명시적으로뿐만 아니라 설득력 있는 행위를 통해 속일 수 있다. 명시적 기망은 대체로 서류나 구두 또는 몸짓으로 이루어진다. 이러한 기망은 예를 들어 누군가가 허위의 편지봉투에 계산서를 넣거나 제품의 품질에 대해 허위 진술을 하는 경우이다. 행위자가 설득력 있는 행위로 거짓 인상을 주는 것은 묵시적인 기망이다. 이것은 법적 거래가 행위자의 행위에 설명적 가치를 부여하기 때문에 가능하다. 유료 서비스를 이용하는 자는 자신이 지불할 수 있고 지불의사가 있다는 점을 서비스 교환의 기초로 삼기 때문에 묵시적 기망에 해당된다. 스포츠 베팅도 동일하게 적용된다. 만약 누군가가 그러한 베팅에 참여하면, 이것은 스포츠 이벤트의 결과를 조작하지 않았다고 설명될 수 있어야 한다. 이는 거래의 근거이기 때문이다. 유사한 상황은 도핑의 경우도 그렇다.

또한 복권을 판매하고 주요 당첨을 못하게 만든 자는 설득력 있는 행위로서 기망한 것이다. 왜냐하면 로또 구매자는 많이 구매할수록 큰 승리를 거둘 수 있다고 생각하기 때문이다. 묵시적 기망은 그 밖에도 비용이 이용자에게 숨겨지도록 유료 인터넷 서비스를 설계한 경우에도 해당된다(Abofalle). 유인전화(Lockanrufe)도 마찬가지이다. 행위자가 수많은 번호로 전화를 걸고 한 번의 벨소리 후에 끊는다. 행위자는 많은 착신자가 전화를 걸 것이고 이 때 이들은 무의식적으로 고비용의 전화번호를 선택하게 된다는 사실에 기초하기 때문이다. 기망은 대화의지의 속임수 착신자의 전화는 특별한 비용과 관련이 없다는 인상을 만드는 데 있다.

원칙적으로 묵시적 기망이 아닌 경우로는 누군가가 기존의 실수를 사용하는 경우, 예를 들어 외국지폐를 교환할 때 의도적으로 높은 값을 지불할 때에는 묵시적인 기망은 없다. 원칙적으로 법적인 관계에 있는 참가자는 다른 사람들에게 그들의 오해에 대해 설명할 의무가 없다. 그러나 법적 관계 내에서의 특별한 신뢰는 보증인 의무의 발생으로 이어질 수 있다. 예를 들어 컨설팅 계약은 계약 당사자들에게 상호 정보를 제공해야 할 해명의무가 있고, 그래서 어느 한쪽이 어느 사실에 관한 상황을 상대방에게 알리지 않도록 하여 상대방을 속일 수도 있기 때문이다. 이에 반해 은행고객의 경우 일반적으로 은행은 고객의 잘못된 송금을 고객에게 유리하게 알리는 의무가 없다. 고용주가 실수로 과지급한 급여를 지불할 때도 마찬가지이다. 고용계약의 결론은 원칙적으로 고용주에게 보증인의 의무를 구성하지 않다. 보증인의 의무는 오류의 발생에 대한 책임을 통해 발생할 수도 있다(Ingerenz). 예를 들어 무의식적으로 다른 사람에게 오해를 일으킨 사람은 다른 사람에게 이 오해에 대해 해명해야 한다.

2. 착 오

기만행위는 다른 사람에게 착오를 야기하거나 이를 유지해야 한다. 법학계의 지배적인 견해에 따르면, 착오란 사실에 관한 피해자의 오해이다.

인간만 착오에 빠질 수 있으므로, 자동기계 및 컴퓨터 시스템의 조작은 사기죄(§263 StGB)의 구성요건에 해당될 수 없고, 컴퓨터사기(§263a StGB) 또는 급부횡령(§265a StGB)과 같은 독립적인 규정에 의해 보호된다. 행위자의 기망행위가 타인에 의해 감지될 수 없다면 착오가 아니다. 예컨대 행위자가 셀프 서비스 주유소에서 급유할 때 기름 값을 계산하지 않을 의도로 급유했다면 이에 해당한다(즉 착오가 없다).

피해자가 행위자의 진술에 대해 의문을 갖고 있더라도 착오가 인정될 수 있다. 일반적인 견해에 따르면 피해자가 행위자의 사실에 관한 주장을 아마도 맞을 거라고 생각했다면 이미 그것으로 충분하기 때문이다. 착오의 인정에 관련하여 피해자가 (행위자의) 의심스런 진술이 진실하지 않음을 쉽게 인식할 수 있었는지 여부, 즉 명백히 틀린 진술이나 과장을 하였는지의 여부는 무의미하다.

기망하고 있는 사실관계에 관해 피기망자가 어떤 생각도 없다면 착오는 존재하지 않는다. 이런 경우는 예컨대 신용카드로 지불할 때 종종 발생한다. 수취인은 고객의 지불능력에 관해 어떤 생각도 할 필요가 없는데, 왜냐하면 수취인은 고객과의 관계가 아닌 신용카드에 기초한 법률관계의 근거로 카드 발급기관의 이행에 책임을 물어야 되기 때문이다. 따라서 고객이 지불능력에 대해 수취인을 기만하더라도 사기죄가 성립되지 않는다. 기껏해야 사기미수에 대한 형사책임이 발생한다. 마찬가지로 은행창구에서 돈을 인출할 때, 은행직원은 정기적으로 계정자의 신원과 계정의 내용을 확인해야 하지만 청구된 금액이 실제로 고객의 것인지 여부의 확인의무가 없다. 민사적인 독촉절차에서 기망을 평가하는 방법에 대해서도 논쟁의 여지가 있다. 유능한 법조인이라도 기망에 근거하여 착오에 빠질 수 있으려면 그 법조인은 (예컨대 민사적인 독촉절차가) 유효하다고 주장한 청구권의 적법성을 인정하고 있어야 한다. 어떠한 경우가 그런 경우에 해당되는지의 여부에 관해 판례와 학설은 법조인의 제한된 검토권한을 근거로 달리 평가하고 있다.

3. 재물의 처분

(1) 일 반

재물처분에 관한 구성요건 표지는 형법에 명시되어 있지 않지만, 착오의 야기와 피해자의 손해 사이의 연관성을 확립하는 데 불가피하기 때문에 판례와 학설에서 인정된다. 이 인과성은 피해자가 자신의 행위에 의해 재산상 손해를 입는다는 데 있다. 따라서 재물의 처분은 자해적 범죄인 사기와 다른 범죄, 특히 절도를 구별하는 역할을 한다.

재물처분의 대상은 피해자의 작위행위, 수인(Dulden) 또는 부작위에 의해 직접적인 재물 감소로 이르게 되는 물건을 말한다. 이런 처분행위는 구속력의 수용을 통하여 발생한다. 처분의 개념은 민법의 개념과 동일하지 않으며, 순수한 법률행위 이외에 순수한 사실적인 행위 모두 포함한다. 피해자의 행위능력은 재물처분의 필수조건이 아니다.

사기죄(§263 StGB)의 구성요건은 처분행위가 추가적인 중간 단계 없이 손해 발생에 이르게 되는 경우에만 재물의 처분에 해당된다. 행위자의 기망으로 피해자의 재물에 나중에 무단 접근의 가능성만 제공한 것이라면, 이것으로는 충분하지 않다. 예컨대 행위자가 절취하기 위해 어느 공간의 출입을 교묘한 방법으로 접근한 경우이다. 기망으로 공간 안으로 들여보내게 한 것은 직접적인 재물의 취거를 야기하지 않으므로 행위자는 이 경우 사기죄를 범한 것이 아니다. 이러한 경우 오히려 책략절도(Trickdiebstahl)에 해당될 수 있다.

어떤 유형의 재물이 형법상으로 보호되는지에 관해 다툼이 있다: 판례는 모든 금전적 가치를 갖는 재물을 보호할 것으로 간주하지만(경제적 재산 개념), 법학계의 다수설은 법질서의 보호를 받는 그러한 재물만 보호되는 것으로 간주한다(법적·경제적 재물 개념). 후자의 견해는 예를 들어 경제적 재물 개념과 달리 윤리적 혹은 도덕적으로 불법적인 관계에서 발생하는 청구권은 사기죄의 적용범위에 적용될 수 없다고 본다.

(2) 절도와 사기의 구별

셀프 서비스 상점에서 주인 몰래 물건을 가지고 나가는 경우와 같이 절도 및 사기행위가 범죄행위로 파악되는 경우 절도죄와 사기죄의 구성요건 해당 여부 구별은 피해를 입은 당사자의 의사에 따라 결정된다. 결정적인 요인은 그 행위 시에 점유자의 의사에 반하여 그 물건을 취거한 것으로 보는지, 아니면 기망행위로 피해자에 의한 의식적인 양도가 있었는지의 여부이다. 피해자가 기망으로 인해 점유 변경에 동의한 것이라면 사기죄의 행위가 성립한다. 다른 한편으로 점유이전이 행위자 자신의 비용이나 점유자의 의사에 반함을 인식하지 않고서 점유변경이 일어났다면 절도죄가 된다.

따라서 절도죄는 예컨대 행위자가 셀프 서비스 상점에서 상품을 숨겨 나올 때 발생한다. 왜냐하면 계산원은 그 숨겨진 물품을 인식하지 못하여 그 물품을 처분할 수 없기 때문이다. 행위자는 가게 주인의 점유를 주인의 의사와 무관하게 그 물건을 취거한 것이다. 또한 행위자가 공무원인 것처럼 가장하고 물건을 압수하는 척하는 경우에도 절도죄가 성립한다. 피해자가 물건을 독자적으로 건네주었다고 하더라도 그렇게 한 것이 공권력에 의한 강제의 인상을 품는 것이라면 자발적으로 물건을 건네주었다고 보기 어렵기 때문이다.

(3) 여러 사람과의 관계

사기죄가 성립하기 위해 피기망자의 처분이 필요하지만, 피기망자 본인이 반드시 재산상 손해를 보았던 사람이어야 할 필요는 없다. 따라서 어느 누가 기망되어 그 결과 타인의 재산처분을 낳게 했다면 사기죄가 성립될 수 있다. 이러한 종류의 관계를 삼각사기라고 한다.

삼각사기는 예컨대 소송사기에서 자주 일어난다. 이 경우 행위자가 소송과정에서 기망을 통하여 법원으로 하여금 타인의 손해를 야기하는 부당한 결정을 하게 하는 방식이다. 선의의 사람에 의한 타인의 물건의 취거도 넓은 의미의 삼각사기에 해당된다. 예컨대 행위자가 차고 주차장의 관리인으로 하여금 그 차고에서 차 소유자의 위임인 것처럼 어느 차량을 픽업하도록 속이는 경우이다. 이러한 경우 사기죄뿐만 아니라 절도죄의 간접정범을 범한 것으로 볼 수 있다. 다수설에 따르면, 두 범죄는 삼각관계에서도 상호 배타적이므로 학자들의 논문과 판례에서 재산처분이라는 구성요소를 이용하여 이들 사이를 구별해야 한다는 광범위한 합의가 이루어져 있다. 그럼에도 어떤 기준으로 이러한 구별을 할 수 있는지에 관해 다툼이 있다.

일부 입장은 타인의 재산에 영향을 줄 수 있는 실제적 가능성에 초점을 맞추기도 한다. 근접이론(Nähetheorie)이라고 불리는 이 견해에 따르면, 피기망자가 타인의 재산에 대해 처분할 지위에 있을 때 재물처분과 그 결과 사기죄가 성립한다는 것이다. 이 견해는 일부 법학자에 의해 수정되어, 피기망자가 피해자의 지위에 있어야만 한다고 본다. 이런 경우란 피기망자가 피해자의 재산을 지키고 보호해야 할 임무를 질 때이다. 피해자의 지위에 포함할 것인지에 관한 기준으로는 처분자의 주관적 상념과 함께 (선의의) 피기망자가 피해자의 이익으로 행동하고 있었는지 따지는 질문에 대한 대답이다.

실제 사건을 기반으로 하는 이러한 접근방식은 법적 처분권한이 존재한다는 관점에서 대조된다. 처분이론(Befügnistheorie)이라고 하는 이 견해에 따르면, 피기망자가 물건의 취거에 권한이 있다고 보는 경우 사기죄가 성립한다고 본다. 이 견해에 반대하여 법학자들은 재산처분의 존재에 관한 평가 시에는 법적 관점에서, 이에 반해 취거의 존재의 판단 시에는 사실적 관점에 초점을 맞추는 것은 모순된 것이라고 주장한다.

4. 재산상 손해

사기죄는 또한 피기망자의 처분으로 인해 재산상 손해가 현실화할 것을 전제한다. 처분으로 잃게 된 손해는 반대급부, 예컨대 어느 청구권의 인정으로 보상되지 않는다. 어떤 경우에 보상의 존재가 인정되는 지에 관해서는 학설과 판례 사이에 다툼이 있다.

(1) 경제설

판례에 의해 원칙적으로 선호되는 순경제적인 관점에 따르면, 피해자 재산의 차감계산은 처분의 전과 후의 상태를 따진다는 입장이다. 처분 이전에 재산상 이익이 보다 큰 경우라면 재산상 손해가 있다고 본다. 금전, 재산, 청구권 및 재정적 이익에 대한 구체적인 전망을 포함한 모든 재산이 여기에 고려된다. 반면에 경제적으로 가치가 없는 품목은 포함시키지 않는다.

경제설에 따르면, 예를 들어 판매자가 구매자에게 양모 바지를 양도한다고 약속하고, 그 대신 값이 싼 합성섬유소재로 만들어진 바지를 건네 주면 손해가 생긴다. 피해자는 양모 바지의 가격을 지불하고, 그 대신 품질이 낮은 합성 바지를 얻게 되므로 재산이 감소한다. 이는 금융 손실을 나타내므로 이행사기(Erfüllungsbetrug)가 된다. 누군가가 실제로 지출하지 않는 계산서를 내밀어서 현금지불을 한 것으로 보이게 해서 피해자가 받았다면 이 역시 재산상 손해가 발생한 것이다. 이런 경우가 청구사기(Abrechungsbetrug)이다. 이러한 형태의 사기는 건강복지 분야에서 실무상 큰 의미를 가진다.

이에 반해 피해자의 재산상황이 처분의 결과로 악화되지 않으면, 재산상 손해가 발생하지 않는 것이다. 예컨대 피해자가 기망적 수법 때문에 신문의 정기구독을 통상의 시장 가격으로 구입하였다면 손해가 발생하지 않는다. 피해자가 특별할인 상품이라고 잘못된 광고 때문에 제품을 구입하는 경우 그 가격이 객관적으로 그만한 가치가 있다면 마찬가지이다. 예를 들어 행위자가 양모 바지 한 벌을 특별할인으로 판매한다고 주장하는 경우, 비록 합성섬유재료만으로 구성되어 있을지라도 바지를 재료값에 해당하는 가격으로 구매하면 손해가 없다.

재산 결정에 대한 보상은 예를 들어 고의로 사회윤리에 반한 손해(독일 민법 §826)로 발생한 법정 배상청구권은 재산처분의 보상을 의미하지 않는다. 이는 악의적인 기망에 대한 이의제기와 형성권(Gestaltungsrechte)의 경우에도 동일하게 적용된다. 이러한 주장과 권리는 모두 고의적으로 기망한 자에게 허용되어 보상으로 인정된다면 광범위한 가벌성의 확장을 초래하게 되는데, 이는 형사시스템의 원칙에 반한다. 그럼에도 피기망자가 그 계약을 쉽게 해약할 수 있고, 이를 통해서 손해의 발생을 막을 수 있으면 예컨대 계약의 취소 통지를 통하여 손해의 발생을 막게 되면 이는 다른 상황이다.

a) 개인적 손해설

개인적 손해설은 재산의 지위에 관해서 순경제적 비교원칙에 대한 예외이다. 이 견해에 따르면 피해자가 기망으로 인해 재정적으로 소진되어 더 이상 생계를 유지할 수 없을 정도로 걱정해야만 그런 재정적 손해가 있다고 본다. 판례가 1961년 착유기 사건에서 이런 방식을 발전시켰다. 이 사례에서 가해자는 피해자에게 착유기의 이용은 매우 유리한 조건을 제공한다고 속였다. 그러나 실제로 이 착유기의 가격은 시장에서 통상적이었다. 연방 대법원은 피해자가 정상적인 시장 조건에서 인수했음에도 불구하고 착유기 구매자의 입장에서 재산상 손해를 인정하였다. 왜냐하면 구매자는 그 기계의 구입으로 재정적 곤경에 빠지게 하는 특별한 경제적 부담을 가져오게 했다고 보았기 때문이다. 그 기계의 특히 유리한 취득은 피해자의 고통을 완화시키고 이를 통해 지불수단의 제공으로 발생하는 재정적 부담을 보상할 수 있다. 그러나 정상적인 시장가격에 따른 인수만 있었기 때문에 피해자들은 재산상 손해를 입었다.

판례에 따르면, 다음과 같은 경우에도 개인적 손해가 발생한다고 본다. 즉 피해자의 관점에서 쓸모 없는 경제적으로 동등한 보상이 피해자에게 제공되는 경우, 예컨대 피해자가 가해자에 의한 기망 때문에 잡지의 내용이 이해되지 않는 잡지를 정기구독한 경우이다. 이 잡지의 소유권이 계약과 관련된 지불의무와 동등한 가치가 있다고 하더라도, 피해자에 대해 취득한 재산의 무용성은 재산처분이 보상되지 않는다는 사실로 이어진다. 그 내용을 명확하게 이해할 수 없는 자가 사전을 기망적인 행위 때문에 취득한 경우에도 마찬가지이다.

b) 처분의 무관심한 목적

경제설을 따르는 자들은 피해자의 일방적 급부이행의 경우 재산가치의 순수한 차감에 관한 광범위한 예외를 인정한다. 예컨대 피해자가 선의의 목적으로 금전을 기부한 때와 같이 피해자가 반대급부를 기대하지 않는 경우처럼 그 일에는 어떤 금전적 반대급부를 받지 않음을 피해자가 알고 있다면 무의식적 재산 손실이 없는 것이다. 그 결과 재정적 손해는 제외된다. 그럼에도 불구하고, 경제적 재산 개념의 대표자들은 다음과 같은 경우 재산상 손해를 긍정한다. 즉 피해자가 추구하는 사회적 목적이 피해자의 처분에 결정적인 인센티브를 제공한 경우라면 그런 목적을 위해 재산상 가치를 사용한 것으로 본다. 따라서 피해자의 관점에서 사회적 목적 달성을 위한 촉진이 여러 동기 중 하나일 경우 사회적 목적을 달성하지 못했다고 해서 재정적 손해가 발생하지 않는다. 예컨대 가해자가 피해자에게 물건을 판 수익금의 일부가 사회적 목적에 도움이 될 것이라고 약속하는 경우이다. 물건의 취득은 종종 피해자에게 본질적인 동기를 구성하므로 이를 통하여 사회적 목적 달성에 촉진제 역할을 한다. 따라서 이는 재산과 같지 않으므로 실패해도 재산의 손해가 발생하지 않는다.

이런 주장은 보조금의 사기취득에도 적용된다. 따라서 기망으로 보조금을 받고, 그 보조금 목적에 반하여 보조금을 사용하는 것은 사기일 수 있다.

(2) **목적결여설**(Zweckverfehlungslehre)

일부 법학자들은 개인적 손해 개념이 사기죄의 체계에 맞지 않다고 비난한다. 왜냐하면 사기죄의 구성요건은 기망에 의한 재산의 처분으로 부당한 이익을 그 대상으로 삼고 있어서 피해자가 당한 손해는 가해자에게 재산상 이득을 가져오게 해야 하기 때문이다. 그럼에도 피해자가 받은 서비스에 대해 어떤 비용도 지불하지 않거나 이에 대한 그에 대한 불균형적인 지출은 그것만으로 손해가 있다고 말하기 어렵다. 이 밖에도 개인적 손해설은 형법상 명확성 요구와 일치하기 어렵다. 왜냐하면 명확성원칙은 피해자의 동기에 가벌성의 전제조건을 결부시키고 있기 때문이다.

그 결과 일부 법학자들은 모든 유형의 재산처분에 관해서 재산처분이 무관심한 목적인 경우에 경제설의 원칙의 적용을 무시하고 있다. 따라서 금전적 손해의 존재는 피해자가 그의 처분에서 보여준 목적을 참고삼아 평가해야 한다고 주장한다. 이에 따르면 누군가가 기만 때문에 지지도 않은 채무에 대해 급부를 이행한 것이라면 손해가 발생한 것이다. 따라서 예컨대 판매자가 구매자가 구입할 물건에 특정 성질을 갖고 있는 것처럼 기망했다면 판매자는 구매자의 구입 물건이 그 가격의 가치가 있더라도 사기죄로 처벌받게 된다.

(3) **손해의 위험성**

a) **출발점**

다수설에 따르면 재산손실의 위험은 재산상 손해를 인수하는 것으로 이미 충분하다는 것이다. 왜냐하면 이러한 위험한 손해 개념은 경제적 관점에서 봤을 때 재산손실과 거의 동일한 것으로 전제하기 때문이다. 예컨대 사기범행 시에 손해의 위험성이 존재하면 충분하다는 입장이다. 이 경우 피해자는 기망행위 때문에 가해자에게 이행해야 할 의무가 발생한다. 피해자가 그 대가로 자신의 이행의무 가치보다 못한 청구권을 갖게 되었다고 하더라도 이는 피해자에게 재정적 손해가 발생한 것이다. 따라서 상호 청구권의 가치가 비교된다. 이 경우 청구권의 재정적 가치에 더하여 청구권의 실행 가능성과 이에 관련된 비용도 고려된다.

사기죄의 특별한 형태로 고용사기(Anstellungsbetrug)가 있다. 이 경우 가해자는 기망행위를 통해 고용관계에 들어서야 된다. 경제적 관점에 따르면, 행위자의 노동성과가 질적으로 예상성과에 미치지 못하면 손해가 발생한다고 본다. 공무원 또는 법관의 경우, 행위자가 자신의 이력서에 나타난 정도의 그러한 신뢰할 만한 지위, 예컨대 전과자이거나 국가 안보부의 이전 활동으로 인해 그러한 위치에 적합하지 않다는 사유로 손해가 발생할 수 있다. 이에 반해 목적결여설에 따르면 공적 사무에 행위자의 임명이 행정법상 규정에 저촉된 경우에도 손해가 있다고 한다.

어느 누가 기망행위로 신용카드를 발급받으면 손해의 위험성이 발생할 수도 있다. 왜냐하면 재산손해의 위험은 카드를 발급받음으로써 카드 발급기관이 지불해야 할 의무를 지게 할 가능성을 갖는 데 있다. 또한 행위자가 기망행위로 피해자에 대한 집행권을 취득한다면 손해의 위험성이 인정된다.

행위자가 소유권자의 동의 없이 타인의 물건을 선의의 사람에게 양도한다면 재산상 손해가 발생한지에 관해 학계에서 다툼이 있다. 이러한 경우 행위자는 소유권을 양도할 권리가 없음에 대해 기망한 것이다. 그럼에도 다음과 같은 경우 재산상 손해 인정은 어렵다. 피기망자는 물권에 관한 선의 규정의 근거로 소유권을 취득하고, 그래서 그의 재산처분은 -통상적으로 구매가격의 지불- 소유권취득에 의해 보상된다. 그럼에도 불구하고 제국법원은 그러한 경우 재산상 손해를 인정했다. 왜냐하면 소유권취득에도 도덕적 결점을 여전히 지고 있어서 그 소유권취득은 재산상 손해를 완전히 메꿀 수 없기 때문이라는 것이다. 그러나 결점이론(Makeltheorie)으로 알려진 이 견해는 판례와 학계에서 이제 거부되고 있다: 결함을 가진 재산취득의 인정은 민법에 의한 선의의 인정과 모순되기 때문이다. 판례는 경우에 따라 손해의 위험성을 인정하고 있는데, 예컨대 선의의 취득자가 예전의 소유권자로부터 그 물건의 인수에 대해 제소될 것을 두려워한 경우이다.

b) 수용(Rezeption)

학계에 따르면 손해의 위험성 개념은 형법상 명확성의 원칙에 반한다는 이유로 반대하고 있다. 왜냐하면 독일 형법 §263조 제1항의 문구가 그와 같은 위험의 발생이 아니라, 재산의 손해를 요구하기 때문이다. 게다가 이런 입장은 사기죄의 기수시기를 예외적으로 앞당기게 한다.

배임죄에 대한 판결에서 손해의 위험성에 관한 헌법소원과 관련하여 상호 논쟁을 다룬 연방헌법재판소는 손해의 위험성 개념은 명확성원칙과 관련하여 긴장된 관계에 있음을 강조하였다. 그럼에도 불구하고 헌법재판소는 시장경제에서 미래의 기대 역시 가치 형성적으로 영향을 미칠 수 있다고 보아서 헌법과 근본적으로 양립한다고 평가했다. 물론 손해의 위험성 인정은 위험성에서 발생되는 재산상 불이익으로서 구체적이고 정량화할 수 있는 금액이 정해질 것을 요구하고 있다.

Ⅳ. 주관적인 사실

1. 고 의

사기죄에 대한 가벌성은 §15 StGB에 따라 행위자가 적어도 조건부 고의(bedingter Vorsatz)로 행할 것을 요구한다. 이 경우 모든 고의형식, 또한 미필적 고의(eventual Vorsatz)도 포함된다. 그러므로 행위자는 적어도 객관적인 구성요소의 징표를 인식하고, 행위 결과 발생을 암묵적으로라도 계산해야 한다.

2. 영득의사

또한 행위자는 자신이나 제3자에게 영득할 의도로 행해야 한다. 이것은 자신이나 제3자가 그 행위로부터 재산상 이익을 얻게 할 때 존재한다.

원하는 재산상 이익은 피해자의 재산상 손해와 물질적으로 동일한 것이어야 한다. 물질평등의 기준은 사기죄의 성격을 재산이전의 범죄로 표현한다. 피해자가 잃은 손해가 가해자의 부로 나타날 때, 즉 그 부가 손해의 이면을 나타낼 때 달성된다.

결과적으로 취득한 재산상 이익은 불법적이어야 한다. 예컨대 행위자가 피해자에 대해 재산상 이득에 관한 강제청구권을 갖고 있다면 재산상 이익은 결여된다. 또한 누군가 자신의 입증된 주장을 집행하거나 입증되지 않은 주장을 방어하기 위해 법정에서 사용될 증거를 위조하는 것은 불법이 아니다. 위법성과 관련하여 행위자는 고의로 행해야 한다. 그가 착오로 적법하다고 보았다면 고의가 없는 것이다.

V. 미 수

사기죄의 미수는 독일 형법 제263조 제2항에 의거하여 처벌된다. 행위자는 피해자의 재산에 피해를 입히기 위해 기망행위를 착수할 때 곧바로 미수가 된다. 예컨대 행위자가 피해자를 기망하였으나 그 기망행위를 간파하여 자신의 재산을 처분하지 않았다면 사기죄의 미수가 성립한다. 이에 반해 가해자가 피해자의 신뢰를 얻기 위해 속이긴 했으나, 나중에 사기행위에 이용할 생각이라면 사기죄의 직접적 착수는 없는 것이 된다. 사기죄가 성립하기 위해서는 새로운 속임수가 필요하고, 그래서 중간 단계가 요구된다.

독일연방 사기사건에 대한 경찰 범죄통계(미수범 포함)

연도	사기사건	1만명당	미수범의 통계	해명률
1987	358,493	586.3	20,196 (5.6 %)	90.7 %
1988	368,776	602.2	22,095 (6.0 %)	89.9 %
1989	401,352	650.3	36,050 (9.0 %)	91.2 %
1990	363,888	580.6	24,013 (6.6 %)	90.0 %
1991	371,542	571.6	20,770 (5.6 %)	87.6 %
1992	407,492	619.6	20,354 (5.0 %)	84.6 %
1993	528,410	652.6	25,437 (4.8 %)	81.2 %
1994	587,423	722.2	32,961 (5.6 %)	79.0 %
1995	623,182	764.3	30,279 (4.9 %)	78.6 %
1996	648,650	792.8	31,324 (4.8 %)	80.9 %
1997	670,845	818.0	32,367 (4.8 %)	81.1 %
1998	705,529	859.8	30,034 (5.5 %)	82.1 %
1999	717,333	874.4	36,317 (5.1 %)	82.7 %
2000	771,367	938.8	36,240 (4.7 %)	79.9 %
2001	793,403	964.5	38,487 (4.9 %)	79.4 %
2002	788,203	956.1	39,301 (5.0 %)	79.3 %
2003	876,032	1,061.4	42,959 (4.9 %)	79.5 %
2004	941,859	1,141.2	49,504 (5.3 %)	81.4 %

2005	949,921	1,151.4	55,006 (5.8 %)	83.1 %
2006	954,277	1,157.6	56,384 (5.9 %)	83.8 %
2007	912,899	1,109.0	58,292 (6.4 %)	83.3 %
2008	877,906	1,079.9	60,432 (6.8 %)	81.7 %
2009	955,804	1,165.6	75,794 (7.5 %)	81.3 %
2010	968,162	1,183.5	79,584 (8.2 %)	79.9 %
2011	934,882	1,143.6	81,122 (8.1 %)	78.3 %
2012	958,515	1,171.2	90,047 (9.4 %)	77.4 %
2013	937,891	1,164.7	89,576 (9.6 %)	76.2 %
2014	968,866	1,199.6	88,098 (9.1 %)	76.8 %
2015	966,326	1,190.1	90,079 (9.3 %)	76.4 %
2016	899,043	1,094.0	87,944 (9.8 %)	75.0 %
2017	910,352	1,103.2	98,075 (10.8 %)	73.7 %

제13장

비신분자와 뇌물수수죄 공동정범 성립 여부

- 대법원 2019. 8. 29. 선고 2018도2738 전원합의체 판결 -

Ⅰ. 대상 사건의 쟁점

1. 사실관계

비공무원이 공무원의 요청에 의해 뇌물의 제공자로부터 뇌물을 수수한 사안으로 사건 전말의 요약은 다음과 같다.

재벌총수인 피고인은 A와 단독면담을 하게 되었다. 이를 알게 된 비공무원 B는 피고인이 자신의 딸 C에게 경주용 말을 사 주도록 하라고 A에게 부탁하면서 관계 서류를 전달하였다. A는 2014. 9. 피고인과의 면담에서 C에게 좋은 경주용 말을 사 주라고 요청하였고, 2015. 7. 면담에서도 피고인 측의 승마 관련 지원이 부족하다며 다시 한 번 “좋은 말을 사 줘라.”라고 하였다. 피고인은 그 당시 자신의 재벌승계 작업에 A의 도움이 필요했다고 판단했기에 C에게 경주용 말을 사 주었다.[1]

1) 이에 관한 자세한 내용은 서울중앙지방법원 2017. 8. 25. 선고 2017고합194 판결 참조.

2. 재판의 경과

검찰은 이 사안을 A와 B 양자 모두에게 형법 제129조 제1항의 뇌물수수죄의 공동정범으로 기소하였다.

제1심 법원[2]은 "공무원이 비신분자와 뇌물수수를 공모하여 공동정범인 비신분자로 하여금 뇌물을 받게 하는 경우, 이는 자기 자신이 받는 것과 동일하게 평가할 수 있어 단순수뢰죄를 구성하고 비신분자도 형법 제33조 본문에 의하여 공동정범이 되며, 이와 같이 신분자인 공무원과 비신분자가 공모하여 공동정범인 비신분자가 뇌물을 받은 경우, 이들에 대한 단순수뢰죄가 성립하기 위하여 신분자인 공무원에게 뇌물이 실질적으로 귀속될 것을 필요로 한다거나, 비신분자인 공동정범이 받은 것을 신분자인 공무원이 직접 받은 것과 같이 평가할 수 있는 경제적 관계에 있을 것을 필요로 하지 않는다고 전제한 다음, 피고인들은 A와 B가 공모한 단순수뢰죄에 대응한 뇌물공여죄로 기소된 것이고, A와 B가 뇌물수수의 공모관계에 있으므로 피고인들의 행위가 뇌물공여죄의 구성요건을 충족하는 경우 피고인들에게 단순수뢰죄에 대응하는 뇌물공여죄가 성립할 수 있다."고 판단하였다.

원심법원[3] 역시 "형법 제129조 제1항의 뇌물수수죄에 있어서 비신분자가 신분자와 함께 범죄를 실행하더라도 반드시 신분자인 공무원에게 뇌물이 귀속되어야 한다든가 신분자인 공무원과 비신분자가 경제적 공동체 관계에 있어서 비신분자가 받은 뇌물이 공무원에게 귀속된 것과 같은 효과가 있어야만 공동정범이 성립된다고 볼 것은 아니고, 또한 이러한 해석은 공범과 신분관계에 관한 형법 제30조와 제33조의 해석에 따른 결과일 뿐 비신분자에게 공무원의 신분을 창설해 주거나 그를 공무원으로 의제하는 결과를 초래한다고 볼 수는 없다."고 판시하였다.

대법원은 9 대 4의 다수의견으로 원심법원의 판결과 같이 A와 B 양자에게 뇌물수수죄(형법 제129조 제1항)의 공동정범을 인정하였다.

2) 위의 판결.
3) 서울고등법원 2018. 2. 5. 선고 2017노2556 판결.

Ⅱ. 판결요지

대상판결의 다수의견은 A와 B에게 뇌물수수죄(제129조 제1항)의 공동정범을 인정하였다. 이에 반해 반대의견은 A에게 제3자뇌물수수죄(제130조), B에게 제3자뇌물수수죄의 교사범으로 인정해야 옳다는 입장이다.

1. 다수의견

형법은 제129조 제1항에 의한 뇌물수수죄의 처벌과는 별도로 제130조를 통하여 공무원 등이 그 직무에 관하여 부정한 청탁을 받고 뇌물공여자로 하여금 제3자에게 뇌물을 공여하게 한 경우에는 뇌물수수죄와 법정형이 동일한 제3자뇌물수수죄로 처벌하고 있다. 제3자뇌물수수죄의 경우 뇌물을 받는 제3자가 뇌물임을 인식할 것을 요건으로 하지 않는다. 그러나 공무원이 뇌물공여자로 하여금 공무원과 뇌물수수죄의 공동정범 관계에 있는 비공무원에게 뇌물을 공여하게 한 경우에는 공동정범의 성질상 공무원 자신에게 뇌물을 공여하게 한 것으로 볼 수 있다. 공무원과 공동정범 관계에 있는 비공무원은 제3자뇌물수수죄에서 말하는 제3자가 될 수 없고, 공무원과 공동정범 관계에 있는 비공무원이 뇌물을 받은 경우에는 공무원과 함께 뇌물수수죄의 공동정범이 성립하고 제3자뇌물수수죄는 성립하지 않는다.

뇌물수수죄의 공범들 사이에 직무와 관련하여 금품이나 이익을 수수하기로 하는 명시적 또는 암묵적 공모관계가 성립하고 공모 내용에 따라 공범 중 1인이 금품이나 이익을 주고받았다면, 특별한 사정이 없는 한 이를 주고받은 때 금품이나 이익 전부에 관하여 뇌물수수죄의 공동정범이 성립하고, 금품이나 이익의 규모나 정도 등에 대하여 사전에 서로 의사의 연락이 있거나 금품 등의 구체적 금액을 공범이 알아야 공동정범이 성립하는 것은 아니다.

금품이나 이익 전부에 관하여 뇌물수수죄의 공동정범이 성립한 이후에 뇌물이 실제로 공동정범인 공무원 또는 비공무원 중 누구에게 귀속되었는지는 이미 성립한 뇌물수수죄에 영향을 미치지 않는다. 공무원과 비공무원이 사전에 뇌물을 비공무원에게 귀속시키기로 모의하였거나 뇌물의 성질상 비공무원이 사용하거나 소비할 것이라고 하더라도 이러한 사정은 뇌물수수죄의 공동정범이 성립한 이후 뇌물의 처리에 관한 것에 불과하므로 뇌물수수죄가 성립하는 데 영향이 없다.

2. 별개의견

뇌물을 비공무원에게 전적으로 귀속시키기로 모의하거나 뇌물의 성질상 비공무원이 사용하거나 소비할 것인데도 비공무원이 뇌물을 받은 경우까지도 뇌물수수죄의 공동정범이 성립한다고 하는 부분에 대하여는 동의하지 않는다. 우리 형법이 제129조 제1항 뇌물수수죄와 별도로 제130조에서 제3자뇌물수수죄를 규정하고 있는 이상, 공무원이 아닌 비공무원인 제3자가 뇌물을 수수한 경우에는 뇌물의 귀속주체와 성질이 어떠한지에 따라 그 뇌물수수죄 또는 제3자뇌물수수죄가 성립하는지를 달리 평가하여야 한다.

3. 반대의견

(1) 공무원과 비공무원이 뇌물을 받으면 뇌물을 비공무원에게 귀속시키기로 미리 모의하거나 뇌물의 성질에 비추어 비공무원이 전적으로 사용하거나 소비할 것임이 명백한 경우에 공무원이 증뢰자로 하여금 비공무원에게 뇌물을 공여하게 하였다면 형법 제130조의 제3자뇌물수수죄의 성립 여부가 문제될 뿐이며, 공무원과 비공무원에게 형법 제129조 제1항의 뇌물수수죄의 공동정범이 성립한다고 할 수는 없다.

공무원과 비공무원이 공동가공의 의사와 이를 기초로 한 기능적 행위지배를 통하여 공무원의 직무에 관하여 뇌물을 수수하는 범죄를 실행하였다면 공무원과 비공무원에게 형법 제129조 제1항에서 정한 뇌물수수죄의 공동정범이 성립할 수 있다. 그러나 공무원과 비공무원이 뇌물을 받으면 뇌물을 비공무원에게 귀속시키기로 미리 모의하거나 뇌물의 성질에 비추어 비공무원이 전적으로 사용하거나 소비할 것임이 명백한 경우에 공무원이 증뢰자로 하여금 비공무원에게 뇌물을 공여하게 하였다면 형법 제130조의 제3자뇌물수수죄의 성립 여부가 문제될 뿐이며, 공무원과 비공무원에게 형법 제129조 제1항의 뇌물수수죄의 공동정범이 성립한다고 할 수는 없다. 이러한 점에서 다수의견에 동의하기 어렵다.

(2) 형법은 뇌물의 귀속주체에 따라 제129조 제1항의 뇌물수수죄와 제130조의 제3자뇌물수수죄를 구별하고 있고, 각 범죄의 구성요건도 달리 정하고 있다. 형법 제130조의 제3자뇌물수수죄 구성요건과 형법 제129조 제1항의 뇌물수수죄 구성요건을 상호 비교하여 보면, 제3자뇌물수수죄는 공무원이 직접 뇌물을 받지 않고 증뢰자로 하여금 제3자에게 뇌물을 공여하도록 하고 그 제3자로 하여금 뇌물을 받도록 한 경우에는 부정한 청탁을 받고 그와 같은 행위를 한 경우에 한하여 뇌물수수죄와 같은 형으로 처벌하며, 만일 부정한 청탁을 받은 일이 없다면 이를 처벌하지 않는다는 취지이다(대법원 1998. 9. 22. 선고 98도1234 판결 등 참조). 공무원이 직접 뇌물을 받지 않고 증뢰자로 하여금 다른 사람에게 뇌물을 공여하도록 한 경우에는 그 다른 사람이 공무원의 사자(使者) 또는 대리인으로서 뇌물을 받은 경우 등과 같이 사회통념상 그 다른 사람이 뇌물을 받은 것을 공무원이 직접 받은 것과 같이 평가할 수 있는 관계가 있는 경우에 한하여 형법 제129조 제1항의 뇌물수수죄가 성립한다(대법원 2016. 6. 23. 선고 2016도3540 판결 등 참조).

공동정범에서 공동가공의 의사는 공동의 의사로 특정한 범죄행위를 실행하기 위하여 일체가 되어 서로 다른 사람의 행위를 이용하여 자기의 의사를 실행에 옮기는 것을 내용으로 한다(대법원 2001. 11. 9. 선고 2001도4792 판결; 대법원 2008. 4. 10. 선고 2008도1274 판결 등 참조). 뇌물수수죄와 제3자뇌물수수죄를 구별하여 규정하고 있는 형법의 태도를 고려하면, 뇌물수수죄의 공동정범에서 공동가공 의사의 내용인 '특정한 범죄행위'는 '공무원이 전적으로 또는 비공무원과 함께 뇌물을 수수하기로 하는 범죄행위'를 말한다. 그런데 공동가공 의사와 실행행위의 내용이나 뇌물의 성질에 비추어 비공무원이 사용하거나 소비할 것이 공모되거나 예정되어 있고 실제로 비공무원이 뇌물을 모두 수수한 경우에는 공무원이 뇌물을 전혀 수수한 적이 없으므로, '공무원이 증뢰자로 하여금 제3자에게 뇌물을 공여하게 하는 범죄행위', 즉 제3자뇌물수수죄가 성립할 수 있을 뿐이고 형법 제129조 제1항의 뇌물수수죄의 공동정범은 성립할 수 없다.

Ⅲ. 판례 분석

(1) 실정법상 모든 법규범은 특정한 사건의 해결을 위해서 규정되어 있는 것이 아니라, 통상적인 사건 다수의 해결기준을 마련하는 데 염두를 두고 있기에 일반적이고 추상적인 법문언을 사용하고 있다. 그래서 다소 추상적인 법문언은 어느 구체적 사안에 적용될 때 언제나 명확하다고 할 수 없으므로, 우리는 특정한 구체적 사건을 다룰 경우 정당한 해결책을 구하기 위해서 항상 해당 법조문의 문언과 관련하여 '사물에 합당한 법'(Sache Recht)의 의미와 내용을 찾아야 한다.[4] 이것이 법해석의 필요성과 목적이다.[5]

(2) 형법의 해석은 형법의 핵심기능인 보장성을 담보하기 위해 무엇보다 죄형법정주의의 원칙을 철저히 준수해야 한다. 왜냐하면 형법상 문언의 의미내용이 구체적 사안에 비추어 정의로운 것이라고 할지라도 그 문언의 통상적인 의미내용을 넘어선 해석에 의한 것이라면, 그것은 법해석이 아니고, 오히려 삼가야 될 법창조나 법형성에 해당되기 때문이다.

(3) 형법규정에 관한 법원이나 검찰의 유추적용이나 법형성적 해석은 죄형법정주의를 심하게 훼손하며, 형법의 보장성을 본질적으로 약화시키고, 사법적 정의를 왜곡시켜 책임주의와 법치국가원칙을 침해한다. 그러므로 구체적 사안에 적용될 합당한 해당 법조문을 제쳐 두고, 유사한 다른 조문으로 해당 사안을 판단하는 법원이나 검찰은 법해석의 자의적 적용을 의미하며, 이는 법왜곡에 해당된다. 왜냐하면 형법의 해석은 예외 없이 구체적 사안에 적용되어야만 할 특정한 법조문에 근거해야 하기 때문이다. 독일 형법에 따르면 이런 식의 형법적용은 법왜곡죄로 형사 처벌될 수 있다.[6]

---

4) 법해석학에 관해 탁월한 연구문헌으로는 김영환, "법학방법론", 『법철학의 근본문제』 제3판, 홍문사, 2012, 253쪽 이하, 특히 274쪽 이하 참조; 김영환, "한국에서의 법학방법론의 문제점", 『법철학연구』 제18권 제2호, 세창출판사, 2015, 133쪽 이하 참조.

5) 이에 관해서는 Larenz/Canaris, Methodenlehre(3. Aufl.), S. 65.

6) 독일 형법 제336조에 따르면, "법관 기타 공무원 또는 중재법관이 법률사건을 지휘하거나 재판함

(4) 우리 형법은 형법의 보장기능을 담보하기 위해 원칙적으로 확장적 공범론에서 출발하고 있다.[7] 예컨대 형법 제34조 제1항의 간접정범의 경우 처벌의 주체를 정범이 아닌, 공범으로 파악하고 있는 데서도 그런 경향성을 파악할 수 있다.[8] 그럼에도 불구하고 형법 제33조는 '공범과 신분'이란 표제 아래, "신분관계로 인하여 성립될 범죄에 가공한 행위는 신분관계가 없는 자에게도 전3조의 규정을 적용한다."[9]고 명시하고 있다. 형법의 이 규정은 "공범관계에 있는 비신분자에게 신분관계를 부여하거나 창설한 것[10]은 아니지만, 그럼에도 확장하는 기능을 가진다."[11]는 점에서 제정형법의 기본사상인 확장적 공범이론에 잘 어울리지 않는다.

(5) 신분범은 그 본질이 법정구성요건에서 "특별한 행위주체만이 행위자가 될 수 있는 자격을 가진 것으로 규정한 범죄"를 일컫는다. 그러므로 신분범을 범할 수 있는 행위주체는 누구든지 가능하지 않고, 오직 '특별한 행위자격을 가진 신분자'만 가능할 뿐이다. 비교법적 고찰을 통해서도 역시 신분범의 행위주체는 언제나 특별한 행위주체의 자격을 가진 신분자에 한정하였다. 독일과 오스트리아, 스위스 그리고 일본도 그렇다. 같은 논리로 우리 형법의 제정 시에 정부초안도 공범과 신분에 관한 규정에서 "신분관계로 인하여 성립될 범죄를 **교사 또는 방조한 행위는 신분관계 없는 자에게도 전2조의 규정을 준용한다**. 단 신분관계로 인하여 형의 경중이 있

에 있어 당사자 일방에게 유리하게 또는 불리하게 법률을 왜곡한 경우 1년 이상 5년 이하의 자유형에 처한다."

7) 형법 제정 시에 결정적 역할을 담당하였던 엄상섭의 논문, "우리 형법전과 공범이론", 『효당 엄상섭 형법논집』(신동운 · 허일태 편저), 서울대학교출판부, 2003, 특히 178쪽 이하 참조.
8) 이에 관해 자세한 것은 본서의 제6장 "간접정범의 규정과 그 본질"을 참조.
9) 형법 제33조의 입법경위에 관해서는 신동운, 『형법총론(제12판)』, 법문사, 2020, 739~740쪽 참조.
10) 신분관계를 창설하기 위해서는 별도의 관련 법률의 근거가 필요하다. 벌칙 적용에 있어서 비공무원을 공무원으로 의제하는 법률로는 다음과 같은 「위험물안전관리법」 제32조와 또한 「도시 및 주거환경정비법」 제134조를 예시로 들 수 있다.
「위험물안전관리법」 제32조(벌칙적용에 있어서의 공무원 의제) 다음 각 호의 자는 형법 제129조 내지 제132조의 적용에 있어서는 이를 공무원으로 본다.
1. 제8조제1항 후단의 규정에 따른 검사업무에 종사하는 기술원의 담당 임원 및 직원
2. 제16조제1항의 규정에 따른 탱크시험자의 업무에 종사하는 자
3. 제30조제2항의 규정에 따라 위탁받은 업무에 종사하는 안전원 및 기술원의 담당 임원 및 직원
「도시 및 주거환경정비법」 제134조(벌칙 적용에서 공무원 의제) 추진위원장 · 조합임원 · 청산인 · 전문조합관리인 및 정비사업전문관리업자의 대표자(법인인 경우에는 임원을 말한다) · 직원 및 위탁지원자는 「형법」 제129조부터 제132조까지의 규정을 적용할 때에는 공무원으로 본다.
11) 신동운, 앞의 책, 742쪽.

는 경우에는 중한 형으로 처벌하지 않는다."고 명시하였다. 이 초안을 근거로 1953년 6월 26일 법제사법위원장대리였던 엄상섭 의원이 정부초안의 해당 규정을 낭독하였고, 이에 어느 국회의원이 "이의 없소"라고 대답했다. 조봉암 의장대리가 다시금 "이의 없습니까?"라고 물었으나, 아무런 대답이 없자, (해당 규정의 국회심의 통과 후) 엄상섭 의원은 제34조의 간접정범에 관한 규정을 국회에 상정하였다.[12] 여기서 알 수 있는 것은 국회의원의 결의로 공범과 신분에 관한 형법 제33조의 규정은 비신분자는 정범이나 공동정범일 수 없다고 분명히 밝혔다는 점이다. 다만 교사범이나 방조범의 경우 비신분자도 해당될 수 있음을 보여주었다. 그런데 정작 1953년 9월 18일 법률 제293호에 의해 공포된 형법 제33조는 "신분관계로 성립될 범죄에 **가공한 행위는 신분관계가 없는 자에게도 전3조의 규정을 준용한다**. 단 신분관계로 인하여 형의 경중이 있는 경우에는 중한 형으로 벌하지 아니한다."고 명시되어 있다.

(6) 국회에서 통과된 형법 제33조의 규정은 이처럼 교사자나 방조범의 경우에만 신분범의 영역에 속한다고 결단했음에도 국회 통과 이후 아마 자구수정 단계에서 공동정범의 영역까지 신분범의 범위를 확장한 것으로 보인다.[13] 그렇다면 자구수정은 자구수정에 그쳐야지 그것을 넘어서 처벌의 범위를 확대하는 것은 국회의 입법형성권 영역을 침해한 것이다. 그런데 문제는 그렇게 잘못 수정된 형법 제33조의 조문이 대통령에 의한 법률의 공포로 곧바로 치유가 가능할까? 치유는 원칙적으로 불가능한 것이다. 왜냐하면 권력분립은 견제와 균형을 통한 자유 · 민주주의의 실현에서 핵심적 요소이고, 국회에서 제정된 법률은 행정부가 자의로 수정해서 공포할 수 없기 때문이다.

---

12) 이에 관한 자세한 기록은 신동운, 『형법(형사법령제정자료집 1)』, 한국형사정책연구원, 1990, 220쪽 이하 참조.

13) 형법제정자료집을 편찬하여 형법제정사를 밝히는 데에 업적을 남긴 신동운 교수는 형법 제33조의 연혁에 관한 설명에서 그렇게 추론된다고 보았다. 특히 정부초안 제30조 제2항의 규정인 "범죄를 목적으로 한 단체의 조직자, 가입자 및 지도의 임무에 있는 자는 전항과 같다(정범으로 처벌한다)."와 제3항인 "전항을 적용할 죄는 각 본조에 정한다."는 규정이 법제사법위원회의 수정안에 의해 국회심의 과정에서 삭제되었고, 이로 인해 공동정범의 성립영역이 축소되었다. 이를 보충하기 위해 신분범의 경우에도 정범이 될 수 있도록 보충한 것으로 보았다. 설득력 있는 의견이다. 이에 관해서는 신동운, 『형법총론(제12판)』, 739쪽 이하 참조.

(7) 법조실무와 형법학계의 대부분은 이런 점을 명백히 하지 않았고 그래서 형법 제33조의 잘못된 입법경위에 대해 의문을 갖지 않았으며,[14] 지금까지 유효한 것으로 적용하여 왔다고 하더라도 그런 잘못된 입법은 치유된 것으로 무조건 간주할 수 있을까? 무시하기는 어렵다고 하더라도 비신분자를 정범으로 확대하는 형법 제33조의 적용은 가급적 제한적으로 해석하는 것이 마땅한 태도로 보인다.

(8) 따라서 신분범에 비신분범이 가담하는 경우 형법 제33조 본문의 적용에 의한 비신분범의 정범적격은 형법의 보장기능을 본질적으로 해치지 않은 범위 내에서만 허용될 수 있어야 한다. 이런 이유에서 독일 형법 제28조 제1항은 우리 형법 제33조 본문과 달리 형법의 보장기능을 담보하기 위한 입법자의 결단으로 "정범적격이 없는 비신분자를 공범과 신분의 규정을 통하여 정범적격이 있는 신분자로 만들 수 없다."[15]고 명시하고 있는 바를 눈여겨 볼 필요가 있다.

(9) 형법 제33조 본문은 공범관계에 있는 비신분자의 신분관계를 확장하기 때문에 형법의 보장성을 훼손할 수 있다. 이러한 형법의 보장기능의 훼손을 최소하기 위해서는 '비신분자가 신분자의 행위에 공동정범으로 가공할 때의 의미'를 "비신분자는 신분자와 함께 일심공동체로서 공동가공의 의사와 이런 의사를 기초로 한 구체적이고 기능적 행위지배를 통하여 구성요건적 실행행위를 공동으로 충족시킨다."는 뜻으로 새겨야 할 것이다.

(10) 게다가 형법 제33조 본문은 처벌의 확장적 기능을 가진다는 점에서 형법의 법익보호기능을 강화하지만, 역으로 형법의 보장기능을 약화하는 기능 역시 가진다. 이는 형법의 양 기능인 보장기능과 법익보호기능을 축으로 하는 원칙에 부합하지 않는다. 그러므로 신분범인 뇌물 관련 범죄를 처벌하는 경우 형법 제33조 본문의 적용은 되도록 신중할 필요가 있다. 예컨대 비공무원이 공무원에게 부탁하여 증뢰자로 하여금 공여하게 된 뇌물을 비공무원 자신이 받았다면, 해당 사안은 형법 제

---

14) 신동운 교수가 예외적으로 그 점을 지적하고, 형법 제33조가 공동정범의 적용에 신중해야 된다는 입장을 견지하고 있을 뿐이다. 신동운, 위의 책, 741쪽 참조.

15) Jescheck, Lehrbuch des Strafrechts AT., 4. Aufl., S. 240.

129조 제1항의 적용으로 뇌물수수죄의 공동정범으로 가는 것보다 형법 제130조의 적용을 받게 하는 것이 형법 제33조와 형법 제130조의 취지에 어울린다.

(11) 대상판결 사안의 경우 이런 관점에서 신분범인 공무원 A와 비신분자인 B가 형법 제33조의 본문에 근거하여 제129조 제1항 뇌물수수죄의 공동정범을 이룰 수 있는지 우선적으로 살펴볼 필요가 있다.

(12) 공무원이 그 직무에 관하여 뇌물을 수수한 때에는 형법 제129조 제1항의 뇌물수수죄로 처벌하고, 공무원이 그 직무에 관하여 부정한 청탁을 받고 제3자에게 뇌물을 공여하게 한 때에는 이와 별도로 형법 제130조에서 제3자뇌물공여죄로 처벌하도록 규정하고 있다. 이들 양 규정을 대비해 보면, 형법은 뇌물의 귀속주체에 따라 제129조 제1항의 뇌물수수죄와 제130조의 제3자뇌물공여죄를 구별하고, 그 범죄 성립의 구성요건도 달리 정하고 있음을 알 수 있다.[16]

(13) 이들 규정 중에서 형법 제129조 제1항의 뇌물수수죄는 공무원의 지위에 있는 자만이 주체가 될 수 있는 신분범에 속하며, 형법 제33조 본문에 의거하여 공무원의 신분이 없는 자도 공무원 신분이 있는 자의 범행에 가공한 경우 공동정범이 될 수 있다. 즉 비공무원은 형법 제33조 본문에 근거하여 공무원과 서로 합심하여 직무에 관하여 뇌물을 공동으로 수수하겠다는 공동가공의 의사와 그런 공동의사에 기초하여 뇌물을 공동 수수한 행위지배를 하였다면, 공무원은 비공무원과 함께 뇌물수수죄에 대한 형법 제30조의 공동정범으로 처벌할 수 있다고 할 것이다. 여기서 뇌물수수죄에 대한 공동가공의 의사는 뇌물수수죄를 범한다는 공동의사로 뇌물수수죄를 실행하기 위하여 비공무원은 공무원과 일체가 되어 서로 다른 사람의 행위를 이용하여 자기의 의사를 실행에 옮기는 것을 내용으로 한다.[17]

---

16) 대법원 2016. 6. 23. 선고 2016도3540 판결 참조.
17) 대법원 2011. 7. 14. 선고 2011도3180 판결; 대법원 2017. 1. 12. 선고 2016도15470 판결 등 참조.

(14) 그러므로 형법 제129조 제1항에 해당하는 범죄를 신분범과 비신분자가 공동정범의 형식으로 범하려면, 직무에 관한 뇌물을 공무원과 비공무원이 공동의 몫으로 받아야 한다. 공무원이 직접 받지 않는 경우라도 비공무원과 함께 공무원의 사자(使者)나 대리인이 뇌물을 공동으로 받았다면 공무원 A는 비공무원 B와 함께 형법 제129조 제1항의 뇌물수수죄에 공동정범에 해당되는 데 문제가 없어 보인다. 이에 반해 공무원 A는 비공무원 B와 공모하여 증뢰자가 공여한 뇌물을 비공무원 B가 전적으로 수수하게 하였다면, 공무원 A는 형법 제129조 제1항의 뇌물수수죄에 대한 공동정범이 될 수 없다고 해야 한다. 형법 제129조 제1항에 근거한 공동정범의 범죄불법성은 "비공무원이 공무원과 함께 직무에 관하여 뇌물을 공동으로 수수하는 데"에 있으므로, 대상사건의 경우 공무원 A는 뇌물을 수수한 적이 없고, 오히려 비공무원 B가 공무원 A와 공모를 통하여 증뢰자가 공여하는 뇌물을 비공무원 B가 전적으로 수수하기로 하고 또한 수수했다. 이런 점에서 볼 때 해당 사건의 공무원 A는 비공무원 B와 함께 형법 제129조 제1항의 범죄불법성을 공동정범의 형식으로 범했다고 평가할 수 없다고 해야 한다.

(15) 대상판결 사안에서 대법원 전원합의체의 다수의견은 형법 제129조 제1항의 공동정범으로 처벌할 수 있다는 입장을 취하고 있다. 즉 "공무원이 뇌물공여자로 하여금 공무원과 뇌물수수죄의 공동정범 관계에 있는 비공무원에게 뇌물을 공여하게 한 경우에는 공동정범의 성질상 공무원 자신에게 뇌물을 공여하게 한 것으로 볼 수 있다. 공무원과 공동정범 관계에 있는 비공무원은 제3자뇌물공여죄에서 말하는 제3자가 될 수 없고, 공무원과 공동정범 관계에 있는 비공무원이 뇌물을 받은 경우에는 공무원과 함께 뇌물수수죄의 공동정범이 성립하고 제3자뇌물공여죄는 성립하지 않는다."

(16) 다수의견의 이와 같은 태도는 형법 제33조 본문의 규정이 비공무원에게 공무원의 지위를 부여하는 것으로 읽힌다. 즉 비공무원이 형법 제33조에 의하여 공무원의 신분을 부여받아 뇌물을 수수하였으므로 공무원 자신에게 뇌물을 공여한 것과 동일하게 볼 수 있다는 것이다.[18] 그러나 형법 제33조 본문은 신분관계의 지위를

부여하거나 창설한 것이 아니라, 단지 신분관계의 확장을 법적으로 의제하는 수준에 불과하다. 그러므로 비신분자가 신분자와 함께 형법 제129조 제1항의 뇌물수수죄의 공동정범이 성립되려면 "비공무원은 공무원과 일체가 되어 서로 다른 사람의 행위를 이용하여 자기의 의사를 실행에 옮겨서 직무에 관한 뇌물을 공동으로 수수하였어야 한다." 즉 대상 사건의 경우에도 공무원 A는 비공무원 B와 함께 서로 일심동체가 되어 '직무에 관하여 뇌물을 공동으로 수수'해야만 뇌물수수죄의 공동정범이 될 수 있는 것이다.

(17) 게다가 다수의견에 따르면 "비공무원은 형법 제33조 본문에 의하여 공무원의 신분을 부여받은 이상, 더 이상 형법 제130조의 제3자뇌물수수죄에서 제3자가 될 수 없다."는 것이다. 이런 이유로 대상 사건의 경우 공무원 A는 형법 제130조의 제3자뇌물공여죄로 처벌될 수 없고, 형법 제129조 제1항의 뇌물수수죄의 공동정범으로 처벌될 수 있을 뿐이라는 것이다.

(18) 앞서 살펴본 봐와 같이 우리 형법은 뇌물의 귀속주체에 따라 제129조 제1항의 뇌물수수죄와 제130조의 제3자뇌물공여죄를 구별하고 있고, 각 범죄의 구성요건도 달리 정하고 있다. 그 결과 형법 제130조의 제3자뇌물공여죄는 공무원이 부정한 청탁을 받고 그 청탁의 대가로 자신이 직접 뇌물을 받지 않고 증뢰자로 하여금 제3자에게 뇌물을 공여하도록 하여 그 제3자가 뇌물을 직접 받는 경우 처벌하는 범죄이다.[19] 그런데 대상판결 사건의 경우 공무원 A가 증뢰자로 하여금 비공무원 B에게 뇌물을 전적으로 공여하게 하였다는 점은 부정할 수 없다. 뇌물의 귀속주체에 따라 뇌물수수죄가 해당되는지 혹은 제3자뇌물공여죄가 해당되는지 여부가 결정된다는 점에서 대상사건의 경우 형법 제129조 제1항에 해당될 수 없고, 오리려 형법 제130조의 제3자뇌물수수죄에 해당되는 것이 타당하다고 할 것이다. 이에 관해 몇 가지를 부연설명하면 다음과 같다.

---

18) 신동운, 『형법총론(제12판)』, 742쪽.
19) 대법원 1998. 9. 22. 선고 98도1234 판결 등 참조.

① 형법 제129조 제1항의 경우 공무원의 뇌물수수를 처벌하는 것은 공무원이라는 신분을 가진 자의 “직무집행 공정과 이에 대한 사회의 신뢰 및 직무행위의 불가매수성”[20]이라는 보호법익의 침해 때문이다. 게다가 뇌물수수죄에서 명시된 공무원만이 실현가능한 ‘직무수행’은 일종의 자수범적 성격을 지닌다. 따라서 비공무원이 공무원과 동일한 ‘직무를 수행한다는 것’은 원칙적으로 불가능한 것이다. 그럼에도 불구하고 “직무집행 공정과 이에 대한 사회의 신뢰 및 직무행위의 불가매수성”이라는 보호법익을 위해서 형법은 제33조의 본문을 통하여 형법의 보장기능을 약화시키면서 신분관계가 없는 비공무원도 공무원과 함께 형법 제129조 제1항에 의한 공동정범의 실행가능성을 열어 두었다. 이런 이유에서 형법 제33조의 적용은 아무 조건 없이 가능한 것으로 볼 수 없다. 형법 제33조 본문은 처벌의 확장적 기능을 가진다는 점에서 동 조문의 적용을 삼가더라도 동일하거나 유사한 형사 처벌효과를 가질 수 있다면, 형법 제33조 본문의 적용을 삼가는 것이 형법의 보장기능을 약화시키지 않게 된다.

② 비공무원이 공무원과 함께 “직무집행 공정과 이에 대한 사회의 신뢰 및 직무행위의 불가매수성”이라는 제129조 제1항의 보호법익을 침해하기 위해서는 이들이 서로 일심동체가 되어 직무에 관하여 뇌물을 수수하는 범죄구성요건의 전과정을 공동으로 실행했어야 한다. 특히 뇌물수수죄의 핵심적인 불법성은 뇌물의 수수에 있으므로, 대상판결 사안이 뇌물의 공동수수 요건에 충족되지 아니한다면 형법 제129조 제1항의 규정 적용은 법왜곡행위이다. 비공무원이 공무원과 함께 형법 제129조 제1항의 뇌물수수죄의 공동정범자로 인정되려면, 한편으로 공무원은 비공무원과 함께 “직무집행 공정과 이에 대한 사회의 신뢰 및 직무행위의 불가매수성”을 공동으로 침해해야 되고, 다른 한편으로 “뇌물의 수수도 공무원은 비공무원과 함께 둘의 공동작품이어야 한다.”

③ 대상 판결 사건의 경우 비신분자인 비공무원 B만이 뇌물을 전적으로 수수했으므로 뇌물을 공여하게 한 공무원 A는 형법 제129조 제1항의 공동정범의 자격을 갖질 않고, 오히려 형법 제130조의 제3자뇌물공여죄에 해당된다고 보는 것이 상식적이다.

20) 대법원 2002. 11. 26. 선고 2002도3539 판결; 대법원 1984. 9. 25. 선고 84도1508 판결 참조.

(19) 공동정범에서 공동가공의 의사는 공동의 범행의사로 특정한 범죄행위를 분업적 분담을 통하여 그 범죄행위를 실현하려는 의사이다. 대상판결 사안에서 공동가공의 의사는 '특정한 범죄행위'에 대한 범행 의사가 있음을 요한다. 그런데 형법 제130조와 별도로 규정한 형법 제129조 제1항이 말하는 '특정한 범죄행위'는 원칙적으로 '직무에 관하여 공무원 자신이 뇌물을 수수하는 것'을 말한다. 그렇기 때문에 비공무원과 공무원이 공모하여 비공무원에게 뇌물의 수수를 전적으로 일임한 사안의 경우, 그래서 비공무원이 해당 뇌물을 전적으로 수수하였다면 공무원을 통한 뇌물공여(형법 제130조)로 인한 비공무원의 뇌물수수라고 이해하는 것이 자연스럽고 합리적이다. 그러므로 공무원과 비공무원 사이의 뇌물수수에 관한 공모는 공무원이 전적으로 뇌물을 수수할 것을 규정한 형법 제129조 제1항의 뇌물수수죄라는 '특정한 범죄행위'에 대한 의사연락이라고 할 수 없다.[21]

(20) 비공무원 B가 수수하거나 그에게 제공된 뇌물은 공무원 A가 증뢰자를 통한 뇌물공여로 이루어진 것이다. 대상판결 사안에 따르면 비공무원 B는 공무원 A에게 부탁하여 증뢰자로부터 뇌물의 공여하도록 교사하였고, 이를 통하여 비공무원 B가 뇌물의 공여를 받았다. 만일 공무원 A는 증뢰자로부터 직무에 관하여 부정한 청탁을 받았다는 것이 입증되는 것을 조건으로 형법 제130조의 제3자뇌물공여죄를 범한 것이 되고, 비공무원 B는 해당 범죄의 교사범에 해당된다고 할 것이다.

(21) 이런 점에서 전원합의체의 다음과 같은 반대의견이 다수의견보다 더 큰 설득력을 갖고 있어 보인다. "공무원과 비공무원이 뇌물을 받으면 뇌물을 비공무원에게 귀속시키기로 미리 모의하거나 뇌물의 성질에 비추어 비공무원이 전적으로 사용하거나 소비할 것임이 명백한 경우에 공무원이 증뢰자로 하여금 비공무원에게 뇌물을 공여하게 하였다면 형법 제130조의 제3자뇌물수수죄의 성립 여부가 문제될 뿐이며, 공무원과 비공무원에게 형법 제129조 제1항의 뇌물수수죄의 공동정범이 성립한다고 할 수는 없다."

---

21) 이에 관해서는 신동운, 『형법총론(제12판)』, 741쪽 참조.

반대의견의 핵심은 다음과 같다. “형법 제129조 제1항의 뇌물수수죄의 공동정범에서 공동가공 의사의 내용인 ‘특정한 범죄행위’는 ‘공무원이 직무에 관하여 뇌물을 공무원 자신이나 또는 비공무원과 함께 수수하기로 하는 범죄행위’를 말한다.”[22] 그런데 대상사건의 경우 공무원 A는 해당 뇌물을 자신이 직접적으로 수수하지 않았을 뿐만 아니라, 자신의 사자나 대리인에 의해서도 수수한 적이 없기 때문에 뇌물수수죄에 해당될 수 없다는 것이다.

(22) 만일 비공무원이 공무원과의 모의를 통하여 비공무원이 증뢰자로부터 공여될 뇌물을 수수하기로 약속하고, 그 결과 그 비공무원이 증뢰자로부터 공여된 뇌물을 전적으로 수수하였다면, 해당 공무원은 형법 제130조의 제3자뇌물공여죄에 해당된다고 보는 것이 타당하다.

(23) 그러므로 대상판결 사안에 따르면 증뢰자에 의해 공여된 뇌물을 공무원 A는 한 푼도 받지 않았고, 이와 달리 비공무원 B가 그 공여된 뇌물을 전적으로 수수했으므로, 공무원 A는 형법 제129조 제1항의 뇌물수수죄에 해당될 수 없는 것이다. 공무원 A는 오히려 형법 제130조의 제3자뇌물공여죄에 해당됨이 타당하다.

Ⅳ. 결 론

신분범은 원래 신분을 갖는 자만이 처벌되는 범죄이다. 뇌물수수죄의 경우도 원칙적으로 신분범만이 범할 수 있는 범죄이다. 그러므로 신분범죄의 경우 비신분자에게도 처벌의 범위를 확대하여 적용하려면 그에 관한 특별한 규정이 필요하다. 형법은 제33조 본문을 통하여 그런 특별한 규정을 두고 있다. 그러나 이 규정은 엄격하게 해석해야 할 필요가 있다. 왜냐하면 첫째로 형법은 보장기능 확보를 위하여 확장적 공범이론을 근거로 제정되었지만, 형법 제33조 본문을 통하여 비신분자에게 신분관계의 확장적 기능을 통하여 정범적격의 지위를 예외적으로 인정하고 있기 때

22) 오영근, “2019년도 형법판례회고”, 『판례연구 28』.

문이다. 물론 형법 제33조 본문은 비신분자에게 정범적격의 지위를 인정하고 있지만, 그렇다고 신분관계의 지위를 부여하거나 창설하지 않는다. 그러므로 신분적격을 갖지 않은 비공무원이 형법 제33조 본문에 근거하여 신분관계로 성립된 공무원의 뇌물수수죄에 가공한 행위로 형법 제30조의 공동정범을 무제한으로 인정하는 것은 삼가야 된다. 이는 형법 제33조 본문의 입법경위를 살펴본다면 더욱 그렇다. 따라서 예컨대 형법 제129조 제1항의 뇌물수수죄에 관하여 비공무원이 공무원과 공동정범이 성립하려면, 비공무원은 공무원의 직무에 관하여 뇌물을 수수하는 불법행위에서 해당 공무원과 서로 일체가 되어야 하므로, 비공무원은 공무원과 함께 그 직무에 관하여 뇌물의 수수를 일체가 되어 수수할 것을 요구해야 한다.

이런 점에서 다음과 같은 대법원 판결(2016. 6. 23. 선고 2016도3540)이 수긍이 간다. "공무원이 직접 뇌물을 받지 않고 증뢰자로 하여금 다른 사람에게 뇌물을 공여하도록 한 경우에는 그 다른 사람이 공무원의 사자(使者) 또는 대리인으로서 뇌물을 받은 경우 등과 같이 사회통념상 그 다른 사람이 뇌물을 받은 것을 공무원이 직접 받은 것과 같이 평가할 수 있는 관계가 있는 경우에 한하여 형법 제129조 제1항의 뇌물수수죄가 성립한다."

그렇다면 대상판결 사안의 경우 형법 제129조 제1항은 공무원 A에게 적용하는 것은 부당해 보인다. 왜냐하면 이 사안에 대해 뇌물수수죄가 성립되기 위해서는 비공무원 B는 공무원 A의 가족이나 사자(使者) 또는 대리인으로서 뇌물을 받은 경우처럼 사회통념상 A라는 공무원이 직접 받은 것과 같이 평가할 수 있는 관계가 있어야 하는데, 비공무원 B가 그 뇌물을 전적으로 자신이 수수했을 뿐만 아니라 처분하여 사용하였다는 점에서 사회통념상으로 보아도 공무원 A가 직접 받은 것으로 평가될 수 없기 때문이다.

게다가 다수견해는 형법 제129조 제1항의 규정과 별도로 형법 제130조를 규정하고 있는 취지를 무시했을 뿐만 아니라 죄형법정주의에 반하는 법해석을 하였다. 형법 제129조 제1항의 뇌물수수죄의 공동정범에서 공동가공 의사의 내용인 '특정한 범죄행위'는 '공무원이 전적으로 또는 비공무원과 함께 뇌물을 수수하기로 하는 범죄행위'를 의미한다. 그런데도 대상판례 사안의 경우 공무원 A는 자신에 의한 뇌물수수도 없었을 뿐 아니라, 심지어 한 푼의 뇌물조차 수수한 바가 없다. 이에 반해 공무원 A가 비공무원이자 제3자인 B에게 뇌물이 공여되게 하였을 뿐만 아니라, 비공무원 B의 수중으로 전적으로 수수되었다. 사정이 이렇다면 공무원 A와 비공무원 B는 형법 제129조 제1항의 뇌물수수죄의 공동정범을 범하려는 공동가공의 의사를 가진 것으로 볼 수 없다.

따라서 대상판결 사안의 경우 공무원 A는 증뢰자로부터 '부정한 청탁을 받았음'이 입증되는 경우에 국한하여 형법 제130조의 제3자뇌물공여죄에 해당되고, B는 이 범죄의 교사범에 해당된다고 판시했어야 옳다. 다시 말해 A가 증뢰자로부터 '부정한 청탁을 받았음'이 입증되지 않았다면, 법원은 A에 대해 무죄를 선고했어야 마땅했다.

한편, 뇌물수수죄나 제3자뇌물공여죄의 보호법익은 '직무집행 공정과 이에 대한 사회의 신뢰 및 직무행위의 불가매수성'에 있다. 이들 뇌물 관련 범죄는 뇌물수뢰자가 본인이냐 아니면 제3자이냐 여부는 그리 중요하지 않다. 왜냐하면 뇌물수뢰자가 누구냐의 문제는 '직무집행 공정과 이에 대한 사회의 신뢰 및 직무행위의 불가매수성'과 관련하여 불가분의 관계에 있다고 말할 수 없기 때문이다. 뿐만 아니라 강도·사기·공갈·배임죄의 경우 재물의 취득이나 재산상의 이익이 행위자 본인이 아닌, 제3자에게 돌아가더라도 동일한 처벌을 한다. 이런 점에서 형사정책적 측면을 고려한다면 형법 제130조는 구성요건 내용 중에서 '부정한 청탁을 받고'라는 명시된 문구를 삭제하는 방향으로 입법의 개정이 필요해 보인다.

제14장

명예훼손죄의 성립과 전파가능성 사건

- 대법원 2020. 11. 19. 선고 2020도5813 전원합의체 판결 -

【판결요지】

[1] [다수의견]

명예훼손죄의 관련 규정들은 명예에 대한 침해가 '공연히' 또는 '공공연하게' 이루어질 것을 요구하는데, '공연히' 또는 '공공연하게'는 사전적으로 '세상에서 다 알 만큼 떳떳하게', '숨김이나 거리낌이 없이 그대로 드러나게'라는 뜻이다. 공연성을 행위 태양으로 요구하는 것은 사회에 유포되어 사회적으로 유해한 명예훼손 행위만을 처벌함으로써 개인의 표현의 자유가 지나치게 제한되지 않도록 하기 위함이다. 대법원 판례는 명예훼손죄의 구성요건으로서 공연성에 관하여 '불특정 또는 다수인이 인식할 수 있는 상태'를 의미한다고 밝혀 왔고, 이는 학계의 일반적인 견해이기도 하다.

대법원은 명예훼손죄의 공연성에 관하여 개별적으로 소수의 사람에게 사실을 적시하였더라도 그 상대방이 불특정 또는 다수인에게 적시된 사실을 전파할 가능성이 있는 때에는 공연성이 인정된다고 일관되게 판시하여, 이른바 전파가능성 이론은 공연성에 관한 확립된 법리로 정착되었다. 이러한 법리는 정보통신망 이용촉진 및 정보보호 등에 관한 법률(이하 '정보통신망법'이라 한다)상 정보통신망을 이용한 명예훼손이나 공직선거법상 후보자비방죄 등의 공연성 판단에도 동일하게 적용되어, 적시한 사실이 허위인지 여부나 특별법상 명예훼손 행위인지 여부에 관계없이 명예훼손 범죄의 공연성에 관한 대법원 판례의 기본적 법리로 적용되어 왔다.

공연성에 관한 전파가능성 법리는 대법원이 오랜 시간에 걸쳐 발전시켜 온 것으로서 현재에도 여전히 법리적으로나 현실적인 측면에 비추어 타당하므로 유지되어야 한다. 대법원 판례와 재판 실무는 전파가능성 법리를 제한 없이 적용할 경우 공연성 요건이 무의미하게 되고 처벌이 확대되게 되어 표현의 자유가 위축될 우려가 있다는 점을 고려하여, 전파가능성의 구체적 · 객관적인 적용 기준을 세우고, 피고인의 범의를 엄격히 보거나 적시의 상대방과 피고인 또는 피해자의 관계에 따라 전파가능성을 부정하는 등 판단 기준을 사례별로 유형화하면서 전파가능성에 대한 인식이 필요함을 전제로 전파가능성 법리를 적용함으로써 공연성을 엄격하게 인정하여 왔다. 구체적으로 살펴보면 다음과 같다.

(가) 공연성은 명예훼손죄의 구성요건으로서, 특정 소수에 대한 사실적시의 경우 공연성이 부정되는 유력한 사정이 될 수 있으므로, 전파될 가능성에 관하여는 검사의 엄격한 증명이 필요하다. 나아가 대법원은 "특정의 개인이나 소수인에게 개인적 또는 사적으로 정보를 전달하는 것과 같은 행위는 공연하다고 할 수 없고, 다만 특정의 개인 또는 소수인이라고 하더라도 불특정 또는 다수인에게 전파 또는 유포될 개연성이 있는 경우라면 공연하다고 할 수 있다."고 판시하여 전파될 가능성에 대한 증명의 정도로 단순히 '가능성'이 아닌 '개연성'을 요구하였다.

(나) 공연성의 존부는 발언자와 상대방 또는 피해자 사이의 관계나 지위, 대화를 하게 된 경위와 상황, 사실적시의 내용, 적시의 방법과 장소 등 행위 당시의 객관적 제반 사정에 관하여 심리한 다음, 그로부터 상대방이 불특정 또는 다수인에게 전파할 가능성이 있는지 여부를 검토하여 종합적으로 판단하여야 한다. 발언 이후 실제 전파되었는지 여부는 전파가능성 유무를 판단하는 고려요소가 될 수 있으나, 발언 후 실제 전파 여부라는 우연한 사정은 공연성 인정 여부를 판단함에 있어 소극적 사정으로만 고려되어야 한다. 따라서 전파가능성 법리에 따르더라도 위와 같은 객관적 기준에 따라 전파가능성을 판단할 수 있고, 행위자도 발언 당시 공연성 여부를 충분히 예견할 수 있으며, 상대방의 전파의사만으로 전파가능성을 판단하거나 실제

전파되었다는 결과를 가지고 책임을 묻는 것이 아니다.

(다) 추상적 위험범으로서 명예훼손죄는 개인의 명예에 대한 사회적 평가를 진위에 관계없이 보호함을 목적으로 하고, 적시된 사실이 특정인의 사회적 평가를 침해할 가능성이 있을 정도로 구체성을 띠어야 하나, 위와 같이 침해할 위험이 발생한 것으로 족하고 침해의 결과를 요구하지 않으므로, 다수의 사람에게 사실을 적시한 경우뿐만 아니라 소수의 사람에게 발언하였다고 하더라도 그로 인해 불특정 또는 다수인이 인식할 수 있는 상태를 초래한 경우에도 공연히 발언한 것으로 해석할 수 있다.

(라) 전파가능성 법리는 정보통신망 등 다양한 유형의 명예훼손 처벌 규정에서의 공연성 개념에 부합한다고 볼 수 있다. 인터넷, 스마트폰과 같은 모바일 기술 등의 발달과 보편화로 SNS, 이메일, 포털사이트 등 정보통신망을 통해 대부분의 의사표현이나 의사전달이 이루어지고 있고, 그에 따라 정보통신망을 이용한 명예훼손도 급격히 증가해 가고 있다. 이러한 정보통신망과 정보유통 과정은 비대면성, 접근성, 익명성 및 연결성 등을 본질적 속성으로 하고 있어서, 정보의 무한 저장, 재생산 및 전달이 용이하여 정보통신망을 이용한 명예훼손은 '행위 상대방' 범위와 경계가 불분명해지고, 명예훼손 내용을 소수에게만 보냈음에도 행위 자체로 불특정 또는 다수인이 인식할 수 있는 상태를 형성하는 경우가 다수 발생하게 된다. 특히 정보통신망에 의한 명예훼손의 경우 행위자가 적시한 정보에 대한 통제 가능성을 쉽게 상실하게 되고, 빠른 전파성으로 인하여 피해자의 명예훼손의 침해 정도와 범위가 광범위하게 되어 표현에 대한 반론과 토론을 통한 자정작용이 사실상 무의미한 경우도 적지 아니하다.

따라서 정보통신망을 이용한 명예훼손 행위에 대하여, 상대방이 직접 인식하여야 한다거나, 특정된 소수의 상대방으로는 공연성을 충족하지 못한다는 법리를 내세운다면 해결 기준으로 기능하기 어렵게 된다. 오히려 특정 소수에게 전달한 경우에도 그로부터 불특정 또는 다수인에 대한 전파가능성 여부를 가려 개인의 사회적 평가가 침해될 일반적 위험성이 발생하였는지를 검토하는 것이 실질적인 공연성 판단에 부합되고, 공연성의 범위를 제한하는 구체적인 기준이 될 수 있다. 이러한 공연성의 의미는 형법과 정보통신망법 등의 특별법에서 동일하게 적용되어야 한다.

(마) 독일 형법 제193조와 같은 입법례나 유엔인권위원회의 권고 및 표현의 자유와의 조화를 고려하면, 진실한 사실의 적시의 경우에는 형법 제310조의 '공공의 이익'도 보다 더 넓게 인정되어야 한다. 특히 공공의 이익관련성 개념이 시대에 따라 변화하고 공공의 관심사 역시 상황에 따라 쉴 새 없이 바뀌고 있다는 점을 고려하면, 공적인 인물, 제도 및 정책 등에 관한 것만을 공공의 이익 관련성으로 한정할 것은 아니다.

따라서 사실적시의 내용이 사회 일반의 일부 이익에만 관련된 사항이라도 다른 일반인과의 공동생활에 관계된 사항이라면 공익성을 지닌다고 할 것이고, 이에 나아가 개인에 관한 사항이더라도 그것이 공공의 이익과 관련되어 있고 사회적인 관심을 획득한 경우라면 직접적으로 국가, 사회 일반의 이익이나 특정한 사회집단에 관한 것이 아니라는 이유만으로 형법 제310조의 적용을 배제할 것은 아니다. 사인이라도 그가 관계하는 사회적 활동의 성질과 사회에 미칠 영향을 헤아려 공공의 이익에 관련되는지 판단하여야 한다.

[대법관 김재형, 대법관 안철상, 대법관 김선수의 반대의견]

다수의견은 명예훼손죄의 구성요건인 '공연성'에 관하여 전파가능성 법리를 유지하고자 한다. 그러나 명예훼손죄에서 말하는 공연성은 전파가능성을 포섭할 수 없는 개념이다. 형법 제307조 제1항, 제2항에 규정된 공연성은 불특정 또는 다수인이 직접 인식할 수 있는 상태를 가리키는 것이고, 특정 개인이나 소수에게 말하여 이로부터 불특정 또는 다수인에게 전파될 가능성이 있다고 하더라도 공연성 요건을 충족한다고 볼 수 없다. 다수의견은 범죄구성요건을 확장하여 적용함으로써 형법이 예정한 범주를 벗어나 형사처벌을 하는 것으로서 죄형법정주의와 형법해석의 원칙에 반하여 찬성할 수 없다. 전파가능성 법리를 이유로 공연성을 인정한 대법원 판결들은 변경되어야 한다. 상세한 이유는 다음과 같다.

(가) 전파가능성이 있다는 이유로 공연성을 인정하는 것은 문언의 통상적 의미를 벗어나 피고인에게 불리한 확장해석으로 죄형법정주의에서 금지하는 유추해석에 해당한다.

명예훼손죄의 구성요건으로 공연성을 정한 입법 취지는 사람의 인격적 가치에 대한 평가를 떨어뜨릴 수 있는 행위 가운데 사적인 대화나 정보전달의 차원을 넘어서서 '사회적으로' 또는 '공개적으로' 사실을 드러내는 것에 한정하여 처벌하려는 데 있다. 다른 사람의 명예를 침해할 수 있는 사실이 사회에 유포되는 경우만을 처벌하고자 하는 것이 입법자의 결단이라고 할 수 있는데, 이는 명예훼손죄의 성립범위를 좁혀 헌법상 표현의 자유를 가급적 넓게 보장하는 기능을 수행한다.

전파가능성이란 아직 그러한 결과가 현실로 발생하지 않았지만 앞으로 전파될 수도 있다는 뜻이다. 그러한 결과가 발생하지 않은 상황에서 앞으로 전파될 '가능성'이라는 추측을 처벌의 근거로 삼는 것은 죄형법정주의에 명백히 반한다. 가능성을 개연성으로 바꾼다고 해서 사정이 달라지는 것도 아니다. 공연성을 전파가능성만으로 인정하는 것은 명예를 훼손하는 −명예훼손을 위험범으로 보는 다수의견에 따르면 훼손할 위험이 있는− 행위가 '공연히' 이루어지지 않은 경우까지도 전파되어 공연한 것으로 될 '가능성'이 있다는 이유로 처벌 대상이 된다는 것이다. 이러한 해석은 명백히 피고인에게 불리한 것으로서 허용되어서는 안 되는 부당한 확장해석이자 유추해석에 해당한다.

(나) 형법은 '공연히 사실 또는 허위사실을 적시한 행위'를 처벌하도록 명확히 규정하고 있다. 명예훼손죄의 성립 여부는 적시된 사실의 전파가능성이 아니라 사실적시 행위 자체가 공연성을 가지고 있는지에 따라 판단해야 한다. 이때 공연성은 행위의 성격이나 모습을 분석하여 그것이 불특정 또는 다수인에 대한 것인지, 사실적시 행위가 공개된 장소 등에서 이루어져 불특정 또는 다수인이 이를 인식하였거나 인식할 수 있었는지, 그와 같은 상태가 사회적 또는 공개적으로 유포되었다고 볼 수 있는지를 판단하면 된다.

전파가능성 법리는 명예훼손죄의 구성요건인 공연성 이외에 전파가능성이라는 새로운 구성요건을 창설하는 결과가 되어 죄형법정주의에 어긋난다. 그리고 전파가능성 법리는 명확성 원칙을 훼손하여 명예훼손죄가 가지고 있는 행위규범으로서의 기능을 저해하고 법 적용자로 하여금 형벌법규를 자의적으로 운용하는 것을 허용하는 결과를 초래한다.

(다) 형법 등에서 공연성을 구성요건으로 하는 여러 범죄에서 공연성의 의미는 동일하게 해석해야 한다. 그것이 각 규정의 입법 취지와 형사법의 체계적인 해석에 합치된다. 명예훼손죄에서 공연음란죄(형법 제245조)나 음화 등 전시 · 상영죄(형법 제243조)와 달리 공연성 개념에 전파가능성을 포함한 것은 형법의 통일적 해석을 무너뜨린 것으로 공연성에 관하여 일관성이 없다는 비판을 면할 수 없다.

(라) 사실적시의 상대방이 전파할 가능성이 있는지 여부로 공연성을 판단하는 것은 수범자의 예견가능성을 침해하여 행위자에 대한 결과책임을 묻는 것으로서, 이는 형사법의 평가방식에 어긋난다. 결국 명예훼손죄에서 명예훼손 사실을 들은 상대방이 행위자가 적시한 사실을 장차 다른 사람에게 전달할지 여부에 따라 명예훼손죄의 성립 여부를 결정하는 것은 행위에 대한 불법 평가에서 고려 대상으로 삼아서는 안 되는 우연한 사정을 들어 결과책임을 묻는 것이다.

(마) 공연성을 전파가능성 여부로 판단하는 것은 명예훼손죄의 가벌성의 범위를 지나치게 확장하는 결과를 가져오고 형법의 보충성 원칙에도 반한다.

공연성 판단에 전파가능성을 고려하는 것은 명예훼손죄의 행위 양태로 요구되는 공연성을 전파가능성으로 대체하여, 외적 명예가 현실적으로 침해되지 않아도 침해될 위험만으로 성립되는 추상적 위험범인 명예훼손죄의 보호법익이나 그 정도를 행위 양태와 혼동한 것이다. 명예훼손죄가 추상적 위험범이라는 것은 공연히 적시된 사실로 인해 명예가 훼손될 위험이 있는 경우에 처벌한다는 것이지, 적시된 사실이 공연하게 될 위험이 있는 경우까지 처벌하는 것이 아니다. 명예훼손죄의 처벌 근거는 사실이 계속 전파되어 나갈 위험, 즉 타인이 전파함으로써 발생할 명예훼손 위험에 있는 것이 아니라, 공연하게 사실을 적시함으로써 발생할 명예훼손의 위험에 있기 때문이다.

또한 특정 소수와의 사적 대화나 정보 전달의 경우에도 전파가능성이 있는 경우 공연성이 있다고 보는 것은 거의 모든 사실적시 행위를 원칙적으로 명예훼손죄의 구성요건에 해당한다고 보는 것으로, 형법의 보충성 원칙에 반한다.

(바) 전파가능성 유무를 판단할 수 있는 객관적 기준을 설정하는 것이 어렵기 때문에 구체적 적용에 자의가 개입될 소지가 크다. 사실적시자, 상대방, 피해자의 관계 등을 기초로 전파가능성을 따지더라도 어떤 경우에 전파가 가능한지에 대한 객관적 기준을 설정하기 어려운 것은 마찬가지이다. 직장동료나 친구에게 사실을 적시한 경우에 행위자나 피해자와 어느 정도 밀접한 관계에 있어야 전파할 가능성이 없는지를 객관화하기 어렵고, 이를 증명하거나 판단하는 것은 쉽지 않기 때문에 전파가능성은 구체적 증명 없이 '적어도 전파될 가능성은 있다'는 방향으로 포섭될 위험이 더욱 커지게 된다.

(사) 정보통신망법은 정보통신망을 이용하더라도 사실적시 행위를 공공연하게 할 것을 요구하므로 그 공연성 개념은 명예훼손죄의 공연성과 동일하다. 정보통신망을 통하더라도 특정 소수에게만 사실을 적시한 경우에는 여전히 공연성이 있다고 할 수 없고, 이러한 행위는 형법이나 정보통신망법상 명예훼손죄의 규율대상이 아니다. 즉 정보통신망, 예컨대 이메일이나 SNS 메시지를 통해 친구 1명에게 사실을 적시한 것과 편지를 쓰거나 대면하여 말로 하는 것은 특정된 소수에게 사실을 적시하였다는 행위 양태가 동일한 것이고, 정보통신망을 이용하였다고 해서 명예에 대한 침해의 일반적 위험성이 발생하였다고 볼 수는 없다. 인터넷과 과학기술의 발달로 정보의 무한 저장과 재생산으로 인한 명예훼손의 피해 정도와 범위가 넓어지는 문제는 양형에 반영하거나 정보통신망법에 의한 가중처벌로 해결되어야 하고, 이를 이유로 공연성의 개념이 변경되어야 할 필요는 없다.

(아) 다수의견은 개인의 명예를 보호하기 위해 사적인 관계와 공간에서 이루어지는 표현행위까지 구성요건에 해당한다고 본 다음 다시 표현의 자유와 조화를 도모하고자 형법 제310조의 위법성조각사유를 넓게 보려고 한다. 그러나 이는 결국 개

인의 명예보호에 치우친 것은 마찬가지이고, 전파가능성 법리를 유지하기 위한 구실에 지나지 않는다. 아무리 형법 제310조의 위법성조각사유를 넓게 보더라도 발언의 주된 목적이나 내용에 공익성이 없는 이상 명예훼손죄로 처벌받는다. 사적인 공간에서 사적인 대화에 공익성을 가지는 경우가 얼마나 있는지 의문일 뿐만 아니라 이를 요구하는 것은 사적인 주제에 관한 사담(私談)을 금지하는 것과 마찬가지이다. 모든 국민은 사적 대화 내용이 피해자에게 흘러 들어가지 않는 요행을 바라는 것 외에는 형사처벌을 피할 수 없다. 이것은 모든 국민을 잠재적인 또는 미처 발각되지 않은 범죄자로 보는 것이다.

연 구

Ⅰ. 문제의 제기와 죄형법정주의의 원칙

대법원의 다수의견은 명예훼손죄의 성립에 관하여 "추상적 위험범으로서 명예훼손죄는 개인의 명예에 대한 사회적 평가를 진위에 관계없이 보호함을 목적으로 하고, 적시된 사실이 특정인의 사회적 평가를 침해할 가능성이 있을 정도로 구체성을 띠어야 하나, 위와 같이 침해할 위험이 발생한 것으로 족하고 침해의 결과를 요구하지 않으므로, 다수의 사람에게 사실을 적시한 경우뿐만 아니라 소수의 사람에게 발언하였다고 하더라도 그로 인해 불특정 또는 다수인이 인식할 수 있는 상태를 초래한 경우에도 공연히 발언한 것으로 해석할 수 있다."고 주장하고 있다.

이에 따르면 명예훼손죄는 추상적 위험범에 해당하고, 사실의 적시를 소수의 사람에게 발언하였다고 하더라도 그것이 다른 사람들에게 전파될 개연성이 있으면 '사실적시의' 공연성을 인정할 수 있어 명예훼손죄로 처벌될 수 있다는 입장이다.

대법원은 형법을 해석할 때 죄형법정주의 원칙의 철저한 준수를 지속적으로 천명하였다.[1] 다음과 같이 반복적으로 언명했다. "죄형법정주의는 국가형벌권의 자의적인 행사로부터 개인의 자유와 권리를 보호하기 위하여 범죄와 형벌을 법률로 정할 것을

1) 대법원 2007. 6. 14. 선고 2007도2162 판결; 대법원 2009. 4. 23. 선고 2006다81035 판결; 대법원 2016. 3. 10. 선고 2015도17847 판결; 대법원 2017. 12. 21. 선고 2015도8335 전원합의체 판결.

요구한다. 그러한 취지에 비추어 보면 형벌법규의 해석은 엄격하여야 하고, 문언의 가능한 의미를 벗어나 피고인에게 불리한 방향으로 해석하는 것은 죄형법정주의의 내용인 확장해석 금지에 따라 허용되지 아니한다. 법률을 해석할 때 입법 취지와 목적, 제·개정 연혁, 법질서 전체와의 조화, 다른 법령과의 관계 등을 고려하는 체계적·논리적 해석방법을 사용할 수 있으나, 문언 자체가 비교적 명확한 개념으로 구성되어 있다면 원칙적으로 이러한 해석 방법은 활용할 필요가 없거나 제한될 수밖에 없다. 죄형법정주의 원칙이 적용되는 형벌법규의 해석에서는 더욱 그러하다."[2]

이처럼 대법원은 죄형법정주의 원칙을 국가형벌권의 자의적인 행사로부터 개인의 자유와 권리를 보호하기 위하여 "범죄와 형벌을 법률로 정할 것을 요구한다."는 헌법상의 각 규정[3]의 취지를 명백히 하고, 이를 구체화하기 위해 다음과 같은 해석방법을 요구한다. 즉 죄형법정주의 원칙의 철저한 실행을 위해서는 "① 형벌법규의 엄격한 해석, ② 문언의 가능한 의미 준수, ③ 피고인에게 불리한 방향의 해석 금지, ④ 법률을 해석할 때 문언 자체가 비교적 명확한 개념으로 구성되어 있다면 원칙적으로 문언해석으로 국한하고, ⑤ (죄형법정주의 원칙이 적용되는) 형벌법규의 해석에서는 더욱 엄격할 것을 준수해야 한다."고 본 것이다.

죄형법정주의의 원칙에 관한 대법원의 이런 입장은 어떠한 형사사건에 관해서도 변함 없이 준수되어야 하며, 대상 사건의 적용 법조에 관해서도 관철되어야 함은 물론이다. 이런 점에 기초하여 대상 사건에 관해 다수의견과 반대의견 중에서 어느 의견이 더 정당한 것인지 여부를 아래에서 자세히 살펴보자.

Ⅱ. 형법 제307조 제1항의 구성요건과 '명예를 훼손한 자'의 의미

(1) 형법 제307조 제1항은 '사실적시 명예훼손죄'를 규율하고 있다. 이에 의하면 "공연히 사실을 적시하여 사람의 명예를 훼손한 자"에 대해 벌한다. 이 죄의 구성요건에 해당되려면 행위주체가 ① 타인의 명예에 관련된 사실을 공연히 적시하여, ② 그 자의 명예를 훼손하여야 한다. '공연히 사실을 적시하여 타인의 명예를 훼손한

2) 대법원 2017. 12. 21. 선고 2015도8335 전원합의체 판결.
3) 헌법 제12조 제1항과 제13조 참조.

자'를 처벌하려는 명예훼손죄의 입법 취지는 사람의 인격적 가치에 대한 평가를 떨어뜨릴 수 있는 행위 가운데, 사적인 대화나 정보전달의 차원을 넘어서서 '사회적으로' 또는 '공개적으로' 사실을 드러내어 '타인의 명예를 훼손하는 행위'에 대해 처벌하려는 데 있다.[4)]

(2) 그런데 공연히 진실한 사실을 적시하는 것은 헌법 제21조에 의한 표현의 자유 영역에 속할 뿐만 아니라, 뒷담화를 좋아하는 인간의 본성에 해당되기도 한다. 그러므로 형법 제307조 제1항은 타인에 대한 사실의 적시 그 자체를 무조건 처벌하려는 것이 아니고, '진실한 사실을 공연히 적시하였더라도' '타인의 명예가 훼손한 경우'에 비로소 처벌하려는 것이다. 게다가 형법 제307조 제1항의 구성요건에 해당된 행위를 실행한 자라도 형법 제310조에 의해 "① 적시 사실이 진실하고, ② 공공의 이익을 위한 때"에는 위법성이 조각되어 벌하지 않도록 하고 있다. 형법이 사실적시 명예훼손을 이처럼 일정한 요건 하에서 제한하여 처벌하려는 것은 헌법 제21조 표현의 자유에 대한 본질적 침해에 대한 저촉을 회피하기 위함이다.

(3) 형법 제307조 제1항에서 "사실을 공연히 적시하여 타인의 명예를 훼손한 자"를 처벌한다는 규정에서 '명예를 훼손한 자'의 의미는 무엇일가? 행위주체에 의한 사실의 공연한 적시라고 해서 언제나 곧바로 타인의 명예를 훼손한 것으로 볼 수 없다. 왜냐하면 공연한 사실의 적시가 명예 대상자에게 오히려 세평을 높게 올려 줄 수도 있거나 혹은 세평과 전혀 관련 없을 수도 있기 때문이다. 따라서 '명예를 훼손한 자'의 의미는 ① 행위주체가 명예에 관련된 진실한 사실을 불특정 다수인에게 적시하고, ② 이를 청취한 이들의 다수가 그 적시사실의 의미를 이해하고 진실이라고 믿을 때, ③ 비로소 타인의 명예를 훼손한 자, 즉 그에 대한 세평의 저하를 낳게 한 자라고 이해할 수 있을 것이다.

(4) 그런데 판례와 학설은 명예훼손죄의 보호 정도를 추상적 위험범으로 파악한다. 그 근거를 다음과 같이 설명하는 학자도 있다. "명예훼손죄를 침해범이라고 하

---

4) 대법원 2020. 11. 19. 선고 2020도5813 전원합의체 판결의 반대의견 참조.

게 되면 사실적시 이외에 그것을 인지한 사람들이 적시된 사실을 믿어야 명예훼손죄가 성립한다. 믿지 않으면 명예가 훼손되지 않기 때문이다."[5] 이에 따르면 사실적시의 명예훼손죄를 침해범으로 해석하게 되면 "사실의 적시 내용을 믿어야 된다."고 하게 되어, 사실상 명예훼손죄의 성립가능성이 좁아지게 된다고 본다. 그래서인지 "논리적으로는 침해범으로 보이지만 사실적시 명예훼손을 충분히 방위하기 위해서는 불가피하게 추상적 위험범으로 해석하여야 된다."는 것이다.

이러한 사고방식은 명예훼손죄의 처벌범위를 죄형법정주의에 기초한 법문언의 엄격한 해석에서 찾지 않고, 사회적 처벌욕구의 사각지대를 회피하기 위하여 관련 조문을 확대해석하려는 데 기인한다.[6]

(5) 명예훼손죄는 범죄의 특성상 사실적시의 공연성으로 인해 적시한 사실을 인지한 사람들이 1~2명을 훨씬 넘겨야 한다. 만일 1~2명에게 전달되어도 전파가능성 이론에 의해 공연성이 인정된다는 입장에 서게 될 경우, 그 1~2명밖에 사실적시를 인지했어도 이들 모두가 진실이라고 생각하였다면 그에게 명예훼손죄의 죄책을 물을 수 없다는 것은 가혹해 보일 수 있다.

그러나 이러한 해석은 논리법칙에 어긋난다. 왜냐하면 형법 제307조 제1항은 사실적시의 공연성을 요구하고 있고, 이로 인해 불특정 다수가 그 사실의 적시를 인지한 상태에 있어야 하며, 이들 불특정 다수 모두가 그 적시된 사실을 믿지 않았다고 한다면 피해자의 세평의 저하는 야기되지 않기 때문이다. 그러나 이러한 경우는 지극히 예외적이다. 사실의 적시는 일반적으로 그것을 믿기 십상이며, 그것을 일부의 사람들이 의심하였다고 하더라도 그 나머지 사람들이 믿는다고 보는 것이 통상적이다.

---

5) 대표적으로 오영근, 『형법각론(제2판)』, 203쪽 참조. 다만 그는 이런 입장이 문제가 있음을 인정하고 있다.

6) 판례뿐만 아니라 일부 형사법학자도 앞에서는 죄형법정주의 원칙의 철저를 노래하지만, 뒤로는 처벌의 사각지대를 회피하려고 노력하고 있는 모습을 보인다. 이들은 이를 위해 그런 원칙을 무시하고 법해석의 방법으로 확대적용을 곧잘 감행한다. 예컨대 공동정범에 관한 형법 제30조의 법문언은 동일하게 해석하여야 함에도 고의범과 과실범에 따라 항상 달리 해석하고 있는 판례의 습관적 태도를 목격할 수 있을 뿐만 아니라, 명색이 고시서로 명성을 날렸던 형법 교과서의 저자들 역시 그러한 사고방식에 빠져 있음을 쉽게 찾아볼 수 있다. 예컨대 이재상, 『형법총론(신정판)』, 박영사, 1998, 416쪽 이하 참조.

(6) 사실적시의 명예훼손죄에 관해 보호의 정도를 판례나 학계는 합리적 근거 없이 추상적 위험범으로 이해한다. 게다가 해당 범죄의 구성요건해당성 여부에 관한 법문언조차 추상적 위험범의 관점에서 파악하려고 한다. 이런 관점에서는 구성요건적 실행행위의 결과 측면, 즉 '명예를 훼손하는 (것)'의 구성요건 해당을 소홀히 하고, 행위주체의 실행행위 측면만(즉 사실적시의 공연성)을 강조하는 경향을 갖게 된다. 이 때문에 사실적시 명예훼손죄를 추상적 위험범으로 파악하는 판례나 학계는 행위주체의 '명예에 관련된 공연한 사실의 적시'만을 중시하고, '명예가 훼손되었는지'에 관한 검토를 소홀히 하는 결과를 초래한다.

(7) 일본의 경우 사실적시 명예훼손죄는 '그 사실의 유무에 관계없이'라는 문언을 제외하고 우리 형법 조문과 동일한 내용이다.[7)] 일본 판례와 학설도 우리 판례와 학설처럼 추상적 위험범으로 파악하고 있다. 그러나 여기서 조심할 부분이 있다. 우리나라와 일본의 법문언에 관한 시제는 동일하지 않으며, 특히 현재형과 미래형이 뚜렷이 구분된 우리나라와 달리 일본은 미래형도 현재형과 함께 쓰고 있다. 따라서 '사람의 명예를 훼손한 자'를 우리나라에서는 '명예를 훼손했거나(과거) 명예훼손을 실행하고 있는 사람(현재)'에 그친다. 이에 반해 일본에서는 '명예를 훼손하고 있거나(현재), 훼손하게 되는 사람(미래)으로도 읽힐 수 있다. 이에 따라 일본의 경우 사실적시 명예훼손죄의 경우 추상적 위험범으로 파악할 가능성이 없지 않게 된다.

(8) 그러나 우리나라는 명예를 공공연하게 '훼손했거나 훼손하고 있는 자'만을 국한하여 처벌한다는 점에서 추상적 위험범으로 단정하기 어렵다. 이런 점에서 형법 제307조 제1항의 명예훼손죄를 추상적 위험범으로 파악하여 명예훼손에 관한 공연한 사실적시가 존재하기만 하면 명예가 현실적으로 훼손되지 않고 있는데도 불구하고 처벌하려는 사고방식은 극복되어야 한다. 다시 말해 명예를 훼손할 가능성이 내재하기만 하면 명예훼손죄로 처벌하려는 사고방식은 죄형법정주의에 반하는 것이다. 명예훼손죄의 성립에 관하여 죄형법정주의에 반하는 이러한 해석태도는 우리의

---

7) 제230조 ① 공연히 사실을 적시하여 사람의 명예를 훼손한 자는 그 사실의 유무에 관계없이 3년 이하의 징역이나 금고 또는 50만엔 이하의 벌금에 처한다.

판례뿐만 아니라 형법학계에서도 시급히 시정되어야 할 것이다.

(9) 명예훼손죄를 추상적 위험범으로 파악할 수 있게 하려면, 명예훼손죄의 구성요건을 독일의 명예훼손죄 규정처럼 다음과 같이 명시해야 한다. 즉 “**타인의 명예를 훼손할 만한 사실을 공공연하게 적시한 자는 처벌한다**.”라고. 이런 식의 규정은 ‘공공연하게 명예 관련 사실을 적시하는 것’만으로 범죄의 구성요건이 실현될 수 있기 때문이다. 여기서 주의할 필요가 있다. 독일의 명예훼손죄 제186조는 단순히 명예를 훼손할 만한 사실을 적시하는 것만으로 처벌되지 않고, 주장 사실이 증명할 만한 진실이 아닐 때 비로소 처벌된다는 점이다. 이는 사실상 진실한 사실의 적시의 경우를 탈범죄화하고, 진실함을 입증하지 못한 사실을 적시한 자에 국한하여 명예훼손죄로 처벌하려는 데 주된 목적이 있음을 보여준다.

(10) 게다가 형법상 사실적시 명예훼손죄의 확대적용은 적지 않은 문제점을 내포하고 있다. 과거에 왜곡되었거나 잘못 전해진 사실을 올바로 자리매김하는 데 막대한 지장을 초래하고 뒷담화를 좋아하는 인간 군상의 태도를 노골적으로 범죄시하려는 경향을 갖는다. 이는 형법의 보충성 성격을 본질적으로 훼손하게 된다. 그래서 독일의 경우 타인을 경멸하거나 세평을 저하시키는 사실을 주장하거나 유포한 자가 그 주장사실의 진실을 입증하지 못한 경우에 국한하여 명예훼손죄로 처벌하고 있다. 이는 사실의 적시가 진실임이 입증된 경우라면 처벌에서 제외됨을 의미한다.

(11) 이러한 관점들에서 볼 때 다수의견은 (명예훼손죄의 규정을 확대해석하여) 추상적 위험범으로 파악함으로써 명예를 훼손할 만한 사실의 적시가 있는 경우라면 (명예를 훼손하지 않았다고 할지라도) 공연성을 전제로 무조건 처벌할 수 있다는 입장은 재고되어야 마땅하다.

Ⅲ. 사실적시의 공연성과 전파가능성이론에 대한 비판적 검토

형법상 사실적시 명예훼손죄의 규정은 타인의 명예에 관한 사실을 공공연하게 적시하고, 이를 통해서 그 명예를 훼손해야 비로소 처벌된다고 명시하고 있다.

(1) 여기서 '공연히 사실을 적시하여'는 '공공연하게 사실을 적시하였거나 적시하고 있는 상태'를 의미한다. 형법 제307조 제1항의 구성요건 그 어디에도 이를 넘어서 미래형으로서 '공공연하게 적시할 가능성'으로 읽힐 만한 내용을 찾아볼 수 없다.

(2) 명예훼손죄를 추상적 위험범으로 이해하고 있는 다수의견은 "소수의 사람에게 발언하였다고 하더라도 그로 인해 불특정 또는 다수인이 인식할 수 있는 상태를 초래한 경우에도 공연히 발언한 것으로 해석할 수 있다."고 주장한다. 다수의견의 이런 입장을 이른바 '전파가능성이론'이라고 한다.

"대법원은 명예훼손죄의 공연성에 관하여 개별적으로 소수의 사람에게 사실을 적시하였더라도 그 상대방이 불특정 또는 다수인에게 적시된 사실을 전파할 가능성이 있는 때에는 공연성이 인정된다고 일관되게 판시하여, 이른바 전파가능성 이론은 공연성에 관한 확립된 법리로 정착되었다. …"

다수의견의 이와 같은 논리는 다음과 같은 문제점에 직면한다.

① 형법상의 정범은 해당 구성요건적 행위를 현실적으로 장악하고 지배하여 실현하는 자를 통칭한다. 이것은 독일뿐만 아니라 일본과 한국에서도 달리 이론이 없는 입장이다. 그렇다면 명예훼손죄를 범하는 행위주체인 정범도 구성요건을 실현하는데 있어서 자신의 지도적 역할과 지배를 벗어난 영역에 대해서는 정범성이 결여된 것이다. 다시 말해 명예에 관련된 사실적시를 청취했거나 보았던 자가 타인에게 전파할 가능성 여부에 대해서는 행위주체가 지배할 수 없는 영역인 것이고, 따라서 명예훼손죄의 행위주체가 책임질 수 없는 부분이다.

② 명예훼손죄에 규정된 공연성은 불특정 또는 다수인이 직접 인식할 수 있는 상태를 가리키며, 특정 개인이나 소수에게 사실을 적시하여 이들로부터 불특정 또는 다수인에게 전파될 가능성이 있다는 것은 "행위주체가 명예에 관련된 사실의 적시를 현실적으로 공공연히 실행하고 있어야 한다."는 구성요건을 충족한다고 볼 수 없다. 왜냐하면 명예훼손죄의 법문에서 명시하고 있는 '공연히 사실을 적시하여'라는 표현은 행위주체에 의한 사실의 적시를 현실적으로 공공연하게 하고 있음을 의

미하고 있기 때문이다.

③ 또한 다수의견은 명예훼손죄의 핵심적 구성요건을 '공연히 사실을 적시하여 명예를 훼손한 데'에 두기보다는 오히려 '**명예를 훼손할 만한 사실적시의 공연성**'에 방점을 찍고 있다. 이렇게 해석되려면 명예훼손죄의 구성요건을 독일의 그것처럼 다음과 같이 명시했어야 옳다. 즉 "**명예를 훼손할 만한 사실을 공공연히 적시한 자**는 형벌로 처벌된다." 그러나 우리 형법은 그렇게 하지 않고, '**사실적시의 공연성이 명예를 훼손할 때**' 비로소 처벌될 수 있음을 규정하고 있다. 그러므로 명예훼손죄의 규정은 그 어디에도 사실적시의 공연성이 전파가능성이론을 수용할 만한 논리적 근거가 전혀 없다.

(3) 이런 점에서 다수의견의 입장은 명예훼손죄의 구성요건을 심각하게 왜곡하는 것이다. 행위주체가 명예훼손죄로 처벌받은 결정적 이유는 '공공연한 사실의 적시로 명예를 훼손하는 데 있는 것'이지, '사실적시의 공연성'에 방점을 두고 있지 않다. 모든 '공공연한 사실적시'를 처벌하는 것은 헌법상 표현의 자유를 심각하게 침해할 수 있기 때문이다. 헌법상 표현의 자유를 감안하여 형법상 명예훼손죄는 '명예를 훼손할 만한 사실의 적시가 불특정 또는 다수인에게 인식될 때', 즉 '공연성이 존재할 경우' 비로소 처벌할 수 있도록 허용하고 있는 바, 사실적시의 공연성은 표현의 자유를 보장하기 위한 일종의 방지턱의 역할을 하고 있을 뿐이다.

(4) 다수의견처럼 명예훼손죄가 추상적 위험범이라고 이해하더라도 이는 '공연히 적시된 사실로 인해 명예가 훼손되는 경우'에 국한하여 처벌한다는 것이지, '적시된 사실이 공연하게 될 위험이 있는 경우'까지 처벌하는 것이 아니다. 명예훼손죄의 처벌 근거는 적시사실이 단순히 전파되어 나갈 위험에 두고 있지 않다. 다시 말해 처벌근거는 적시사실을 인지한 타인이 다른 사람들에게 전파가능함으로써 발생할 명예훼손의 위험에 처해 있다는 데 두기보다는, 명예 관련 사실을 공공연하게 적시함으로써 이를 통하여 피해자에게 발생한 명예에 대한 훼손 자체에 있는 것이다.

(5) 더구나 전파가능성이론은 다음과 같은 심각한 문제점을 갖고 있다.

첫째로 적시된 사실의 전파가능성이 있기만 하면 처벌될 수 있는 바, 이는 사실에 관한 뒷담화를 즐겨하는 대부분의 인간 군상을 쉽게 범죄시하게 된다. 더구나 특정 소수와의 사적 대화나 정보 전달의 경우에도 전파가능성이 있는 경우 공연성이 있다고 보는 것은 명예 관련 모든 사실적시 행위를 명예훼손죄의 구성요건에 해당될 수 있는 입장이다. 이는 형법의 보충성 원칙에 반한다.

사실적시 명예훼손이 비록 헌법에 부합된다고 최근 헌법재판소에서 5 대 4로 합헌결정이 났지만, 그럼에도 4명의 헌법재판관이 위헌의견을 개진한 것을 보면,[8] 전파가능성이론을 통하여 명예훼손죄를 확대해석하는 것이 헌법에 부합하는 것인지 지극히 의문시된다.

둘째로 헌법 제21조가 천명한 표현의 자유를 본질적으로 침해한다. 타인의 명예에 관한 정보나 사실을 자신의 가까운 지인에게만 털어놨다고 하더라도 그 지인이 그 사실을 다른 타인에게 전파할 개연성이 있다고 판단되면 곧바로 처벌될 수 있는 세상이라면 헌법상 표현의 자유와 깊이 상충하게 된다. 우리 사회는 표현의 자유에 의해 사상과 의견의 교환으로 문화를 형성하고 국민의 알권리를 충족시키고 있다는 점에서 표현의 자유는 현대문화와 민주주의의 핵심적 근간이다. 즉 표현의 자유의 신장은 부패와 권위주의의 유산을 극복하는 데 기여하여 건강한 사회를 형성하는 데 필수적인 자정능력을 배가시킨다. 통제된 사회에서는 원할한 정보교환이 쉽지 않고, 그 결과 투명하고 공정한 사회형성이 매우 어렵다는 사실은 역사가 증명하고 있다. 뿐만 아니라 진실한 사실의 적시로서 명예훼손을 입는 것은 '진실한 사실에 대한 부지나 왜곡을 통해 잘못 형성된 평판'에 불과하므로 이를 보호하기 위해 표현의 자유를 제한하는 것은 건강한 사회형성에 대한 걸림돌이 될 수 있다. 최근에 드러나고 있는 다수의 'Me Too 사건'에서 보다시피 진실한 사실적시 내지 표현의 자유는 잘못된 평판 내지 가면을 바로잡는 순기능을 한다는 점에서 건강한 사회형성의 초석이 되고 있음을 보여준다.

---

8) 헌법재판소는 2021. 2. 25. 재판관 5 : 4의 의견으로, "공연히 사실을 적시하여 사람의 명예를 훼손한 경우 2년 이하의 징역 · 금고 또는 500만원 이하의 벌금에 처하도록 규정한 형법 제307조 제1항이 청구인들의 표현의 자유를 침해하지 아니하고 헌법에 위반되지 않는다."는 결정을 선고하였다. 이에 대하여 형법 제307조 제1항은 과잉금지원칙에 반하여 청구인들의 표현의 자유를 침해하므로 일부 위헌으로 결정해야 한다는 재판관 유남석, 재판관 이석태, 재판관 김기영, 재판관 문형배의 반대의견이 있었다.

그럼에도 불구하고 사실적시 명예훼손죄의 적용범위를 이른바 전파가능성이론에 의해 확대적용하면 할수록 더욱더 표현의 자유가 위축될 수밖에 없게 되며, 건강한 사회형성에 큰 부담이 될 수 있음을 보았다. 이런 점에서 명예의 보호를 위해 표현의 자유에 대한 제한이 불가피할지라도 그 제한은 최소한에 그쳐야 하며, 이와 달리 전파가능성이론을 통하여 표현의 자유를 축소해야 할 정당성이 전혀 없어 보인다.

셋째로 명예훼손죄의 성립 여부가 사실적시자의 상대방의 의사와 태도에 의해 좌우될 수 있게 된다. 모든 범죄는 원칙적으로 행위주체의 구성요건적 요소의 실행을 가지고 판단되어야 한다. 명예훼손죄의 성립 여부 역시 행위주체의 '공연히 사실의 적시에 의한 타인의 명예를 훼손한 것'인지 여부로 평가되어야 마땅하다는 점에서 전파가능성이론은 또 다른 문제점을 야기한다. 형법상 정범은 구성요건적 실행행위를 장악하고 지배하는 자로 국한해야 하는데, 사실적시 명예훼손죄의 경우 다수의견은 이와 달리 명예훼손죄의 성립요건인 '공연성'에 관해 행위주체의 실행행위와 관계없이 사실적시의 청취자의 의사나 태도에 좌우될 수 있게끔 하는 우를 범하고 있다.

넷째로 전파가능성의 유무 판단이 자의적으로 이루어질 소지가 많다. 전파가능성 유무를 판단할 수 있는 객관적 기준을 설정하는 것이 어렵기 때문이다. 전파가능성이 있는지의 유무는 구체적 적용에 자의가 개입될 소지가 크다. 사실 적시자와 그 상대방 그리고 피해자의 관계 등을 기초로 전파가능성을 따지더라도 어떤 경우에 전파가 가능한지에 대한 객관적 기준을 설정하기 어렵기 때문이다. 주변의 특정 지인에게 사실을 적시한 경우에 행위자나 피해자와 어느 정도 밀접한 관계에 있어야 전파할 가능성이 없는지를 객관화하기 어렵고, 이를 증명하거나 판단하는 것은 쉽지 않다. 이 때문에 전파가능성은 구체적 증명 없이 '적어도 전파될 가능성은 있다'는 방향으로 포섭될 위험이 커지게 된다는 소수의견은 깊이 경청할 만하다.

다섯째로 판례는 전파가능성이론에 의한 명예훼손죄의 확대적용을 다소라도 완화하기 위해 전파가능성이 있으면 족하지 않고 개연성이 있어야 한다고 부연하고 있다. 그리고 그 이유를 표현의 자유에 대한 보장 차원이라는 것이다. 참 궁색한 변명이다. 표현의 자유를 보장하려면 굳이 전파가능성이론을 채택할 필요성이 없다. 더구나 전파가능성이론이라고 부르기보다 전파개연성이론이라고 표현하여 제한하려는 모습을 보이는 것이 조금이라도 양심 있는 태도가 아닐까?

(5) 정보통신망법은 정보통신망을 이용하더라도 사실적시 행위를 공공연하게 할 것을 요구하므로 그 공연성 개념은 명예훼손죄의 공연성과 동일해야 한다. 정보통신망을 이용한다고 하더라도 공연성의 개념이 달라질 필요는 없기 때문이다. 따라서 정보통신망을 통하더라도 특정 소수에게만 사실을 적시한 경우에는 여전히 공연성이 있다고 말할 수 없다. 다만 인터넷과 과학기술의 발달로 정보의 무한 저장과 재생산으로 인한 명예훼손의 피해 정도와 피해 범위가 넓어지는 문제는 양형에 반영하거나 정보통신망법에 의한 가중처벌로 해결하면 족한 것이다.

Ⅳ. 결 론

명예훼손죄에 관한 규정 해석에 관해 지금까지 검토한 것을 종합해 볼 때 전원합의체의 반대의견이 죄형법정주의 원칙에 철저한 해석으로 보인다. 따라서 전원합의체의 다수의견에 대한 반대의견의 다음과 같은 비판이 원칙적으로 정당해 보인다.

"다수의견은 명예훼손죄의 구성요건인 '공연성'에 관하여 전파가능성 법리를 유지하고자 한다. 그러나 명예훼손죄에서 말하는 공연성은 전파가능성을 포섭할 수 없는 개념이다. 형법 제307조 …에 규정된 공연성은 불특정 또는 다수인이 직접 인식할 수 있는 상태를 가리키는 것이고, 특정 개인이나 소수에게 말하여 이로부터 불특정 또는 다수인에게 전파될 가능성이 있다고 하더라도 공연성 요건을 충족한다고 볼 수 없다. 다수의견은 범죄구성요건을 확장하여 적용함으로써 형법이 예정한 범주를 벗어나 형사처벌을 하는 것으로서 죄형법정주의와 형법해석의 원칙에 반하여 찬성할 수 없다. 전파가능성 법리를 이유로 공연성을 인정한 대법원판결들은 변경되어야 한다."

다만 반대의견도 다수의견처럼 명예훼손죄를 추상적 위험범으로 이해하고 있다. 그러나 해당 법문언에 의하면 '명예를 훼손한 자'라고 명기되어 있을 뿐이지, '명예를 훼손할 만한 위험을 가한다.'는 의미를 내포한 것으로 볼 수 없다. 오히려 해당 법문은 '명예를 훼손했거나 훼손하고 있는 자'로 새기는 것이 자연스러워 보인다. 이는 곧 명예훼손죄가 기수범으로 성립하기 위해서는 명예훼손에 관한 사실의 적시를 '공연히' 실행하여 이를 들은 청취자의 상당수가 그 적시사실을 진실이라고 인식하는 것으로 충분함을 의미한다. 명예에 관련된 사실적시의 공연성은 사전적 의미와 동일하게 '세상에서 다 알 만큼 떳떳하게', '숨김이나 거리낌이 없이 그대로 드러나게' 하여 이를 청취하거나 보았던 세상의 많은 사람들이 진실이라고 인식하면 족한 것이다.

더구나 우리 형법상 사실적시 명예훼손죄를 추상적 위험범이라고 단정해야 할 정당한 근거도 없으며, 건강한 사회 형성을 위한 정화기능을 위해서도 사실적시 명예훼손의 죄를 법문언의 내용에 걸맞게 적용해야지, 그것을 전파가능성이론과 추상적 위험범이론으로 확대 적용하는 것은 죄형법정주의 원칙에 반한다는 점에서 득보다 실이 많아 보인다.

그러므로 형법 제307조 제1항의 명예훼손죄가 성립되려면 "행위주체가 타인의 명예를 훼손할 의사로 명예에 관련된 사실을 공공연하게 적시하여 이를 듣거나 보았던 다수의 불특정 사람들에게 진실이라고 인식하게 함으로써 그 타인의 명예가 훼손되어야 한다."고 해석되어야 할 것이다.

제15장
검사의 역할과 객관의무

Ⅰ. 우리의 '검찰상'

검사장들이 임지에 도착하여 취임인사를 할 때 그 나름의 검찰상을 언급하곤 한다. 석동현 서울동부지검장이 2012년 7월 18일 취임인사에서 다음과 같은 '있어야 할 우리의 검찰상'의 모습을 그렸다.

"**검찰은 공정한 법치를 실현하는 데 혼신의 노력을 다해야 하며, 우리는 그동안 부정부패사범을 엄정히 처리하고 국민에게 보다 가까이 다가가기 위해 애썼지만 국민은 더 많은 변화를 원하고 있으며, 검찰은 이런 국민의 바람과 비판을 냉철히 직시하고 국민의 신뢰를 공고히 하기 위해 끊임없이 노력해야 한다.**" 이를 실현하기 위해서는 "모든 업무를 국민 입장에서 판단하고 국민 중심으로 충실하게 수행해야 한다. 국민의 신뢰를 잃은 검찰조직은 더 이상 존재할 수가 없고, 사소한 사건이라도 국민의 이야기에 귀 기울이고 따뜻하게 배려할 때 비로소 가능하다. 검사 각자가 검찰의 대표자라는 사명감으로 담당하는 업무를 국민의 입장에서 처리해 달라."고 당부했다.[1)]

여기서 언급된 '**신뢰받을 검찰상의 모습**'의 핵심은 "**첫째로 검찰의 임무는 법치국가원칙의 공정한 실현에 있으며, 둘째로 검찰은 모든 업무를 국가권력의지의 대변자로서가 아니라, 국민을 위한 정의로운 법의지(Rechtswille)의 실현, 즉 모든 국민**

1) http://www.shinailbo.co.kr/news/articleView.html?idxno=277593

의 대변자가 되어 달라."로 보인다.

석동현 검사장의 부임 시의 이와 같은 언급은 의례적인 인사말일 수 없는 게 오늘의 현실이다. '정치검사'라는 용어는 무려 3,180만 건, '사법개혁'이란 용어는 298만 건이 2021년 11월 5일 구글의 웹문서에서 검색되고 있음을 볼 수 있다.[2)] 이처럼 지나칠 정도로 많은 이들 용어의 검색의 수는 이유야 어떻든 검찰은 아직도 국민의 신뢰를 충분히 받지 못하고 있다는 반증이다.

'신뢰받을 검찰상의 모습'에 대한 요청은 어제 오늘의 문제가 아니다. 해마다 법조비리가 터져 나오고 있으며, 그때마다 검사들이 관련된 경우가 적지 않았다. 그 경우 검찰은 신뢰받을 검찰상을 구현한다면서 몇 가지 대책을 세우고, 소정의 성과를 성취하는 등 문제의 순간을 모면하기에 바빴다. 추상적인 용어에 불과한 '있어야 할 모습의 검찰상'의 구체적인 구현을 위한 충분한 제도가 뒷받침 되지 않고 있기 때문에 바람직한 검찰상의 모습은 아직도 원점에서 맴돌고 있다. 이런 문제점 때문에 현재의 정부와 여당은 검찰 본연의 권한까지 제한하고, 이와 비례하여 형사사법에 관한 경찰의 권한을 강화하는 시대착오적 행태까지 벌어지고 있다.

검사 각 개인은 '있어야 할 검찰상' 내지 '국민의 신뢰를 받을 수 있는 검찰상의 구체적인 모습'을 모를 리 없다. 검사들 대부분은 자신의 역할, 즉 검찰은 법치국가의 실현을 위한 적임자이자 대변자로 생각하고 있고, 그렇게 활동해야 할 것도 알고 있을 것이기 때문이다. 검찰이 법치국가 실현의 적임자이자 대변자로 활동할 수 있는 제도적인 뒷받침이 마련됨이 없이, 우리가 검찰에 대해 도덕적으로 혹은 윤리적으로 있어야 할 검찰상을 준수하라 하고, 그래서 신뢰받을 검찰로 거듭 태어나라고 요구하는 것은 매우 쉽다. 그러나 그렇게 할 수 있도록 제도적 장치의 마련 없이 이를 실현하기란 여간 쉬운 일이 아니다. 검찰 역사가 이를 충실히 입증해 주고 있지 않는가.

---

2) https://www.google.co.kr/search?q=%EC%A0%95%EC%B9%98%EA%B2%80%EC%82%AC&ei=vuGEYZvJKpTKmAWljICgCA&oq=%EC%A0%95%EC%B9%98%EA%B2%80%EC%82%AC&gs_lcp=Cgdnd3Mtd2l6EAMyBQgAEIAEMgUIABCABDIGCAAQBRAeMgYIABAFEB4yCAgAEAUQChAeMgYIABAFEB4yBggAEAUQHjoICAAQgAQQsAM6BAgAEEM6BQguEIAEOggIABCABBCxAzoOCC4QgAQQsQMQxwEQrwE6CwguEIAEELEDEIMBOgQIABADOhEILhCABBCxAxCDARDHARCvAToICC4QgAQQsQM6CwguEIAEEMcBENEDOhEILhCABBCxAxCDARDHARDRAzoLCAAQgAQQsQMQgwE6BAguEAM6EQguEIAEELEDEIMBEMcBEKMCOgcILhADEJMCOgQIABAeSgQIQRgBUIsJWLkjYJcwaANwAHgAgAGTAYgB8AuSAQQwLjEymAEAoAEBsAEAyAEBwAEB&sclient=gws-wiz&ved=0ahUKEwiboODs3YD0AhUUJaYKHSUGAIQQ4dUDCA4&uact=5

국민의 신뢰에 터 잡은 검찰상을 구현하라는 국민의 뜨거운 요구에 대한 응답을 위해 우리 검찰은 ① 법치국가원칙에 부합한 형사사법을 실행하고, ② 국가권력의 대변자가 아닌, 국민의 대변자로서 역할을 제대로 이행할 수 있도록 해야 할 것이다. 검찰은 이에 부응해야 할 시대적 책무를 여전히 지고 있기 때문이다.

Ⅱ. 검찰개혁의 현실과 방향성

1. 최근 벌어지고 있는 검찰개혁의 현실

검찰의 과도한 수사가 국민의 인권을 지나치게 침해하고 있다면 이를 해결하기 위하여 검찰의 수사에 대한 관여의 정도를 제한하는 방향은 가능한 것이다. 그렇지만 기왕에 갖고 있었던 검찰의 수사권에 대한 지나친 축소나 폐지, 예컨대 검찰에서 경찰에로의 수사종결권 이양은 이론적으로 인권친화적인 수사방식과 개선 효과를 가져올 수도 없을 뿐만 아니라 실체적 진실을 결코 담보할 수도 없다. 종래의 경우 수사제도는 이른바 탄핵적 관점에서 출발하였다. 즉 경찰은 초동수사권만을 갖고 있었고, 검찰이 수사종결권을 행사할 수 있었기에 적법절차에 어긋난 경찰수사에 관해 탄핵적 관점에서 경찰의 잘못된 수사에 대하여 지휘·감독할 수 있었다. 그러나 이제는 수사를 함에 있어서 객관의무도 없고 준사법기관도 아닌 행정기관의 일부에 불과한 경찰이 사법권의 일종인 수사종결권을 갖게 됨으로써 종래의 탄핵적 수사방식에서 이른바 규문주의적 수사방식으로 전환된 셈이 되었다. 이는 인권친화적 수사에 역행한 것이다. 왜냐하면 경찰의 초동수사부터 종결 시까지의 수사에 대해 적법절차가 준수되었는지를 검증하거나 통제할 제도적인 방법조차 제거해 버렸기 때문이다.

이런 점에서 최근의 개정 형사소송법에 의할 때 경찰이나 공수처가 검찰보다 적법절차를 더 잘 준수하고 인권친화적 측면에서나 수사역량의 측면에서 검찰을 대체할 수 있는지 지극히 의문스럽다. 게다가 수평적 관계에 놓여 있는 다양한 수사기관이 등장했을 때 불분명한 권한의 확정이나 수사 협력은 어떻게 될지가 매우 중요함

에도 이에 관한 디테일한 해결방식이 제시된 바도 없다.

이와 같은 수사에 관한 검찰권한 축소의 결과는 충분히 예상할 수 있었으나 정치권은 애써 눈감아 왔다. 그리고 이런 문제점이 최근에 불거지고 있다. 예컨대 사건의 이첩을 둘러싼 공수처와 검찰 사이의 공방, LH 사건에서의 수사기관의 협력이나 검찰 수사의 활용 문제, 구미 영아 사망사건에서의 검찰 수사역량의 사장(死藏) 등등. 수사의 종결권이나 재판은 모두 전문 인력의 영역이고, 체계적 교육과 축적된 경험이 무엇보다 중요하다. 그럼에도 검찰의 수사종결권에 관한 기존의 소중한 자산을 검찰개혁이라는 검증되지 않은 명분으로 창고에 가둬버린 사고방식은 무식의 극치로 보인다.

2. '있어야 할 검찰상'의 롤모델로서 이용훈 부장검사 등

한국어 사전에는 정치검사라는 용어가 없다. 그럼에도 현실에서는 정치검사란 용어가 난무하고, 정치검사에 대한 비난으로 가득 차 있는 실정이다. 검찰에 대한 국민의 인식 상황이 이럼에도 불구하고 '있어야 할 검찰상'의 롤모델(Role Model)이 될 수 있었던 검사도 엄상섭 검사[3]를 비롯해 역사상으로 적지 않았다.

이들 중에 이른바 '인혁당 사건' 수사를 했던 검사들의 태도에서 그것의 원형을 찾아볼 수 있다. 이용훈 당시 부장검사를 비롯한 3명의 검사들(최대현 · 김병리 · 장원찬)은 국가권력의지의 대변자로서가 아닌, 국민의 편에 서서 법의지(Rechtswille)에 따라 실체적 진실 파악과 사법정의를 검사의 직분에서 충실히 이행하였기 때문이다. 이들 검찰의 행동이 구체적으로 어떠했는지를 다음에서 살펴보자.[4]

김형욱 중앙정보부장은 1964년 8월 14일 기자회견장에서 이른바 '인혁당 사건'을 발표하였다. 이 사건은 중앙정보부 발표 직후 1964년 8월 17일 서울지검 공안부(부장: 이용훈)에 배당되었다. 공안부에 송치된 피의자들은 구속자가 22명이었으며, 불구속자가 12명, 미체포자가 13명으로 관련자는 모두 47명이었다.

---

3) 엄상섭 선생의 형법사상과 형법이론에 관해서는 신동운 · 허일태 편저인 『효당 엄상섭 형법논집』, 서울대학교 출판부, 2003, 255쪽 이하 참조.

4) 이용훈, "인민혁명당 사건", 『사필귀정의 심정으로』, 도서출판 (주)리틀윅스, 1994, 95쪽 이하, 특히 100쪽 이하 참조.

"나(이용훈 부장검사)를 비롯한 3명의 검사들이 매일같이 집중적으로 수사를 계속하였고, 또 매일 저녁 정기적으로 모여 그날의 조사결과를 서로 교환·보고하면서 이 사건 수사에 총력을 기울였다. 조사를 하여가면서 차츰 피의자들의 피의사실을 증명해 줄 증거에 대해 의문을 가지기 시작했다. 증거를 찾을 수 없었던 것이다. 우리는 그럴수록 더욱 더 엄정하고 치밀하게 조사를 행하였다. 그러나 의문은 점점 더 커져만 갔다. 우리는 우리가 할 수 있는 한의 모든 조사를 끝내고, 그달 29일 일단 수사를 종결지었다. 이 사건 피의사실의 핵심은 피의자들이 북괴에서 넘어온 간첩 김 모의 지령에 의하여 대한민국을 변란(變亂)할 목적으로 인민혁명당을 조직해 창당하고, 학생데모를 조종해 오다가 6·3 계엄령 선포로 지하로 잠적해 기회를 노리고 있다가 검거되었다는 데 있다. 그러나 수사결과 보고회의에서 위의 핵심사실을 인정할 수 있는 증거가 없다는 데 4명 모두 의견의 일치를 보았다."[5)]

이 사실을 서울지검 검사장에게 보고했다. 그러자 검사장은 "빨갱이 사건은 일반사건과는 다르게 취급해야 하는 것이오. 이 사건에 대한 공소제기는 법무부장관과 검찰총장의 절대적인 명령이므로 당신들은 기소하든지, 아니면 옷을 벗고 물러나든지 둘 중의 하나를 선택하시오. 기소를 해서 무죄가 되더라도 검사들에겐 책임을 안 지운다는데 왜들 그러는 거요? 여러분들이 기소를 안 한다면 나는 검사장을 그만둘 수밖에 없소. 당신들도 사표를 써 가지고 있어요!"[6)]

이에 이용훈 부장검사는 "검사장으로서 부하에게 어떻게 그런 말을 하실 수 있습니까? 좋습니다. 우리 검사들은 마음의 준비가 다 되어 있습니다. 만일 우리 검사들에게 끝까지 공소제기를 명령하신다면 다 함께 사표를 제출하기로 합의를 보았습니다."[7)]

그리고서 이들 4명은 끝까지 그 사건에 대해 기소하지 않았다. 그러자 "대검찰청으로부터 서울지검 차장검사의 이름으로 기소하라는 지시가 내려왔다. 그러나 차장검사 역시 기소장 서명을 거부했다. 이에 당황한 검찰 고위층은 서울지검의 다른 검사들에게 위촉했으나 그들도 역시 거부했다."[8)]

---

5) 위의 글, 99쪽 이하.
6) 위의 글, 103쪽.
7) 위의 글, 103쪽.
8) 위의 글, 105쪽.

Ⅲ. 검찰이 국가권력의지의 대변자로서 될 수밖에 없는 우리의 현실

헌법은 법관의 지위에 관해 상세히 규정하고 있다. 즉 헌법 제101조 제1항은 "사법권은 법관으로 구성된 법원에 속한다." 제103조(법관의 독립)는 "법관은 헌법과 법률에 의하여 그 양심에 따라 독립하여 심판한다." 그리고 헌법 제106조는 법관의 신분을 보장하고 있다. 그리고 헌법의 근거에 따라 법원조직법 제46조는 법관의 신분보장에 관해 구체적으로 기술하고 있다. 그 결과 법관은 사법공무원으로서 자격을 갖고, 누구의 지시도 받지 않고 오직 헌법과 법률에 의할 뿐 독립성을 갖고 심판에 임할 수 있게 되었다.

이에 반해 **헌법에서 검찰에 관한 규정은 헌법 제12조 제3항에서 언급하고 있을 뿐이다. 즉 동조는 "체포 · 구속 · 압수 또는 수색을 할 때에는 적법한 절차에 따라 검사의 신청에 의하여 법관이 발부한 영장을 제시하여야 한다."로 규율하고 있어, 법관에 대하여 검사의 영장신청권이 명시되어 있다.**

헌법은 검찰의 지위와 독립성 등에 관해서는 법관과 달리 전혀 언급이 없다. 형사재판을 포함한 모든 재판의 진행을 위한 법원조직법에서도 검사의 지위에 관해 아무런 언급이 없다. 검찰의 지위와 권한에 관해서는 형사소송법과 검찰청법에 규정되어 있다. 그러나 검찰의 객관의무를 제외하고는 사법적 지위에 관해서는 별다른 규정이 없다. 그 결과 검찰은 법관과 유사한 사법공무원의 자격과 직무상 독립성을 갖고 있다는 법적 근거가 명확하게 명시되어 있지 않다.

게다가 검찰청법 제8조(법무부장관의 지휘 · 감독)에 의하면, "법무부장관은 검찰사무의 최고 감독자로서 일반적으로 검사를 지휘 · 감독하고, 구체적인 사건에 대하여는 검찰총장만을 지휘 · 감독한다."는 규정을 두고 있어, 검찰은 결과적으로 행정부인 법무부에 속하고, 법무부장관의 지시를 따라야 할 구조로 되어 있다. 또한 **검찰청법 제7조**(검찰 사무에 관한 지휘 · 감독) **제1항은 "검사는 검찰사무에 관하여 소속 상급자의 지휘 · 감독에 따른다."고 명시하고 있다. 이런 이유로 특정 사건에 대한 법무부 장관의 지시는 대검찰총장을 상대로 하지만, 모든 검사는 소속 상급자의 지시에 따라야 되므로 결과적으로 정치인인 법무부 장관의 지시는 검사들의 구체적 사안에 관해 정치적 영향력을 미칠 수 있는 것이 우리의 현실이다.**

물론 상부의 지시를 거부할 수도 있다.9) 그러나 현실에서는 그리 녹녹하지 않다. 이용훈 부장검사의 경우만 하더라도 국민을 위한 대변자로서 검찰의 직분을 발휘하려고 노력했기 때문에 검찰복을 벗어야 했다.10) 검찰도 사람인 이상 그렇게까지 할 수 있는 검찰들을 지나치게 많이 기대하는 것 자체가 그리 합리적이지 않기 때문이다.

우리는 무엇을 준수해야 할 때, 보통 사람도 준수할 수 있고 또한 준수하는 것이 일반적인 경우에서야 비로소 그것을 준수하지 않는 사람을 비난할 수 있다. 우리 모두가 그것을 준수하기 어려운 것이라면 그것을 준수하지 않았다고 하여 무조건 비난하는 것은 정당하지 않다. 바로 그런 경우가 우리 검찰이 법제도상으로 처해 있는 현실인지 모른다. 즉 정치적인 사안에 대해 법치국가원칙11)에 익숙하지 않은 어느 법무부 장관의 지시나 검찰 상급자의 지휘·감독권 때문에 어느 검사가 특정의 정치적 판단을 추종했다고 해서, 우리가 그 검사를 무조건 정치검사라고 불신하는 것은 그리 타당하다고만 할 수 없기 때문이다.12)

Ⅳ. 검사의 객관의무

1. 검찰의 객관의무의 의의

'검사의 객관의무'란 검사가 형사사건에서 단순한 당사자의 입장을 초월하여 피의자, 피고인의 정당한 이익뿐만 아니라 국민의 자유와 인권을 위한 대변자로서 오로지 실체적 진실 파악과 정의를 실현할 의무13)로 이해되어야 한다. 그리고 **이러한**

9) 제7조(검찰사무에 관한 지휘·감독) … ② 검사는 구체적 사건과 관련된 제1항의 지휘·감독의 적법성 또는 정당성에 대하여 이견이 있을 때에는 이의를 제기할 수 있다.

10) 이용훈, 앞의 책, 95쪽 이하의 인민혁명당 사건과 관련하여.

11) 법치국가원칙 일반에 관해서는 허영, 『헌법이론과 헌법(제5판)』, 박영사, 2000, 253쪽 이하 참조; 형사법에서 법치국가원칙에 관해서는 허일태, "형사정책의 지도원리에 관한 기본구상", 『형법연구 Ⅲ』, 진원사, 2007, 6쪽 이하 참조.

12) 검찰을 비난하며 검찰개혁을 요구하고 있는 우리들은 그러한 비난에 걸맞은 자격과 행동을 하고 있는지도 검토할 필요가 있다. 지나치게 많은 남고소와 남고발로 인한 사건처리의 폭주, 국회조차 검찰을 해결사로 여기고, 국민들은 형사사건과 별 관계가 없는 사안까지 검찰의 간섭을 유혹하면서도 문제의 성격상 기대만큼 해결사 역할을 하지 않았다는 이유로 비난까지 한다. 이에 관해서는 허일태, "건강한 검찰을 위해서", 『인간의 존엄과 권력』, 동아대학교출판부, 2007, 125쪽 이하 참조.

의무에 대한 위배가 있을 경우 그런 검사에 대해 단순히 도덕적 비난에만 그칠 것이 아니라 형사처벌의 대상이 되도록 하여야 한다. 검사의 객관의무 침해도 범죄가 될 수 있다는 사실은 사법왜곡을 막아주는 방패역할을 함으로써 국민의 자유와 인권 그리고 실체적 진실 파악과 사법정의를 실질적으로 실현하는 데 기여하는 방향으로 진화할 것이다. 그러므로 검사가 자신에게 부여된 객관의무를 충실히 이행할 때 우리의 검찰은 비로소 국민에 의한 신뢰받는 검찰로서의 위상을 갖게 될 것이다.

그러나 거기에는 다음과 같은 전제가 뒤따라야 한다. 즉 검찰은 실질적 법치국가 원리를 실현할 책무와 그 대변자로서 제대로의 역할과 활동할 수 있는 터전을 갖고 있어야 한다는 점이다. 그렇다면 한국에서 검찰의 위상이 신뢰받지 못하고, 자주 비난의 대상이 되고 있는 이유가 무엇인지에 관해 우리의 검찰제도를 계수했던 독일의 경우를 살펴보면서 그 해답의 실마리를 찾아보도록 하자.

2. 독일에서 검사제도의 탄생과정과 배경사상

독일에서 중세시대의 형사재판은 우리의 원님재판이라고 할 수 있는 수사한 자가 재판하는 규문주의의 형식이었다. 규문주의의 약점은 수사한 자가 피의자에 대한 편견을 자신의 재판 시에도 여전히 갖고 있다는 점에서 공정할 수 없었기 때문에 이를 극복할 필요성이 매우 강했다. 그리고 검찰제도는 이런 규문주의의 극복 과정에서 새롭게 대두된 자유주의적 법치국가의 이념적 흐름과 함께 탄생하게 되었다. 이 자유주의적 법치국가이념은 형사소송법에서 결과적으로 '개혁적 형사소송제도'를 탄생케 하였다.[14] 검찰제도의 태동 초기에는 검찰제도를 정부 내지 국왕의 이익을 위한 대변자로서 도입하려고 하였다.[15]

독일에서 18세기만 하더라도 검찰제도가 아직 탄생하지 않았고, 국왕의 분신인

13) 이완규는 그의 『검사제도와 검사의 지위』, 도서출판 성문기업, 2005, 271쪽에서 검사의 객관의무를 "검사가 단순한 당사자의 입장을 초월하여 피의자, 피고인의 정당한 이익도 보호하여야 할 의무를 말한다."고 하고 있으며, 대부분의 한국학자들도 이 견해를 따르고 있어 보인다.

14) 독일의 검찰제도의 탄생과정과 배경에 관한 자세한 문헌은 Eb. Schmidt, Einführung in die Geschichte der deutschen Strafrechtspflege, 2. Aufl., 1951, S. 317 ff, 323 ff 참조.

15) 이에 관해 자세한 것은 Heinrich Rüping(번역: 이상문), "Die Geburt der Staatsanwaltschaft in Deutschenland"(GA 1992, 147 ff.), 『검사의 지위와 기능』, 대검찰청 검찰미래기획단, 2008, 39쪽 이하 참조.

재무관 제도가 있었을 뿐이었다. 이 재무관 제도는 왕실의 직속관청으로서 '왕의 눈과 귀'의 역할을 담당하는 감시관청이었다. 즉 재무관은 왕을 위하여 법원을 포함한 모든 관청을 감독하고 국민들이 왕의 지시에 엄격하게 복종하도록 강제하는 임무를 맡았다. 이런 임무를 '법률수호자직'(Gesetzeswächteramt)이라고 불렀고, 당시의 이 용어는 절대주의적 관점에서 '법률'이란 개념과 결부되었다. 이런 의미의 '법률'은 그 내용에 관계없이 통치자의 명령을 의미하였다. 아직 국민을 위한 정의의 이념에 따른 내용으로 채워진 국가의 의사표시로서의 '법률' 개념은 일반화되지 아니하였다. 그 결과 '법률수호직'을 담당하는 재무관은 모든 관청과 모든 국민에 대한 국왕이나 영주들의 권력의지를 수호하고 관철시키려 하였다.[16)]

그러나 19세기에 **접어들면서 재무관제도는 법에 대한 책임주의, 법관의 독립성, 정의의 이념에 지향된 법률의 제정 등이 사법의 영역에서 점차 관철되면서 그 설땅을 잃게 되었다. 그리고 이를 대체할 제도로서 검찰제도가 프로이센을 중심으로 탄생하게 된다. 특히 독일의 근대적 검찰제도는 1846년 베를린 검찰의 탄생과 궤를 같이 한다.[17)] 베를린 검찰의 탄생과정에서 법제장관인 Savigny와 법무행정장관인 Mühler에 의해 검찰의 성격을 전래되어 왔던 국왕 대변자의 역할, 즉 국가의 권력의지가 아닌, 국민을 위한 법의지의 대표자, 수호자 또는 보존자로 전환하게 되었다.**[18)] 진정한 사법기관으로서 오직 실체적 진실 파악과 사법정의에의 의지에 대해서만 의무를 부담하는 검찰제도를 도입하려는 노력은 Mühler와 Savigny에게서 찾아볼 수 있기 때문이다. 즉 Mühler는 검찰의 임무를 "검사들은 법의 수호자가 되고, 범죄자를 수사, 소추하며, 곤경에 처한 자를 보호하는 영예로운 마음을 가져야 한다."고 주장했다.[19)] Savigny도 검찰의 임무에 대해 다음과 같은 입장을 피력하였다. 즉 경찰공무원은 "항상 신속하고 순간적으로 조치를 취하여야 하는 상황에 있으며, 따라서 대체로 많은 것에 대해 착오하고 오판할 수 있다." 반면 "사법적 공무원은 법중심적이며, 따라서 피고인을 위해서도 기능한다."는 것이다. 즉 사법공무원에 대

16) 이에 관해서는 Eb. Schmidt(역: 박학모), "Die Rechtsstellung der Staatswille im Rahmen der rechtssprechenden Gewalt und ihre Einbeziehung in das Richtergesetz", 위의 책, 10~11쪽 참조.

17) 베를린 검찰의 탄생에 관해서는 Roxin(번역: 이완규), "Zur Rechtstellung der Staatsanwaltschaft damals und heute"(DRiZ, 1997, 109 ff), 위의 책, 52쪽 이하 참조.

18) 이에 관해서는 Eb. Schmidt(역: 박학모), 앞의 논문, 12쪽.

19) Roxin, 앞의 논문, 53쪽.

해서는 편파성이라는 의심이 생기지 않을 수 없다는 점을 명시하였다. 따라서 사법적 공무원으로서 검사가 경찰활동을 통제할 수 있어야 하는 것을 강조함으로써 검사도 법관과 같은 사법적 성격을 갖고 있음을 확실히 하였다.[20)]

3. 독일 현행법에서 검찰의 객관의무

(1) 검찰의 사법기관적 성격

오늘날 독일 법관법은 검찰에 관한 규정을 두고 있지만 법관과 동일한 법선언기관은 아니다. 사건의 대다수가 검사에 의해 종결되고 있긴 하지만, 그것은 결코 법선언작용일 수 없다. 또한 독일 법관법 제146조는 검찰의 지시·복종관계를 인정하고 있다.[21)] 그러나 검찰의 지시·복종관계에 관한 이 규정은 지시자나 수용자 모두 진실과 정의의 이념을 추종해야 한다는 점에서 이에 반한 지시자의 지시는 실무상 거의 불가능에 가깝다. 왜냐하면 독일 형법 제344조는 무고한 자에 대한 검사의 소추를 처벌하고 있으며, 형사소송법 제152조 제2항과 동법 제170조 제1항에 의해 범죄혐의가 충분한 자에 대해서는 검사가 공소를 제기해야 할 의무가 있어, 검찰의 유무죄 관련 지시·복종관계는 이론상으로 가능하지 않기 때문이다.

독일 법관법 제141조 이하에서 명시하고 있는 검찰에 관한 규정들이 의미하는 바는 검찰도 법원과 동등하게 대응하는 사법관청이라는 전제에서 출발하고 있다. 더구나 법관법이 검찰제도를 규정하고 있다는 사실은 법관법의 제정과정에서 밝혀진 바와 같이 검찰도 법관처럼 오직 진실과 정의를 실현하기 위한 기관이다. 그러므로 독일 검찰은 사법관청(Justizbehörde)의 역할을 하고 있으며, 사법적 관청임은 분명하다. 바로 이런 점에서 독일 연방대법원은 "검사는 법원과 동등하게 대응하는 사법기관이다."고 판시하였다.[22)]

---

20) Eb. Schmidt(역: 박학모), 앞의 논문, 15쪽.

21) GVG §146(Wisungsgebundenheit): Die Beamten der Staatsanwaltschaft haven den diendstlichen Anweisungen ihres Vorgesetzten nachzukommen.

22) BGHSt, 24, 171.

(2) 형사실체법상 객관의무

독일 형법은 법관 등의 법왜곡행위를 형사처벌하고 있다(독일 형법 제339조). **공소가 제기된 사건에 관해 법관 등이 고의로 일방 당사자의 이익을 위해 사실관계, 법적용 혹은 양형을 편파적으로 왜곡하는 경우를 처벌하고 있다.** 이것이 의미하는 바는 형사사법을 비롯한 사법권을 행사하는 데 있어 오로지 실체적 진실 파악과 사법정의 실현을 위해 법과 양심에 따라 사법권을 수행해야 한다.[23] 그리고 이러한 요청은 검찰에게도 마찬가지라는 점을 아래에서 볼 수 있다.

검사의 법왜곡행위에 대해 독일 형법 제344조는 "무고한 자에 대한 형사소추나 이런 형사소추를 위해 영향력을 고의로 행사한 자는 1년 이상 10년 이하의 자유형에 처하고, 그 행위가 중하지 아니한 경우에는 3월 이상 5년 이하의 자유형에 처한다."고 명시하고 있다.

이처럼 무고한 자에 대한 검사의 형사소추를 처벌하는 이유는 한편으로 형사사법권의 내용인 형사소추를 담당하는 검사가 법관과 유사한 사법기관의 성격을 가진다는 점에서 형사사건의 수사나 공소제기 혹은 공소유지와 관련하여 검찰이 자의적으로 혹은 권한을 남용하여 특정한 당사자에게 편파적으로 불리하게 한다면 형사처벌의 대상이 될 수 있었다는 점은 법관에게 요구되는 객관의무를 검사에게도 동일하게 인정하고 있는 셈이 된다. 다른 한편으로 검사가 자의적으로 혹은 권한을 남용하여 무고한 사람들을 수사하여 기소하게 되면, 비록 법원에 의해 그 자에 대한 무죄가 밝혀진다고 하여도 해당 피고인이나 피의자의 인격침해는 치명적일 수밖에 없게 된다. 이런 후유증을 사전에 예방하기 위하여 독일은 무고한 자에 대한 검찰의 권한남용에 관해 단순히 도덕적 비난이나 행정벌에 그치게 하지 않고, 특별히 형사처벌하고 있는 것이다.[24]

따라서 **독일에서는 검사가 객관의무를 져버리고 특정한 당사자에 대해 고의로 불리하게 수사나 공소제기 할 경우 처벌될 수 있다는 점에서, 검사의 객관의무는 형사실체법상 담보되어 있는 셈이다.**

---

23) 법관의 법왜곡행위에 관한 문헌으로는 허일태, "법관의 법왜곡행위에 대한 대책", 『형법연구 Ⅰ』, 세종출판사, 1997, 267쪽 이하 참조.

24) 이에 관해 자세한 것은 Hoh, Die Verfolgung Unschuldiger(§344 StGB), S. 70 ff 참조.

(3) 형사소송법상 객관의무

독일 형사소송법 제152조 제2항에 의하면, 검사는 충분한 범죄혐의가 있는 경우 기소할 의무가 있음을 명시하고 있다. 즉 독일은 기소편의주의를 취하고 있는 한국과 달리 기소법정주의를 취하고 있다. 범죄혐의가 충분한 자에 대한 기소법정주의에 따른 기소강제 때문에, 독일 검사는 실체적 진실과 정의에 따라야 됨이 더욱 강조된다. 이에 따라 검사의 객관의무 역시 강화될 수밖에 없게 된다.

만일 독일 형사소송법이 한국처럼 기소편의주의를 취한다면 상급자의 지시는 수사와 공소제기에 깊은 영향을 미칠 수 있을 게 분명하다. 왜냐하면 기소편의주의는 검사의 재량의 여지를 남기고, 그 재량의 여지의 범위 내에서 상급자의 지시가 영향력을 발휘할 수 있기 때문이다. 반면 기소법정주의처럼 법률 자체가 재량의 여지가 없을 때, 상급자의 지시가 법률에 위반된 경우에도 불구하고 하급자가 실체적 진실과 정의이념에 반하여 그 지시에 따라 행동한다는 것은 현실적으로 매우 어려운 일이다. 게다가 상급자의 지시로 인하여 공소제기하지 말았어야 할 사안에 대해 고의로 공소를 제기하였다면, 그는 독일 형법 제344조에 의해 처벌받게 되어 있기 때문이다.

4. 한국에서 검사의 객관의무

(1) 객관의무의 존부와 근거에 관한 학설과 판례

한국에서 검사의 객관의무를 인정할 것인지에 관해 학설이 나뉘어져 있다. 인정하는 입장이 압도적 다수설이다. 그러나 다수설은 검찰을 소송 당사자의 일원으로 파악하면서도 이와 모순될 수 있는 검사의 객관의무를 인정하고 있는 모습을 볼 수 있다.

a. 객관의무 부정설

부정설에 따르면, 한국 형사소송법이 당사자주의를 채택하고 있고, 검사는 행정부에 속하는 행정관으로 파악함으로써 검사의 객관의무를 부정한다. 그리고 다음과 같은 이유를 댄다. “검사의 객관의무 내지 공익적 지위의 강조는 형사소송을 더 직권화하고, 범인필벌주의의 관점에서 진실주의의 신앙으로 이끌어 간다. 이는 법의 적정절차이념 및 당사자주의와 모순된다고 본다. 따라서 검사의 객관적·공익적 지위를 부정하고 거기서 유래된다고 해 온 권한들을 당사자의 지위에 수렴하는 작업이 필요하다는 것이다. 이런 관점에서 볼 때 기소독점의 통제수단은 '시민의 공소권'이라는 이념을 전제로 해야 되며, 이 이념에 의하면 검사는 시민에게 귀속하는 공소권을 시민의 부탁에 따라 행사하여야 할 기관으로서 인정된다고 본다. 그리고 검사의 객관의무나 공익자적 지위라는 표현 속에 국가우월의 '권위주의 이데올로기'가 숨어 있음을 간과해서는 안 될 것"[25]을 주문하고 있다.

b. **객관의무 긍정설**[26]

검사의 객관의무를 인정해야 할 근거로 ① 수사단계에서 피의자에게 불리한 증거뿐만 아니라 유리한 증거도 수집하여야 하고, ② 피고인의 이익을 위하여 상소, 재심청구, 비상상고 등을 할 수 있으며, ③ 고소권자 지정권(형사소송법 제228조), 금치산·한정치산 선고의 청구(민법 제9조 및 제12조), 부재자의 재산관리 청구권(민법 제22조) 및 실종선고의 청구권(민법 제27조) 등은 검사가 공익적 지위에서 유래하였음을 들고 있다.[27] 즉 검사는 공익적 지위에 있으므로 객관의무를 지는 것은 당연하다는 논리이다.

그런데 검사의 객관의무를 긍정하는 입장들은 형사소송법의 해석상 검사에게도 당사자의 지위를 인정하고 있다. 검사의 객관의무 인정은 검사의 당사자로서의 지위와 배치되지 않으며, 오히려 실질적 당사자주의를 실현하는 것으로 본다. 즉 "법치국가원리의 실현을 위해서는 검사가 객관성을 유지하지 않으면 안 된다는 점을 고려할 때 검사의 객관의무를 인정하는 것은 당연하며, 검사의 객관의무는 검사의 당사자지위와 모순되는 것이 아니라 실질적으로 당사자주의를 실현하기 위한 것이라 할 수 있다."[28]고 한다.

---

25) 차용석, 『형사소송법』, 세영사, 1998, 154~155쪽 참조.

26) 강구진, 『형사소송법원론』, 학연사, 1982, 103쪽 이하; 백형구, 『형사소송법강의(제8판)』, 박영사, 2001, 114쪽; 신동운, 『신형사소송법(제4판)』, 법문사, 2012, 729쪽; 이완규, 앞의 논문, 271쪽.

27) 이에 관해서는 이재상, 『신형사소송법(제2판)』, 2008, 박영사, 103쪽.

28) 이재상, 위의 책, 103쪽. 강구진도 비슷한 입장을 피력하고 있다. 즉 "현행 형사소송법이 당사자주의를 바탕하고 있다 하여도 그 테두리 안에서 검사의 준사법적 성격을 인정하는 것은 불가능하지 않다." 강구진, 앞의 책 106쪽.

c. 판 례

판례는 검사의 객관의무를 인정하고 있다.[29] 판례는 그 이유를 다음과 같이 판시하고 있다. "인권침해의 소지가 가장 많은 수사 분야에서 국민의 인권과 자유를 보호하기 위하여 우리 헌법과 법률은 검사 제도를 두어 검사에게 준사법기관으로서의 지위를 부여하고 철저한 신분보장과 공익의 대변자로서 객관의무를 지워 사법경찰관리의 수사에 대한 지휘와 감독을 맡게 하고 있다."[30]

(2) 객관의무에 관련된 규정

검찰청법 제4조 제1항 본문은 "검사는 공익의 대표자로서 다음 각 호의 직무와 권한이 있다."고 명시하고, 동조 제2항은 "검사는 그 직무를 수행할 때 국민 전체에 대한 봉사자로서 정치적 중립을 지켜야 하며 주어진 권한을 남용하여서는 아니 된다."고 규율하고 있다. 그러나 이의 위반에 대해서 검찰청법은 침묵하고 있다. 또한 형사소송법은 기소편의주의를 채택하고 있어서, 검찰청법 제7조에 근거한 상급자의 검찰사무에 관한 지휘·감독을 매우 쉽게 받을 수 있는 구조에 처해 있다.

게다가 **무고한 자에 대한 검사의 형사소추에 대해 처벌할 규정도 없고, 형법 제124조의 직권남용이나 형법 제125조의 불법체포죄만이 적용이 가능할 뿐이다. 그 결과 어느 검사가 죄 없는 무고한 자에 대해 고의로 형사소추를 함으로써 그 피고인이 유죄판결을 받는 경우[31]라도 그 검사에 대해 사실상 처벌될 수 없게 되어 있다.** 심지어 적지 않은 무고한 사람들이 사법살인으로 희생되었지만, 그것에 책임을 지는 법관이나 검사는 지금껏 아무도 없었다.

검사는 피고인의 이익을 위한 상소 제기,[32] 재심의 청구, 피고인을 위한 무죄의

---

29) 대판 2010. 10. 28, 2008도11999 판결; 대전지법 2007. 9. 13, 2006고합4 판결; 창원지법 2010. 10. 14, 2010노785 판결.

30) 대판 2010. 10. 28, 2008도11999 판결; 대전지법 판결 2007. 9. 13, 2006고합4.

31) 전형적인 사례로는 완주 삼례 나라슈퍼 3인조 강도사건을 들 수 있다. 이 사건은 1999년 2월 6일 '삼례읍 나라슈퍼'에서 발생한 3인조 강도치사 사건이다. 검찰은 삼례에 거주하던 최모(당시 19세) 등 3명을 강도치사 혐의로 기소하였다. 강압수사에 대한 허위자백이었음에도 검찰과 법원은 이들을 유죄로 인정하고, 대법원은 1999년 10월 이들에 대해 유죄판결을 확정했다. 최모 등은 각각 징역 3~6년을 선고받고, 만기 출소하였다. 2015년 40대 남성이 자신을 비롯한 3명이 진범임을 자백하게 됨으로써 비로소 최모 등이 진범이 아님이 밝혀졌다. 2016년 10월 28일 재심에서 무죄를 선고받았고, 2016년 11월 4일 검찰이 항소를 포기하여 재심에서 무죄가 확정되었다.

32) 대판 1975. 7. 8, 74도3195 판결.

변론 가능성, 피고인에게 유리한 증거를 제출할 수 있다. 다만 이것을 강제할 수 있는 제도적 장치가 없고, 위반 시에 처벌할 수 있는 근거도 없기 때문에, 검사의 객관의무라는 것은 현실에서 별로 실익이 없는 셈이다. 즉 검찰의 객관의무에 대한 검찰 자신의 충성심이 없을수록 검찰의 사법기관의 지위는 그만큼 약화되는 것이다.

(3) **소결론**

이처럼 검찰청법은 검사의 객관의무를 인정하고 있다. 또한 헌법에 따르면, "체포·구속·압수 또는 수색을 할 때에는 적법한 절차에 따라 검사의 신청에 의하여 법관이 발부한 영장을 제시하여야 한다."고 명시하고 있다. 이는 검찰의 권한을 헌법 제12조 제3항에서 명백히 인정하고 있음을 보여준다. 즉 동조에서 규정한 헌법상 '검사의 영장청구권'은 인권침해가 가능한 강제수사를 하는 데 불가피한 것으로 오직 검사에게 이런 권한을 주었다는 것은 수사권의 주재자는 검찰임을 전제로 하고 있는 것이다. 수사권은 결코 행정영역일 수 없으며, 오직 사법영역의 일환이다. 또한 검사에 의한 공소제기가 존재해야 비로소 법관에 의한 형사재판이 가능하다. 검사는 형사재판에 직접적으로 참여할 뿐만 아니라, 국가를 대표하여 각종의 재판에 직접적으로 관여하는 기관이다. 게다가 종래 규문주의 재판은 사건을 수사한 자가 재판까지 함을 의미하였는바, 수사도 재판의 일부로 여겼음을 물론이다. 인신보호를 강화하기 위해 규문주의 재판에서 탄핵주의 재판으로의 전환과정에서 법관과 검찰의 분리가 되었다는 역사적 관점에서 볼 때 검사는 국가의 사법권 행사에 있어서 필요불가결한 존재인 것이다.

또한 우리나라는 대륙법계의 형사사법체계를 취하고 있으며, 그래서 공판전 절차를 갖고 있는 갖고 있는 바, 이런 절차는 사법적 성격을 취해야 한다. 따라서 공판전 절차에 관여하는 검사의 지위도 사법적 성격을 갖고 있어야 한다고 말해야 옳다. 왜냐하면 공판전 절차를 사법적 성격일 수 없고, 행정적 성격이라면 형사사법 자체가 객관성과 중립성이 훼손될 수 있는 합목적성이라는 행정적 목적에 지배되는 위험에 처해지기 때문이다.[33)]

이런 점에서 **우리의 검찰은 법관의 사법기관에 버금가는 사법기관이고, 이러한**

33) 이에 관해 자세한 것은 이완규, "검사의 지위에 관한 연구", 박사학위논문, 2005, 278쪽 참조.

사법기관적 성격 때문에 검찰의 객관의무는 당연한 전제이다. 검찰의 객관의무의 철저화야말로 한편으로 검찰의 사법적 성격을 강화하고, 다른 한편으로 국민의 신뢰에 보답 하는 우리의 검찰상인 것이다.

그렇다면 우리 검찰은 자신들의 객관의무에 철저했을까? 결론부터 말하자면 그렇지 않았다. 오히려 검찰은 객관의무를 저버리고, 피고인에 대해 당사자로서의 역할을 십분 발휘하고 있는 것이 현실임을 부인하기 어려울 것이다. 그러면서도 검찰은 자신들을 준사법기관이라고 자칭한다.

이것은 모순이다. 왜냐하면 검찰은 자신들의 권위를 위해서 앞에서는 객관의무를 준수해야 할 준사법기관으로 치장하면서, 뒤로는 피고인에 대한 당사자로서의 역할에 언제나 충실했기 때문이다. 예컨대 1999년에 발생한 '삼례 슈퍼의 3인조강도치사 사건'의 경우만 하더라도 검찰은 자신들의 객관의무를 져버리고, 당사자주의의 입장을 철저히 관철하였으며, 경찰의 강압적 수사에 대한 대응에 무력했고, 적법절차의 준수에 소홀하였으며, 유죄추정주의에 입각하였다.

검찰이 준사법기관의 지위와 권위를 실질적으로 인정받으려면 객관의무를 수사적인 용어로서가 아니라 충성심과 행동으로써 보여 주어야 한다. 왜냐하면 검찰의 객관의무에 대한 검찰 자신의 충성심을 갖고, 실익이 클수록 검찰의 사법기관적 지위는 더욱 확고해질 수 있기 때문이다.

V. 결 론

1. 검사의 역할

인간으로서의 존엄성이란 것은 사회적 책무를 지닌 주체적 인간을 전제로 하며, 국가와 사회의 형성과 발전에 기여하여 왔던 인간에게 부여된 것이자, 인간은 정신적으로 자율권을 행사할 수 있는 행위의사를 갖고 권리행사를 누릴 수 있는 주체라는 점은 이미 다른 논문에서 밝혔다. 인간의 존엄성은 인간의 본질적 속성에 속하고, 그 자체 양도되거나 포기할 수 없는 불가침적 가치이다. 그러므로 인권의 본질적 내용인 인간의 자율적 의사나 자기결정권에 대한 본질적 침해행위뿐만 아니라, 인간의 생명이나 육체에 대한 침해도 역시 인간의 존엄을 해치는 행위이다. 이처럼 인간존엄의 본질적 속성을 갖는 인권은 여하한 경우에도 보장되어야 함은 물론이다.

인간의 존엄성이 담보될 수 있으려면 자유와 평화 그리고 정의가 실현될 수 있는 사회 환경의 형성을 전제로 한다. 이러한 사회의 형성, 즉 인간의 존엄성이 담보될 수 있는 제도적 원리가 다름 아닌 법치국가원칙이다. 법치국가원칙은 한편으로 인간의 존엄성을 꽃피우기 위한 기본적 인권의 보장에 있으며, 다른 한편으로 기본적 인권은 국가통치기구의 권력분립에 따른 견제와 균형의 원리뿐만 아니라 법치국가원리와 죄형법정주의가 철저히 준수되어야 한다.

한편 검사는 법관과 더불어 형사사법의 한 축을 담당하는 사법기관임을 부인할 수 없다. 그러기에 검사는 사회방위를 위해 불가피한 경우 국민의 이름으로 형법에 위반된 행위자를 수사하고 검거하거나 구속할 수 있으며, 범죄의 혐의가 충분히 소명되면 그 행위자를 기소하고 유죄가 확정된 자의 형을 집행한다. 즉 검찰은 국민의 이름으로 형사사법권의 상당 부분을 담당하고 있는 사법기관이다. 형벌을 가할 수 있는 형사사법권은 일종의 큰 칼과 같아서 위험하고 무서운 것이다. 때문에 형사사법권의 행사에 대해 신중을 기하기 위하여 검찰은 어느 누구보다 법치국가원칙, 죄형법정주의, 적법절차, 객관의무 등을 철저히 준수해야 할 의무를 진다. 그리고 이런 의무가 있음을 우리는 위에서 확인하였다.

이를 위해서는 **검사는 수사와 재판에서 피의자나 피고인에 대한 단순한 당사자라는 사상을 재고해야 한다. 검사가 형사소송에서 단순한 당사자로 남아 있는 한, 그리고 당사자의 지위를 적극적으로 행사하는 한, 검사는 국민의 입장이 아니라, 필벌주의에 빠지고, 자신이 기소한 사건에 대해 좌우간 범죄의 혐의를 입증하기 위해 노력할 수밖에 없다. 그러면 그럴수록 검찰은 객관의무를 비롯하여 죄형법정주의와 적법절차의 구현에 괴리를 야기하고, 이 때문에 국민과의 거리가 멀어질 수밖에 없게 된다.**

검사는 권력자의 권력의지의 대변인이 아니라, 법치국가원리를 실천하여 국민을 대변하는 역할을 담당해야 한다. 법치국가원리란 인간의 존엄성과 자유의 가치를 인정하고, 평화로운 인간생활의 전제가 되는 정의로운 국민생활의 조성을 도모하자는 것이다. 이를 검찰의 직무와 관련하여 볼 때 검찰은 법관과 같이 범죄혐의자가 누구인가에 관계없이 언제나 실체적 진실 파악과 함께 사법정의를 구현하는 데 모든 노력

을 경주해야 한다. 이런 점에서 검찰은 언제나 국민의 입장에서 실체적 진실 파악과 함께 사법정의를 도모하여 사회평화에 기여해야 할 책무를 부담하고 있는 것이다.

그런데 검사의 법치국가원칙에 충실해야 한다는 책무가 실질적으로 실현되기 위해서는 그런 책무를 법률에 명시하는 것만으로 부족하다. 그런 책무를 위반할 경우 사법왜곡행위로 형사처벌될 수 있도록 제도화될 때 비로소 검사의 객관의무는 실질화될 것이고, 이에 따라 국민은 검찰을 더욱 신뢰하게 될 것으로 확신한다.

한편 중세시대의 경우 수사한 자가 재판까지 담당했던 규문주의 태도는 근현대에서 더 이상 용납되지 않았다. 현대에서는 국민의 인권의식의 강화로 규문주의 재판은 탄핵주의로 전환되었다. 그럼에도 불구하고 최근 개정형사소송법에 따르면, 경찰은 초동수사부터 수사종결까지 가능하게 되었다. 이런 수사방식은 경찰수사에 대한 검찰의 통제도 없이 가능하다는 점에서 규문주의적 태도인 셈이다. 이런 규문주의적 수사방식은 탄핵주의적 수사로 탈피해야 한다. 왜냐하면 경찰이 초동수사부터 수사종결권까지 모두 행사할 수 있게 되면, 일개 행정기관의 소속인 경찰의 수사가 객관의무를 부담하고 준사법기관의 성격을 가진 검찰의 수사보다 법치국가원칙과 적법절차를 더 잘 준수할 수 있다고 담보될 수 없기 때문이다.

이런 이유로 **대륙법계 국가의 대부분에서 수사종결권은 검찰에 위임하고, 그 이외의 수사권은 경찰도 가능하도록 하고 있는 실정이다. 경찰수사에 대한 검사의 탄핵적 수사방식이 성공을 거두려면 적법절차에 반하는 경찰수사에 대한 검사의 수사지휘권을 충분히 담보할 수 있도록 해야 된다. 그래야만 이론적이긴 하지만 더욱 인권친화적인 수사관행이 정착될 수 있기 때문이다.**

2. 법치국가원칙에 걸맞은 검찰권 행사의 요청

그러나 실무상에서 보면 검찰은 최근에도 형사실체법의 적용과 관련하여 죄형법정주의의 원칙을 외면한 경우가 적지 않았다. 반헌법적 법률에 대해 한 번도 위헌법률을 제청한 적이 없으며,[34] 그런 법률[35]에 침묵하거나 적용하기에 바빴다. 때로는

34) 헌법재판소법 제26조 제1항에서 법원은 곧바로 위헌심판을 청구할 수 있는 자격을 주는데 반해, 검찰은 그런 자격을 주지 않았다는 점에서 큰 차이를 갖게 하였을 것이다.

35) 예컨대 유신정권시대에 발포된 긴급조치 제9호: 김상진 할복자살 사건을 계기로 유신헌법 철폐와

처벌을 위해 유추해석을 감행하였다. 몇 가지만 살펴보자.

① **배임죄의 무차별적 적용**[36)]

형법 제355조 제2항에 따르면, “타인의 사무를 처리하는 자가 그 임무에 위배하는 행위로써 재산상의 이익을 취득하거나 제3자로 하여금 취득하게 하여 본인에게 손해를 가한 때에도 전항과 같다(즉 5년 이하의 징역 또는 1,500만원 이하의 벌금에 처한다).”

사적 자치는 현대 경제에서뿐만 아니라 민법의 기본적 원칙이다. 그러기에 사적 자치를 본질적으로 제한할 수 있는 단순 배임죄는 미국을 비롯해 대다수 국가는 알지 못한다. 독일을 중심으로 하는 대륙법계의 일부 국가에서만 적용되고 있는 배임죄는 제한적으로 운용되고 있다. 우리 검찰도 사적 자치를 말로는 존중한다. 그러나 사적 자치를 부정하려는 검찰의 다음과 같은 시도는 오늘날도 여전히 계속하고 있다. 왜냐하면 검찰은 ‘배임죄’라고 쓰고 읽으면서도 적지 않은 사안에서 ‘배신죄’로 이해하고 적용하여 기소하고 있기 때문이다.

a. **배임죄의 행위주체의 확대 적용**

예컨대 부동산이중매매의 경우 매도인이 매수인으로부터 중도금까지 받고서도 해당 부동산을 제3자에게 이중으로 매매한 경우에 대해 검찰은 배임죄로 기소하고, 법원 역시 배임죄의 행위주체로 인정하여 처벌하여 왔다. 배임죄의 행위주체는 ‘타인의 사무를 처리하는 자’에 국한된다. 그러므로 타인의 사무가 아닌, 자기의 사무를 처리하는 자에 대해서는 배임죄를 물을 수 없다. 그럼에도 불구하고 검찰과 법원은 부동산매수인에 대한 매도인의 등기협력사무를 매수인의 사무라고 새긴다. 이건 억지이다. 부동산매도인의 등기협력사무는 매도인 자신의 사무에 해당하며, 다만 매수인을 위한 사무에 불과할 뿐이다. 즉 부동산매도인의 등기협력사무는 매수인이

정권퇴진을 요구하는 민주화운동이 거세게 일어나자 이를 탄압하기 위해 1975년 5월 13일 선포된 긴급조치로 1. 유언비어의 날조 · 유포 및 사실의 왜곡 · 전파행위 금지, 2. 집회 · 시위 또는 신문 · 방송 기타 통신에 의해 헌법을 부정하거나 폐지를 청원 · 선포하는 행위 금지, 3. 수업 · 연구 또는 사전에 허가받은 것을 제외한 일체의 집회 · 시위 · 정치 관여행위 금지, 4. 이 조치에 대한 비방행위 금지, 5. 금지위반내용을 방송 · 보도 · 기타의 방법으로 전파하거나 그 내용의 표현물을 제작 · 소지하는 행위 금지, 6. 주무장관에게 이 조치의 위반 당사자와 소속 학교 · 단체 · 사업체 등에 대해 제적 · 해임 · 휴교 · 폐간 · 면허취소 등의 조치를 취할 수 있는 권한 부여, 7. 이런 명령이나 조치는 사법적 심사의 대상이 되지 않으며 위반자는 영장 없이 체포할 수 있다는 것 등.

36) 이에 관해서는 김신, 『배임죄에 대한 몇 가지 오해』, 법문사, 2020, 3쪽 이하 참조.

라는 타인의 사무가 아니고, 매수인을 위한 매도인의 자기사무에 해당될 뿐이다.

뿐만 아니라 검찰은 "채무자가 채권양도담보계약에 따라 '담보 목적 채권의 담보가치를 유지 · 보전할 의무'를 부담하는 경우, 채권자에 대한 관계에서 '타인의 사무를 처리하는 자'에 해당한다."고 본다. 그러나 "금전채권채무 관계에서 채권자가 채무자의 급부이행에 대한 신뢰를 바탕으로 금전을 대여하고 채무자의 성실한 급부이행에 의해 채권의 만족이라는 이익을 얻게 된다 하더라도, 채권자가 채무자에 대한 신임을 기초로 그의 재산을 보호 또는 관리하는 임무를 부여하였다고 할 수 없고, 금전채무의 이행은 어디까지나 채무자가 자신의 급부의무의 이행으로서 행하는 것이므로 이를 두고 채권자의 사무를 맡아 처리하는 것으로 볼 수 없다. 따라서 금전채권채무의 경우 채무자는 채권자에 대한 관계에서 '타인의 사무를 처리하는 자'에 해당한다고 할 수 없다."[37]

b. **'임무의 위배'를 '신뢰관계의 배신'으로 이해한다.**

검찰과 법원은 배임죄의 구성요건인 '그 임무에 위배하는 행위로써'를 명시된 문언을 읽으면서도 '신뢰관계의 배신'으로 해석하고 이해한다. 그래서 배임죄는 배신죄에 해당한다는 입장이다. 즉 신뢰관계의 배신행위가 존재한 경우라면 임무의 위배가 명백하지 않아도 배임죄의 성립 가능성을 인정한다.

c. **배임죄에서 '본인에게 손해를 가한 때'의 의미**

판례에 따르면, 배임죄에서 본인에게 손해를 가한 때라 함은 총체적으로 보아 본인의 재산상태에 손해를 가한 경우를 말하고, 실해 발생의 위험을 초래케 할 경우도 포함하는 것으로 이해하고 있다.[38] 검찰은 이미 대상 판례의 사안에 대해 기수범으로 기소했을 것이 분명하다는 점에서 내심으로 적극 반겼을 모습이 그려진다.

배임죄의 규정은 ① 타인의 사무처리자가 임무를 위배하고, 그럼으로써 ② 그 사무처리자가 재산상의 이익을 취득하거나 제3자로 하여금 취득하게 하여 ③ 본인에게 손해를 가해야 한다. 배임죄의 행위주체가 주어진 임무를 위배하여 재산상 이익을 취득하였다고 할지라도 본인에게 손해를 끼치지 않았다면 배임죄의 미수에 그칠

37) 대법원 2021. 7. 15. 선고 2015도5184 판결.
38) 대법원 1999. 4. 13. 선고 98도4022 판결.

뿐이다. 손해의 발생 위험이 있다는 것은 아직 손해가 발생한 것이 아니며, 손해를 가한 때라고 하는 것은 통상적으로 현실적인 손해의 발생을 의미한다.[39] 다시 말해 배임행위로 손해 발생의 위험은 아직 손해를 발생하게 한 것이 아니며, 따라서 기수범이 아닌, 미수범에 처했어야 마땅했다. 왜냐하면 배임죄는 형법 제359조에서 미수범을 처벌하고 있기 때문이다.

② 명예훼손죄의 공연성: 전파가능성이론

대법원 전원합의체는 "명예훼손죄의 공연성에 관하여 개별적으로 소수의 사람에게 사실을 적시하였더라도 그 상대방이 불특정 또는 다수인에게 적시된 사실을 전파할 가능성이 있는 때에는 공연성이 인정된다고 일관되게 판시하여, 이른바 전파가능성 이론은 공연성에 관한 확립된 법리로 정착되었다."[40]고 판시하였다. 그리고 이러한 법리는 기본적으로 검찰의 의견을 그대로 반영한 것과 다름없다.

그런데 형법 제307조 제1항은 "공연히 사실을 적시하여 사람의 명예를 훼손한 자는 2년 이하의 징역이나 금고 또는 500만원 이하의 벌금에 처한다."고 규정하고 있다. 따라서 해당 범죄가 성립하기 위해서는 ① 공연히 사실을 적시해야 하고, ② 이를 통하여 사람의 명예를 훼손하여야 한다.

그렇다면 공연히 사실을 적시해야 하는 '명예훼손죄의 공연성'은 불특정의 다수인이 직접 인식할 수 있는 상태를 가리킨다. 그럼에도 '명예훼손죄의 공연성'을 특정 개인이나 소수에게 사실을 적시하여 이들로부터 불특정 또는 다수인에게 전파될 가능성이 있다는 것으로 해석은 지나친 확대해석이다. 더구나 형법 제307조 제1항의 구성요건은 "행위주체가 명예에 관련된 사실의 적시를 현실적으로 공공연히 실행하고 있어야 한다."는 것을 의미한다. 왜냐하면 명예훼손죄의 법문에서 명시하고 있는 '공연히 사실을 적시하여'라는 표현은 행위주체에 의한 사실의 적시를 현실적으로 공공연하게 하고 있음을 의미하고 있기 때문이다.

또한 대법원 전원합의체는 명예훼손죄의 핵심적 구성요건을 '공연히 사실을 적시하여 명예를 훼손한 데'에 두기보다는 오히려 '명예를 훼손할 만한 사실적시의 공연

---

39) 김신, 『배임죄 판례백선』, 법문사, 2021, 제148쪽 이하 참조.
40) 대법원 2020. 11. 19. 선고 2020도5813 전원합의체 판결.

성’에 방점을 찍고 있다. 이렇게 해석되려면 명예훼손죄의 구성요건을 독일의 그것처럼 다음과 같이 명시했어야 옳다. 즉 “명예를 훼손할 만한 사실을 공공연히 적시한 자는 형벌로 처벌된다.” 그러나 우리 형법은 그렇게 하지 않고, ‘사실적시의 공연성이 명예를 훼손할 때’ 비로소 처벌될 수 있음을 규정하고 있다. 그러므로 명예훼손죄의 규정은 그 어디에도 사실적시의 공연성이 완전하게 결여된 전파가능성이론을 수용할 만한 정황이 전혀 없다.

이런 점에서 대법원의 입장은 명예훼손죄의 구성요건을 심각하게 왜곡하는 것이다. 행위주체가 명예훼손죄로 처벌받은 결정적 이유는 ‘공공연한 사실의 적시로 명예를 훼손하는 데 있는 것’이지, ‘사실적시의 공연성’에 방점을 두고 있지 않다. 모든 ‘공공연한 사실적시’를 처벌하는 것은 헌법상 표현의 자유를 심각하게 침해할 수 있기 때문이다. 헌법상 표현의 자유를 감안하여 형법상 명예훼손죄는 ‘명예를 훼손할만한 사실의 적시가 불특정 또는 다수인에게 인식될 때’ 즉 ‘공연성이 존재할 경우’ 비로소 처벌할 수 있도록 허용하고 있는 바, 사실적시의 공연성은 표현의 자유를 보장하기 위한 일종의 방지턱의 역할을 하고 있을 뿐이다.

③ 제3자뇌물공여죄 대신에 뇌물수수죄의 적용 사례

a. 사실관계

재벌총수인 피고인은 A와 단독면담을 하게 되었다. 이를 알게 된 비공무원 B는 피고인이 자신의 딸 C에게 경주용 말을 사 주도록 하라고 A에게 부탁하면서 관계 서류를 전달하였다. A는 2014. 9. 피고인과의 면담에서 C에게 좋은 경주용 말을 사 주라고 요청하였고, 2015. 7. 면담에서도 피고인 측의 승마관련 지원이 부족하다며 다시 한 번 “좋은 말을 사 줘라.”라고 하였다. 피고인은 그 당시 자신의 재벌승계 작업에 A의 도움이 필요했다고 판단했기에 C에게 경주용 말을 사 주었다.[41)]

b. 재판의 경과

검찰은 이 사안을 A와 B 양자 모두에게 형법 제129조 제1항의 뇌물수수죄의 공동정범으로 기소하였다.

---

41) 이에 관한 자세한 내용은 서울중앙지방법원 2017. 8. 25. 선고 2017고합194 판결 참조.

원심법원[42]은 “형법 제129조 제1항의 뇌물수수죄에 있어서 비신분자가 신분자와 함께 범죄를 실행하더라도 반드시 신분자인 공무원에게 뇌물이 귀속되어야 한다든가 신분자인 공무원과 비신분자가 경제적 공동체 관계에 있어서 비신분자가 받은 뇌물이 공무원에게 귀속된 것과 같은 효과가 있어야만 공동정범이 성립된다고 볼 것은 아니고, 또한 이러한 해석은 공범과 신분관계에 관한 형법 제30조와 제33조의 해석에 따른 결과일 뿐 비신분자에게 공무원의 신분을 창설해 주거나 그를 공무원으로 의제하는 결과를 초래한다고 볼 수는 없다.”고 판시하였다.

대법원은 9대4의 다수의견으로 원심법원의 판결과 같이 A와 B 양자에게 뇌물수수죄(형법 제129조 제1항)의 공동정범을 인정하였다.

c. 전원합의체 판결

전원합의체 다수의견은 A와 B에게 뇌물수수죄(제129조 제1항)의 공동정범을 인정하였다. 이에 반해 반대의견은 A에게 제3자뇌물수수죄(제130조), B에게 제3자뇌물수수죄의 교사범으로 인정해야 옳다는 입장이다.

d. 사 견

대상판결 사안의 경우 형법 제129조 제1항은 공무원 A에게 적용하는 것은 부당해 보인다. 왜냐하면 이 사안이 뇌물수수죄가 성립되기 위해서는 비공무원 B는 공무원 A의 가족이나 사자(使者) 또는 대리인으로서 뇌물을 받은 경우처럼 사회통념상 공무원 A라는 공무원이 직접 받은 것과 같이 평가할 수 있는 관계가 있어야 하는데, 비공무원 B가 그 뇌물을 전적으로 자신이 수수했을 뿐만 아니라 사용·처분하였다는 점에서 사회통념상으로 보아도 공무원 A가 직접 받은 것으로 평가될 수 없기 때문이다.

게다가 전원합의체 견해는 형법 제129조 제1항의 규정과 별도로 형법 제130조를 규정하고 있는 취지를 무시했을 뿐만 아니라, 죄형법정주의에 반하는 법해석을 하였다. 비공무원이 공무원과 함께 형법 제129조 제1항의 뇌물수수죄의 공동정범을 이루려면, 공동가공 의사의 내용인 ‘특정한 범죄행위’는 ‘공무원이 전적으로 또는 비공무원과 함께 뇌물을 수수하기로 하는 범죄행위’를 전제한다.

---

42) 서울고등법원 2018. 2. 5. 선고 2017노2556 판결.

그런데 대상판결 사안의 경우 공무원 A는 자신의 이름으로 뇌물수수를 한 적도 없고, 심지어 한 푼의 뇌물조차 수수한 바도 없다. 이와 달리 공무원 A는 증뢰자로부터 비공무원이자 제3자인 B에게 뇌물을 공여하게 하였을 뿐만 아니라, 해당 뇌물은 비공무원 B의 수중으로 전적으로 수수되었다. 사정이 이렇다면 공무원 A와 비공무원 B는 '뇌물을 수수하기로 하는 범죄행위'라는 특정한 범죄행위와 관련하여 뇌물수수죄의 공동정범을 범하려는 공동가공의 의사를 가진 것으로 볼 수 없다.

따라서 대상판결 사안의 경우 공무원 A는 증뢰자로부터 '부정한 청탁을 받았음'이 입증될 수 있다면 형법 제130조의 제3자뇌물공여죄에 해당되고, 비공무원 B는 이 범죄의 교사범에 해당된다고 판시했어야 옳다.

비록 특검에 의한 기소이긴 하지만 넓은 의미에서 검찰권의 행사라는 점을 무시할 수 없다. 입증이 어렵다는 이유로 정공법을 택하지 않고 법률적용을 왜곡하여 우회하여 처벌하려는 발상은 결코 법치국가원칙에 부합할 수 없는 행태이다.

3. 여 론

검찰은 이렇게 말할 수 있다. 봐라. 대법원 전원합의체 판결조차 우리 견해에 동조하고 있질 않냐? 틀린 것은 아니다. 그러나 이런 말이 생각난다. 술을 먹고 운전하였지만 음주운전은 아니라고. 이들 몇 가지의 사안에서 검찰은 법치국가원칙 내지 죄형법정주의의 원칙에 입각하여 기소하였다고 자신할 수 있을까? 아니다. 검찰은 입증의 불편을 해소하기 위해, 처벌의 사각지대를 피하고 피해자 구제를 위해, 헌법상 표현의 자유에 대한 충돌을 제대로 인식하지 못해, 여론이 그런 방향으로 가고 있으니 여론에 따라 춤을 추기 위하여 등의 다양한 사유로 공소제기를 하였다고 보인다.

물론 그런 건 아니라고 할 것이다. 그렇다면 왜 그런 식으로 공소를 제기하고 유지하였을까? 만일 알고 그랬다면 국민의 입장이 아닌, 권력기관인 검찰의 입장에서 국민을 우롱한 것이자, 법치국가원칙에 반한 권력남용이다.

최근 검찰개혁과 관련하여 전·현직 검찰들을 포함하여 뜻있는 분들의 불만이 많다. 저 역시 잘못된 방향에서 검찰개혁을 하고 있다는 주장에 동의한다. 그러나 검찰도 반성할 부분이 적지 않다. 검찰은 이승만, 박정희와 전두환의 권위주의 체제 아래서 불법적인 정치권력의 남용에 대해 지극히 무력하였다. 이들의 정권유지를 위해 사법부는 사법왜곡에 의한 사법살인조차 서슴지 않았고, 이 때 검찰 역시 그들의 부역자였음을 결코 부인할 수 없을 것이다. 전형적인 사법살인의 사례로 조봉암사건[43]과 인혁당재건위 사건에서 검사의 역할, 특히 검찰의 객관의무는 어디로 도망갔을까?

권위주의의 정권이 무너진 오늘날에도 형사법의 적용은 '피고인에 대해 의심스러울 때는 피고인의 이익이라는 원칙'보다는 처벌의 사각지대를 피하려 하고, 민사법의 영역인 피해자 보호를 위해 처벌을 강조하는 등 형사사법의 기본원칙과 거리가 먼 행보를 지속하고 있다. 뿐만 아니라 검찰의 객관의무는 자신들의 지위에 대한 방어무기로만 사용하고, 피고인이나 피의자를 위한 경우를 찾아보기 힘들다. 경찰의 수사 시에 야기된 인권침해적 행위에 대한 제대로 된 통제가 결여되고, 적법절차가 준수되었다면 야기될 수 없는 왜곡된 사건들이 발생하고 있으며, 적지 않은 사안에서 무죄추정보다는 오히려 유죄추정이 춤춘다는 느낌을 지울 수 없다. 최근 법무부에서 인권친화적 인권검사를 위한 내부문건조차 고작 성희롱 발언의 삼가 등 지극히 지엽적인 사항들만 가득하게 적시하고 있다.

이제라도 **검찰은 권력자를 위한 대변자가 아닌, 국민을 위한 대변자로서, 인권의 최후보루로서, 사법권의 핵심 축으로서 형사사법을 법치국가원칙에 걸맞게 운용하는 검찰상의 모습을 부각하길 바란다. 법관처럼 객관의무를 지고 사법기관의 성격을 갖고 있는 검찰은 국민의 이름으로 형사사법권을 행사할 수 있다는 점에서 결코 피의자나 피고인에 대한 단순한 당사자일 수만은 없기 때문이다. 따라서 검찰의 객관의무에 대한 철저한 충성심과 의무이행은 검찰 자신의 지위를 더욱 사법기관으로 거듭날 수 있게 만들고, 국민의 비빌 언덕으로서 역할을 제대로 수행할 수 있을 것이다.**

---

43) 독립운동가였던 조봉암은 광복 후 초대 농림부장관에 이어 2차례 국회부의장을 지내고 진보당을 창당한 정치인이었다. 1958년 1월 간첩 양명산을 통해 북한으로부터 지령과 자금을 받았다는 간첩혐의로 전격 구속됐다. 서울고등법원은 1958년 10월 국가보안법 위반에 형법상 간첩죄를 적용하여 조봉암에게 사형을 선고했다. 1959년 2월 대법원은 조봉암에 대한 사형을 확정했다. 이에 변호인단은 대법원에 재심을 청구했지만 대법원은 그해 7월 30일 이를 기각했다. 다음 날인 7월 31일 조봉암에 대한 사형이 집행됐다. 2007년 진실화해를 위한 과거사정리위원회는 조봉암 사건에 대해 '정권에 위협이 되는 야당 정치인을 제거하려는 의도로 표적수사를 해 사형에 처한 것으로 인권유린이자 정치탄압'이라고 규정했고, 조봉암의 장녀는 이를 근거로 2008년 8월 대법원에 재심을 청구했다. 대법원은 2011년 1월 20일 재심판결에서 조봉암의 국가보안법 위반혐의 등에 대해 무죄선고를 내렸다.

제16장

한국에서 사법경찰의 의미와 연원

Ⅰ. 들어가는 말

한국에서 행정경찰과 사법경찰을 처음 구분하고, 행정경찰에 대비하여 사법경찰의 역할을 규명한 것은 1895년 출간된 유길준의 『서유견문』[1)2)]에서다. 『서유견문』을 통해서 유길준은 경찰제도와 관련하여 '행정경찰'과 '사법경찰'을 다음과 같이 구별하였다. "행정경찰은 적당한 조치를 위해서 재앙과 피해를 미연에 방지하여 국민들로 하여금 죄를 짓지 않도록 한다. 사법경찰은 이미 죄지은 범인을 수색하거나 체포해서 국민들의 환난을 제거하는 일을 한다. 그러므로 행정경찰의 힘이 미치지 않는 일은 사법경찰의 직분이니, 이 둘의 분계선에는 머리털 하나도 들어갈 수가 없다." 즉 유길준에 의하면 행정경찰과 사법경찰은 서로 철저히 구분될 수 있음을 확신하였고, 이런 양자의 경찰제도가 조선에서 시행되길 염원하였다. 유길준에 따르면 사법경찰의 역할에 관해 다음과 같은 영역에 한정되었다. 1) **여러 가지 범죄자를 수색하고 체포하며, 증거품을 수집하여 검찰관에게 넘겨 주는 일**. 2) **실종자와 간질병 환자, 기아와 집을 잃은 아이 및 구속된 자에 관계되는 사항**.[3)]

1) 유길준이 일본을 비롯하여 유럽과 미국을 둘러보고 작성한 기행문으로 1895년 교순사(交詢社)에서 출간되었다.

2) 여기서 인용한 책은 유길준의 『서유견문』을 허경진이 번역하여 서해문집에서 2005년 출간한 것으로 경찰제도에 관해서는 292쪽 이하에 기술되어 있다.

3) 즉 사법경찰의 업무는 범죄수사와 증거 수집을 원칙으로 하고 기아자, 사회에 떠돌아다니는 어린애, 실종자 및 구속된 자에 국한되었다.

경찰제도는 동서양 모두 중세 때부터 존재하여 왔다.[4] 그러나 행정경찰과 사법경찰의 실정법상 최초 구별은 프랑스의 '1795년 범죄와 형벌법전'에 의해서다. 이 프랑스 법전에 근거한 사법경찰과 행정경찰 분리는 독일에도 계수되었고, 일본 역시 프랑스와 독일의 법제를 받아들이면서 사법경찰에 관한 개념을 형성하였다.

영국에서 경찰제도의 도입은 1829년 런던 경찰청이 최초이며, 런던과 그 교외 주변지역을 관할하였다. 영국은 대륙법계의 경찰제도와 달리 행정경찰과 사법경찰에 관한 이원적 경찰제도나 역할에 관한 관념이 아예 없었다. 이 점은 미국에서도 동일하였다.

그러므로 우리나라에서 사법경찰의 유래와 역할에 관해서는 프랑스와 독일 그리고 우리의 근대경찰제도 수용과정에서 깊은 영향을 주었던 일본의 경우를 살펴볼 필요가 있다. 따라서 이하에서는 사법경찰을 인정하였던 대륙법계의 국가들에서 사법경찰의 의미와 역할 등에 관해 비교법적 고찰을 하고, 우리나라에서 사법경찰의 개념과 역할은 어떻게 형성되었는지를 규명하고자 한다.

Ⅱ. 사법경찰과 행정경찰의 개념 구분

1. 사법경찰과 행정경찰의 개념

사법경찰과 행정경찰로 분류할 때, 그 기준을 경찰의 활동목적 내지 기능의 차이에서 찾는다. 이런 분류에 의거할 때 행정경찰은 공공의 안녕과 질서유지를 목적으로 하는 경찰작용이며, 치안경찰이라고 부르기도 한다. 테러집단이나 조직범죄집단의 범죄를 사전에 예방하는 경찰작용도 행정경찰의 역할에 포함됨은 물론이다. 이에 반해 사법경찰은 범죄가 발생되고 난 이후 비로소 범죄의 수사를 목적으로 수행하는 경찰작용이며, 수사경찰이라고도 부른다.[5]

사법경찰과 행정경찰은 언제나 엄밀히 구별될 수 있지 않고, 적지 않게 연속되거

---

4) 독일은 이미 1530년부터 경찰질서법을 제정하였다. 이에 관해 자세한 것은 Eberhard Schmitt, Einführung in die Geschichte der deutschen Strafrechtpflege, 3.Aufl., Vandenhoeck & Ruprecht 1965, 144 ff.; 일본의 경우 1603년 德川家康이 에도(江戶)에 幕府를 세운 직후.

5) 이윤제, "개정 경찰법의 사법경찰과 행정경찰의 분리", 『형사법의 신동향』, 2021년 가을호, 32쪽 이하 참조.

나 중첩될 수 있다. 예컨대 만취운전을 예방하는 행위와 그 운전자를 체포하는 행위는 행정경찰과 사법경찰 활동의 연속이며, 음주 운전자를 체포하는 사법경찰작용은 더 이상의 음주운전을 예방하는 위험방지활동으로서 행정경찰작용이라고 부를 수 있다. 이런 점에서 사법경찰의 행위인지 아니면 행정경찰의 행위인지를 분류하기 어려운 점도 발생한다.[6)]

2. 사법경찰과 행정경찰의 구분에 대한 기원

사법경찰과 행정경찰의 구별은 프랑스혁명 당시에 유포된 권력분립이론에서 유래하였다. 프랑스에서는 1790년 8월 16일과 24일 법률에 근거하여 행정권과 사법권이 분리되었다. 이에 따라 '1795년 범죄와 형벌법전'에 근거하여 행정경찰과 사법경찰을 구분하게 되었다. 즉 행정경찰의 주된 업무인 공공질서유지는 행정권에 속하고, 사법경찰의 직무인 범죄수사, 범죄자 체포 및 법원에의 범인인도는 사법권에 속하는 것으로 보았다. 이런 직무를 감당하는 사법경찰을 사법권과 다른 행정권에 둔다는 것은 권력분립원칙에 반하는 것으로 여겼다. 그 결과 사법경찰이 사법권에 속하는 것으로 파악하는 한, 사법경찰을 사법관인 검사의 지휘에 복종하도록 함으로써 사법권의 영역에 속하는 범죄수사에 관하여 행정경찰이나 행정관청인 경찰청의 관여를 방지하는 데 기여할 수 있었다.[7)]

Ⅲ. 대륙법계에서의 사법경찰제도

1. 프랑스

① 앞서 언급한 바와 같이 근대적 의미의 사법경찰 탄생은 프랑스에서 권력분립이론에 기초한 근대적 검찰제도의 탄생과 밀접한 관련을 맺고 있다. 법관과 함께 사

6) 강성용, "행정 · 사법경찰 분리에 관한 비교법적 고찰", 『치안정책연구』, 제35권 제2호, 치안정책연구소, 2021, 331쪽 참조.
7) 이에 관해 자세한 것은 정승환, "사법개혁에 부응하는 경찰수사조직의 개편과 수사구조의 개혁", 대검찰청 정책연구보고서, 2012, 20~21쪽 참조.

법권 구성원의 일원인 검찰의 활동은 사법권의 핵심적 축이었다. 그리고 사법권의 독립은 사법권에 대한 행정관청에 속한 경찰청이나 행정경찰의 간섭을 차단하는 것이 불가피했으며, 이 또한 권력분립이론에 상응하였다. 특히 검찰은 사법권의 영역에서 활동하는 사법경찰에 대한 지휘권을 확보하고, 범죄혐의자에 대해 수사종결권을 갖고서 공소할 권한을 갖게 되었다. 범죄수사에 관하여 머리 역할을 하는 검사는 범죄혐의자에 대한 구체적 수사를 실행하는 손발을 필요로 하고, 이런 점에서 손발의 역할을 담당하는 자, 즉 범죄혐의자를 현장에서 수사하는 사법경찰에 대한 수사지휘권은 불가피하게 요구되었다.[8]

② 프랑스의 '1795년 범죄와 형벌법전'의 제15조부터 제20조가 사법경찰과 행정경찰을 제도적 · 관념적으로 맨 처음 구분했다. 이 법전의 시행 직후에 제정된 '1801. 1. 17. 법률'에서 '공화국 검사'(Procureurs de la Républiqe) 제도가 설치되었다. 이 법률에 근거하여 '공화국 검사'는 범죄의 소추뿐만 아니라 처음으로 수사의 기능을 부여받았다.[9]

③ '1801. 1. 17. 법률'에 근거하여 '공화국 검사'는 범죄자에 대해 수사를 할 수 있게 됨으로써 사법경찰관은 공화국 검사와 예심판사의 지휘를 받았다. 1808년 치죄법 제8조는 사법경찰의 기능을 범죄에 대한 수사 등으로 구체화하였다. 이러한 영향으로 프랑스 형사소송법 제14조는 "사법경찰은 예심판사의 수사가 개시되지 않는 한 범죄를 확인하고 증거를 수집할 책임이 있다."고 명시하였다. 이 때문에 사법경찰은 '공화국 검사'의 수사나 지휘 또는 예심판사에 의한 예심이 진행되지 않거나 진행될 수 없는 경우 예외적으로 독자적인 수사권을 갖고 있었다고 할 수 있어 보인다.

④ 예심판사의 지휘를 받는 경우 사법경찰관은 예심판사의 명의로 수사를 할 수 있었지만, 사법경찰관은 원칙적으로 예심판사의 단순한 수사보조자에 불과하였다. 또한 사법경찰관은 피의자의 혐의 여부에 대한 결정권이 없었으며, 이에 대한 결정은 예심판사나 '공화국 검사'만이 가능하였다.[10]

---

8) 프랑스의 근대적 검찰제도의 성립에 관해 자세한 문헌으로는 이완규, 『검찰제도와 검사의 지위』, 도서출판 성문기업, 2005, 147쪽 이하 참조.

9) 이에 관해서는 Alfons Sättler, Die Entwicklung der französischen Staatsanwaltschaft, Dissertation, Universität Mainz 1956, S. 174 ff 참조.

10) 이에 관해서는 허일태, "독일 · 프랑스 수사구조를 통해서 본 경찰수사권의 합리적 배분과 수사권 내용", 『형법연구 Ⅲ』, 진원사, 2007, 459쪽 이하 참조.

⑤ 오늘날 프랑스 형사소송법은 범죄의 수사에 관해 사법경찰에게 독자적인 수사권을 인정하는 경우는 두 가지가 있다. 그 중 하나는 '현행범에 대한 조사'이고, 다른 하나는 '예비조사'이다. 예비조사라 함은 1958년 프랑스 형사소송법에 근거한 "사법경찰관의 직권 또는 검사의 지휘에 의하여 예비조사에 착수할 수 있다."는 것으로, 이는 프랑스의 사법경찰관이 일정한 경우 내사단계 정도의 수사만이 아니라, 그것을 넘어 독일 경찰의 초동수사권과 유사한 수사권을 갖고 있음을 의미한다고 볼 수 있다. 즉 사법경찰의 예비조사에는 범죄혐의를 밝히기 위해 사법경찰은 범죄혐의자에 대해 임의수사뿐만 아니라, 수사상 필요한 경우에는 그에 대한 임시구금 조치까지 취할 수 있다. 게다가 사법경찰은 현행범에 대한 조사를 할 수 있는데, 이는 역사적으로 오래된 제도로서 이에 대한 경찰의 권한은 매우 강력함을 엿볼 수 있다. 또한 예심판사가 경찰에 대한 수사명령을 통하여 이루어진 수사와 신분확인 검문도 사법경찰의 본격적 수사로 인정될 수 있음은 물론이다.[11]

⑥ **사법경찰조직**

오늘날 프랑스에서 사법경찰조직으로는 경찰총국 산하에 사법경찰국(DCPJ)이 있고, 이 사법경찰국의 지방분소인 지방사법경찰국이 전국 각지에 설치되어 다음과 같은 유형의 범죄에 관한 수사를 담당하고 있다.

1. 인명 및 재산에 대한 범죄, 2. 실종자, 3. 무기 밀매, 4. 도주자, 5. 국제적 사기, 6. 매춘, 7. 미술품 밀매, 8. 도난차량 및 문서범죄, 9. 테러, 10. 마약 밀매, 11. 돈 세탁, 12. 지능 범죄, 13. 화폐 등의 위조, 14. 사이버 범죄.

이들 범죄에 대해 보다 철저한 대책을 위해 2009년 3월에 사법경찰국(DCPJ)을 법무부 산하로 이전시켜 행정경찰과 사법경찰을 분리하는 방안이 검토되었다. 그러나 이 분리방안을 반대하는 목소리도 적지 않았다. 반대이유는 사법경찰이 업무상 법무부로 대표되는 사법관청의 지휘·감독을 받지만, 조직적으로는 내무부로 대표되는 행정관청에 소속되어 행정적 지휘·감독을 받고 있는 현재의 체제가 견제와 균형이라는 민주적 요구에 부합된다고 판단되었기 때문이다.[12]

---

11) 백원기, "프랑스의 수사구조 및 사법경찰제도", 『주요국가의 수사구조 및 사법경찰제도』, 치안연구소 보고서 96-11, 232~234쪽 참조.

12) 이에 관해서는 유주성, "국가수사조직 도입모델로서 프랑스 중앙사법경찰국에 관한 연구", 『경찰법연구』 제10권 제1호, 2012, 107~111쪽 참조.

⑦ **프랑스에서 사법경찰의 구성과 지위**

사법경찰의 임무는 범죄인들이 사법기관에 의하여 기소되어 처벌될 수 있도록 범죄의 진상을 규명하고 범죄인들을 체포하는 데 있다. 사법경찰조직은 그 구성의 면에서 보면, 매우 복잡하지만, 각 구성원에게 부여된 권한의 동일성과 그 권한에 대한 동일한 통제체제에서 통일성을 엿볼 수 있다.

사법경찰의 체제에 대한 구성의 다양성은 프랑스 형사소송법 제15조에 잘 나타나 있다. 즉 동법 제15조에 따르면, 사법경찰의 임무를 수행하는 자는 다음과 같다: "1. 사법경찰관, 2. 사법경찰리와 사법경찰보조리, 3. 법에 의하여 사법경찰의 권한을 행사하는 공무원"이라고 규정하고 있다. 여기서 사법경찰관과 사법경찰리를 구별하는 것은 매우 중요하다. 그 이유는 사법경찰리는 사법경찰관과 같은 권한을 갖지 못하기 때문이다.

⑦-1 **사법경찰관**

사법경찰관의 자격은 프랑스 형사소송법 제16조의 규정에 따라 다음에 해당되는 자만이 가능하다:

a) 시장과 시장 보좌관(동법 제16조 제1항 제1호): 이들은 경찰서나 군인경찰 순찰대가 존재하지 않는 곳에서만 사법경찰관 권한을 행사할 수 있다.

b) 군인경찰의 장교와 하사관(동법 제16조 제1항 제2호): 이들 계급 이외의 군경찰도 사법경찰관의 자격을 얻을 수 있다. 군경찰관이 되려면 군인경찰에서 3년의 경력과 국방부와 법무부의 직원으로 구성된 위원회의 동의를 받은 후 법무부, 국방부 부처간 명령에 의해 지명된다. 군경찰기구는 소도시와 시골에서 검사의 중요한 보조자의 역할을 담당한다.

c) 치안감과 경무관 등 경정급 이상과 경감, 경위(동법 제16조 제1항 제3호)[13)]

d) 1998년 11월 18일 법률에 의해 경사급 중 3년 이상의 경력자에 대하여 내무부와 법무부의 직원으로 구성된 위원회의 동의를 받아, 부처 사이의 명령에 의하여 지명된다.

13) 프랑스 형사소송법 제16조 제1항 제3호에 규정된 국립경찰의 사법경찰관은 사법경찰관의 권한을 행사할 직책에 배치 받는 경우에만 사법경찰관 자격에 부여된 권한을 행사할 수 있다.

⑦-2 사법경찰리와 사법경찰보조리

a) 사법경찰은 사법경찰관 이외에 사법경찰리를 포함한다. 이들에 관해서는 프랑스 형사소송법 제20조, 제21조에서 규정하고 있다. 동법 제20조에 따르면 사법경찰리는 사법경찰관의 자격이 없는 군인경찰 사병, 사법경찰관의 자격을 갖지 못한 경위·경감, 경위 실습생, 최소 2년 이상 근무한 경사, 경장, 순경 등이며, 사법경찰리는 사법경찰업무를 수행하는 직책에 배치되는 경우에만 그 자격을 갖는다.

b) 프랑스 형사소송법 제21조에 따르면, 사법경찰관과 사법경찰리를 제외한 자를 말한다. 즉 군인경찰 중, 의무복무자와 자치경찰관이 이에 해당된다.

2. 독 일

(1) 독일의 사법경찰 연혁

1799년 6명의 사법경찰관이 '베를린 형사법원'에 배정되어 범죄와 경범죄를 수사하는 데 필요한 조사와 심문을 수행했던 것이 독일의 근대적 사법경찰관의 시초이다. 이들은 예외적인 경우 제복을 입지 않고 임무를 수행할 수 있었다. '베를린 형사법원'에서 사법경찰의 필요성을 깨닫게 되자 베를린은 1811년 4월 1일 사법경찰관에 관한 근무 규칙(Berlin Police Regulations)을 제정하였다. 이 규칙을 근거로 사법경찰은 법원에서 근무할 필요 없이 자체 책임으로 범죄를 수사하고 사건을 처리할 수 있게 되었다. 그리고 1820년 베를린에서 형사수사관(Kriminalkommissar)이라는 직함이 도입되었지만 보안경찰과 사법경찰 사이의 조직적 분리는 1872년이 되어서야 이루어졌다. 즉 1870년 프랑스와의 보불전쟁을 통해 1871년 독일이 통일되자 1872년에 사법경찰(Kriminalpolizei)의 업무영역을 보안경찰(Schutzpolizei)과 구별하였고, 제복도 달리 착용하였다.

이 새로운 종류의 사법경찰에 대한 경험을 바탕으로 1853년 브레멘을 비롯해 함부르크(1875년) 등 독일의 다른 주에서 경찰조직을 개편했으며, 19세기 말까지 전국적으로 사법경찰이 설립되었다. 그 이후부터 독일에서 사법경찰은 모든 범죄의 초동수사를 개시할 수 있게 됨으로써 수사기관 역할을 맡아왔다. 그러나 수사종결권은 검사가 맡고 있다.

(2) 현행 독일의 사법경찰제도

① 독일 기본법(제30조[14] 및 제70조 이하[15])에 따르면, 경찰의 시설 및 조직은 주(州)의 관할사항이다. 따라서 독일은 경찰의 책임을 예외적으로 연방정부에 두는 경우도 있지만, 범죄수사의 거의 대부분은 주 경찰이 맡고 있다.

② 연방 차원에서 경찰임무를 가진 곳은 연방형사범죄청(Bundeskriminalamt)[16]이다. 연방형사범죄청은 조직상으로 연방내무부에 소속되어 있다. 이곳은 국제적으로 또는 주의 영역을 넘어서 활동하거나 활동할 것이 예상되는 경우 그 범죄의 진압을 담당한다. 연방형사범죄청의 주된 임무는 각종 범죄정보를 수집 · 평가, 형사기술적 연구 및 형사소추기관의 요청에 의한 감정서 작성 등의 업무를 담당한다. 그러나 연방형사범죄청이 일반 경찰처럼 범죄의 수사업무를 직접적으로 수행하는 것은 국제테러와 같은 국제범죄나 헌법기관에 대한 공격 또는 외국공관원에 대한 공격 등과 같은 예외적인 범죄에 국한된다. 이에 해당하지 아니하는 사항에 대해서는 주 경찰을 조정하는 역할에 국한된다. 이와 관련하여 각 주는 범죄진압과 관련하여 연방 차원의 협력을 증진시키기 위하여 주형사범죄청(Landeskriminalamt)을 설치해 두고 있다. 또한 연방형사범죄청은 그 자체 수사관이 있고, 이들 수사관도 수사업무를 담당하고 있다. 다만 이들을 사법경찰(Kriminalpolizei)로 지칭하지 않는다.

③ 주(州)의 각 경찰관서는 직제상으로 각 주의 내무부에 소속되어 있으며, 내무부의 지휘 · 감독에 복종한다. 독일의 각 주 경찰의 구성형태는 각 주의 입법형식에 따라 다르지만, 기능적으로 구분해 보면 일반적으로 사법경찰(Kriminalpolizei), 보안경찰(Schutzpolizei)[17]로 분류될 수 있다.

---

14) 기본법 제30조에 의하면, “국가의 권한행사와 국가의 과제 달성은 이 기본법이 달리 규정하거나 허용하지 않는 한 주의 관할사항이다.”라고 규정하고 있다.

15) 기본법 제70조 이하에서는 주와 연방 사이에 입법권의 관할을 규정하고 있다. 이에 의하면, 기본법이 입법권을 연방에 부여하지 않는 한, 각 주가 입법권을 가진다고 규정하고 있다(동법 제70조 제1항).

16) 연방범죄수사청의 설치와 업무영역에 관한 법률은 다음과 같다. Gesetz über das Bundeskriminalamt und die Zusammenarbeit des Bundes und der Länder in kriminalpolizeilichen Angelegenheiten (Artikel 1 des Gesetzes über das Bundeskriminalamt und die Zusammenarbeit des Bundes und der Länder in kriminalpolizeilichen Angelegenheiten), BGBl I 1997, 1650.

17) 여기서 보안경찰은 일반교통경찰과 수상경찰로 세분된다. 한편 긴급경찰(Bereitschaftpolizei)도 있지만, 예컨대 Baden-Würtemberg주에서는 이를 보안경찰에 포함시킨다.

④ 주 경찰청에서 범죄수사 부서는 사법경찰이 담당한다. 주 경찰청은 해당 주의 내무부에 소속되어 있다.

⑤ 사법경찰은 범죄와 사건을 조사하고 사복을 입고 직무를 수행한다. 이들은 증거를 수집하고 피해자와 증인을 인터뷰하고 용의자를 신문한다. 사법경찰은 또한 실종자의 위치와 도난당한 재산의 회수에 관여한다.

⑥ 사법경찰을 보안경찰과 제도와 업무상의 관점에서 명확히 구별하고 있는 곳으로는 Baden-Würtemberg, 바이에른 그리고 Saarland의 경우이고 그 나머지 대부분의 주에서는 치안경찰과 사법경찰은 상호 호환적으로 운용되고 있다.

(3) 검찰과 사법경찰의 관계

① 수사지휘권자로서 검사

독일에서 범죄수사와 절차 수행에 관한 법적·사실적 책임은 수사절차의 주재자로서 검사가 모두 부담한다.[18] 따라서 독일에서의 수사는 검사 자신이 독자적으로 수행할 수도 있고, 경찰관서나 경찰공무원을 지휘하여 수사할 수도 있다. 고발이나 그 밖의 수단에 의하여 특정한 범죄행위의 혐의에 대하여 알게 되는 즉시 검사는 공소제기의 여부를 결정하기 위하여 사실관계를 조사하여야 한다(형사소송법 제160조 제1항). 이런 경우 검사는 피의자의 책임을 가중시키는 사유뿐만 아니라 감경시키거나 면제하는 사정에 대해서도 수사하여야 하며(이른바 검사의 객관의무), 멸실(滅失)의 우려가 있는 증거를 조사해야 한다(동조 제2항). 그러나 독일의 검사는 독자적인 수사조직을 갖추고 있지 않기 때문에,[19] 범죄수사의 대부분은 사법경찰의 협력으로 이루어지게 된다.

그런데 독일 형사소송법 제163조에 따르면, 사법경찰도 모든 범행에 대해 진상을 파악하고 범행의 은폐를 막기 위해 지체 없이 모든 허용된 조치를 취할 수 있다고 명시하고 있다. 그러나 이 경우에도 수사를 어떻게 진행하고 처리할 것인가에 대해서는 기본적으로 검사의 권한에 속한다. 따라서 독일 형사소송법 제163조에 의해 사법경찰이 이미 피의자에 대한 심문 등 형사소송법상 조치를 취했다 하더라도, 검

18) Fridrich-Christian Schroeder, Strafprozessrecht, 2. Aufl., 1997, Rn. 106.
19) 이 점에서 독일의 검사를 '손 없는 머리'(Kopf ohne Hände)라고 표현하기도 한다. Claus Roxin, Strafverfahrensrecht, 25. Aufl., 1998, 10/14.

사는 수사의 통일성과 분할 불가능성 때문과 당사자의 이익을 고려하여 사법경찰이 수행했던 수사 자체를 검토해야 한다.

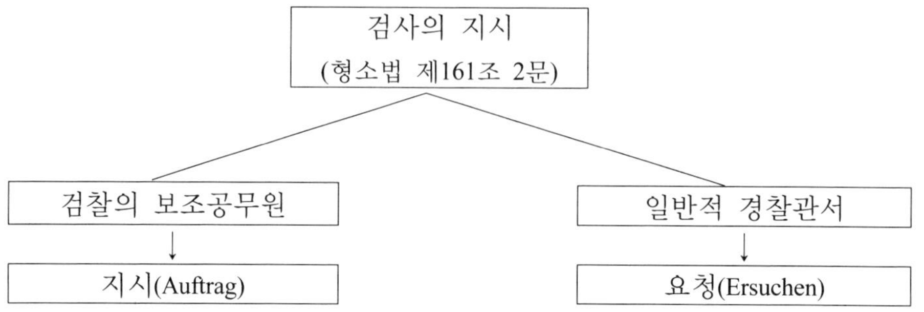

② **요청과 지시의 형식에 의한 수사지휘**

독일 형사소송법 제161조는 검사와 사법경찰 사이의 관계를 규정해 두고 있다. 이에 의하면, "검사는 범죄수사와 공소제기의 임무를 수행하기 위하여 모든 공공기관에 대하여 정보를 요구할 수 있고, 모든 종류의 수사를 스스로 수행하거나 경찰관서와 사법경찰은 이를 수행하도록 할 수 있다. 경찰관서와 사법경찰은 **검사의 요청**(Ersuchen)이나 **지시**(Auftrag)에 따를 의무가 있다."고 규정하고 있다. 여기서 요청과 지시를 구분하여 규정한 점에 주의할 필요가 있다. **요청이란 일반경찰관서**(allgemeine Polizeibehörde)**에 대한 지시를 의미하며, 지시란 검찰의 보조공무원**(Hilfsbeamte der Staatsanwaltschaft)**에 대한 지시를 의미한다**. 검찰의 보조공무원은 관할 검찰청과 상급직 공무원의 명령에 응해야 할 의무를 부담한다(법원조직법 제152조 제1항). 검찰의 보조공무원은 21세 이상의 공무원이어야 하며, 2년 이상 수사업무에 종사한 자여야 한다. 주정부는 법규명령을 통하여 이 권한을 주 법무행정당국에 위임할 수 있다(동법 제152조 제2항). 일반적으로는 경찰의 중간직 계급에 속한 공무원이나 직원들이 검찰의 보조공무원이 되며,[20] 이들은 연방수사청, 주 수사청 등 주로 수사 부서에 근무하는 사법경찰로서 일정한 범위의 수사권을 갖는다.

검찰의 보조공무원이든 일반 경찰관서에 속한 사법경찰이든 특정한 혐의사건과

20) Heiko Hartmut Lesch, Strafprosessrecht, 2. Aufl., 2001, S. 116. 그러나 검찰의 보조공무원에는 연방과 주의 경찰들만 있는 것이 아니라 예컨대 세관 또는 산림행정, 수렵행정, 어로행정 및 광산행정의 종사자들도 포함된다.

관련하여 검사의 지휘가 있는 경우에는 이에 응할 의무가 있다는 관점에서 보면, 독일에서 사법경찰은 검사의 수사지휘권에 종속되어 있다. 여기서 검사의 수사지휘권은 경찰의 임의적 수사행위뿐만 아니라 압수, 수색, 체포 등과 같이 강제적 수사행위에도 미친다.

③ **범죄진압행위에 국한된 수사지휘**

검사의 이러한 지휘권은 형사소추를 위한 수사 활동에만 인정되며, 예방경찰적 처분(präventive Massnahme)의 영역에서는 검사의 지시권이 인정되지 않는다.[21] 하나의 사건이 직접적으로 예방적 과제임과 동시에 수사과제로 나타날 경우에는 검사와 경찰에게 모두 관할권이 인정되며 여기서는 양 수사주체의 신뢰 있는 공동협력이 요청된다.[22] 사건의 상황이 예방적 임무와 수사적 임무를 동시에 충족시켜야 할 경우에는 형사소추와 직접적인 관련을 가지는 경우에만 검사의 지휘권이 인정된다.[23]

3. 일 본

(1) 경찰제도의 탄생

경찰제도가 탄생한 것은 히데요시(豊臣 秀吉)가 전국을 통일하고 1603년 이에야스(徳川 家康)가 江戸幕府를 성립시킨 것이 계기가 되었다. 그러나 일본의 근대경찰은 1871년 10월 동경부에 치안유지와 사법, 경찰관 재판 등 사회질서를 관할하여 단속하는 요원 3,000명을 채용하면서 개시되었다. 1874년 司法省에 설치한 국가경찰조직인 警保寮를 내무성에 이관시키면서 사법성은 독점적인 재판기능을 갖게 되고, 재판기능 이외의 사무를 담당하는 警保寮는 내무성에 이관되었다. 이 때 일본은 검사직제장정 및 사법경찰규칙을 제정하여 범죄수사활동을 사법경찰활동에 속한 것으로 하였다. 이 경우 사법경찰리가 검사를 보조하여 범죄수사를 수행하도록 하였다. 이러한 검찰과 사법경찰리의 관계는 프랑스 치죄법을 계수한 1880년 일본치죄

21) Kleinknecht/Meyer-Goßner, Strafprozeßordnung, 44. Aufl., 1999, §161 Rdnr. 13.; Lesch, a.a.O., S. 116.
22) Richtlinie für das Strafverfahren und das Bußgeldverfahren(RiStBV), Anlage A III.
23) Werner Beulke, Strafprozeßrecht, 6. Aufl., 2002, Rdnr. 103.

법과 그 이후인 1890년 제정된 舊舊刑事訴訟法 그리고 1922년 舊刑事訴訟法에서도 그대로 유지되어 1945년 종전까지 지속되었다.[24] 즉 사법경찰리는 검사를 보조하여 범죄수사를 할 수 있는 보조기관에 불과하였다.

한편 일본의 '근대경찰의 아버지'라고 불리는 카와지 토시요시(川路 利良)[25]의 건의[26]에 따라 1875년 '행정경찰규칙'이 제정되어 행정경찰 중심으로 경찰기구가 정비되었다.[27] 이후의 일본 경찰권은 일본의 천왕의 대권과 독립명령권에 의하여 행사될 수 있었기에 국회의 제동이나 1875년의 행정경찰규칙에 대해서도 상당 부분 자유로웠다.[28] 그리고 각 법원에는 이에 부속하는 검사국 소속의 검사를 위한 사무를 처리하였던 요원들은 범죄수사를 다루어 왔다. 그러나 이들을 굳이 사법경찰이라고 부르지는 않았다. 1945년 일본이 패망하기까지 일본의 경찰은 일본이 '중앙집권적 관료경찰국가'로 평가될 정도로 경찰 본래의 임무를 일탈하였다.[29] 이는 일제치하와 해방공간에서 만행을 부렸던 노덕술[30]을 비롯한 친일경찰들의 민낯이 그냥 절로 나타난 것이 아님을 극적으로 보여준다.

1945년 일본은 패망하여 포츠담선언의 수락을 계기로 전쟁 전의 일본의 경찰제도가 폐지되었다. 즉 戰前의 중앙집권적 국가경찰은 해체되고, 이에 대신하여 지자체경찰과 국가지방경찰로 이원화되었으며, 중앙과 지방에 경찰행정의 정치적 중립성이 확보될 수 있도록 담보하기 위해 '공안위원회'가 설치되었다. 이와 함께 경찰의 작용을 행정경찰과 사법경찰로 분리하였다.[31]

---

24) 이에 관해 자세한 것은 加藤康榮, "행정경찰과 범죄의 사전수사(상)", 『일본법학』 80(4), 2015, 1463~1464쪽 참조; 강성용, 앞의 논문, 341쪽 이하.

25) 카와지는 독일과 프랑스 그리고 영국의 경찰제도를 시찰하고, 귀국 후 일본 정부에 "독일과 프랑스를 중심으로 하는 대륙법계의 경찰제도 도입"의 필요성을 건의하였다.

26) 이 건의서의 핵심요지는 범예예방과 안전의 확보를 위해 경제적 · 사회적 관계에 경찰행정의 개입으로 다양한 규제를 가할 것, 국민의 생명과 신체의 안전 · 유지를 위한 조치, 국가에 대한 반역이나 반체제적인 동향을 사전에 파악하여 그런 행동을 배제토록 하거나 억지토록 하는 데 주안점을 두었다. 이에 관해서는 행정경찰규칙 제1장 제1조부터 제4조까지 및 제2장 참조.

27) 이에 관해서는 이동희, "일본: 검 · 경 단계형 수사구조", 『비교수사제도론 -한국수사구조의 개혁을 위한 기초연구-』, 박영사, 2004, 639쪽 참조.

28) 이에 관해 자세한 것은 김형만 외, "일본에 있어서 검찰과 경찰과의 관계", 『주요국가의 수사구조 및 사법경찰제도』(연구보고서 96-11), 치안연구소, 37쪽 이하 참조.

29) 星野安三郎, '前後改革3政治過程', 1974, 296쪽.

30) 일제 강점기 시절 고등계 형사이다. 광복과 대한민국 정부수립 이후에는 수도경찰청 간부로 재직하였다. 1948년 10월 반민족행위특별조사위원회 및 정부요인 암살 음모 사건의 주범이다. 1949년 반민족행위특별조사위원회에 체포됐으나 이승만의 후원에 의해 반민특위 해체로 풀려나 경찰직 복귀 이후 대한민국 경찰직에서 고위간부로 지냈다.

Ⅳ. 한국의 사법경찰제도

1. 탄생과정

구한 말에 이르러 일본에 의하여 강요된 갑오개혁으로 1894년 7월 근대적 경찰제도가 처음으로 탄생되었다. 즉 1894년에 『경무청관제직장(警務廳官制職掌)』을 제정하여 좌우 포도청을 통합하여 일본의 경찰 제도를 본받아 경무청을 신설하였다. 이 경무청은 내무아문(內務衙門)에 예속시키고 수도인 한성에 설치하여 수도의 치안을 담당하게 하였다. 이와 함께 지방에는 각 도 관찰사 아래 경무관을 배치하여 치안을 맡게 함으로써 행정과 경찰권을 구분하도록 하였다. 그리고 이 때 처음으로 警察이라는 용어가 등장하게 되었다.[32)]

경무청은 사법경찰 · 소방 · 교도소 사무를 담당하였다. 경무청 산하에 한성5부(漢城五府)를 설치하고, 각각 경무지서(警務支署)를 두었다. 경찰관의 소속인원은 처음엔 군인이었으나 곧바로 문관(文官)으로 대치됨으로써 군경(軍警)이 분리되었다. 1895년에 이르려 내무부에 전국의 경찰을 관할하는 '지방국'이 설치되었으며, 한성관찰부를 제외한 지방의 22개 관찰부에 경무관 · 경무관보 · 총순(摠巡) · 순검(巡檢)이 배치되었다.

2. 1905년 이후 통감부 시기[33)] 형사경찰제도와 범죄수사

일본은 조선에 1904년 8월 제1차 한일협약을 통하여 조선에서 이른바 고문정치가 시작되는데, 다케시다(丸山重俊)가 경무고문으로 초빙되어 한국 경찰권을 통제하기 시작했다. 경무고문은 그 보좌기관으로서 경무청, 한성부 내의 5개 경찰서, 전국 각 지방의 경찰서를 두고, 그 책임자들을 일본인으로 배치하였다. 즉 일본은 특히 1905년 2월 고문경찰제도(顧問警察制度)를 조선에 설치하면서 조선의 경찰권을 단계적으

31) 이에 관해 자세한 것은 김형만 외, 앞의 보고서, 37~38쪽 참조.
32) 이에 관해서는 이동희 외, 『경찰과 법』, 경찰대학 출판부, 2015, 13쪽 참조.
33) 1906년(광무 10) 2월부터 1910년(융희 4) 8월까지 일제가 한국을 완전 병탄할 목적으로 설치한 감독기관으로, 이를 통해 일제는 한국 병탄의 예비작업을 수행하였다.

로 탈취해 나갔다. 이런 과정에서 1907년 11월 조선경찰과 고문경찰의 일본경찰을 모두 흡수하여 일원화된 조선경찰이 탄생되었다. 말이 조선경찰이지 조선경찰의 실질적인 책임자와 권한은 모두 일본인 경찰이 차지했다. 당시 형사사건에 대한 수사권은 일본 본토와 달리 경찰은 검사의 지휘를 받지 않고 수사권을 실질적으로 행사하였다. 그 이유는 검사의 지휘를 기다리다 보면, 범죄수사의 시기를 놓칠 우려가 있다는 것을 근거로 들었다. 그러나 당시의 경우 첫째로 검사가 자신에게 부여된 권한을 적극적으로 활용하기에는 부족한 인력과 자원의 한계를 극복할 수 없었고, 둘째로 범죄의 실체적 진실만 밝혀지면 형벌이 자동적으로 정해지는 『刑法大典』[34] 체계에서는 판사·검사의 역할보다는 경찰의 수사권을 이용하는 것이 훨씬 효율적이었기 때문이었다.[35]

3. 일제 강점기의 경찰제도

① 헌병경찰제도

이러한 통감부 시절의 일본식 경찰제도는 1910년 폐지되고, 식민통치의 앞잡이 구실을 한 일본경찰로 대체되었다. 그런데 이 때 일본은 우리 민족을 탄압하여 자신들의 야욕을 채우기 위해 조선반도에 '통상적인 경찰제도'를 설치하지 않고 이른바 '헌병경찰제도'를 설치하여 강권통치를 하였다.[36] 당시 초대 총독인 데라우치(寺内正毅)는 통치방침으로서 질서유지를 언명하고 이를 위하여 헌병경찰제도를 실시하였는데, 1910년 9월 10일 헌병경찰활동의 법적 근거인 조선주답헌병조령(朝鮮駐据憲兵條令: 칙령 343호)에 의해 헌병이 신분을 유지한 채 일반치안업무를 담당할 수 있도록 하였다. 헌병경찰제도에 의해 중앙의 경무총감에는 주한 헌병사령관이, 지방 각 도의 경무부장에는 각 도의 헌병대장이 임명되었다. 이들 책임자는 모두 일본인이었다.

34) 이에 관한 연구로는 허일태, "형법대전의 내용과 특징", 『형사법연구』 제20권 제2호, 한국형사법학회, 2008, 91쪽 이하 참조.

35) 이에 관해서는 양홍준, "통감부시기 형사경찰제도와 범죄 수사", 『韓國史學報』 제22호, 2006. 02, 165쪽 이하 참조.

36) 1910년 653개였던 헌병기관과 그 소속인원이 2,019명이었던 헌병 그리고 481개였던 경찰기관과 5,881명이었던 경찰은 1918년에는 각각 1,048개에 8,054명의 헌병과 738개에 6,287명의 경찰로 확대되었다.

② **보통경찰제도의 도입**(1919년 **이후의 경찰제도**)

일제의 무단통치 방식은 1919년 3·1운동이 결정적인 원인이 되어 헌병경찰제도가 퇴출되었다. 즉 일본은 헌병경찰정치를 버리고 이른바 문화정치를 실시한다면서, 헌병경찰제도에서 보통경찰제도로 전환하였다. 당시 총독부 직속의 경무총감부는 이로 인해 즉시 폐지되고, 이에 대신하여 경무국을 설치하여 전국의 경찰사무와 위생사무를 감독하도록 하였다. 지방의 경우 도지사의 관할 하에 경무부를 설치하여 경찰사무와 위생사무를 관장토록 하였다.

1925년 일본은 치안유지법을 통과시켜 경찰도 영장 없이 강제수사를 할 수 있게 되었다. 이 치안유지법은 조선의 독립운동을 하시는 분들에게 강압적인 수사를 할 수 있는 기반을 제공하였다. 게다가 1937년 중일전쟁 이후에는 경찰업무가 경제경찰, 외사경찰에까지 확대되었으며, 1941년 예비검속법 등을 통하여 조선의 독립운동에 대한 탄압을 더욱 강화하고, 전시동원 체제를 공고히 하였으며, 일제 치하의 경찰은 이러한 작전에 적극적으로 가담했다.[37]

4. 미군정 하의 경무부

1945년 광복 후 미군정청의 경무부(警務部)는 경찰업무를 담당하였고, 서울에 수도경찰청(首都警察廳), 지방에 관구경찰청(管區警察廳)이 설치되어 치안을 담당하였다. 그러다가 1948년 정부수립 후 내무부에 치안국(治安局)이 설치되어 국립경찰제도가 확립되었다.

5. 1954년 형사소송법상 사법경찰과 개정형사소송법상 사법경찰

① 일제로부터 해방 직후 한국에 주둔한 미군정청은 미국식 사고로 수사는 경찰이 전담하고, 공소는 검찰의 소관으로 하려는 작업을 시도했다. 그러나 1948년 한국이 건국되고, 법령제정권이 한국의 국회 소관이 됨으로써 미국의 영향력은 이에 비

37) 일제 경찰의 만행이 지나칠 정도였기에, 어린애들조차 일제 경찰이 나타나면 울음을 뚝 그칠 정도였다.

례하여 점차 작아졌다. 1953년에는 대륙법계의 전통을 이어받아 형법이 제정되었다. 이듬해인 1954년 검찰 출신인 엄상섭 의원의 주도로 제정된 형사소송법은 대륙법계의 형사소송법에 영미식의 적법절차를 강화하는 방식을 채택하였으며, 검사를 수사권의 주재자로 인정하였다.[38]

② 제정형사소송법 이래로 '수사에 관여한 경찰'을 '사법경찰'로 부르고 있으며,[39] 형사소송법은 적지 않은 조문에서 사법경찰의 역할에 관한 규정을 두고 있다. 일반인들은 수사에 관여한 사법경찰을 통칭 '형사'라고 부르기도 한다.

③ 2020년 4월 2일 개정된 형사소송법에서 경찰은 수사종결권을 갖게 되었다.[40] 경찰은 경범죄에 관해 이미 오래 전부터 수사권과 기소권을 갖고 있었다. 그러나 경찰이 경범죄에 대한 수사종결권을 넘어서 통상의 형사범죄에 관해서까지 수사종결권을 갖는다는 것이 타당한 것인지에 관해 논란의 여지가 있다. 그 논란의 이유에 관해 우리가 종래 규문주의 재판을 탄핵주의로 전환시킨 점을 형사재판의 개혁으로 여겼던 점에서 찾을 수 있다. 규문주의의 경우 수사한 자가 재판한다는 점에서 한 번 범죄혐의가 있다고 편견을 가진 수사권자가 범죄의 유·무죄를 판단하는 재판까지 하는 것은 공정성을 해칠 수 있으므로 탄핵주의로 전환되었다. 이런 방식이 헌법상 보장된 '무죄추정주의'와 '적법절차의 준수'라는 제원칙에 더욱 잘 부합할 수 있기 때문이다. 이는 수사의 경우에도 마찬가지이다. 개정형사소송법의 경우 종래 수사종결권을 갖고 있던 검사가 사법경찰의 수사에 대한 검토와 견제를 통해서 적법절차에 어긋난 수사나 과잉수사 등을 미연에 방지할 수 있는 탄핵적 수사시스템을 저버렸다. 개정형사소송법에 따르면 이와 반대로 경찰이 상당수의 범죄에 관해 초동수사뿐만 아니라 수사의 최종 종점인 수사종결권을 일원적으로 행사하게 됨으로

38) 노덕술과 같은 친일경찰의 만행에 대한 국민적 분노를 감안한 부분도 없지 않아 보인다.

39) 형사소송법 제196조[사법경찰관리] ① 수사관, 경무관, 총경, 경감, 경위는 사법경관으로서 검사의 지휘를 받아 수사를 하여야 한다.
② 경사, 순경은 사법경관리로서 검사 또는 사법경찰관의 지휘를 받아 수사의 보조를 하여야 한다.

40) 제195조(검사와 사법경찰관의 관계 등) <개정 2020.2.4>
① 검사와 사법경찰관은 수사, 공소제기 및 공소유지에 관하여 서로 협력하여야 한다.
② 제1항에 따른 수사를 위하여 준수하여야 하는 일반적 수사준칙에 관한 사항은 대통령령으로 정한다.
제197조(사법경찰관리)
① 경무관, 총경, 경정, 경감, 경위는 사법경찰관으로서 범죄의 혐의가 있다고 사료하는 때에는 범인, 범죄사실과 증거를 수사한다. <개정 2020.2.4>
② 경사, 경장, 순경은 사법경찰리로서 수사의 보조를 하여야 한다. <개정 2020.2.4>

써 규문적 수사구조가 강화되었다. 이것은 국민의 인권보장을 위해 결코 바람직하지 않아 보인다.

④ 더욱 문제가 되는 것은 개정형사소송법상 사법경찰을 사법기관적 성격을 갖고 있는 검찰의 지휘에서 벗어나, 전적으로 행정부의 소관에 두는 것이 권력분립 원칙에 걸맞을 수 있느냐 여부이다. 왜냐하면 객관의무를 부담하고 있는 검사는 사법기관적 성격을 갖고 있다는 점에서 사법경찰을 사법관인 검사의 지휘에 복종하도록 하는 것이 사법권의 영역에 속하는 범죄수사에 관하여 행정경찰이나 행정기관의 관여를 방지하는 데 기여할 수 있기 때문이다.

第17장

형법개정위원회의 형법개정작업 단면

- 第81차와 第82차 형법개정위원회 전체회의의 상념 -

2014년 8월 14일(제81차)

2014년 8월 18일(제82차)

김일수 위원장의 사회로 형법개정위원회 제81차 전체회의[1]가 2014년 8월 14일 오후 4시부터 대검찰청 포렌식센터 2층 베리스타스홀에서 개최되었다. 이날의 심의 대상은 '외환죄의 장'에서 '국가기밀누설'이란 구성요건에 관한 정의개념에 관한 것이었다.

현행 형법 제113조의 '외교상기밀의 누설죄'[2]와 형법 제127조의 '공무상비밀의 누설죄'[3]는 간첩죄의 핵심을 이루고 있음에도 불구하고 현행 형법은 '외환죄의 장'에 이들 범죄를 포함시키고 있지 않고 있다. 이로 인해 '외환죄'에 관련해서만 수사권을 갖는 국가정보원은 '외교상기밀누설'이나 '공무상비밀누설'의 경우 국가기밀에 속하고 있음에도 수사권을 갖고 있지 않다.

그 결과 '외교상기밀누설'이나 '공무상비밀누설'이 '외환죄의 장'에 포함되지 않음으로써 국가의 안보와 국가경제에 심각한 침해를 가할 수 있는 이들 범죄행위 중에서 국가기밀의 누설의 경우 국가정보원은 간첩죄와 유사함에도 불구하고 수사권을 갖지 못하였다. 더구나 오늘날 인터넷의 발전과 활용으로 우리는 각종의 정보에 손쉽게 접근할 수 있는 정보사회에 살고 있다. 이런 정보사회의 출현은 국가안보 차원의 기밀뿐만 아니라 국가경제에서 중요한 재산권에 관한 기밀, 특히 지적재산권 기밀의 해외유출 방지를 모색하게 되었다. 이러한 이유로 국가정보원은 '외교상기밀누설'이나 '공무상비밀누설'에 내포된 국가기밀누설의 경우를 '외환죄의 장'에 포

1) 당시 형법개정위원회 위원은 김일수, 이영란, 배종대, 신동운, 박상기, 손동권, 장영민, 정영일, 최경원, 임한흠, 이용식, 오영근, 심희기, 노명선, 정현미, 이진만, 황철규, 김선철, 김성돈, 허일태로 구성되었다.

2) '국교에 관한 죄'의 장에 포함되어 있다.

3) '공무원의 직무에 관한 죄'의 장에 포함되어 있다.

함시킴으로써 이들 범죄에 관해서도 수사권을 행사할 수 있는 필요성이 제기되었다.

그런데 '외교상기밀누설'이나 '공무상비밀누설'이 항상 '외환죄의 장'에 포함시킬 수 있는 것인가에 관한 의문이 적지 않다. 왜냐하면 이들 범죄는 '외환죄'와 밀접한 관련성을 갖고 있는 경우도 있지만 그렇지 않는 경우도 있기 때문이다. 만일 '외교상기밀누설'이나 '공무상비밀누설'이 전자의 경우에 해당된다면, 간첩죄에 버금갈 정도의 엄한 형벌을 처해야 하는 상황이 발생한다. 또한 간첩죄와 국가기밀누설죄를 동일한 형식으로 성안할 필요성이 제기된다. 이 때문에 '외교상기밀누설'이나 '공무상비밀누설'이 어떤 경우 외환죄로 간주할 만한 범법행위인 '국가기밀누설죄'의 개념 정의가 정립되어야 했다.

이 때문에 제82차 전체회의에서 국가기밀누설죄'의 개념 정의를 필자가 위원장으로 있는 법정형소위원회에 위임하였다. 이러한 위임사항에 관해 제67차 법정형소위원회를 개최하였고, 이에 관한 열띤 토론 끝에 제1안과 제2안을 각각 다음과 같이 명시하기로 결정하였다.

> 제1안: (국가기밀의 정의) 국가기밀이란 국가의 안전에 대한 중대한 불이익을 피하기 위하여 한정된 사람에게 접근이 허용되고 그 내용이 외국 또는 외국인 단체에 누설되면 국가의 외적 안전에 명백한 위험을 초래할 사실, 물건 또는 정보를 말한다. 다만 자유민주적 기본질서에 반하는 내용은 제외한다.
>
> 제2안: (국가기밀의 정의) 국가기밀이란 국가의 외적 안정을 위하여 제한된 사람이 지득할 수 있는 사실, 물건 또는 정보로서 그 내용이 외국 또는 외국인 단체에 누설될 경우 국가안전에 중대하고도 명백한 위험을 초래할 기밀을 말한다.

그리고 필자는 이와 같은 법정형소위에서 성안한 '국가기밀에 관한 정의'의 작성 배경을 2014년 8월 18일 개최된 제82차 전체회의에서 다음과 같이 보고하였다.

제1안은 국가기밀 정의 조문에 '중대한 불이익'을 규정하여 경제적 가치가 있는 기밀도 국가기밀에 포섭될 수 있도록 포괄적으로 성안하고, (독일 형법과 같이) "자유민주적 기본질서에 반하는 내용은 국가기밀에서 제외한다."는 단서 규정을 추가하였다.

제2안은 '중대한 불이익'이란 표현을 삭제하면서 국가기밀을 제한적으로 규정하고 단서규정을 두지 않은 것으로 하였다.

이들 양 시안은 국가기밀의 경우 한정된 사람만이 접근이 허용되는 정보여야 하는 점을 고려하여 국가기밀 요건으로 일반인의 접근 제한성을 규정하게 되었음을 밝혔다. 아울러 국가기밀누설죄는 '외환의 죄 장'에 편재된 범죄라는 점을 고려하여, 내란죄의 보호법익인 내적 안전과 구별하여 국가의 외적 안전을 강조할 필요성이 있다는 점에서 제2안에는 외적 안전을 추가하였다고 설명했다.

그런 후에 전체회의 위원 21명 중에서 참가한 19명 중 10명의 위원이 국가기밀 정의와 국가기밀누설죄의 구성요건 범위와 내용에 관해 열띤 토론 이어졌다. 심희기 위원, 최경원 위원, 정현미 위원, 손동권 위원, 이영란 위원, 정영일 위원, 유해용 위원, 신동운 위원, 임한흠 위원, 이광수 위원과 박상기 위원 등이 토론에 참여하였다.

그리고 다수견해(이영란 위원, 신동운 위원, 박상기 위원, 최경원 위원, 정영일 위원, 임한흠 위원, 이용식 위원, 오영근 위원, 심희기 위원, 노명선 위원, 정현미 위원, 지진만 위원, 유해용 위원, 허일태 위원)는 국가기밀 정의 조문을 신설하기로 찬성하였다. 국가기밀 정의 조문을 신설할 필요가 없다는 견해로는 손동권 위원과 황철규 위원이 동참하였다.

아울러 국가기밀 정의 조문에 단서를 추가할 것인지 여부에 관해서도 논란이 일었다. "자유민주적 기본질서에 반하는 내용은 국가기밀에서 제외한다."는 단서는 불명확한 개념이기 때문에 필요하지 않다는 의견이 다수견해이고, 필요하다는 견해(신동원 위원, 최경원 위원, 정영일 위원, 심희기 위원, 노명선 위원, 허일태 위원)가 소수였다. 이에 반해 소수견해는 국기기밀의 광범위한 적용범위로 인해 헌법상 표현의 자유에 대한 본질적 침해 우려를 근거로 삼았다. 그 결과 국가기밀누설죄의 시안은 다음과 같이 명시하게 되었다.

> (국가기밀누설 등) ① 외국 또는 외국인 단체를 위하여 국가기밀을 탐지 또는 수집한 자는 1년 이상 10년 이하의 징역에 처한다.
>
> ② 국가기밀을 외국 또는 외국인 단체에 누설, 전달 또는 중개한 자도 제1항의 형과 같다.

특히 논란이 깊이 빚어진 것은 간첩죄의 경우는 예비·음모를 처벌하고 있는바, 국가기밀누설죄에 대해서도 역시 예비·음모죄를 둘 것인가 여부였다. 논란의 단서는 전체회의에서 국가기밀누설에 대한 예비·음모를 처벌할 것인지에 대한 논의가 없었음에도 불구하고 위원장은 "국가기밀누설죄에 대한 예비·음모를 처벌한다."고 이미 결론내리고 있었다.

필자는 이에 대해 이의를 제기했다. ① 그 점에 관해 우리는 전체회의에서 한 번도 토론한 바가 없고, ② "노명선 위원은 단지 국가기밀누설죄는 미수범도 처벌될 수 있어야 한다는 주장만 있었다."를 지적하였다.

논란 끝에 이 문제에 관해 논의하게 되었다.

필자는 ① 국가기밀누설죄의 기본 형식이 수집·탐지에 있다면 이의 실행에 착수하기 위한 행위는 미수범으로 파악할 수 있다. 이런 점에서 수집·탐지를 실행에 착수하기 위한 행위는 미수범으로 처벌할 수 있으나, 수집·탐지의 실행에 착수하기 위한 그 이전의 예비나 음모행위는 대부분 일상생활상 행태라는 점에서 국가기밀누설죄에 관한 미수 이전의 예비나 음모를 현실적으로 범죄로서 파악하기 어렵다. ② 국가기밀을 단순히 알고 있거나 기록 또는 저장했다고 해서 그것을 곧바로 예비나 음모행위로 인정하고 처벌한다면 형법이론상 도저히 받아들일 수 없는 사상형법이 된다. ③ 국가정보원의 지금까지 보아온 수사행태를 살펴보면 국가기밀을 단지 알고 있다는 이유로 처벌할 수 있다는 점에서 정권의 눈엣가시 같은 인물들에 대한 처벌의 근거로 활용될 수 있다.

그러나 반대의 견해가 쏟아져 나왔다. 예컨대 영업상 비밀누설의 예비·음모는 처벌할 필요성이 크다는 게 그 이유였다. 예비·음모를 처벌함으로써 우리가 예상하지 못한 어떠한 실수도 저인망식으로 처벌할 수 있는 발판을 설정해야 한다는 논리였다.

이러한 입장에 대해 박상기 위원도 필자의 견해에 동조했다. 형법은 형사실체법의 기본법이고 최후수단성을 가진 단편성을 가져야 된다고 역설하였다.

찬반의견이 팽팽했으나 다수의 입장은 존치 쪽이었다. 허무했다. 형사법에 관해서 이른바 전문가라고 하는 분들이 교과서나 논문 등에서는 끊임없이 죄형법정주의, 형법의 최후수단성, 단편성을 그리도 많이 주장했던 분들이 범죄구성요건의 시안작성에서는 오히려 사회적 일탈행위 모두는 형벌을 부과해야 한다는 주장을 하는 촌극을 보여 주었다. 김일수 위원, 이영란 위원, 손동권 위원과 정영일 위원이 특히 그랬다.

제18장

독일 형법전 형성에 관한 산책

Ⅰ. 들어가면서

1. 사회적 정의를 바로 세우겠노라고 틈만 있으면 외쳤던 우리나라 법조인들, 특히 대법관이란 분들조차 '인혁당재건위 사건'에 관하여 법률 적용을 왜곡하였을 뿐만 아니라 무죄추정의 원칙과 적법절차의 준수를 외면하고, 도리어 이 사건 관계자 8명에 대해 사법의 이름으로 1974년 4월 사형선고를 확정하고 다음날 곧바로 처형하였다. 이러한 법왜곡으로 무고한 자를 처벌했던 경우가 우리나라에서는 적지 않았고, 특히 권위주의적 정권 하에서는 더 많았다.

2. 이러한 법왜곡 내지 사법왜곡을 미연에 방지하기 위해서는 그런 사법왜곡을 처벌하는 것으로 충분하다. 혹자는 말한다. 그런다고 해서 처벌되는 법관이나 검찰이 있겠냐고. 물론 극히 예외적으로 처벌될 수 있을 것이다.

3. 그럼에도 불구하고 법관이나 검찰의 사법왜곡에 대한 처벌은 사법왜곡의 사전예방에 결정적 도움이 될 수 있음을 직시해야 한다. 왜냐하면 그런 행위를 범죄로 규정하면 법관이나 검찰의 법왜곡행위로 피해를 보았던 사람들이 그들에 대해 고소를 할 수 있고, 고소를 당한 피고소자는 즉시 피의자가 되며, 강제수사의 대상이 되기 때문이다. 바로 이런 이유로 많은 국가에서 법관이나 검찰의 사법왜곡행위를 처벌하고 있다.

4. 우리는 이미 조선시대에도 재판관의 사법왜곡행위를 처벌하였다. 조선은 대명률을 기본법으로 삼고 있었던 바,[1] 대명률직해 제23권에 명시된 관리수재(官吏受財)에서 "수뢰인의 재물을 받고 법을 왜곡하여 받는 장물을 받는 자는 각 증뢰자의 것을 통산한 전량에 대하여 科罪한다."고 명시하고 있기 때문이다.[2] 대명률을 보완한 대전회통 제5권 決獄期限[3]에서도 "재판한 자가 잘못임을 알고 오판할 때에는 杖100에 처하고 영구히 임용하지 못한다."[4]고 규정하였다. 뿐만 아니라 1905년에 시행된 형법대전 제631조 역시 사법왜곡을 벌하고 있다. 이 조문에 따르면 "관원이나 吏典이 事를 인하여 타인의 재물을 받고 曲法[5]으로 처단한 자는 계장(計贓)[6]하여 枉法律[7]로 처하고, 曲法으로 처단치 아니한 자는 計贓하여 불왕법장(不枉法贓)[8]으로 처하며, 事를 因치 아니하고 타인의 재물을 받은 자는 좌장률(坐贓律)[9]로 처하되 왕법장(枉法贓)[10]은 통산하여 全科하고 불왕법장과 좌장은 折半科罪로 하되 이를 따르는 사람들은 수재자의 율에 5등을 감하고 좌표와 같이 如함이라."라고 명시하고 있다.

5. 국민정서 또한 법률의 적용과 심판을 담당하는 법조인들이 일반국민보다 법을 훨씬 잘 준수해야 할 것이라고 믿고 있으며, 법률을 다루는 이들은 누구보다 법률준수의 책무에 철저해야 되기 때문이다. 게다가 법조인들이 되려는 모두는 사회정의와 공정을 항상 입에 달고 살고 있다. 그럼에도 불구하고 적지 않은 법관이나 검찰은 이런 이율배반적인 법왜곡을 범하는 데 양심의 가책도 크게 느끼지 않아 보일 뿐만 아니라, 오히려 권력과 부를 모두 거머지고 떵떵거리면서 살아가고 있다.

6. 이 땅에 다시는 사법의 핵심인 법관이나 검찰의 사법왜곡이 빚어져서는 아니된다는 사명감이 '인혁당재건위 사건'을 통해서 필자의 마음속 깊이 우러났다. 그래

1) 장도, 『신구형사법규대전』 상권,
2) 이에 관해서는 전봉덕, 『대명률직해』(법제자료 제13집), 법제처, 1964, 468쪽 참조.
3) 형사재판의 판결까지의 기한이다. 경국대전에서 大事(즉 死罪)는 30일, 中事(즉 徒刑 · 流配)는 20일, 小事(즉 笞刑 · 杖刑)는 10일로 재판의 기한을 말한다.
4) 이종백, 『대전회통 연구 -刑典 · 公典-』, 한국법제연구원, 1998, 17쪽 참조.
5) 법을 본래의 뜻에 따르지 아니하고 멋대로 해석.
6) 받은 뇌물을 계산함.
7) 법을 왜곡 적용함.
8) 사사로운 정에 끌려 국법을 어기지 않음.
9) 벼슬아치가 근거 없이 백성에게서 재물을 거두어 받음.
10) 법을 악용해서 받은 뇌물.

서 개인의 인권을 최대한 꽃피울 수 있는 환경조성을 위해 '인혁당재건위 사건' 같은 일들이 이 땅에서 다시금 재발하지 않게 하기 위해 그 구조물인 사회제도가 어떠해야 하며, 이를 위해서 법률은 어떤 모습으로 나타나고 적용되어야 하는지를 알고 싶었다.

7. 이를 실현하기 위해 내가 무엇을 어떻게 해야 될까 하는 고민 끝에 독일로 유학가기로 결정했다. 그 이유는 다음과 같다.

형식적 법치국가원칙을 빙자한 권위주의의 체제인 나치정권은 제2차 세계대전을 일으켰고, 이 과정에서 유대인을 비롯한 수많은 사람들의 인권을 반인륜적 방법으로 무참히 말살시켰다. 그 전쟁에 미국이 참전하면서 미국을 중심으로 한 연합군은 승기를 잡아 나치정권을 무찌르고 독일을 분할 통치하였다. 연합군의 지배 아래에서 정부를 세운 독일은 나치에 의한 형식적 법치국가의 쓰라린 경험을 극복하고, 실질적 법치국가원칙을 구축하였다. 게다가 사법왜곡을 빙자한 판결이나 구금 혹은 기소는 처벌할 수 있는 해당 법조문을 명시적으로 두고 있을 뿐만 아니라, 이에 해당하는 법관이나 검찰에 대해 실질적으로 처벌함으로써 사법왜곡을 방지할 수 있음을 보았다.

우리나라에서도 박정희와 전두환의 군사독재 정권 치하에서 실질적 법치국가원칙이 오랫동안 배제되었던 시절이 있었다. 그런데 이들 권위주의에 적극 참여했던 인사들의 부역행위에 대한 철저한 수사와 재판은 없었다.

그래서 자유민주국가라는 이름에 걸맞게 나름의 자유와 평등 그리고 정의가 실현되고 있는 독일에서 형법학과 형법입법사에 대한 관심을 가지게 되었다. 이를 위해 독일의 형법전의 형성과정과 형법전의 내용에서 법치국가원칙이 어떻게 구현되고 있는지, 독일형법의 입법역사를 대략적으로나마 살펴보고 싶었다.

Ⅱ. 실질적 법치국가원칙의 의미와 내용

1. 인간은 신분에 상관없이 평등하고 양도할 수 없는 불가침의 주체이며, 인간 자신은 다른 생명체보다 절대적 우선권을 갖는 존재가치를 지니고 있다. 이를 보장하기 위해서 국가는 개인의 자기결정권을 포함한 개인적 행복추구권이 담보될 수 있

는 핵심가치인 '자유와 평등 그리고 정의사회'가 구현될 수 있는 국가여야 한다.

2. 국민의 기본권보장을 위해 존재근거를 갖는 국가는 사회적 일탈행위에 대한 형벌권의 개입가능성을 한계 짓는 형사실체법의 입법과 적용 시에 무엇보다 법치국가원칙을 철저히 준수하여야 함은 물론이다.

3. 여기서 법치국가원칙이란 인간존엄의 핵심적 내용인 자유·평등과 정의를 실현시키기 위해 국가생활에서 지켜야 할 행동지침을 법률로 규정하고, 국가권력을 이에 입각하여 형성·집행하려는 인간사회의 기본원리를 말한다.[11] 이러한 법치국가원칙의 이념적 기초는 한편으로 생활환경의 정의로운 조정과 형성을 통하여, 다른 한편으로 국가생활에서 불가피하게 야기되는 권력현상을 권력분립과 함께 합법성과 정당성에 기초한 법률로 순화시켜 인간의 존엄성을 확보하려는 데에 있다. 즉 국민의 기본권은 국가에 대한 국민의 방어권을 뜻할 뿐만 아니라, 국가가 생명권 등 보편적 가치질서를 구현하고, 이를 보장하기 위한 국가의 적극적 형성 내지 조정의무를 의미한다.[12]

4. 헌법은 국민의 인권보장을 위한 국민적 합의문으로서의 성격을 가지며, 법치국가원칙에 충실한 국가는 국민의 인권보장을 제대로 담보하는 것을 전제한다. 그러므로 형벌권의 목적은 궁극적으로 국민의 인권을 보호하는 데에 기초를 두고 있다. 이러한 이유로 형벌의 목적은 행위자에 대한 과거의 잘못된 비행을 질책하는 데에 그치지 않고, 행위자가 장래에 개과천선하도록 함과 동시에 사회의 평화스런 생활관계를 유지·형성하게 하는 데에 지장을 초래하지 않도록 하는 데 있다. 이에 따라 형사실체법은 다음과 같은 임무를 갖고서 법치국가원칙이 구현될 수 있도록 정비되어야 한다.

① 형벌이란 인간이 참기 어려운 고통을 본질로 삼고 있다고 해서 인간존엄의 본질을 침해하는 형벌의 정도에까지 이르러서는 아니 된다.

② 형벌의 이런 성격 때문에 형벌을 수단으로 삼고 있는 형사실체법은 사회적 일

11) 허영, 『헌법이론과 헌법』(제5판), 박영사(2000), 266쪽 참조.

12) 민주주의 이념이나 법치국가의 이념 모두 인간의 존엄을 실현시키는 데에 있지만, 민주주의는 이것을 국민의 정치참여 형태에 의해 실현시키려고 하는 데 반해, 법치국가원칙은 국가의 기능적 활동에 대한 법의 통제를 통해서 인간존엄을 형성하거나 확보하려는 점에서 차이가 있다.

탈행위 모두에 개입되어서는 아니 되며, 모든 법익침해 행위 중에서 인간사회에서 결코 용납할 수 없는 유형의 경우에만 최후수단으로써 투입되어야 한다.

③ 형사실체법이 개입되어야 할 불가피한 범죄행위유형은 일반 국민에게 사전에 충분히 인지될 수 있어야 한다. 만일 소급효가 인정되거나, 소급입법을 통하여 예전의 일을 범죄로 만드는 행태는 형벌의 예측가능성을 무너뜨리고 국가에 대한 신뢰를 땅에 떨어지게 하는 불행을 낳는다.

④ 가벌적인 행위는 사전(事前)에 명확하게 명시되어야 한다. 성숙한 국민이라면 누구라도 법으로 무엇을 금지하거나 허용하고 있는 지를 명확히 파악할 수 있도록 해야 한다. 만일 그렇지 못하게 된다면 국민은 어떠한 행위가 처벌의 대상인지를 잘 몰라 국가형벌권으로부터 불안하게 된다. 이런 점에서 우리나라의 경우 '형벌'을 부과할 수 있는 법률들이 지나치게 많다.[13] 이처럼 지나치게 많은 형사특별법과 행정형법의 남용은 자제되어야 한다.

⑤ 형벌은 책임에 상응해야 하며, 보안처분은 행위자의 위험성과 불법성에 비례되어야 한다.

⑥ 형벌은 행정벌이나 그 밖의 민사적 제재와 차별화되는 독자성을 가져야 하며, 이들 후자의 수단에 의하여 범죄억제 효과를 발휘할 수 없는 경우에만 사용되는 것을 원칙으로 삼아야 한다.

⑦ 법원의 양형의 경우도 양형책정요건의 법정화로 구현되어야 한다. 범죄에 대한 법률효과로서 광범위하게 선택의 여지를 주고 있는 법정형의 규정만으로는 형벌의 죄형법정주의가 필요·충분한 것이 아니기 때문이다. 이런 점에서 형법 제53조의 작량감경 규정에 형의 감경에 관한 근거규정을 명시해야 하고, 필요적 감경과 임의적 감경에는 실질적인 차이를 두도록 형법 제55조의 법률상 감경 규정을 수정해야 할 것이다.

⑧ 중형주의의 형벌주의는 형벌감응효과를 떨어뜨린다는 북유럽 교정의 경험적 사실에 비추어 볼 때, 형벌의 감응성(感應性)을 높이고, 또한 형벌의 인도주의적 관점과 어울리도록 현재의 법정형을 근본적으로 하향 조정할 것이 요구된다.

---

13) 이에 관해서는 https://glaw.scourt.go.kr/wsjo/lawod/sjo130.do?prevUrl=interSrch&tabId=0&q=%%ED%98%95%EB%B2%8C&p4=02#1637921633922 참조.

5. 이러한 법치국가원칙은 근대 이후 프랑스와 함께 발전시키면서 오늘날 대륙법계의 근간이 되어 왔다. 이런 법치국가원칙을 중심으로 삼고 있는 우리나라에 핵심적 영향을 끼친 독일의 형법사를 간단하게 산책하는 것은 의미 있어 보인다.

Ⅲ. 최초의 독일 형법으로서 Sachsenspiegel

1. 드레스덴은 독일을 수차 방문했던 내게도 처음 구경하게 된 곳이다. 이곳은 세계 제2차 대전 중에 도시 전체가 거의 파괴되었으나, 전후에 복구되었다. 그래서인지 전쟁으로 폐허도시가 되었었다는 흔적을 찾아보기 어려웠다. 본디 드레스덴은 작센공국의 수도이자 문화의 중심지였으며, 독일 최초의 법전으로서 그 유명한 'Sachsenspiegel'이란 법전이 탄생되었던 지역이다.

2. 'Sachsenspiegel'은 우리말로 '작센의 거울'이란 뜻이다. 왜 하필 '작센의 거울'이라고 이름 지었을까? 이 책의 서문에서 그 이유를 다음과 같이 적시하고 있다. "왜냐하면 작센의 법이 거울 속에서 부인이 그 얼굴을 보는 것과 같이 이 책에 명백하기 때문이다." 다시 말해 Sachsenspiegel에서 명시한 규정은 하나님 말씀처럼 오류가 없고 모두가 준수해야 마땅한 규범이라는 뜻으로 명명한 것이다.

3. Sachsenspiegel의 저자인 Eike von Repgow는 1180년경 귀족가문에서 태어났다. Sachsenspiegel은 Eike가 편찬한 관습법의 모음집이다. 그는 작센 귀족 출신의 군주 Hoyer von Falkenstein의 격려를 받아서 개인자격으로 Sachsenspiegel을 저술하기 시작하였으며, 1220년과 1235년 사이에 완성하였다고 전해진다. 이 법전의 적용범위는 본래 작센공국 지역에 한정되었지만, 그럼에도 독일 전체 인구의 3분의 1 이상이나 되는 지역에서 Sachsenspiegel의 적용을 받았다. 특히 바이에른과 티롤 지역에서도 적용되었다.

4. Sachsenspiegel은 두 부분으로 나뉘는데, 하나는 봉건법(feudal law)이며, 다른 하나는 지방법(Landrecht)으로 구성되어 있다. 지방법은 토지 소유자와 토지, 이것과 노동자와 농민에 관련해서 규정하고 있으며, 그 중에서도 법률 자체의 관리, 형법, 상

속법, 결혼법, 재산법 및 동물의 목축, 유지 및 사냥을 규율하고 있다.

4-1. 지방법은 농민을 포함한 자유로운 사람들의 권리를 다루고 있다. 여기에는 재산문제,[14] 상속문제,[15] 혼인문제를 포함한 이웃 간의 소유권배분에 관한 사법뿐만 아니라, 경찰법, 소송법[16]과 형법[17][18]을 포함하고 있다.

4-2. 봉건법은 왕의 선출, 봉건적 의무 등과 같은 귀족의 질서와 국가의 영지에 대한 관계를 규제한다. 즉 오늘날 의미의 헌법을 포함하였다.

5. Sachsenspiegel은 당시에도 네덜란드어, 폴란드어, 체코어와 라틴어로도 번역되었다. 뿐만 아니라 수백 년이 지난 후에도 작센공국의 경우처럼 작센 민법전이 시행된 1865년까지 Sachsenspiegel을 적용했으며, 튀링엔과 안할트에서는 독일 민법이 시행된 1900년까지 Sachsenspiegel이 유효하게 적용되었다. Sachsenspiegel의 내용은 대부분 민사법에 할애되고 있지만,[19] 위에서 보는 바와 같이 형법, 소송법과 심지어 헌법적인 것까지 두루 다루고 있다.

Ⅳ. Schwarzenberg와 카롤리나 형법

1. 밤베르크란 도시를 가볼 때면 항상 생각나는 사람이 있다. 어쩌면 그는 중세적 형사법을 근대적 형사법의 발전에 큰 기여를 했던 형법학의 선구자로 평가될 수 있기 때문일 것이다. 그의 이름은 Schwarzenberg.

---

14) 어떤 수단으로든 남자가 아내와 합법적으로 이혼한 경우, 그녀는 남편이 부여한 생명·재산에 대한 권리를 잃지 않는다.

15) 재산의 상속인을 포함하여 아무도 과일 나무를 자르거나 출생으로 인해 거기에 속한 부동산에서 누군가를 추방함으로써 자신의 권리를 상실하지 않는 한 평생 동안 재산을 사용하기 위해 부여된 여성 권리(생명·재산 또는 임차인)를 빼앗을 수 없다.

16) "법에 대한 접근이나 보호를 받지 못하는 사람은 법정에서 그들을 위해 말할 수 있는 후견인의 도움을 받을 수 없다."

17) "유대인과 성직자는 무기의 소지가 금지되며, 이러한 이유로 이들은 특별한 보호를 받는다."

18) "임산부에게 부과될 수 있는 가장 가혹한 처벌은 머리카락을 채찍질하고 깎는 것이라고 명시하고 있다." 이것이 의미하는 바는 "남성은 상대적으로 사소한 범죄와는 달리 여성의 범죄는 임산부의 처벌에 대해서는 아주 관대한 모습을 취하고 있다. 이는 아마 율법이 만연되고 있었던 중세시대의 경우 아이나 여자의 생명을 더욱 보호하려는 데에 중점을 두었던 것으로 보인다.

19) Hans Thime, Sachsenspiegel, Reclam 1977, Einleitung을 참조.

2. Schwarzenberg는 Würzburg에서 귀족의 아들로 1463년(일설에 의하면 1465년) 태어났다. 젊어서 라틴어 등의 공부를 등한히 하고, 시쳇말로 주색잡기에 빠졌다. 법학을 공부한 적도 없었다.[20] 그는 신성로마제국 황제 직속의 귀족 신분으로 태어났기 때문에 성년이 되자마자 Würzburg의 주교 밑에서 곧바로 관리로 일하게 되었다. 그는 젊어서 서민층과 깊은 교분을 통해서 서민층의 삶과 의식에 관한 나름의 경험을 가져서 그런지 그는 당시 일반 서민의 사회상과 현실에 대해 다른 어떤 귀족보다 그들을 잘 이해하고 있었다. 그런 이유로 그는 서민층의 마음을 사로잡은 관리인으로서 업무처리에 매우 능했고, 이런 내용의 소문이 Würzburg와 그 부근의 Bamberg에서도 자자했다.

3. 밤베르크 영주가 그의 그런 재능을 인정하여 Würzburg에서보다 높은 직위를 제공하겠다는 제안을 받아들어 1501년 밤베르크로 자리를 옮겼다. 그는 이곳에서 여전히 성실하게 임무를 실행하면서 영주의 신뢰를 바탕으로 마침내 영주를 위한 최고위직, 오늘날 의미의 국무총리직을 맡게 되었다. 그는 밤베르크의 행정권뿐만 아니라 사법권도 장악하게 되었다. 그는 이 기회를 이용하여 당시 Bamberg에서 독자적으로 시행되었던 종래의 형법과 관습형법이 시민의 법감정에 적지 않게 부합하지 않음을 파악하고, 이런 규정들을 철패하고 시민의 법감정에 어울리는 형법전의 개혁을 추구하였다.

4. 이를 위하여 그는 한편으로 당시 이탈리아의 볼로냐나 파두와 등에서 법학박사를 취득하고 독일로 돌아온 유학자들을 불러 모아 게오르그 3세(Georg Ⅲ) 주교의 도움으로 형법전을 제정하였다. 이때 Schwarzenberg는 형사법의 형식과 틀을 로마법의 원칙에 입각하게 하고, 형사법의 내용은 독일 국민의 법감정이나 정서에 반하는 행위를 처벌하도록 하는 데 심혈을 기울렸다.

5. 이렇게 해서 1507년에 탄생된 Bambergischen Halsgerichtsordung 법전, 즉 Constitutio Criminalis Bambergensis(약자로 CCB)가 밤베르크 공국에서 처음 시행되었다. 형법전의 내용은 비록 중세시대의 전형인 철저한 규문주의의 방식으로 진행되었고, 고문을 허용하

20) 그에 관한 자세한 설명은 Eberhard Schmitt, Einführung in die Geschichte der deutschen Strafrechtspflege, §87 이하 참조.

였으며, 형벌 또한 가혹해서 절도는 교수형, 살인은 사지를 마차로 잡아당겨서 죽이고, 마녀는 화형에 처하는 잔인한 형벌을 내용으로 하였다. 그럼에도 종래의 사적 복수심에 근거한 이전의 자의적 처벌내용과 처벌절차와 달리 공적 형벌과 형사소송 절차를 확립하였다. 즉 객관적 근거에 의한 책임의 존재가 인정될 때 처벌할 수 있도록 하였고, 미수에 대한 처벌도 객관적 근거를 요구하였다. 또한 법문에 의한 형사소송의 진행을 통하여 유죄가 인정되었을 때 비로소 처벌하는 방식으로 진화시켰다.

6. 주변의 영주들이 이런 내용의 CCB를 계수하면서 독일 전역으로 빠르게 전파되어 갔다. 마침내 1532년 Regensburg 제국회의에서 CCB가 독일 전국으로 시행되는 법률로 인정되었다. 이 법률은 당시의 신성로마제국의 황제 이름을 따서 1532년에 Kaiser Karl Ⅴ세의 법률로 명시하였다. 그리고 법률의 약칭은 Carolina 법전 혹은 CCC(Constitutio Criminals Carolina의 약자)로 불렸다. 이 법전은 270년 동안 독일과 오스트리아의 형사실체법과 형사소송법의 기본법으로서 역할을 수행했다.[21] 형사법의 역사상 가장 오랜 동안 유효한 법전으로 기록될 만하다.

7. Carolina 법전이 이처럼 긴 생명력을 유지할 수 있었던 원천은 무엇보다 법 제정 당시 Schwarzenberg가 민중의 국민정신과 규범의식을 제대로 이해할 수 있도록 서민들과 긴밀한 생활관계를 오랫동안 유지하였다는 점과 그런 독일의 밑바닥 국민정신을 바탕에 두고, 이를 로마법을 배우고 고향에 돌아왔던 법학박사들로부터 로마법의 정신과 원칙을 독일인의 민중의식에 충실히 접목했다는 데서 찾을 수 있다.

8. 그런 역사를 알고 있었기에 밤베르크를 방문한다는 것은 또 하나의 묘미로 작용하였다. 밤베르크에 도착했지만 그러나 Schwazenberg의 행적을 그 어디에서도 찾아보기 어려웠다.

---

21) Carolina 법전의 내용에 관해 자세한 것은 Eberhard Schmitt, Einführung in die Geschichte der deutschen Strafrechtspflege, §115 참조. Carolina 법전은 총 219개의 법조문 중 65%가량은 형사절차법이 차지하고, 나머지는 형사실체법에 관한 것을 명문화하였다.

Ⅴ. Feuerbach와 1813년 바이에른 형법

1. 2019년 6월 16일 오후에 München의 중심지인 Marien 광장을 찾았다. 이곳 부근에는 시청이 있고, 번화가이기 때문에 많은 여행객들이 찾는다. 방문했던 그날도 사람들이 여전히 많았다. 사람들 틈바구니에서 시청의 외부를 잠깐 바라보았다. 예전에도 몇 차례 구경해서 그런지 특별한 감흥이 일어나지 않았다. 목이 말라 시청 바로 건너편에 소재한 맥주집에 들렀다. 평소 술을 전혀 마시지 않았지만 그날따라 마시고 싶었다. 간만에 맥주 한 잔을 시원하게 마셨다.

2. 시청사 중심부의 위쪽에 뾰쪽하게 설치된 85m 높이의 시계탑에서 일정한 시간마다 춤추는 인형이 나온다. 그 인형은 종을 울리며 10분가량 춤을 춘다.[22] 시청 앞에서 그럭저럭 20여분쯤 머물다가 5분 거리의 성모교회(Frauen Kirche)로 구경 갔다. 성모교회는 1488년 고딕양식으로 완공되었다고 한다. 높이가 100m나 되는 높은 탑을 지닌 München의 대표적 대성당이다.

3. 몸도 마음도 지칠 무렵 우리는 별 3개자리 호텔로 돌아와서 여장을 풀었다. 지나치게 피곤해서인지 곧바로 잠이 들었다.

4. 아침에 일어나서 죄형법정주의를 이론적으로 정립했을 뿐만 아니라 현대적 형법의 가교역할을 하였던 Feuerbach와 그가 성안한 1813년 바이에른 형법전에 관한 옛 추억을 소환했다.

5 포이어바하는 Jena 부근에서 1775년에 태어났다. 그가 유년과 성년기에 예나는 Schiller를 비롯하여 칸트 추종자인 Reinhold, Fichte와 Schelling 그리고 Goethe도 한동안 머물렀던 곳이어서 칸트주의 내지 이성주의가 판치고 있었다. 이런 상황에서 포이어바하 역시 칸트주의에 물들어 철저한 이성주의자가 되었다.

---

22) 실제 사람 크기를 본따 만든 인형들이 등장해 인형극을 펼친다. 시계탑은 2단으로 구성되어 있는데, 위쪽은 빌헬름 5세의 결혼식 기념 기마전이, 1517년 페스트의 끝을 알린 축제 '카니발 댄스' 장면이 등장한다. 2017년 크리스마스 전야에 왔을 때에도 그 장면을 가득한 사람들 틈새에서 구경했다. 그날따라 시청의 전면을 레이저로 갖가지 형상들을 연출하였다. 보는 재미가 쏠쏠했다.

6. 24세 때 예나대학에서 법학박사 학위를 취득하고, 그 후 여러 편의 논문과 형법 교과서[23])를 저술하였다. 이들 논문과 저서에 나타난 그의 법철학은 칸트식의 이성주의에 기초하여 범죄는 인간의 쾌락에 의존한다고 파악하였다. 그러므로 범죄의 예방은 범죄에 의한 쾌락 이상의 형벌을 범죄자에게 부과함으로써 실현될 수 있다고 믿었다. 이를 위해 범죄와 형벌은 법률에 의하여 명확히 명시하여 시민들이 쉽게 접근하여 이해할 수 있어야 된다는 원칙을 세웠다. 이것이 바로 오늘날 형법의 기본원칙인 '죄형법정주의'의 핵심내용이다.

7. 그는 1801년 말 비교적 젊은 나이로 Kiel 대학교 형법 교수로 초대(Berufung)를 받았다. 교수로 재직하고 있던 1804년 그의 인생에서 변곡점을 맞이하게 된다. Kleinschrodschen이 작성한 '1804년의 바이에른 공국 형법초안'에 대한 비판을 가하면서 이목을 끌게 되었고, 이를 계기로 같은 해 바이에른 공국 Landshut 대학교의 부름을 받았다. 이 대학에 재임하는 동안 '바이에른 형법초안'의 작성에 관한 의뢰를 바이에른 정부로부터 받아 1813년 5월 16일 그 작업을 완성했다.

8. 그가 작업한 1813년 바이에른 형법전은 당시의 시대상에 비추어 보면 획기적 내용을 담았다. 그는 죄형법정주의를 관철하기 위해 범죄성립에 관해 명확한 기준의 구성요건을 설정하고 이와 함께 법정형에 대해서도 명확한 한계를 제시하였다. 그의 이런 형법상의 태도는 현대적 형법의 선구자적 역할을 보여준 것이다. 그가 작성한 형법초안은 곧바로 바이에른 공국의 형법전으로 태어났으며, 이 법전은 이후 1851년 탄생된 프로이센 형법의 모델이 되었다.[24])

Ⅵ. 프로이센 형법과 1871년 독일제국

1. 독일의 통일은 독일 전역에서 가장 강력한 힘을 가졌던 합스부르크 가문이나, 그 외의 신성로마제국 황제를 선출할 권한을 가진 선제후의 자격을 가진 작센이나

23) 그는 25세 때인 1800년도에 'Lehrbuch des gemeinen in Deutschland gültigen Rechts'라는 형법 교과서를 독일에서 처음으로 출판하였다.

24) Eberhard Schmitt, Einführung in die Geschichte der deutschen Strafrechtspflege, 3. Aufl,. Vandenhoek & Ruprecht 1965, §§ 276~281 참조

바이에른 등에 의해서 독일 통합은 이루어지지 않았다. 오히려 독일에서 가장 늦게 공국으로 성장되었던 프로이센에 의해 통합되었다는 점은 오늘날에도 여전히 역사적 귀감이 될 수 있어 보인다.

2. 독일제국의 통합과정을 요약하자면 다음과 같다. 브란덴부르크 변경백국과 프로이센 공국이 '요한 지기스문트'에 의해 1618년 연합되었다. 그 후 경제적인 성장과 함께 군사력의 확충을 통하여 '프리드리히 빌헬름'은 1660년도에 폴란드와 스웨덴의 지배로부터 프로이센을 해방시켰다.

3. 그의 아들 '프리드리히 3세' 때부터는 프로이센의 공국이라 하지 않고, 국왕으로 격상되었다. 역사가 짧은 프로이센이 독일 통일을 이루게 된 결정적 계기는 한편으로 프랑스대혁명으로 촉발된 1848년 3월 혁명과 그 여파로 제정된 프랑크푸르트의 제국헌법이며, 다른 한편으로는 프로이센 왕국의 총리인 비스마르크의 현명한 정책 덕분이라고 할 수 있다.

4. 1862년 총리로 취임한 비스마르크는 당시 프로이센 의회와 언론사들의 요구를 묵살하고 "독일의 통일은 오직 철과 피로써 결정된다."는 철혈정책을 내세웠다. 그러면서 경제의 발전과 군비확충에도 힘을 기울렸다. 그래서인지 객관적인 측면에서 열세였던 프로이센이 프로이센-오스트리아 전쟁(보오전쟁)과 프로이센-프랑스 전쟁(보불전쟁)에서 승리하였다.

5. 여기서 보불전쟁이란 독일 국민을 중심(소독일주의)으로 통일을 추구하였던 프로이센과 대독일주의(독일인 이외에 헝가리와 북부 이탈리아 지역에 살고 있는 사람들을 포함하려는 입장)를 지향하였던 오스트리아의 합스부르크 왕조 간에 독일연방 내의 주도권을 둘러싸고 벌인 전쟁이다. 이 전쟁에서 프로이센이 승리함으로써 독일은 독일인 중심의 소독일주의로 통일을 하게 되었다. 이러한 소독일주의를 관철하다 보니 합스부르크 왕이 지배한 오스트리아를 포함한 헝가리 등이 독일제국에 포함되지 못하게 되었다.

6. 보불전쟁은 통일독일을 이룩하려는 프로이센과 이를 저지하려는 프랑스 제2제국 사이에 벌어진 전쟁이다. 이 전쟁으로 프랑스에서는 제2제국이 무너지고 제3공

화국이 세워졌다. 프로이센은 오스트리아를 제외한 독일연방 내 모든 회원국을 통합해 1871년 독일제국을 세웠다.

7. 여기서 보불전쟁의 배경은 프로이센 수상 비스마르크는 독일 통일의 마지막 걸림돌인 프랑스를 제거하여 독일 통일을 마무리하고자 나폴레옹 3세의 프랑스와 전쟁을 하였다. 프랑스는 스당전투에서 패배한 후 나폴레옹 3세는 생포되었다.

8. 이 소식을 접한 파리의 공화주의자들에 의해 나폴레옹 3세는 폐위당했으며 새로운 공화국이 선포되었다. 1871년 1월 18일 베르사유 궁전에서 독일제국 수립이 선포되었고, 프로이센 국왕이었던 빌헬름 1세가 초대 독일제국 황제로 추대되었다. 이로써 1871년 독일이 통일된 제국이 되었을 뿐만 아니라 빌헬름 1세가 독일제국의 황제 자리에 앉게 되었다.

9. 프로이센은 통일 이전부터 이미 1794년에 독자적인 형법전을 제정하였다. 이 형법전은 당시의 시대상에 비추어 보면 중세시대의 형법전에서 근본적인 탈피를 하지 못하였다. 형법전의 내용이 절대군주제에 걸맞게 기술되어 있으며, 법률상의 각 조문을 지나치게 구체화하여 적용에 있어서 구체적인 상황에 탄력을 줄 수 없었다.

10. 그럼에도 법률에 근거한 규문주의의 실현과 종래 거의 모든 중범죄에 대해 주로 사형을 법정형으로 규정했던 것을 완화하였다.

11. 프로이센은 1794년 일반란트법의 수많은 문제점을 극복하여 1851년도에 비로소 현대적 정신을 품게 된 형법을 제정하였다. 물론 이러한 1951년 프로이센 형법에 근본적인 영향을 끼친 형법전은 1809년 프랑스 치죄법[25]을 비롯해 1810년에 제정된 프랑스 형법,[26] 1813년 바이에른 형법과 특히 1849년 3월 28일 독일제국헌법(프랑크푸르트 국민의회 헌법)이었다.

25) 이 치죄법에서 비로소 규문주의를 극복하고 탄핵주의의 형사절차가 이루어졌고, 고문도 금기시되었다.

26) 이 법전의 사상적 핵심은 Montesquieu의 신봉자였던 베카리아의 '죄형균형론'과 벤담의 '최대다수의 최대행복'을 목적으로 하는 공리주의를 표방하였다. 그 결과 범죄자를 처벌하려면 그 처벌이 사회방위에 불가피해야 된다는 사상이 관철됨으로써 혁신적인 형법의 모델이 되었다.

12. 1948년 독일제국헌법의 탄생배경은 다음과 같다. 1814년 9월~1815년 6월에 프랑스혁명과 나폴레옹전쟁에 대한 사후수습을 위하여 빈에서 개최한 유럽 여러 나라의 국제회의(이른바 1815년 Congress of Wien)는 유럽의 여러 약소국가를 중심으로 자유주의의 바람이 불기 시작하였다. 그러나 독일은 1848년 2월의 프랑스대혁명이 일어났을 때 비로소 민주화의 바람이 거세졌으며, 이로 인해 자유와 평등에 관한 요청이 봇물처럼 쏟아져 나왔으며, 아울러 독일 통일에 관한 갈망도 표출되었다. 이를 독일에서는 3월 혁명이라고 부른다. 이러한 요청에 부응하여 1848년 3월 프랑크푸르트 바울교회에 집결한 이른바 '프랑크푸르트 국민회의'는 독일 통일과 시민의 기본권보장에 관한 논의를 하였다. 헌법초안을 작성할 위원회를 구성하고, 논의를 통하여 제국헌법 초안이 1849년 1월 완성되었다. 이 초안을 두고 프로이센을 중심으로 하는 소독일주의와 합스부르크가를 핵으로 한 대독일주의가 첨예하게 대립되었다. 이와 함께 국민의회는 프로이센의 국왕을 독일제국의 황제로 선출하는 안건에 관해 1849년 3월 28일 267대 263이라는 근소한 표차로 통과되었다. 그러나 프로이센 국왕은 이를 거절했고, 그 이후 자유에 관한 시민의식이 성숙하지 못했던 독일인들은 통일독일을 건설하지 못했다.

13. 그럼에도 불구하고 1849년 3월의 독일제국헌법은 한편으로 모든 기본권은 국민으로부터 나온다는 것을 독일 국민들에게 강인한 인식을 심어 주었으며, 다른 한편으로 이 헌법에 근거하여 독일 통일을 추진하는 계기를 마련하게 되었다.

14. 독일제국헌법상 기본권은 기본적으로 1848년 프랑스대혁명의 기본사상을 토대로 하고 있다. 이에 따라 예컨대 소유권에 관해서도 절대적으로 보호하고 있다. 즉 독일제국헌법 제164조에 의하면, "소유권은 불가침이다. 소유권의 박탈은 공공복지의 관점에서 법률에 근거하고 정당한 보상에 의한 경우에만 가능하다."[27)]

15. 이에 따라 소유권에 대한 박탈은 절도죄를 비롯해 횡령죄, 사기죄, 배임죄와 손괴죄 등의 방식으로 처벌함으로써 보호하려고 하였다. 이러한 경향은 절도죄와 횡령죄에 대해서뿐만 아니라 사기죄와 배임죄에 대한 구별을 강화하여 국민의 재산

27) §164: "Das Eigentum ist nur unverletzlich. Eine Enteignung kann nur aus Rücksichten des gemeinen Besten, nur auf Grund eines Gesetzes und gegen gerechte Entschädigung vorgenomen werden."

적 기본권에 대한 보장을 가져왔다.

16. 그러므로 재산적 기본권을 포함한 다양한 헌법상 기본권에 관한 보장은 다른 어떤 법률보다 형법에 근거를 두게 되었다. 이처럼 독일제국헌법에서 보장되었던 국민의 기본권은 1851년 프로이센 형법의 제정에도 큰 영향을 주었다.

17. 그 결과 1851년 프로이센 형법전은 1794년의 프로이센 일반란트법의 수준을 훨씬 뛰어넘어 현대형법전의 모델이 되었다. 물론 이 형법전은 애초에 프로이센만을 적용대상으로 삼았다. 그러나 프로이센이 1871년 1월 보불전쟁에서 승리한 후 독일이 제국으로 통일되면서 적용범위를 독일 전역으로 확대하였다. 이렇게 하여 1871년 독일제국 형법전이 성립되었으며, 1975년 독일 형법이 근본적으로 개정 · 시행될 때까지 1851년 형법전은 전반적으로 유효하였다.

18. 1851년 프로이센 형법전의 탄생 주역은 당시 법무부 장관이었던 Savigny였다. 그는 형법학자들인 Mittermaier, Herrmann과 Martin을 포함하여 당시 프로이센 정부의 법률고문들과 함께 형법전의 개혁을 추진하였다. 이렇게 하여 탄생한 1851년 프로이센 형법전은 한편으로 1794년의 프로이센 일반 형법을 기초로 제정되었기 때문에 프로이센의 연속성과 통일적인 성격을 지녔으나, 다른 한편 1794년 형법전과 다음과 점에서 본질적으로 달랐다. 즉 1794년 법전은 계몽절대군주제 시절에 탄생된 것으로 경찰국가적 성질을 가졌음에 반해, 1851년 형법전은 1849년 프랑크푸르트 바울교회에서 초안된 제국헌법[28]을 바탕으로 자유주의적 법치국가의 성격을 가지게 되었다.[29]

19. 뿐만 아니라 1851년 프로이센 형법의 사상적 내용은 1810년에 제정되었고, 1811년 1월 1일부터 시행된 프랑스 형법으로부터 많은 영향을 받았다. 특히 프랑스 형법은 Montesquieu의 신봉자였던 Beccaria의 '죄형균형론'과 '범인의 처벌은 사회방위에 불가피한 경우에 국한하여 가해져야 한다는 관점에서 최대다수의 최대행복'이라는 Bentham의 공리주의적 사상을 내포하였던 바, 프로이센 형법 역시 동일한 사

28) 바울교회에서 통과된 프랑크푸르트 제국헌법은 자유주의자들의 요구를 받아들여 국민의 기본권 보장을 핵심내용으로 삼았다. 아울러 제178조와 제179조는 '심각한 범죄와 모든 정치범죄'에 대해서는 공개재판주의와 범죄에 대한 구두변론주의 그리고 재판의 배심제를 채택했다.

29) 이에 관해 자세한 것은 Eberhard Schmitt, Einführung in die Geschichte der deutschen Strafrechtspflege, §§ 241, 242, 276 ff. 참조.

상으로 관철되었다.

20. 1851년 프로이센 형법전의 핵심내용은 다음과 같다. 서론의 제1조는 '범죄의 개념과 종류', 제2조는 '죄형법정주의', 제3조는 '적용범위', 제4조는 '외국에서 범죄' 그리고 제5조는 '군인에 대한 적용', 제6조는 '손해배상'에 관해 규정한다. 그리고서 제1편에는 중범죄와 경범죄 처벌에 관한 일반원칙을 명시하고, 이를 다시금 제1장에서는 사형 등 형벌에 관해서, 제2장은 미수범의 가벌성에 관해, 제3장은 공범론을, 제4장은 형벌면제 혹은 경감사유 등을 명시하고 있다.

21. 제2편에서는 형법각론상의 규정을 명시하고 있다. 예컨대 1851년 프로이센 형법 제15장은 생명에 대한 처벌규정을 두고 있다. 즉 형법 제175조[모살] 사람을 고의로뿐만 아니라 심사숙고하여 살해한 자는 모살로 처벌하고 사형으로 벌한다. 제176조[고살] 고의로 범했지만 심사숙고 없이 사람을 살해한 자는 고살을 범했으며, 종신형으로 처벌된다.

22. 재산범죄에 관해서는 제18장에서 절도와 횡령 등을, 제19장에서 강도와 강요죄를 규정하였고, 제20장은 장물에 관한 죄, 제21장은 사기죄를 규정하였다. 프로이센 형법은 배임죄는 사기죄의 일종[30]으로 파악하였다. 이는 오늘날 독일의 형법에서도 여전히 같은 입장을 취하고 있다. 프로이센 형법 제246조에서 '배임죄'를 규정하고 있는바, 이의 핵심적 내용에 따르면 "타인을 위한 대리인이 고의로 업무를 위임한 본인에게 고의로 손해 야기한 경우에는 3개월 이상의 징역에 처한다."고 명시되어 있다.

23. 프로이센 형법은 또한 사법왜곡을 방지하기 위해 사법왜곡[31]에 의해 뇌물을 받는 법관을 처벌할 뿐만 아니라, 법적 사안에 관한 결정이나 판결을 함에 있어서 특정한 당사자에게 유리 또는 불리하게 한 공무원을 처벌할 수 있도록 하는 조문을 두었다.[32]

---

30) 왜냐하면 사기죄의 장에 배임죄를 포함시키고 있기 때문.

31) §312[Richterbestechung] Hat sich ein Richter in einem Strafverfahren, welches ein Verbrechen oder Vergehen betrifft, zu Gunsten oder zum Nachtheile des Angeschuldigten bestehen, so soll derselbe mit 켜초소면 bestraft werden.

32) §314.

Ⅶ. 우리 형법전의 태도

1. 1908년에 시행된 일본 형법전은 1851년 프로이센 형법을 기초로 제정되었다. 1871년 통일된 독일제국 형법전은 1851년 제정된 프로이센 형법에서 적용 범위를 프로이센에 한정하지 않고 독일제국 전체로 확장하였다. 이런 1871년 독일제국 형법전은 1908년 개정된 일본 형법에 결정적인 영향을 끼쳤다.

2. 우리는 1912년부터 1953년 10월 2일까지 일본 형법을 의용하였고, 1953년에서야 비로소 우리의 독자적 형법전을 갖게 되었다. 그러나 1953년에 제정된 우리 형법 역시 일본 형법전의 상당부분을 계수하였을 뿐만 아니라, 1941년 공표된 일본 개정형법가안을 참고하는 수준을 넘어서 적지 않은 조문을 수용하였다.

3. 이와 같은 부끄러운 우리 형법전의 과거사를 올곧이 바로잡아야 한다는 자각에 기초하여 1992년에 개정형법초안이 성안되었고, 이를 국회에 제출하였다. 그러나 국회의원들의 자질 부족으로 개정안 중 극히 일부분의 규정만 개정하였고, 개정초안 자체도 다음과 같은 심각한 문제점을 갖고 있었다. 이 중에서 몇 가지만 적시해 보자.

3-1. 개정안 제34조[공범과 신분] 제1항의 경우 진정신분범에 비신분자가 가담한 때에 비신분자에게도 공동정범을 인정할 수 있도록 하고 있는 것은 공범에 정범의 일종인 공동정범을 포함시키고 있는 모순을 야기하였다.

3-2. 개정안 제36조[형의 종류] 형의 종류에 과료와 구류를 포함시키는 것은 일종의 행정벌과 유사하다는 점에서 사회방위를 위한 형법의 최후수단성에 반한다.

3-3. 개정안 제44조[양형의 기준]과 개정안 제47조[정상감경] 이들 두 조문은 같은 내용을 반복하고 있는 우를 범하고 있으며, 이런 이유로 일본 개정형법가안의 경우 이를 통합하여 적용하고 있다.

3-4. 우리나라에서 사법왜곡 현상이 적잖이 발생했기 때문에 이에 대한 대책을 형법개정안이 고려했어야 함에도 방치했다. 1908년 제정된 일본 형법은 천황제가 존재했던 시기이고, 당시 천황의 지위는 곧바로 국가로서의 자격을 가진 것으로 간주된 상황이었다. 이런 일본의 상황에서 천황의 권한 행사는 어떤 경우에도 처벌 대상

일 수 없었다. 그리고 천황의 긴 팔인 법관이나 검찰의 오판이나 법적용의 과오 역시 처벌의 대상일 수 없다고 보았다. 이에 반해 국민의 혁명으로 정권을 장악했던 유럽은 법관이나 검찰의 사법왜곡에 대한 처벌하고 있음을 볼 수 있다.

그렇다면 우리나라 헌법은 모든 권력은 국민으로부터 나온다고 명시하고 있으므로, 법관이나 검찰의 사법권 행사에 대해 국민의 사법 감시가 불가피한 것이다. 이를 위해서는 법관이나 검찰의 사법왜곡에 대한 처벌규정을 둠으로써 그 피해자가 당해 법관이나 검찰에 대해 고소를 할 수 있게 할 필요가 있었다.

4. 2007년부터 형법의 전면적 개정작업이 시작되었고, 2011년 4월 형법(총칙)일부개정법률안 제안이유서를 법무부 이름으로 국회에 제출하였다. 그 이후에도 계속하여 개정작업을 지속하였지만 2017년 여름부터 개정작업을 더 이상 진행하지 않고 있다.

5. 정작 형법개정작업에 누구보다 절실하게 느낄 수 있는 2017년 당시의 법무부장관이 형법개정작업을 중단했다. 게다가 사법개혁이라는 미명 하에 검찰 죽이기를 시작하는 데 앞장섰다. 무식하면 도리가 없음을 다시 한번 절감했다.

제19장

전봉준(全琫準)의 개혁사상과 재판기록문

Ⅰ. 전봉준의 삶과 동학농민활동

전봉준(全琫準)은 조선 말기인 1855년(철종 6년) 전라도 고창군 죽림리 당촌에서 태어났다. 집안이 가난하여 안정된 생업이 없이 약을 팔아서 생계를 유지하였고 방술(方術)을 배웠다. 항상 말하기를 "크게 되지 않으면 차라리 멸족(滅族)되는 것만 못하다." 태인 산외리 동곡(山外里 東谷) 마을에 옮겨 자리 잡았을 때에는 다섯 명의 식구를 거느린 가장으로서 스스로 선비로 자처하면서 세 마지기(三斗落)의 전답을 경작하는 소농(小農)이었다. 이 무렵 농사일 외에 동네 어린이들에게 글을 가르쳐 주는 훈장(訓長) 일로 생계를 보태기도 하였다.[1]

그렇게 생활하던 중 아버지 전창혁은 고부 군수 조병갑(趙秉甲)의 탐학에 저항하다가 민란의 주모자로 모진 곤장을 맞고 한 달 만에 죽음을 당하였다. 전봉준이 사회개혁의 큰 뜻을 품게 된 것은 아버지의 영향에서 비롯되었다고 할 수 있다.

1890년(고종 27년)경인 35세 전후에 동학에 입교, 그 뒤 얼마 안 되어 동학의 제2세 교주 최시형(崔時亨)으로부터 고부지방의 동학 접주(接主)로 임명되었다. 동학에 입교하게 된 동기는 스스로가 말하고 있듯이, 동학은 경천수심(敬天守心)[2]의 도(道)로, 충효를 근본으로 삼고 있기 때문에 보국안민(輔國安民)[3]을 실행하기 위해서였다

1) 전봉준의 출생과 성장의 과정에 관해 자세한 문헌은 김삼웅, 『녹두 전봉준 평전』, 시대의 창, 2013, 73쪽 이하에서 113쪽.

2) 하늘을 숭배하고 절조를 지키는 마음.

고 한다. 동학을 사회 개혁의 지도 원리로 인식하고 농민의 입장에서 동학교도와 농민을 결합시킴으로써 농민운동을 지도해 나갈 수 있었던 것이다.

농민 봉기의 불씨가 된 것은 고부군수 조병갑의 탐학에서 비롯되었다. 조병갑은 영의정 조두순(趙斗淳)의 서질(庶姪: 형제의 조카)로서 여러 주 · 군을 돌아다니며 가렴주구(苛斂誅求)를 일삼아 농민들의 원성을 사고 있었다. 특히 1892년 고부군수로 부임한 이래 농민들에게서 다양한 명목으로 과중한 세금과 재물을 빼앗는 등 탐학과 비행을 자행하였다.

한재(旱災)가 들어도 면세해 주지 않고 도리어 국세의 3배나 징수하였고, 부농을 잡아다가 불효 · 음행 · 잡기 · 불목(不睦)[4] 등의 죄명을 씌워 재물을 약탈하였다. 이 중에서도 만석보(萬石洑)의 개수에 따른 탐학으로 큰 물의를 일으켰다.

1893년 12월 농민들은 동학접주 전봉준을 대표로 삼아 관아에 가서 조병갑에게 진정하였으나 받아들여지지 않고 쫓겨났다. 이에 동지 20명을 규합하여 사발통문(沙鉢通文)[5]을 작성하고 거사할 것을 맹세하였고, 이듬해인 1894년 정월 10일 1,000여 명의 동학농민군을 이끌고 봉기하였다. 이것이 고부민란이다. 농민군이 고부 관아를 습격하자 조병갑은 전주로 도망, 고부읍을 점령한 농민군은 무기고를 파괴하여 무장하고, 불법으로 빼앗겼던 세곡(稅穀)을 창고에서 꺼내 농민들에게 돌려주었다.

이 보고에 접한 정부는 조병갑 등 부패 무능한 관리를 처벌하고, 새로 장흥부사 이용태(李容泰)를 안핵사로 삼고, 용안 현감 박원명(朴源明)을 고부군수로 임명하여 사태를 조사 · 수습하도록 하였다. 그간 자연발생적으로 고부민란에 참여하였던 농민들은 대개 집으로 돌아가고 전봉준의 주력부대는 백산(白山)으로 이동, 주둔하고 있었다.

안핵사로 내려온 이용태가 사태의 모든 책임을 동학교도들에게 돌려 이들을 체포하고 분탕 및 살해를 일삼았다. 전봉준은 이에 격분하여 1894년 3월 하순 인근 각지의 동학접주에게 통문을 보내 보국안민의 기치를 내걸고 봉기할 것을 호소하였다. 고부에 인접한 태인(泰仁) · 무장(茂長) · 금구(金溝) · 정읍(井邑) · 부안(扶安) 등지의 동

3) 나랏일을 돕고 백성을 편안하게 함.
4) 사이가 좋지 않음.
5) 호소문이나 격문 따위를 쓸 때에 누가 주모자인가를 알지 못하도록 서명에 참여한 사람들의 이름을 사발 모양으로 둥글게 삥 돌려 적은 통문.

학교도와 농민들이 이에 호응하였고, 고부의 백산에 집결한 동학농민군의 수는 8,000여명이 넘었다고 한다. 여기에서 전봉준은 동도대장(東徒大將)으로 추대되고, 손화중(孫和中)·김개남(金開南)을 총관령(總管領)으로 삼아 보좌하게 하였다. 전봉준은 4개 항의 행동강령, 즉 제폭구민(除暴救民)[6]·진멸권귀(盡滅權貴)[7]·축멸왜이(逐滅倭夷)[8]를 내걸고 창의(倡義[9])의 뜻을 밝혔다. 또한 격문을 작성하여 통문으로 각처에 보내면서 농민들의 적극적인 호응을 요청하였다.

1894년 4월 4일 전봉준이 이끄는 동학농민군은 금구·부안을 점령하고, 전주를 향하여 진격 중 황토현(黃土峴)에서 영군(營軍)을 대파하고, 이어서 정읍·흥덕·고창을 석권하고 파죽지세로 무장에 진입하였고, 이곳을 완전히 장악하였다. 여기에서 전봉준은 창의문을 발표하여 동학농민이 봉기하게 된 뜻을 재천명하였고, 4월 12일에서 4월 17일 사이에는 영광·함평·무안 일대에 진격하고, 4월 24일에는 드디어 장성을 출발, 4월 27일에는 전주성을 점령하였다.

그러나 양호초토사(兩湖招討使) 홍계훈(洪啓薰)은 정부에 외병차입(外兵借入)을 요청하였고, 정부의 원병 요청으로 청국군이 충청남도 아산만에 상륙하였다. 동시에 일본군도 톈진조약[10]을 빙자하여 제물포에 들어왔다. 국가운명이 위태로워지자 홍계훈의 선무(宣撫)[11]에 일단 응하기로 하고 탐관오리 응징, 노비해방, 토지균분제 실시 등 12개 조목의 시정개혁(施政改革)을 내놓았다. 이를 홍계훈이 받아들임으로써 양자 사이에는 5월 7일 이른바 전주화약이 성립되었다. 그리고 전라도 각 지방에는 집강소(執綱所)를 두어 폐정의 개혁을 위한 행정관청의 구실을 하도록 하였다.

이후 전라도 지방에 집강소를 설치하여 동학의 조직 강화에 힘쓰고 도정(道政)에 참여하여 감시하였다. 그러나 12개 조목의 시정개혁이 근본적으로 실현되지 않았다. 이에 따라 다시금 궐기를 계획하던 중 청일전쟁의 우세를 이용하여 침략행위를

6) 폭도를 제거하고 백성을 구함. 보국안민과 더불어 동학 농민군이 내건 기치 가운데 하나.
7) 권세나 높은 지위를 없애버림.
8) 오랑캐 일본을 쫓아내어 멸하게 함.
9) (국난(國難)을 당했을 때) 의병(義兵)을 일으킴.
10) 조선에서 1882년 임오군란이 일어나자, 청나라가 출병하여 적극적인 개입으로 조선에서 주도권을 잡았다. 1884년 조선에서 일본의 지원을 받은 개화파가 갑신정변(甲申政變)을 일으키자, 청나라 군사는 이를 3일 만에 진압하였다. 두 사건에서 일본이 약세를 보이자, 일본은 이를 만회하기 위해 다음 해 청·일 양국은 톈진조약(天津條約)을 체결하여, 양국 군대의 철수를 약속하고 이후 한국에 출병할 때는 상호 통고하기로 약속하였다.
11) 흥분된 민심을 어루만져 가라앉힘.

노골화하는 일본의 행태에 격분하였다. 마침내 9월 중순을 전후하여 동학농민군은 항일구국의 기치 아래 다시 봉기하였다. 전봉준은 남도접주(南道接主)로서 12만의 농민군을 지휘하였으며, 북도접주(北道接主) 손병희(孫秉熙)의 10만 농민군과 연합하여 교주(敎主) 최시형(崔時亨)의 총지휘 하에 논산에 집결한 후 구국(救國)의 대일본전(對日本戰)을 시작하였다. 항쟁의 규모는 한때 중부 · 남부 전역을 비롯하여 함경남도와 평안남도까지 확대되었으나 근대적 무기와 화력을 앞세운 일본군과 관군의 반격에 패배를 거듭하다가 공주(公州) 우금치전투에서 대패하였다. 그 뒤 전라도 순천 및 황해 · 강원도에서 일부 동학농민군이 봉기하였으나 농민군도 금구(金溝) 싸움을 마지막으로 일본군과 정부군에게 진압되고 말았다.

전봉준은 패색이 짙어지자 농민군을 해산하고, 금구 · 원평(院坪)을 거쳐 정읍에 피신하였다. 그 후 순창에서 지난날의 부하였던 김경천(金敬天)의 밀고로 12월 2일 체포되어 일본군에게 넘겨져 서울로 압송되었다.

Ⅱ. 동학농민군의 사상적 기반과 12개 시정개혁

1. 사상적 기반

동학농민운동을 학문적으로 맨 처음 규명했던 분은 대한민국 국민이 아닌, 일본의 가지무라 히데키[12]라는 역사학자였다. 그의 저서 『朝鮮近代の民衆運動』에 따르면, 조선에서 동학과 농민운동의 태동에 대한 배경을 다음과 같이 규명하고 있다.[13]

① 18세기 이후 변질된 조선왕조 양반사회의 정치적 모순

② 삼정의 문란[14]

③ 19세기 이후 서세동점(西勢東漸)의 위기감에서 국가보위 의식

12) 그는 1935년 동경에서 태어났다. 1959년 동경대학 동양역사학과를 졸업했으며, 1963년 인문대학원 박사과정을 중퇴했고, 그의 전공은 근대와 현대 한국역사여서 1961년부터 1979년까지 한국연구소에서 활동했다. 동시에 1973년과 1979년에 가나가와 대학의 조교수를 역임하였으며, 1989년 5월 29일 53세의 나이로 사망했다.

13) 『梶村秀樹 著作集』 第四巻, 梶村秀樹著作集刊行委員会 · 編集委員会, 1993년 11월 1일 출판.

14) 조선 재정의 주류를 이루던 전정(田政) · 군정(軍政) · 환정(還政) 3가지 수취체제가 변질되어 부정부패로 나타난 현상.

④ 전통적 유교의 폐해에 따른 지도이념의 퇴색

⑤ 서학의 도전을 민족적 주체 의식으로 대응

⑥ 실학을 통해 현실비판과 개혁사상에 영향으로 피지배민중의 의식수준 향상

2. 전봉준의 핵심사상

최재우가 창도한 동학사상은 천도사상을 핵심내용으로 하는바, 천도사상이란 사람 섬기기를 하늘 섬기듯 하고, 모든 신분제를 타파하여 인간평등을 주창하는 것이다. 전봉준은 이런 동학사상을 근간으로 개항 이래 외래 자본주의의 침투에 의한 반식민지화와 국내 봉건적 관료층의 수탈로 신음하는 민중의 해방운동을 통해 반외세·반봉건화·신분제도 타파 등을 관철하려고 하였다. 특히 그는 토지의 평균분작, 착취당한 세금의 환급과 노비문서의 소각을 통하여 민중의 생활고를 완화하고 노비를 해방하였으며, 민중에게 토지의 분배 만인의 평등함을 실천하였거나 실천하려 하였다.

그리고 이러한 계획은 권위주의적 방식으로 진행되었던 것이 아니고, 정부에 올바른 시책을 건의하여 국정의 민주적 개혁을 이루어 내고 외세가 배제되어야 할 것을 요구했다.

이리하여 전봉준을 필두로 하고 있던 동학농민혁명 주체는 1894년 6월 6일 정부에 12개의 시정개혁을 제출하였다.

3. 동학농민군의 12개 시정개혁[15)]

① 도인(道人)과 정부 사이에는 숙혐(宿嫌)을 탕척(蕩滌)하고 서정(庶政)을 협력할 것,

② 탐관오리는 그 죄목을 사득(查得)해 일일이 엄징할 것,

③ 횡포한 부호배(富豪輩)를 엄징할 것,

④ 불량한 유림(儒林)과 양반배(兩班輩)는 못된 버릇을 징계할 것,

15) 1894년(갑오년) 6월 6일 조선중앙정부가 동학농민군의 요구조건을 들어 주겠다고 회유해 맺은 조약이 이른바 전주화약(全州和約)이다. 이를 통해 동학농민군은 12개의 시정개혁을 요구하였고, 정부는 이를 받아들였다.

⑤ 노비 문서는 불태워 버릴 것,

⑥ 칠반천인(七班賤人)의 대우는 개선하고 백정(白丁) 머리에 쓰는 평양립(平壤笠)은 벗어 버릴 것,

⑦ 청춘과부(靑春寡婦)의 개가를 허락할 것,

⑧ 무명잡세(無名雜稅)는 일체 거두어들이지 말 것,

⑨ 관리 채용은 지벌(地閥)을 타파하고 인재를 등용할 것,

⑩ 왜(倭)와 간통(奸通)하는 자는 엄징할 것,

⑪ 공사채(公私債)를 막론하고 기왕의 것은 모두 무효로 할 것,

⑫ 토지는 균등하게 분작(分作)하게 할 것.

4. 동학농민혁명의 효과

동학은 이를 실시하기 위하여 전라도 53개의 군에 일종의 민정기관인 집강소(執綱所)[16]를 설치하여 지방의 치안과 행정을 맡았다. 이와 함께 동학의 폐정개혁 12개 조항은 이후 갑오경장을 통하여 계급타파, 인재등용, 과부재혼, 노예폐지, 탐관오리의 처벌, 천민차별의 철폐 등 일부가 수용되었다. 이를 통해 비로소 조선에서 차별금지와 시민의 자유 및 평등권의 보장, 그리고 부패정치인의 처벌이 다소나마 실현될 수 있었다.

동학농민혁명은 비록 부패한 봉건세력이 끌어들인 외세에 의해 좌절되었으나, 반식민지, 반봉건과 민중운동의 원천으로 이어졌고 3·1운동을 비롯하여 독립운동에도 큰 영향을 미쳤다. 아울러 동학농민혁명에 의해 발전한 민중의식은 갑오개혁의 불씨가 되었으며, 이를 통하여 토지소유의 진전, 왕권의 제한, 노비제도의 폐지와 이름 없는 잡세의 폐지 등을 가져왔다.

16) 1894년 동학 농민군이 전주성을 점령한 뒤 난을 진압한다는 명분으로 군대를 파견한 청나라와 일본군의 철병을 원한 조선정부와 전주화약을 맺은 후, 호남 지방 각 군현에 설치하여 중요한 재판이 있을 때 농민들이 직접 참여할 수 있는 농민자치기구이다.

Ⅲ. 1895년 2월 9일 전봉준에 대한 신문(訊問)

1. 1895년 2월 9일 제1차 신문

전봉준은 동지의 밀고로 서울로 압송되고, 의금부에서 1895년 2월 9일 첫 번째 신문을 받았다. 제1차 신문의 내용 중의 일부를 발췌하여 보자.[17)]

문: 너의 성명은 무엇인가?

답: 전봉준이다.

문: 나이는 얼마인가?

답: 41세이다.

문: 거주는 어떤 읍에 하고 있는가?

답: 태인군 산외면 동곡리이다.

문: 직업은 무엇인가?

답: 사(士)를 업으로 삼고 있다.

문: 오늘은 법관과 일본 영사(領事)가 회동(會同)하여 심판할 터이니 일일이 직고하라.

답: 일일이 직고하겠다.

…

문: 네가 전라도 동학 괴수라 하니 과연 그러한가?

답: 처음에 창의(倡義)[18)]로 기포(起包: 봉기)하였을 뿐 동학 괴수라 할 것은 없다.

문: 너는 어느 곳에서 인중(人衆)을 모았는가?

답: 전주와 논산 등지에서 모았다.

문: 자견 3개월 동안에 고부 등지에서 민중을 크게 모았다 하니 무슨 사연으로 그리하였는가?

답: 그때 고부 군수가 정액(定額) 외의 가렴(苛斂)[19)]이 수만 '냥'인고로 민심이 억울하고 한통스러워 이 의거가 있었다.

---

17) 이에 관해서는 김삼웅, 앞의 책, 522쪽 이하 참조.
18) 국난을 당하였을 때 나라를 위해 의병을 일으킴.
19) 조세 등을 가혹하게 거둠.

문: 비록 이른바 탐관오리라도 명색이 반드시 있는 연후의 일이니 상세히 말하라.

답: 이제 그 세목을 다 말할 수가 없으므로 그 개략을 간단히 말하겠다.

첫째는 민보(民洑) 밑에 보를 새로 만들고 늑정(勒政)[20]으로 민간에게 영을 내리어 상답(上畓)은 1두락에 2두의 세를 거둬들이고 하답(下畓)은 1두락에 1두의 세를 거둬들여 총계의 거둬들인 것이 700여 석이요, 진황지(陳荒地)[21]를 백성들에게 개간하여 경작할 것을 허락하고 관가에서 문권(文券)[22]은 내어 주되 세를 징수하지 않겠다고 하더니 그 추수 때에 이르러 탈취하여 거둬들인 것이요.

둘째는 부민(富民)[23]에게 탈취한 것이 엽전 2만여 냥이요,

셋째는 그 아비가 일찍이 태인 원님을 지낸 이유로 그 아비를 위하여 비각을 세운다 하고 강제로 탈취한 돈이 1,000여 냥이요,

넷째는 대동미(大同米)[24]를 민간에게 징수하기는 정백미로 16두씩 준가(準價)[25]로 거둬들이고 정부에 바칠 때는 나쁜 쌀로 바꾸어 차액을 착복한 것이요,

그 밖에 허다한 조목과 건수는 이루 다 기술할 수 없다.

문: 자금 고한 중에 2만여 냥을 강제로 탈취하였다고 하였는데 그 돈은 무슨 명목으로 행하였느냐?

답: 불효 · 불목(不睦)[26] · 음행 · 잡기 등 죄목을 만들어 행하였다.

…

문: 고부군수의 성명은 누구인가?

답: 조병갑이다.

…

문: (고부에서) 기포 후에 무슨 일을 행하였느냐?

답: 기포 후에 진황지에서 탈취하여 징수한 세금을 되돌려 주고 쌓은 보를 부숴버렸다.

…

---

20) 행정의 가혹함.
21) 버려두어서 거칠어진 땅.
22) 땅이나 집의 소유권 등의 권리를 증명하는 문서.
23) 살림이 넉넉한 백성.
24) 조선 때 대동법에 근거하여 거둬들인 쌀.
25) 본래의 가격.
26) 서로 사이가 좋지 못함.

문: 흩어져 돌아간 후에는 무슨 일로 인하여 다시 기포하였느냐?

답: 장흥부사 이용태가 안핵사(按覈使)로 본 읍에 와서 기포(起泡)한 농민을 동학이라 통칭하고 이름을 나열하여 체포하며 그 집을 불태우고 당사자가 없으면 처자를 체포하여 그 집을 불태우며 살육을 행하는 고로 다시 기포하였다.

문: 그러면 네가 왜 관청에 한 번도 글을 써서 호소하여 보지 아니하였느냐?

답: 처음에 40여 명이 호소하여 보았으나 체포당하고, 재차 호소하다가 60여 명이 구축을 당하였다.

문: 호소는 언제 했는가?

답: 처음은 재작년 11월이고, 재차는 동년 12월이다.

…

문: 다시 기포한 것은 무슨 이유인가?

답: 그 후에 들은즉 일본이 개화라 칭하고 처음부터 일언반구의 말도 민간에게 공포(公布)함이 없고 또 알리는 격서도 없이 군대를 거느리고 우리의 서울에 들어와 밤중에 왕궁을 공격하여 임금을 놀라게 하였다 하기로 초야의 사민(士民)들이 충군애국지심으로 분개함을 이기지 못하여 의병을 규합하여 일본인과 접전하여 이 사실을 1차 묻고자 한다.

…

2. 1895년 2월 11일 제2차 신문

제2차 신문은 제1차 신문에 대한 보완을 위한 것으로 역시 묻고 답하는 식으로 진행되었다.

문: 네가 고부군수에게 해를 입음이 많지 않은데 어떠한 생각에서 이 거사를 행하였느냐?

답: 세상일이 날로 옳지 못한 방향으로 되어가므로 개탄하여 한번 세상을 구제하자는 의견이었다.

…

문: 동학이란 것은 어떠한 주의(主意), 어떠한 도학(道學)인가?

답: 수심(守心)[27]하여 충효로 본을 삼아 보국안민하자는 것이다.

…

문: 작년 홍계훈 대장에게 절목(폐정개혁안)을 바친 것이 있다 하니 과연 그러한가?

답: 그렇다.

문: 재차 기포는 일본병이 궁궐을 침범하였다 하므로 재거(再擧)하였다 하니, 재거한 후에는 일본병에게 무슨 조치를 행하려 하였느냐?

답: 궁궐을 침범한 연유를 꾸짖고자 함이었다.

문: 그러면 일본병과 그리고 각국인은 서울에 유주(留住)하는 자를 모두 내쫒으려 하였느냐?

답: 그러함이 아니라 각국인은 다만 통상만 하는데 일본인은 군대를 이끌고 서울에 진을 치고 체류하는 고로 우리나라 영토를 침략하려는 것이라고 의심을 품게 되었기 때문이었다.

이하 생략.

Ⅳ. 동학혁명군 전봉준에 대한 판결문[28]과 해설

1. 판결선고서 제37호

전라도 태인 산외면 동용거 농업 평민 피고 전봉준

右記者는 전봉준에 대하여 형사피고사건을 심문하여 본즉 피고는 동학당이라 칭하고 비도(匪徒)[29]의 거괴(巨魁)[30]로 접주라 부르고 開國 五百一年(1892년) 정월에 전라도 고부군수 趙秉甲이가 처음 到任하여 자못 학정(虐政)[31]을 행하며 그(該) 지방민

27) 지조를 지킴.
28) 동학혁명군의 수장인 전봉준에 관한 판결문이다. 유감스러운 것은 이 판결문 말미에 일본 측의 경성 주재 일본제국영사 우치다 사다츠치(內田定槌)의 회심이란 문구가 달려 있다. 이것이 의미하는 것은 이 당시 이미 사법권이 일본의 손아귀에 들어갔음을 명확히 보여준다.
29) 무기를 가지고 떼를 지어 다니면서 사람을 해치거나 재물을 빼앗는 무리.
30) 도둑의 두목 또는 거물급에 해당하는 우두머리.
31) 포악하고 가혹한 정치.

등(地方人民 等)이 병고를 견디지 못하고 익년 11, 12월에 군수를 향하여 그 가정(苛政)[32]을 고쳐 달라하고 애간(愛諫)하였더니 비단 소원을 이루지 못할 뿐더러 도리어 모두 잡히고 옥에 갇히고 그 후에도 수삼 차 청원하였건마는 즉시 물리치고 호발(毫髮)[33]도 효험이 없으므로 인민 등이 매우 분하여 수천 명이 모여 장차 거사하려 할 때 피고도 마침 그 무리에 들어가 드디어 뭇사람들(衆人)에게 밀려서 모주(謀主)[34]가 되어 작년 삼월 상순에 영솔기도(領率其徒)[35]하여 고부외촌 창고를 헐고 전곡(錢穀)을 빼서 진수(盡數)[36]히 인민을 배급하고 또 12곳을 작경(作梗)[37]한 후 한번 해산하였다.

그 이후 안핵사(按覈使)[38] 장흥부사 이용태가 고부로 내려와서 먼저 작경한 것은 모두 동학당의 소위(所爲)라 하고 동학수도(東學修道)하는 자를 잡아 살육(殺戮)[39]을 과함으로, 이에 피고가 다시 그 무리(其徒)를 규합하여 모병하되 만일 불응자는 불충불의된 사람이니 반드시 벌을 주리라 하고, 다른 사람을 협박하여 그 무리인 4,000여 명을 얻어 가지고 각기 소유한 흉기를 가지고 양식은 그 지방 부민에게 징봉(徵捧)[40]하여 금년(是年) 4월 상순에 피고가 친히 그 무리(其徒)를 영솔(領率)하여 전라도 무장(茂長)[41]에서 일어나 고부 태인[42] · 원평[43] · 금구[44] 등의 곳에 가서 전라감영 포군[45] 10,000여 명이 동학도(東學徒)를 치러온다는 말을 듣고 한번 고부로 몰려갔다가 하루 밤낮을 접전 후 영문포군을 파하고 전진하여 정읍 · 흥덕 · 고창 · 무장 · 영광 · 함평을 지나 장성에 이르러 경군(京軍)[46] 700여 명을 만나 또 격파하고 주

32) 가혹한 정치.
33) 가늘고 짧은 털. 곧 아주 작은 물건을 이른다.
34) 일을 주장(主張)하여 꾀하는 사람.
35) 영을 따르는 그 무리.
36) 몰수(沒收).
37) 못된 행실을 부림.
38) 조선 후기에 지방에서 발생하는 민란을 수습하기 위하여 파견하던 임시 벼슬.
39) 무엇을 트집 잡아 사람을 마구 죽임.
40) 징수.
41) 현재의 전라북도 고창군을 말함.
42) 오늘날의 정읍시 이평면 장내리로 추정된다. 전봉준이 태어난 곳이 태인(泰仁)이다.
43) 현재 김제시 금산면의 지명으로 보인다.
44) 현재 전라북도 김제시 동부에 있는 면. 동쪽으로는 완주군, 북쪽으로 용지면(龍池面), 서쪽으로 황산면(凰山面), 남쪽으로 금산면(金山面)에 접한다.
45) 포군(砲軍)은 포를 장비한 군사를 의미함.
46) 고려 · 조선시대 중앙군. 고려시대에는 응양군(鷹揚軍) · 용호군(龍虎軍)으로 구성된 2군, 좌우위 · 신호위(神虎衛) · 흥위위(興威衛) · 금오위(金吾衛) · 천우위(千牛衛) · 감문위(監門衛)로 이루어진 6위를 통칭하는 말이었다. 6위 체제는 995년(성종 14년) 완성된 것으로 보이며, 2군은 1017(현종 8

야겸행(晝夜兼行)[47]으로 행진하여, 4월 26~27일에 관군보다 먼저 全州城을 들어가니 그때(其時) 전라감사는 이미 도망하여 간 곳을 모르고 그 다음날에 이르러 초토사(招討使)[48] 홍재희(洪在羲)가 군사를 데리고 성 아래에 도착(迫到)[49]하여 성 밖에서 거포(巨砲)를 놓고 공격하기로 피고가 그 무리(其徒)와 더불어 응전하여 사뭇 군관을 괴롭게 하니라.

이에 초토사가 격문(檄文)을 지어 성 안으로 던지고 피고 등의 소원을 들어 줄 것이니 속히 해산하라 효칙(曉飭)[50]하였는데 피고 등의 요청은 다음과 같았다.

-. 전운소를 혁파할 것(轉運所革罷事)

-. 국결을 더 이상 보태지 말 것(國結不爲加事)

-. 보부상들이 저지르는 폐단을 금할 것(禁斷步負商人作弊事)

-. 도내의 환곡은 전임 감사가 이미 거두어 갔으므로 백성들에게 다시 걷지 말 것(道內還錢舊伯再微於民間事旣為捧去則不得)

-. 대동미를 상납하기 전에는 각 포구에서 암매상들이 쌀을 거래하지 못하도록 할 것(大同上納前各浦口潛商貿米禁斷事洞布錢每戶)

-. 마을에서 걷는 포세는 매 가구마다 봄과 가을에 두 냥으로 정할 것(春秋二兩式定錢事)

년)~19년에 설치된 것으로 추정된다. 조선시대에는 1392년 개국 이후 고려의 2군 · 6위에 태조의 친위병인 의흥친군(義興親軍)의 좌 · 우위를 합쳐 10위군으로 경군을 이루었다. 10위군은 1393년 의흥삼군부로 개편되어 그 휘하에 십사(十司)를 두었다가 1418년(태종 18년) 12사로 증설하였으며, 세종 때는 그 병력이 2만 8,000에 이르렀다. 의흥삼군부에 속한 12사는 1451년(문종 1년) 새 진법체제에 따라 5사로 개편되고, 5사는 1457년(세조 3년) 5위로 개칭되어 그 통합사령부 오위도총부(五衛都摠府)가 설치되었다. 오위는 중위 · 좌위 · 우위 · 전위 · 후위로 구성되어, 임진왜란 이전까지 조선 경군의 근간을 이루었다. 이 밖에 내금위(內禁衛) · 겸사복(兼司僕) · 우림위(羽林衛) 등 궁궐의 경비와 왕의 호위를 임무로 하는 경군도 있었다. 5위제도 하의 조선 전기의 경군은 임진왜란으로 붕괴되어 조선 후기에는 훈련도감 · 어영청 · 총융청(摠戎廳) · 금위영(禁衛營) · 수어청(守禦廳)으로 구성되는 5군영이 경군의 근간을 이루게 되었다. 5군영도 개항 후에는 무위영(武衛營) · 장어영(壯御營)의 2군영으로 개편되고, 1895년(고종 32년) 다시 친위대와 진위대로 개편되어 한말의 군대해산 때까지 존속하였다.

47) 쉴 시간이나 쉬지 않을 시간이나 가리지 않고 계속 일함.

48) 조선시대 변란이 일어난 지방에 파견한 임시 무관직. 전란이나 내란이 일어났을 때 해당 지역으로 파견된 정3품 당상관 이상의 문관이나 무관을 말한다. 초토사는 그 지역의 정규군과 의병을 규합하여 난을 일으킨 무리를 토벌하였다. 임진왜란 때 호남지방으로 파견된 공조참의 고경명(高敬命)이 최초의 초토사이고, 그 이후 정유재란 때 이정암과 동학농민운동 때 홍계훈(洪啓薰) 등의 사례가 있다.

49) 가까이 다가가 이름.

50) 잘못을 저지르지 아니하도록 미리 잘 타일러 경계함.

-. 탐관오리들을 모두 몰아낼 것(貪官汚史并罷黜事壅蔽)

-. 임금의 총명을 가리고 관직을 팔고 국권을 농락하는 무리들을 모두 몰아낼 것(上聰賣官賣爵操美國權之人一并逐出事爲官長)

-. 벼슬을 지내고 있는 사람이 이곳에 묘를 쓸 경우라도 논을 사들이지 말 것(者不得入葬於該境內且不爲買沓事)

-. 밭세는 전과 동일하게 할 것(田稅依前事)

-. 민간인을 잡역에 동원하는 일을 줄일 것(烔戶雜役減)

-. 포구의 어염세를 개혁할 것(省事浦口魚鹽稅)

-. 보세를 걷지 말고 관청의 논을 없앨 것(革罷事洑稅及宮沓)

-. 관청에 부임한 수령들은 백성의 산지에 강제로 묘를 쓰는 일이 없도록 할 것(勿施事各邑倅下來民人山地勒標偷葬)[51] 등.

이들 27조목을 내어가지고 상주하기로 청하였더니 초토사가 즉시 승낙하였으므로 피고는 동년 5월초 5~6일에 급히 그 무리를 해산하여 각기 취업(就業)하게 하고 또 그 때에 피고는 최경선 이하 20여 명을 데리고 전주로부터 금구 · 김제 · 태인 · 장성 · 담양 · 순창 · 옥과 · 창평 · 순천 · 남원 · 운봉 등 각처를 열력유세(閱歷遊說)[52]하여 7월 하순 태인 자신의 집으로 귀거하였다.

그 후 피고는 일본군대가 대궐로 들어갔다는 말을 듣고 필시 일본인이 우리나라를 병탄(併呑)[53]하고자 하는 뜻인 줄 알고 일본병을 쳐 물리고 그 거류민을 국외로 구축(驅逐)할 마음으로 다시 기병을 도모하여 전주 근처 삼례역[54]이 토지가 광활하고 전라도 요충지지(要衝之地)로 동년 7월에 태인을 발정(發程)[55]하여 원평(院坪)을 지나 삼례역에 이르러 기병(起兵)하는 대도소(大都所)를 삼고 진안거(鎭安居) 동학접주 문이팔 전영동 금구거(居) 접주 조준구 전주거(居) 접주 최대봉 송일두 정읍거 손여옥 부안거 김석윤 김여중 최경선 송헌옥 등과 동모(同謀)하여 상년 삼월 이후 피고와 동일한 일을 꾸민 비도(匪徒)거괴(巨魁) 손화중 이하 전주 진안 흥덕 무장 고창

---

51) 이들 격문의 내용에 관해서는 김삼웅, 앞의 책, 540쪽 참조.
52) 돌아다니면서 설득을 함.
53) 아울러 삼킨다는 뜻으로 남의 재물 · 영토 · 주권 등을 강제로 한데 아울러서 제 것으로 삼음.
54) 전라북도 완주군 삼례읍 후정리에 위치한 전라선의 철도역이다.
55) 길을 떠남.

등 원근(遠近) 각 지방 인민에게 혹은 격문(檄文)을 돌리며 혹(或) 전(巨屁人)[56]하여 유세하고 전라우도에서 군사를 모으기를 사천 여명이 되며 곳곳 관아에 들어가서 군기(軍器)를 강탈하고 또 각 지방 부민한테 전곡을 징봉하여 삼례역을 떠나면서 도당(徒黨)을 모집하고 은율 논산을 지나 당류(黨類)[57] 10,000여 명을 거닐고 동년 시월 이십육일쯤 충청도 공주에 도착하니 일본병이 먼저 주성(州城)을 웅거하여 있기에 전후 2차 접전을 하여 보았지만 2번 모두 대패하였다.

그러나 피고는 더 일본병을 치려하였더니, 일병(日兵)이 공주에서 움직이지 않고 그 틈에 피고포중(被告包中)이 점점 도산(逃散)하여 수습하지 못하게 되어 부득이하여 한번 고향으로 돌아가 다시 모병하여 전라도에서 일병을 막으려 하였더니 응모자가 없는 탓으로 동모(同謀) 삼오인과 의논하고 각기 변복(變服)[58]하여 가만히 경성(京城)으로 들어가 정탐하고자 하여 피고는 상인인 것처럼 모습을 하고 단신으로 상경차 태인을 떠나 전라도 순창을 지나서 민병한테 잡힌 것이다.

앞(右)에 기록한 사실은 피고와 및 그 동모자(同謀者) 손화중 최경선 등이 자복한 공초(供招)[59] 압수한 증거문적이 분명한지라 그 소위(所爲)는 대전회통[60] 형전 중의 "군복을 입고 말을 타며 관청문에서 변란을 일으킨 자는 때를 기다리지 않고 바로 목을 처라(軍服騎馬作變官門者不待時斬)"[61]고 하는 형률에 비추어 처벌할 것이니라.

이러한 이유로써 피고 전봉준을 사형에 처하노라.[62]

개국(開國) 504년(1895년) 3월 29일 법무아문권설재판소(法務衙門權設裁判所)[63] 선고

---

56) 어떤 소식이나 물건을 전하기 위하여 특별히 사람을 보냄. 또는 그 사람.
57) 같은 무리나 편에 드는 사람들.
58) 남이 알아보지 못하도록 평소와 다르게 옷을 차려입음.
59) 조선시대 형사사건에서 죄인·증인의 진술을 기록한 문서.
60) 1865년(高宗 2년) 조두순(趙斗淳:1796~1870) 등이 왕명(王命)에 의해 편찬한 조선왕조 마지막 법전(法典)이다. 『경국대전(經國大典)』을 골간으로 한 역대의 법전을 추가하고, 『대전통편(大典通編)』 이후 90년간의 교명(敎命), 정식(定式) 등을 증보하여 엮은 책이다.
61) 이종목, 『대전회통』, 추단(推斷) : 죄상을 심문하여 판단함)의 조목에서 법을 왜곡하여 뇌물을 받으면 처벌하였을 뿐만 아니라(31쪽), 오판한 경우에도 처벌하고 있음을 명시하였다. 이에 관해 대전회통 42쪽 참조.
62) 부가적인 형벌로 "그의 妻子는 노비로 한다."고 명시하고 있다.
63) 법무아문권설재판소는 1894년(고종 31년) 7월 12일 종전의 의금부(義禁府)를 개칭하여 법무아문에 소속하게 하였다. 관리들의 사적인 범죄는 법무아문에서 취급하였다. 직제는 판사(判事: 장관으로 법무대신이 겸임)·지사(知事) 또는 동지(同知 : 副官으로 법무아문협판이 겸임)·참의(參議: 총무국장이 겸임) 각 1인, 주사 4인으로 되어 있었다. 1894년 12월 16일 지방재판을 제외한 법무아문 일체의 재판을 의금사에서 취급하도록 개정되었고 명칭도 법무아문권설재판소로 바뀌었다.

법무아문대신 서광범
협변 이재정
참의 장박
참사 김기조
오용묵

회심(會審)

경성 주재 일본제국 영사(領事) 우치다 사다츠치(內田定槌)

2. 판결문에 관한 간단한 해설

(1) 전봉준 재판의 재판소구성법과 관련성 여부

법무아문권설재판소에서 전봉준에 대한 재판을 하여 위에 언급한 사안을 인정하고, 1895년 3월 29일 사형의 형벌을 선고하였다. 사형집행은 다음 달인 4월 24일 교수형으로 처형되었다. 재판소구성법은 1895년 3월 25일 시행되었기 때문에 전봉준에 관한 사건도 재판소구성법에 근거했는지 논란이 있을 수 있다.

결론부터 말하자면 전봉준은 재판소구성법에 의해 재판받지 아니하였다. 그 이유는 다음과 같다.

첫째로 '법무아문권설재판소(法務衙門 權設裁判所)'의 설치는 이미 1894년(고종 31년) 7월 12일이고, '조선 말기 관리들의 직무수행 과정에서 발생하는 범죄를 다스렸던 관청'으로 이미 존재하고 있었다.

둘째로 1895년 3월 25일 시행된 재판소구성법에는 '권설재판소'라는 형식의 재판소를 두지 아니하였다.

셋째로 전봉준에 대한 판결문은 법무아문권설재판소의 소관임을 명시하고 있다.

넷째로 판결문에 적용된 해당 조문도 대전회통 형전(刑典)의 추단(推斷)에서 구체적으로 명시한 것이며,[64] 이 대전회통 중의 형조의 규정에 근거하여 수사와 재판이 이루어졌음을 전제하고 있다.

---

64) 장도, 『신구형사법규대전』 상권, 제2류 대전회통 형전, 1906, 549쪽.

(2) 회심(會審)의 의미

전봉준에 관한 재판 기록을 살펴보면 말미에 회심(會審)이라고 부기되어 있고, 그 밑에 일본 영사 우치다 사다츠치(內田定槌)의 이름이 기록되어 있다. 여기서 회심이란 본래 중국에서 외국 조계(租界)에 설치되어 외국관헌이 중국 관헌과 공동으로 재판을 실행한다는 의미로 사용되었다. 조선의 판결문 말미에 일본 영사가 회심을 부기한 것은 조선은 이미 일본의 조계지역처럼 간주될 정도로 쇠약했다는 점을 보여준다. 그 결과 조선인에 대한 조선의 재판권 행사에 일본 측 영사가 참여하고 있음을 전봉준에 대한 재판에서 알 수 있다. 왜냐하면 전봉준에 대한 신문과정에서 수사관이 일본 영사가 회심으로 참여한다는 사실을 확인하고 있기 때문이다. 즉 수사관이 신문과정에서 전봉준에게 말하길 "오늘은 법관과 일본 영사(領事)가 회동(會同)하여 심판할 터이니 일일이 직고(直告)하라." 이러한 회심제도는 조선의 재판권에 관해 조선의 자주적 국권을 상당 부분 상실했음을 의미한다.

동학농민혁명으로 청나라 군대가 서울에 주둔하자, 당시 일본은 텐진조약을 근거로 일본도 곧바로 병력을 파견하였다. 동학농민운동이 진압된 이후에도 일본은 철병(撤兵)을 거부하고 오히려 조선에 대한 침략 야욕을 드러내어, 일본을 등에 업은 친일파로 하여금 1884년 7월부터 갑오개혁을 추진하도록 하였다. 조선의 갑오개혁을 강요하고, 동시에 조 · 청 간에 맺은 통상무역장정(通商貿易章程)을 폐기하라고 요구하며 내정을 간섭하는 등 지배권 확보를 도모하였다. 일본은 재판권에 관해서도 광범위한 지배권을 갖고 있음을 전봉준에 관한 판결문의 회심이란 문구에서도 발견할 수 있다.

제 2 편

형사 관련 자료 및 법학교육 개혁

제1장
1895년 재판소구성법(裁判所構成法)과 그 내용

Ⅰ. 개 설

1895년(고종 32년) 3월 25일 법률 제1호로 제정되었다. 두 번에 걸친 전면 개정과 세 차례에 걸친 부분 개정이 있은 뒤, 1909년 10월 28일 법률 제28호로 14년 7개월 만에 폐지되었다.

1895년의 재판소구성법이 가지는 의미는 첫째로 죄형법정주의를 근간으로 하고 있는 근대적 법률형식으로 명시되었고, 둘째로 '법률'이라는 명칭을 지닌 한국 최초의 법률이란 점에서 근대적 사법제도의 효시를 이루는 법이고, 셋째로 사법권을 행정권으로부터 독립시키려고 하였으며, 넷째로 근대적 사법제도에서 요구되는 다양한 법률용어를 차용하거나 형성하였다는 점일 것이다.

Ⅱ. 재판소구성법의 요지

1895년 제정된 법은 전문 61개조로 구성되었으며, 요지는 다음과 같다.

① 재판소는 지방재판소 · 개항장재판소 · 순회재판소 · 고등재판소 · 특별법원 등 5종을 두도록 했고(제1조), 지방재판소에는 사정에 따라 지청을 둘 수 있게 하였다.

② 각 재판소의 설치 위치와 관할구역은 법부대신이 별도로 정하게 하였다(제2조).

③ 제1심 재판소로 지방재판소와 개항장재판소를 두었다. 지방재판소는 일체의

민 · 형사사건을, 개항장재판소는 내국인의 민 · 형사사건뿐만 아니라 외국인의 내국인에 대한 민 · 형사사건도 아울러 담당하게 하였다.

제2심 재판소는 순회재판소 및 고등재판소를 두었다. 전자는 지방재판소 및 부산 · 원산의 개항장재판소의 판결에 대한 상소를, 후자는 한성 및 인천 개항장재판소 판결에 대한 상소를 담당하게 하였다.

특별법원은 왕족의 범죄에 관한 형사사건을 재판하도록 했는데, 초심이면서 동시에 종심이었으며 상소를 불허하였다. 따라서 당시 재판제도는 2심제였다.

④ 재판소 직원으로는 판사 · 검사 · 서기 · 정리를 두도록 하였다.[1][2][3] 재판소의 판사와 검사는 (임금의 명에 의해) 칙임(勅任)되거나 주임(奏任)되었다.[4]

⑤ 공개주의 재판을 진행하였다.[5]

⑥ 고등재판소와 특별법원은 합의체 재판소이고, 나머지는 단독판사가 재판을 담당하게 하였다.

Ⅲ. 재판소구성법 전문(1895년 3월 25일)

제1편

제1장

제1조 재판소는 다음 5종으로 分置흠.

1. 지방재판소
2. 한성 及[6] 인천 기타 개항장 재판소

---

1) 재판소구성법 제3조: 각 재판소에 판사, 검사, 서기와 정리를 두고, 그 인원수는 본법에 정하는 이외에 법부대신이 정함.
2) 재판소구성법 제33조: 판사와 검사의 임용은 특별한 규칙에 의하여 시험에 합격한 자를 요하며, 본법 중에 별도의 규정이 있는 경우는 이러한 제한이 없음.
3) 재판소구성법 제38조: 검사는 영장의 발송, 증거의 수집 혹은 재판의 집행, 기타 검찰의 사무를 행함이 가능하고, 또는 감옥에 임검하여 무고(無辜)로 체포 또는 구류된 경우의 유무를 주의하여야 하고 구류인은 그 심문을 속행할 사무를 가짐. 재판소구성법 제39조: 검사는 그 직무로 사법경찰관에게 명령할 수 있음.
4) 재판소구성법 제34조 참조.
5) 재판소구성법 제46조 참조.
6) 및.

3. 순회재판소

4. 고등재판소

5. 특별재판소

제2조 각 재판소의 위치와 관할구역은 법부대신이 정홈.

제3조 각 재판소에 판사 검사 서기와 정리를 置ᄒᆞ니 그 員數는 본법에 정하는 외에 法部大臣이 定홈.

제4조 재판소의 관할권에 관하여 疑義가 有ᄒᆞᆫ 時는 법부대신의 裁定을 請홈이 가홈.

제2장 지방재판소

제5조 지방재판소는 일체 일사와 형사를 재판홈.

제6조 지방재판소의 재판권은 單席判事가 행홈. 지방재판소에 2인 이상 판사를 置ᄒᆞ는 時는 판사는 單席 혹은 合席으로 재판사건을 審理홈.

2인 이상 同席ᄒᆞ는 경우에는 首班判事가 재판을 선고ᄒᆞ니 若或[7] 판사 간에 異見이 유ᄒᆞᆫ 時는 수반판사의 의견으로 決홈이 가홈.

제7조 법부대신은 지방정상에 의ᄒᆞ야 지방재판소지청을 設홈을 得홈.

제8조 지방재판소의 직원은 아래와 여홈.

-. 판사

-. 검사

-. 書記

-. 廷吏

제9조 지방재판소의 판사가 身病이나 若或 특별사정으로 사무를 掌理[8]치 못ᄒᆞ는 時는 특별ᄒᆞᆫ 규정이 있는 경우를 除ᄒᆞᆫ 외에 법부대신의 지휘를請[9]홈이 가홈.

제3장 漢城 及 인천 기타 개항장 재판소

제10조 漢城 及 인천 기타 개항장 재판소는 좌와 여홈.

-. 한성재판소

---

7) 만일.

8) 맡아서 처리함.

9) 여쭈다.

-. 인천재판소

-. 부산재판소

-. 원산재판소

제11조 전항 각 재판소는 일체 民事 及 刑事를 재판하고 又 외국인으로서 본국인에 대흔 民刑事件을 재판흠.

제12조 전항 재판소의 재판권은 單席判事가 행흠.

전항 각 재판소에 2인 이상의 판사를 置ᄒᆞ는 時는 其 판사는 單席 或 合席으로써 재판사건을 審理흠을 得흠.

2인 이상 合席하는 경우에는 首班判事가 재판을 선고ᄒᆞᄂᆞ니 若 판사 간에 異見이 유흔 時는 首班判事의 의견으로 決흠이 가흠.

제13조 한성재판소 인천재판소 부산재판소 원산재판소의 직원은 다음과 如흠.

-. 판사

-. 검사

-. 書記

-. 廷吏

제14조 전항 각 재판소에 판사 及 검사는 특정한 사법관시험규칙에 의ᄒᆞ야 시험을 經흔 者中으로서 내각총리대신을 經하고 법부대신이 奏薦[10]ᄒᆞ야 대군주 陛下의 임명ᄒᆞ시는 자로 흠.

제4장 巡廻裁判所

제15조 순회재판소는 매년 3월부터 9월에 至[11]ᄒᆞ는 間에 開廷흠.

開廷處所는 법부대신이 정흠.

제16조 순회재판소는 부산재판소 원산재판소 급 지방재판소 판결을 不服ᄒᆞ는 일체 민사 及 형사의 上訴를 재판흠.

제17조 순회재판소의 재판권은 單席判事가 행흠.

순회재판소에 2인 이상의 판사를 置ᄒᆞ는 時는 판사가 單席 或 合席으로

10) 임금께 상주(上奏 : 임금께 말씀을 아뢰)해서 천거함.

11) 이르다.

재판사건을 審理홈을 得홈.

제18조 순화재판소 판사 及 검사는 부산재판소 원산재판소 급 지방재판소에 재판 及 검찰사무를 감독ᄒᆞ며 其 재판 及 검찰상의 關ᄒᆞ야 법률의 誤解와 적용의 착오가 有홈을 발견ᄒᆞ는 時는 何時라도 改正홈이 可ᄒᆞ며 又 前記 각 재판소 판사 검사 기타 관리가 직무상 부당한 行實이 有홈을 발견ᄒᆞ는 時는 其 實狀을 調査ᄒᆞ야 법부대신에게 보고홈이 가홈.

제19조 순회재판소판사가 필요로 認ᄒᆞ는 時에는 부산재판소 원산재판소 혹 지방재판소에 臨ᄒᆞ야 各其 재판소판사에 직무를 행홈을 得홈.

전항 순회재판소판사의 판결에 불복ᄒᆞ는 上訴는 타 순회재판소판사가 接理을 요홈.

제20조 순회재판소의 직원은 좌와 여홈.

-. 판사

-. 검사

-. 서기

-. 정리

제21조 순회재판소판사는 법부대신의 奏薦을 由ᄒᆞ야 고등재판소판사 한성재판소 판사 法部勅奏任官 及 別定ᄒᆞᆫ 사법시험규칙에 의ᄒᆞ야 판사에 임ᄒᆞᆫ 者中으로서 大君主 陛下게서 임시로 命ᄒᆞ심. 검사는 한성재판소검사와 法部勅奏任官 及 別定ᄒᆞᆫ 사법시험규칙에 의ᄒᆞ야 검사에 임ᄒᆞᆫ 者中으로서 법부대신이 임시로 命홈.

제5장 고등재판소

제22조 고등재판소는 법부에서 임시 開廷홈.

제23조 고등재판소는 合議裁判이라 한성재판소 及 인천재판소에서 行ᄒᆞᆫ 판결에 불복ᄒᆞ는 상소를 재판홈.

제24조 고등재판소의 직원은 아래와 如홈.

-. 재판장 1인

-. 판　사 2인

-. 검　사 2인

-. 서　기 3인

-. 정　리

재판장은 법부대신 又 法部協辦으로서며 판사는 法勅奏任官 又 한성재판소 판사 중으로서 大君主 陛下게서 임명ᄒᆞ시ᄂᆞ니 단 協辦 이하는 내각총리대신을 經ᄒᆞ야 법부대신이 奏薦홈.

검사는 법부검사국장 及 검사국소속 검사 중으로서 법부대신이 命홈.

제6장 특별법원

제25조 특별법원에서는 왕족의 범죄에 관ᄒᆞᆫ 형사를 재판홈.

本條에 기재ᄒᆞᆫ 자의 正犯 及 從犯은 身分의 如何홈을 물론ᄒᆞ고 本院에서 재판홈.

제26조 특별법원은 법부대신의 奏請에 의ᄒᆞ야 上裁로써 臨示ᄒᆞ야 開홈.

본원재판에 府홈이 可ᄒᆞᆫ 事件 及 開廷홈이 可ᄒᆞᆫ 處所는 법부대신이 指示홈.

제27조 특별법원은 합의재판이라 다음의 직원으로써 재판홈이 가홈.

-. 재판장 1인

-. 판　사 4인

재판장은 법부대신으로 充ᄒᆞ고 판사 中 1인은 中樞院議官으로서며 3인은 등재판소 판사 한성재판소 판사 우 法部勅奏任官으로서 법부대신의 奏薦에 의ᄒᆞ야 大君主 陛下게서 임시로 命ᄒᆞ심.

제28조 특별법원 검사의 직무는 고등재판소 검사 又 법부대신의 指名ᄒᆞ는 검사가 홈.

제29조 특별법원 서기의 직무는 고등재판소 서기가 행홈.

제30조 특별법원 정리의 직무는 고등재판소 정리가 행홈.

재31조 특별법원의 재판에 불복홈으로 上訴홈을 許치 아니홈.

제32조 특별법원의 訴訟規例는 특별규정이 有ᄒᆞ는 경우를 除ᄒᆞᆫ 外에 通商規例를 從홈.

제2편 재판소 직원

제1장 판사 及 검사

제33조 판사 及 검사는 별정훈 규칙에 의호야 시험에 及第홈을 要호니 단 본법 중에 別로 규정이 有호는 자는 此限에 在치 아니홈.

제34조 판사 及 검사는 勅任 又 奏任으로홈.

제35조 판사 及 검사의 官等 俸給 及 進級에 관호는 규정은 勅令으로 정훈바에 의홈.

제36조 재판소 首班判事는 판사 서기 及 정리를 감시호야 事務施行에 주의홈이 가홈.

제37조 판사는 범죄 성질에 의호야 初査를 要홈으로 思料호는 時는 親行호며 又는 판사 혹 경찰관으로 호야곰 行케 홈을 득홈.

제38조 검사는 영장의 발송 증거의 수집 及 재판의 집행 기타 검찰의 사무를 행홈이 可호고 又는 감옥에 臨檢호야써 無故로 捕拿 及 拘留호는 事의 有無를 주의홈이 가호고 且 구류인은 基 審訊을 速行홈을 務홈이 可홈.

제39조 검사는 其 職務로 사법경찰관에게 命令홈을 득홈.

제2장 재판소 서기

제40조 서기는 判任이라 法部大臣이 임명홈.

제41조 서기는 法廷 내에 일체 訊問[12] 供述[13] 변론 등을 필기호야 소송사건에 관훈 서류를 調製 보존호고 기타 書寫에 관훈 일체 사무를 행홈이 可홈.

제3장 廷吏

제42조 정리는 判任 待遇라 각 재판소 首班判事가 채용홈.

제43조 정리는 재판소에서 發호는 문서의 송달이며 재판의 집행이며 及 상관의 명을 受호야 기타 庶務를 행홈이 가홈.

---

12) 검찰이나 경찰이 증인이나 피의자 등에 대해 말로 물어 사건을 조사함.
13) 진술(陳述).

제3편 司法事務掌理

제1장

제44조 開廷은 평리원 扱 각 재판소에서 행흠.

제45조 법부대신이 필요로 認혼 시는 평리원 及 각 재판소 외에서 개정케흠을 득흠.

제46조 민사 及 형사의 訟庭은 一切 공개후야 방청을 許흠.

제47조 開廷 중 질서의 유지는 재판장에게 속흠.

제48조 재판장은 審問[14]을 妨후는 자와 기타 부당혼 행실을 행후는 자를 법정으로서 退케 후며 又 別定法規에 의후야 처벌후는 權이 유흠.

제49조 前條의 규정은 당사자와 증인에게도 적용흠.

제50조 판사가 제48조 急 제49조로 부여후는 權을 행후는 시는 소송기록에 注記후고 基 이유도 付記흠이 가흠.

제2장 裁判所 用語

제51조 재판소에서는 朝鮮語를 用흠이라. 단 소송관계인 중 조선어에 通치 못후는 자가 유혼 시는 通辯을 용흠을 득흠.

제52조 외국인이 소송관계인이 되는 시에 당후야 판사가 基 국어에 통후거든 基 외국어로써 口述審問흠을 득흠이라. 단 소송기록은 조손어로 作흠이 가흠.

제3장 재판의 評議[15] 及 宣告

제53조 합의재판 평의에서 의견을 演述후는 次序는 官等 最下者로 始후고 재판장으로써 終후니 관등이 相同혼 시는 연소자로 시흠.

제54조 합의재판은 과반수의 의견에 의흠.

제55조 판사는 재판흠이 可혼 사항에 대후야 자기의견을 표시후기를 거절흠을 득지 못흠.

---

14) 법원이 소송당사자나 이해관계인에게 따져서 묻는 등 변론의 기회를 줌.

15) 잘잘못을 평가함.

附則

제56조 본법 제8조 지방재판소직원은 現今間은 지방관으로써 겸임케 홈을 득ᄒᆞ고 제14조 급 제21조에 載ᄒᆞᆫ 시험규정에 依치 아니ᄒᆞ고 現今間은 판사 검사를 임홈을 득홈.

제57조 본법 중 인천 기타 개항장 재판소 지방재판소 及 순회재판소에 관ᄒᆞᆫ 규정의 시행기간은 칙령으로써 追定ᄒᆞ리니 基 기한에 의ᄒᆞ기까지ᄂᆞᆫ 재판사건의 掌理를 구법에 의홈.

제58조 종래 재판사건을 장리ᄒᆞᆫ 諸 官部가 전조에 의ᄒᆞ야 본법의 규정을 시행ᄒᆞᄂᆞᆫ 각 재판소의 구역 내에 在ᄒᆞᆫ 자ᄂᆞᆫ 基 규정 시행일로 일체 基 기능을 失ᄒᆞ니 基 審理中 사건은 당해 재판소에 移安홈이 가홈.

제59조 소송규칙에 관ᄒᆞ야서ᄂᆞᆫ 추후에 소송법의 制定 반포가 유ᄒᆞ기까지 본법에 저촉지 아니ᄒᆞᆫ 범위 내에서 舊來規定을 적용홈.

제60조 본법에 규정ᄒᆞᆫ 재판소의 판사는 점차 成規試驗[16]을 經ᄒᆞᆫ 전임법관으로써 更任홈.

제61조 본령은 개국 504년 4월 1일부터 시행홈.

Ⅳ. 재판소구성법의 내용

1. 재판소구성법의 성립배경

1894년 6월 일본의 무력을 배경으로 한 갑오혁명의 주체들은 1895년 3월 25일 재판소구성법을 제정하였다. 갑오혁명은 국왕의 전통적인 인사권 · 재정권 · 군사권에 제약을 가하고, 궁중의 잡다한 부서들을 궁내부 산하로 통합하여 그 권한을 축소시키고, 종래 유명무실하였던 의정부를 중앙통치기구의 중추기관으로 만들었다. 중추기관 밑에 육조(六曹)[17]를 개편하여 내무 · 외무 · 탁지 · 군무 · 법무 · 학무 · 공무 · 농

16) 법률에 근거한 시험.

17) 조선에서는 태조 원년인 1392년 7월 정부관청을 이조(吏曹) · 호조(戶曹) · 예조(禮曹) · 병조(兵曹) · 형조(刑曹) · 공조(工曹)로 구분하여 설치하였다. 형조(刑曹)는 주로 국가의 형법 관련 업무를 관장

상 등 8아문을 분속시켜 그들 아문에 권력을 집중적으로 안배하였다.

이중에서 법무아문은 종래의 법조(法曹)에 속한 사항을 관할하였다. 그러나 종래 육조에서의 법조(法曹)는 원님재판 내지 규문적 재판이었지만, 법무아문은 재판소구성법을 통하여 종래의 원님재판을 탄핵적 재판으로 전환하게 되었다. 이와 함께 판사, 검사, 재판소 서기와 사법경찰관제도의 역할과 직제를 형성하게 되었다.

2. 원님재판에서 탄핵주의적 재판으로 발전

검사의 소추에 의하여 재판장인 판사에 의하여 재판을 진행하게 되었다. 이를 통하여 종래 원님재판에서 현대적인 탄핵주의적 재판제도로 환골탈퇴할 수 있게 되었다. 그러나 이는 이론적 차원에서 그렇다는 얘기이고, 실무에서는 조선인에 대한 처벌 강화와 식민지 정권의 유지에 기여하려는 데 주된 목적이 숨겨져 있음을 간과하지 말아야 할 것이다.

3. 판사 · 검사의 직책과 권한 등

재판소구성법 제5조에 따르면 재판소의 재판권은 판사에 있으며, 동법 제37조에 의하면 판사는 범죄 성질에 따라서 수사가 필요한 경우 스스로 수사하거나 혹은 다른 판사나 경찰관으로 조사하게끔 조사할 수 있도록 할 권한을 가졌다. 판사는 이뿐만 아니라 합의재판은 과반수의 의견에 의하여 유죄 여부를 선고할 수 있다. 게다가 재판소의 수반판사는 일반 판사, 서기 내지 정리를 감시할 권한을 갖고 있었다. 또한 개정(開廷) 중 질서유지는 재판장에게 속하였기 때문에 재판의 실질적 주재자는 판사임을 확실히 하였다.

검사의 경우 재판소구성법 제38조에 의하면 영장의 발송, 증거의 수집 내지 재판의 집행 기타 검찰의 사무를 시행하고, 교도소에 임검하여 부당하거나 무고하게 구

하였다. 1392년 설치 당시에는 수화(水火) · 도둑질[奸盜] · 살인[鬪殺] · 민사소송[詞訟] 등을 관장하였다. 1405년에는 율령이나 형법, 죄수와 노예, 안핵(按覈), 헌금(讞禁), 죄의 상세한 심의와 명예회복 등에 관한 일을 관장하도록 하였다. 『경국대전』에서는 법률, 재심, 재판, 노예 등에 관한 업무를 관장하도록 규정되었다.

류된 사건이 존재한 경우 사실관계의 유무를 주의 깊게 관찰하고 심문을 가급적 빨리 진행할 수 있도록 하였다. 특히 1896년 4월 15일 법부령 제2호로 제정된 검사직제는 검사의 직무를 다음과 같이 규정하고 있다. ① 범죄의 수색과 소추, ② 형사상 법률의 정당한 적용 감시, ③ 형벌과 그 부가형의 집행청구와 형집행의 임검검사, ④ 민사상 어리거나 부녀에 관한 소송, 실종자와 상속인 없는 유산에 관한 소송, 증서위조에 관한 소송에 입회 등의 임무를 행한다고, 적시하였다.[18] 이들 4가지 직무는 본질적인 변함 없이 오늘날까지 이어져 내려오고 있다. 따라서 검사의 핵심적 권한은 무엇보다 수사와 소추에 두고 있음을 알 수 있다.

재판소구성법은 이들뿐만 아니라, 재판소 서기와 정리를 두었고, 이들에 대한 신분을 법으로 규정하였다.

4. 제도 실행의 역부족

재판소구성법이 1895년 3월 시행되었음에도 불구하고 당시의 실정으로 재판소구성법이 현실적인 차원에서 구현되기 어렵다고 생각하여 부칙에서 이를 보완하였다. 예컨대 개정 재판소구성법 제8조의 지방재판소 직원은 당분간은 지방관으로써 겸임케 하고, 판사나 검사는 원래 사법관시험규칙에 의해 합격한 자 중에서 선발하도록 하였으나 당분간은 시험규정에 따라 선발하지 한고 임명하기로 하였다.

5. 공개재판과 합의부에서 합의원칙

재판소구성법 제46조에 의하면 민사나 형사소송은 일체 공개하고, 재판에 관해 일반인의 방청을 허용하고 있다는 점에서 밀실 · 비밀재판을 금지했다.

18) 이에 관해 자세한 것은 문준용, “한국검찰제도의 역사적 형성에 관한 연구”, 서울대학교 대학원 박사학위 논문, 2004, 97쪽 이하 참조.

V. 재판소구성법의 변천

재판소구성법은 이처럼 현대적 재판제도와 유사하게 정해졌으나, 지방에서는 재판소가 제대로 구성된 것은 아니었다. 즉 독립된 재판소로 구성된 것은 고등재판소, 지방재판소 중 한성재판소와 경기재판소뿐이었다. 더구나 순회재판소는 한 번도 개설되지 않았다. 한성 및 경기재판소를 제외한 나머지 지방재판소와 개항장재판소는 각 도의 감영(監營)과 개항장 감리서에 합설(合設)되었고, 특별법원은 필요할 때 고등재판소에서 임시로 개설되었다.

본법은 1899년 5월 30일 전면 개정되었다. 이는 1895년 법이 제정된 이후 지방행정제도가 개편되고, 개항장이 증설되었으며, 1898년 2월 독립 재판소인 한성재판소와 경기재판소가 각각 한성부와 경기도관찰부에 합설되는 등 많은 변화가 있었기 때문이다. 전문 66개조로 구성된 개정된 법의 골자는 다음과 같다.

① 고등재판소를 평리원으로 개편한 것이다. 전자는 한성지방재판소의 상소만을 담당했는데, 개편된 후자는 모든 지방과 개항시장재판소(개항장재판소의 개칭)의 재판에 대한 상소를 담당하는 2심 재판소였다.

② 당분간 지방재판소 및 개항시장재판소는 각 도관찰부와 개항시서(開港市署)에 설치하고 관찰사 및 감리가 판사를 겸임하게 하였다.

③ 순회재판소는 당장 설치하지 않기로 하였다.

1899년 개정법의 특징은 재판기관을 모두 지방행정기관에 합설하고 지방관이 판사를 겸임하게 하여, 사법권을 행정권으로부터 분리시키려 한 1895년에 제정된 법에서 후퇴한 점이다.

1905년 우리나라가 일제의 반식민지가 된 이후 1907년 12월 23일 다시 전면 개정되었다. 전문 39개조로 구성된 개정안의 골자는 다음과 같다.

① 재판소를 구(區) 재판소 · 지방재판소 · 공소원 · 대심원을 두도록 하고, 3심제도가 채택되었다. 단독제인 구재판소를 신설해 경미한 사건을 다루도록 하고, 기존의 지방재판소 · 개항시장재판소 · 한성부재판소를 지방재판소로 일원화해서 1심으로 구재판소가 관장하는 사건 이외를 합의심판하게 하며, 구재판소의 항소심을 담당하게 하였다. 종전의 평리원을 공소원으로 개편하여 지방재판소의 합의사건에 대한

2심을 담당하게 했으며, 3심으로 대심원을 신설해 공소원의 재판에 대해 상고를 관장하게 하였다.

② 각급법원에 소장 또는 원장을 두어 사법행정사무를 감독하게 하였다. 검사국과 그 장으로 검사장을 두었고, 대심원 검사국에는 검사총장을 두었다. 법원사무를 담당하는 서기과를 두었다.

③ 각급 법원에 재판부, 즉 민사부 · 형사부를 두었고, 부에는 부장을 두었다.

④ 왕족(王族)에게 특별대우를 위해 설치한 특별법원을 폐지하고, 그 소관사항을 대심원에게 관장하게 했으며, 왕족의 민사사건은 지방재판소에서 다루게 하여 왕실에 대한 특별한 대우를 감소시켰다.

이와 같은 개정으로 인해 사법은 표면적으로는 근대적인 제도를 완비한 것처럼 보였다. 내실에선 사법기구가 담당해야 할 자국주권과 자국민의 재산과 인권을 전혀 보호해 주지 못하고, 도리어 우리나라 침략을 위한 일제의 보조기구로 전락하고 있었다.

각지에서 항일투쟁을 전개한 의병들이 이 법에 의해 구성된 각급재판소에서 유죄판결을 받고 수난을 당한 것이 그것을 명백히 나타내 준다. 대표적으로 전봉준에 대한 재판에서도 그런 점이 뚜렷하게 목격된다. 1909년 7월 12일 일제에게 우리나라의 사법 및 감옥에 관한 사무가 약탈당한 뒤, 우리나라 정부에 사법기구가 없어지게 됨에 따라 1909년 10월 28일 이 법은 폐지되었다.

제2장

개정 검찰청법 · 형사소송법의 문제점

Ⅰ. 개정 검찰청법상 검사의 수사권 제한과 그 한계

> [개정 검찰청법]
>
> 제4조(검사의 직무)
>
> ① 검사는 공익의 대표자로서 다음 각 호의 직무와 권한이 있다.
>
> 1. 범죄수사, 공소의 제기 및 그 유지에 필요한 사항.
> 다만, 검사가 수사를 개시할 수 있는 범죄의 범위는 다음 각 목과 같다.
>
> **가. 부패범죄, 경제범죄 등 대통령령으로 정하는 중요 범죄**

1. 우리 헌법은 권력분립에 의한 견제와 균형을 통해서 사법권, 행정권과 입법권의 남용을 상호 방지할 수 있도록 함으로써 국민의 기본권 보장에 기여하고 있다.

2. 우리 헌법 제12조 제3항은 검사의 영장청구권을 인정하고 있다.[1] 즉 헌법은 체포 · 구속 · 압수 · 수색 등 강제처분 영역에서 국민의 기본권 보호 장치로 기능하는 검사의 영장청구권을 인정하고 있는 바, 이는 기본권 침해 우려가 있는 모든 수사과정에 검사의 관여를 전제로 하고 있다.

1) 검사의 영장청구권은 1961년 형사소송법 개정으로 도입된 이후 1962년 5차 개헌으로 헌법에 기본권 보호 장치로 도입되었다.

3. 검사제도의 목적은 형사사건에서 수사종결권을 통한 기소 여부를 평가 혹은 결정하는 것이 핵심적 역할이다. 여기서 수사종결권이라 함은 유죄의 여부를 평가하거나 판단한다는 점에서 정의실현에 목적을 두고 있는 사법권의 핵심적 영역이다.

4. 이러한 의미의 수사종결권은 기소 여부를 결정하는 규범적 평가기능을 갖고 있다. 왜냐하면 유 · 무죄의 개연성이 높음에도 불구하고 사법경찰에 의한 수사종결권행사는 결과적으로 검찰의 기소권을 적지 않게 방해할 수 있기 때문이다.

5. 게다가 수사개시를 한 경찰이 수사종결권까지 행사할 수 있도록 하는 것은 이른바 규문주의적 수사관에 입각하는 것으로서 경찰의 위법수사나 부당한 수사에 관한 통제장치가 마련되어 있지 않다. 이런 이유로 대부분의 대륙법계 국가에서는 사법경찰에 대한 수사에 대해 검찰의 통제나 지시 등을 받게 하고 있고, 이를 통해서 검찰의 통제를 받을 수 있는 탄핵주의적 수사방식을 채택하고 있다.

6. 그러므로 수사종결권의 행사를 사법부나 준사법기관이 아닌 경찰이 주도적으로 행사한다는 것은 권력분립의 원칙상 용납하기 어렵다. 왜냐하면 수사종결권은 결코 행정처분적 성격일 수 없으며, 경찰은 결코 규범적 평가기관이 아닐 뿐더러 사법기관이나 준사법기관에도 속하지 않기 때문이다. 이에 반해 검사는 타인의 기본권을 제한할 수 있는 '영장청구권'을 가지며, 이와 함께 객관의무를 부담하고 있다는 점에서 준사법적 기관임은 여론의 여지가 없다.

7. 헌법재판소 역시 우리 헌법은 준사법기관의 지위를 지니고 신분이 보장된 검사로 하여금 사법경찰관리의 수사에 대한 지휘와 감독을 맡게 함으로써 경찰 수사과정상의 인권침해에 대해 능동적으로 대처하도록 하고 있음을 명백히 하고 있다.[2]

8. 그럼에도 불구하고 검사에 대한 수사종결권 박탈이나 예외적 범죄에서만 검사가 수사를 할 수 있도록 제한하고 있는 것은 헌법상 보장된 권력분립의 원칙에 반

2) 헌재 2006헌바69 결정.

할 뿐만 아니라, 검찰 수사권의 행사에 관한 본질적 제한을 금지한 헌법 제37조 제2항 단서에 저촉될 수 있다.

9. 검사의 수사대상 범죄범위를 대통령령으로 정할 수 있도록 하는 것은 법령의 제정에 직·간접으로 영향을 미치는 고위공직자나 정치인에 대한 수사를 손쉽게 차단할 수 있다는 점에서 헌법 제11조에서 천명한 평등원칙에 위반될 수 있다.

Ⅱ. 수사개시 검사의 공소제기 관여 불가

> [개정 검찰청법]
> 제4조(검사의 직무)
> **② 검사는 자신이 수사 개시한 범죄에 대하여는 공소를 제기할 수 없다. 다만, 사법경찰관이 송치한 범죄에 대하여는 그러하지 아니하다.**(신설)

1. 개정 검찰청법 제4조 제2항의 검사직무범위에는 수사검사에 보고를 받고 결재를 한 검사가 포함되는지 여부 등 수사검사의 수사활동 범위가 불명확하다. 예컨대 수사착수 및 기소 여부를 회부하는 데 보고를 받은 검사장이나 검찰총장의 지휘·감독을 받는 다른 검사가 기소 여부를 결정해도 되는지에 대해 명확한 기준을 세우기가 어렵다.

2. 그 결과 이런 현상은 한편으로 피고인에게 매우 유리한 지위를 보장하는 결과를 초래할 수 있고, 다른 한편으로 범죄피해자에게는 지나치게 불리한 상황을 야기할 수 있다. 이와 같은 문제점은 공정·정의에 철저한 기반을 두어야 하는 형사사법의 근본원칙에 반한다.

3. 2012년 1월 1일부터 수사검사의 수사결과에 대한 책임감을 제고하기 위해 판결서에 공판관여검사와 '기소한 검사'의 성명을 기재(형사소송법 제40조 제3항)하도록 하고 있는 바, 수사검사와 기소검사가 분리되는 경우 책임소재가 불분명하게 되어

위 법률의 취지에 역행한다. 수사검사가 공소제기 여부를 결정하고, 또한 수사검사가 공판관여검사의 역할을 충분히 실현하기 위해서도 수사검사가 공판검사를 담당하는 것이 사법정의 실현에 더 큰 도움이 된다.

4. 검사 제도는 형사사건에 관해 수사종결권을 통하여 기소 여부를 결정하는 역할이 핵심인데, 법률로 검사의 수사종결권뿐만 아니라 공소제기권한을 제한하는 것은 검사 제도의 본질에 반한다.

5. 고위공직자범죄수사처 검사와 다른 법률에 의한 특별검사에게는 위 규정을 준용하지 않고 있는바, 검찰청 검사와 달리 이들을 특별히 취급할 불가피한 이유가 없다는 점에서 헌법 제11조의 평등권 원칙에 위배될 소지가 있음은 물론이다.

Ⅲ. 일부 송치사건 보완수사 범위 제한

> [개정 형사소송법]
> **제196조(검사의 수사) ② 검사는 제197조의3 제6항, 제198조의 제2항 및 제245조의7제2항에 따라 사법경찰관으로부터 송치 받은 사건에 관하여는 해당 사건과 동일성을 해치지 아니하는 범위 내에서 수사할 수 있다.**

1. 이의신청, 시정조치 미이행, 불법구금 의심으로 인한 송치사건에 대하여는 '동일성을 해치지 않는 범위 내'로 보완수사 범위를 제한하고 있다. 여기서 이의신청 사건은 사법경찰의 불송치결정에 대해 불복하는 사건이고, 시정조치 미이행 사건은 사법경찰 수사의 위법성이 의심되는 사건이며, 불법구금 의심사건은 신체에 대한 직접적 인권침해가 의심되는 사건이다.

2. 그러나 이들 사건이야말로 사법경찰 수사의 문제점이 의심되는 대표적인 경우로 검찰의 철저한 보완수사가 더욱 요구되는 분야임은 말할 필요가 없을 것이다.

3 그럼에도 불구하고 이들 사건에 대하여만 동일성을 해치지 아니하는 범위 내에서만 보완수사를 할 수 있도록 차별할 합리적 이유가 전혀 없어 보인다.

4. 해당 사건의 동일성이라는 개념은 명확하고 확정된 개념이 아니며, 형사소송법상 논란이 되고 있다. 이와 같은 불명확한 '해당 사건과 동일성'이라는 요건 하에서만 수사를 개시할 수 있다면 검사가 실체적 진실을 밝히기 위해 열심히 수집한 증거들은 동일성에 일부만 관여되어도 위법수집증거가 될 수 있어 무죄가 선고되는 결과를 초래할 수 있다. 다시 말해 동일성 기준을 엄격히 하면 할수록 범죄만 존재하고, 범죄자는 없는 경우가 적잖게 발생할 수 있는 바, 이것이 형사사법의 정의인지 매우 의심스럽다.

제3장

2019년 한국에서 살인사건에 관한 분석

Ⅰ. 1998년 이후의 사형집행 유예와 최근 10년간 살인사건의 추이

1. 서 문

김대중 정부가 들어선 1998년부터 2021년 현재까지 우리나라에서 사형집행을 유보하고 있다. 국제사면위원회는 10년 동안 사형집행을 하지 않는 국가들을 실질적 사형제폐지국으로 분류하고 있으며, 지난 23년간 집행을 보류한 우리나라 또한 여기에 속한다. 사형제도 존치론의 주된 논거는 살인사건과 같은 강력범죄를 예방하는 데 사형제도가 결정적 역할을 한다고 우긴다. 그러나 지난 23년 동안 사형집행을 하지 않았지만, 살인사건이 대폭 감소하는 추세에 있음을 볼 수 있다. 이는 사형제도 존치론의 주장이 실무상 근거가 없음을 명백하게 보여주는 셈이다.

이하는 우리나라에서 최근 10년 동안(2010년~2019년) 살인사건의 추이를 살피고 있는 검찰청의 범죄분석 자료를 여기에 옮겨본다.

2. 살인범죄의 발생건수 및 발생비율 추이(2010년~2019년)

연도	살인(전체)			살인(기수)		살인(미수)	
	발생건수	발생비율	증감률	발생건수	발생비율	발생건수	발생비율
2010	1,262	2.5	-	438	0.9	824	1.6
2011	1,221	2.4	-3.7	410	0.8	811	1.6
2012	1,022	2.0	-19.7	402	0.8	620	1.2
2013	959	1.9	-24.9	348	0.7	611	1.2
2014	938	1.8	-26.8	366	0.7	572	1.1
2015	958	1.9	-25.6	359	0.7	599	1.2
2016	948	1.8	-26.6	344	0.7	604	1.2
2017	858	1.7	-33.7	287	0.6	571	1.1
2018	849	1.6	-34.4	326	0.6	523	1.0
2019	847	1.6	-34.6	323	0.6	524	1.0

2019년 살인범죄의 발생건수는 847건, 인구 10만명당 1.6건의 범죄가 발생하였다. 살인범죄의 발생비는 2018년 대비 0.3%(0.005건) 감소하였으며, 지난 10년 동안 34.6%(0.9건) 감소하였다. 지난 10년간 연도별 살인범죄의 발생비 추이를 살펴보면, 2010년부터 지속적으로 감소하였다.

살인범죄에는 실제 피해자가 사망한 사건 이외에도 미수, 예비, 음모, 방조 등과 같은 유형을 모두 포함하고 있다. 이러한 점을 고려하여 살인범죄를 기수범죄와 미수 등의 범죄로 나누어 살펴보면, 2019년에는 전체 847건 중 살인기수범죄가 323건(38.1%)이며, 나머지 524건(61.9%)은 살인 미수 등의 범죄인 것으로 나타나 실제 피해자가 사망한 사건의 비율은 40% 미만이었다.

살인 기수범죄의 발생비는 2010년 0.9건이었으나 지속적으로 감소하여 2019년에는 0.6건으로 나타났다. 살인 미수 등 범죄의 발생비는 인구 10만명 당 2010년 1.6건에서 지속적으로 감소하였다.

Ⅱ. 2019년 살인사건 현황[1)]

1. 범죄유형

2019년에는 총 847건의 살인범죄가 발생하였다. 이 중에서 일반 살인범죄가 733건으로 86.5%를 차지하고 있으며, 존속살해 65건(7.7%), 자살교사와 방조 38건(4.5%), 영아살해 8건(0.9%) 그리고 촉탁살인 3건(0.4%)이 발생하였다.

2. 범죄발생시간

살인범죄가 가장 많이 발생하는 시간대는 밤(20:00~03:59, 35.5%)이었으며, 그 다음으로는 오후(12:00~17:59, 27.9%), 오전(09:00~11:59, 12.4%) 등의 순이었다.

3. 피해자의 성(性)과 연령

살인범죄 피해자의 56.8%는 남자였으며, 43.2%는 여성이다.

살인범죄 피해자의 70.7%가 41세 이상의 연령층이다.

남성피해자는 41세~50세가 104건으로 가장 많고, 그 다음은 51세~60세 순이다.

여성피해자는 61세 이상이 84건으로 가장 많았으며, 그 다음은 51세~60세 순이다.

15세 이하의 피해자가 발생한 건수는 남성아동 7건, 여성아동은 19건으로 여성아동이 남성아동에 비하여 높게 나타났으며, 피해비율은 여성아동이 5.8%로 남성아동에 비하여 4.2%p 높게 나타났다.

---

1) 검찰청의 범죄분석 최근 10년간의 사형제도에 관한 통계file:///C:/Users/user/AppData/ Local/Temp/Temp2_2020_02._10%EB%85%84_%EB%8F%99%EC%95%88_%EB%B2%94%EC%A3%84%EB%B0%9C%EC%83%9D_%EB%B0%8F_%EB%B2%94%EC%A3%84%EC%9E%90_%ED%8A%B9%EC%84%B1_%EC%B6%94%EC%9D%B4.zip/2020_02.%2010%EB%85%84%20%EB%8F%99%EC%95%88%20%EB%B2%94%EC%A3%84%EB%B0%9C%EC%83%9D%20%EB%B0%8F%20%EB%B2%94%EC%A3%84%EC%9E%90%20%ED%8A%B9%EC%84%B1%20%EC%B6%94%EC%9D%B4.pdf 참조.

4. 신체피해 정도

살인범죄로 인해 피해자가 사망한 경우는 283건으로 전체의 36.3%였다.

살인범죄에서 피해자가 사망한 경우가 36.3%의 비율을 보인 것은 살인범죄에 살인미수, 살인예비, 살인음모, 살인방조가 포함되었기 때문이다.

살인범죄로 인해 상해를 입은 경우는 245건(31.5%), 신체피해를 입지 않은 경우는 251건(32.2%)이었다.

4-1. 살인범죄 피해자의 신체피해 정도

사망 36.3%, 상해 31.5%, 피해 무 32.2%

5. 범죄자와 피해자의 관계

살인범죄 범죄자와 피해자의 관계를 살펴보면, 전체의 23.4%가 타인인 것으로 나타났다. 타인 외의 관계에서는, 친족관계인 경우가 전체의 27.1%로 가장 많았고, 그 다음이 이웃/지인(18.0%), 애인(7.5%), 친구/직장동료(5.8%) 등의 순이었다.

6. 범죄자의 성(性)과 연령

검거된 살인범죄 범죄자의 83.1%가 남성이었으며, 여성은 16.9%로 나타났다. 남성범죄자는 51세~60세 연령층이 27.5%로 가장 많았고, 그 다음은 41세~50세, 61세 이상, 31세~40세 순이었다.

여성범죄자는 31세~40세, 51~60세 연령층이 각각 22.1%로 가장 많았으며, 그 다음은 41세~50세, 19세~30세 순이었다.

여성범죄자의 40세 이하 비율은 45.5%로 같은 연령대의 남성범죄자(30.9%)에 비하여 상대적으로 높은 반면에, 남성범죄자는 여성범죄자에 비해 41세 이상의 비율이 상대적으로 높았다.

7. 범죄자의 전과

검거된 살인범죄 범죄자의 45.0%가 벌금형 이상의 전과가 있는 것으로 나타났다. 전과가 없는 초범인 범죄자는 21.2%이며, 전과가 미상인 범죄자는 33.8%로 나타났다.

8. 범죄자의 범행 시 정신상태

검거된 살인범죄 범죄자의 49.6%가 범행 당시 정신상태가 정상이었다. 42.5%는 주취상태였으며, 7.9%는 정신장애가 있는 것으로 나타났다.

여성범죄자 중 정신장애가 있는 비율은 13.6%로 남성범죄자(6.9%)에 비하여 높게 나타났으며, 남성범죄자 중 주취상태에서 살인범죄를 저지른 비율은 46.0%로 여성범죄자(22.3%)에 비하여 높게 나타났다.

제4장

2020년 사형제도(국제사면위원회) 보고서

번역: 동아대학교 법학전문대학원 명예교수 허일태

1. 전체개요

우리가 함께하면 모든 곳에서 사형을 종식시킬 수 있다는 것을 압니다. 전 세계의 다양한 국가는 매일 다양한 범죄에 대한 형벌로 사람들을 처형하고 심지어 사형을 선고합니다. 사형선고의 범죄에 대해 일부 국가는 그 대상을 마약 관련 범죄에 대한 것일 수 있으며, 다른 국가에서는 테러 관련 행위 및 살인의 경우로 한정하고 있습니다.

일부 국가에서는 범행 당시 18세 미만인 미성년자를 처형하고, 다른 국가에서는 정신 및 지적 장애가 있는 사람에게까지 사형을 집행하고 있습니다. 일부 국가에서는 국제법과 기준을 명백히 위반하는 불공정한 재판을 통해 사형을 선고하기도 합니다. 사형수들은 집행할 때가 되었는지, 가족을 마지막으로 볼 수 있을지도 모른 채 몇 년을 사형수로 보낸 경우도 적지 않습니다.

사형은 궁극적으로 잔인하고 비인간적이며, 굴욕적인 형벌입니다. 앰네스티(Amnesty)는 기소된 사람, 범죄의 성격이나 상황, 유죄 또는 무죄, 사형 집행방법에 관계없이 모든 경우에 예외 없이 사형을 반대합니다.

국제앰네스티(International Amnesty)는 사형이 인권, 특히 생명권과 고문이나 잔혹하고 비인간적이거나 굴욕적인 대우나 처벌을 받지 않고 살 권리를 침해한다고 주장합니다. 이들 권리는 1948년 UN에서 채택된 세계인권선언에 따라 보호되어야 합니다. 그 이후 국제사회는 다음을 포함하여 사형집행을 금지하는 여러 문서를 채택했습니다.

- 사형제도 폐지를 목표로 하는 시민적 및 정치적 권리에 관한 국제규약의 두번째 선택의정서.
- 인권 및 기본적 자유의 보호에 관한 사형 폐지에 관한 제6 추가의정서[1] 및 모

든 상황에서의 사형 폐지에 관한 유럽인권협약 제13차 의정서.

- 사형 폐지를 위한 미주인권협약 추가의정서.[2)]

국제법에서는 사형의 사용을 고의적인 살인을 의미하는 가장 중대한 범죄로 제한해야 한다고 명시하고 있으며, 앰네스티는 사형이 결코 답이 될 수 없다고 믿습니다.

"사형은 폭력문화의 징표이지 해결책이 아닙니다."

2. 집행방법

- **참수**
- **감전사**
- **교수형**
- **독극물 주사**
- **총살**

3. 청소년범 사형

국제인권법은 18세 미만의 범죄에 대해 사형을 집행하는 것을 금지하고 있지만, 일부 국가는 여전히 사형을 선고하고 청소년 사형수를 집형하고 있습니다. 이러한 사형집행은 매년 국제앰네스티가 기록하는 총 사형집행 건수에 비하면 상대적으로 적은 수입니다.

그러나 그 중요성은 그 수를 넘어 국제법을 존중하겠다고 했던 집행국가의 약속에 의문을 제기합니다.

1990년 이래 국제앰네스티는 중국, 콩고민주공화국, 이란, 나이지리아, 파키스탄, 사우디아라비아, 남수단, 수단, 미국과 예멘 등 10개국에서 범죄 당시 18세 미만인 사람들을 최소 152명 이상 처형했습니다. 특히 이란은 범행 당시 18세 미만인 사람들을 다른 9개국을 합친 것보다 2배 이상 더 많이 처형했습니다. 왜냐하면 이란은

1) 제1조 사형의 폐지: 사형은 폐지되어야 한다. 어느 누구도 사형선고를 받지 아니하며, 집행당하지도 아니한다.

2) 이에 관해서는 정인섭 편역, 『국제인권조약집』, 경인문화사(2008), 647쪽 이하 참조.

1990년 이후 최소 102명을 처형한 것으로 밝혀졌기 때문입니다.

4. 사형집행의 대부분은 어디에서 이루어지나요?

2020년 가장 많이 알려진 사형집행은 중국, 이란, 이집트, 이라크, 사우디아라비아 순입니다.

중국은 여전히 세계에서 제일 많은 사형집행 국가이지만, 이 데이터를 국가기밀로 분류하기 때문에 중국에서 사형이 실제로 얼마나 집행되는지를 알 수 없습니다. 2020년에 기록된 최소 483명의 수치에는 중국에서 집행된 것으로 추정되는 수천 건의 사형 집행이 제외된 것입니다.

중국을 제외하고 보고된 모든 사형집행 중 88%가 이란, 이집트, 이라크, 사우디아라비아 등 4개국에서만 발생했습니다.

5. 연간 사형집행

국제앰네스티는 2020년에 18개국에서 최소 483건의 사형이 집행된 것으로 파악했습니다. 이는 2019년(최소 657건)보다 26% 감소한 것입니다. 이 수치는 국제앰네스티가 최소 10년 동안 기록한 가장 낮은 사형집행 건수를 나타냅니다. 이 수치는 중국의 경우를 제외한 것입니다.

6. 연간 사형선고

국제앰네스티는 2020년의 경우 54개국에서 최소 1,477건의 사형선고를 발표했는데, 이는 2019년에 보고된 총 2,307건에서 36% 감소한 것입니다.

7. 사형제도 폐지이유

사형은 사형수의 생명을 되돌릴 수 없으며, 실수가 발생합니다. 사형은 궁극적이고 돌이킬 수 없는 형벌입니다. 무고한 사람에 대한 처형할 위험은 결코 제거할 수 없습니다. 예컨대 미국의 경우 1973년 이래로 사형수인 수감자들 중에 나중에 184명 이상이 무죄를 이유로 무죄 또는 석방되었습니다. 적지 않은 사형수가 자신의 죄에 대한 무죄를 주장하거나 심각한 의심에도 불구하고 처형되었습니다.

사형은 범죄를 억제하지 않습니다. 사형을 집행하는 국가는 일반적으로 사형을 범죄 억제수단으로 파악합니다. 이 주장은 아무런 신빙성이 없었으며, 사형이 종신형보다 범죄를 줄이는 데 더 효과적이라는 증거도 전혀 없습니다.

편향된 사법 시스템 내에서 자주 남용됩니다. 국제앰네스티가 파악하고 있는 많은 사건에서 고문으로 불법적인 증거와 법적 대리인의 무능력으로 매우 불공정한 재판에서 유죄판결을 받게 되고, 이들이 처형되고 있습니다. 일부 국가에서는 사형이 특정 범죄에 대한 필요적 형벌로 부과되는데, 이는 판사가 선고 전에 범죄 또는 피고인의 특별한 상황을 전혀 고려할 수 없음을 의미합니다.

차별적입니다. 사형의 무게는 불리한 사회경제적 배경을 가진 사람들이나 인종, 민족 또는 종교적 소수자들에 대해 불균형적으로 지고 있습니다. 예컨대 법적 대리인에 대한 접근이 제한되거나 형사 사법의 보호가 약한 곳에서 더 큰 불이익을 받는 것으로 나타납니다.

정치적 수단으로 이용되고 있습니다. 이란과 수단과 같은 일부 국가는 정치적 반대자를 처벌하기 위해 사형 제도를 사용합니다.

8. 사형을 폐지하기 위해 앰네스티(Amnesty)는 무엇을 하고 있습니까?

40년 동안 앰네스티는 전 세계에서 사형 폐지를 위한 캠페인을 벌여 왔습니다. 앰네스티는 궁극적인 잔인하고 비인간적이며 굴욕적인 처벌을 계속 사용하는 정부를 폭로하고 책임을 묻기 위해 모든 국가에서 이를 사용하는 것을 모니터링합니다. 매년 보고서를 발간하여 국가별 수치를 보고하고 동향을 분석하고 있습니다. 앰네스티의 최신 보고서인 2020년 사형 및 사형집행은 2021년 4월에 발표되었습니다.

사형제도에 반대하는 조직은 아프리카, 아시아 태평양, 아메리카, 유럽 및 중앙아시아 지역에서 사형제도 폐지의 옹호 및 캠페인 기반 프로젝트를 포함하여 다양한 형태를 취합니다. 유엔 총회에서 사형집행 중단에 대한 결의의 성공적인 채택을 지원하는 것을 포함하여 사형집행에 대한 국내 및 국제 표준 강화, 그리고 집행이 임박한 사건에 압력을 가합니다. 우리는 또한 국가, 지역 및 세계 수준에서 노예폐지 운동의 행동을 지원합니다.

앰네스티가 1977년에 활동을 시작했을 때 사형을 완전히 폐지한 국가는 16개국에 불과했습니다. 오늘날 그 숫자는 109개로 증가했으며, 이는 전 세계 국가의 절반 이상입니다. 3분의 2 이상이 법률이나 관행에서 폐지론자입니다.

9. 사형 선고 및 집형(2011-2020): 2021년 4월 현재

① 2011년: 절대적 사형제도 폐지국가 96개국
상대적 사형제도 폐지국가 9개국
실질적 사형제도 폐지국가 36개국
사형제도 존치국가 58개국
중국 제외 534명 집행

② 2012년: 절대적 사형제도 폐지국가 97개국
상대적 사형제도 폐지국가 9개국
실질적 사형제도 폐지국가 35개국
사형제도 존치국가 58개국
중국 제외 680명 집행

③ 2013년: 절대적 사형제도 폐지국가 97개국
상대적 사형제도 폐지국가 9개국
실질적 사형제도 폐지국가 35개국
사형제도 존치국가 58개국
중국 제외 682명 집행

④ 2014년: 절대적 사형제도 폐지국가 98개국
상대적 사형제도 폐지국가 7개국
실질적 사형제도 폐지국가 35개국

사형제도 존치국가 58개국

중국 제외 607명 집행

⑤ 2015년: 절대적 사형제도 폐지국가 102개국

상대적 사형제도 폐지국가 6개국

실질적 사형제도 폐지국가 32개국

사형제도 존치국가 58개국

중국 제외 1634명 집행

⑥ 2016년: 절대적 사형제도 폐지국가 104개국

상대적 사형제도 폐지국가 7개국

실질적 사형제도 폐지국가 33개국

사형제도 존치국가 57개국

중국 제외 1032명 집행

⑦ 2017년: 절대적 사형제도 폐지국가 106개국

상대적 사형제도 폐지국가 7개국

실질적 사형제도 폐지국가 29개국

사형제도 존치국가 56개국

중국 제외 993명 집행

⑧ 2018년: 절대적 사형제도 폐지국가 106개국

상대적 사형제도 폐지국가 8개국

실질적 사형제도 폐지국가 28개국

사형제도 존치국가 56개국

중국 제외 690명 집행

⑨ 2019년: 절대적 사형제도 폐지국가 106개국

상대적 사형제도 폐지국가 8개국

실질적 사형제도 폐지국가 28개국

사형제도 존치국가 56개국

중국 제외 657명 집행

⑩ 2020년: 절대적 사형제도 폐지국가 109개국
상대적 사형제도 폐지국가 8개국
실질적 사형제도 폐지국가 28개국
사형제도 존치국가 55개국
중국 제외 483명 집행

10. 미국에서 사형집행

▶ 17년 만에 미국연방의 집행을 재개한 것은 사형제도에 내재된 독단성과 잔인성을 부각시켰다.

▶ **콜로라도는 미국의 22번째 사형폐지 주가 되었다.**
오하이오는 모든 사형집행을 2년간 유예하였다.

2020년 **사형집행**: 5**개 주와 연방에서** 17**명**

앨라배마(1명)	조지아(1명)
미주리(1명)	테네시(1명)
텍사스(3명)	미국 연방(10명)

2020년 **사형선고**: 7**개 주에서** 18**명**

애리조나(1명)	캘리포니아(5명)
플로리다(7명)	미시시피(1명)
오하이오(1명)	오클라호마(1명)
텍사스(2명)	

2020년 미국 사형집행은 거의 30년 만에 최저치(17명)에 도달했다(1991년 14명). 2019년(22명, 23% 감소) 대비 5명, 2018년(25명, 32% 감소) 대비 8명 감소했다. 이 기록적인 수치는 두 가지 대조적인 발전의 산물이다.

한편으로 트럼프 행정부는 2020년 7월 연방정부 차원의 사형집행 재개를 승인하고 추진했다. 결국 5.5개월 동안 10명이 사형에 처해졌다. 연방 차원에서 3건의 사형집행이 이루어졌다. 이는 거의 전례가 없는 사건이다. 왜냐하면 지난 17년 동안 연방 차원에서 사형집행이 없었기 때문이다. 40년 전에는 18명의 수준에 도달한 경우도 있었지만 이번 10건의 사형집행은 6개월 이내에 진행되었고, 게다가 이 10건의 사형집행도 연방정부에 의해 이루어져 전국적으로 절반 이상을 차지했다.

연방정부에 의한 사형집행의 급증은 다른 한편으로 일부 주에서 집행유예(또는 영장 집행 지연)의 도입으로 인해 국가적인 균형을 이루었다. 이는 Covid-19 대유행의 결과로 인한 것이다.

미국 정부 사형정보센터의 수치에 따르면, 2020년 1년 동안 미국의 법원에 의해 사형집행 허용 날짜(62일)와 유예기간(19일)은 전반적으로 예년수치(2019년의 경우 집행허용 날자[65일]와 유예기간[24일])와 비슷하지만 약간 줄어들었다. 특히 주정부 차원에서 청구된 집행할 수 있는 기한이 전년에 비해 4분의 1(49일) 가까이 줄어들었다. 2020년에 허가된 6개의 사법적 면책 조항은 특히 Covid-19 전염병을 언급했다. 예년에 비해 2020년에 사형집행일을 갖게 된 주는 3개 주로 줄었는데, 대유행병의 심각한 영향을 받은 플로리다는 2007년 이후 처음으로 사형집행 없이 한 해를 마감했다.

제5장

한국에서 법학교육의 정비

- 특히 법학전문대학원의 도입과 추진현황 -

제6회 동아시아 법철학세미나 2006년 3월 26-27일 대만대학교 법률대학

한국, 동아대학교 법과대학 허일태

Ⅰ. 도입배경

한국에는 93개 대학교에서 법과대학 혹은 법학과가 설치되어 있고, 법학전임교수는 약 1,000여명에 이른다. 대륙법을 핵심으로 삼고 있는 한국 법체계 때문에 법과대학생은 법학이론을 중심으로 소정의 절차와 방법으로 4년간 배우고, 法學士 자격을 취득하여 졸업한다. 한국에서는 법학사 취득만으로 法曹人이 될 수 없다. 법조인의 자격을 취득하기 위해서는 국가 차원에서 관리 · 시행하는 사법시험에 응시해야 하고, 1,000등 안에 들어야 한다.

그런데 사법시험응시자격자는 법학사 학위취득과 관계없이 전공 불문이며, 법학과 학생뿐만 아니라 경제학, 공학, 의학 등을 전공하는 학생들을 비롯하여 학력에 관계없이 어느 누구도 응시할 수 있고, 또한 응시하고 있다. 그 결과 사법시험 응시자가 매년 3만명을 넘고, 이 중에서 1,000명 내외를 뽑으니, 합격하기란 여간 쉽지 않다. 그 결과 사법시험의 대비에 특화되어 있는 사법시험전용 학원이 인기를 끌며, 법학과 학생조차 학교수업의 청강보다 사법고시학원에 다니면서 사법시험 준비에 매달리게 된다.

더욱이 이들이 사법시험에 합격하게 되면 해당 대학에서 이들의 졸업자격을 인정하고 있는 현실 때문에, 한국에서 사법시험제도는 법과대학의 법학교육을 황폐화시키는 결정적 역할을 하게 되었다. 사법시험의 합격은 로또에 당첨된 것과 같은 실질적 효과를 얻기 때문에 수많은 고시준비생들은 사법시험 합격을 위해 오랫동안 목매이게 된다. 많은 젊은이기 합격도 못하고 청춘을 낭비하며, 가족의 희생을 야기하는 고시낭인으로 전락하는 신세로 되고 있다.

계다가 한국은 일제치하의 식민지국가로 있었기 때문에 그 성격상 불법국가를 오랜 기간 체험하였으며, 일제로부터 해방된 이후에도 이승만 독재정권과 박정희와 전두환 군사정권에 의한 억압정치로 인해 반세기 동안이나 자유민주체제가 심각한 위협을 받았다.

이런 기간 동안 극히 소수의 정치인, 법조인, 신부와 목사 그리고 양심 있는 학자들만이 독재와 권위주의 정권에 맞서 항거하였을 뿐이었다. 양심을 가졌던 적지 않은 사람들은 아무 말 없이 숨죽이고 있었다.

그러나 법과대학에서 공정과 정의감에 관한 훈련과 습득은 무시되었기 때문에 정의감에 불타야 할 법조인조차도 상당수가 그런 정권들 밑에서 정권유지에 크게 기여하기도 하였다.

1992년 선거에서 김영삼 씨가 대통령에 당선되면서 종래의 권위주의적 시대의 정권을 부역하였거나 시녀화되었던 일부 법조인의 구태를 청소할 필요성이 제기되었다. 이와 함께 법조인의 양성을 소수의 엘리트 위주의 선발시험에서 양질의 법조인의 양성을 해야 한다는 의견이 힘을 얻게 되었다. 이러한 움직임은 일평생을 자유민주주의의 실현에 몸 받쳐 온 김대중 씨가 1997년 선거에서 대통령에 당선되자 가속도가 붙게 되었었다. 그러나 불행히도 국회에서 여당인 민주당이 다수의 한나라당에 비해 소수당의 한계 때문에 법조인 양성의 개혁도, 사법개혁 전반에 대한 혁신적 개혁을 실행하지 못하였다. 2003년부터 대통령이 된 현재의 노무현 정권이 들어서고, 여당이 국회를 장악하자 노 대통령은 대법원과 손잡고 사법개혁 전반에 걸쳐 대대적인 개혁을 추진하고 있으며, 그것 중의 하나가 법학전문대학원의 도입 추진이다.

한국은 1960년대의 경우 세계적으로 낙후된 빈곤국가의 상황에서 이제는 이를 상당 부분 극복하여 수출입 규모가 전세계의 11위 내외를 차지하는 국가로 성장하였고, 국내총생산고도 6,800억 달러에 달하고 있다. 또한 1인당 국민소득도 15,000달러가 넘으며, 법률분쟁사건의 시장규모도 연간 50억 달러 이상(訟務領域과 非訟務領域 포함)이나 되었다.

그럼에도 불구하고 법조 전문인력은 선진국에 비해 턱없이 부족한 실정이다. 2002년 기준으로 한국의 법조인수는 총 8,238명에 불과하고, 법조인 1인당 담당하는 국민은 5,783명이나 된다. 이에 반해 선진국의 법조인 1인당 국민의 수는 미국 266명, 영국 557명, 프랑스 1,509명 등이다. 이런 점을 살펴볼 때, 외국의 주요 선진국에 비해 한국의 법조인의 숫자가 근본적으로 부족한 것임을 알 수 있다. 지금 추세대로 매년 1,000명의 신규 법조인이 탄생하더라도 2010년에는 법조인 숫자가 16,000명가량 늘어 법조인 1인당 국민의 수는 3,100여명으로 줄어들게 되고, 2020년에는 2,200여명이 된다. 그러나 이는 여전히 미국이과 영국의 수준뿐만 아니라 프랑스의 현 수준에도 못 미친다.[1)]

Ⅱ. 法曹養成制度의 改革目的

이와 같은 배경에서 추진된 법학교육의 개혁은 다음과 같은 4개의 목적을 실현하고자 하였다. 즉 첫째로 司法의 民主化, 둘째로 司法 Service의 擴大, 셋째로 韓國 法曹의 國際競爭力 擴大, 넷째로 法學敎育의 正常化와 考試浪人化의 克服이다.[2)]

1. 司法의 民主化와 法曹人의 養成

한국사회가 권위주의적 체제를 극복하는 과정에서 지향된 관점은 무엇보다 자유민주주의이다. 자유민주주의의 목적은 각 개인의 기본적 인권을 보장하여, 자신의

---

1) 법원이나 검찰에서 일정 기간과 일정 직급 이상의 자에 대해서는 법무사의 자격을 주어 왔던 관행과 더불어 최근에도 해마다 시험에 의해 법무사를 선발하고 있고, 부동산거래에 관련해서는 이른바 공인중개사제도를 두어 1년에 많게는 1만명 이상이 공인중개사자격을 취득하여 변호사의 전문영역이라고 할 수 있는 법적 분쟁이나 법적 분쟁의 소지가 야기되는 문제에 대해 지속적으로 침범하고 있다.

2) 이에 관해 자세한 문헌으로는 한상희, “법학전문대학원 도입 논의의 의미와 방향”, 『법학전문대학원, 어디까지 왔나?』(미발표 논문), 1-42쪽, 특히 5쪽 이하 참조. 사법개혁위원회도 이와 매우 유사하게 ① 국민의 기대에 부응하는 양질의 법무 서비스 제공, ② 문제 해결을 위한 전문적 능력 향상, ③ 법률시장 개방 대처, ④ 법률가의 국제경쟁력 강화 등을 법학전문대학원 도입의 목적으로 설정하고 있다.

능력을 최대한 발휘할 수 있는 사회형성에 두고 있으므로, 국가의 존립목적은 각 개인의 존엄성 보장을 위한 수단에 불과하고, 국가 자체가 보호의 최종목적이 될 수 없음은 너무도 자명한 인식이었다. 이러한 관점에서 한국의 法曹와 司法이 지난날의 권위주의적 통치자를 위한 侍女化와 종속적 역할에 대한 종지부를 찍고, 이의 극복은 당면 과제가 되었고, 이를 위해 사법의 운용주체인 법조인은 인간사회에 대한 폭넓고 올바른 인식을 갖춘, 즉 시민사회의 법감정과 정의의 이념을 법체계로 전달할 수 있는 시민의 대표자로서의 법조인을 양성할 수 있는 시스템 개발이 무엇보다 요청되었다. 즉 시민의 편에서 올바른 법을 만들고, 적용하며, 집행하는 法曹人像이 요구되었다.

바로 이 때문에 재판에 대한 한국의 사법개혁은 시민이 재판에 참여할 수 있는 배심제 형식의 법원을 설치하는 방향으로 향하게 하여 재판의 인적 민주화를 촉진하고, 공판중심제의 재판을 활성화함으로써 이른바 조서재판의 폐단을 극복하려고 노력하고 있다. 수사의 대상이 되는 피의자의 이익을 위해 피의자신문 시에 변호인의 참여를 전면 허용하고, 변호인을 둘 수 없는 형편에 있는 피의자를 위해 국선변호인을 매우 폭넓게 인정하는 방향으로 입법이 진행되고 있다. 또한 피의자신문 시에 작성되었던 조서에 대해 증거능력을 엄격히 제한하고, 영상녹음·녹화물에 대한 증거는 임의성이 충분히 담보되고, 特信狀態가 존재하면 증거능력을 인정하려는 입장이다.

법조양성개혁도 지금까지 국가에 의해 설정되어 왔던 국가주도적 법관념을 시민사회에 투입하는 法官僚的 法曹人이 아니라, 시민사회의 다양한 욕구를 수렴하고 조정하는, 그래서 시민사회의 올바른 질서를 형성해 나갈 수 있는 시민사회의 대표자로서 법조인을 양성하고자 하는 것이다.

2. 사법서비스의 質的·量的 擴大

사법시험에 의한 법조인의 자격 부여는 시민사회의 요청을 무시하는 법조인상을 추구하는 것이 된다. 왜냐하면 시민사회의 법률가는 다양한 생활관계를 법률적으로 재구성하고, 이를 국가의 법체계 내에 편입시키는 작업을 사건의뢰자와 시민의 신뢰를 바탕으로 공정하고 객관적으로 실현할 수 있는 전문법조인의 능력을 갖추어야 하기 때문이다. 이러한 전문법조인이 되기 위해서는 단 한번만의 사법시험에 의해 선발되어질 수 있는 것이 아니라, 그런 능력 있는 법률전문가로 교육과 법률경험을 통하여 양성되어져야 한다.

따라서 한국에서 법학전문대학원을 도입하려는 것도 한편으로 종래의 선발시험에 의한 법조인이 가져다 주는 폐단을 극복하고, 시민사회의 다양한 요청을 만족시킬 수 있는 능력 있는 전문법조인을 양성할 수 있는 시스템으로 전환하여 사법의 민주화를 가져오려고 하는 데에 있다. 다른 한편으로 전문법률가를 양성하는 시스템에서는 법조인의 선발을 시험에 의하지 않고 교육에 의하기 때문에, 자연스럽게 많은 수의 전문법조인을 양성할 수 있게 된다. 이처럼 법학전문대학원에 의한 전문법조인의 양성은 지금까지 법률 전반에 대해 상식적 지식에만 의지했던 종래의 법조인 시대의 종언을 고하게 한다.

한국에서 변호사로 개업하는 광고 형태를 보면, 대다수 변호사들이 자기 자신을 민사, 형사, 가사, 행정, 특허, 상사 등 거의 모든 법률분야에서 전문가인 것처럼 과대 포장하는 것을 쉽게 볼 수 있다. 모든 법률적 사안에 대해 자칭 전문가라는 주장은 실제 있어서 그 어느 것도 전문가일 수 없다. 사법시험의 합격 여부가 정상적인 대학수업을 충실히 받으면 합격할 수 있는 수준을 요구할 뿐이지, 그보다 더 전문적인 법률적 지혜를 결코 요구하지 않기 때문이다.

이런 점에서 법학전문대학원의 설립이 실현되고 양질의 전문법조인을 다수 양성할 수 있는 시스템을 갖추게 된다면, 다양한 분야의 전문가라고 외치는 사이비 법률전문가를 배척하고 시민사회가 요구하는 특정 분야에 특화하는 전문법조인을 탄생케 할 수 있고, 이를 통해서 국제거래, 선박, 반도체, 자동차, 도산, 조세, 해상보험 등 특정 분야에 특화된 법조인의 양성이 두드러지게 될 것이다.

3. 韓國法曹人의 국제경쟁력 강화

오늘날 세계경제질서를 지배하고 있는 신자유주의의 경향은 모든 경제가 객관적이고 공정성 및 보편성을 가지는 법질서에 의하여 규율될 것을 요청하고 있다. 이에 더하여 세계경제를 주도하고 있는 미국은 자국법의 역외적용 등을 통하여 새로운 세계질서를 구축하고 있으며, 미국 경제에 상당 부분 의존하고 있는 대부분의 국가들은 국민국가 주권에 의거한 단일국가법으로 미국에 대항할 수 없게 되는 경우가 적지 않게 되었다. 게다가 우루과이 라운드라든지 OECD에 의한 법률서비스 시장의 개방화가 불가피하게 되었고, 이들 모두가 세계적으로 보편적인 법의 적용을 요청하고 있는 실정이 되었다.

문제는 수많은 법률의 국제화와 보편화 및 영미법화가 점차 심화될 것이라는 점이다. 한국도 이젠 선진국의 대열에 합류하려는 지점에 다가섰으며, 우리가 세계경제질서에 적극적으로 편입될수록 법률의 국제화현상은 더욱 심화될 것이다. 이는 한국의 경제와 사회가 오직 시장원리에 의하여 보편적인 세계질서 속에서 외국의 법조인과 경쟁하게 되며, 그에 적응해 나갈 것을 요청하는 것을 의미한다.

이런 상황에서 한국은 대내적으로는 법조인의 경쟁력을 강화하고, 대외적으로는 법조인을 중심으로 국가의 경쟁력을 확보하기 위한 특단의 조처를 법학전문대학원의 도입에서 찾고 있다.

한국의 법률시장 규모가 송무영역보다 점차 비송무영역으로 확대가 심화되고 있는 현실에서 국내 변호사의 국제경쟁력 확보는 무엇보다 중요하다. 예를 들어 보자. 미국에는 2,500명 이상을 고용하는 대형 로펌이 5개나 된다. 2,500명 이상의 전문법조인으로 구성된 미국 로펌의 경우 한국의 주도산업인 반도체, 조선, 철강, 자동차의 핵심사업자와 대상품목에 대해 고도의 법률전문가를 얼마든지 둘 수 있다. 따라서 한국의 철강제품이나 반도체가 미국 시장에서 미국 산업에 영향을 미칠 수 있게 되면, 미국은 이들 한국 제품에 대한 숙련된 전문가들이 존재하기 때문에, 한국 측과 협상하고 계약을 체결할 때 훨씬 유리한 상황에 있음은 당연지사다. 사정이 이렇다면 국내기업도 국내 변호사 또는 국내 법률회사를 제치고 외국의 유명 법률회사와 계약을 체결하는 식으로 전환하게 될 것이다. 다시 말해 국내 변호사도 국제경쟁력을 갖추지 못하면 도태될 수 있음을 의미하며, 이는 법률서비스의 세계화(globalization of legal service)가 도래되었을 의미한다.

이런 점에서 한국기업이나 국가의 이익을 보편적 법원리에 따라 대변하고 보호할 수 있는 국제적 경쟁력 있는 법조인, 특히 양질의 변호사의 대량 양성은 국가경쟁력 확보의 매우 중요한 관건이 되는 것이다.

4. 法學教育의 正常化와 考試浪人化의 克服

오늘날 법체계에 관해 크게는 영미법체계와 대륙법체계가 존재하고 있는바, 우리는 어느 법체계가 훨씬 좋다는 편견을 버려야 한다. 양 체계마다 고유한 장점과 단점이 있기 마련이다. 오늘날 한국 법체계의 근본은 영미법이라기보다는 대륙법의 체계에 가깝다. 대륙법계는 성문법의 법전을 중심으로 하고, 성문법상의 전문적 용어와 이론체계를 중시한다.

영미법계 하의 국가에서 법학교육은 어떤 유형의 사건에 대해 지금까지 축적된 판례가 전통적으로 어떤 입장을 따르며, 그 근거는 무엇인가를 공부하는 데 반해, 대륙법계에 의한 법학교육은 법률행위의 주체는 누구이며, 왜 그가 주체가 되어야 하는지, 행위객체는 무엇이고, 그 행위객체에 대하여 행위주체들 사이에 어떤 법률행위나 사실행위가 존재하여 그로부터 어떤 법률효과를 갖는지를 핵심내용으로 삼고 있다. 바로 이런 점에서 대륙법계의 법학은 하나의 큰 체계 하에서 이론적으로 규명해야 하는 문제를 갖고 있는데, 이를 해결하기 위해 체계와 이론에 대해 정통한 교수가 학생들에게 실정법을 대상으로 법률체계와 이론에 관한 교육을 통해 훈련시킨다.

한국 법조인은 법학교육을 통해 양성되는 것이 아니라, 사법시험의 합격 여부로 결정되어 교육의 절차가 무시되고, 법학을 강의실에서 체계적으로 듣는 학생이 자꾸만 줄어드는 기형적인 교육 풍토가 조성되면서 법학교육 자체가 황폐화하게 되었다. 이처럼 법학교육의 황폐화를 막기 위해 한편으로 시험에 의한 법조인력의 선발이 아니라, 교육에 의한 법조인의 양성을 목적으로 하는 미국식 법학전문대학원의 모델을 선호할 수밖에 없는 환경에 처하게 되었다. 다른 한편으로 종래의 사법시험은 考試浪人化를 초래하는 데 한 몫 하였다. 한국에서 법과대학에 들어가려면 통상 고등학교 성적이 우수한 학생들인데, 이들 법과대학생들은 법과대학의 수업이 사법시험 합격의 지름길이 아님을 알자마자 사법시험 조기합격을 위해 학교수업을 그만두고 이른바 신림동 고시촌에 모여든다. 더욱이 사법시험 합격은 한국에서 최고의 명예와 풍족한 삶에 대한 평생 보장을 거의 담보하기 때문에 20대 초반부터 고시에 매달린 유능한 젊은이들 중 상당수가 30대나 40대까지가 되어도 사법시험을 붙잡고 늘어진다. 70-80%가 실패하기 마련인 이들 실패한 고시생을 한국에서 고시낭인이라고 부른다. 유능한 젊은이들을 유용한 산업역군으로 활용될 수 없게 만든 이런 현상을 철폐하기 위해서도 법조인을 시험에 의해서가 아니라 교육을 통하여 양성하여야 한다는 목소리가 클 수밖에 없다.

5. 敎育方法의 改善

실정법에 대한 수업을 통하여 법조인으로서 가져야 할 전문능력과 가치 함양에 대한 교육이 함께 실시되어야 하는데, 현재 한국의 법과대학에서 주로 시행되고 있는 강의중심의 수업방법, 즉 주입식 강의방법이기 때문에 이의 극복이 시급하게 요구된다. 이를 극복하기 위해 미국 로스쿨 등에서 이용되고 있는 '소크라테스식의 강의'를 통하여 이론, 실무, 가치교육의 일체화를 통한 수업을 실행할 필요가 있다. 여기서 소크라테스식의 강의라는 것은 '변호사처럼 생각하는 방식'으로 교수와 학생이 강의에 임하고 응답하라는 것이다.

또한 강의실을 중심으로 하는 지금까지의 법학수업, 즉 주로 주입식 위주의 교육방식을 극복하고, 판례연구와 모의재판 및 현장실무를 통하여 법조인에게 요구되는 기술 및 가치교육을 받을 수 있도록 하자는 것이다. 그렇게 함으로써 학생들은 실무에 적용될 수 있는 문제의 사안을 명백히 할 수 있고, 이에 대한 적용 법조문과 해석 등에 의한 문제 해결을 가능하게 할 수 있기 때문이다.[3]

Ⅲ. 法學專門大學院 設立基準에 관한 사법제도개혁추진위원회안[4]

교육방향과 교과과정, 법학전문대학원의 설치·운영 등이 핵심 주제가 될 수 있으나, 이는 각 법학전문대학원에서 추진하고 있는 내용이 상이하기 때문에, 여기서는 법학전문대학원의 설립기준을 중심으로 간단하게 요약하고자 한다.

---

3) 법학전문대학원에서의 강의과목과 내용에 관해서는 류전철, "한국의 법학전문대학원 운영방안", 『법학전문대학원의 효율적 운영방안 모색』(미발표 논문집), 70쪽 이하 참조.

4) 사법제도개혁추진위원회는 사법개혁위원회의 2004년 12월 31자의 건의문을 충실히 이행하는 한계를 갖고 있다. 이 건의문에 대한 자세한 것은 사법개혁위원회 자료집(VII), 255-259쪽 참조.

1. 설치인가 신청자격

법학교육에 필요한 기준을 충족하는 대학은 자유롭게 신청할 수 있도록 하고 있다. 대학원 대학에 신청자격을 허용할 것인지에 대해 논란이 있으나, 대학원 대학은 고등교육법상 독립된 대학으로서 특정 분야의 전문인력 양성이라는 교육목적을 감안할 때, 일반 대학과 차별을 두는 것은 불합리하고, 대학원 대학이 우수한 교수진 확보와 특성화된 교육과정 개발 등을 통하여 일반 대학보다 질 높은 교육을 할 가능성을 배제할 수 없기 때문에 신청 자체를 금지할 수 없을 것이다.

연합형태의 법학전문대학원 설치를 신청하는 경우, 사법제도개혁추진위원회는 부정적으로 보고 있다.

2. 설치인가

법학전문대학원은 일정한 설립기준을 충족하고 인가를 받은 대학에 한하여 설립하되, 법학전문대학원을 설립하는 대학은 법학사 학위 취득과정(법과대학, 법학과)을 폐지하여야 한다. 따라서 법학전문대학원을 설립하려면 기존에 존치하고 있는 법학과 내지 법과대학을 없애야 하며, 동일 대학교 다른 학과나 다른 단과대학으로 보내는 것으로 족하지 않다. 그 이유는 법학과를 병렬적으로 존치하게 되면 법학전문대학원의 설치요건인 인적·물적 요건을 완벽하게 준수하기 어렵고, 이는 종래의 잘못된 법학교육에 대한 반성적 고려에서 출발한 법학전문대학원의 설립취지에 반하며, 결과적으로 법학교육의 내실화를 기하려는 데 두기 때문이다.

3. 법학교육위원회

공정한 법학전문대학원의 설립인가를 공정하게 심사하고 이를 통하여 질 높은 법학교육을 담보하며, 심사의 신뢰성을 제고하기 위하여 교육인적자원부 산하에 법학교육위원회를 두기로 하였다.

여기서의 기능은 첫째로 법학전문대학원의 설치인가 신청에 대한 평가 및 심의, 둘째로 법학전문대학원의 세부설치인가 심사기준, 셋째로 법학전문대학원의 수와 개별 법학전문대학원의 정원의 조정에 관한 심의, 넷째로 법학전문대학원의 폐지 및 변경인가 신청에 대한 심의, 다섯째로 그 밖에 법조인 양성 및 법학교육에 관하여 교육인적자원부장관이 부의하는 사항을 결정한다.

교육인적자원부 산하에 두게 될 법학교육위원회는 교육인적자원부 장관, 법무부 장관, 법원행정처 처장, 대한변호사협회 회장, 한국교수회 회장 등 5명으로 구성된다.

4. 입학정원

사법개혁위원회는 국가인력의 효율적 운용을 위하여 법학전문대학원의 총 입학정원을 적정 수준으로 제한할 필요가 있다고 하면서, 법조인력의 수습 상황을 고려하여 적정수준으로 유지하다는 입장을 밝혔다. 사법개혁제도추진위원회도 이와 같은 입장에서 전혀 탈피하지 못하고 있다. 다만 법학전문대학원 입학정원을 150명 이하로 강제하고, 법학전문대학원의 수도 가능하면 소수로 한정하고자 하는 경향을 보이고 있다.

이와 관련하여 한국의 변호사협회는 법학전문대학원의 입학생을 1,200명 선으로 한정하여야 한다는 입장이다. 그 이유는 한국의 법률시장(송무사건)이 10억 달러 수준인데, 너무 많이 배출되면 법조인의 수준이 떨어져서 사법정의실현에 걸림돌이 되고, 변호사들도 생계를 유지해야 하는데 그 적정수준의 생활을 담보할 수 없기 때문이란다.

이에 반해 시민단체와 법과대학 교수단체는 한국에서 법학전문대학원의 입학생 수는 법률시장의 자율에 맡겨야 되며, 제한한다 하더라도 최소한 2,000명 이상이 되어야 한다는 것이다. 그 이유는 다음과 같다.[5)]

“법학전문대학원 제도는 현행 제도의 문제점을 해결하고 21세기의 요청에 부응할 수 있는 ‘새로운 법률가’를 양성하기 위한 ‘개혁’으로서 추진되고 있고, 이 제도의

5) 2005년 5월 전국법과대학 학장협의회, 한국 법학교수회, 법학교육개혁을 위한 전국교수연합에서 내린 결론이다.

성패는 ‘충실한 법학교육’을 담보해 낼 수 있는가의 여부에 달려 있다. 그런데 ‘충실한 법학교육’은 ‘통제와 관리’에 의해서가 아니라 ‘자율과 경쟁’ 속에서만 확보될 수 있으며, 법학전문대학원 제도는 대학들이 공정한 경쟁 속에서 최대한 자발적인 노력을 발휘할 수 있도록 구성되어야 한다.

그런데 사법제도개혁추진위원회가, 법학전문대학원의 총 입학정원을 법원·법무부·대한변협과 협의하여 가능하면 현재의 사법시험 합격자의 수에 근접한 1,200명 수준에서 정하려고 하는 것은, 변호사의 대폭 증원을 바라는 국민의 여망을 저버리고 법조의 직역 이익을 옹호하는 것으로서 지나친 것이다. 법조계로부터 사전에 미리 정해진 총 1,200명 입학정원의 범위 내에서 법률가 양성의 ‘특허’를 부여받고 지속적으로 감독받는 5~6개의 극소수 법학전문대학원 체제는 ‘개혁’이 아니라 ‘개악’인 것이다. 즉 정원제 사법시험 제도의 폐해는 정원제 입학시험 제도 속에서 확대재생산되고, 국제경쟁력의 확보는 전 세계에 전례가 없는 ‘독과점의 온실’ 속에서 공염불이 될 것이며, 한걸음 더 나아가 우리 사회의 가장 큰 병폐 중의 하나인 학벌주의를 법조계에서 더욱 심화시킬 것이기 때문이다.”[6)]

5. 교 원

사법개혁위원회의 건의내용에 따르면, 충분한 수의 전임교수가 확보되어야 하고, 최소 교원의 수가 20인 이상이어야 하며, 전임교수 대비 학생 비율이 1대 15인 이하여야 한다는 의견이 다수였다. 이보다 엄격하게 제한하자는 입장에서는 전임교수 최소 25인 이상, 전임교수 대 학생비율이 적어도 1대 12인 이하로 정하는 것이 바람직하다는 소수의견도 있었다.

문제는 법학교육의 내실화를 기하기 위하여 교수요원의 확보는 가장 중요한 기반이다. 확보하여야 할 교원의 수는 효과적인 법학교육, 현실적인 달성 가능성 및 설립신청 남발 등을 고려하여 적정하게 결정되어야 함은 물론이다. 이런 점에서 현재 사법제도개혁추진위원회의 입장에 따르면 학생정원의 규모와 관계없이 최소한 20

---

6) 로스쿨 도입목적에 반하여 로스쿨 입학학생의 정원을 극도로 제한하려는 발상에 대한 비판에 관해서는 박종보, “국민, 법률시장과 로스쿨”, 『법학전문대학원 제도도입방안에 관한 공청회 자료』, 168쪽 이하 참조.

명의 전임교원을 두도록 하였으며, 전임교원 대비 학생을 1대 12 이하로 되어야 한다는 것이다. 또한 다양한 전문분야의 교과목 개설과 실무교육 강화를 위하여 다양한 분야의 법조인을 겸임교원으로 활용할 수 있도록 해야 함은 물론이다.

법학전문대학을 제대로 운영하기 위해 자체적인 자금조달이 필수적이다. 교수 1인당 담당하는 학생의 인원을 적게 할수록 재정의 문제가 야기되며, 또한 등록금도 늘어날 수밖에 없게 된다. 이런 점을 감안하면 교수 1인당 학생 15명의 수준이 적합해 보인다.

전임교원의 교수시간은 매 학년도 30주(학기 기준으로 15주)를 기준으로 매주 6시간을 원칙으로 하되, 학칙으로 다르게 정할 수 있도록 하였다. 이는 현행 고등교육법 시행령에 의한 교수시간이 매주 9시간인 점을 감안하면, 3시간 적은 것으로, 이는 내실 있는 수업을 위해서 충분한 준비가 필요하다는 점을 고려한 것이다.

저가 봉직한 동아대학교는 법과대학 교수가 현재 전임교수 27명, 겸임교수 8명으로 구성되어 있으며, 전임교원 중 법조인 출신 교수가 8명이다. 올 가을에 8명의 교수를 초빙할 예정이어서 2006년 3월 1일이면 총 35명의 전임교수와 8명의 겸임교수로 구성되게 된다. 동아대학교는 법학전문대학원의 입학생을 매년 100명으로 한정하고자 한다는 입장에 있기 때문에, 이미 법학전문대학원에서 요구하는 교수요원을 충족하고 남는다.

6. 物的 施設

법학전문대학원의 교육은 강의 외에도 토론식 수업, 세미나식 수업과 첨단기술을 이용한 수업이 요구되고 모의재판, 법률상담 등 실무수습도 불가피하기 때문에, 이에 적합한 시설기준이 요구된다. 이에 따라 법학전문대학원은 그 목적에 비추어 충분한 교육효과를 거둘 수 있도록 법학전문도서관, 모의 법정, 정보화시설 등 전문교육을 위한 시설을 갖추도록 요구하고 있으며, 그 밖에도 법학전문도서관의 운영을 위한 충분한 장서와 시설 및 인원을 갖추어야 함을 정하고 있다.

제가 재직하고 있는 동아대학교 법과대학은 현재 5만 8천권의 법학전문장서와 280명 수용의 열람실을 둔 법학전문도서관을 두고 있다. 그러나 2007년까지 총 10

만권의 법학전문장서와 열람실 이외에 별도의 개인용 300개의 독서대를 설치하여 24시간 이용할 수 있도록 할 예정이다.

또한 저의 동아대학교의 법과대학은 종전에 고등법원 건물로 사용한 것을 법학전문대학원 설립을 위해 구입한 건물이며, 총 3,600평 규모(11,000㎡)이다. 이 건물 옆에 종래의 부산변호사협회 사무실로 사용했던 총 450평 규모(1,350㎡)의 부속건물이 있다. 이 부속건물을 포함할 때 35개의 교수 개인연구실과 종합연구교실 5개가 있다. 그 밖에도 대회의실 2개와 중소회의실 내지 세미나실이 4개, 50명에서 80명 수용할 수 있는 강의실이 10개 있다. 종전에 법원에서 실무상 사용하였던 법정(法廷) 2개를 보유하여 학생들이 이곳에서 민·형사 실무용 실습실로 사용할 수 있도록 되어 있다. 정보화시설도 이미 갖추어, 정보교육시설과 정보이용시설도 충분히 이용될 수 있게 설치되어 있다. 국제해상·보험법연구소 1개와 공법교실, 민사법교실, 형사법교실, 상사법교실, 사회법교실을 두어, 각 교실 단위에서 유사한 전공교수의 공동연구와 학술행사를 공동으로 개최할 수 있게 하고 있다.

7. 財政狀態 및 奬學金制度

사법제도개혁추진위원회의 법률 안에 따르면, "대학원은 장학금제도 등 학생에 대한 경제적 지원방안을 마련하여야 한다. 대학원을 설치한 대학은 대학원 운영에 충분한 재정을 확보하여야 하고, 대학원의 발전을 도모할 수 있는 장·단기 지원계획을 마련하여야 한다."고 명시하고 있다.

이는 경제적 약자가 법조인으로 진출하는 데 장애를 없애기 위해 설립인가요건으로서 학교의 재정 상태와 장학금제도 등을 인가대상에 포함시킨 것이다. 물론 필요·충분한 인적, 물적 여건을 갖추어 충실한 교육이 이루어질 수 있도록 하기 위해서는 건전한 재정적 뒤받침이 마련되어야 한다.

저희 동아대학교에서는 이를 위해 첫째로 장학기금 100억원(약 8,000만 위안)을 모금하기로 하여, 법과대학장인 제가 2,000만원(16만 위안)을 기금으로 약정하여 이미 1천만원을 납부하였고, 나머지 1천만원은 내년에 납부할 예정이다. 다른 교수님들도 최소 500만원(4만 위안) 이상을 약정하였다. 동아대학교 총동문회도 이에 동참하기로 하였고, 7월 한 달 동안 총 10억원(800만 위안)을 모금하였다. 이렇게 모인 기금을 통하여 입학생 중 일부는 전액 장학금으로 일부는 부분 장학금으로 법학전문대학원을 졸업할 수 있도록 할 예정이다.

둘째로 동아대학교 법학전문대학원에 입학하는 학생 모두에게 장기 저리 융자를 실시할 예정이다. 학생들이 졸업 후에 갚도록 하는 방안을 마련 중이다.

8. 入學者 選拔

법학전문대학원은 학사학위 과정에서 충분한 지식과 교양을 쌓은 자를 대상으로 전문적인 법학교육을 실시하여야 한다는 점에서 입학지원자는 학사학위 소지자이거나 또는 법령에 의하여 동등 이상의 학력이 있다고 인정된 자로 국한하고 있다. 입학전형 심사는 해당 법학전문대학원이 자율적으로 시행하되, 객관성과 공정성이 담보될 수 있도록 해야 한다는 것도 명시하고 있다.

입학전형에서 학사과정의 성적, 적성시험 성적을 반영하며 어학능력, 사회봉사활동과 봉사경력 등을 반영할 수 있도록 해야 할 것이다. 그 밖에도 사회적 약자를 보호하고 다양한 법조인을 확보하기 위하여 장애인 등에 대해 특별전형을 실시할 수 있도록 방안을 마련하고 있다.

특히 다양한 전공자들이 입학할 수 있도록 대학원은 전체 입학자의 3분의 1 이상은 반드시 법학 외의 분야의 학사학위 소지자로 선발하여야 한다는 것이다. 그리고 법학전문대학원이 설치된 당해 대학 외의 출신자가 전체 입학생 중에서 차지하는 비율이 3분의 1 이상이 되도록 함으로써 한국에서 매우 중시되는 학연을 가능한 근절하려고 하고 있다.

9. 수업연한 및 이수학점

수업연한을 6학기(3년)로 한다. 왜냐하면 법학 외의 전공자도 법학전문대학원에 입학하여 충실한 법학교육을 받을 수 있기 위해서는 최소한 3년 이상(6학기 이상)이 되어야 하며, 미국과 일본도 역시 3년으로 하고 있기 때문이다. 일본의 경우처럼 학사과정의 법학과를 졸업한 경우 법학전문대학원의 수업연한을 단축할 수 있느냐에 대한 논란은 별로 없다. 왜냐하면 법학전문대학원의 교육과정은 학사학위 과정의 교육과 내용 및 방법론에서 차이가 있고, 시험이 아닌 교육을 통한 법조인 양성이라는 취지를 감안할 때, 교육기관에 관하여 통일적인 기준이 필요하기 때문이다.

법조인으로서 능력과 자질을 평가함에 있어 법학전문대학원에서의 학업성과가 기준이 될 것이며, 법학전문대학원에서 객관적 기준에 의한 엄정한 평가가 필요하다. 이를 위해 학업평가기준과 평가결과를 적정한 방법으로 공개하여 온정주의적 학사운영을 방지하여야 할 것이다.

10. 學 位

법학전문대학원은 고등교육법의 전문대학원으로서 석사학위과정은 순수한 학술연구를 목적으로 하는 것이 아니라 전문적 법조인 양성을 목적으로 하므로, 전문법학석사학위를 수여하는 것이 적합하다.

석사과정 외에 박사과정을 설치할 수 있도록 하고, 이를 이수한 자에 대해 전문법학박사학위를 수여하되, 필요하면 대학이 자율적으로 학술학위도 수여할 수 있도록 한다.

11. 辯護士試驗

변호사시험은 법률가로서의 기본소양 및 자질을 평가하는 시험으로 법학전문대학원의 교육과정을 충실하게 이수한 경우 비교적 어렵지 않게 합격할 수 있는 시험이 되도록 한다는 것이 정부의 안이다. 법학전문대학원 졸업생의 70~80%를 합격시켰으면 한다.

이에 대한 구체적인 후속조치는 올 연말까지 나올 것으로 보인다.

Ⅳ. 法學專門大學院 設立 細部推進 日程

구분	추진사항	세부일정	비고
1단계 기본계획 수립 2005. 1. - 2005. 9.	▲ 법률안 마련 -초안 마련(추진단) -공청회 -법률안 상정(위원회) -국회상정 ▲ 설립인가 시행령 -초안 마련(추진단) -공청회 -법령안 상정(위원회) -국무회의 상정 ▲ 소요예산 검토	2005. 9월까지 2005. 4 2005. 5 2005. 6 2005. 9 2005. 9월까지 2005. 4 2005. 5 2005. 6 2005. 9 2005. 12월까지	
2단계 설립인가 2005.10. - 2006.12.	▲ 법학교육위원회구성 ▲ 인가심사세부기준 ▲ 전체입학정원 확정 ▲ 인가 -인가신청접수와 심사 -인가확정 ▲ 적성시험시행방안 ▲ 변호사시험 도입 안	2005. 10 2005. 11 2005. 12 2006. 10월까지 2006. 3-2006. 6 2006. 7-2006. 10 2006-2007 2006	
3단계 운영기반조성 2007. 1-2008.	▲ 입학적성시험 준비 ▲ 대학별교육과정개발 ▲ 사후인증평가기관 설치준비	2007 2007-2008 2007-2008	

Ⅴ. 結論과 代案

한국에서 법학전문대학원의 추진이 종래의 잘못된 법학교육과 사법시험제도에 대한 반성적 고려에서 출발한 것이라면, 법학대학원 설립의 취지도 이런 점을 충분히 살려서 잘못된 과거를 극복하고, 경쟁력 있는 전문법조인의 양성에 충실한 법학교육방식의 법학전문대학원을 추진해야 한다. 그런데 사법제도개혁추진위원회의 법률안에 따르면 다음과 같은 근본적인 문제점에 봉착한다.

첫째로 연간 법조인 배출수와 법학전문대학원의 입학정원을 극도로 제한하고 있다. 이는 결국 대학을 법학전문대학원 입학을 위한 고시학원으로 전락할 수 있게 하며, 법조인 충원에서 엄청난 차질을 불러일으킬 수 있다.

둘째로 법학전문대학원의 설립요건을 필요·충분하게 충족했다고 하더라도 인가를 하지 않을 수도 있기 때문에, 결국 국가는 변호사자격판매사업권을 소수 특정 대학교에 특혜 분양할 수 있게 하고 있다. 이는 개혁의 취지에 반하며, 인가를 받기 위해 수단방법을 가리지 않을 한국의 정서상 각종 비리와 재정위기를 초래케 할 것이다.

셋째로 법학전문대학으로 전환하지 않는 대학에서의 법학교육에 대해 아무런 대안을 내놓지 않고 있다. 법학교육은 법치국가와 준법정신을 함양하는 일등공신이고, 이는 인권국가로 지향해야 하는 국가에서 무시할 수 없는 사항이란 점에서 잘못되어도 크게 잘못된 것이다. 다수가 교육받아야 할 종래의 법과대학에 대한 활성화 대책도 없이 소수의 법학전문대학원에 의한 소수의 법조인 배출을 위한 법학교육 개혁은 무늬만 개혁이지, 사실상 개악에 불과한 것이다.

따라서 법제도개혁위원회는 종래의 문제된 법학교육을 정상화시키고, 교육에 의한 법조인 양성을 제대로 실현시키려면, 무엇보다 법학전문대학원의 설립요건을 목표 달성에 걸맞도록 엄격하게 정하고, 그런 요건을 충족한 대학에는 법학전문대학원의 설립을 인가하며, 법조인의 배출과 법학전문대학원의 입학생의 제한을 두지 말고, 법학전문대학원의 교육성과와 운영에 관한 사후평가 시스템을 철저히 갖추고, 법학전문대학원을 설치하지 않은 대학의 법학교육을 활성화하는 방안을 충실히 마련하여야 할 것이다.

『첨부 문건』

동아대대학교 법학전문대학원 커리큘럼 및 이수요강 시안

동아대학교 법과대학 허일태 작성

2006년 2월 16일 작성

Ⅰ. 수료요건

1. **수업연한과 학기**: 3년, 6학기
2. **수료의 필수이수과목**(총 94학점 이상)
   1) 필수 12과목: 32학점
      (1) 법률기본연습 7과목: 22학점
      (2) 실무기본 5과목: 10학점
   2) 선택 과목: 62학점 이상 취득
3. **수강등록 학점**

매 학기당 18학점까지 수강과 학점취득 가능, 졸업 시까지 108**학점** 수강 가능.

4. **전공의 심화과정 중 한 분야 이상에서 각 20학점 이상 이수**: **권장사항**

전공심화는 심화 선택과정을 크게 6개 군(민사법무, 형사법무, 기업법무, 공법 법무, 사회법무, 국제법무)으로 구별하고, 이 중에서 학생들은 관심영역 전반이나 특수분야에서 전문화를 꾀할 수 있도록 하여야 함.

5. **1인 1기의 전문화 능력의 필수화**

학교당국은 각 원생마다 자신의 고유한 전문화분야를 갈고 닦을 수 있는 인적·물적 지원 등 시스템을 개발하여 두어야 함. 예컨대 세법, 환경관련법, 국제거래관련법, 지적재산권관련법, 인권관련법, IT관련법, 가족관련법, 노동법, 중국법, 일본법, 공익관련법, 해사관련법, 기업관련법, 범죄대책관련법, 의료관련법 등의 하나 이상에서 특화되어야 졸업이 가능하도록 함.

Ⅱ. 수강신청자의 과목이수 단계와 전제

1. 특정 연습과목을 필수로 하고, 이를 이수할 수 있기 위해서는 내부적으로 아래의 표와 같은 기초과목과 방식의 이수를 전제로 한다.

2. 일부 기수자에 대해서는 기초과목의 이수 없이 특정연습과목을 이수할 수 있도록 한다.

헌법 4학점 → * 헌법연습 3학점 → | 공법종합연습 2학점
행정법 3학점 → * 행정법 연습 3학점 → |

민법 I 3학점 → | |
민법 II 3학점 → | * 민법연습 4학점 → |
민법 III 3학점 → | | 민사법종합연습 2학점
상법 3학점 → * 상법연습 3학점 → |
민사소송법 3학점 → * 민사소송법연습 3학점 → |

형법 4학점 → * 형법연습 3학점 → | 형사법종합연습 2학점
형사소송법 3학점 → * 형사소송법연습 3학점 → |
* 는 필수과목을 뜻함

3. 과목이 3학점인 경우, 수업단위는 각 90분씩 두 번으로 구분하여 강의한다. 또한 학점과 주당수업시간의 관계는 탄력적으로 운용한다.

Ⅲ. 개설과목(총 150과목)

1. 필수과목

1) 법률기본필수과목(필수 7과목: 22학점)

* 헌법연습: 3학점 * 행정법연습: 3학점

* 민법연습: 4학점
* 형법연습: 3학점
* 상법연습: 3학점
* 민사소송법연습: 3학점
* 형사소송법연습: 3학점

2) **실무기본필수과목**(**필수 5과목**: 10**학점**)

* 법조윤리: 2학점
* 법률정보 조사방법: 2학점
* 법문서 작성법: 2학점
* 모의재판: 2학점
* Externship: 2학점

2. **선택과목**(62**학점 취득**)

1) **전공기초선택과목**(5**과목 이상 선택**: 10**학점 이상**)

헌법: 4학점
민법 I: 3학점
민법 II: 3학점
민법 III: 3학점
형법: 4학점
상법: 3학점
행정법: 3학점
민사소송법: 3학점
형사소송법: 3학점
민사법종합연습 2학점
공법종합연습 2학점
형사법종합연습 2학점
법제사: 2학점
법철학: 2학점
법학방법론: 2학점
사법제도론: 2학점
영문법문서작성법: 2학점

2) **전공심화선택과목**(23**과목 이상**: 46**학점**)

(1) **민사법무**

가족법: 2학점
가족법연습: 2학점
소비자보호관련법: 2학점
신탁 · 공탁법: 2학점
파산법: 2학점
부동산법무: 2학점
의료과오와 법: 2학점
민사집행법: 2학점
민사특별소송: 2학점
미국 불법행위법: 2학점

미국 계약법: 2학점
민사변호실무: 2학점
세미나: 여성과 법 2학점
세미나: 손해배상과 법정책 2학점

(2) **공법법무**

선거법: 2학점
정당법: 2학점
헌법판례연습: 2학점
미국헌법: 2학점
비교헌법: 2학점
입법론: 2학점
언론관계법: 2학점
국제인권법: 2학점
행정구제법: 2학점
정분쟁특별강의: 2학점
공무원법: 2학점
경찰법: 2학점
정보공개론: 2학점
지방자치법: 2학점
식품의약법: 2학점
토지공법: 2학점
환경법: 2학점
환경법연습: 2학점
재정법: 2학점
조세법: 3학점
조세법연습: 2학점
소비자보호법: 2학점
공법소송변호실무: 2학점
세미나: 기본적 인권 2학점
세미나: 공공정책과 법 2학점
세미나: 조세정책 2학점
세미나: 헌법정신과 실정법의 위헌성 2학점

(3) **형사법무**

형벌론: 2학점
경제형법: 2학점
수사법: 2학점
형사증거법: 2학점
형사정책: 2학점
소년법: 2학점
범죄학: 2학점
국제형사법: 2학점
법의학: 2학점
행형법: 2학점
독일형법: 2학점
영미형사법: 2학점
의료형법: 2학점
교통형법: 2학점
환경형법: 2학점
과학수사: 2학점

피해자법학: 2학점
형사변호실무: 2학점
세미나: 신종범죄론 2학점
세미나: 민사사건의 형사화 2학점
세미나: 조직폭력범 2학점
세미나: 생명윤리 2학점

(4) **상사법무**

기업금융론: 2학점
기업구조조정: 2학점
자본시장법: 2학점
보험계약법: 2학점
보험분쟁론: 2학점
유가증권법: 2학점
기업회계법무: 2학점
독점금지법: 2학점
상사결제법: 2학점
상사중재법: 2학점
전자상거래법: 2학점
지적재산법: 2학점
지적재산법연습: 2학점
경매법: 2학점
미국 증권법: 2학점
국제운송법: 2학점
해상보험법: 2학점
신용장실무: 2학점
해상법실무: 2학점
무역클레임법실무: 2학점
해양수산법: 2학점
세미나: 국제물품매매계약법 2학점
세미나: 국제운송인의 책임 2학점
세미나: 기업인수합병과 법 2학점
세미나: 기업의 사회적 책임 2학점

(5) **사회법무**

사회보장법: 3학점
사회보장법연습: 2학점
노동법: 3학점
노동법연습: 2학점
고용차별금지법: 2학점
연금법: 2학점
사회법실무: 2학점
의료복지: 2학점
자본주의와 노동정책: 2학점
법과 경제: 2학점
기업노사관계법: 2학점
노사분쟁론: 2학점
노동변호실무: 2학점
세미나: 장애인과 사회복지 2학점
세미나: 사회보장정책 2학점
세미나: 고령사회와 법 2학점

세미나: 노사분쟁과 법 2학점 | 세미나: 분배정책과 생산성 2학점

(6) **국제관련 법무**

국제거래법: 2학점	국제분쟁처리법: 2학점
국제계약교섭: 2학점	국제민사소송법: 2학점
국제금융법: 2학점	국제경제법: 2학점
국제법: 3학점	국제법연습: 2학점
국제기구법: 2학점	국제인권법: 2학점
국제사법: 2학점	영미공법: 2학점
영미사법: 2학점	미국독점금지법: 2학점
EU독점금지법: 2학점	중국법: 2학점
일본법: 2학점	북한법: 2학점
EU법: 2학점	세미나: 국제인권법 2학점

Ⅳ. 교과과정

1. 기수자

	제1학기		제2학기	
1학년	* 헌법연습	3학점	* 행정법연습	3학점
	* 형법연습	3학점	* 형사소송법연습	3학점
	* 민법연습	4학점	* 상법연습	3학점
	* 법률정보조사방법	2학점	* 민사소송법연습	3학점
			* 법률문서작성법	2학점
2학년	* 법률상담	2학점	* 모의재판	2학점
	* 법조윤리	2학점		
3학년	* 임상법률실무	2학점	졸업논문	

2. **미수자**

	제1학기		제2학기	
1학년	헌법	4학점	* 헌법연습	3학점
	민법 Ⅰ	3학점	* 형법연습	3학점
	민법 Ⅱ	3학점	민법 Ⅲ	3학점
	형법	3학점	형사소송법	3학점
	행정법	3학점	민사소송법	3학점
	* 법률문서작성법	2학점	* 법률정보조사방법	2학점
2학년	* 민법연습	4학점	* 상법연습	3학점
	상법	3학점	* 모의재판	2학점
	* 법조윤리	2학점	* 법률상담	2학점
	* 행정법연습	3학점	* 형사소송법연습	3학점
	* 민사소송법연습	3학점		
3학년	* 임상법률실무	2학점	졸업논문	

Ⅴ. 교과목의 이수와 관련하여

1. **방학 중 미수자의 선행교육**(6주×5×6시간=180시간): **필수**

입학한 연도의 1월 둘째 주의 월요일부터 동년 2월 셋째 주의 금요일까지 5주간 하루 6시간씩 민법, 헌법, 형법의 개요를 강의. 민법은 하루 2강좌(각 강좌마다 90분 수업)로 총 90시간; 헌법은 1강좌씩 총 45시간; 형법도 1강좌씩 총 45시간:

2. 미수자뿐만 아니라 기수자도 개학 초의 평가시험에 의해 기수자를 위한 강의과정과 미수자를 위한 강의과정 반을 편성.

3. teaching assistant(각 전문영역 교실별로 전공분야 석사조교를 두어 원생들의 질문과 학습에 도움을 주도록 함). 또한 전임교수의 class 단임제나 아니면 10명 내외의 원생들에 대한 지도책임제. 그밖에 curriculum advisor를 둠.

4. 헌법, 민법, 형법, 상법, 행정법, 민사소송법, 형사소송법 등 법학교육의 핵심 과목의 기초에 관해 대형 강의실에서 방학학기 강의를 방학 중에 개설: 겨울방학의 경우는 미수자와 초급자를, 여름방학의 경우는 중급자를 위함

5. 학장이나 class담임교수와 직접 소통할 수 있도록 전용 e-mail 설정

6. 각 학년에 개설된 필수과목 중 일부 과목이 과락하면, 방학 중 재학습 기회부여와 함께 재시험제도를 통하여 구제하되(과락자의 구제를 위한 제도설치), 이 구제제도에 의해서도 구제되지 못한 자는 상급학년으로 진학 불허.

7. 조교는 석사조교를 전국적 차원에서 선발하고, 또한 법학대학원의 행정직원도 가능하면 법학석사학위 소지자로 충원하여, 학생들의 법학공부에 즉시 도움을 줄 수 있도록 한다.

Ⅵ. 교수법

○ 로엔비와 연결하여 홈페이지에 예습체계를 구축하여야 함.

○ 강의지원시스템을 이용하여 학생들을 관리하여야 함.

○ 또한 예습내용에 대해 e-mail을 통하여 학생들에게 사전에 통지하며,

○ 강의내용을 보조할 수 있는 수단을 최대한 활용하는 방안을 이용.

○ 타전공교수가 수업을 참관하고 평가하는 제도 도입

제 3 편

저자의 연구업적

Ⅰ. 저서, 역서 및 편저

1. "Die Verfolgung Unschuldiger, §344 StGB", 뷔르츠부르크 대학, 1984.
2. "독일형법총론"(번역), 요하네스 베셀스 저, 법문사, 1991.
3. "형사정책"(허일태, 김영환, 박상기 공역), 하인츠 치프 저, 형사정책연구원, 1993.
4. "안락사에 관한 연구", 형사정책연구원, 1994.
5. "법학입문", 세종출판사, 1996.
6. "법철학입문"(번역), 아르투어 카우프만 저, 세종출판사, 1996.
7. "형법연구 Ⅰ", 세종출판사, 1997.
8. "인간적인 법을 찾아서 Ⅰ", 세종출판사, 1997.
9. "법철학의 기본문제"(번역), 귄터 엘샤이트 외 저, 세종출판사, 1998.
10. "독일형법총론"(개정판), 세종출판사, 1998.
11. "법학방법론"(번역), 카를 라렌츠 저, 세종출판사, 2000.
12. "법학방법론입문"(번역), 카를 라렌츠 외 저, 세종출판사, 2001.
13. "형벌과 인간의 존엄", 동아대학교출판부, 2001.
14. "권력과 자유"(엄상섭 저, 허일태 · 신동운 편저), 동아대학교출판부, 2002.
15. "효당 엄상섭 형법논집"(신동운 · 허일태 편저), 서울대학교출판부, 2003.
16. "법철학입문"(개정판), 동아대학교출판부, 2003.
17. "형법연구 Ⅱ", 동아대학교출판부, 2004.
18. "형법연구 Ⅲ", 진원사, 2007.
19. "인간의 존엄과 권력", 동아대학교출판부, 2007.
20. "일본 형법이론사의 종합적 연구"(허일태 책임번역, 배문범, 이동희, 김환전, 이덕인), 미쓰이 마코토 외 편저, 동아대학교출판부, 2009.
21. "형법연구 Ⅳ", 동아대학교출판부, 2009.
22. "형법연구 Ⅴ", 동아대학교출판부, 2010.
23. "형법개정안과 인권"(허일태 외 5인 공저), 경인문화사, 2011.
24. "독일의 법과 행정"(허일태 외 6인 공저), 우공출판사, 2011.
25. "주석 형법"(허일태 외), 한국사법행정학회, 2011.

26. “형법연구 Ⅵ”, 동아대학교출판부, 2012.
27. “Lebensschutz im Strafrecht(Die Verfassungswidrigkeit der Todesstrafe in Korea)”, Herausgegeben von Il-Su Kim/Bernd Schünemann), KIC, 2013.
28. “한국의 법철학자”(허일태 외), 세창출판사, 2013.
29. “형법연구 Ⅶ”, 동아대학교출판부, 2016.
30. “형법연구 Ⅷ”, 피앤씨미디어, 2019.
31. “인간적인 삶을 찾아서”, 단장, 2020.
32. “정의의 굴렁쇠”, 단장, 2020.

Ⅱ. 논 문

1. “형사관계공무원 범죄의 본질과 입법정책”, 동아법학 제2호, 1986.
2. “서독형법총론의 검토”, 동아법학 제3호, 1987.
3. “컴퓨터범죄”, 부산법조 제6호, 1987.
4. “방법의 착오”, 한국판례형성의 제문제, 한국법학교수회, 1989.
5. “결과적 가중범과 책임주의”, 김종원 교수 화갑기념논문집, 1991.
6. “자유형제도의 문제와 개선방안에 관한 연구”, 형사정책 제6호, 1991.
7. “경찰수사권의 독자성”, 수사연구, 1992.
8. “외국인 재소자의 처우”, 형사정책, 제3권 제3호, 1992.
9. “한국 형법개정시안의 특징과 우리의 헌법정신”, 법정신문, 1992.
10. “법률의 부지의 효력”, 형사판례연구 제1호, 1993.
11. “1849년 독일제국헌법상 소유권 개념에 대한 해석”, 동아법학 제16호, 1993.
12. “연속범의 죄수”, 동아법학 제15호, 1993.
13. “금지착오”, 고시계, 1993년 3월호.
14. “형법개정안의 범죄론에 대한 비판적 검토”, 성시탁 교수 회갑기념논문집, 1993.
15. “안락사에 대한 연구”, 형사정책 제4권 제4호, 1993.
16. “형법개정안의 형벌론에 대한 비판적 검토”, 손해목 교수 회갑기념논문집, 1993.
17. “과실범의 공동정범이 가능한가?”, 고시계, 1994년 3월호.

18. “형법상 행위개념의 재구성”, 차용석 박사 회갑기념논문집, 1994.
19. “생명의 종기”, 고정명 교수 화갑기념논문집, 1995.
20. “형법상의 장기적출”, 김선수 교수 화갑기념논문집, 1996.
21. “형사절차에 있어서 방어권의 체계”, 동아법학 제21호, 1996.
22. “환경범죄에 관한 대처현황”, 동아법학 제21호, 1996.
23. “연속범의 죄수”, 판례월보, 1996년 6월호.
24. “신용카드사기”, 저스티스, 1996년 9월호.
25. “법관의 법왜곡행위에 대한 대책”, 박양빈 교수 화갑기념논문집, 1996.
26. “교통사고처리특례법 제3조 제2항”, 이명구 교수 화갑기념논문집, 1996.
27. “무죄추정의 원칙”, 정성근 교수 화갑기념논문집, 1997.
28. “법과 의사”, 동아법학 제22호, 1997.
29. “범죄행위의 불법성”, 동아법학 제22호, 1997.
30. “강도살인”, 판례월보, 1997년 8월호.
31. “연속범의 죄수”, 형사판례연구 제5호, 1997.
32. “종래의 행위론에 대한 비판적 검토”, 고시연구, 1997년 9월호.
33. “사형제도의 폐지 필요성”, 이형국 교수 화갑기념논문집, 1997.
34. “형법체계의 윤곽”, 동아법학 제23호, 1997.
35. “한국의 사형제도의 위헌성”, 저스티스 1998년 6월호.
36. “검찰의 법왜곡행위와 이에 대한 대책”, 형사법연구 제11호, 1999.
37. “과실범의 공동정범에 대한 대법원 판례의 변천”, 동아법학 제25호, 1999.
38. “간통죄 폐지를 위한 변론”, 동아법학 제26호, 1997.
39. “과실범의 공동정범에 대한 판례연구(성수대교사건)”, 인권과 정의 제275호, 1999.
40. “이른바 醫師 殺人罪”, 형사판례연구 제7호, 1999.
41. “응급환자의 치료 중지와 의사의 법적 책임”, 비교형사법연구 창간호, 1999.
42. “간접정범의 실행착수”, 고시계, 1999년 10월호.
43. “비디오 촬영의 허용과 촬영된 비디오테이프의 증거능력”, 형사법연구 제12호, 1999.
44. “불능미수범에서 위험성의 의미”, 형사법연구 제13호, 2000.

45. “불능미수범에서 위험성 개념에 대한 판례평석”, 형사판례연구 제8호, 2000.
46. “사형제도 폐지를 위한 우리의 임무”, 비교형사법연구 제2호, 2000.
47. “사이버범죄의 현황과 대책”, 동아법학 제27호, 2000.
48. “법률의 부지와 대법원판례에 대한 비판”, 형사재판의 제문제 제3권, 2000.
49. “사형의 대체형벌로서 절대적 종신형”, 형사정책 제12권 제2호, 2000.
50. “진정부작위범의 고의와 착오”, 형사법연구 제14호, 2000.
51. “형사절차에서 적법절차의 원리”, 동아법학 제28호, 2000.
52. “객관적 귀속이론에서 허용된 위험의 법리”, 오선주 교수 화갑기념논문집, 2001.
53. “한국 법철학교육의 현실과 전망”, 법철학연구 제4권 제1호, 2001.
54. “부동산 이중매매와 배임죄”, 형사법연구 제15호, 2001.
55. “피고인에게 불리한 판례의 변경과 소급효금지 원칙”, 형사판례연구 제9호, 2001.
56. “형법의 시간적 적용범위”, 동아법학 제29호, 2001.
57. “검찰의 중립화 방안”, 동아법학 제30호, 2002.
58. “부산광역시 폭력범죄 피해 조사연구”, 형사정책 제13권 제1호, 2001.
59. “부산 지역 청소년폭력범죄 피해 조사연구”, 비교형사법연구 제3권 제1호, 2001.
60. “위험사회의 출현과 법의 기능변화”, 비교형사법연구 제3권 제2호, 2001.
61. “사형제도 폐지를 위한 변론”, 형사법연구 제16호 특집, 2001.
62. “구 건축법상 불법용도변경죄와 형법의 적용범위”, Jurist, 2002년 1월호.
63. “권리행사의 빙자와 공갈죄의 성립 여부”, 형사법연구 제17호, 2002.
64. “기소편의주의와 기소재량에 대한 통제”, 형사정책 제14권 제1호, 2002.
65. “형법 제20조의 ‘사회상규에 위배되지 아니하는 행위’의 재조명”, 비교형사법연구 제4권 제1호, 2002.
66. “형법체계의 소고”, 박재윤 교수 화갑기념논문집, 2002.
67. “권위주의 시대의 반인륜적 범죄행위와 소급효금지 원칙”, 동아법학 제31호, 2002.
68. “형법전 시행의 반세기 회고: 형법상의 행위 개념에 관한 고찰”, 형사법연구 제18호, 2002.
69. “의학적 충고에 반한 퇴원조치와 의사의 형사책임”, 비교형사법연구 제4권 제2호, 2002.

70. “엄상섭 선생의 형법사상과 형법이론”, 형사법연구 제19호, 2003.
71. “자백거부와 선고유예”, 형사판례연구 제11호, 2003.
72. “위탁금전과 형법상 소유권 개념”, 비교형사법연구 제5권 제1호, 2003.
73. “제정형법의 기본사상과 기초이론”, 형사법연구 제20호, 2003.
74. “국가보안법의 폐지 당위성”, 형사정책 제16권 제1호, 2004.
75. “독일과 프랑스의 수사권 배분에 관한 비교법적 고찰”, 비교형사법연구 제6권 제1호, 2004.
76. “위대한 법조인 효당 엄상섭의 형법사상”, 동아법학 제34호, 2004.
77. “중환자에 대한 의사의 퇴원조치 및 산소호흡기 장치 제거가 살인죄 등에 해당되는지의 여부”, 판례실무연구 제4권, 2004.
78. “배임죄에서의 행위주체와 손해의 개념”, 비교형사법연구 제6권 제2호, 2004.
79. “형사소송법개정안에 대한 비판적 고찰”, 동아법학 제35호, 2004.
80. “국제형사사법의 공조의 국내법과 국제법상 근거와 현황”, 비교형사법연구 제6권 제2호 특집호, 2005.
81. “한국 형법의 아버지, 효당 엄상섭”, 검찰동우, 2005.
82. “韓國刑事訴訟法修正案考察”, 刑事法前沿 第2卷, 2005.
83. “남고소 해소를 위한 대책”, 형사정책 제17권 제1호, 2005.
84. “가장납입과 형사책임”, 형사법연구 제23호, 2005.
85. “關于以終身監禁代替死刑的檢討”, 刑事法前沿 第2卷, 2005.
86. “형법 해석의 한계”, 형사판례연구 제13호, 2005.
87. “남고소에 대한 형사실체법의 대응방안”, 동아법학 제36호, 2005.
88. “배임죄의 성립에 관련된 몇 가지 문제점”, 형사재판의 제문제 제5권, 2005.
89. “死刑の代替刑罰´ 絶対的終身刑”, 札幌法学, 2005.
91. “자유형의 합리적 재정립에 관한 제언”, 동아법학 제37호, 2005.
92. “韓國刑法的沿革與基本思想”, 中韓刑法 第1輯, 2005.
93. “헌법에 비추어 본 형사실체법의 문제점과 개선방안”, 형사법연구 제25호, 2006.
94. “형사실체법 정비를 위한 근본적 고찰”, 형사정책 제18권 제1호, 2006.

95. “사형의 대안으로서 절대적 종신형의 도입방안”, 형사정책연구 제17권 제2호, 2006.
96. “형사특별법의 문제와 개선방안”, 범죄방지포럼 제19호, 한국범죄방지재단, 2006.
97. “민사사건의 형사화에 대한 억제방안”, 비교형사법연구 제8권 제1호 특집호, 2006.
98. 韓國에서 法學敎育의 整備 -특히 法學專門 大學院의 導入과 推進現況-, 동아시아 법철학세미나 자료집, 2006년 3월 26~27일, 주최: 대만대학교 법률학원
99. “國際刑事司法共助與國內的根據現況”, 中韓刑法研究 第4輯, 2006.
100. “오상과잉방위와 형법 제21조 제3항”, 형사법연구 제26호 특집호, 2007.
101. “이항녕 선생의 법사상과 문학에 관한 단상”, 이청조 교수 정년기념논문집, 2007.
102. “한국 형법의 개혁과 발전”, 동아법학 제39호, 2007.
103. “법왜곡행위와 사법살인의 방지를 위한 입법정책”, 형사정책연구 제18권 제2호, 2007.
104. “인혁당재건위사건과 사법살인”, 동아법학 제40호, 2007.
105. “형사법적 관점에서 본 인간의 존엄과 형사책임의 근거”, 고려법학 제49호, 2007.
106. “바오로 김홍섭 선생의 생애와 법사상”, 법학연구(전북대) 제25집, 2007.
107. “사형의 관념에 관하여”, 비교형사법연구 제9권 제2호, 2007.
108. “한국에서 사형제도 존치의 제요인과 사형제도 폐지를 위한 전략”, 김인선 교수 화갑기념논문집, 2007.
109. “刑事政策的觀點上人的尊嚴和刑罰限界”, 中國刑事政策報告, 2008.
110. “韓國對濫用指控現象的解除對策”, 刑事法前沿 第4輯, 2008.
111. “협박죄의 성질과 기소시기”, 동아법학 제41호, 2008.
112. “2007년 형사판례 동향”, 인권과 정의 제377호, 2008.
113. “韓國死刑的過去, 現在和未來”, Criminal Law Vol. 13, 2008.
114. “장도(張燾)의 형법이론과 형법사상”, 인권과 정의 제380호, 2008.

115. “代干死刑的觀念”, 中韓刑法比較硏究 第5輯, 2008.
116. “刑事政策的觀點上人的尊嚴和刑罰限度”, 中國刑事政策報告, 2008.
117. “협박죄의 성질과 기소시기”, 동아법학 제41호, 2008.
118. “간통죄의 위헌성”, 저스티스 제104호, 2008.
119. “형법대전의 내용상 특징—적용범위와 죄형법정주의를 중심으로”, 형사법연구 제20권 제2호, 2008.
120. “인위적 분만개시와 사람의 시기”, 한국형사법의 신전개: 이재상 교수 정년기념논문집, 2008.
121. “살인죄에 대한 정비방안”, 한국형법학의 오늘: 이영란 교수 정년기념논문집, 2008.
122. “수사절차에서 가혹행위의 예방과 억제”, 동아법학 제43호, 2009.
123. “2008년 형사판례”, 인권과 정의 제391호, 2009.
124. “영산홍사건(대법원 2008. 10. 23. 선고 2008도6080 판결)”, 형사법연구 제21권 제2호, 2009.
125. “살인범죄 피해자의 인권 현실과 그 보장방안”, 형사정책 제21권 제1호, 2009.
126. “한국에서 증인보호방안에 관한 소고”, 동아법학 제44호, 2009.
127. “사형제도의 세계적 추세와 위헌성”, 동아법학 제45호, 2009.
128. “독일 변호사회의 성격과 활동”, 부산법조 제27호, 2010.
129. “유병진 판사와 그의 법사상”, 동아법학 제46호, 2010.
130. “재산범죄와 형법상 재물의 개념”, 법학논총(전남대) 제30권 제1호, 2010.
131. “지적도상의 경계와 경계침범죄의 성립 여부”, 동아법학 제47호, 2010.
132. “현행 형법상 작량감경제도의 문제와 개선방안”, 형사법연구 제22권 제2호, 2010.
133. “죄형법정주의의 연혁과 그 사상적 배경”, 법학논고(경북대) 제35호, 2011.
134. “한국 형법에 대한 일본 형법사상의 영향과 한계”, The Annual Report(Research Center for Korean Studies), Vol. 11, 2011.
135. “형법 개정에서 ‘구류형의 존폐에 관한 연구’—경찰청의 입장을 중심으로”, 고려법학 제61호, 2011.

136. “보험계약상 고지의무와 보험금 사기의 고의”, 동아법학 제52호, 2011.
137. “조건부 기소유예제도에 관한 연구”, 법학연구(전북대) 제33집, 2011.
138. “정신장애 범죄자에 대한 강제적 의료조치와 보안처분”, 법학논총(한양대) 제28집 제4호, 2011.
139. “한국 형법 개정의 올바른 방향—형법총칙을 중심으로”, 비교형사법연구 제14권 제2호, 2012.
140. “한국에서 수사와 내사 범위와 한계”, 동북아법연구(전북대) 제6권 제3호, 2013.
141. “무수혈과 관련된 의료과실치사죄”, 형사판례연구 제21호, 2013.
142. “근대 한국 법률용어에 관한 고찰—일본어와 관련된 법률용어를 중심으로”, 형법연구 Ⅷ, 2019.
143. “재산범죄에서 이득액에 관한 연구”, 비교형사법연구 제15권 제2호, 2013.
144. “한국에서의 ‘검찰상’과 검사의 객관의무”, 형사소송이론과 실무 제5권 제2호, 2013.
145. “대표이사의 대표권한남용행위와 배임죄와의 관계”, 형사재판의 제문제: 차한성 대법관 퇴임기념논문집, 2014.
146. “보험계약상 고지의무와 보험금사기”, 형사재판의 제문제: 차한성 대법관 퇴임기념논문집, 2014.
147. “Criminal Punishment for Inchoate and Thought Crimes: A Critical Analysis of South Korean Criminal Law”, Yonsei Law Journal, Vol. 5 No. 1, 2014.
149. “한국에서 환경범죄에 대한 형법적 대응방안—형법에 의한 형벌과 환경행정법에 의한 행정벌의 분업화를 중심으로”, 비교형사법연구 제16권 제2호, 2014.
149. “배임죄 해석의 나아갈 방향”, 형사법연구 제27권 제1호, 2015.
150. “한국에서 형사절차상 자백의 지위”, 형사소송 이론과 실무 제6권 제2호, 2014.
151. “한국에서 수사권의 규제와 통제”, 형사소송 이론과 실무 제7권 제2호, 2015.
152. “형벌권의 내용과 한계”, 검찰동우 통권 40호, 2015.
153. “형법학에서 위법과 불법”, 법학논총 제35집 제2호, 전남대학교 법학연구소, 2015.
154. “한국에서의 부패방지에 관한 대책”, 형사정책연구 제26권 제3호, 2015.

155. “감청의 문제와 개선방안”, 부산법조 제33호, 2016.
156. “부동산명의신탁과 횡령죄의 성립 여부”, 대법원 형사실무연구회 학술발표자료, 2015년 12월 22일.
157. “한국 형법상 법률용어의 순화와 체계정합성을 위한 제언”, 국제한국어응용언어학회 제7회 국제학술대회 발표자료, 2016년 7월 8일.
158. “법인대표자의 권한남용과 배임죄의 성부”, ‘대법원 형사실무연구회’ 2016년 9월 26일 발표논문.
159. “대법원 전원합의체 판결에 의해 변경이 불가피한 대법원의 형사판례”, 형법연구 Ⅷ, 2019.
160. “법률의 부지”, 형법판례 150선, 박영사, 2016.
161. “불능미수”, 형법판례 150선, 박영사, 2016.
162. “생활위험의 정당한 분배”, 학술발표자료, 한양대학교 법학연구소, 2013년 6월.
163. “동아시아의 사형제도 현실과 미래”, 한국법학원, 2016년 10월 21일 발표논문.
164. “개혁의 시대, 한중형사법학자들의 임무”, 제10차 한중형사소송법학술대회 학술발표자료, 2017년, 9월 6일.
165. “부동산 이중처분과 배임죄의 성부”, 법률신문, 2018년 2월 23일자.
166. “신분범의 행위주체 자격”, 형법연구 Ⅷ, 2019.
167. “한국 형법의 기초개념”, 형법연구 Ⅷ, 2019.
168. “형법상 범죄론”, 형법연구 Ⅷ, 2019.
169. “원로와의 대담: 허일태 교수(전 동아대 교수, 형법학)”, 형사정책연구 소식, 2019 Autum Vol. 151.
170. “김신의 법사상과 형법해석”, 정의의 굴렁쇠, 2020.
171. “형법의 독자적 원리와 고유개념”, 정의의 굴렁쇠, 2020.
172. “시행령의 위임입법 한계”, 정의의 굴렁쇠, 2020.
173. “살인의 고의와 수난구호법 제18조 제1항 단서 적용범위”, 정의의 굴렁쇠, 2020.
174. “내란음모사건”, 정의의 굴렁쇠, 2020.
175. “외국에서 집행된 미결구금에 대한 형법 제7조의 적용 가부”, 정의의 굴렁쇠, 2020.

176. “치과의사 안면 보톡스 시술”, 정의의 굴렁쇠, 2020.
177. “베트남 여성의 자녀 약취사건”, 정의의 굴렁쇠, 2020.
178. “부동산 이중매매의 배임죄 성립 여부”, 정의의 굴렁쇠, 2020.
179. “배임죄의 기수범 성립시기와 손해의 개념”, 정의의 굴렁쇠, 2020.
180. “대물변제예약 사안에서 배임죄”, 정의의 굴렁쇠, 2020.
181. “명의수탁자의 부동산 처분과 횡령죄의 성립 여부”, 정의의 굴렁쇠, 2020.
182. “대포통장 명의인의 ‘보이스피싱’ 피해금 무단인출”, 정의의 굴렁쇠, 2020.
183. “지입차량의 경우 횡령죄의 행위주체”, 정의의 굴렁쇠, 2020.
184. “사기죄에서 처분의사의 내용”, 정의의 굴렁쇠, 2020.
185. “항공보안법 제42조에서 ‘항로’의 의미”, 정의의 굴렁쇠, 2020.
186. “위증에 대한 국정조사 특별위원회의 고발사건”, 정의의 굴렁쇠, 2020.
187. “항소심의 양형부당 파기”, 정의의 굴렁쇠, 2020.
188. “재판권에 관한 쟁의로 인한 재정신청”, 정의의 굴렁쇠, 2020.
189. “형법에서 의사의 자유와 책임”, 법학연구 통권 제64집, 전북대학교 법학연구소 2020.
190. “간접정범의 규정과 그 본질”, 형사법연구 제33권 제3호, 한국형사법학회 2021.
191. “법치국가원칙의 실현과 검사의 역할”, 신임검사를 위한 인권교육자료, 법무연수원 용인분원, 2021년 9월 28일.
192. “인간존엄과 법치국가원칙”, 인권연구 제4권 제2호, 인권법학회 · 한국인권학회, 2021년 12월.
193. “형사정책의 관점에서 형사실체법의 입법론과 해석론”, 형사정책 제33권 제4호, 2022년 1월 31일.
194. “형법의 기초이론과 죄형법정주의”, 형사법연구 제34권 제2호, 2022년 6월 30일.

[저자 약력]

허 일 태

저자는 독일 뷔르츠부르크대학교에서 형법학으로 1984년 7월 박사학위를 취득하였다. 1984년 동아대학교 법과대학 교수로 임용되었으며, 현재는 동아대학교 법학전문대학원 명예교수이다. 한국형사법학회 회장, 한국비교형사법학회 회장, 한국형사정책학회 회장, 법무부 정책위원회 위원, 대검찰청 부설 검찰정책자문위원회 위원, 대법원 형사실무연구회 부회장 등의 직을 역임하였으며, 현재 법무부의 법무자문위원회 형사법개정 특별분과위원회 위원과 동 위원회 산하의 법정형조정소위원회 위원장, 국제엠네스티 법률가위원회 한국지부 회장, 한국사형폐지협의회 의장, 동아법학회 회장 및 부산고등검찰청 상소심위원회 위원장의 직을 맡고 있다.

저서로는『형법연구 I』,『형법연구 II』,『형법연구 III』,『형법연구 IV』,『형법연구 V』,『형법연구 VI』,『형법연구 VII』,『형법연구 VIII』,『형벌과 인간의 존엄』,『정의의 굴렁쇠』,『안락사에 관한 연구』,『인간적인 법을 찾아서』,『법학의 이해』,『인간적인 삶을 찾아서』,『인간의 존엄과 권력』을 집필하였으며『독일형법총론』,『법학방법론』,『법철학 입문』,『법학방법론 입문』,『일본형법이론사의 종합적 연구』,『법철학의 기본문제』,『형사정책』등 해외의 학술연구 성과물을 번역하였다. 편저로는『권력과 자유』(엄상섭 저/허일태·신동운)과『효당 엄상섭 형법논집』(신동운·허일태)가 있다. "형법상 행위개념의 재구성", "한국의 사형제도 위헌성", "법률의 부지의 효력", "형법 제20조의 '사회상규에 위배되지 아니하는 행위'의 재조명", "법관의 법왜곡에 대한 대책", "위험사회의 출현과 법의 기능변화", "배임죄의 나아갈 방향" 등 194여 편의 연구논문을 형사법관련 학회지 등에서 발표하였다.

형법연구 IX

초판발행 2022년 8월 31일

지은이 허일태
펴낸이 박노일

총괄기획 최준규
편 집 심성보·김인숙

펴낸곳 pnc publishing and culture 피앤씨미디어
경기도 고양시 일산동구 강송로 153 310-1501
등록 제396-2012-000203호
전 화 070)7550-3758 팩 스 02)718-8554
홈페이지 www.pncmedia.co.kr 이메일 pnc@pncmedia.co.kr
ISBN 979-11-5730-843-9 94360
979-11-5730-842-2 (세트)

정 가 35,000원